经以济世
建德尚美

贺教育部

人文又向项目

心王玉職

李晓林

教育部哲学社會科学研究重大課題攻関項目

农村社会保障制度研究

RESEARCH ON
SOCIAL SECURITY SYSTEM IN RURAL CHINA

赵 曼

等著

经济科学出版社
Economic Science Press

图书在版编目（CIP）数据

农村社会保障制度研究／赵曼等著．—北京：经济科学
出版社，2012.11
教育部哲学社会科学重大攻关项目
ISBN 978－7－5141－2375－3

Ⅰ．①农…　Ⅱ．①赵…　Ⅲ．①农村－社会保障制度－
研究－中国　Ⅳ．①F323.89

中国版本图书馆 CIP 数据核字（2012）第 208087 号

责任编辑：段　钢
责任校对：刘欣欣
责任印制：邱　天

农村社会保障制度研究

赵　曼　等著

经济科学出版社出版、发行　新华书店经销
社址：北京市海淀区阜成路甲 28 号　邮编：100142
总编部电话：88191217　发行部电话：88191537
网址：www.esp.com.cn
电子邮件：esp@esp.com.cn
北京中科印刷有限公司印装
787×1092　16 开　34.75 印张　650000 字
2012 年 11 月第 1 版　2012 年 11 月第 1 次印刷
ISBN 978－7－5141－2375－3　定价：86.00 元

课题组主要成员

（按姓氏笔画为序）

首席专家： 赵　曼

主要成员： 于长永　吕国营　刘鑫宏　张广科
　　　　　　张乃仁　顾永红　薛新东

编审委员会成员

总　序

哲学社会科学是人们认识世界、改造世界的重要工具，是推动历史发展和社会进步的重要力量。哲学社会科学的研究能力和成果，是综合国力的重要组成部分，哲学社会科学的发展水平，体现着一个国家和民族的思维能力、精神状态和文明素质。一个民族要屹立于世界民族之林，不能没有哲学社会科学的熏陶和滋养；一个国家要在国际综合国力竞争中赢得优势，不能没有包括哲学社会科学在内的"软实力"的强大和支撑。

近年来，党和国家高度重视哲学社会科学的繁荣发展。江泽民同志多次强调哲学社会科学在建设中国特色社会主义事业中的重要作用，提出哲学社会科学与自然科学"四个同样重要"、"五个高度重视"、"两个不可替代"等重要思想论断。党的十六大以来，以胡锦涛同志为总书记的党中央始终坚持把哲学社会科学放在十分重要的战略位置，就繁荣发展哲学社会科学做出了一系列重大部署，采取了一系列重大举措。2004年，中共中央下发《关于进一步繁荣发展哲学社会科学的意见》，明确了新世纪繁荣发展哲学社会科学的指导方针、总体目标和主要任务。党的十七大报告明确指出："繁荣发展哲学社会科学，推进学科体系、学术观点、科研方法创新，鼓励哲学社会科学界为党和人民事业发挥思想库作用，推动我国哲学社会科学优秀成果和优秀人才走向世界。"这是党中央在新的历史时期、新的历史阶段为全面建设小康社会，加快推进社会主义现代化建设，实现中华民族伟大复兴提出的重大战略目标和任务，为进一步繁荣发展哲学社会科学指明了方向，提供了根本保证和强大动力。

　　高校是我国哲学社会科学事业的主力军。改革开放以来,在党中央的坚强领导下,高校哲学社会科学抓住前所未有的发展机遇,紧紧围绕党和国家工作大局,坚持正确的政治方向,贯彻"双百"方针,以发展为主题,以改革为动力,以理论创新为主导,以方法创新为突破口,发扬理论联系实际学风,弘扬求真务实精神,立足创新、提高质量,高校哲学社会科学事业实现了跨越式发展,呈现空前繁荣的发展局面。广大高校哲学社会科学工作者以饱满的热情积极参与马克思主义理论研究和建设工程,大力推进具有中国特色、中国风格、中国气派的哲学社会科学学科体系和教材体系建设,为推进马克思主义中国化,推动理论创新,服务党和国家的政策决策,为弘扬优秀传统文化,培育民族精神,为培养社会主义合格建设者和可靠接班人,做出了不可磨灭的重要贡献。

　　自2003年始,教育部正式启动了哲学社会科学研究重大课题攻关项目计划。这是教育部促进高校哲学社会科学繁荣发展的一项重大举措,也是教育部实施"高校哲学社会科学繁荣计划"的一项重要内容。重大攻关项目采取招投标的组织方式,按照"公平竞争,择优立项,严格管理,铸造精品"的要求进行,每年评审立项约40个项目,每个项目资助30万~80万元。项目研究实行首席专家负责制,鼓励跨学科、跨学校、跨地区的联合研究,鼓励吸收国内外专家共同参加课题组研究工作。几年来,重大攻关项目以解决国家经济建设和社会发展过程中具有前瞻性、战略性、全局性的重大理论和实际问题为主攻方向,以提升为党和政府咨询决策服务能力和推动哲学社会科学发展为战略目标,集合高校优秀研究团队和顶尖人才,团结协作,联合攻关,产出了一批标志性研究成果,壮大了科研人才队伍,有效提升了高校哲学社会科学整体实力。国务委员刘延东同志为此做出重要批示,指出重大攻关项目有效调动各方面的积极性,产生了一批重要成果,影响广泛,成效显著;要总结经验,再接再厉,紧密服务国家需求,更好地优化资源,突出重点,多出精品,多出人才,为经济社会发展做出新的贡献。这个重要批示,既充分肯定了重大攻关项目取得的优异成绩,又对重大攻关项目提出了明确的指导意见和殷切希望。

　　作为教育部社科研究项目的重中之重,我们始终秉持以管理创新服务学术创新的理念，坚持科学管理、民主管理、依法管理，切实增强服务意识，不断创新管理模式，健全管理制度，加强对重大攻关项目的选题遴选、评审立项、组织开题、中期检查到最终成果鉴定的全过程管理，逐渐探索并形成一套成熟的、符合学术研究规律的管理办法，努力将重大攻关项目打造成学术精品工程。我们将项目最终成果汇编成"教育部哲学社会科学研究重大课题攻关项目成果文库"统一组织出版。经济科学出版社倾全社之力，精心组织编辑力量，努力铸造出版精品。国学大师季羡林先生欣然题词："经时济世 继往开来——贺教育部重大攻关项目成果出版"；欧阳中石先生题写了"教育部哲学社会科学研究重大课题攻关项目"的书名，充分体现了他们对繁荣发展高校哲学社会科学的深切勉励和由衷期望。

创新是哲学社会科学研究的灵魂，是推动高校哲学社会科学研究不断深化的不竭动力。我们正处在一个伟大的时代，建设有中国特色的哲学社会科学是历史的呼唤，时代的强音，是推进中国特色社会主义事业的迫切要求。我们要不断增强使命感和责任感，立足新实践，适应新要求，始终坚持以马克思主义为指导，深入贯彻落实科学发展观，以构建具有中国特色社会主义哲学社会科学为己任，振奋精神，开拓进取，以改革创新精神，大力推进高校哲学社会科学繁荣发展，为全面建设小康社会，构建社会主义和谐社会，促进社会主义文化大发展大繁荣贡献更大的力量。

教育部社会科学司

前 言

　　本研究报告是教育部哲学社会科学研究重大课题攻关项目《农村社会保障制度研究》（批准号：06JZD0026）的最终研究成果。课题组的研究工作历时5年。期间，世界金融危机的全面爆发，既为课题组提供了认识社会深层问题的契机，也对课题组的研究工作提出了更多挑战。

　　目前，中国面临着更加复杂、更加多变的外部和内部形势。国外日益蔓延的金融危机、债务危机；国内的"体制转轨"和"社会转型"的交织与叠加，工业化、城市化、市场化的快速推进，社会矛盾显性化、复杂化；人口在城乡之间、区域之间的流动加剧、人口老龄化和家庭结构小型化的不期而至；等等。中国已经进入了一个高风险社会。农村社会保障制度作为社会经济运行的"安全阀"和"减震器"的重要构件，亟待建立、健全与改革。

　　课题组遵循"有限目标，重点突破"的原则，选择农村社会保障制度的关键变量，围绕6个子课题对农村社会保障制度展开研究。

　　本课题的研究特色是理论研究、实证研究和基于数据的量化分析融为一体。具体有以下五个方面：一是强调问题导向，研究结论尽量以具有代表性的实证调研、深度访谈为基础，力图使之来源于实践又能在更高的层面还原实践。二是强调研究结论的可靠性，要求数据的统计口径一致、来源可靠；提高数据使用的规范性，建立数据库，运用计量模型、统计软件进行数据处理和数据检验。三是强调系统分析，力图在以下三个方面有所突破：制度、政策、市场纳入统一分析框架；宏观的政策分析、中观的基金运行分析和微观的个体行为分析相结合；将历史回顾、现状描述、趋势前瞻等三个"点"连成一条线、使相关问题研究的脉络清晰。四是强调政策评价与优化，对政策出台的背景和渊源、政策演进的脉络进行梳理，重视利益相关者对政策变革的反应和博弈，经由数据分析，力图对制度的可持续性有"度"的判断。五是强调在理论研究于实证研究相结合的"节点"上，凸显研究结论的政策价值。

本课题研究成果是团队合作和集体智慧的结晶。课题研究采取集体设计、分组承担、系统综合、协同攻关的方式进行。在课题研究的框架体系设计和凝练核心观点的过程中，课题组组织过多次课题研讨，对关键问题的研讨多有观点的争锋，课题报告成稿过程中也进行过多次研讨，并经多位教师循环修改。

本课题研究的阶段性成果包括：一是专著 4 本，其中 3 本专著于2009 年被新闻出版总署遴选为"十一五"国家重点图书（出版物上有国家重点图书标识和课题成果标识）；二是 15 篇 CSSCI 论文（均有课题成果标识）；三是 6 份采用证明（均有课题成果标识）；四是课题组成员依托本课题主持申报的与农村社会保障相关的 5 项课题。其中包括：国家社会科学基金项目（2010 年度）："新农合视角下的农户疾病风险制度与分担问题跟踪研究"；国家发展和改革委员会"十二五"规划重大前期研究招标课题："城乡经济社会发展一体化发展的机制与政策研究"等。

本课题研究存在着诸多不足之处。总体上看：数据的可及性、可得性受到局限；调研样本的代表性有待进一步提高；核心观点有待进一步凝练；研究结论和对策建议有待实践检验；研究成果在内容方面与最初设定的研究目标相比存在着若干缺失，例如，农村"低保"和扶贫的制度与机制的改革与完善；农村特殊群体（如低收入群体和无地农民）的可持续生计问题等，对此课题组将启动新一轮实地调研开展后续的深入研究。

本课题研究具体分工是：课题组组长赵曼教授负责课题的总体设计、总报告的编纂、统稿以及实地调查和研究进程的统筹协调、偕同各子课题执笔人提炼各章核心观点。课题报告撰写中各章节的分工是：子课题一"农村养老保障制度研究"执笔人吕国营教授（第一章、第二章、第五章)、中南财经政法大学 2010 级博士研究生于长永（第三章、第四章）；子课题二"农村医疗保障制度研究"执笔人张广科教授；子课题三"失地农民社会保障制度研究"执笔人华中师范大学教师、中南财经政法大学 2009 级博士研究生顾永红；子课题四"农民工社会保险制度研究"执笔人三峡财务有限责任公司研究人员、中南财经政法大学 2008 级博士研究生刘鑫宏；子课题五"城乡社会保障一体化研究"执笔人吕国营教授；子课题六"农村自然灾害救助制度研究"执笔人薛新东讲师。

张广科教授在本课题申报阶段协助课题组组长做了卓有成效的构思和设计工作，也是课题申报答辩和中期检查的主要参加人之一；吕国营教授、薛新东讲师协助课题组组长对大部分章节的核心观点进行提炼，对相关章节的理论成果、实地调研成果以及数据资料进行了工作量颇大的汇总、梳理、核对和编排工作，并在本课题结项阶段做了大量的组织协调工作；喻良涛 2010 级博士研究生于长永协助课题组组长对课题结项报告的全文进行了编纂和统稿；2009 级博士研究生顾永红为本书的出版提供了修改和编纂方面的技术支持；武汉纺织大学教师、中南财经政法大学 2008 级博士研究生杨运忠负责绝大部分调研数据的质量监控和数据库管理；2011 级博士研究生张乃仁带领学生团队独立完成了南阳市的田野调查，并在本课题结项阶段做了大量的技术性和程序性工作。上述团队成员以极大的工作激情和良好的团队合作精神参与本课题研究，贡献了他（她）们的智慧和辛勤劳动。

在课题研究的不同阶段，以不同方式参与本课题多次调研的还有：博士研究生顾永红、于长永、杨运忠、张乃仁、吕雪枫、刘鑫宏、赵蔚蔚、李梅香、周奕、戴瑾、叶男、杨萍，硕士研究生何晓奕、杜娟、胡思洋、黄倩倩、涂征、邓蕴琳、王璐璐、朱湛、刘莉、刘薇、张恺、尚越、王溪、黄萃、程翔宇、建晓晶、刘海云、梅芳、刘单单、唐娟等。

本课题的申报和承担单位是湖北省高等学校人文社会科学重点研究基地——中南财经政法大学创业与就业研究中心和中南财经政法大学公共管理学院。上述研究团队和课题报告执笔人主要来自上述两个机构，其对研究人员的研究活动和工作时间安排给予了大力支持。

　　本课题研究的全过程中，得益于众多单位和个人直接或间接的帮助和指导。课题组首先诚挚感谢广大实地调查样本地区农民朋友们以及当地有关部门、基层组织的支持和配合。应当特别感谢的还有：全国政协社法委副主任、原劳动和社会保障部副部长王建伦和湖北省人大副主任，原副省长蒋大国，这两位专家型领导有着深邃的政策洞察力和对政策边界的精准把握，她们的真知灼见对课题研究中核心观点的形成具有重要影响。

　　教育部社科司的领导、东北财经大学的娄成武教授、武汉大学的邓大松教授、中国社会科学院的郑秉文教授、复旦大学的郝模教授、中央财经大学的李晓林教授、西南财经大学的林义教授、中国人民大学的李绍光教授、华中科技大学丁建定教授、首都经贸大学吕学静教授、湖南行政学院邓微教授、中南财经政法大学的姚莉教授等知名专家、学者，对课题研究的总体思路、分析框架、技术路线等诸多方面给予了高屋建瓴的指导和评审，令课题组受益匪浅。

　　经济科学出版社的编辑段钢先生为本书的出版提供了智力的指导与技术支持，付出了辛勤的劳动，一并致谢。

赵　曼

2012.10

摘 要

在全面建设小康社会、和谐社会的进程中，建立健全农村社会保障制度，保障农民"老有所养，病有所医，困有所助"，既是实现中国当前"改善民生，共建共享"目标的重要举措，也是中国当前和今后相当长时期内面临的重大战略课题。

本课题通过文献研究、规范分析、实地研究、深度访谈和计量研究等分析方法，从不同的角度对我国农村养老保障制度、新型农村合作医疗制度、农民工社会保障制度、失地农民社会保障制度、城乡社会保障制度衔接和农村灾害救助制度等六个主要方面的问题进行了较为系统和深入的分析及探讨。本书的主要研究结论和创新点如下：

第一部分　研究结论

（1）"老"是一个相对概念，其社会意义远远高于生理意义。在老龄化的背景下，老年人不仅仅是消费者，同时也是生产者。老年人"被养"中所获得精神慰藉是低层次的，更高层次的精神慰藉来源于社会参与。老年人拥有独特的人力资本和社会资本。

（2）根据湖北谷城和河南南阳两地的调研数据得到：大多数农民的整体经济收入水平和新农保的养老待遇水平均很低，难以保障基本生活需要；生活照料和精神慰藉的来源匮乏，家庭和亲人的照料尤为珍贵；医疗费用占总家庭支出比重较大；家庭养老是农村最重要的养老方式。

（3）利用脆弱性理论及其分析框架研究得到：农民养老风险增加的同时，农民养老的可及性资源有趋向减少的趋势。

（4）城乡老年人在收支结构、居住方式以及养老方式上的较大差异，决定了老年人经济供养、生活照料和精神慰藉三个层面的差异；社会参与机会的差异是决定城乡老年人收支结构差异的重要因素；居住方式和养老方式决定了城乡老年人生活照料和精神慰藉的程度。

第二部分　研究结论

（1）通过设计农民疾病经济风险的测量指标，借鉴流行病学中的相对危险度分析方法，基于一线调查数据，测算了不同起付线和报销比例标准下，新型农村合作医疗的疾病风险分担程度。结论是：农户疾病风险仍然比较严重，"新农合"制度目标的实现度有待提高；"保小病"的制度模式是低效率的，未能有效化解农民的疾病风险。

（2）对"新农合"制度提出下列政策建议：取消个人账户；保持或强化门诊报销；"新农合"管理体制改革的前提是实行"管办分离"，以约束医疗供方的道德风险行为，解决"药价虚高"的问题。

第三部分　研究结论

（1）通过对失地农民的生计及其制度需求的研究得出：失地农民的社会保障制度不能"一刀切"，应区分不同年龄、不同类型失地农民需求存在的差异。

（2）从考察农户资源禀赋出发，分析与失地相关的制度和组织结构，重点考察农户的收入结构及社会风险，并比较不同的失地农户安置模式，得出结论：现行的征地补偿标准过低，补偿范围不合理，农民受益太少。

（3）政府制定保护失地农民利益的政策和制度设计，需要微观基础证据做支持，这些数据主要来自个人、家庭和政府三个层面，数据的质量影响失地农民社会保障制度构建的质量。

第四部分　研究结论

（1）数以亿计的农民工因其处于不良的就业环境以及农村传统保障的弱化，面临着养老、医疗、工伤和失业等风险；从制度供给的角度看，农民工社会保障存在着国家层面制度供给不足和地方层面制度供给错位的问题。

（2）通过对农民工社会保险的参保意愿的测算，判断农民工社会保险项目优先位序，得到：从制度需求的角度看，农民工的参保意愿以养老、医疗和失业三大保险制度为核心，制造业、建筑业的农民工对工伤保险制度需求迫切。

（3）农民工的社会保险制度应以"稳定就业"为导向，分群分类建立。其中，第一代农民工的制度供给以提供社会保障制度为主，而第二代农民工的制度供给则以促进其充分就业为主。

第五部分　研究结论

（1）农民工和失地农民这两个群体是统筹城乡社会保障制度的实施重点，难点在于政策衔接问题。农民工养老保险关系转移既是时空转移又是程序转移，必须做到转、接、并、续四个环节前后连贯。

（2）城乡医疗资源整合必须消除行政壁垒，政事分开，管办分开，落实公立医院的独立法人地位，使公立医院有资格参与医疗机构市场重组与改造；同时消除地区壁垒，实现医疗资源的自由流动，以市场机制组建跨区域的医疗集团。

（3）社会医疗保险机构是实现城乡医疗资源均衡配置的重要力量，可以通过影响医疗消费需求、与医疗供方谈判、调整支付方式和支付水平，引导医疗资源向农村倾斜。

（4）城镇居民医疗保险与新型农村合作医疗的整合，应该因地制宜：经济发达区域（不是省份）的主要矛盾不在于医疗资源的配置问题，而在于社会保障部门与卫生行政部门之间体制整合和利益分割问题；经济欠发达区域的主要矛盾则是城乡之间医疗资源配置的失衡。

第六部分　主要结论

（1）通过对灾前预防、灾中应急和灾后重建的系统性研究，得到：灾害预防是农村救灾机制中的重中之重；灾后重建应纳入灾害预防，可以将基础设施建在不易受灾的地区或增强防灾设计，以减少或规避灾害风险。

（2）基于传统经济学和现代信息经济学理论，对比分析现金救助和实物救助的运行效率，得到：在灾后的紧急救助阶段，应采取实物救助的方式；在灾后的长期救灾阶段，可以用现金和实物相结合的方式进行救助。这有助于相关主体选择最优的救灾方式。

（3）通过对灾民生计资本动态变化的研究，提出生计资本重建的对策建议：灾后重建应通过政府部门以及私人部门、第三部门的密切合作，建立合理的治理结构和制度，以帮助那些最需要帮助的灾民获得高质量、及时的公共服务设施。

Abstract

In an effort to build a well-off and harmonious socialist society, the issue of establishing a rural social security system in which the elderly are cared for, the sick are treated and the poor are helped is not only an imperative measure to improve people's livelihood and achieve the goal of communal building and sharing, but also a strategy related to the development of China at present and in a long-run period. Through literature review, normative analysis, field research, depth interviews and quantitative statistics analysis, this report systematically and deeply discusses six major aspects, including pension system in rural China, new cooperative medical scheme (NCMS) in rural China, social security system for landless farmers, social security for migrant workers, integration of rural and urban pension system and natural disaster relief system in rural China. The main conclusions of this report are as follows:

The object of pension system is the elderly, but there is no uniform standard for the definition of "old". Compared to the physiological aging, the word "old" is a sociological concept. When it comes to the pension system, in order to ensure economic support, life care and spiritual consolation, the elderly should not be regarded as consumers, but rather be considered as producers. Family security is the most important pattern in rural areas. However, the ability of this pattern is challenged by the low level of overall revenue and large medical expenses of the elderly. Also there are few channels of receiving life care and spiritual consolation for the elderly in rural areas. Furthermore, our rapid social transformation and institutional transition make the traditional rural pension model unsustainable, and the fragmentation of modern social security system makes farmers' pension rather fragile. Another fact is that the development between different regions in China is imbalanced, and there are significant regional differences in terms of the pension risk, protection strategies, pension expectations and institutional demand. So far, although the rural social pension system has enjoyed reconstruction and development due to the strong financial support from the central government, the low level of basic pension and the character of welfare are still obvious. With the acceleration of urbanization in China and mobility of rural population, it has become an irresistible trend to establish a pension insurance system on the basis of urban and rural integration.

The in-depth development of market economy and industrialization expose farmers to the risk of disease. The changing family structures and increased population mobility weaken the farmers' ability to respond to that risk, hence brings severe difficulties for farmers. There are three informal strategies they can use to respond to the disease risk, including the allocation of resources within the family, the movement of resources among the relative farmers and the expanding allocation of resources between strange farmers. Among the three ways, the allocation of resources within the family is mostly adopted. Most farmers agree with the active role of the NCMS in rural China for them to respond to the disease risk. Different ceiling lines, the scope and proportion of reimbursement will lead to changes in the behavior of different hospitals, farmers and other stakeholders. The lower ceiling lines or higher reimbursement rate in NCMS does not indicate a better relief for the diseased farmers. Empirical tests have shown that the NCMS in rural China plays a less effective supporting role in fields of institutional model, funding mechanisms, and network modules; there is a long way before the objective of the system can be achieved. To improve the NCMS in rural areas of China and to promote the insurance capabilities of the system, it is important to raise the compensation rates and expand the benefited population, so as to improve the protection capability of the system. For that effort, the political willingness and administrative capabilities of the county government should be improved for a stronger policy platform. This need to establish a cost control chain targeted at health care providers for a more secure financial pattern under that system. In addition, the Integration of social health insurance resources and the clarification of the government responsibility in the system are significance.

Hundreds of millions of migrant workers, one hand, make an important contribution to the development of China's social and economic development. On the other hand, because of harsh employment environment, institutional exclusion and weakness of rural traditional insurance, they are facing the risk of pension, medical, work-related injuries and unemployment. From the perspective of system demands, willingness of migrant workers to participate in the insurance system is the core. The migrant workers in the manufacturing and construction fields have urgent needs for injury insurance system. From the perspective of supply side, social security for migrant workers has problems that insufficient supply of the system at national level and dislocation at local levels. Time series data analysis shows that the modest enterprise payment level can be maintained at about 28.7% of the total wages of the employees. The upper limit of enterprise payment is wage profit margins. Currently the payment level is beyond the capacity of enterprises. Considering the individual's payment capacity of migrant workers, e-valuation path can be found in consumption utility theory and two iterative models. According to the marginal consumption propensity, autonomous spending and total income of migrant workers, we can estimate their social insurance payment capacity. To build migrant workers social security systems is not only related to the survival and development of migrant workers, and have an important impact on China's urbanization and new rural construction process. Establishment of migrant workers social insurance system should be oriented to stable employment by clustering and classification.

The land is fundamental to farmers' survival. Once the farmers lost land, they lost the basis for the survival. The resettlement of landless farmers is diverse, which includes one-time monetary compensation and social security. But current resettlement way has many problems. The market price of land divorced from requisition compensation standards, the level of landless farmer's compensation is too low. Different regions have rational and targeted social security resettlement approaches, such as the 'small towns Insurance' mode in Shanghai, 'commercial insurance plus appropriate compensation' mode in Jiangsu and 'diverse social security and resettlement' mode in Zhejiang. But these resettlements paid insufficient attention to the system requirements of the landless farmers. Empirical studies have shown that twelve factors including the basic personal conditions, family situation and system conditions significantly affect the system needs of the landless farmers. We should consider these factors and make the appropriate institutional arrangements. The convergence of urban and rural social security system related to the convergence of urban and rural old-age security system, urban and rural medical security system, urban and rural social assistance system and integration of three main areas and convergence and integration of the first two systems are the most critical. The convergence of urban and rural old-age security mainly involves migrant workers and landless farmers. The key problem of the convergence of urban and rural old-age security is that choices of migrant workers, coordination of interests between the outflow and inflow of migrant workers, transferring pension continuation of migrant workers under the system of 'new agricultural insurance'. The convergence of landless farmer's pension system lies in the compensation mechanism of landless farmers and choice of landless farmer's pension system. The integration of urban and rural old-age security mode mainly includes the integration of the management system and the integration of pension resources. Convergence and integration of the pension system can be regarded as two stages in the integration process; they can be carried out at the same time.

Administrative regional and departmental monopoly is the crux of uneven allocation of Chinese urban and rural medical resource, and the adverse selection in rural medical care area worsened the polarization. In order to achieve the balanced allocation of urban and rural medical resource, we must eliminate the 'father-son like 'relations between the health administrative departments and the public hospitals, separate government administration from medical institutions, management from operation, strengthen the status of independent corporate of the public hospitals. Breaking the regional limits, urban and rural limits, ensuring the free flow of medical resource, setting up medical group which includes the big hospitals, small and medium-sized hospital and township health center by market mechanism are effective means to balance the urban and rural medical resource. Social medical insurance institution is an important force to achieve balance. It can direct the medical resource to the rural area, by influencing medical consumption, negotiating with medical service providers and adjusting payment methods and levels.

Currently, most of the Chinese rural disaster management focuses on emergency management. There are many problems, such as incomplete emergency management system, lack of unified coordination and communication, imperfect system of laws and regulations on emergency management, less concerned on rural nature disaster, imperfect contingency plan and warning response mechanism, unclear emergency management responsibility distribution, shuffling off responsibilities and so on. Non-profit organizations participate in rural disaster rescue facing the following questions: lacking of institutionalization participation channels and resources, Credibility crisis. Rural natural disasters reconstruction mechanism consists of three parts: livelihood reconstruction, psychological reconstruction and public infrastructure reconstruction. Effective post-disaster reconstruction should integrate the post-disaster reconstruction into disaster prevention, optimize social governance structure, encourage the victims take part in reconstruction decision making so as to achieve the quickly recovery of the affected farmers' sustainable livelihood.

Establishing rural social security system doesn't mean to establish a new kind of social security system, but refine and perfect the existing system. Under the guidance of the concept of scientific development, establishing a better social security system characterized by 'demand-oriented, classification stratification and urban and rural integration' should be the basic direction of the social security system reform.

目 ■ 录
Contents

第四部分

农民工社会保险制度研究　259

第六部分

Contents

3

Contents

第一部分

农村养老保障
制度研究

第一章

老与养老

本章主要对"老"的概念进行重新解构，并在此基础上，提出如何养老。首先，通过考察目前多重视角下对"老"的界定，说明"老"没有统一的标准。其次，区分了生理层面的"老"和社会层面的"老"，前者主要是指衰老，是一个生物学概念，有严格的界定标准，而我们平常所说的"老"，社会意义远远高于生理意义，是一个社会学概念，取决于人们所处的社会地位与身份，以及社会角色。从这个方面来说，"老"是一个相对的概念。再次，将"老"上升到哲学层面，若不是因为社会需要，根本不需要"老"这个概念。并以退休制度为例，回答了退休制度的产生，是企业为了配合年功序列制度。最后，阐述了养老的层次与养老方式，分析了传统孝文化和养老观念的历史演变，简述了养老保障相关主体及其职责。

第一节　多重视角下的"老"

何为"老"？对这一问题的回答，没有统一的答案，可以分别从不同的视角——年龄视角、历史视角、职业视角和社会角色视角，来界定"老"。

一、年龄视角下的"老"

年龄视角下的"老"，一般从两个方面来界定：即生理年龄和退休年龄。

（一）生理年龄

生理年龄是一个人生命活力和身体质量的客观标准，也是从人体衰老的角度来看人所处的具体生命阶段，这一"老"的生理年龄标准，一般为 35 岁。每个人随着时间年龄的不断增长都是在不断地衰老，但是相同时间年龄的两个人，各自的生理年龄却不一定相同，这取决于两个人的日常生活方式和心理状态，以及由此影响所得到的不同的身体健康水平。通常情况下人在过了 35 岁这个身体机能的巅峰时期后，身体状况都是在走下坡路，这是每个人大致相同的。但是，一个人也有机会选择跟别人不一样的衰老过程，如加强锻炼、远离不健康的生活方式、培养健康向上的心态等。

因此，生理年龄上的"老"可以通过后天的行为约束来改变它向人类靠近的步伐，但这种趋势是不可逆转的。生理年龄上的"老"与时间年龄所规定的"老"联系相当紧密，但不完全一致。当然不否认社会中存在着那种鹤发童颜、健步如飞、身体状况比少数年轻人还要好的老年人。但从生物学的角度来说，当他们出现衰老征兆的那一刻起，"老"也就不期而至了。至于生理年龄上明确的标准划分，世界卫生组织（WHO）则根据对全世界人口健康情况的普查制定了目前各国普遍使用的生理年龄分期标准：44 岁以前的人被列为青年；45～59 岁的人被列为中年；60～74 岁的人为较老年（渐近老年）；75～89 岁的人为老年；90 岁以上为长寿者[①]。在这种划分标准中，60 岁也被看做是"老"的门槛，这一点，与目前我国男性退休年龄一致。

（二）退休年龄

退休制度的出现，使退休年龄成为社会上界定"老"的一个标准。但以退休年龄来界定老是不合适的。首先，就中外而言，退休年龄存在差异，我国退休年龄明显低于西方发达国家的退休年龄，如果以退休年龄来界定"老"，那么我国那些刚退休的所谓的"老年人"，在西方国家就不属于老人范畴；其次，就我国而言，退休年龄也存在性别差异，50 岁或者 55 岁的女性如果退休，定位为老人，那么同龄的男性却又不属于老人，更何况农村并无退休一说，无法通过退休来界定农村老人。更重要的是，人们进入退休年龄后，虽然劳动生产率会随之降低，但并不意味着完全丧失劳动能力，而是有着丰富的人力资本和社会资本，从这个意义上说，他们并不"老"。

在我国城市和农村，老年人是有着明显差别的。首先，以是否退休作为

① 刘一平：《走出空巢孤独享受生命乐趣》，载《深圳特区报》2007 年 12 月 11 日。

"老"的标准，只能对城市人群进行划分，因为长期以来农村相对城市来说，都没有"退休"这一概念和意识。其次，以工作时间来说，城市人口是"干到退休"，而在农村是"干到老"、"终身制"。现在农村实行的"新农保"有了60岁可以享受国家补助的这一待遇，这样的规定也就给农村老年人强行划定了一个"老"的标准，这类似于城市的退休制度。不论是在城市还是农村，这种强制划定的"老"的标准必将会在人们的观念中形成一种自我实施、自我支持的均衡，使符合标准的人认同自己"老"的现状，从而在心理上影响他们的健康。因此，从退休年龄来界定"老"，是不合适的。

二、历史视角下的"老"

"老"不仅是一个时间概念，更是一个历史概念。据有关资料显示，大约在2000年以前，人类的平均寿命约为20岁；18世纪增长到30岁左右；19世纪末期，也仅仅为40岁上下；到21世纪初期世界人口的平均寿命已经达到了70岁以上，并且还在不断地上升。不同历史时期人类的寿命长短不一，这也决定了每个历史阶段人们对"老"的标准是不一致的。

随着历史的发展，人类的极限寿命已经大大超过从前，现今北京、上海、天津等地许多城乡人民的平均寿命，已经超过73岁这头道坎儿，而且百岁以上的长寿老人在我国老年人口中所占的比例也在不断上升。人类人均寿命的延长必然导致了生理上的"老"的标准的历史变革。过去以"人生七十古来稀"、"73、84"作为老年人生命的尽头，现在已经被视为是平均标准。因此，在过去不同历史时期上的"老"与我们现代的"老"差异巨大，今非昔比。

三、职业视角下的"老"

不同的职业，对于"老"有着不同的要求，如中医中关于"老中医"的称谓、体育竞技中关于"老运动员"的界定等。波斯纳（2001）借助心理学的固态智力（crystallized intelligence）和动态智力（fluid intelligence）阐述了年龄对职业分工的影响。他指出，由于固态智力的形成需要时间，对于那些强调固态智力的职业，如医生、律师和法官，从事这些职业的人员年龄偏高，但这并不意味着其生产率低下，反而是他们的优势。[①] 关于这点，孔子也提到："十五有志于学，三十而立，四十不惑，五十而知天命，六十耳顺，七十从心所欲，不逾

---

① ［美］理查德·波斯纳：《衰老与老龄》，中国政法大学出版社2001年版，代译序Ⅵ。

矩。"孔子在他十五岁的时候就立志于学习；三十岁时能够自立于世；四十岁时知识渊博，遇事不迷惑；五十岁时了解世间万物的规律；六十岁时听得进不同意见；七十岁时就能够随心所欲地行事，不会超出规矩。可见老年人虽然身体机能和体力不如年轻人，但社会知识、人生经验却要高于年轻人。从这个意义上说，老年人并不老。从不同职业的角度来看，"老"与"不老"的标准也在不断变化。

四、社会角色视角下的"老"

社会是一个大舞台，每个身处其中的人都扮演着自己的角色。而且在不同的组织中，随着环境的改变，人所扮演的角色也在不断地变换着。往返于工作单位和家庭，一个人就必须完成由单位职员到家庭成员的角色转换。不同的社会角色既会影响外部对自己"老"的判断，更重要的是会因为角色定位对自己的健康产生或积极或消极的影响，反过来强化了社会角色决定的"老"或"不老"。例如，一位60岁的男性，在儿女面前，角色是父亲，也许在子女看来，他老了；在其父母面前，角色又转换为儿子，也许在父母看来，他还未老，还需他们的帮助。这只是一种粗糙的角色划分，其目的在于说明我们可以从一个人所处的社会角色，来判断其是否老。但每个人都有很多角色，并且不同的角色可以相互转换，在此角色里，一个人也许属于老人；但在彼角色里，也许又不属于老人。这也就意味着：是否老，是相对的。

第二节 "老"的相对性

"老"没有一个统一的界定标准。现有标准下的"老"，主要涉及两个层面，一是生理层面的"老"，二是社会层面的"老"。前者主要指生理上的衰老，而后者更符合本书所讨论的老，即社会意义上的"老"。生理层面上的"老"是指"衰老"的过程，是一个时期现象，也是一种客观现象；而社会层面的"老"是指人进入老年阶段的时间点，是一个时点现象，是一种主观的现象。"老"是"衰老"的结果，"衰老"是"老"的过程。同样，衰老的出现是人类必经的生理过程，是客观存在的，因此，"衰老"是一个生物学概念，具有绝对标准，而"老"却是一个社会学概念，具有相对性。

一、衰老与老

（一）生理层面的"老"

生理层面上的"老"通常被理解为"衰老"，是指人身体机能与精神智力状态的下降。在医学上人的 35 周岁被认为是生理上的拐点，人过了这个年龄，身体状况就开始走下坡路，衰老的特征逐渐开始显现。生理层面的"老"就包括了从出现衰老征兆的那刻起直到人死亡这一整个过程，是"老"在一个时间段上的体现。因为"衰老"是客观存在的现象，是人生不可避免的经历，因此，生理层面上的"老"，即"衰老"是绝对存在的，而且没有一个可以划定的时间标准。进一步认识生物学上的"老"，这种生理机能的下降必将带来对生活质量的高要求，包括营养的补充和医疗保健服务的利用，这方面的需求随着年龄的不断增长而随之增加。这就决定了人们在看待生物学上的"老"的时候，总是把它与高额的消费和需求相联系，而生物学上的"老年人"更是成了社会保障体系中的负担，认为他们就是我们这个社会中"被养"的对象，这是对老年人消极的看法。

（二）社会层面的"老"

从社会的角度来看"老"是不同于生理上的"老"的，对我们的研究作用重要的是社会层面上的"老"。马克思在对人的内涵进行剖析时指出，人不仅仅是生物上的人，更重要的是社会意义上的人，这才是真正的人。我们的养老保障作为一种社会学的产物，如果离开"老"的社会学范畴单纯谈其生物学意义，那就不是我们研究的范围。社会学上的"老"作为一个时点概念，它的重点在于描述跨过"老"这一时间标准后的老年群体在自身人力资本、社会资本和精神资本上的丰富存量，是一种资源优势的体现。在这里，"老"即是"财富"。同时，社会学上对"老"的判断还会随着一个人的社会角色、社会地位与身份，以及职业等因素的不同而改变。

（三）"老"与"衰老"的比较

关于"老"的社会学和生物学意义的分类类似于会计学上对"旧"和"折旧"的区分。会计学上没有旧的概念，只有折旧的概念。折旧是指机器设备以及厂房等固定资产在使用过程中因为磨损老化或者技术上的陈旧而损失其价值的现象，也可以理解为对损失的估计行为。折旧是一个时间段概念。在谈到设备和机器的折旧问题，由折旧现象发展到最后使得机器失去使用价值的最后一步，通常被称为报废，而在报废之前的整个时间段都是折旧的过程。这类似于我们所讨论生理层面上的"老"，即是"衰老"。两种类型的"老"所定义的老年人群体各自所代表的功能不同，生物学上的"衰老"指向老年人作为服务与资金利用者的社会角色，是单纯意义上的消费者；而社会学意义上的"老"指向的是老年人作为丰富人力资本、社会资本和精神资本的拥有者，他们不仅可以通过生产功能的发挥丰富自己养老的方式，更能为经济社会的发展作出巨大的贡献。这也使得社会学意义上的"老"比生理层面的"衰老"更为重要。

二、"老"的社会属性

社会性是人的根本属性，"老"作为一种社会学意义上的概念与标准，由它划定的老年人是具有不同社会属性的老年人。在判断一个人是否已"老"和"衰老"的程度的时候，需要对老年人进行细分，对于同样 60 岁的老人而言，离休的和退休的不一样；退休的高干和农民不一样；老教授、老中医和普通工人也不一样。老年人在社会和家庭中扮演着不同的社会角色，具有高低不同社会地位，这些决定了老年人社会学上的"老"和生物学上的"衰老"都是不同的。

（一）社会身份与地位决定老

人的异质性决定了他们的社会身份和社会地位高低不同。社会地位决定了一个人在外界眼中是否是"老"。一般看来，"尊老"是我国的优良传统，随着人年龄和社会阅历的增长，他所受的尊敬程度是随之增加的。同时，社会地位的高低也实实在在地影响着一个人被社会认可的程度。年龄同为 60 岁的大学校长和校车司机，没有人会把校长划归为"老年人"，而同样年龄的校车司机却被认为是理所应当的"老"。

（二）社会角色与老的转换

角色理论的创始人米德（George Herbert Mead）指出，人社会属性上的"自我"发展是通过社会角色的采择来实现的。首先，社会上对"老"的认识是由社会经验的积累形成的，是外部环境对个体的看法。人们由于有了来自外界的经验，才会根据外界设置的"老"的标准把自己设想为一个老年人，产生了符合"老"的心理特征、情感和态度，从而产生了已"老"的自我意识，这是老年人角色的采择过程。其次，在进入社会和他人所定的"老"的角色之后，人必须按照外部对自己的期望实施行动，自觉扮演自己的角色，使其符合社会的标准，否则会被视为群体中的另类。因此，当人一旦进入老年人的社会角色，心理和行为都会随之发生变化，成为老年人的状态，这种观念上的均衡强化了人们对自身"老"的认同，"说我老，我就老。"这是对老年人生理和心理健康不利的影响。最后，由于社会角色也是相对的，在不同的组织和环境中，人所扮演的角色也是不同的。角色间的冲突使得人要根据环境不断转换角色的类型，在孩子面前扮演"老"的角色，回到父母身边就要扮演"少"的角色，这样的角色转换，有助于老年人保持身心健康。

三、对"老"的重新解构

"老"的相对性不仅可以从生物学和社会学的角度加以解释，也可以上升到哲学的层面进行分析。马克思主义哲学讨论了唯物主义和唯心主义的区别。唯物主义被冠以客观、合理、正确的标签；而唯心主义，不管是主观唯心主义还是客观唯心主义都被认为是错误的。其实，唯心与唯物的争论类似于我们对"老"与"不老"的区分，唯物与唯心都有其合理性，而"老"与"不老"也只是出于人们的某种意愿而做出的区分，它们之间的界限十分模糊，并且也不能被认为是完全正确的。

"老"与"不老"只是不同人眼里的一种表象，我们很难对"老"下一个确切的定义，看似标准的"老"，其实是没有本质的。这与传统道家思想中老子提出的："道可道，非常道；名可名，非常名。无名，天地之始；有名，万物之母。故常无欲，以观其妙；常有欲，以观其徼。此两者同出而异名，同谓之玄。玄之又玄，众妙之门"的论断是相符的。老子指出：对于世间万物，我们可以表述出来的规律，并不是永恒不变的规律；而对于这些事物可以命名的，也不会是永恒不变的名字。万物的无名状态是它们的初始状态；万物的有名状态，也仅仅是出于我们对它们的认知。这正如我们对"老"的研究，通过分析发现，我们对"老"这种现象没办法下定义。但是为了研究的方便，我们依然会根据年龄标准、退休标准、健康标准来下定义。但是所有这些标准都不是非常合理的标准，这些仅仅是为了某一目的而采取的标准，是为了某一研究目的而定的标准，这也是无奈的做法。

我们进一步联系道家所讲的"无"和佛家主张的"空"，什么是"无"和"空"？即没有本质。在道家和佛家的眼中，世界是没有本质的。"因缘和合，缘起性空"一切世间纷扰皆是生于人心，都是主观意识的产物。这也和后现代主义上的解构思想对世界的认识很相似，解构主义作为后现代主义思想的一个流

9

派，它在分析一切现象的时候是反对基础、反对本质、反对理性的，它强调对事物的拆分，因为世间万物都是由现象和本质组合而成的，要真正认识世界、了解世界，要用一分为二的眼光来看待，并且不能按照理性、世俗的观点来对事物进行认知。因此，从这个角度来说，世界是什么？人是什么？是什么也没有的。过去一切的概念和标准都是不被后现代主义思想所接受的。我们经常说要揭示什么什么的本质，这在后现代主义和佛教看来是很狂妄的，他们认为这些没有本质。在一切事物的表象背后，都是"空"和"无"。这样的分析思路暗合了我们对"老"的概念的反思。人没有本质，"老"更没有本质，它只是一种有表象、无本质的概念，并且一个人究竟是不是"老"要取决于他所处的环境和他所扮演的角色。

综上所述，"老"是个相对的概念，甚至是一个没有意义的概念，因为人与世界的本源一样，没有本质，也就无"老"一说。那么，与之相关的一个问题，就是为何人们还要确立各种标准来界定老呢？这是因为有社会需求，退休年龄就是如此，其设立的初衷，是企业为了配合年功序列制度，尔后政府通过立法，将退休年龄制度化。但是，退休年龄一旦产生，并以此来界定老，就会对退休人员的养老产生重要影响。

第三节　退休与养老

退休是相对于雇佣关系而言的。传统农业社会，生产自给自足，并无雇佣关系，也就不存在退休一说。进入工业社会后，雇佣关系产生，伴随而来的一个问题，就是雇员的偷懒行为。为此，雇主实行年功序列工资制度，并以此激励雇员，产生的另外一个问题就是，工作越长久，雇员工资越高，但其生产率却下降，尤其是在四五十岁以后，劳动生产率下降得更快。为了解决这一悖论，雇主与雇员签订合同，实行强制退休，对退休人员的养老产生重要影响。

一、工业化与退休的出现

（一）工业化与雇佣关系的产生

退休是企业员工达到一定年龄，劳资双方解除劳动关系，劳动合同终止的行为。雇佣关系的存在是退休出现的前提。传统农业社会，自给自足的小农经济占主导地位，土地是最主要的生产要素，家庭作为最基础的生产单位，成员之间通过内部的分工和合作生产来满足生活需要，家庭成员之间不存在雇佣关系，年老的农民只要还有劳动能力，就可以一直耕作下去，并不存在退休一说。随着工业化的到来，机器大生产代替了手工劳动，农民不再仅仅依靠土地而生活，部分农民来到工厂接受雇佣，为领取劳动报酬而向雇主"出租"自己的劳动力，双方形成雇佣关系。

（二）雇员的道德风险与年功序列制度

雇佣关系产生后，与之而来的问题是雇员在工作过程中，可能偷懒。雇员的这种道德风险，置于委托—代理框架下，更容易理解。雇佣关系是一种典型的委托—代理关系，雇主是委托人，追求利润最大化，雇员则是代理人，雇主相当于将利润最大化的目标委托给了雇员，并希望雇员努力工作。但是，雇员是否工作努力，雇主并非知晓，双方之间存在信息不对称。并且，雇员与雇主的利益并不总是一致，在这种情况下，雇员在工作过程中，可能偷懒，诱发道德风险，损害雇主的利益。为了解决雇员的偷懒问题，雇主可以加大监管力度。雇员在严密的监管之下，偷懒的可能性会大大降低。虽然监管可以一定程度解决雇员的偷懒行为，但是监管会产生监管成本，有时候，监管成本之高导致监管并不可行。这是因为，对于那些以体力劳动为主的工作，这类工作往往实行计件工资，行为和结果都较易观测，因此监管成本较低。但是，对于以脑力劳动为主的工作，行为难以观测，监管难以奏效。

除了加强监管，还可以通过机制设计来解决信息不对称带来的雇员偷懒问题，雇主可以向雇员收押金，如果雇员偷懒就没收押金。押金可以是即期的，也可以是延期的，一种典型的形式就是年功序列工资制度，年轻时劳动生产率较高应给予高工资，但给低工资，相当于工资的一部分以押金形式扣留在企业，随着工龄增长以年功序列形式返还，即随着工龄增长涨工资。这其实增加了雇员偷懒的成本。如果雇员偷懒被雇主发现，一旦开除，不仅会失去其年轻时被雇主套牢的工资部分，而且难以重新找到一份与现有工资水平相当的工作，这是因为新雇主仍然采用年功序列，雇员重新积累工龄，工资较低，基于此，雇员偷懒的动力大为降低。

（三）年功序列下的悖论与退休的出现

虽然年功序列制度可以解决雇员的偷懒行为，但也会产生其他问题。当雇员年轻时，工作技能和经验在干中学增加，工作效率提高，工资随着工龄而增加，无可厚非，但是随着雇员年龄增大，尤其在四五十岁之后，体力和精力的不足使

11

得年龄较大员工的工作效率下降，这就出现了悖论，即雇员的工资随工龄而增加，而在一定时期后，生产率又随之下降，对于雇主而言，必然会损害其利益，无法实现利润最大化。为了解决这个悖论，工资随着年龄不能无限制地增长，年龄大的员工也不可能一直工作以相对较低的工作效率领取高工资，这就出现了退休。退休的出现，人为地给"老"界定了一个标准。

二、退休制度化及对养老的影响

（一）退休制度化的初衷

1. 统一退休年龄

企业为配合年功序列而实行强制退休，但具体到退休年龄，每个企业可能都不尽相同。如果每个企业实行的强制退休年龄都不一样，必然出现混乱局面。国家以法律形式，统一规定退休年龄。然而，政府将退休制度化所形成的退休，是强制退休还是自愿退休，是有差异的。在我国，男职工退休年龄为 60 周岁，女职工为 50 周岁，女干部为 55 周岁。对特殊工种的职工，如从事井下、高空、高温、特殊繁重体力劳动或其他有害身体健康的工人，累计工龄在 8～10 年的可以允许提前 5 年退休，并且不降低退休待遇。① 因此，不考虑特殊情况，每个人在达到退休年龄后，都应强制退休。然而，在国外大部分国家，政府制定的退休年龄，却是一个自愿退休年龄。在未达到退休年龄之前，不允许提前退休，在达到退休年龄后，员工可以选择是否退休。

2. 保护政府养老金制度

首先，在缴费环节，限制提前退休。大批劳动者提前退休不仅减少了养老金的收入规模，还将直接增大养老金的需求规模，尽管国家采取一定的调节机制，适当降低提前退休者的养老金数量，但它不会从根本上改变对财务机制产生的巨大压力。在老龄化和高龄化背景下，即使是按正常退休年龄的收支平衡也难以实现，若不加以抑制普遍存在的提前退休，势必加速和恶化养老保险的财务危机。当然，退休制度化后，并不意味着完全不允许提前退休，许多国家养老保险制度规定了不同种类的提前退休条款，允许劳动者在特定条件下，如减少养老保险待遇，降低较严重失业压力等，可以提前退休。②

其次，在领取环节，有可能减少领取人数和期限。因为，退休制度化以前，企业实行的是强制退休，退休制度化以后，实行的是自愿退休。员工在未达到退

---

① 赵曼：《社会保障》，中国财政经济出版社 2005 年版。
② 林义：《社会保险》，中国金融出版社 2006 年版。

休年龄之前，不允许提前退休，在达到退休年龄后，可以选择是否退休。在这种情况下，对于一些体力劳动要求很高的工作，由于对经验技术的要求不太高，员工随年龄的增长，身体机能下降，使得其不再胜任工作需要而选择退休。但是，对于那些年龄大的员工却完全能够胜任工作，如国家公务人员，在到达退休年龄时，他们完全有能力继续工作。对于这部分人员而言，可能会选择继续工作，这也就意味着领取养老金的人数减少，并且领取期也会缩短。

3. 增加劳动力供给

企业实行强制退休，有利于增加劳动力供给，这点对于政府而言，也同样存在。由于老的一代在到达退休年龄时退出劳动市场，这就形成了巨大的劳动力需求，新的劳动力注入市场，年轻一代员工填补到空出工作岗位上，发挥年轻优势，创造更大的生产产出，增加了劳动供给，促进了劳动力的代际更替。考虑到政府养老金计划，劳动供给增加，尤其是年轻劳动供给增加，意味着"接棒的人"增加了，政府养老金计划才得以持续。

（二）退休制度化对养老的影响

首先，退休制度化以后，强化了人们对"老"的认识。老年人到达退休年龄，被迫离开劳动岗位，也意味着社会把老年人界定为劳动能力丧失，至少不能胜任工作，老年人为了符合人们对老的预期，行为举止也必须符合"老"的标准，这无形中强化"老"的概念。事实上，老年人有着丰富的人力资本和社会资本，退休并不是"老"的标准。人到老年后，衰老的是人体的机能而非智力，老年人拥有的丰富经验和人力资本并不会因此而退化，这种能力，在老龄化背景下显得尤其珍贵。波斯纳（2001）曾提及"老年人的能力不适应原始狩猎社会；但是却是适合现代社会的。"[①] 因为现代社会需要的，更多的是智慧，正好可以发挥老年人的社会知识。

其次，对老年人消极的认识，延伸到养老时，也只是消极地把老年人看成消费者，满足其物质消费，忽视了精神慰藉层面的需求。在实行强制退休的情况下，老年人的人力资本和社会资本无法得以利用，并且由于收益期缩短（没有强制退休的情况下，可以继续工作，人力资本的收益期延长），老年人的人力资本投资也会减少。更重要的是，强制退休，减少了老年人参与社会的机会。因此，应该废除强制退休制度，实行自愿退休，而且西方国家也大多是这样做的。

---

① ［美］理查德·波斯纳：《衰老与老龄》，中国政法大学出版社2001年版。

三、自愿退休及国际经验

（一）自愿退休的国际经验

瑞典1999年进行的退休年龄改革，允许劳动者在65岁这一法定退休年龄的基础上，选择61~67岁之间退休；丹麦法定最低退休年龄为65岁，但劳动者可推迟到70岁退休；芬兰允许劳动者在63~68岁之间选择退休；西班牙法定退休年龄为65岁，一定条件下可超过65岁；意大利自1992年开始，对退休制度屡有改革，逐步规定了一个57~65岁的弹性退休区间；法国规定了60~65岁的弹性区间。美国是世界上法定退休年龄最高的国家，为了应对老龄社会，美国也已经变67岁的强制退休为弹性退休，70岁之前有权继续就业。自20世纪90年代开始，一系列改革措施逐步将未来十几年里（2012~2029年）德国的养老金领取年龄由65岁提高到67岁。

（二）企业年金——对自愿退休的补充

强制退休是企业实施年功序列工资制度的配套措施，如果废除强制退休，而实行自愿退休，那么如何解决年功序列制度带来的员工工资随工龄增加，而劳动生产率却在一定时期后随之下降的悖论呢？途径之一就是企业年金，在企业年金制度设计时，鼓励员工退休，尤其是生产率较低的员工，而对于生产率仍然很高的员工，即使达到退休年龄，也可以继续工作，在工作中参与社会，实现自养，获得更高层次的精神慰藉。

按照年功序列，职工在年轻时领取低工资，然后按年功序列涨工资，如果60岁是法定退休年龄，员工在59岁时就可能将不再努力工作。这就是员工的道德风险问题。但是员工若在退休前偷懒被企业发现以后开除了，也就无法享受企业年金，从而增加了员工偷懒的成本，员工为了顺利得到企业年金，退休之前偷懒的可能性就大大降低了。当然，企业年金不可以转移接续，如果员工在企业偷懒被开除或者主动跳槽后，原来企业的年金可在新单位之间进行转移接续，那么企业年金克服道德风险的功能就不存在了。假定全国所有企业都实行年金，标准统一，可以接续，企业对偷懒员工就少了一种惩罚措施，无法克服道德风险问题。

根据期望理论，当员工认为努力会带来良好的绩效时，他就会付出更多的努力。在设计年金计划时，企业可以充分利用年金的灵活性特点，来鼓励人们在合适的年龄选择退休。如果员工到达退休年龄之后继续工作，可以把他们的企业年金和退休之后的工作年限相挂钩，退休之后工作年限多的话，其企业年金比率可以相对降低，退休之后工作年限少的可以相应提高，从而激励其选择合适的退休时间。这样建立差异化的企业年金制度，可在单位内部形成一种激励氛围，充分调动到达退休年龄员工的工作积极性，发挥自身的最大潜力，老员工不仅在这个发挥的过程中实现自己的最高价值，更获得了继续参与工作参与单位组织的机会，真正地实现积极主动地面对老年生活。

由此可见，退休是企业为了配合年功序列制度而实施的，尔后政府出于统一退休年龄、保护养老金制度和增加劳动供给的考虑，将退休制度化。如果没有这些需要，退休并不会出现，社会也不会通过退休年龄来界定"老"。但一旦社会通过退休年龄来界定"老"，并将其上升到法律层面，就会强化"老"的社会观念，对养老产生消极影响。

第四节　养老与养老观念

一、养老层次与养老方式

全面的养老，包括经济供养、生活照料和精神慰藉三个层次，广义的养老保障，既包括养老服务需求的资金问题，更包括服务的供给，即养老方式问题。

（一）养老的三个层次

养老，不仅仅是经济供养，或者说，并不仅仅是"喂养"，关于这点，在《论语·为政篇》里子游问孝，孔子答曰："今之孝者，是谓能养。至于犬马，皆能有养，不敬，何以别乎？"因此，我们所提倡的对老年人的"养"不是简单的"喂养"，而是一种高层次的"养"，是饱含敬仰之情的体力与感情的双重付出。并且，精神方面的"敬"比生理层面的"饱"对老年人来说更为重要。养老的三个层次——经济供养、生活照料和精神慰藉，层次由低到高，精神慰藉最为重要。三个层次有交叉，老年人从经济供养和生活照料中，获得精神慰藉。当然，这种精神慰藉也是低层次的，更高层次的精神慰藉来源于社会参与。

（二）三种养老方式

养老方式包括家庭养老、机构养老和居家养老三种方式。三种养老方式，表面上，涉及不同的养老服务供给主体，实则是不同的组织形式。

1. 家庭养老

家庭养老兼顾养老的三个层面，尤其是精神慰藉部分，是最理想的养老方式。但随着工业化、家庭规模小型化和家庭结构核心化，这一养老模式正面临着极大挑战。

2. 机构养老

机构养老，大多由政府出资筹办，也有由私人投资的。从所有权性质来看，有营利性养老机构，也有非营利性质的，形式主要有养老院、敬老院、老年护理院、托老所等养老机构。机构养老中，主要提供老年人的生活照料和一定程度的精神慰藉。

3. 居家养老

居家养老则是老人住在自己的家里，由社区或者政府指定的人员提供养老服务。关于服务的购买方式，可以由子女出资购买，也可以自己购买。当然，现有居家养老实践，大多是由政府直接购买服务，免费或低费提供给老年人。相对于机构养老而言，居家养老的老年人不用搬到养老院中，而是在家享受生活照料和其他养老服务，这就意味着其原来积累的社会网络和资本仍然得以延续，这些对于老年人的社会参与而言，尤为重要。

4. 中外与城乡养老方式差异

家庭养老是我国主要的养老方式，但在西方国家，家庭养老的重要性有所降低。这既与西方养老观念有关，也与家庭规模和结构变化有关。首先，费孝通（1998）把西方家庭及其形成的社会关系定义为"团体格局"[①]，维系社会关系的道德体系与宗教观念密切联系，讲究不分差序的兼爱，或者博爱，在这种观念下，养老既可在家庭，也可以在养老机构。我国家庭及其形成的关系，是一种"差序格局"，讲究有差序的爱，在养老问题上，首先是子女的责任，强调家及家庭养老的重要性。其次，虽然家庭规模小型化和结构核心化是趋势，但相对来说，西方国家的这种变化趋势更明显。因此，家庭养老在西方的重要性，有所下降。换言之，其他养老方式，如机构养老和居家养老，在西方较为普遍。

在我国，城乡养老方式也有所差异。在农村，父母年老时和子女住在一起，依靠子女为其提供经济供养、生活照料和精神慰藉。在城市，因独生子女政策的实施，家庭多为核心化结构，子女外出工作或组建自己的家庭之后，无暇来照顾自己父母的生活，而城市老人自己一般都有退休金，相对农村老人比较富裕，居家养老和社区养老是比较受欢迎的养老方式，老人可以在家中享受服务，不用去养老院等专门的机构，这样就将养老的服务和机构分开，节约了养老资源，也给

---

① 费孝通：《乡土中国　生育制度》，北京大学出版社 1998 年版。

老人更大的选择空间。农村老人目前还是以家庭养老为主，"养儿防老"观念的影响还是很大的。

总体而言，在三种养老中，家庭养老是最理想的养老方式，也是历史最久、社会主流的养老方式，居家养老是未来养老的发展方向，而机构养老，则是其他养老方式的重要补充。当然，考虑到中外与城乡差异，三种养老方式的侧重，也有所不同。三种养老，只是组织形式不同，成本和收益不同。中外与城乡养老方式的差异，也与养老观念不同有关。

二、孝文化与养老观念

（一）孝文化的传承与发展

孝文化在我国已有几千年的历史，早已沉淀为中华文明的精髓。孔子曰："夫孝，德之本也。"孙中山先生说："讲伦理道德，国家才能长治久安，孝是无所不适的道德，不能没有孝。"[①] 纵观我国历史，虽然不同的时代呈现出不同的形式，但是孝文化的真谛是一致的，有着良好的发展与传承。在公元前 11 世纪以前，华夏先民就已经有了"孝"的观念。到西周时期，孝道观念已经产生，《周书·微子之命》称赞微子启，"恪慎，克孝"。先秦时期，孝文化得到了很大的发展，单在《论语》中，直接提到孝字的就达十八处之多。到战国中期的《孝经》，则更从孝的基本理论，孝道与政治的关系，孝道的实践三个方面阐述了儒家的孝道思想。汉代崇尚孝道，以孝治天下，播于田野。汉初以孝廉察举士人，汉武帝增《孝经》立于太学，设孝经博士，使孝道思想成为汉朝统治思想之一。西汉以孝书治天下，东汉则以孝道教化天下，"使天下诵《孝经》"。

孝文化已经渗透并流动于我国社会生活的方方面面，不仅体现在家庭，也体现在社会。"孝"在家庭中主要体现在子女对父母，晚辈对长辈的行为和态度上。在中国传统的孝文化中，父母在家庭中是绝对的权威，服从父母被视为孝顺的一种体现。在《论语·里仁篇》中孔子曰："事父母几谏，见志不同，又敬不违，劳而不怨。"意思就是子女侍奉父母时，对父母不对的地方要婉转地规劝，若自己的意见不被接受，仍然要保持恭敬，不要违背父母，虽然自己感到苦闷，也不要流露出埋怨。[②]

"孝"文化的发展与传承，也融入了政治因素。家庭讲"孝"，并把它从家庭扩展到国家，实现了从孝到忠的链接，在家尽孝，对国家则尽忠。古代有一种

① 雷志华：《孝与我国当前的农村养老》，载《新学术论坛》2010 年第 3 期。
② 胡元江、陈海涛：《中西方孝文化探析》，载《南京林业大学学报》2007 年第 1 期。

政治制度叫做"举孝廉"，举孝廉就是从政的一个重要渠道。如果一个人品行非常好，尤其是非常孝敬父母，非常孝顺同宗同祖的长辈，人们会通过举孝廉对品行好的人区别对待。从这种现象可以推测当时社会就形成了一种适用范围很广的观念：孝顺父母的人就是忠诚的人。尽孝父母是忠诚于君主的基础。若不尽孝，何来尽忠？由孝至忠，成为社会对一个人的甄别机制，成为判断一个人品质非常重要的标志。当然，"孝"之所以被传承、被颂扬，除了它对我国历史上的封建统治具有思想上的维护作用，是古代君主"由孝到忠"思想的基础外，更重要的原因是"孝"对于社会来说是一种稀缺的资源。它对于我国的养老观有着重要影响。儒家的孝道是几千年来人们奉行养老的道德准则。古代学者大力倡导并由中国古代朝廷颁布实施了许多养老礼仪和养老制度，极力以孝教化百姓，从而强化人们的养老观念，让晚辈担负起赡养老人的责任。历史实践证明，传统孝道作为伦理道德准则和行为规范，在中国家庭养老中起着规范和约束作用，促进了家庭和睦、社会稳定，使老有所养，幼有所怀。

（二）养老观念的演化与差异

虽然敬老、爱老、尊老的传统孝文化具有一致性，但具体到养老观念上，还是具有差异，尤其是体现在养老观念的中外差异和城乡差异上。

1. "养儿防老"观念及其演化

"养儿防老"是中国古已有之的传统观念。作为一种观念，具有稳定性，这一点，可以从理性预期的角度加以理解。观念是一种均衡，"养儿防老"的观念一旦形成，便会影响人们的行为，而人们的行为又会强化这一观念。换言之，当全社会都认同"养儿防老"的时候，作为父亲就会有一个预期，即愿意在儿子身上投入相对于女儿更多的人力资本，因为女儿以后出嫁会带走这部分投资。对儿子进行更多投资的结果是，儿子储蓄了更强大的生产能力。养老要靠儿子，父亲年老的时候就发现这个决策是对的。儿子也有一种预期，就是应该对家庭承担责任，成为家庭的中流砥柱。这种预期就强化了儿子养老的能力。在父亲与儿子如此的心理预期下，最后的结果，就真的形成了"养儿防老"的局面。如果有一个儿子在其他人保持不变的情况下，想背离这种均衡，在父母年老时不管父母，那他的兄弟姊妹和整个家族都会看不起他，就会通过有形和无形的措施惩罚他。传统社会人们以土地为生，人口流动性小，如果违反规则不接受惩罚远走他乡是很难做到的。这就让这些约定俗成的规则被执行得非常好，因为如果违反规则，很难逃脱惩罚。因此，在观念均衡的状态下，所有的人都赞成"养儿防老"，那么儿子自然会成为为父母养老的不二人选。

同样，如果社会都认同"养女防老"，那么"养女防老"也会成为一种均衡，并稳定下来，问题是，为什么这种情况没有发生呢？为什么我国传统的养老观念是"养儿防老"，而不是"养女防老"呢？究其原因，首先是与生产能力有关。在传统社会最重要的生产是农业生产，最重要的产品是农产品，最重要的财富就表现为粮食和各种食品，在这种状态下，体力劳动很重要。所以在以家庭为生产单位的传统农业社会，最重要的生产要素就是男劳力。养儿就是养劳动力，有劳动力才有生产能力。人们是以养儿的方式，积蓄生产能力。其次，有了儿子，老年人和年轻人的分工就会很合理。年轻的时候一般从事体力劳动，年老的时候就主要是脑力劳动了。父子之间，体力劳动分配给年轻有力气的儿子来做，年迈的父亲就做脑力劳动。父亲的脑力劳动主要表现为管理家庭，家庭是一个很重要的生产单位，父亲管理家庭内部与外部的事务。再者，父亲和儿子之间也是一种师生关系，父亲向儿子传授生产经验，包括气象知识、预测天气以及对耕作时间的掌握等，不仅仅只是农业方面的知识，还包括其他方面，一个合格的农民知识是全面的，这需要长期的积累。再次，"养儿防老"观念的形成与我国自古以来家庭内部的财产继承方式有关。因为我国从传统农业社会到现代社会，一般情况下，经济权力主要集中在老一代的手里。① 而在多子女家庭中儿子与女儿相比一直是父母去世后财产的第一继承人，是有继承权的。作为权利与义务的对等，财产的继承也是与对父母的赡养相对应的，儿子因此便担负起了养老的责任。

进入现代社会后，"养儿防老"观念有所弱化，其原因：第一，是家庭规模的缩小。小规模家庭使得家庭的养老功能下降，包括资金提供能力和服务提供能力的下降。第二，是农业技术的进步使得劳动力需求下降，机器劳动代替了传统的体力劳动。比如农业机械化的普及，使得农业生产中对体力劳动的要求有所降低，通过储存儿子的体力来应对生产需要的"养儿防老"观念弱化。第三，是市场经济的发展。随着市场经济的发展，传统农业生产中需要儿子来完成的事情，可以通过市场交换来完成，从而对"养儿防老"的观念带来冲击。第四，是人口流动性增加。子女由于工作等原因会远离父母和自己的亲戚圈子，导致家庭内部的惩罚力度下降，儿子不养老的约束力降低。最后，一个特殊的原因就是中国经历了"文化大革命"，这对传统观念是一个很大的冲击，一种新的正确的观念还没有被树立，原来优良的传统却已被破坏。在这种时期，社会还没有形成一个统一的规则，一些优良的传统观念在计划经济年代又被废除，包括"养儿防老"也被当做封建思想。再者就是政府的作用，政府在社会保障方面的投入增多，也会影响家庭的养老功能。例如，如果增加财政投入，子女认为父母有政

---

① 费孝通：《江村经济》，商务印书馆 2001 年版。

府管，自己就可以少出点力，家庭养老就会淡化。久之就会形成一种社会均衡，即老人预期政府会替子女养老，"养儿防老"观念就更加弱化。

2. 中外与城乡养老观念差异

就"养儿防老"的观念而言，中西方有重要差异。我国法律规定子女有赡养父母的义务，父母有抚养子女的义务，抚养和赡养是相互对应的。西方法律中没有子女必须赡养父母的规定。在我国，抚养孩子就是父母的事情，父母管教孩子和他人并不相干。而在美国，管教孩子不仅仅是父母的事情，还是社会的事情。如果别人发现父母体罚子女被揭发的话，警方是会剥夺其抚养权的。美国更强调社会对青少年的影响，也更注重社会对养老的责任。这种差异，也可以通过对家庭的看法得以反映。中国人家庭观念非常强，父母对子女的付出是不计代价的，只要子女需要，父母可以一直付出。而在西方，子女从小就强调独立，一旦成年，都会自食其力，不需父母过多付出。这种父母与子女之间互相付出的差异，也与中西方在财产继承方面的不同有关。在中国，父母的财产毫无疑问是由子女继承的，这不需要任何书面的证明，子女也认为这是理所当然的。而西方人则需要通过遗嘱决定财产的归属，父母可以根据自己的想法把自己的财产给任何人或机构，甚至给自己的宠物。这些都意味着，在西方国家，"养儿防老"观念即使存在，也不会像我国这么强。

在我国，"养儿防老"观念在城乡之间也有差异。农村长期以来还是"养儿防老"，儿子为父母养老，父母就需要对儿子尽义务，包括为儿子娶媳妇。农村帮助儿子娶媳妇，其中最重要的一项就是父母要倾其一生的积蓄给儿子建房，尤其是农村很多家庭都是多个儿子，建房不止一套，这对父母而言，压力巨大。城市的独生子女政策，使得在家庭中间真正实现了"养女也防老"。只有一个孩子导致了"养儿防老"观念弱化，虽然是女儿，但是权利和义务很清楚，女儿同样拥有继承权，同样负有养老责任，在人力资本投资方面，女儿也同样享受着和儿子一样的待遇。

当然，不管是"养儿防老"，还是"养女防老"，或者是其他养老观念，都是一种均衡，一旦形成，便具有稳定性。不同的国家养老观念不同。美国的养老观念放到日本是行不通的。反之，日本的养老观念放到美国也不行。很难说，哪种养老观念更好，但可以肯定的是，观念难以移植，因为它是一种理性预期，是一种均衡。虽然我国养老观念有所弱化，但人们对孝的认识仍然具有一致性。陈功（2009）《2003 年孝与养老观念调查》显示，老年人和年轻人，对于孝都是认可的，并且都认为孝主要体现在关键时刻（如生病时）而非日常生活中。[1] 这

---

[1] 陈功：《社会变迁中的养老和孝观念研究》，中国社会出版社 2009 年版。

说明，我国五千年来的传统文化没有因为工业化而割裂开来。此外，上述调查也揭示出其他信息。首先，年轻人和老年人形成了一致的心理预期。其次，因为现在的家庭规模和工作特点，年轻人平时照料父母行孝的机会成本增加，所以老年人也不敢奢望，也就是说，老年人并不是不看重亲情，而是体谅子女，因为子女平时尽孝的机会成本很高。最后，由此可以推测到，老年人大部分时间是可以自理的，只有少量时间是需要照料的，如果有大量时间可以自理，就意味着老年人大部分时间，是可以自由支配的，如旅游、返聘工作，不需要像幼儿园那样，需要子女无时无刻的照料。换言之，老年人有社会参与的可能。

三、养老保障中相关主体及职责

养老保障有广义与狭义之分，涉及的主体较多，承担着不同的养老职责。对老年人认识的态度和层次不同，不同主体及其职责也会有所差异，并且这种差异会延伸至城乡差异上。城乡老年人的重要差异之一，就是载体差异。城市老年人有单位，而农村老年人没有。即使城市老年人退休后，仍然和单位有着重要联系。工作收入不仅是老年人参与能力的重要来源，通过工作而结识的同事和同行，也是城市老年人社会网络的重要组成部分，并成为其社会参与机会的重要方面。

（一）需求视角——老年人消费者角色

仅把老年人看成消费者，关注老年供养的资金问题，所涉及的主体及其职责如下：

1. 政府

对于城市老年人而言，政府建立城镇职工基本养老保险制度，其职责是保障养老金按时、足额发放，并对养老金发放定期进行指数化调整。对于农村老年人而言，政府建立新型农村养老保险制度，其职责是为其提供经济福利，同时，对贫困老年人而言，提供社会救助。

2. 企业

对于有条件的企业，在参加基本社会保险之后，为员工提供补充养老保险——企业年金，保障退休职工更高层次的需要。

3. 家庭

家庭中不同成员在老年人供养时体现着不同的职责。对于子女而言，对老年人的供养主要体现在经济赡养上，而且更多体现在关键时刻的资金支持；对于老伴而言，其作用主要体现在日常的生活照料上，并提供一定的精神慰藉。

21

4. 养老机构

机构养老是三种养老方式之一，尤其是随着家庭养老功能的弱化，机构养老的重要性也逐渐显现。因此，养老机构在养老保障中也具有重要的职能，为老年人提供日常生活照料和老年护理，发挥着家庭养老中子女和老伴的部分职责。

5. 社区和村委

城市社区是老年人除单位以外另一个重要的载体，类比农村中的村委，为老年人提供日常便利服务。在居家养老中，社区也可以通过组织本社区人员，为老年人提供日常生活照料以及一定的精神慰藉。

（二）供给视角——老年人生产者角色

老年人不仅仅是一个需求者，也是一个生产者，因为老年人有着丰富的人力资本和社会资本。通过社会参与——参与家庭生产和市场生产，获得经济供养和更高层次的精神慰藉，满足更高端的老年需要。基于此，不同养老保障主体的职责，主要体现在保障老年人社会参与的机会和能力上，其中参与能力主要受收入、健康、社会地位和受教育程度的影响。

1. 政府

对于城市老年人而言，养老金是主要收入来源，政府保障养老金按时、足额发放，并对养老金进行指数化调整，不仅仅是保障老年人的消费或基本生活，也是保障其社会参与的能力。政府建立并完善医疗保险制度，尤其是城镇居民医疗保险，将更多的老年人纳入制度范畴，有利于老年人健康的、参与能力的改善。另外，强制退休制度剥夺了老年人继续参与社会，尤其是参与市场化工作的机会，政府在退休制度上的改革，也将关系到老年人参与社会的机会。最后，政府在老年大学上的投入，也有利于增进老年人社会参与的机会和能力。

对于农村老年人而言，政府试点、推广和完善新农保和新农合，也有助于其参与社会。现行新农保待遇较低，类似"零花钱"，属于一种经济福利，而非保险。然而，农村老人有了这项"零花钱"，可以给小辈们压岁钱或买零食等，获得精神慰藉，同时，也有利于其参与邻里之间的红白喜事。至于新农合，随着其覆盖面的扩大，对于老年人医疗消费和健康的影响，可以类比城镇居民医疗保险。

2. 企业

企业为退休职工提供继续参与企业事务的机会，如参与企业组织的活动、年会、例会等，不仅是因为他们为企业的发展作出过贡献，更是因为他们还有着丰富的人力资本和社会资本，尤其是部分老年人退休后返聘、外聘，继续从事市场工作，正是说明了这一点。老年人返聘、外聘，不仅是其参与社会的重要机会，也是获得收入自养，甚至补贴子女的重要途径，从中获得尊重和自我实现。当然，这一点仅限城市老年人。

3. 家庭

根据贝克尔的家庭生产分工理论，老年人通过带小孩、做家务等从事非市场性工作；年轻人从事市场性工作，获得市场报酬以购买市场物品，并与老年人联合生产带来家庭效用的最终物品。这也说明，老年人并不仅仅是一个消费者，也是一个生产者，并且老年人从参与家庭生产中获得的精神慰藉更高。当然，子女对老年人的经济供养，影响到老年人社会参与能力，这一点，在农村老年人上更为显著，因为城市老年人收入除了子女的经济供养，主要来源于养老金，而农村老年人没有养老金，新农保待遇也只相当于一份"零花钱"，一旦因生产力下降退出农业生产，其主要收入来源于子女的经济赡养。

4. 社区和村委

社区和村委通过组织活动，增加老年人参与社会的机会，并通过添置锻炼设施和娱乐设施，改善老年人健康，以利于其参与能力的改善。

第五节　本章小结

养老保障的对象是老年人。何为老年人，可以分别从年龄、职业、历史，以及社会地位与身份的角度来界定。通过多个视角来界定"老"，本身意味着"老"没有统一的标准。并且，相对于生理上的衰老，"老"更是一个社会学概念，因为社会身份与地位以及社会角色，决定了一个人是"老"还是"不老"。衰老则不同，它是一个生物学概念，有着严格的标准，而"老"没有。换言之，"老"是一个相对的概念，其社会意义远远大于生理意义。如果上升到哲学层面，对"老"进行解构，"老"甚至是一个不需要出现的概念。因为世界的本源是无本质的，有的是各种表象。人也一样，没有本质，有的是各种社会角色，在具体的角色里，可以界定是否"老"，但对于个体而言，很难说其本质是否"老"。

既然本质上人无"老"一说，而是出于社会需要，强为之名，那么所谓的老年人，并不像社会观念所认为的那样，完全丧失劳动能力，只等着"喂养"。因此，对老年人养老，不应只把老年人看成一个消费者，更应将其视为生产者，以保障其经济供养、生活照料和精神慰藉。其中老年人从"喂养"中所获得精神慰藉是低层次的，更高层次的精神慰藉来源于社会参与。这不仅仅因为老年人

23

有社会参与的诉求，还因为有参与社会的能力，源于老年人有着丰富的人力资本和社会资本。

因此，对"老"进行重新解构，破除对老年人的消极认识，摒除消极的养老观念，代之以积极的养老，在现代社会尤其重要。这是因为，随着人口预期寿命的延长，老年人生活中健康时间延长，并且人口老龄化下，老年人口增加，更需充分发挥老年人的作用，实现积极养老。

第二章

农村养老保障现状实证分析

城市化进程加快和二元经济结构解体，使得传统农村的家庭保障功能正在弱化，农村老年人在经济保障、生活照料和精神慰藉等面临诸多困境，农村老年人的养老保障理应给予更多关注。基于这个理念，本章利用湖北谷城和河南南阳两地的实地调研数据，从经济供养、日常照料、健康保障以及养老方式等方面来分析农村老年人的养老保障状况。

第一节　农村老年人的经济供养

经济供养也即传统文化中的"老有所养"，是最低层次的养老要求。"老有所养"意味着每一个人在年老力衰之时，能够得到来自社会和家庭的回馈，满足其最基本的物质生活需求。在本次调研中，课题组对农村老年人担心养老问题的主要原因进行了分析，结果依次是："子女不孝（8.60%）"、"没有子女，生活无人照料（9.68%）"、"经济困难，没有经济收入（72.40%）"、"生病得不到治疗（3.23%）"、"精神孤独空虚（1.43%）"、"其他（4.66%）"。可见，农村老年人对养老问题的担心主要在经济问题上。

经济供养状况可从收入—支出结构来反映。在调查和分析时，我们区分了家庭收支结构和家庭老年人的收支结构。这样区分的原因在于：第一，农村养老方式是以家庭养老为主的，这决定了赡养老人的决策是以家庭为单位进行的；第二，收入决定支出，在家庭养老方式下，家庭收入是决定老人支出的因素；第三，老年人的收入是家庭收入的一部分，老年人的收入获得能力决定了老年人在家庭中的经济地位，这反过来又会影响老年人的支出结构。

一、家庭收支结构

（一）农村家庭收入结构

根据农村家庭主要经济收入来源不同，调研组将农村家庭收入分为"种地收入"、"打工收入"、"买卖经商"、"政府救助"、"政府对农村的各种补贴"、"红白喜事收入"、"财产性收入"、"亲戚朋友借入"、"其他"共9个科目。从表2-1可以看出，农村家庭收入主要依靠打工收入，其次是买卖经商收入。这与城市收入结构有所不同。同样一笔收入，农村家庭收入中的一部分还需投入再生产，如购买种子、化肥、农药、饲料等，这导致农村家庭可支配收入占总收入的比重要低于城市家庭。

表2-1 农村家庭的收入结构

收入来源	平均值（元）	所占比重（%）
种地收入	2 525.497	13.80
打工收入	12 898.739	70.50
买卖经商	3 871.396	21.16
政府救助	127.0288	0.69
政府对农村的各种补贴	210.3663	1.15
红白喜事的收入	261.4563	1.43
财产性收入	393.4086	2.15
亲戚朋友借入	2 032.598	11.11
家庭总收入	18 295.82	100.00

为了便于分析，将农村家庭收入依来源不同划分为以下四类，由表2-1可以看出：

第一，农村家庭的劳务性收入占家庭总收入比重最大。排列前三位的收入来源依次是：打工收入（70.50%）、买卖经商（21.16%）和种地收入（11.11%）。这是因为：首先，受到农业收入水平偏低和城市工业化进程发展的双重冲击，农村的中青年农民，主动出门打工，挣得收入以提高家庭经济收入水平，打工收入已成为农村家庭的主要收入来源；其次，对农村来说，进行传统的农业生产是农村家庭的主要活动，自收自支的土地收入是农民家庭最稳定的收入来源；再次，农村家庭的种地收入中的绝大部分要用于再生产投入，也即他们从土地上获取的最终产品表现为粮食或其他农作物，但受制于农村人均耕地规模的日趋减小和化肥、种子、人工成本上涨等因素，这部分粮食仅够全家口粮，略有盈余。

第二，转移性收入占农村家庭收入的比重比较小。转移性收入主要是国家各项惠农政策和"新农保"制度的补贴。受益于中央连续七个一号文件关注"三农"问题，"惠农直补"政策在一定程度上弥补了农村家庭生产生活的资本金来源问题，但无论是种粮补贴还是消费优惠政策都无法从根本解决农村家庭经济收入来源不足的问题。本次调研发现，"政府救助"和"政府对农村的各种补贴"两个项目摊薄后平均数仅占总农村家庭收入的 0.69% 和 1.15%。"新农保"的试点和推广虽然为农村老年人养老问题提供了一个很好的解决思路，但基于"低水平、广覆盖"的普惠制社会基本养老保险，根本无法给农村老年人提供足够的养老收入。

第三，改革开放和市场经济的发展使农村居民逐渐涉足买卖经营，在农村从事买卖经商的家庭逐渐增多。在本地经营的农村家庭受制于农村购买力不足、常住人口数量的减少等因素影响，跨区域经营的农村家庭受制于个体经济的资本、成本和产品特色不具竞争优势等因素影响，都使得经营性收入目前还不能成为农村家庭经济收入的主要来源。但是可以看到，买卖经营收入所占比重是种地收入的将近两倍，达到总收入水平的 21.16%。随着经济水平的不断发展，买卖经营收入未来很有可能成为继打工收入之后，农村家庭的另一经济支柱。目前农村家庭所从事的买卖经商主要以本地经营为主，经营形式包括地摊、小卖部等，经营品种涉及农村居民日常生活所需的各种食品、烟酒、服装、礼品等。

第四，农村家庭的财产性收入有限，包括房产收入、土地增值、投资收益等。除了财产（如房屋、土地等）本身的价值低廉、数量有限、增值空间有限、增值速度缓慢，还有变现困难、有行无市等特点。财产性收入本身的特点决定了财产本身的价值和财产性收益呈正相关关系，而农村普遍拥有的财产普遍价值低廉，因此，财产性收入并不被农村居民所重视，也不能指望通过财产性收入维持日常生存和提高生活质量。

第五，就调研情况来看，在农村家庭的继承财产价值普遍很低，其中继承的固定资产需要继续使用或者与家庭成员共用；农村家庭接受的赠与体现在红白喜事收入和其他实物形态的收入，但红白喜事被农村家庭认为是"只赔不赚"的项目，因此继承赠与收入在家庭收入来源中频率较低、周期较长，占家庭总收入比重最低。

（二）农村家庭支出结构

根据农村家庭主要经济支出途径不同，调研组将农村居民大项支出分为以下七个大类，所占总开支的比重依次为：（1）日常生活支出（包括食品、衣着、日常用品、水、电、气、交通、通讯等）；（2）土地投入支出；（3）医疗保健支出；（4）子女教育支出；（5）红白喜事支出；（6）供给亲戚朋友支出；（7）其他开支（包括旅游、娱乐等）。如表2-2所示。

表2-2　　　　　　　　　　农村家庭的支出结构

支出项目	平均值（元）	百分比（%）
土地投入开支	1 231.68	8.79
医疗保健开支	2 814.88	20.10
子女教育开支	1 285.77	9.18
日常生活开支	5 443.09	38.86
红白喜事开支	2 397.48	17.12
供给亲戚朋友	121.12	0.86
其他开支	687.81	4.91
总支出	14 007.19	100.00

从表2-2可以看出：

第一，日常生活支出占总开支的比重最大，将近家庭总支出达到38.86%。这说明衣食住行穿等仍是农村家庭花费最大的项目。农村家庭中物质资料的购买是对老年人进行经济供养的间接体现。在子女外出打工的情况下，农村的留守老人是生产资料改善和物质水平提高的主要受益者，这是因为：以家庭为单位的更新生产资料提高了家庭的生产效率，同时提高了老年人参与生产的能力；购置的大宗耐用品，如电视、冰箱、空调、摩托车等，使老年人生活更加充实和便捷，提高了老年人参与社会的能力和机会。

第二，农村家庭中医疗支出所占比重较大，占总支出的20.10%，是农村家庭中除日常生活开支之外的第二大项支出。医疗支出可以视为农村家庭成员的健康投资成本。经济条件的改善和生活水平的提高，使农民越来越认识到健康的重要性。健康的未来收益随着外出打工收入的增加而不断增加，从而给家庭产生激励，更重视对家庭成员的健康进行投资。

第三，红白喜事和子女教育支出具有需求刚性，分别占家庭总支出的第三位和第四位。受传统观念影响，"人情份子"成为农村家庭重要支出之一。并且金额越来越大，由以前的几十元到现在的上百元甚至上千元；支出项目也越来越多，现在生小孩、小孩满月、周岁、升学、搬迁等都需要"递份子"。在农村，已经形成了这样一种社会习俗。亲戚、邻里之间如果有事，自己不去，就被亲戚朋友瞧不起，进而被排挤出农村中的社会网络。红白喜事支出正是维持农村社会网络的一种重要手段。从教育支出上看，在农村家庭经济收入不高的情况下，大多数农民仍然投资子女教育，寄希望于子女受教育后能够走出农村、改变现状；由于九年制义务教育的推行，子女教育费用将会集中在高中及上大学后的花费。

第四，土地支出占农村家庭总支出的第五位，仅占8.79%。这也反映一个现实，城市化导致大量的农民进城务工来取得收入，由于土地的劳动密集性和低收益性，广大农民即使长年外出打工也不愿意回家种地，进而影响了农民对土地的投入水平。

二、老年人收支结构

（一）农村老年人收入结构

农村老年人的收入是影响农村老年人养老保障水平的重要因素。这是因为，农村老年人的收入水平决定其在家庭里的经济地位，老年人的经济地位会最终影响到家庭的养老决策和养老方式选择。依据农村老年人收入来源的不同，课题组将农村老年人的收入分为"子女给予"，"打零工收入"，"种地收入"，"政府补助"，"财产性收入"，"继承性收入"，"其他"共七个方面（见表2-3）。

表2-3　　　　　　　　农村老年人的收入情况

收入项目	平均值（元）	百分比（%）
子女给予	1 883.83	44.38
打工收入	1 254.70	29.56
种地收入	725.89	17.10
政府补助	71.13	1.68
财产性收入	7.06	0.17
继承性收入	7.06	0.17
其他	193.72	4.56
总收入	4 244.73	100.00

从表 2-3 可以看出：

第一，农村老年人的主要收入来源是子女给予，占老年人总收入的 44.38%。与城市老年人能获得稳定的养老金收入相比，农村老年人的子女给予收入具有不稳定性，数额大小取决于子女的经济状况和孝顺程度。

第二，农村老年人另一个主要生活来源是劳务性收入，包括种地收入和打工收入，分别占到 17.10% 和 29.56%。这和对农村家庭收入状况的统计结果是基本上一致的。这说明，首先，农村老年人在身体健康状况允许的状况下，还是主要依靠自己的劳动获得经济来源，这两项合计占农村老年人总收入的 46.66%。其次，一部分老年人在生理机能和生产技巧方面依然可以满足参与生产的需要，访谈过程中绝大多数老年人认为"自己的身体状况和 60 岁之前没太大变化"，并且"不劳动会被别人看不起"。最后，这个年龄段的农村老年人的子女们多数已经成家立业、生儿育女，一方面子女打工收入补贴家用使老年人已不再是家庭收入的唯一来源；另一方面老年人必须花费一些时间从事"带孙子"、"家务活"等家庭生产，从而会造成老年人收入在家庭收入中所占比重会有所下降。

第三，农村老年人的"政府补助"、"财产性收入"、"继承性收入"所占比重极低。这与农村的五保户和低保户的待遇水平不高、国家对农业生产的补贴有限和农民所拥有的财产价值较低等实际情况密不可分。

（二）农村老年人支出结构

表 2-4 显示，农村老年人的各项支出所占总支出的比重与家庭并不完全相同，其中健康的维护成本和基本的生活成本占老年人总支出的 90% 以上。农村老年人整体收入水平较低的实际情况，要求农村老年人必须把有限的资金支出在效用最大化的项目。如前面所述，农村老年人最关心的是自己的健康和养老问题，因此老年医疗开支和生活费用开支是支出项目中比重最大的两项。

表 2-4　　　　　　　农村老年人的支出情况

支出项目	平均值（元）	百分比（%）
生活费用支出	1 618.74	41.66
所有老年人抽烟、喝酒等费用的平均值	156.09	4.02
所有老年人的平均医疗费用支出	1 919.05	49.39
其他方面的支出（走亲戚、红白喜事等）	191.52	4.93
总支出	3 885.40	100.00

首先，随着年龄的增长，农村老年人的生理衰老导致身体机能退化，老年人是慢性病和常见病的多发人群。从表 2 - 4 可以看出，农村老年人的医疗费用支出大约占老年人总支出的一半，排在所有开支项目之首。其次，同样是随着年龄的增长，老年人逐渐退出生产第一线和社会交往第一线，支出种类减少，生活费用支出主要是用于自己的衣食住行等方面，农村老年人的生活费用开支位于第二位。最后，农村老年人的吸烟喝酒支出所占比重较低，这主要是因为吸烟喝酒的老年人数量所占总人数比重较低。另外，作为社会交往手段的红白喜事支出所占比重较低，这是因为人情世故往来逐渐由家中年轻一代所承担，随着年龄的不断增加，老年的社会网络也逐渐变小了。

农村老年人医疗费用开支比较高的事实不仅说明农村老年人的疾病负担比较沉重，需要我们改变现有的医疗保障模式和治疗模式。更为重要的是，医疗费用开支比较高可能说明医疗是农村老年人参与社会、获取精神慰藉的一种方式。农村老年人在进入老年后逐渐不承担家庭的社会责任，红白喜事等社会交往大多由子女来处理。这会极大地削弱老年人的社会参与能力和参与机会。老年人通过医疗来参与社会，可以弥补社会网络缩小带来的损失，享受着被重视、被尊重的感觉。

从老年人的抽烟、喝酒等项目开支来看，平均每年的费用大概需要 646.67元。基于前面对新农保制度中老年人养老金待遇水平的探讨。我们假设一个符合领取条件的农村老年人可以获得 55 元/月的基础养老金部分，则一年也仅有 660元的养老金收入。通过表 2 - 5 可以看出，抽烟喝酒的老年人的平均费用已经达到了 646.67 元/年，也即养老金费用仅仅够这部分农村老年人的烟酒费用，这也从一个侧面反映出了 55 元/月的基础养老金在实际生活中对于农村老年人的保障能力是很低的。正是因为新农保制度中规定的 55 元对农村老年人的养老保障效果有待商榷，所以将其理解成一种国家对农村老年人的福利更为恰当。这也是养老保障制度中，农村与城镇老年人的养老保险的巨大不同，城镇老年人通过领取养老金来进行日常生活几乎是完全没有问题的，而农村老年人想要通过新农保的660 元/年的养老金待遇来维持正常生活几乎是不可能的。新农保的 55 元是国家给老年人的"红包"，因此不应该有任何附带条件和强制条款。

表 2 - 5 老年人的吸烟喝酒情况

项目	平均花费（元）
所有老人，抽烟、喝酒等费用的平均值	156.09
其中，抽烟、喝酒等老年人的费用平均值	646.67

三、老年人支出对家庭的影响

问卷中调查了"农村老年人的支出对家庭造成的负担是否严重"这一问题。

从表2-6可以看出,59.39%的家庭认为"农村老年人的支出对家庭造成的负担不严重",40.61%的家庭认为"老年人支出给家庭造成经济负担严重"。这说明:(1)对于大多数受访家庭来说,他们有能力去赡养老年人;(2)农村社会的观念中认为"家丑不可外扬",因此他们即使在调研家庭收入状况的时候不断抱怨经济收入水平低,也不愿意让别人认为他们觉得赡养老人是严重的负担,进而认为他们是在冲击传统孝道而被周围人瞧不起;(3)应该看到,无论是社会转型导致了农村孝道沦丧,还是农村经济发展水平较低导致了农村家庭收入水平较低,调研统计数据中有40%以上的家庭认为老年人支出给家庭造成了严重的经济负担,而在这些家庭中,大多数都是因老年人的支出而影响了家庭的正常生产生活或者导致家庭在外有欠债的情况出现。

表2-6　　　　　　　老年人支出给家庭造成的经济负担

选　项	人数	百分比（%）
严重	106	40.61
不严重	155	59.39
合计	261	100.00

第二节　农村老年人的生活照料

与经济供养不同,生活照料不但在客观上受到家庭经济水平和时间紧凑程度的约束;在主观上还受到家庭关系和家庭养老观念的影响。本次调研结果表明,农村家庭对老年人的生活照料更多的取决于后者。

一、生活照料的体现

在老年人生活照料方面,"孝"可以直接表现为两种情况:一是在日常生活中对老年人的照料,二是在老年人生病或突发事件时的照料。

在一个农村家庭中，中青年壮劳力为了改善家庭经济收入水平和收入来源单一的局面，一般都会寻找其他获得经济收入的途径，如打工、经商等，他们在家的时间就非常有限，对于他们来说在老年人日常照料方面花费时间相当于付出了获得经济收入的机会成本；孙子女们正处于接受教育阶段，或者与自己的父母一样需要花费时间获得经济收入，对于他们来说，对老年人进行生活照料花费时间同样需要付出机会成本；家庭中闲暇时间和老年人相伴的只有自己的配偶。因此，老伴在老年人日常生活照料中担当起主要的责任。

中国的传统伦理观念要求子女有赡养老人的义务，尤其在农村，这种伦理观念更为强烈。根据调研深度访谈材料，农村家庭中一部分子女认为"老年人生病时提供资金支持或陪护"、"老年人遇到突发事件时提供帮助"是"孝"的表现，理由就是"忙碌"、"没有时间"。这也在一定程度上促成了农村老年人生活照料主要是由配偶提供的现状。究其原因，是由多种因素作用的结果。不仅有社会转型期城镇化、工业化进程的推进，农村家庭孝道文化的沦丧和没落，更有农村家庭经济收入水平过低带来的诸多无奈。因此，对"老"的认识的更新是农村家庭子女树立正确养老观的前提，也是子女或孙子女重新扛起赡养老人义务的主要途径。农村家庭中的子女，在老年人日常照料方面的角色定位应当是"保健医生"而不是"消防队员"。

二、 生活照料现状及期望

调研问卷将老年人生活照料分为实际生活照料情况和老年人对生活照料的期望两方面来考虑，分别采用"平时主要依靠谁来照料您的日常生活"和"您最喜欢哪种方式照料您的日常生活"两个问题来询问，回答结果如表 2 – 7 所示。

表 2 – 7　　　　　　　农村老年人生活照料

老年人生活照料情况	百分比（%）	老年人生活照料期望	百分比（%）
配偶	48.70	配偶	42.71
子女或孙子女	43.73	子女或孙子女	52.93
亲戚朋友	1.61	亲戚朋友	1.25
邻居	1.24	邻居	0.62
保姆或钟点工	0.12	保姆或钟点工	0.25
机构照料	4.59	机构照料	2.24

对于农村家庭中的老年人来说，配偶和子女照料比例最高，为92.43%；机构照料在农村社会的认可度不高，所占比例为4.59%，其中主要是五保老人；基于乡村社区内感情和信任基础的亲戚朋友、邻居、保姆或钟点工照料比例最低，为2.97%，这是因为，农村家庭认为自己家的老人自己不照料而让别人去照料"是一件丢人的事"。农村老年人对自己生活照料方式的期望分别为：家庭照料的占95.64%，机构照料的占2.24%，乡村社区照料的占2.12%，进一步验证了农村老年人生活照料的现状。结合深度访谈的内容，可以看出：尽管在身体状况允许的状况下，老年人是配偶之间相互照料（48.70%），但老年人更希望自己在生病的时候可以获得子女的照料（52.93%）；农村老年人对于机构或社区照料的意愿很弱（2.24%），甚至在观念上呈现出明显的抵触情绪。

三、家庭成员的作用

访谈发现，亲戚朋友的多寡直接决定了农村老年人社会资本的丰富程度。这对于缓解老年人生活困难和解决突发事件有着一定的作用，但对农村老年人提高自己经济水平和生活满意度的作用有限。因为在农村中，人们往往在生活有了较大困难和遭遇突发事件时才会动用有关的社会关系网，寻求亲戚朋友的帮助。所以对农村老年人来说，亲戚朋友的帮助往往是"雪中送炭"式的，而非"锦上添花"，对于困难的缓解也是暂时的①。直接影响到自己生活方式和养老保障是家庭成员的作用。"您喜欢哪种方式照料您的日常生活"中选择"配偶"和"子女或孙子女"的老人高达95.64%，也可以说明家庭成员的作用对于老人来说是最重要的。

通过前面的分析可以看出，在农村老年人的生活中，陪伴他（她）们时间最长的是他（她）们的配偶。这里面起码具有两层含义：第一，婚姻生活是影响老年人生活幸福与否的一个重要因素；第二，老伴是家庭养老中主要的生活照料和精神慰藉的供方。

"老年夫妻之间互相帮助、体贴、谅解、支持、相依为命、相濡以沫的感情，是老年人幸福生活的重要支柱，即使子女很孝顺、保姆服务很周到，也无法替代老伴的作用。"② 已婚并共同生活的老年人对生活的满意度要明显地高于其他婚姻状况的老年人。首先，与配偶一起生活，两个人都能从事一定的生产活

---

① 丁士军、陈传波：《经济转型时期的中国农村老年人保障》，中国财政经济出版社2005年版。
② 张建松、宋韵芸：《生活观察：温馨"黄昏恋"为何难成灿烂"夕阳红"》，新华网，http：//news. xinhuanet. com/life/2009 – 10/27/content_12335770. htm.

动，在经济收入方面可以互补；其次，农村老年人的日常生活照料主要来自老伴，48.70%的生活照料是由老伴提供的，同时有42.71%的老年人希望自己的生活照料是由配偶来提供；最后，老年人相濡以沫的感情是带来精神慰藉的基础。同时，在婚姻生活中，男性老年人尤其是老年男性，由于自理能力比较差，对老伴的照料需求比较高。

针对不担心自己养老问题的老年人的分析结果表明，这部分老年人不担心养老问题的原因顺序为：子女孝顺（79.25%）、自己可以存钱养老（7.05%）、政府政策好（9.54%）和其他原因（4.15%）。可见，子女对于农村来年人来说，更重要的作用体现在对家庭的经济支撑方面，也即对老年人的经济供养方面；在日常照料方面子女相比老伴来说闲暇时间有限，更多是老年人出现大病或者紧急时候，以"消防员"的身份来照料老年人。但是，子女只要心里能惦记着老年人，能够对老年人尽孝，在老年人经济困难的时候予以帮助，这本身对于老年人来说就已经具备了精神慰藉的效果。

此外，孙子女不再仅仅是老年人照顾的对象，同时也可以照料老年人。对于农村老年人来说，孙子女是自己年轻时未竟事业或心愿的寄托，他们希望孙子女能够实现自己未曾实现的愿望，他们乐意主动花费很多时间经历甚至金钱去照顾孙子女，这也正是所谓的"隔代亲"；同时，懂事的孙子女在其父母不经常在家的时候，是家中老年人发生突发情况时候的通讯员，甚至能够为家中老人提供生活照料；某种程度上来说，孙子女又是维系父母和祖父母感情的重要纽带，当成年子女与老年父母在一起没有共同语言时，孙子女便成为他们经常谈论的话题。

四、生活照料中的精神慰藉

与老年人经济供养和生活照料所要付出的经济成本相比，子女与父母之间的情感交流显得成本低廉却非常珍贵。调研数据显示，老年人对于子女的认可度很高，在"您觉得子女对您"的评价中，60.78%的老人选择"非常好"，31.53%的老人选择"一般"，4.41%的老人选择"不太好"，3.28%的老人选择"不愿说"。但在关于"您的子女经常陪你聊天或给您打电话吗？"49.56%的老人选择"经常"，33.96%的老人选择"偶尔"，14.97%的老人选择"基本没有"，1.51%的老人选择"说不清楚"。尽管半数以上的家庭选择子女"不经常聊天或打电话"，但大多数老年人对子女不经常与自己联系或沟通表示理解，并且会主动给子女联系。可见老年人在精神慰藉方面要求并不高。

在调研中，多数家庭中老人表示"子女没有时间听老年人的唠叨"、"子女不愿把自己的烦恼说给老人听"。其中，很多老人认为"子女压力很大"，"不一定要听自己唠叨”，但是“希望子女能够把工作中的烦恼跟自己说说”。这说明老年人需要被倾听、被尊重。

课题组认为，生活照料和精神慰藉是不能分开的。在家庭里面，生活照料本身就是一种精神慰藉。在实际生活中，照料农村老年人的人一般不是陌生人，而是他的亲人。在精神慰藉里面，照料者和被照料者的关系很重要，是一种市场关系还是亲情关系直接影响到精神慰藉的效果。如果是一个陌生人来照顾，则基于市场关系的精神慰藉的效果就会比较差；如果是亲情关系来对老年人进行生活照料，精神慰藉的效果就会比较好。正如费孝通先生所讲的“差序格局”，基于家庭血缘关系或亲情的生活照料，所带来的对老年人精神慰藉的效用充分说明了农村家庭养老的重要性。

第三节　农村老年人的医疗消费

前面的分析表明，医疗是农村老年人支出的最大项目。对老年人来说，就医行为已不再是一种寻求疾病治愈的手段，而是老年人获得社会参与，渴望被尊重的重要体现。

一、健康状况

健康是人类永久的话题。农村老年人在生病住院时，喜欢经常跟其他病友讨论自己或别人的病情、治疗情况；一个病房的病友，如果有一家来陪护的家人比较多，就会凸显周边病床的沉默；老年人生病在城市或县城接受治疗之后，在与亲戚邻居的聊天过程中会时常提起那些经历；“久病成医”，经常服用药物或者接受治疗的老年人在周围村民遇到与自己相似的健康问题时，会很积极地告诉别人应当怎么办；与农村老年人谈论健康，就像见面递烟一样，他会津津有味地告诉别人他自己有多少疾病、那些病有多严重。这再次说明了老年人的就医行为是老年人社会参与的一条重要途径。

访谈过程中，农村老年人非常在意自己是否能够继续“下地干活”、“做家务”、“接送孙子女上学”甚至“给亲戚邻居帮忙”，他们认为健康的身体是能够进行这些活动的重要前提。这也可以解释作为农村老年人健康寻求成本的医疗消费，为什么在农村老年人总支出中的比重如此之高。课题组将农村老年人的健康自评状况分为五个等级（见表 2-8），农村老年人整体自评健康水平中等偏差，认为自己健康状况很好和很差的都比较少，分别占 9.69% 和 4.97%，基本符合正态分布。

表 2-8　　　　　　　　　农村老年人健康自评表

选项	人数	百分比（%）
很好	78	9.69
好	152	18.88
一般	280	34.78
差	255	31.68
很差	40	4.97
合计	805	100.00

　　农村老年人的身体健康直接影响到老年人的农业生产活动和家庭生产活动。农村的慢性病被认为是最影响农村老年人生产活动的健康问题，在所有被调查老人中自评健康为一般、差和很差的老年人中大多数患有一种或多种慢性病。访谈过程中，那些因为慢性病而不能够进行生产活动的老年人显得沉默、沮丧，他们认为"自己是家庭的负担，觉得自己在家庭没有地位，在村子里抬不起头"；而那些身体健康，能够下地劳动或做家务的老年人就明显地要心情舒畅、声音洪亮，他们认为自己"仍然是家庭的支柱"，或者"虽然退居经济收入二线，但依然在家中说话算数"。

　　由此可见健康对老年人的重要性。首先，健康的身体影响到农村老年人参与各项生产活动的能力，而这些生产活动是他们参与社会的主要手段，从这个角度来看，对健康的投资可以看做是在维持家庭的生产力；其次，健康影响到农村老年人的经济收入能力，进而影响到他们的家庭地位和社会地位，所以健康的身体是农村老年人参与能力的体现；最后，健康又是老年人能够保持乐观心态的关键，心情的好坏又反过来影响健康，乐观的心态还会影响到农村老年人参与社会的积极性。

二、健康行为

　　课题组认为，老年人的吸烟喝酒花费和医疗花费是最直接体现老年人健康行为的两种方式。

（一）老年人的吸烟喝酒情况

尽管抽烟喝酒的农村老年人花费在所有农村老年人摊薄后所占比重很低，但是如果仅算抽烟喝酒的老年人的平均花费还是比较可观的，占到所有老年人抽烟、喝酒等费用的平均值的 4 倍以上。按照农村老年人平均消费 3 885.4002 元/年来计算，这部分农村老年人总支出中每年要有 16.64% 用于吸烟喝酒（见表 2 - 5）。老年人吸烟喝酒的实际人数分布如表 2 - 9 所示。

表 2 - 9　　　　　　　　老年人吸烟喝酒的实际人数分布

选项	频数（人）	百分比（%）	选项	频数（人）	百分比（%）
吸烟	184	22.86	经常饮	37	4.60
不吸或很少吸	583	72.42	不饮或偶尔饮	724	90.04
已戒烟	38	4.72	已戒酒	43	5.35
合计	805	100.00	合计	804	100.00

对于农村老年人的抽烟喝酒行为和医疗费用的关系，我们可以分为以下三种情况进行分析：

第一，医疗费用与抽烟喝酒费用有正相关的关系，也即抽烟喝酒是导致健康水平下降的原因。这也是卫生经济学中显而易见的结论，在此不再赘述。

第二，医疗费用与抽烟喝酒费用有负相关的关系，也即抽烟喝酒的农村老年人反而是身体状况比较好的。这就和卫生经济学中主流的研究结论不一致，主要原因有：首先，农村老年人存在一个选择偏性的问题，以至于选择偏性对健康的选择，大于对抽烟喝酒的选择，他们具有很好的身体状况，所以抽烟喝酒对他们来说并不会增加医疗费用。其次，抽烟喝酒是农村老年人参与能力和参与机会的体现，抽烟喝酒就说明这些人身体好，具有参与能力，当然，这部分老年人并不是因为抽烟喝酒而提高了他的健康，而是他们身体好才抽烟喝酒。最后，抽烟喝酒也是农村老年人收入能力的体现，也是老年人社会地位的体现。对于农村老年人来说，这部分费用占农村老年人收入的比重还比较大。而一个人的社会地位最终会影响到他的健康状况。

（二）老年人的体检情况

对健康的需求不仅包括生病后的治疗，还包括健康的维护。在"过去一年您是否做过健康体检"的回答中，16.89% 的老年人选择"有"，82.48% 的老年人选择"没有"，0.62%的老年人选择"不清楚"。绝大多数农村老年人没有参加过体检的事实说明农村老年人对健康的重视程度远低于城市老年人。农村老年人没有参加体检的主要原因有两方面：一是农村老年人对体检这个概念很陌生，在观念上已经习惯了"去医院或者吃药是治病的行为"；二是身体检查对于农村老年人来说并不经济便捷。

调研中对农村老年人中"没有做过体检的原因"的数据（见表2–10），验证了访谈中农村老年人反映出的以上两个原因。其中，由于主观原因"身体好，没有必要"和"老了，没有必要"的共占40.46%，而因为客观原因"医疗机构太远"、"体检费用太高"和"程序太麻烦"共占57.99%。

表2–10　　　　　　　　农村老年人没有参加体检的原因

	没有做过体检的原因	人数	所占比例（%）
主观原因	身体好，没有必要	104	20.51
	老了，没有必要	91	17.95
	太忙没有时间	4	0.79
客观原因	体检费用太高	258	50.89
	程序太麻烦	21	4.14
	医疗机构太远	15	2.96
	其他	14	2.76

由表2–10可以看出，身体检查的各种客观条件限制了农村老年人主观上的参加体检的意愿，其中，"体检费用太高"成为影响老年人不愿或不能够去体检的最主要的原因，影响了老年人参与体检的能力；而程序复杂和医疗机构太远则影响了农村老年人参与体检的机会。除此之外，本地的乡镇医疗机构不能提供身体检查服务也成为农村老年人参加体检积极性不高的影响因素。

参加过身体检查的农村老年人的数据可以进一步地验证前面的分析——体检人数和体检次数的比例呈现出明显的大幅递减趋势：做过1次体检的有86位老人，占63.24%，做过2次体检的有31位老人，占22.79%，做过3次体检的有6位老人，占4.41%，做过4次及以上体检的有13位老人，占9.56%。这些参加过体检的农村老年人大多数是由村委会、乡政府或其他部门组织体检的，但他们参加过一两次之后就会感觉"体检费用太高"，认为"不知道去干啥的"、"身体好好的去医院，以后再也不花这冤枉钱"或"好好的没有病，一旦体检就有了病"，并在回家后当别人问起体检的感受时，会将这些观点进行宣传，进一步影响了其他农村老年人对身体检查参与的积极性。

（三）老年人是否主动了解医疗保健知识的情况

从农村老年人自身来说，他们认为身体健康时的预防和维持不需要通过专门去体检的方式，这也和农村老年人的医疗保健观念淡薄有关。调查显示，有26.43%的老年人能够主动了解医疗保健知识，而有73.57%的老年人不去主动了解医疗保健知识。

三、医疗保障状况

（一）老年人医疗保险情况

农村老年人的医疗保障主要是指他们所拥有的医疗保险。调研数据表明，在"新农合"制度的安排下，已经基本实现农村居民的全覆盖（见表2-11）。

表2-11　　　　　　　农村老年人拥有的医疗保险情况

医疗保险	人数	比例（%）
城镇职工基本医疗保险	7	0.87
新型农村合作医疗	733	91.28
公费医疗	12	1.49
城镇居民基本医疗保险	1	0.12
医疗救助	1	0.12
大病统筹	2	0.25
商业保险	0	0
其他社会医疗保险	3	0.37
没有任何保险	44	5.48

新型农村合作医疗所占比重最高，超过90%，农村老年人的参保率在一定程度上也反映出他们对"新农合"的认可度很高，也即"新农合"制度确实还是给他们带来了一定的现实利益；没有任何保险的农村老年人也占有一定的比重，缴费额太高显然不是他们参保的主要原因，更深层次的原因可能是质疑"新农保"的保障效果；商业保险在农村老年人中的比例为零，一方面说明商业保险在农村中尚未打开市场，另一方面农村老年人在观念上更相信政府提供的保障。

对于农村老年人来说，养老和医疗是农村老年人最担心的两大问题，生活开支中最主要的支出主要是日常开支和医疗开支。虽然"新农合"制度在一定程度上缓解了农民"看病难，看病贵"的问题，但是报销水平低、手续复杂以及为农民所诟病的"不住院不能报销"、"住院费用太贵，没有钱垫支"等一系列问题，使医疗成为农村老年人养老生活中的最大问题。调研数据显示，2009年农村老年人的平均支出为 3 885.40 元，占比重最大的医疗费用支出占到 1 919.05 元，其中，有医疗花费的老年人平均医疗费用支出为 2 070.157 元。医疗支出，显然已经成为影响农村老年人生活质量的最大的问题，也成为农村老年人安享晚年的最大障碍。

尽管如此，课题组关于"'新农合'对农民医疗保障效果的调查"得到了完全不同的两个结果。在农村的调研中，有 91.28% 的老年人已经参加新农合，他们认为"新农合"制度确实是国家为农村老百姓办的一件好事，但是报销手续复杂、报销比例低、住院垫支费用过高等原因令他们还是"怕生病，怕看病"。在农村老年人的就诊情况上，有 87.78% 的老人表示在过去一年中没有出现过"医生诊断应住院但未住院的情况"；其他"应住院但未住院"的老年人中，经济困难（69.23%）成为第一原因，余下依次是自感病轻（9.62%），老了、没有必要（8.65%），自感无望（7.69%）。

（二）老年人的就医行为

课题组主要通过"两周患病情况"和"年住院情况"来考察农村老年人的就医行为。农村老年人的就医行为是其生活方式的一种，体现了他们的参与能力和参与机会。

1. 两周患病率和年住院的就医行为

对农村老年人的两周患病、年住院情况的调查中，"过去两周内，您应对患病的措施有"：选择"住院医疗"的仅占 11.90%，选择"门诊医疗"的占 46.83%，选择"自我医疗"的占 31.75%，"没有采取任何措施"的占 9.52%，其中"对两周内最近一次非住院的病伤情况采取什么措施？"中，8.93% 的人选择"没有采取任何措施"，41.07% 的人选择"纯自我医疗"，50.00% 的人选择"到医疗机构看病"。

可见，对于农村老年人来说，门诊医疗和自我医疗还是他们的主要求医方式，选择住院治疗的比例低可能是由于疾病比较轻，也可能是住院就医成本高所造成的。

2. 老年人就医是参与社会的方式

对于农村老年人来说，对于医疗的需求明显要大于对其他消费项目的需求，

41

这是因为对于他们来说，医疗不仅是对病痛的治疗，更是对精神的慰藉；既是身份恢复的手段，又是与他人交往的手段；医疗不仅仅是医疗消费本身，而是通过医疗寻求健康来参与社会，成为农村老年人生活方式的一个重要方面。

访谈中，"去市里或县里看病"和"几乎不去城里看病"的两类农村老年人，对那种"几口人一起陪老人看病"的行为都表示赞同甚至羡慕。他们认为"子女都陪着自己去看病是一件很有面子的事情"、"是因为人家家里子女孝顺，舍得花钱"、"说明家里重视老头子"、"敢去城里看病的都是家里有钱的人"。因此，对于农村老年人来说，生病后去看病的过程体现了老年人在家庭中和社会上的地位。

第四节　农村老年人的居住安排

农村老年人的居住安排决定了老年人是否能够充分享用物质资料，决定了老年人采取怎样的饮食起居等照顾方式，同时决定了家庭成员对老年人的人文关怀。农村家庭的居住安排直接影响到老年人的经济供养、生活照料和精神慰藉。

一、住房情况

住房对农村老年人的意义在于是否拥有自己的法定的生活空间，也即是否拥有房屋的产权。有属于自己的房屋是农村老年人能够安享晚年，拥有稳定生活方式的重要条件之一。调研中，农村老年人90%以上拥有自己的房产（见表2－12）。即使因为子女分家等原因，需要为子女筹建新房或将老宅子分出一部分，老年人也都会为自己专门留出房间。也就是说，对于农村老年人来说，最起码要拥有自己的居室。

表2－12　　　　　　农村老年人住房情况

你家现在住的房子是	人数	百分比（%）
自己建的	776	90.97
租的	32	3.75
借的	45	5.28
合计	853	100.00

农民只拥有土地的使用权，而没有所有权，所以对他们来说房子是农村老年人最值钱的财产，在众多受访老年人看来，一生似乎都在为房子而奋斗，年轻时借钱盖房子（见表2－13），辛辛苦苦把房子的欠债还清了又要给子女盖房子。可见传统的农村家庭养老，在表现形式上就是以固定资产——房屋为核心的。无论是老年人的经济供养、生活照料还是精神慰藉，基本都是以老年人的房屋为中心而进行和发生的。

表2－13　　　　　　　农村老年人的建房成本（建造时花费）

项　　目	平均值（元）
建房平均花费	43 702.88
建房欠债	32 113.52

二、住房与老年人的地位

农村老年人之所以如此重视房产、努力拥有和维持属于自己的房产有以下原因：

第一，对于农村老年人来说，拥有房产是家庭地位的象征。农村老年人的经济地位决定其家庭地位，有房产的老年人可以把房产作为以后子女赡养自己的砝码和交换条件。子女必须孝敬，以后才能通过继承获得父母的房产；而那些没有房产的老年人，要么租别人的房子住，要么在各个子女家轮流居住，导致家庭成员在长期的赡养老人过程中产生厌倦情绪，从而冷落老人。

第二，对于农村老年人来说，是否拥有自己的房产影响其社会地位。如本章第一节所述，农村老年人有自己的社会关系网，同时拥有强烈的社会参与愿望，老年人需掌握一定的资源或者财富才能够在人与人之间的交往中被他人"看得起"。因此，拥有房产成为老年人社会参与的"底气"和"自信"。

第三，对于农村老年人来说，拥有自己的房产是农村老年人精神慰藉的重要支撑点。在来自于外部的精神慰藉匮乏的情况下，老年人无论是掌握家庭的资源还是参与社会交往，都是为了在形式上保持自己的经济独立，拥有房产就意味着拥有了一定的生产和生活资料，就可以运用利益诱导机制获取家庭的认可和社会的认可，从而由被慰藉转为自我慰藉，因此房产在农村老年人的心目中占有绝对的比重。

三、居住方式对养老的影响

不仅住房的产权影响到农村老年人的养老方式和生活质量，居住方式也是重要的影响因素之一。农村的特点是分户不分家。访谈过程中，子女分家前的父母和子女分家后的父母心态显著不同；与配偶共同居住的老年人更具经济能力和自理能力，对目前生活的满意度要明显地高于独居的老年人；孙子女也不再仅仅是老年人的负担或者任务，更多的时候成为老年人的精神寄托和社会参与的一部分。针对农村老年人"你目前的居住方式是"的调研数据显示如表2－14所示。

表2－14 农村老年人居住方式

老年人居住方式	人数	比例（%）
和子女生活在一起	392	48.94
独居	133	16.60
单独和孙子女生活在一起	30	3.75
单独和配偶生活在一起	226	28.21
其他	20	2.50

需要说明的是，"和子女生活在一起"包括只要子女和父母住在一所房子里，不论是否已经分户，是否还有孙子，也不论是否还有配偶，都统归为此类；"独居"仅包括家中只有老年人自己的情况；"单独和孙子女生活在一起"主要是指子女因为各种原因与父母不在一起居住，只有孙子女跟老人一起生活的情况；"其他原因"是指除以上四种情况之外的居住方式，包括与侄男侄女共同居住或与其他亲戚朋友一起居住等。

（一）和子女共同居住

由表2－14可以看出，农村老年人与子女共同居住仍然是目前农村的主流方式。这说明作为传统农村养老保障方式的家庭养老，在目前农村依然占据最重要地位。

其原因在于，在居住方式上老年人与子女共同生活，拉近了两代人的空间距离和时间距离。首先，农村老年人能够与子女共同享用整个家庭物质资料，并且使"孝顺"这种行为不仅仅表现为"给父母生活费"这种看起来"赤裸裸"的利益关系。其次，与子女生活在一起还是农村老年人在遇到重大疾病和紧急突发事件时，不至于举目无亲；在日常生活中，子女可以提供更多的照料。最后，农村老年人所追求的"天伦之乐"、"儿孙满堂"显得更容易实现，子女能够守在父母身边，"无论白天多忙，只要晚上能见见"，这本身对老年父母来说就是一种莫大的安慰。

当然，并不是每一个家庭的老年父母都能够与子女共同生活，表2-14数据中仅有不到一半的农村老年人和子女在一起生活，而表2-15对老年人没有和子女生活在一起的原因进行了分析。

表2-15　　　　　农村老年人没有和子女生活在一起的原因

没有和子女共同生活的原因	人数	比例（%）
子女外出打工，不在家	107	27.09
和子女在一起不习惯	65	16.46
子女去世	6	1.52
子女分家	147	37.22
其他原因	70	17.72

从表2-15可以看出，子女分家是农村老年人没有和子女生活在一起的最重要原因，随着社会的发展，在经济和政治的双重压力下，作为理性人的中青年子女更愿意离开父母单独居住，分家制度最早可以追溯到商鞅变法，《分异令》规定"民有二男以上不分异者，倍其赋"。但中国传统的儒家思想是提倡子女跟父母共同居住的，"四世同堂"、"五代同堂"至今仍被认为是对家庭极具意义却又很难得的情形。子女外出打工成为子女没有和父母共同居住的第二原因，正如本章第一节指出的，经济困难始终是农村家庭需要面临的最大问题之一，因此中青年农民作为家庭的主要经济收入来源，仅仅靠种地收入很难提高自己的生活水平或者维持家庭的正常运行，必然外出打工才能维持家庭的基本生计。其他原因中主要包括家庭无子女、无儿子、家庭关系特殊等原因。

（二）和孙子女共同居住

农村老年人照顾孙子女的生活和上学在一定程度上也受制于计划生育政策和老年人个人精力的限制，只照顾一个孙子的老年人占到60%以上（见表2-16）。

表 2 - 16　　　　　农村老年人照顾孙子女的生活和上学情况

照顾几个孙子女的生活和上学	人数	比例（%）
1 个	26	61.90
2 个	13	30.95
3 个及以上	3	7.14

　　问卷数据体现出的单独与孙子女生活在一起的比重很低，只有 30 人占所有老人的 3.75%，排序为第四名（见表 2 - 14），这是由于问卷的选项设计中将只要和子女共同生活的统归为"与子女共同生活"，所以实际上与子女一起生活的老年人绝大多数同时也和孙子女一起生活。这里主要是讨论孙子女与老人共同居住对老年人养老方式的影响。

　　孙子女在农村家庭中被认为是家庭未来的希望，处于受教育阶段的孙子女基本上都是家庭中的纯消费者，但是家庭中的长辈则会对其付出更多的成本。对于农村家庭中的老年人来说，在子女没有时间照顾孩子的时候，他们承担起照料孙子女的任务逐渐成为一个约定俗成的做法。这主要包含两方面的原因：第一，农村老年人获得经济收入的能力在逐渐地降低，作为家庭中的一员，更多的把时间用于家庭内部的劳动，是他们与子女之间交换资源、获得养老保障的主要手段；第二，照顾孙子女是农村老年人重要的社会参与手段，"接送孙子女上学"、"为孙子女做饭"、"参加家长会"以及在平时和同龄人谈论孙子女的学习成绩等，使老年人有更多的机会接触到其他村民，增加了社会参与的机会。除此之外，农村老年人本身也是孙子女的启蒙老师，他们尽管知识水平有限，但是长期以来在传统道德规范框架内的生活，使他们有足够的资本去培养和影响孙子女的世界观、人生观和价值观。

（三）　与配偶共同居住

　　上海市质量协会用户评价中心发布一项调查，这项调查涉及上海及长三角地区 15 个城市，主要调查对象为 60 岁以上的老年人。结果表明：偶居老年人的生活幸福指数最高，为 78.10；其次是与子女合居的老年人，幸福指数为 76.96；独居的老年人幸福指数明显较低，仅为 74.86。这与课题组的调研数据的排序结果也是相同的。

　　单独和配偶共同居住是农村老年人主要的居住方式之一，占 28.21%，在全部居住方式中占第二位。在家庭中，为农村老年人提供生活照料最多的是他们的配偶。

　　和单独居住的老年人相比，与配偶共同居住的老年人对生活的满意度显然要更高一些。这是因为：配偶作为与他们共同生活很多年的伴侣，在生活观念和生活习惯等方面都已互相磨合得很好，能达成高度的一致；与子女不同，配偶有更多的空闲时间，他们可以用更多的时间从事农业生产劳动或家务劳动，也可以用更多的时间互相照料；与配偶共同居住，也就意味着老年人有固定的倾诉和聆听对象，夫妻双方互相形成精神慰藉。

另外，访谈资料显示：在家庭中男性老年人和女性老年人的脆弱性是不同的，男性老年人在遭遇重大变故和疾病的时候，在精神上显得更加脆弱；而女性老年人对于这些生活中的困难则表现出较强的耐性和韧性。

（四）独居

独居老年人养老方式主要是自我养老。主要包括五保户、丧偶且没有和子女一起生活等情况。根据生活状态的不同，可将独居老年人分为两类。

第一种独居老人的代表是丧偶且没有和子女一起生活的老年人。他们可以自己从事生产劳动或其他获得收入的活动，自己单独支配经济资源，日常生活基本上也靠自己照料，生活比较独立，有些经济条件较好的老年人则将年轻时积累的一部分资金作为自己的养老来源。这种情况下的老年人在生活照料和精神慰藉方面并不是完全与自己的大家庭割裂开来的。访谈发现，这类独居老年人更具有一种洒脱的人生观，这部分老年人的生活满意度普遍较高。

第二种独居老年人的代表是五保户。他们有的也从事生产劳动，一般获得经济收入的能力较低，与第一种独居老年人一样，他们也是自收自支全部经济资源，但是这部分老年人生活自理能力较差，他们的经济供养就比较困难，生活照料和精神慰藉基本上也都来源于自己或周围跟他情况差不多的独居老人。这部分独居老人因为未婚，没有子女，只能一个人生活。他们对生活的满意度普遍较低。访谈中还发现，健康状况及日常生活能力的好坏对丧偶老年人主观幸福感有很重要作用。当一个人处于良好的健康状况时，较容易体验到生活的快乐，主观幸福感也较高；反之则幸福感较低。

四、居住方式的影响因素

影响农村老年人居住方式的因素主要包括：农村老年人的年龄、婚姻状况、户主是否外出打工和老年人的人力资本。

（一）年龄对居住方式的影响

老年人年龄与居住方式的相关分析结果表明，年龄与居住方式的 Spearman 相关系数为 -0.1076，显著性检验 p 值为 0.0032。这说明年龄对老年人的居住方式有显著的影响。随着年龄的增大，老年人独居、单独与孙子女和配偶生活的概率越小。这是因为随着年龄的增长，农村老年人生活自理能力逐渐下降，更需要来自于家庭或者子女的日常照料；另外，随着农村老年人年龄的增长，他们的精神越空虚，越需要来自子女的孝顺和尊敬。

（二）婚姻状况对居住方式的影响

老年人婚姻状况与居住方式的分析结果表明，婚姻状况与居住方式两者呈显著负相关。Spearman 相关系数为 -0.2520，p 值为 0。这说明，已婚老年人独居的概率比较大，而离婚或丧偶的老年人则更多地和子女居住在一起。这一点也说明农村老年人配偶的重要作用，在实际生活中农村老年人的生活照料大多数来源于配偶，且老年人双方可以互相照顾。

（三）户主是否外出打工对居住方式的影响

户主是否外出打工是老年人选择居住的方式的重要因素。在农村，老年人要承担子女外出时照顾孙子女的责任。样本数据分析表明，户主外出打工的家庭老年人和不外出打工的家庭老年人的居住方式存在显著差别（卡方检验值为 15.9666，p 值为 0.003）。没外出打工的家庭老年人更多地和子女生活在一起或和配偶生活在一起，而有外出打工的家庭老年人更多地单独和孙子女生活在一起。

（四）老年人人力资本对居住方式的影响

调研中对农村老年人人力资本的测度主要是通过老年人原来的职业状况和教育程度进行考查的。首先，对老年人原来职业状况和居住方式进行相关性检验。检验结果 P 值为 0.230；其次，对老年人的教育程度和居住方式进行相关性检验，检验结果 P 值为 0.1283。均在 10% 水平上不显著。这说明老年人人力资本水平对居住方式无显著影响。

第五节　农村老年人的养老方式

一、家庭养老

从家庭养老的收益而言，养老的三个层次都能兼顾，尤其是精神慰藉部分，老年人可以从参与家庭生产（包括农业生产和家务劳动）和参与社会交往中获得更高层次的精神慰藉。就家庭养老的成本而言，首先老年人由子女照料，由于双方利益最为一致，交易成本最低，子女没有降低服务质量的动机，机构养老则不同；其次老年人照料孙子女，相对于请保姆照料存在的道德风险，交易成本也更低。因此，从这个方面说，家庭养老是最理想的养老方式。那么，在目前的农村，家庭养老是否是最合理的养老方式呢？

要考察农村家庭养老方式是否具有合理性，最重要的还是要考虑作为被保障主体的农村老年人对家庭养老保障的认同度。而农村老年人对家庭养老保障的认可度又直接取决于家庭养老保障效果，家庭保障效果可以从老年人的生活状况来衡量。在"总的来说，您对自己现在的生活状况评价"（见表2-17）这组数据上，可以初步地反映出农村老年人对家庭养老保障的态度。

表2-17　　　　　　　　农村老年人生活状况满意度

生活状况满意度	人数	比例（%）
非常满意	81	14.62
比较满意	285	51.44
一般	121	21.84
不满意	66	11.91
不好说	1	0.18

选择"非常满意"和"比较满意"的老人达到66.06%，这说明对目前的家庭养老保障方式，大多数老年人的认可度很高；选择"不满意"或者"不好说"的仅占12.09%，这部分老人所在家庭当中，或多或少都有一些特殊情况。这组数据相关的访谈材料也可以部分地解释家庭养老对于农村的重要性和现实性。

当然，农村家庭养老方式也并非十全十美。随着工业化进程的推进，农村家庭日趋小型化、农村老年人的空巢期延长和农村家庭观念的愈发淡薄，使得自担风险的家庭养老方式的保障能力受到影响和质疑。这就需要在农村以家庭养老作为根本养老方式的同时大力发展多元化的养老方式。

二、机构养老

（一）机构养老的发展现状

农村中的机构养老，多数是指农村"五保"老人在敬老院里的集中供养。即将"五保"老人集体安置在乡或村敬老院中，由乡村集体提供吃、穿、住等生活安排，并由工作人员负责日常照顾。而在现实中，农村对机构养老的认可度较低。这是制约机构养老发展的一个重要因素。

课题组在对养老院的调研中发现，当问及对目前生活的看法时，绝大多数老年人对自己目前的生活状况很满意。"有住有吃有穿，平时还有人照顾，在家根本没有这个待遇"、"政府养着我们"、"现在的生活还过得去，每天都有点事情做"，从这些描述中，可以看出在敬老院这个自成一体的小社会，有它内部的秩序和规则，在其生活的老年人已经接受并习惯了这样的生活。在敬老院中，八十岁的老年人还可以照顾九十岁的老年人，身体状况好的可以照顾身体状况不好的，他们每天可以在敬老院的菜园中参与农业生产，可以通过做一些手工活获取"工资"；他们有规律的作息时间和一日三餐，可以在院内打牌聊天或者晒太阳做内务，甚至一些自理能力较强的老年人还可以成为老人自治的管理者。

但是，当访谈过程中，一旦提到敬老院外面的人们，他们的情绪就开始有了很明显的变化；再问他们是否还有侄儿、侄女时，他们就变得沉默起来。这时再去问及与外面村民相比他们的生活满意度时，他们的情绪顿时变得沮丧。"连媳妇都娶不到"、"亲戚们也不管"、"没有收入"都成为他们抱怨的理由。

机构中老年人的自感幸福在不同的参照系下的结果是完全不同的。他们觉得自己生活过得比较满意的时候，是和同在敬老院的老人们相比较，总有一些比他们身体健康更差，生活更不能自理的人，于是他们觉得自己在这里过得还算不错。当与外界村民一起比较的时候，他们心中的天平顿时失衡了，从而形成了对生活的失望、沮丧和不满意。这一点也和对农村老年人居住方式的访谈结果很相似，身体健康并具有一定收入来源的独居老人在不与其他居住方式的老年人进行比较时，对生活的满意度很高，但是一旦和其他子孙同堂的老年人比较起来，他们对生活的满意度也会下降很多。部分能够解释这个现象的原因可能是：独居老人当中多数为分散供养的五保户，而敬老院中多数为集中供养的五保户，个人状况的同质性导致了他们对生活满意度相似的结果。

调研问卷对养老方式选择意愿的考虑分别以老年人个体为单位，和以家庭为单位来进行统计比较的（见表2-18）。

表2-18　　　　农村老年人及其家庭机构养老意愿

养老方式	老年人自己（%）	老年人所在家庭（%）
日托老所和老年公寓	0.12	0.82
福利院	0.25	0.82
敬老院	0	2.06
合计	0.37	3.7

表 2-18 说明了以下几个问题：

第一，不论是老年人自己还是老年人所在的家庭，对于机构养老方式的选择意愿都极低。这是因为，对于农村来说，家庭养老不仅仅是农村最重要的养老方式，还是一种被乡村社会认可的传统道德。在家中有子女的情况下，如果把家中老人送到机构中去养老，会被认为是不孝的表现。当这种观念在农村不断地被强化的时候，机构养老便失去了它的市场。这也正是为什么在农村无论是个人还是家庭，机构养老选择意愿不强，甚至带有抵触情绪的主要原因。

第二，对于机构养老方式，家庭意愿要远远高于老年人自己的意愿。从理性人的角度出发，家庭作为一个经济体，中青年子女是家庭中主要的经济收入来源。随着年龄的增长，其获得经济收入的能力不断增长，对于整个家庭来说，是现金净流入的重要原因；老年人随着年龄的增长，其经济收入能力加速下降。与此同时，医疗费用增加，对于整个家庭来说，逐渐成为现金净流出的主要原因。因此，与老年人本身的愿望相比，家庭成员更愿意把老人送到机构去养老。

第三，老年人与所在家庭对于敬老院的选择具有明显的差距。基于我国农村的现状，日托老所、老年公寓和福利院都并不普及，农村居民对养老院的认知度比较高。访谈中，老年人认为"完全无法适应（敬老院）严格的作息时间"、"吃、住都不习惯"、"那里面住的都是些什么人"，甚至有相当一部分的老年人认为"去敬老院等于去送死"。

（二）机构养老发展缓慢的原因分析

农村机构养老发展这么多年，始终没有成为农村的主流养老方式，也不可能成为农村的主流的养老方式，其原因是多方面的。

1. 机构养老的定位

农村机构养老从产生开始就是作为家庭养老的补充出现的。从收养人群来看，在农村中，能够进入敬老院的主要是农村的"五保"老人，这些人本身是无法定赡养义务人、无劳动能力、无生活来源的老年人。所以农村敬老院其实是特殊群体或家庭关系特殊的一种补救措施。

从养老机构的自身建设来看，这些乡村敬老院无一例外是规模小、管理人员少、管理水平低、靠财政吃饭，这就直接导致敬老院面临着收养能力有限、工作压力大、缺乏耐心、积极性不高、硬件设施简陋等一系列问题。

从敬老院本身的性质来说，其本身就属于是社会福利或社会救济的范畴，没有引入市场竞争机制，导致农村敬老院也并没有强烈的意愿收养"五保"老人，更不用说收养那些有子女、有供养能力家庭中的老人。在一些地方的农村敬老院甚至出现了谎报收养人数，骗取财政补贴的现象。

2. 老年人对机构养老的消极看法

农村老人及其家庭抵触敬老院，这种观念的形成是有一定原因的。

首先，农村家庭中的子女认为送老人去敬老院是没有安全感的，因为在家养老"好赖都是自己照顾"，"老人在那个院子里出点什么事情自己都不知道"，"那里面的环境根本就不是人待的地方"，这也是为什么农村社会认为送老人去敬老院的子女是不孝的原因。

其次，农村老年人在情感上抵触敬老院，因为在敬老院中和那些没有经济收入、连生活自理能力都很差的人们在一起，使他们也不断地自我强化"自己已经老了"、"迟早也要变成他们那种样子"这种观念；同时，对于本应自由自在的安享晚年的他们来说，被时间表所约束、被工作人员所管制都是他们不能接受的。正如前面对老年人机构养老医院的访谈分析，他们认为敬老院里的人是生活中的失败者，所以让这些老年人去，他会问："我是那样的人吗？"

最后，敬老院中的工作人员长年累月地面对各种各样的弱势老人，本身就会存在消极怠工、人群歧视等想法，并会影响其行为，从而致使敬老院的服务和管理也逐渐偏离人性化。

3. 机构养老的费用

由于农村机构养老的定位就是针对农村特殊人群，所以对于普通的农村老年人来说，想要进入机构养老是需要支付一定费用的。访谈中，大多数老年人认为进入敬老院的费用对家庭是一笔沉重的经济负担。这也是机构养老选择意愿不高的原因之一。

4. 机构养老与老年人精神慰藉

农村老年人在机构中养老意味着基本上与外界隔绝和与自己原来的家庭隔绝。这也就意味着老年人缺失了来自于家庭和亲人的精神慰藉，不能够正常地参与社会交往，从而使他们越发感到孤独、寂寞。

三、居家养老

农村居家养老的初步设想在早在 1993 年《中共中央关于建立社会主义市场经济体制若干问题的决定》上就有所体现，"农民养老以家庭保障为主，与社区扶持相结合。有条件的地方，根据农民自愿，也可以实行个人储蓄积累养老保险"。这种"以家庭保障为主，与社区扶持相结合"的养老保障构想正是我国现在城市社区轰轰烈烈开展的居家养老的精髓之所在。

（一）农村居家养老的实现基础

居家养老作为一种合理构想，在农村是否能够实现是受到一定条件制约的，包括农村的自然条件、人文环境、经济发展和政策基础等诸多因素。但是直接影响农村居家养老作为一种养老方式，农村居民选择意愿的，还是观念问题，也即农村的人文环境。

居家养老在农村的实现，不同于城镇里典型意义的居家养老。农村居家养老首先是基于农村邻里之间的信任而形成的村民聚居区域的互帮互助氛围。如在本次调研中，在"您觉得周围邻居和村民对您怎样？"的调查中：有 74.91% 的老人选择"非常好"；24.19% 的老人选择"一般"；0.54% 的老人选择"不太好"。这组数据说明，在农村，老年人在观念上可以接受邻里之间互相帮助这个做法的。

（二）现阶段农村居家养老的雏形

在人口老龄化的背景下，年轻人的数量继续减少，老年人的数量继续增加，居家养老将是农村未来重要的养老方式。

1. 以家庭为核心的养老

农村老年人对家庭的精神寄托和心理依赖，决定了农村老年人的养老方式选择必须以家庭为核心。这也是由无数家庭历经足够长时间检验所得出的结论，调研数据和访谈资料也为此提供了足够的数据支撑。

2. 邻里互助

邻里互助在农村中已经非常普遍，这说明农村居家养老在形式上已经确立。在"当您遇到生活上的困难时，周围邻居或其他村民是否愿意帮助您"和"邻居家有红白喜事时，是否会去帮忙"的问卷数据中有着相当显著的体现（见表 2 - 19）。

表 2 - 19 　　　　　　　　农村老年人互助情况

来自于他人的帮助	人数	比例（％）	帮助他人	人数	比例（％）
经常	435	78.66	经常	318	57.40
偶尔	92	16.64	偶尔	127	22.92
基本没有	24	4.34	基本没有	107	19.31
不愿说	2	0.36	不愿说	2	0.36

这说明，对于农村老年人来说，高达95.3%的老年人可以从他人那里获得帮助，说明邻里互助有着良好的氛围，也是农村老年人生活方式重要的一部分；而80.32%的老年人还能够给他人提供帮助，说明老年人在与他人交往中还具有很强的能力和资本。访谈中很多案例，如当需要赶集的时候，年老体衰的老年人行动不便，由熟悉的年轻人代买所需物品；当老人生病，身边没有子女时，让亲戚邻居送往医院；农村盖房子，由其他村民过来帮忙；等等。这些也正是对广义居家养老的诠释。

3. 以流通手段为媒介的养老

对于城镇来说，"时间储蓄"或者"实物券"可能是支付居家养老成本的主要方式。但是在农村，农村老年人的居家养老是以"人情"为流通手段来进行老年人三个资本交换。

农村中街坊邻居之间，去照顾或者帮助别人家庭中的老年人，一般都是"免费"的劳动。这里说的"免费"是说不用货币形式的支付，但并不代表没有成本。农村社会的观念中，把人与人之间的来往与金钱联系起来，就会显得很低俗、刻薄。所以农村居家养老更多的时候是"不好意思收费"，但是，"下回我有事情的时候你也得帮忙"。在这种观念的支配下，无形中就形成居家养老中的交换手段。所以农村居家养老不再局限于老年人的经济收入或是政府派发的实物券形式。在当地的乡土民情中的"人情"和"面子"成为农村老年人与他人之间、不同家庭之间进行交换的重要形式。

（三）农村居家养老所面临的风险

当然，农村居家养老并不是农村社会完美的养老方式。与城镇居家养老一样，农村居家养老也会面临传统观念逐渐淡薄，曾经"免费"的帮忙逐渐变成显性的利益交换；"人情"、"面子"无法衡量，导致劳务质量无法确保质量；家庭观念的转变，能否接受他人对老年人的长期照料等一系列问题。但是，在农村家庭养老面临风险、机构养老萎靡不振的背景下，农村老年人居家养老，无疑是对农村养老保障方式的有益补充。

第六节　本章小结

综上所述，基于农村自身的特点，农村老年人的养老保障模式与城市老年人养老保障是不同的，农村养老保障具有自身的特点。第一，农村老年人整体经济收入水平偏低，养老金的待遇水平很难保障农村老年人的实际生产生活，在资金方面制约了农村养老保障能力；第二，随着工业化进程的发展，农村老年人的生活照料和精神慰藉来源单一，来自于家庭和亲人的照料显得尤为珍贵；第三，农村老年人的医疗花费占总支出比重较大，对个人和家庭易造成巨大负担，新农合制度中依然存在有待改进和完善的地方；第四，农村家庭结构的特殊性，在老年人居住安排方面具有一定的特殊性，而无论哪种居住方式，都是现实的选择；第五，无论是基于现实条件还是从人文观念，家庭养老都是目前农村最重要的养老方式，机构养老在农村的发展具有一定的局限性，而作为一种补充，农村居家养老方式将是未来农村较好的养老方式选择。

第三章

农民养老现状的脆弱性分析

从第二章分析的结果来看，农村老年人的保障无论从家庭单位的角度看，还是从老年人个人的角度看，都可以得出农村老年人的经济保障能力比较低的结论，特别是在人口老龄化程度加深、人口流动加剧以及工业化和市场化深入发展的情况下，农村老年人的经济保障仍是农村人口面临的首要养老难题。

在这一章，我们将利用脆弱性理论及其分析框架，对农民养老现状进行脆弱性评估。本章的研究对象不仅仅局限在农村老年人这一狭隘的层面，而是把保障对象扩展到农民这一群体。之所以如此，是基于这样一种考虑：即农村老年人是农村最为弱势的群体之一，但相对于城市居民来说，农民（绝大多数的农民）也是弱势群体。大量的农民依然生活在温饱的边缘，而社会转型带来的各种风险，使农民的生活也陷于不安全和不稳定的状态之中。因此，本章将从广义的养老保障，以农民群体整体为研究对象，对农民养老现状进行脆弱性理论分析。

第一节 脆弱性概念及其分析框架

一、脆弱性概念界定

脆弱性概念起源于对自然灾害问题的研究，1974 年学者怀特（G. F. White）在其专著"Natural Hazards：Local，National，Global"一书中首次提出了"脆弱性"概念①。在地学研究领域，蒂默曼（Timmerman P.）于1981年第一次使用了脆弱性概念②。在经济学研究领域，海曼·P.明斯基（Hyman P. Minsky）在1982年系统提出了"金融脆弱性假说"，认为金融脆弱性是由金融业高负债经营的行业特点所决定③。目前，脆弱性概念已经被广泛应用于自然科学、地理科学、社会科学，甚至生命科学等多种科学领域和研究方面。在社会科学领域，脆弱性研究主要体现在经济学领域中的银行或金融系统脆弱性研究和社会学领域中的反贫困以及可持续生计问题的研究等。随着脆弱性科学地位的逐步确立，有关脆弱性问题的研究正成为学界、业界以及政府政策制定部门日益关注的重要问题和热点问题。

脆弱性作为一门新兴的科学正逐渐得到学界的认同，但是目前关于脆弱性概念的本质、脆弱性的构成要素以及各要素之间的联动对系统脆弱性的影响并没有一个科学的界定。由于脆弱性概念被广泛应用于多种科学领域和学科领域，又由于脆弱性是一个多维度的和动态的概念，不同的专家学者从不同的学科领域和不同的视角出发，总会有各自对脆弱性概念的不同界定，因此脆弱性概念并未达成共识。回顾已有的国内外研究文献，脆弱性概念的界定出现了多种不同的认识，主要有以下五种界定④：其一，脆弱性是暴露于不利影响或遭受损害的可能性；其二，脆弱性是遭受不利影响损害或威胁的程度；其三，脆弱性是承受不利影响的能力；其四，脆弱性是一种概念的集合（包括风险、敏感性、适应性和恢复力等）；其五，脆弱性是由于系统对扰动的敏感性和缺乏抵抗力而造成的系统结构和功能容易发生改变的一种属性。从以上五种界定来看，第一种界定与风险类似；第二种界定强调了系统面对扰动的结果；第三种界定强调了系统的应对能力和抵抗力，而应对能力和抵抗力是脆弱性的表征，不是脆弱性本质；第四种界定也是强调了脆弱性的表征；第五种界定从系统的内部结构和功能角度来分析脆弱性，这一概念界定较为准确，但也有一定缺陷。因此，本书认为，有必要在已有研究的基础上，对脆弱性概念进行更进一步分析。

从字面上来看，脆弱性（Vulnerability）由两个核心字构成，即"脆"和"弱"。脆即易碎；弱指抵抗力差。所谓脆弱性是指由个体、组织、系统的内部结构和特征（包括系统构成组件、内部结构，甚至时间因素等）决定的，由于对系统内外风险扰动的敏感性高、抵抗能力差和弹性小而容易在内外风险冲击中

---

① G. F. White, Natural Hazards: Local, National, Global. Oxford: Oxford University Press, 1974.

② Timmerman p. Vulnerability: Resilience and the Collapse of Society: A Review of Models and Possible Climatic Applications. Toronto, Canada: Institute for Environmental studies, University of Toronto, 1981.

③ Hyman P Minsky, The Financial Fragility Hypothesis: Capitalist Process and the Behavior of the Economy in Financial Crises. Edited by Cambridge University Press, 1982.

④ 李鹤、张平宇等：《脆弱性的概念及其评价方法》，载《地理科学进展》2008年第2期。

失去其系统原有的结构、状态、存在形式及其功能的一种属性和不稳定状态。这种属性和不稳定状态是由其内部特征决定的，是与"生"俱来的一种系统特征，内外部风险的扰动或人为的行为对系统脆弱性程度具有放大或缩小作用，并是影响系统脆弱性属性显性化的直接原因，但不是决定因素。

脆弱性不是一个"显性"的特征，而是"隐显"[1] 于其载体之内，其显性化是风险与暴露的函数。脆弱性是一个相对的概念，即脆弱性的判断有一个现实或潜在的参照项。敏感性高、抵抗能力差和恢复能力低等是脆弱性事物的显著表征。脆弱性是一个动态的概念，其动态性表现在系统脆弱性程度会随着系统的内部结构和特征的改变而改变，具体来说就是指脆弱性物体可以通过其自身或人为因素改变其内部结构和其对风险的暴露，而改变其脆弱性程度和增加其抵抗力，最终使得脆弱性对象表现出较低脆弱性的特征，增加系统的稳定性。一个系统在这一时刻脆弱性较低，但在另一个时刻，由于其内部结构和特征的变化，脆弱性可能变得更高。正如世界银行所说"脆弱性人人都有，甚至薪俸优厚的公务员也很脆弱，他们也会失去工作并陷入贫困之中。"[2] 这是脆弱性动态性特点的很好的佐证。正是脆弱性的动态性，才使得脆弱性研究具有了理论意义和实践价值。分析系统脆弱性的构成要素及其脆弱性显性化的影响因素，通过改变系统的内部支撑能力、外部保障能力和风险环境，来降低系统的脆弱性，增强系统的稳定性，进而减少社会的不稳定因素，促进社会经济的可持续健康发展，这也是本书选题的意义所在。

二、脆弱性分析维度与框架

（一）脆弱性分析维度

脆弱性是一个多维度的概念，莉迪亚·费托（Lydia Feito，2007）认为，脆弱性至少有两个不同维度，即人类学维度（Anthropological Dimension）和社会学维度（Social Dimension），前者指人类内在的脆弱性条件（Intrinsically Vulnerable Condition），后者指的是由自然环境（Natural Environment）和社会环境（Social Settings）变化所导致的敏感性（Susceptibility）的增加，产生了脆弱性空间（Vulnerability Spaces）和脆弱性人口（Vulnerable Populations）[3]。脆弱性分析维度是构建脆弱性分析框架的基本要素。基于此，本书认为农民养老脆弱性分析维

---

① 向新民：《对金融脆弱性的再认识》，载《浙江学刊》2005 年第 1 期。
② 世界银行：《2000 - 2001 年世界发展报告：与贫困作斗争》，中国财政经济出版社 2001 年版。
③ Lydia Feito. Vulnerability. An. Sist. Sanit. Navar. 2007；30（Supl. 3）：7 - 22.

度应该站在"家庭单位"的视角，从农民养老的人口学特征维度、家庭资源禀赋维度、制度环境维度和风险扰动维度等，来分析农民养老脆弱性及其存在的主要问题。

（二）脆弱性评价及其框架

脆弱性评价是指对某一自然、人文系统自身的结构、功能进行探讨，预测和评价外部胁迫（自然的和人为的）和内在扰动对系统可能造成的影响，以及评估系统自身对外部胁迫和内在扰动的抵抗力以及从不利影响中恢复的能力，其目的是维护系统的可持续发展，减轻外部胁迫和内在扰动对系统产生的不利影响，为退化系统的综合整治提供决策依据[①]。回顾脆弱性研究的历史，关于脆弱性的测度方法有很多，归纳起来可以分为定性分析和定量分析两大类，在早期的研究中主要使用定性分析，如历史事件分析法和定性指标分析，而近年来，越来越多的研究开始采用量化分析法，主要包括定量指标分析法和计量分析法[②]。从脆弱性评估的主要内容来看，主要包括以下几个问题[③]：一是，研究对象面临的主要扰动或冲击是什么？二是，脆弱性较高（低）的单元具有什么典型特征？三是，研究领域（内）的脆弱性时间、空间格局如何？四是，决定脆弱性特征的主要因素是什么？五是，如何降低被评价单元的脆弱性？从脆弱性评价方法来看，李鹤等根据有关脆弱性研究文献的梳理，总结出脆弱性评估的五种基本方法：即综合指数法、图层叠置法、脆弱性函数模型、模糊物元评价法、威胁度分析法[④]。其中，综合指数法由于其简单、容易操作，在脆弱性评价中被广泛使用。

在社会学领域，脆弱性在世界各国反贫困及可持续性生计（Sustainable Livelihoods）研究中得到了广泛应用。1995年，世界粮食计划署（WFP）提出关于农村人口脆弱性的分析框架，在该框架中，从三个维度来分析农村人口的脆弱性问题：一是风险因素，即面临食物不足的风险，风险越高，脆弱性越高；二是抵御风险的能力，即能力越强，脆弱性越低；三是社会服务体系，它反映某一地区的社会发展水平，地区社会发展水平越高，越有利于贫困人口抵御各种风险[⑤]。因此，脆弱性也就越低。韩峥认为，上述三个维度综合起来，是一种能够较为全面反映研究对象脆弱性的分析框架[⑥]。德孔（Dercon）构建了一个风险和脆弱性

---

① 刘燕华、李秀彬：《脆弱性生态环境与可持续发展》，商务印书馆2001年版。

② 陈华：《中国银行体系脆弱性的综合判断与测度》，载《学术研究》2006年第3期。

③ Tunner II B L, Kasperson R E, Matson P A, ea al. A Framework for Vulnerability Analysis in Sustainability Science. PNAS, 2003, 100 (14): 8074 - 8079.

④ 李鹤、张平宇、程叶青：《脆弱性的概念及其评价方法》，载《地理科学进展》2008年第2期。

⑤ 转引自李小云：《农户脆弱性分析方法及其本土化应用》，载《中国农村经济》2007年第4期。

⑥ 韩峥：《脆弱性与农村贫困》，载《农业经济问题》2004年第10期。

分析框架①。这一框架将农户的各类资源、收入、消费以及相应的制度安排很好地纳入一个体系之中②。李小云等根据英国国际发展署（DFID）提出的可持续农户生计框架，利用夏普（Sharp）在非洲开展的关于生计资产的量化研究，从农户所拥有的五大类生计资产——人力资产、自然资产、物质资产、金融资产和社会资产——角度，通过将生计资产指标化，测量出农户各个生计资产的指标数值，勾画出农户生计资产的总体水平，藉以说明农户的脆弱性程度③。基于以上分析，本书认为，农民养老脆弱性分析框架是由农民的人口学特征维度、家庭特征维度、保障体系维度以及社会转型维度构建的一个反映农民养老风险敏感性高、抵抗力差和恢复力低的一种综合分析方法。

第二节　农民养老脆弱性及其来源

一、农民养老脆弱性的解释

基于前面关于脆弱性概念的界定，农民养老脆弱性是指由农民的个体特征（包括性别、年龄、健康状况、婚姻状况、文化程度、生产技能等因素）、家庭特征（包括家庭规模、家庭结构、家庭整劳动力、家庭收入、家庭资产情况等）和保障体系特征（包括土地保障、集体保障、社会保障制度等）等因素决定的农民老年生活极易在内部风险冲击或外界风险扰动下而遭受福利损失或陷入养老困境的一种属性或不稳定状态。这种属性或不稳定状态的基本特征包括：农民养老保障的低水平、应对养老风险的低能力、正常老年生活容易陷入困境、在风险冲击中不借助外力辅助、难以从受损的状态中恢复等。

农民养老是一个多维度的概念，它既可指一种生活状态，也可指一种社会经济甚至文化行为，还可以称之为一种复杂的系统工程。作为一种生存状态，农民养老具有静态性特征，而作为一种行为或系统工程，农民养老则具有动态性特点。静态性的农民养老脆弱性是指农民的这种低保障水平的生存或生活状态，极易被内外界细微的扰动而失去既有的平衡，甚至陷入生存的困境。用斯科特的话

---

① Dercon, Stefan: Assessing Vulnerability to poverty, Jesus College and CSAE, Department of Economics, Oxford University, 2001.

② 陈传波：《农户风险与脆弱性：一个分析框架及贫困地区的经验》，载《农业经济问题》2005 年第 8 期。

③ 李小云等：《农户脆弱性分析方法及其本土化应用》，载《中国农村经济》2007 年第 4 期。

说就是：农民生活或养老"处于'水深及颈'的状态，任何'细微的波澜'都可能使其陷入灭顶之灾。"① 作为一种动态的农民养老脆弱性指的则是农民养老处于动态的发展变化之中，这种变化更多地体现在农民的养老条件、养老基础、养老能力以及养老环境等的动态发展，从观察的情况来看，这种农民养老的动态变化，虽然有有利的方面，比如农村经济发展水平的提高、社会保障覆盖面的扩大等，一定程度上增强了农民经济保障方面的自立能力等，但是，大多数因素的变化是向不利于农民老有所养的方向发展的，这种发展趋势加剧了农民养老的脆弱性。

二、农民养老脆弱性来源分析

随着经济发展和社会的转型，农村环境也发生了巨大变化。这体现在：快速的人口老龄化及与此相伴的少子化，传统观念的变化及道德约束的弱化，代际分离加大及其影响的家庭空巢化，逐步发展的市场化及其导致的农民生活成本的增加，另外还有外出务工增加、农民负担减轻带来的农民收入水平的相对提高等。从养老角度看，这些变化，一方面一定程度上增加了农民养老的经济保障能力，这可以从农民生活水平的提高、农民收入的持续增加得到验证，但这种提高是缓慢的，农村经济发展水平并没有摆脱发展落后和水平低下的状态，相对于市场化的影响，增加的农民收入难以应付日益增加的生活成本支出和逐渐增多的养老需求；另一方面，这些变化却带来了农民非经济养老资源的减少或非农转移，给农民的养老带来新的风险。养老的实质是指度过老年生活②，而实现这一目标，需要各种各样的养老资源。作为一个国家的居民，农民同城市居民一样享有养老保障权，但是作为一个弱势群体，农民缺乏必要的各种养老资源。农民自身养老保障资源非常有限，社会养老体系发展缓慢，而在市场化、城市化和工业化大力推进以及人口快速老龄化、高龄化的过程中，各种风险却正在日益威胁着农民的养老问题，农民养老脆弱性问题非常突出，究其原因，可从以下四个方面加以阐释。

（一）农民养老脆弱性的个人特征因素

养老主要是老年人面临的社会经济问题，农民养老脆弱性的个人特征因素，

---

① ［美］詹姆斯·斯科特著，程立显等译：《农民的道义经济学：东南亚的生存与反叛》，译林出版社 2001 年版。

② 穆光宗：《独生子女家庭非经济养老风险及其保障》，载《浙江学刊》2007 年第 3 期。

可以从农村老人的人口学特征和生理学特征两方面因素来分析。从人口学特征来看，包括人口性别结构、年龄结构、文化程度、民族、婚姻状况等，而首先表现为年龄因素。随着经济的发展、生活水平的提高、医疗条件改善和科技进步等，人们的预期寿命越来越长，老龄化、高龄化、长寿化现象日益增多，农村表现得更甚。从抵抗风险的能力来说，年龄越大抵抗力越差，养老脆弱性就越高。文化程度对农民养老的影响，主要体现在人力资本投资的经济效应。文化程度与农民收入水平和增收能力呈正相关，而与养老脆弱性呈负相关。同时，更高的教育水平使农户能更敏感地预期可能发生的收入波动风险[1]。而我国农民的文化程度普遍不高，农村老年人口的文盲率更高。根据穆光宗教授等的研究 2000 年中国约有 50% 的 60 岁以上的人口是文盲，老年人各年龄组平均受教育年限为 1 ~ 4 年，农村比城市平均低 3 年[2]。从性别结构来看，性别差异也可能是农民养老脆弱性的一个原因，一般来说，老年女性比男性更加脆弱，尤其是在高龄阶段。婚姻状况不仅影响老年人的生活方式，也影响老年人的精神状态和生活照料问题，独居老人比偶居老人面临着更高的养老脆弱性。民族差别也可能是影响农民养老脆弱性的一个原因，如果从整体上看，少数民族聚居的地区，往往是社会经济发展比较落后的地区，农民的脆弱性也就会越高。

(二) 农民养老脆弱性的家庭特征因素

在我国农村，家庭养老仍然是农民养老的主要指靠，而且可以预测，在相当长的时期内，这种状况不会有大的改观。作为一种家庭单位的社会经济行为，农民养老脆弱性程度的高低，受家庭特征因素的影响非常明显，农村家庭拥有的资源总量对农民养老具有决定性意义。而农村家庭结构和功能的变化，使农村家庭养老资源在整体上出现了减少的趋势，加大了农民养老的脆弱性程度。这主要体现在：一是家庭规模小型化趋势。家庭规模缩小，受国家计划生育政策影响明显。根据 "五普" 数据，1982 年我国家庭户均人口是 4.41 人，到 2003 年减少为 3.38 人[3]。从城乡差别来看，农村家庭规模的缩小幅度大于城镇[4]。2005 年 1% 全国人口抽样调查数据显示，乡村平均家庭规模变为 3.27 人[5]。家庭人口和劳动力的减少意味着家庭收入潜力的降低，家庭保障能力下降。二是家庭结构核

① 都阳：《教育对贫困地区农户非农劳动供给的影响研究》，载《中国人口科学》1999 年第 6 期。
② 穆光宗、王志成等：《中国老年人口的受教育水平》，载《市场与人口分析》2005 年第 3 期。
③ 孙文基：《建立和完善农村社会保障制度》，社会科学文献出版社 2006 年版。
④ 周莹等：《中国农村传统家庭养老模式不可持续性研究》，载《经济体制改革》2006 年第 5 期。
⑤ 罗元文：《中国农村老年人口的养老问题研究》，载《甘肃社会科学》2008 年第 6 期。

心化趋势。所谓核心家庭是指只有一对配偶和其成年子女构成的家庭结构形式①。当核心家庭比例达到较高水平，成为社会中的主导家庭类型时，则称之为家庭核心化，据此而言，20 世纪 60 年代中期或中后期，中国多数农村家庭核心化已经实现②。从形成原因上讲，家庭核心化受到两个因素的直接影响，即少子化和代际分离；从其表现形式上看，其典型形式即家庭空巢化。因此，在农村经济发展速度缓慢和经济发展水平比较低的前提下，家庭核心化导致农村家庭养老保障能力的下降，增加了农民养老脆弱性。三是家庭整体教育水平较低。农民养老脆弱性不仅受个人文化程度的影响，作为一种家庭单位的社会经济行为，家庭其他成员的教育水平可能与老年人个人的教育水平同样重要，甚至比其更重要③。据国家统计局 1997 年和 2001 年两次抽样调查，农村中文盲或半文盲劳动比重仍占总数的 8.5%，小学文化程度的占 33.9%，初中文化程度的占 46.2%，高中文化程度的占 10.9%，大专以上文化程度的仅占 1.3%④。农村家庭成员整体文化素质不高，对农民养老脆弱性具有重要影响。

（三）农民养老脆弱性的保障体系因素

农民的养老保障体系可以分为传统与现代两个方面。传统上的保障体系主要包括土地保障、家庭保障、集体保障以及社会救助等；现代养老保障体系加进了社会养老保险和社会服务体系以及救济制度的规范化等方面。随着经济的发展和社会的变革，传统养老保障能力出现了弱化，尤其是家庭保障，而现代养老保障体系仍处于低水平的试点阶段，甚至很多保障项目仍是空白，如生育保险、失业保险等，养老保障体系没有有效降低农民养老脆弱性，甚至在一定程度上增加了养老脆弱性。从土地保障角度看，土地一直承担着农民一部分生活保障职能，这对保持农村社会稳定有其积极意义⑤。在传统的以自给自足为特征的农业社会，生活水平较低，人均寿命较短，农业生产基本是靠天农业，土地确实能够起到很强的生活保障作用⑥。但随着工业化、城市化和市场化的发展，土地的保障作用

① 费孝通：《家庭结构变动中的老年赡养问题——再论中国家庭结构的变动》，载《北京社会科学》1983 年第 3 期。

② 王跃生：《中国农村家庭的核心化分析》，载《中国人口科学》2007 年第 5 期。

③ Zimmer, Z. and J. Kwong. 2001 (a). Socioeconomic Status, Health, and Use of Health Services among Older Adults in Rural and Urban China. Paper Prepared for the Second International Symposium on Chinese Elderly: Enhancing Life Quality of the Elderly in the New Century, October 23 – 25, Shanghai, China.

④ 冯继康、李岳云：《"三农"难题成因：历史嬗变与现实探源》，载《中国软科学》2004 年第 9 期。

⑤ 王国军：《浅析农村家庭保障、土地保障和社会保障关系》，载《中州学刊》2004 年第 1 期。

⑥ 丁少群：《城市化冲击农村家庭养老和土地保障》，载《中国国情国力》2004 年第 5 期。

63

正在迅速削弱，这表现在土地数量减少、土地收入占家庭收入的比例趋小、土地的生产效益低以及不同程度的土地闲置等。家庭保障是农民养老的重要支撑，但正如万克德教授所说，在当前家庭经济收入水平偏低、老年人在家庭中的户主地位下降、农村经济发展和生产方式落后以及价值观念、生活方式等与年轻人碰撞的背景下，家庭养老的保障功能正在弱化[①]。集体保障的实现是与计划经济体制下农村生产经营方式和经济体制紧密相连的。在生产合作化时期，集体拥有强大的资源分配权利，农村的一切收入先收归集体，然后再依"工分"进行"按劳分配"，农民的生、老、病、死、医有集体负责，集体保障功能较强。家庭联产承包制使集体经济趋于瓦解，集体保障能力大幅下降。特别是 2006 年国家全面取消农业税之后，村提留等没有了，农村集体的经济收入就更少。目前除一些乡镇企业分布较多、经济较发达的沿海地区，集体组织尚有一定的经济实力外，在广大的中西部地区，集体保障实际上已经名存实亡。从社会保障的角度看，主要包括"新农合"、"新农保"和社会救助，其他保险项目目前仍是空白。"新农合"从 2003 年实施以来，截止到 2008 年覆盖面达到了 86% 以上[②]，但是"新农合"整体报销比例偏低，平均住院补偿比例基本都在 30% 左右[③]，并且存在明显的"以药养医"导致的药价虚高问题[④]。传统农村养老保险制度覆盖面，一直徘徊在 5 378 万人左右，月均养老金仅约 3.5 元[⑤]。而"新农保"2009 年才刚开始试点，且基础养老金只有 50 元左右，这样的保障水平，如何保障农民的老年生活。2007 年享受低保人口 3 000 万，但若按照国际贫困线标准，则覆盖面不足应保尽保的 30%。农村低保实行差额补助，2006 年人均月领只有 33.2 元。截至 2006 年，农村五保分散供养标准 1 691 元，集中供养标准 2 229 元，而当年农民人均纯收入为 3 587.04 元，农民人均生活消费支出为 2 829.02 元，集中供养标准仅占前者的 62.14%，占后者的 78.79%[⑥]。农民养老保障体系的低水平，是农民养老脆弱性的重要影响因素。

（四）农民养老脆弱性的社会转型因素

社会转型是指建立在"传统"与"现代"社会分类基础之上，社会从一种类型向另一种类型转变的过渡过程[⑦]。根据社会转型的定义，刘祖云教授分析了

---

① 万克德：《世纪之交的中国农村养老问题透析》，载《人口学刊》2000 年第 1 期。

② 转引自朱俊生：《农户对新农合的需求研究：一个分析框架》，载《人口与发展》2008 年第 5 期。

③ 张广科：《新型农村合作医疗制度支撑能力及其评价》，载《中国人口科学》2008 年第 1 期。

④ 张奇林：《制度的逻辑：中美医疗保障制度比较》，载《社会科学辑刊》2007 年第 4 期。

⑤ 岳德军、王谦：《建立新型农村养老保障制度的思考》，载《中国财政》2003 年第 8 期。

⑥ 中华人民共和国国家统计局：《中国统计年鉴 2007》，中国统计出版社 2007 年版。

⑦ 刘祖云主编：《社会转型解读》，武汉大学出版社 2005 年版。

传统与现代社会的八个区别：一是社会经济基础不同，前者以自然经济为基础，后者以市场经济为基础；二是社会基础产业不同，前者以农业为主，后者以工业和服务业为主；三是社会劳动方式不同，前者以手工劳动为主，后者以自动化生产为主；四是社会分工和社会分化程度不同，前者以自然特征进行劳动分工，专业化和社会分化程度较低，后者是复杂的劳动分工，专业化和社会分化程度较高；五是社会组织形式和社会关系不同，前者是家庭组织和血缘关系，家庭承担着多方面的功能，后者是职业组织和业缘关系，家庭功能逐渐向社区转移；六是社会主要活动场所不同，前者在乡村社区，后者在城市社区；七是社会开放程度不同，前者因以自给自足的自然经济为基础而具有较强的分散性和封闭性，后者因其建立在社会化大生产和商品流通以及市场经济基础之上而成为一个高度开放的社会；八是社会管理的权威基础和主要方式不同，前者是家长制管理，后者是科层制管理[①]。根据以上八个方面的分析，社会转型对农民养老脆弱性的影响内嵌于上述八个主要方面的转变之中。具体而言，计划经济向市场经济的转变，使农民养老面临着自然和市场两种风险；农业社会向工业社会的转变，不仅导致了大批农村青壮年劳动力的城市迁居趋向，还带来农村大量耕地的非农化使用，加深了农村地区的老龄化程度，减少了农民的土地保障和服务保障的资源；劳动方式的转变，使得农村劳动力过渡剩余，目前尚有 1 亿左右的剩余劳动力[②]，在不能有效转移的条件下，就变成了农民的隐性失业问题；社会组织形式和社会关系的变化，使农民家庭养老保障能力降低，家庭功能的社会化转移又带来了农民养老成本的大幅度提高；社会活动场所由乡村向城市的转移，加剧了农民的代际分离趋势，增加了农民的养老风险，尤其是非经济养老风险问题；社会开放扩大，带来了农民养老观念的转变，使得农民养老的孝道文化约束降低，增加了农民养老的不确定性；家长制管理方式向科层制管理方式的转变，使得家长对于养老资源的控制力大大降低，使很多农村老人无所积蓄的进入老年时期；传统与现代社会管理基础和方式的变迁，弱化了中国特色传统保障。上述分析不难发现，社会转型对农民养老脆弱性的影响不言而喻。

第三节 本章小结

从本章的分析不难看出，农民养老脆弱性分析框架实质上是农民养老保障与

---

① 刘祖云主编：《社会转型解读》，武汉大学出版社 2005 年版。
② 赵曼、杨海文：《21 世纪中国劳动就业与社会保障制度研究》，人民出版社 2007 年版。

养老风险的博弈模型，农民养老保障来自于"内"和"外"两类保障，而农民的养老风险也来自于"内"和"外"两个方面。"内"在的保障一定程度上可以看做是传统保障，即家庭保障、集体保障和社会救助，而"外"在的保障是一种大保障，以社会保险为主体。"内"在的风险来自于农民个体和家庭两个层面，既有生理层面的风险，也有结构层面的风险；而来自"外"部的风险，则主要是社会转型带来的宏观风险，包括自然风险和社会风险或市场风险等。随着农村经济的发展和社会的变革，农民养老的可及性资源有减少的趋势（即便是农民的经济收入也表现出相对减少趋势），这从农民养老的人口学特征、家庭特征以及社会保障体系特征中得以验证，而农民养老风险的增加，正随着人口老龄化和中国社会的转型不断得到强化。在农民养老资源趋向减少，而农民养老风险趋向增加的背景下，农民养老的脆弱性是一个不难断言的明显特征，而这种脆弱性特征隐含着农民的养老风险以及农村社会的长期稳定问题。这是一个值得重视的问题。

农民养老脆弱性作为一种由内外保障决定的并受内外风险影响的系统属性。一方面，农民传统养老保障的保障能力的下降是一个不断发展的趋势，其中生活照料保障能力和精神慰藉保障能力以及心理关怀供给能力的下降，表现得更加明显。而现代正式的社会养老保障制度仍然处在缓慢的试点阶段，即使已经开始试点的地区，农民基础养老金也只有每人每月不到 60 元的保障水平，对于在现代化背景下农民基本生活成本已经大幅增加的情况下，每个月每人 55 元的基础养老金其实只能算是一种象征意义上的保障或者说它带来的精神保障作用远远大于经济保障作用。另一方面，风险的客观存在和日益累积，不会因为农民养老保障资源的有限性而转移，特别是随着人口老龄化高峰的日益临近，农民养老风险正日益呈现出不断扩大化的倾向。因此，立足城乡统筹的视角和全面建设小康社会以及构建社会主义和谐社会的目标，如何加快建立健全农民的养老保障体系，以解决农民的养老风险，实现农民老有所养、老有所乐，将是中国相当长一段时期内面临的一个富有挑战性的问题。而这一问题的彻底解决，需要社会各界的关注、重视、研究和支持。农民养老问题的有效解决，需要从农民自身的角度，充分发挥农民在养老问题解决过程中的主体地位。

第四章

农民的养老风险及其制度需求

相对于农民的养老需求来说，农民养老的资源是有限的，要想使有限的养老资源带来最大的社会福利效应，须使制度的供给与制度的需求相吻合。而实现这一目标的前提是详细了解农民的养老风险、应对策略、养老期望及其制度需求。本章将通过来自 10 个省、自治区 30 个行政村的调研数据，对这些问题进行实证分析。

毫无疑问，当今社会是一个以"风险"为显著特征的社会，我们称之为"风险社会"。随着市场经济的深入发展，农村社会经济得到了快速的发展，但与社会经济的快速发展相伴的是根植于传统计划经济体制下农户处理风险机制的瓦解①。大量的对农户内部风险处理的研究显示，农户的风险处理策略是理性的，千百年来中国农户在生产和生活实践中积累了大量行之有效的防范、化解和应付风险的策略②。作为一个系统性的工程，农民养老涵盖了多个层面的内容，包含了经济保障、生活照料、精神慰藉和心理关怀等多个层面③。在风险社会背景下，作为一个理性的经济主体，农民对养老风险的感知是什么样的？他们面临着什么样的风险形式？作为一个理性主体，他们选择怎样的应对策略？他们有什么养老期望？他们有什么样的制度需求？上述诸多问题是否存在明显的地区差异？这些将是本章讨论的主要问题。

---

① 陈传波：《农户风险与脆弱性：一个分析框架及贫困地区的经验》，载《农业经济问题》2005 年第 8 期。

② 丁士军、陈传波：《农户风险处理策略分析》，载《农业现代化研究》2001 年第 6 期。

③ 穆光宗：《独生子女非经济养老风险及其保障》，载《浙江学刊》2007 年第 3 期。

中国是一个典型的农村经济发展不平衡的国家，东、中、西部地区表现出明显的地区差异性。不同地区，农民所处的社会、经济以及文化环境皆不相同，农民自身的条件、家庭资源禀赋、社会服务可及性以及法制环境的完善等也表现出明显的差异。在这种背景下，农民面临的养老风险及其形式、采取的应对策略、对养老的期望以及农民对社会保障制度的需求等也不难推断其存在的地区差异性。因此，深入分析农民养老风险、策略、期望以及制度需求的地区特征，对不同地区解决农民养老问题的农村社会政策制定将具有重要的参考价值。本章拟利用来自全国10个省、自治区千户农民的最新调查数据，对这一问题进行描述性统计分析，以期为不同地区农村社会政策的制定提供参考。

本章数据来至中南财经政法大学"社会保障与社会政策研究所"于2009年2月份进行的一项面向全国10个省、自治区30个行政村的"农村劳动与社会保障问题"调查。调查采取经验分层和非严格概率抽样的方法，首先根据中国经济发展水平的地区差异性，分别在东部、中部、西部地区各取能够代表本地区经济发展状况的省、自治区（见表4－1），然后，再根据各省、自治区经济发展状况，分别选取能够较好代表每个省、自治区经济发展水平的三个县中及其各地有代表性的一个行政村，再在每个行政村随机抽取一个自然村，每个自然村通过系统随机抽样原则，选择35户进行入户问卷访问以及对部分农户的深度访谈。共发放调查问卷1 050份，有效回收1 032份。

表4－1　　　　　　　　被调查对象的地区分布情况　　　　　单位：个/份

地区	省、自治区	行政村个数	发放问卷数	有效回收问卷数
东部地区	江苏省、浙江省、山东省	9	315	314
中部地区	河南省、湖北省、湖南省、安徽省	12	420	420
西部地区	陕西省、四川省、广西壮族自治区	9	315	298
合计	10	30	1 050	1 032

第一节　农民的养老风险及其差异

一、农民养老风险的整体判断

养老风险是一个多维度的概念，包含了经济保障风险、生活照料风险、精神慰藉风险以及心理慰藉风险等多个层面，但是如何测量农民面临的风险呢？本章假定农民在养老风险面前是理性的，他们基于个体条件和所处环境，对自己将来老年基本生活问题的一种理性判断和担心，能够比较准确地反映他们的养老风险。根据这一逻辑，本章用两个指标来测量农民的养老风险问题：第一个指标是"您担心自己的养老问题吗？"第二个指标是"最担心到老年遇到什么方面的问题？"前一个问题设计的目的在于反映他们是否担心养老问题以及担心程度，后一个问题设计的目的在于阐释他们的养老风险表现形式。两者合计，则可以反映农民养老风险的整体状况。

从"您担心自己的养老问题吗？"和"最担心到老年遇到什么问题？"的交叉分析表（见表4-2）中可以看出：农民对养老问题表示担心（包括很担心和比较担心）的占44.1%，不担心（包括不太担心和一点不担心）的占37.1%，另外，农民说不清的比例有18.7%。这些数据表明，随着农村社会环境和社会结构的变化，有将近45%的农民已经切切实实感到养老风险的客观存在及其日趋积累。但为什么仍有超过35%的农民表示不担心他们的养老问题呢？这个问题有可能是由于，这部分农民（可能是发达地区的农民或不发达地区的富裕农民）经济上比较富裕，能够比较全面地保障自己的养老问题，因此不认为自己存在养老风险；也可能这部分农民，固守着基于血缘关系的"家庭养老"传统观念，由于期望低，风险意识差，而影响了他们对风险的正确认识。

表4-2　　　　　　　　农民对养老问题的担心与最担心方面　　　　单位：%

| | | 您担心自己的养老问题吗 | | | | | 合计 |
		很担心	比较担心	不知道	不太担心	一点不担心	
最担心到老年会遇到什么方面的问题	无经济来源	22.6	35.4	15.5	22.6	3.9	100.0
		59.3	44.3	30.9	30.4	15.6	37.4
	生活无人照料	12.9	37.3	23.3	20.1	6.5	100.0
		24.8	34.1	34.0	19.8	18.8	27.4
	精神孤独空虚	2.0	13.2	18.6	42.6	23.5	100.0
		2.8	8.9	19.9	30.7	50.0	20.0
	生病得不到治疗	17.8	32.7	16.8	28.0	4.7	100.0
		13.1	11.5	9.4	10.6	5.2	10.5
	无人送老上山	0.0	20.0	20.0	40.0	20.0	100.0
		0.0	0.3	0.5	0.7	1.0	0.5
	其他	0.0	6.8	22.7	50.0	20.5	100.0
		0.0	1.0	5.2	7.8	9.4	4.3
总计（N = 1 020)		14.2	29.9	18.7	27.7	9.4	100.0
		100.0	100.0	100.0	100.0	100.0	100.0

注：Pearson Chi-Square = 191.40　Asymp. Sig. = 0.000.

对于农民面临的养老风险形式的估计，则是通过农民最担心什么方面的问题来考察的。从统计数据来看，农民担心"无经济来源"的占 37.4%，担心"生活无人照料"的占 27.4%，担心"精神孤独空虚"的占 20%。另外，分别有 10.5% 和 0.5% 的农民担心"生病得不到治疗"和担心"无人送老上山"。从根本上说，担心"生病无以医治"仍然是农民经济保障方面的问题，担心"无人送老上山"则可以划入他们精神养老的范畴。从统计数据不难看出，农民养老的主要风险形式是经济保障风险、生活照料风险和精神慰藉风险三大养老风险。其中，经济保障风险占据首位，占比接近 48%。这充分说明，经济保障问题仍然是中国广大农民面临的首要养老问题，经济来源问题直接威胁着农民老年时期的基本生存和生活安全。但是，随着农村大批的青壮年劳动力外出务工，甚至全家城市迁居趋势的发展，空巢老人问题正日益凸显，他们的生活照料风险和精神慰藉风险以及相应的保障需求必将逐渐增加，这是一个迫切需要关注的问题。

二、农民养老风险的地区差异

由于我国农村经济地区发展很不平衡，不同地区农民的经济收入水平、社会服务体系以及养老观念存在明显差异，例如，2007 年，东、中、西部地区农民的人均纯收入分别为 5 504.9、3 896.9 元和 2 908.8 元[①]。虽然中西部地区与东部地区农民收入差距略有缩小，但西部地区与中部地区农民收入差距仍在继续扩大，而且这种差距在短期内不会有大的改变。多方面因素的差异性决定了农民对养老风险的敏感性会有很大不同，因此本书大胆提出推论：不同地区农民面临的养老风险及形式应该存在显著性差异。

从表 4-3 农民养老风险与地区分布的交互分析中可以看出，农民养老风险存在显著的地区差异。从具体分布来看，中西部地区农民对养老问题表示比较担心和非常担心的比例占绝对多数，其比例分别是 50.4% 和 48.3%。东部地区表示不担心或不很担心的比例占绝对多数，这与东部地区地区经济发展水平最高和社会服务体系最完善有关，也符合人们的正常预期。中部地区经济发展水平比西部地区高，社会服务体系也比西部地区健全，为什么中部地区农民的风险感知或养老担心度会比西部地区高呢？这与一般认识是有偏差的。一种可能的解释是西部地区正是由于当地经济发展水平比较低，受市场化因素影响较小，农民的生活水平也比较低，农民的养老期望比较低，只求温饱，这种较低的预期影响了农民

---

① 中国社会科学院农村发展研究所：《中国农村经济形势分析与预测：2007~2008》，社会科学文献出版社 2008 年版。

对养老风险的感知。相对于西部和东部地区来说，中部地区的经济发展和社会发展指标都处于前两者之间，但由于中部地区受市场化因素影响较多，而经济和社会服务体系则相对落后，因此农民的养老风险感知最强。

表4-3　　　　农民的养老风险与地区分布交互分类表　　　　单位：人

地区	担心度	您担心自己的养老问题吗？					总数
		非常担心	比较担心	无所谓	不很担心	一点也不担心	
所在地区	西部地区	53	91	67	63	24	298
	中部地区	58	148	62	104	37	409
	东部地区	34	67	62	116	35	314
	总数	145	306	191	283	96	1 021

注：Pearson Chi-Square = 40.24，Asymp. Sig. = 0.000。

表4-4数据清晰地显示，无论是东部地区，还是中西部地区，农民面临的主要风险形式依次是：缺乏经济来源、生活无人照料和精神上会孤独空虚等。这一数据印证了农民养老的主要内容，即经济保障、生活照料和精神慰藉三个方面。分地区来看，西部地区农民面临经济风险的比例最高（41.6%），中部地区次之（37.6%），东部地区最低（32.6%）；生活照料风险，东部地区最高（31.0%），中部地区次之（26.4%），西部地区最低（24.2%）；农民精神上孤独寂寞的风险，东部地区最高（26.8%），西部地区次之（18.1%），中部地区最低（16.4%）。东、中、西部地区农民养老风险形式差异的合理解释是：东部地区经济最发达，农民面临的经济保障风险最低，但由于"少子老龄化"最严重，所以生活照料风险最高，精神慰藉风险也比较高。西部地区最穷，因此经济保障风险最突出，西部地区农民的生育观念相对落后，少子老龄化明显低于东部，因此照料风险最低，但是由于西部地区农民获取精神慰藉的渠道比较窄，再加上子女外出务工的增加，精神上相对更加孤独寂寞。而中部地区，由于其处于中西之间，除精神慰藉风险之外，很多方面也处在两者之间。

表4-4　　　　农民的养老风险形式与地区分布交互分析表　　　　单位：人

地区	风险形式	最担心到老年会遇到什么方面的问题？						总数
		缺乏经济来源	生活无人照料	精神上会孤独空虚	生病得不到治疗	无人送老上山	其他	
所在地区	西部地区	124	72	54	40	1	10	298
	中部地区	158	111	69	54	1	27	420
	东部地区	102	97	84	17	3	7	313
	总数	384	280	207	111	5	44	1 031

注：Pearson Chi-Square = 38.66，Asymp. Sig. = 0.000。

表4-4还显示了农民养老风险其他方面的差异性。西部地区农民面临"生病得不到治疗"的风险最高，占13.4%，中部次之，占12.9%，东部最低，占5.4%，这与不同地区农民的经济条件和医疗服务体系的可及性有关；"无人送老上山"问题在所有风险形式中占比例最低，这个问题说明农民需求的即期性，相当一部分农民认为，在有生之年都不能过得幸福或者丰衣足食，谁还想将来死的时候的问题，这从农村调查和与农民的深度访谈中可以体会到。

第二节　农民的养老策略及其差异

一、农民养老策略的整体情况

基于历史和文化的影响，"养儿防老"向来都是农民应对养老风险的首要策略，但是，我们不能否认农民是理性的。随着市场经济的推进、农村地区经济的发展和社会环境的变化，这些变化将如何影响农民养老风险的应对策略？新时期他们满足自己养老需求的主要途径又将做如何选择？为了回答农民的养老策略这一问题，本节用两个变量（具体见表4-5）来考察。表4-5"获得养老支持的最主要途径"和"保障老年生活最主要策略"的交互分析显示：多储存点钱或财产在农民七个主要养老策略中占据首位，占比为41.0%；多在子女教育上投资次之，占比为18.8%；参加社会养老保险的占第三位，比例达到了15.2%；只有11.7%的农民要选择生儿子，这一统计结果在一定程度上说明：随着抚养子女成本的增加以及代际分离的加大等影响，"养儿防老"已经不是农民解决养老问题的首要策略[①]；农民选择保持劳动能力种地和购买商业保险作为应对养老风险的最主要策略的分别占到6.5%和0.3%，农民对选择商业保险化解养老风险的比例如此之低，验证了郑功成对这一问题的判断，即商业保险作为农民可靠养老保障策略仍然需要相当长的时间[②]；另外，选择等老了再说的也有6.5%，这说明在农村，一部分农民当他们当前的生活问题尚难很好解决的情况下，未来的养老成了他们"管不了那么多，等到老了再说"的问题。从交叉表中的相关系数和显著性程度说明，农民保障老年生活的最重要策略和获得养老支持的最主要途径具有显著性相关。

---

① 虽然，被调查的对象很可能已经过了生育期（平均年龄44.8岁），不再考虑生男孩来解决养老的问题，但是在广大的农村地区，父辈的生育观念，往往对子辈的生育行为产生重大影响，因此，这一数据能够比较真实地反映农村当前的生育观念的变化问题。

② 郑功成：《中国农村社会养老保障政策研究》，载《人口与计划生育》2008年第3期。

表 4 – 5　　　　　　　农民的养老支持与最主要养老策略　　　　单位：%

		获得养老支持的最主要途径						合计
		子女	亲戚	社区	养老保险	政府	只能靠自己	
保障老年生活最重要策略	要生儿子	93.8	0.0	0.0	0.9	2.7	2.7	100.0
		14.2	0.0	0.0	1.2	15.8	2.9	11.7
	多在子女教育上投资	90.1	1.1	1.1	2.2	0.5	4.9	100.0
		21.9	66.7	22.2	4.9	5.3	8.6	18.8
	保持劳动能力种地	66.7	0.0	3.2	0.0	3.2	27.0	100.0
		5.6	0.0	22.2	0.0	10.5	16.2	6.5
	多储存点钱或财产	79.3	0.3	0.8	4.3	1.0	14.4	100.0
		41.9	33.3	33.3	20.7	21.1	54.3	41.0
	买商业保险	33.3	0.0	0.0	33.3	33.3	0.0	100.0
		0.1	0.0	0.0	1.2	5.3	0.0	0.3
	参加社会养老保险	49.7	0.0	0.7	40.1	3.4	6.1	100.0
		9.7	0.0	11.1	72.0	26.3	8.6	15.2
	没办法老了再说	77.8	0.0	1.6	0.0	4.8	15.9	100.0
		6.5	0.0	11.1	0.0	15.8	9.5	6.5
总计（N = 967）		77.5	0.3	0.9	8.5	2.0	10.9	100.0
		100.0	100.0	100.0	100.0	100.0	100.0	100.0

注：Pearson Chi-Square = 305.30 Asymp. Sig. = 0.000.

从社会支持角度看，农民的养老支持体现在"正式"和"非正式"支持两个方面。农民养老的正式支持包括了从养老保险机构、政府救助等途径获得的社会支持，非正式支持则是指从子女那里、亲戚那里、社区那里（邻居、村组和乡镇企业等）以及自己那里等途径获得的社会支持。表 4 – 5 清晰地说明了农民的选择，非正式支持占比接近 90%，占据主导地位，正式支持占比只有 10% 多一点。这验证了全国政协委员杨魁孚先生提出的观点："中国 90% 以上的农民无法通过社会保障渠道获得基本的生活保障"[①]。非正式支持首先体现在依靠子女和依靠自己，两者占比分别为 77.5% 和 10.9%，而依靠亲戚（0.3%）和依靠社区（0.9%）的比例都非常低，但选择依靠社区（邻居）的比例大于依靠亲戚的比例，这说明在农村地区业缘和地缘关系在农民养老的某些方面发挥着比亲戚更重要的作用，特别是日常帮助和聊天、打牌等精神需求的满足。但是随着农村市场化改革和农民观念的变化，业缘和地缘关系对农民养老会发生怎样的变化值得进一步研究。尽管选择正式支持的比例很低，但仍有 8.5% 的农民选择主要依靠社会养老保险，仅仅有 2.0% 的农民选择政府（救助）。由此不难判断，以家庭

① 李晨：《农民养老：一个迫在眉睫的问题》，载《科学时报》2007 年 3 月 7 日。

和自己为主的非正式支持是农民养老问题解决的主要策略，而以社会保险为主的正式支持，由于历史和制度方面的原因仍然使得农民不敢对其抱太大的期望。但正式支持的公共产品性质提示我们，解决农民的养老问题，发展中国的社会保障事业，不能忽视农民对社会养老保险的需求。

二、农民养老策略的地区差异

农民养老涵盖了经济需求、生活照料需求、医疗护理需求、精神慰藉需求、心理关怀以及临终陪护等多方面内容，归纳起来主要包括经济保障、服务保障和精神赡养三个方面，这些需要的满足或实现也即是达到保障老年生活的目标。本章设计了"到老年时您保证老年生活最主要办法是？"这一变量，来反映农民的养老策略，并通过 SPSS 16.0 对数据进行交互分析，分析结果见表 4 - 6。

表 4 - 6 　　　　　　　农民的养老策略与地区分布交互分析

地区 \ 策略		到老年保证您老来生活最主要的策略是							合计
		要生儿子	子女教育投资	保持健康种地	储蓄或财产	购买商业保险	参加社会养老保险	没办法老了再说	
所在地区	西部	29	58	17	117	3	49	25	298
	中部	45	87	28	174	14	47	24	419
	东部	40	44	24	123	1	60	22	314
	合计	114	189	69	414	18	156	71	1 031

注：Pearson Chi-Square = 27.63，Asymp. Sig. = 0.006。

从表 4 - 6 的统计数据可以清晰地看出，排在前三位的养老策略依次是：多储存点钱或财产、多在子女教育上投资和参加社会养老保险，选择要生儿子来解决老年生活的比例排在了第四位。这一统计结果反映了农村经济发展和农村社会环境变迁对农民养老观念、生育观念和养老方式的影响。从卡方检验（27.63）和显著性水平（0.006）来看，统计结果具有显著性地区差异。从地区差异来看，西部地区选择依靠第一种策略的占比达到了 39.3%，中部地区占比为41.5%，东部地区占比为 39.2%，东、中、西部地区差距很小，尤其是东西部地区只差 0.1%；对于第二种策略的选择，中部地区最高为（20.0%），西部地区次之（19.5%），东部地区最低（14.0%），中西部地区差距较小，东西部地区差距较大；对于第三种策略的选择，东部地区最高（19.1%），西部地区次之（16.4%），中部地区最低（11.2%）；对于第四种策略的选择，东部地区最高（12.7%），中部地区次之（10.7%），西部地区最低（9.7%）。为什么会出现这样的统计结果？怎么解释这种统计结果呢？

我们认为，这是一种多种因素综合影响的结果。从第一种养老策略选择的差异性来看，东、中、西部地区之间并没有很大的差异，而且比例都在 40% 左右，这说明随着人口老龄化的到来，农民逐渐认识到"家庭养老"等传统养老模式的局限性，已开始准备或计划为自己将来的养老早做积累，但这种策略安排是否能够实现，取决于农村经济发展情况。从第二种策略选择的差异来看，中西部地区差异不大，都希望通过加大子女教育投资来解决自己将来的养老问题，而东部地区对此的选择则明显较低，这可能是由于东部地区相对比较发达，劳动力就业渠道和机会较多，比较容易就业并获得较高的收入，即使不上学也能够获得较好的就业机会，因此对子女教育投资并没有给予太多的期望，但这并不是说东部地区农民不注重子女的教育投资；而中部地区相对于东部地区而言，就业渠道和机会则相对较少，农民受传统教育观念、成才观念的影响和基于人力资本投资的高回报率考虑，而更倾向于从子女的教育投资中获得老年生活的保障需求，特别是对"成就安心"的非经济养老保障，但是由于西部地区农村经济发展水平非常低，教育条件非常差，一方面收入有限，难以应付高昂的教育成本支出，另一方面，投资往往成为"沉淀成本"而难以收回，因此对教育投资更加谨慎。从选择社会养老保险的差异性来看，东部地区最高，这与经济发展水平和政策实践有关，而西部地区之所以出现更高的积极性和倾向性，这可能是与"新农保"的设计有关系，2009 年试点的新农保规定，农民参加养老保险需要交纳一定的保险费，广大中西部地区享受更多的财政支持，甚至不用交费即可享受社会养老保险，因此出现了上述的统计结果。表 4-6 还说明了依靠保持能力种地、购买商业保险等也存在地区差异性。

第三节　农民养老的经济需求及其差异

一、农民养老经济需求的整体情况

养老是一个多维度的问题，但在社会经济发展相对落后的条件下，养老几乎就是物质赡养，包括对老人金钱与实物的付出，而精神赡养很大程度上不过是物质赡养、生理满足的副产物[①]。经济保障在养老保障中的核心地位，决定了适度水平的保障制度关系到社会政策的实践价值和可持续性。传统养老保障制度发展滞后的

[①] 熊汉富：《独生子女家庭老人精神赡养问题与对策》，载《郑州航空工业管理学院学报》2008 年第 6 期。

原因有很多，但经济保障水平过低是一个重要因素，很多地方由于农民选择缴费的标准大多在2~4元档次，在退休后每月领取的养老金一般在10元左右，这样的保障水平是很难激励农民的参与积极性，也很难起到有力的保障作用。因此，了解农民养老的经济需求水平与其期望，有助于我们制定合理的农村社会保障水平和适宜的农村社会保障制度，以确保有限的社会资源带来最大的社会福利效应。为能够有效反映农民养老经济需求，本节设计了这样一个问题"您觉得到您老的时候，个人基本生活一个月至少需要多少钱（不考虑物价变动）？"根据农民的回答，我们以300元为组距划分成六组，并以此与农民最主要的养老期望进行交互分析，见表4-7。

表4-7　　　　农民的养老经济需求水平与养老期望交互分析

期望 / 需求水平		老年生活保障每月最低经济需求						合计
		300元及以下	301~600元	601~900元	901~1 200元	1 201~1 500元	1 500元以上	
下一代能够完全赡养你们①	很大期望	82	163	26	11	0	4	286
	较大期望	225	173	40	19	1	8	466
	较小期望	67	79	20	20	1	2	189
	不抱期望	23	18	15	12	2	4	74
	说不清	3	3	0	0	0	0	6
合　计		400	436	101	62	4	18	1 021
政府尽力解决您老年保障②	很大期望	63	35	4	4	0	1	107
	较大期望	93	117	32	19	1	9	271
	较小期望	121	139	35	18	1	3	317
	不抱期望	96	101	25	20	1	3	246
	说不清	24	43	5	1	1	1	75
合　计		397	435	101	62	4	17	1 016
老年人权益得到法律保障③	很大期望	62	52	7	8	0	2	131
	较大期望	106	132	38	23	1	10	310
	较小期望	113	145	29	20	2	2	311
	不抱期望	90	71	22	11	1	3	198
	说不清	26	34	5	0	0	1	66
合　计		397	434	101	62	4	18	1 016

注：①Contingency Coefficient = 0.292，Approx. Sig. = 0.000；②Contingency Coefficient = 0.195，Approx. Sig. = 0.005；③Contingency Coefficient = 0.168，Approx. Sig. = 0.081。

表4-7的统计结果说明，农民老年生活每月最低经济需求是比较低的，绝大部分需求标准在600元以下，这一群体平均占比在80%以上。选择标准在1 200元以上档次的人数非常少，所占比例在2%左右。随着老年生活每月经济

需求水平的提高，选择的人数整体上表现出持续的减少。从收入水平与消费需求的关系可以推测，在广大的农村地区农民的收入仍然比较低，老年生活经济要求也相应较低。但应该看到在六个档次中，选择301～600元这一档次的人数最多，这也说明了农民生活成本在市场化等因素的影响下有了明显的提高①。选择601～900元和901～1 200元的人数也占有一定的比例。这一统计结果提示人们，农民的生活成本在增加，制定适度的社会保障制度水平应该充分了解农民的实际生活标准。这样才能有效避免因制度设计标准过低而起不到激励与保障作用，也能避免因标准过高而超过财政与农民的承受能力，造成总量不足与结构性矛盾并存的局面，影响制度的可持续性和实践效果。

农民养老的期望主要体现在三个方面：即农民对"下一代能够完全赡养"的期望、对"政府尽力解决老年保障问题"的期望和对"老年权益得到法律保障"的期望。这一组期望，能体现农民社会保障权利意识的觉醒和对制度公平回归的期待。具体来看，农民抱有很大希望和较大期望的比例表现出了较大的不同，农民对"下一代能够完全赡养"抱有很大期望和较大期望的比例为73.7%，较小期望和不抱期望的比例为25.8%。对"政府尽力解决老年保障问题"抱有较大期望和很大期望的比例为37.2%，较小期望和不抱期望的比例占55.4%。对"老年权益得到法律保障"抱有较大期望和很大期望的比例为43.4%，较小期望和不抱期望的比例为50.1%。从统计结果来看，农民养老的最大期望仍然是子女，而对"政府"和"法律"解决老年问题抱有较高期望，分别占37.2%和43.4%。一种可能的解释是：在广大的农村地区，农民"养儿防老"的传统观念仍然具有很深的影响，即使现实的环境已经发生了变化，由于这种观念和思想转变的滞后性，农民在心理上仍然对子女给予很高的期望，不指望子女养老的还是少数，这与当前我国农村地区"靠家庭养老为主"②的现状相符。但是农村子女数量的减少、家庭成员流动的增加和道德观念、价值观念的变化，儿女对老人的赡养功能正在弱化，农村老年人的赡养问题正日益严重③。再加上老龄化的快速到来，经济发展水平比较低的农业、收入和积累水平比较低的农民以及市场化导致的老年生活成本的增加，使得依靠传统

① 关于农民生活成本的提高，笔者在调查和农村生活的体验中感受很深。2000年以前，笔者所在的农村，大部分农民吃、穿、用（家用电器、通讯工具、交通工具等）等方面都是比较"传统"的，而在市场化因素作用下，农民吃的馒头不再是自己蒸出来的，而是买的。衣服、鞋子（特别是小孩的鞋子）已经不再是做的，而是买的。家用电器、通讯工具、交通工具等也都被现代化了，甚至一部分农村地区已经用上了自来水、天然气等，这些现代生活条件的改善，大大提高了农民的生活成本。

② 潘允康：《社会变迁中的家庭——家庭社会学》，天津社会科学出版社2002年版。

③ 贺寨平：《社会网络与生存状态——农村老年人社会支持网研究》，中国社会科学出版社2004年版。

的养老方式已很难应对现实或未来的养老风险,农民感知到了这一点,希望养老资源的提供者从家庭扩展到国家和社会,因此对政府保障他们的老年生活给予了较高期望。就目前来说,农民养老仍是一种主要"发生在家庭内部的代际交换"[①] 行为。农村家庭的代际关系是一种通过多种不同形式维持着物质、精神和生活上的互惠互利的亲子关系[②]。当"互惠互利"不能为继的时候,代际矛盾便表现出来,而这种矛盾的最终表现形式就是农村老人的养老困境。据统计,赡养纠纷案目前正以每年10%的速度递增,在所有涉老民事案件中,赡养纠纷占到13.5%[③]。随着老年侵权行为事件的增多,在传统约束机制功能衰退的同时也伴随着农民的权利意识和法律意识的觉醒,因此,农民对完善我国社会保障法制,赋予农民养老权益制度上的保证,就成为即时之需。从相关系数和显著性可以看出,随着农民老年生活每月最低经济需求层次的逐步提高,农民的养老期望表现出了显著性差异。

在经济需求 900 元以下的几个档次中,农民对"下一代能够完全赡养"的期望非常高,抱有较大期望的比例最多,抱有很大期望的次之,抱有较小期望的占比排在第三位。经济需求 900 元以上的三个档次中,农民对"下一代能够完全赡养"的期望程度出现了波动,在 901~1 200 元的档次中,抱有较小期望的比例最多,较大期望的次之,不抱期望的占第三位。在 1 201~1 500 元的档次中,农民对"下一代能够完全赡养"不抱期望的比例最多。在 1 500 元以上档次,农民"对下一代能够完全赡养"抱有较大期望的最多,其次是很大期望,第三是不抱期望。所有经济需求档次中,农民对期待下一代能够完全赡养说不清的情况都非常少,这说明农民对子女养老的期望是非常明确的。从趋势上来看,随着农民老年生活每月最低经济需求水平的提高,对"下一代能够完全赡养"的期望出现了逐渐下降趋势(个别档次有波动)。可以推测,随着农民老年生活每月最低经济需求的增加,农民的收入水平是逐渐增加的,收入水平的逐渐增加,又暗含着农民就业能力、就业技巧和创造财富能力的显著性差异,意味着农民养老从"依赖养老"向"独立养老"[④] 模式的转变,因此表现出了对"下一代能够完全赡养"的期望逐渐降低的趋势。

从农民对"政府尽力解决老年保障"的期望来看,每月经济最低需求在

---

① 于学军:《中国人口老龄化与代际交换》,载《人口学刊》1995 年第 6 期。

② 中国代际关系研究课题组:《中国人的代际关系:今天的青年人和昨天的青年人——实证研究报告》,载《人口研究》1999 年第 6 期。

③ 《人口研究》编辑部:《21 世纪的中国老龄问题:我们该如何应对?》,载《人口研究》2000 年第 9 期。

④ 风笑天:《从"依赖养老"到"独立养老"——独生子女家庭养老观念的重要转变》,载《河北学刊》2006 年第 3 期。

农村社会保障制度研究

1 200 元以下的四个档次中，抱有较小期望和不抱期望的比例占有绝对多数，抱有较大期望和很大期望的比例相对较低。在 1 201～1 500 元区间的调查样本非常少。在 1 500 元以上的档次中，抱有较大期望和很大期望的比例又明显多于不抱期望和较小期望的比例。农民老年生活每月最低经济需求在 900 元以下的三个档次中，每个档次中农民对"政府尽力解决老年保障"抱有较小期望、较大期望和不抱期望的比例具有相似性，即都是每个档次中占比最多的前三选择。从趋势上来看，随着农民老年生活每月最低经济需求标准的逐步提高，农民对"政府尽力解决他们的老年保障"的期望呈显著的下降趋势（个别有波动），为什么出现这样的结果呢？本章认为，农民老年生活每月最低经济需求标准的提高是与农民的收入水平和其他相关因素有关的，随着农民收入水平的提高，农民更多倾向于"自立养老"，因此对"政府尽力解决他们的老年保障"的期望就相对较低。1 500 元以上高消费档次中的农民，对"政府尽力解决他们老年保障"给予了较高期望，可能是这部分农民大多是农村地区的精英，他们比一般农民有着更强的就业、劳动和创造财富的能力，同时权利意识比较明显，当老年生活陷入困境的时候，他们首先想到了政府对农民的责任，因此在高消费水平档次中，农民对政府尽力解决他们的老年保障问题，给予了较高和很高的期望。

关于农民对"老年权益得到法律保障"的期望，随着农民老年生活每月最低经济需求水平的增加，农民对"老年权益得到法律保障"的期望呈现出显著的波动性增加趋势（见表 4－7）。从统计数据（表 4－7）来看，农民的养老期望与经济需求水平表现出相同的趋势，即：越是老年生活每月最低经济需求标准比较低的农民，对"老年人权益得到法律保障"的期望也越低；而越是老年生活每月最低经济需求标准比较高的农民，对"老年权益得到法律保障"的期望也越高，1 201～1 500 元这个档次中的农民是个例外，在这个档次中的农民，抱有较小期望的比例占的最多，没有选择说不清的，也没有选择抱有很大期望的。如何解释农民老年经济需求水平与对"养老问题得到法律保障"的期望呈现出的趋势呢？本章认为，农民老年生活每月最低经济需求标准越低，说明这部分农民越是农村地区最为脆弱的群体，在经济资源缺乏的同时，很可能伴随着多种资源的缺乏和法律意识的淡薄，同时这部分群体也可能是受传统养老观念和父权社会影响最深的群体，一方面他们老年保障的法律意识较低，另一方面他们比较注重"情面"，即使他们的老年权益受到了侵害，由于抱有"家丑不可外扬"的心理而委曲求全，再加上"屈死不告状，饿死不出门"等传统思想的影响等，导致农民对老年保障得到法律保障的期望较低。相反，农民老年生活每月最低经济需求标准越高，则说明这部分农民是农村地区经济条件比较好的群体，在拥有较强经济保障的同时，也伴随着各种权利意识的觉醒，当老年权益受到侵害时，他们希望能够通过合法的渠道加以解决，因此对老年权益得到法律保障抱有较高的期望。

二、农民老年生活经济需求的地区差异

表4-8清晰地显示，农民养老每月最低经济需求存在显著的（P = 0.002）地区差异。表4-8的统计数据显示，选择600元以下的两档消费标准的农民，东部地区占比为76.8%，中部地区占比为82.9%，西部地区占比为86.2%，农民老年生活每月最低经济需求选择在600元以下档次的比例，从东向西呈显著的增加趋势。选择老年生活每月最低经济需求在601~900元和901~1 200元两个中间档次的农民比例，西部地区为12.5%，中部地区为15.7%，东部地区为19.4%，从西向东老年生活每月最低经济需求水平呈明显的增加趋势，1 200元以上的两个高消费档次，表现出了与中间两个档次中同样的发展趋势。从消费需求与收入水平的关系来看，这与我国经济发展水平的东西差距趋势相吻合。

表4-8　农民老年生活每月最低经济需求与地区分布交互分析

地区 \ 需求水平		老年生活保障每月最低经济需求						合计
		300 元及以下	301~600 元	601~900 元	901~1 200 元	1 201~1 500 元	1 500 元以上	
所在地区	西部	135	121	22	15	0	4	297
	中部	148	197	46	19	0	6	416
	东部	120	121	33	28	4	8	314
合计		403	439	101	62	4	18	1 027

注：Pearson Chi-Square = 27.64，Asymp. Sig. = 0.002.

表4-8还显示出各个地区农民每月最低经济需求的显著性内部差异。在西部地区，选择300元以下档次中的农民明显占有绝对多数，而在中部地区，选择在301~600元这一档次的农民占比最多，但在东部地区，选择300元以下和301~600元这两个档次的农民基本相同，且占地区总数中的比例低于中西部地区。因此，从不同地区的内部差异同样说明了一个问题，那就是西部地区农民养老的经济需求水平低于中部地区，中部地区低于东部地区，再一次验证了我国经济发展水平的地区差异对农民养老经济需求的影响。

表4-9 清晰地说明，不同地区农民对"下一代能够完全赡养"、"政府尽力解决老年保障问题"和"老年权益的到法律保障"期望的差异性。从养老期望与地区分布交互分析的列连相关系数与显著性值可以看出，农民对"下一代能够完全赡养"的期望与地区分布没有显著性相关关系，也即农民对子女养老的期望在地区之间差异并不显著，这与中国农民普遍抱有"养儿防老"的传统观念有关。

表4-9　　　　　　农民的养老期望与地区分布交互分析

期望\地区		农民的养老期望														
		下一代能够完全赡养[①]					政府尽力解决老年保障问题[②]					老年权益得到法律保障[③]				
		很大期望	较大期望	较小期望	不抱期望	说不清	很大期望	较大期望	较小期望	不抱期望	说不清	很大期望	较大期望	较小期望	不抱期望	说不清
所在地区	西部	85	116	66	27	2	61	69	95	47	25	72	74	81	43	27
	中部	119	191	79	25	2	32	119	138	106	17	35	134	124	101	17
	东部	82	160	45	24	2	14	83	87	93	34	24	102	107	56	23
合计		286	467	190	76	6	107	271	320	246	76	131	310	312	200	67
总计		1 025					1 020					1 020				

注：① Pearson Chi-Squaret = 12.90，Asymp. Sig. = 0.115；② Pearson Chi-Square = 70.75，Asymp. Sig. = 0.000；③ Pearson Chi-Square = 65.60，Asymp. Sig. = 0.000。

从相关系数和显著性来看，农民对"政府能够尽力解决老年保障"和"老年权益得到法律保障"的期望，都与地区之间存在较强的显著相关关系。农民对政府尽力解决老年保障问题的期望在地区内部存在明显的差异（见表4-9），在东部地区，农民不抱期望的比例最大，其次是较小期望和较大期望，抱有很大期望的比例最低；在中部地区，抱有较小期望的比例最高，其次是抱有较大期望和不抱期望，说不清的比例最低；在西部地区，仍然是抱有较小期望的比例最高，其次是较大期望和很大期望，不抱期望的比例相对较少。从抱有较大期望和很大期望比例来看，西部地区占比43.8%，中部地区占比为36.7%，东部地区占比为31.2%，这说明越是靠近东部地区农民对政府尽力解决老年保障问题的期望就越低。抱有较小期望的比例，西部地区为32.0%，中部地区为33.5%，东部地区为28.0%。完全不抱期望的比例，西部地区为15.8%，中部地区为25.7%，东部地区为30.0%，从西向东表现出明显的逐渐升高的趋势。这与地区经济发展水平的差异性、农民养老观念的差异性和不同地区社会保障体系、社会服务体系的完善程度等有关，即越是东部地区或靠近东部地区，农民的经济条

81

件就越好，社会保障体系和社会服务体系等也越完善，农民自立养老的倾向就越强，对政府的依赖就较少。

农民对老年权益得到法律保障的期望，在地区之间也存在显著性的差异（见表4-9）。首先从不同地区的内部差异来看，在西部地区，农民对老年权益得到法律保障抱有较小期望的比例最多，其次是较大期望和很大期望，不抱期望的比例相对较少；在中部地区，抱有较大期望的比例最高，其次是较小期望，不抱期望的比例相当多，抱有很大期望的比例相对较少；在东部地区抱有较小期望的比例最多，其次是较大期望，不抱期望的比例相对较多。从地区差异来看，对老年权益得到法律保障抱有较大期望和很大期望的比例，西部地区为49.2%，中部地区为41.1%，东部地区为40.4%，呈现出明显的东、中、西逐步增加的趋势。抱有较小期望和不抱期望的比例，西部地区为41.8%，中部地区为54.6%，东部地区为52.3%，中部地区略高，西部地区最低。东、中、西部地区各自还有一部分农民对此问题说不清。总体差异来看，中西部地区尤其是西部地区的农民对老年权益得到法律保障给予很高的期望，而东部地区农民对此的期望则相对较低。这与社会转型期、农村地区逐渐增多的赡养纠纷以及不同地区赡养纠纷的差异有关。因此，国家在建立农村社会保障制度时，相关的法律制度建设应该进行及时跟进。

第四节　农民养老的制度需求及其差异

一、农民养老制度需求的统计分析

从社会支持的角度来说，农民的养老支持包括正式支持和非正式支持。正式支持是指国家直接干预并有制度和法律维系的规范性的养老支持；非正式支持是指通过道德或血缘关系维系的没有国家干预的非规范性养老支持[1]。前者包括从养老保险机构、政府救助等其他途径获得的支持，后者则有从子女那里、亲戚那里、社区（邻居、村组和乡镇企业等）以及靠自己等获得的支持，两者的关系是互补而不是替代。在社会转型与变革打破农民传统保障方式的背景下，农民渴望得到正式的社会支持，而这种支持主要体现在现代社会保障体系的建立和完善。因此，农民的养老制度需求是通过农民对建立现代社会保障体系的必要性考

---

[1]　姚远：《非正式支持：应对北京市老龄问题的重要方式》，载《北京社会科学》2003年第4期。

察的。为了考察这一问题，本节设计了这样一个问题"您认为当前形势下发展我国农村社会保障制度有必要吗?"答案设计了五个选项，即"非常必要"、"比较必要"、"说不清"、"不太必要"和"完全不必要"，以反映农民的制度需求概况。统计结果见表4－10。

表4－10　　　　农村社会保障制度必要性与其最重要一项交互分析

		您认为农村社会保障体系中最重要的一项是							
		农村养老保险	农村合作医疗	农村低保制度	农村灾害救助	农村扶贫开发	农村优待抚恤	"五保"制度及其他	合计
您认为当前形势下发展我国农村社会保障制度有必要吗	非常必要	235	119	84	19	95	1	39	592
	比较必要	126	90	43	19	58	0	22	358
	说不清	9	8	5	3	11	1	7	44
	不太必要	1	2	0	0	0	0	0	3
	不必要	1	0	0	0	0	0	0	1
	合计	372	219	132	41	164	2	68	998

注：Pearson Chi-Square = 35.2，Asymp. Sig. = 0.066.

从农村社会保障制度的必要性与其最重要的一项的交互分析表（见表4－10）中，可以清晰地看出：在当前形势下，农民认为发展我国农村社会保障制度有必要的（包括非常必要和比较必要）占总数的95.2%{(592+358)/998 = 95.19%}，而认为不需要和说不清的比例只有不到5%（4.8%）。这说明在风险社会和风险多元化的背景下，基于农村传统养老保障模式有限性的理性考虑，农民对农村社会保障制度有着迫切的制度需求。从分项目来看，农村社会保障制度项目中，需求排在前三位的分别是：农村养老保险（372），农村合作医疗制度（219）和农村扶贫开发制度（164），紧随其后的农村低保制度（132），排在第四位。农民对农村社会保障制度的需求，反映了农民对其面临的风险的理性考虑和判断，从农民的制度需求来看，进一步验证了前面所分析的农民养老风险的判断。无论是对养老保险制度的需求，还是对农村合作医疗制度的需求，或者是对农村扶贫开发制度的需求，都说明一个问题，即农民面临着更大的经济保障风险。

表4－10中，还反映出农民对灾害救济和"五保"制度等表现出明显的制度需求，这一方面与这些制度的社会福利性有关，也从另一个方面反映农民面临的灾害风险和贫困风险。这提示我们农村社会救助制度有待于在制度覆盖面和保障水平等方面进一步完善。农民对农村社会优抚制度表现出比较差的制度需求，这一统计结果能够说明农民不需要农村社会优抚制度吗？答案是否定的。农民之

所以对农村社会优抚制度表现出比较差的制度需求，不是农民不需要该制度，而可能是由于农民对该制度不了解以及制度覆盖面窄导致的农民对其不敢有奢望。表4-10的交互分析表中的数据反映的内容是多层面的，但所有项目都包含了一个共同的主体，即农民面临的经济保障风险是首要的，为提高农民经济保障能力所能提供的制度和政策需求，是农民迫切需要的。这让我们思考，在农村社会保障体系建立的同时，不能忘记农村社会经济政策的发展对农民提高保障能力和抵抗社会风险的根本作用。

二、农民养老制度需求的地区差异

从表4-11的统计结果来看，农民对农村社会保障制度必要性的认识存在显著的地区差异（Asymp. Sig. = 0.001）。从分地区来看，东、中、西部地区农民认为农村社会保障制度最必要的是西部地区，占比达到了96.50%{(161+142)/314 = 96.49%}；其次是中部地区，占比达到了94.7%{(255+140)/417 = 94.72%}；东部地区相对于中西部地区来说相对不重要，占比达到了94.60%{(199+81)/296 = 94.59%}。但是从三个地区农民对农村社会保障制度必要性的认识来看，认为非常重要和比较重要的比例都超过了90%，认为农村社会保障制度不必要和说不清的比例都只占5%左右，这充分说明农民对农村社会保障制度的渴望是普遍性的。也暗示我们加快农村社会保障制度建设，是符合农民的需要的，符合农民需要的社会保障制度必将带来广泛的社会福利效应，因此，我们有必要对当前农村社会保障制度建设的速度以及试点的范围进行再思考。

表4-11 农村社会保障制度必要性与所在地区交互分析

		您认为当前形势下发展我国农村社会保障制度有必要吗					合计
		非常必要	比较必要	说不清	不太必要	没有必要	
所在地区	西部地区	161	142	10	0	1	314
	中部地区	255	140	20	2	0	417
	东部地区	199	81	15	1	0	296
	合计	615	363	45	3	1	1 027

注：Pearson Chi-Square = 26.26，Asymp. Sig. = 0.001.

从农村社会保障制度体系的分项目来看（见表4-12），不同地区之间，农民对农村社会保障制度不同项目之间的必要性表现出显著的地区差异（Asymp. Sig. = 0.000）。从分地区来看，首先，西部地区农民对农村社会保障制度项目的

需求，排在前三位的分别是农村养老保险（132）、农村合作医疗（61）和农村
扶贫开发（46），而排在第四位的是农村低保制度（41）；其次，中部地区农民
对农村社会保障制度项目的需求，排在前三位的分别是农村养老保险（135）、
农村合作医疗（114）和农村扶贫开发（67），而排在第四位的是农村低保制度
（64）；最后，东部地区农民对农村社会保障制度项目的需求，排在前三位的分
别是农村养老保险（105）、农村扶贫开发（51）和农村合作医疗制度（44），排
在第四位的是"五保"制度及其他（37）。总的来看，中西部地区农民对农村社
会保障制度项目的需求是有差异的，但是排在首位的都是农村养老保险，这反映
出在人口老龄化快速发展的趋势下，农民普遍感受到养老风险的客观存在和日益
积累，因此对渴望享受农村社会养老保障制度。在其他制度项目的需求排序上，
中西部地区表现出明显的相似性，即排在前四位的制度项目几乎都是一样的，但
各自所占的比例不尽相同，这说明中西部地区由于农村社会经济发展滞后的相似
性而导致的风险的相似性。

表 4-12   农村社会保障制度中最重要一项与所在地区交互分析

		您认为农村社会保障制度中最重要的一个项目是							
		农村养老保险	农村合作医疗	农村低保制度	农村灾害救助	农村扶贫开发	农村优待抚恤	"五保"制度及其他	合计
所在地区	西部地区	132	61	41	12	46	1	18	311
	中部地区	135	114	64	8	67	1	14	403
	东部地区	105	44	27	22	51	0	37	286
合计		372	219	132	42	164	2	69	1 000

注：Pearson Chi-Square = 60.18，Asymp. Sig. = 0.000.

从表 4-12 的数据可以清晰地看出，中西部地区和东部地区，除了农村养
老保险制度表现出相似性之外，其他保障制度项目的需求都表现出明显的不
同。东部地区农民对农村扶贫开发和"五保"制度等的迫切渴望，说明了即
使在东部发达地区的农村，也依然存在着相对贫困和收入水平较低的农民，同
时也可能说明了农村经济发展水平决定的农村扶贫开发力度和"五保"制度
的福利性，诱导了农民对这些制度和政策的渴望。从相反的角度来思考，发达
地区的农民表现出对农村扶贫开发和"五保"制度等的渴望，可能并非是一
种积极的信号，也即是农民对这些制度的渴望和需求，不是表现出农民的真正

风险和需求，而可能揭示的是一部分农民对福利制度的依赖性①。正确认识这一问题，是农村福利性社会保障制度改革的重点和难点，解决这一问题需要更进一步的实证研究。农民对农村社会优抚制度的缺乏了解，导致中西部地区农民对农村社会优抚制度的"忽略"，这也说明农民的自身利益趋向和对不利己事情的漠视。

第五节　本章小结

一、研究结论

随着工业化、城镇化、市场化的发展以及人口老龄化的加剧等影响，不同地区农民面临着不同程度不同形式的养老风险。中西部地区比东部地区面临着更大的风险，东部地区比中西部地区面临着更加突出的非经济养老风险，而中西部尤其是西部地区面临的经济保障风险更为突出。从农民的养老策略来看，以儿女赡养为主的非正式支持依然是农民养老的主要来源，但"靠自己的储蓄和家庭财产"来解决老年生活的经济需求是不同地区农民做出的首要的相同策略安排，东部地区对参与社会养老保险意向最强，对生儿子来解决老年保障问题的意愿也较其他地区强烈，中部地区更倾向于子女的教育投资，西部地区表现出明显的多元选择策略，但靠生育儿子解决老年生活保障问题的意愿最低。从农民的经济需求来看，农民老年生活的最低经济需求水平依然比较低，越是靠近西部地区，经济需求水平越低，相反则越高。从农民的养老期望来看，农民的养老期望表现出明显的地区差异性，但"对下一代完全赡养"的期望地区差异不显著，这可能是由于不同地区对"靠子女养老"拥有共同的期望所致。西部地区对"政府尽力解决他们的养老"的期望最大，越是靠近东部地区农民的这一期望就越低。对"老年权益得到法律保障"的期望，西部地区最高，东部地区最低。从农民的制度需求来看，不同地区农民对农村社会保障制度表现出地区差异性，但不同地区对农村社会保障制度的需求却是共同的，即都渴望得到农村社会保障制度的保障作用。不同地区在不同农村社会保障制度项目的需求上，也表现出显著的差异，但东、中、西部地区农民都首先渴望得到农村养老保险，这说明农民面临养老风险的相似性。但在其他保障项目上，包括农村合作医

---

① 周昌祥：《防范"福利依赖"的思考》，载《经济体制改革》2006 年第 3 期。

疗制度、农村低保制度、农村灾害救助制度和"五保"制度等项目上，中西部地区与东部地区表现出明显的不同，这提醒我们，建立农村社会保障制度应该体现出针对性。

二、政策建议

根据本章上述分析和研究结论，本章认为，不同地区在制定解决农民养老问题的社会政策时应该充分考虑所在地区农民养老面临的主要风险、应对策略、对养老的期望以及农民对农村社会保障制度需求的现状及其差异性。东部地区应该适度放开计划生育政策的限制，甚至可以鼓励生育二胎，同时应该加快建立多层次的社会保障体系和社会服务体系等，其中在农村社会保障体系中，更应该加快农村养老保险、农村扶贫开发制度和农村合作医疗制度等，来解决东部地区面临的日益突出的非经济养老风险。中西部地区应该在充分发挥传统保障作用的同时，加快教育制度的改革与发展，促进大学生的就业，提高人力资本的回报率，以激发农民对子女教育投资的积极性，在农村社会保障制度中，应该大力发展农村养老保险、农村合作医疗制度和农村低保制度等，来满足农民的制度需求。西部地区农民养老问题的解决，还应该充分发挥财政转移支付的第二次分配调解功能，使有限的财力向西部落后地区倾斜，这提示我们西部地区农村"五保"制度和低保制度仍有巨大的发展空间。农民养老风险的普遍性和多元性要求我们，国家在完善农村社会保障体系、计划生育政策以及国民教育体系的同时，还应该做好配套制度的建立健全、社会服务体系的完善以及农村福利设施的建设等内容。

第五章

农村养老保险制度供给现状与改革探讨

农村养老保险制度是针对农村居民实行的一项社会政策，其重点在于通过对经济资源的再分配，对农村人口提供部分经济收入和服务，以化解农民面临的养老风险及其养老困境，保障他们的基本生活和权力地位。20 世纪 80 年代中后期，在总结试点经验的基础上，农村的社会养老保险制度开始逐步建立和发展，虽然在探索和实践中形成了部分典型模式并积累了一定的成功经验，但是也出现了制度设计不合理、保障水平过低、财政投入较少、地区差异过大、基金管理水平低下和监管不力等问题，而且"一国两制"城乡有别的养老保险制度成为统筹城乡发展的重大阻碍。农村养老保险制度的改革与完善，成为新时期中国社会保障制度建设中的重点和难点。

第一节 传统农村养老保险制度的发展历程

一、农村集体保障制度的发展

新中国成立后，在土地改革的基础上，我国大力发展农业生产互助组织，使农民抵御风险的能力和生活水平得到了明显的提高，农村贫困人口也大量减少，但是鳏寡孤独、老弱病残或军烈属群体，由于缺乏劳动力和生产资料，成为农村中最困难的人群。为了解决这部分人的生活困难问题，1956 年《一九五六年到一九六七年全国农业发展纲要（草案）》和 1962 年《农村人民公社工作条例修正草案》逐步确立了以"五保供养制度"为核心的集体保障模式，并在广大农村地区快速推广和发展起来。在"文革"期间，农村的集体经济向着"大锅饭"的平均主义迈进，社会救济陷于瘫痪，优抚对象大批被迫害，"五保"工作无人过问，导致农村社会保障政策的停滞和倒退。

虽然当时农村没有独立的社会养老保险制度安排，但是农业生产合作社还是对农村老年人的生产生活进行了特别"关照"，由此逐步形成了以个体经济为基础的家庭保障和以集体经济为基础的集体保障并存的养老保障。"五保"政策是农村进行社会养老保障建设的早期探索，其覆盖人群较为特殊，农业生产合作社对其进行分散供养，并给予安排劳动、照顾工分、适当补助（补助劳动日和款物）、生活照料等特殊照顾。只是集体保障的主体是以农业生产合作社为单位的集体，不具备在较大范围分散风险的保险功能，合作社落后的经济发展水平也导致其保障能力比较弱，不过这种保障模式是适合当时农村实际情况和生产力发展水平的，国家和集体的积极参与让人们看到了社会主义制度的优越性，并激发了人们建设社会主义的热情。

二、传统农村养老保险制度的发展

（一）传统农村养老保险制度的确立

改革开放后，我国在农村推行了以家庭联产承包责任制为主要内容的经济体制改革，建立起了"统分结合"的双层经营体制，"一大二公"的集体经济宣告瓦解，城乡二元社会结构也随之松动，并带来农村劳动力的流动和市场经济的快速发展。1986 年《中共中央关于制定国民经济和社会发展第七个五年计划的建议》提出了"抓紧研究建立农村社会保障制度，并根据各地经济发展情况，进行试点，逐步实行"的目标，"全国农村基层社会保障工作座谈会"确定在农村贫困地区要搞好社会救济和扶贫，在经济发展中等地区完善"五保"制度并建立敬老院，在经济发达和比较发达地区大力发展以社区（乡、镇、村）为单位的农村养老保险。从此，农村养老保险的制度探索正式开始。

1987 年，民政部发布《关于探索建立农村社会保障制度的报告》，并在上海、大连等地区进行了养老保险制度的试点。1989 年，民政部成立中国农村养老保险研究课题组，并选择北京市大兴县和陕西省左云县作为县级农村养老保险试点县，推行"以个人自我保障为主，国家、集体、个人三者共担责任，农村各业人员一体化"的农村社会养老保险制度。1991 年，《国务院关于企业职工养老保险制度改革的决定》规定"农村（含乡镇企业）的养老保险制度改革由民政部负责"，为此，民政部制定了《县级农村养老保险基本方案（试行）》，几经征求意见，并在几十个试点县市实行了一段时期，并于 1992 年逐步推广。《县级农村社会养老保险基本方案（试行）》是第一部关于我国农村社会养老保险制度建设的法规性文件，也标志着我国农村养老保险制度的正式确立。

（二）传统农村养老保险制度的发展

1992 年，民政部在山东省组织了较大规模的农村养老保险制度试点，并在武汉召开经验交流会。1993 年 12 月，民政部在江苏省张家港市召开全国农村养老保险工作会议，宣布将这项工作推向全国有条件的地区。随着农村经济改革的不断深入和经济发展水平的提高，我国农村养老保险事业有了一定的发展，并对解除农民的养老忧虑、减少农村养老纠纷、巩固农村家庭关系、落实农村计划生育政策、促进农村经济发展和社会稳定，发挥了重要的作用。

1995 年，民政部发布《关于进一步做好农村养老保险工作的意见》，要求"高度重视对农村养老保险基金的管理和监督"，并提出"统一认识，加强领导；从实际出发，分类指导；推广规范操作，逐步完善管理体系；切实加强基金的管理和监督；加强宣传教育，改进工作方法"的具体要求。此后，民政部依照国务院部署和《经济与社会发展九五计划和 2010 年远景目标纲要》的要求，结合试点经验，坚持"积极领导，稳步推进，强化管理"的工作方针，有计划地扩大试点，进一步在有条件的地区建立了农村社会养老保险制度。截至 1998 年年底，全国已有 2 123 个县（市）和 65% 的乡（镇）开展了农村社会养老保险工作，参加农村社会养老保险制度的农村人口有 8 025 万人，全年农村社会养老保险基金收入达到 31.4 亿元[①]。

（三）传统农村养老保险制度的萎缩

农村社会养老保险制度的推广并不顺利，在发展过程中出现了征缴开支大、覆盖范围小、保障能力低、基金运行困难等问题，导致实施和推广的困难加大。很多农民认为农村养老保险制度没有固定的集体补助，国家的扶持政策落实不到自己身上，是一种低缴费、低保障的强制性个人养老储蓄，实际意义不大。1998年各级政府又进行了机构改革，全国社会保障事务统一由劳动和社会保障部进行管理，但是农村养老保险制度的基层网络并没有及时归并，导致农村的工作出现了断层，一些地区甚至出现了暂停征缴、中断保险、强制退保的情况。

---

① 出自人力资源和社会保障部官方网站《1998 年劳动和社会保障事业发展年度统计公报》。

1999 年 7 月《国务院批转整顿保险业工作小组〈保险业整顿与改革方案〉的通知》指出，目前我国农村尚不具备普遍推行社会养老保险制度的条件，决定对民政系统原来开展的农村社会保险进行清理整顿，停止接受新业务，区别情况，妥善处理，有条件的地区可以逐步向商业保险过渡。至此，制度设计上的缺陷、管理中存在的问题、政府机构改革以及金融危机等的综合影响，导致全国大部分地区农村社会养老保险工作出现了参保人数下降、基金运行难度加大、部分地区陷入停滞状态等问题①。农村社会养老保险制度进入了改革、整顿和规范时期。从 1999 年到 2002 年，农村养老保险制度的参保人口逐年下降。到 2004 年，农村劳动力参保数量为 5 378 万人，比 1997 年减少了 2 164 万人，下降幅度达到 28.7%②。

三、传统农村养老保险制度的经验模式

（一）不同经济层次下的农村养老保险制度

2002 年 11 月，党的十六大报告提出"有条件的地方，探索建立农村养老、医疗保险和最低生活保障制度"。由此，我国农村养老保险制度进入了"分地区"地方探索的新阶段。在各地的探索中，出现了一些比较成熟和完善的经验模式，其中"宝鸡模式"因其独特的制度设计成为最有代表性的地方模式。

在 20 世纪 90 年代，宝鸡市就开展了农村养老保险工作。2006 年，宝鸡市市委、市政府要求劳动保障部门研究和建立适合宝鸡市社会经济发展实际的农村养老保险制度。经过一年的大规模调研和访谈，"财政缴费补贴、子女捆绑缴费、普惠养老待遇、公平制度享受"的"宝鸡模式"建立起来，并开始试点。

"宝鸡模式"考虑到农村居民的经济承受能力和经济收入差别，允许参保人员根据个人情况在县年均农民纯收入的 5% ~30% 之间自主选择缴费，使得该模式能够适应不同经济实力的个人和家庭；而且，在资金筹集方面还突出了政府的财政投入力度，不仅对参保缴费进行补贴，而且在待遇领取时由政府财政补助 60 元，这种"既补进口，又补出口"的"两头补"模式极大地激励了农民参保的积极性。同时，对于已经年满 60 周岁的农村老人，"宝鸡模式"确立了"只参保不缴费"的基本原则，但是要求其符合条件的子女必须参保"捆绑缴费"，

① 中国社会科学院农村社会保障制度研究课题组：《积极稳妥地推进农村养老保险》，载《人民论坛》2000 年第 6 期。

② 王德文：《三万亿养老金缺口倒逼养老制度改革》，载《中国改革》2006 年第 5 期。

这不仅明确了子女赡养老人的责任和义务，而且有利于扩大农村养老保险制度的覆盖面。另外，对于完全丧失劳动能力的农村贫困残疾人，地方财政予以全额补贴，帮助其缴纳养老保险费，从制度设计上保证18周岁以上的农民都有资格而且有能力参加农村养老保险而且享受普惠的养老保险待遇。而在待遇领取方面，个人账户的领取方法与城镇职工养老保险计算方法一致，有利于城乡制度衔接；县财政和市财政共同承担的养老保险补贴是面向全体符合条件的参保人员统一发放的，具有普惠性。

（二）不同需求群体下的农村养老保险制度

2003年，劳动和社会保障部《关于认真做好当前农村养老保险工作的通知》指出，"当前农保工作的重点应当放在有条件的地方、有条件的群体以及影响农民社会保障的突出问题上，如：被征用土地的农民、进城务工经商的农民、乡镇企业职工、小城镇农转非人员、农村计划生育对象及有稳定收入的农民等，并针对不同群体的特点制定相应的参保办法。"由此，我国农村养老保险制度进入了"针对不同需求群体的特点制定相应参保办法"的发展阶段，并在此期间形成了特殊群体参加农村养老保险的实践和模式，如计划生育家庭的养老保险制度和政策等。

计划生育政策是我国的基本国策，在30多年的实施过程中，虽然我国人口过快增长的势头得到了有效遏制，但是农村依然是我国人口和计划生育工作的重点和难点。"十一五"期间政府倡导建立和完善政府为主、社会补充的计划生育利益导向政策体系，对农村独生子女家庭进行经济补偿。2004年全国五个省十个市试行农村计划生育家庭奖励扶助制度，规定农村计划生育家庭的夫妇年满60周岁以后，由中央和地方财政安排专项资金，按照每人每年不低于600元的标准进行直接奖励扶助，直到亡故为止。《中共中央国务院关于加强人口与计划生育工作稳定低生育水平的决定》指出，"积极发展社会保障事业，解除群众实行计划生育的后顾之忧"，"建立有利于计划生育的社会保障制度"。因此，部分地区结合当地社会经济发展实际积极探索适合自身实际情况的计划生育家庭社会养老保障模式，如绍兴市城乡一体化的社会保障制度，将"双农独女户"和独生子女意外伤残和死亡的农户纳入城镇职工社会养老保险体系；青岛市在全面铺开农村养老保险工作时，对参保的独生子女父母在缴费阶段增加一定比例的补贴，在领取养老金阶段提高领取标准，也即是既补"进口"又补"出口"；贵州省余庆市多方筹措资金设立农村养老保障基金，向独生子女老年父母发放基本养老金。

四、传统农村养老保险制度的特点

在资金筹集方面，农村社会养老保险制度规定：月交费标准设 2～20 元十个档次，在个人交纳的基础上，集体可根据其经济状况予以适当补助；在待遇领取方面，投保人领取养老金的保证期为 10 年，保证期内的养老金余额可以继承，超过保证期的长寿者可以领取养老金直至身亡；基金以县为单位统一管理，并只能用于购买国家高利率债券和存入银行。

农村社会养老保险制度确立了"国家、集体、个人三方共担风险"的基本原则，实行个人账户基金积累制，对待农村各业人员统一制度规定，因此有利于农村劳动力的自由流动。然而在具体实践中可以看出，农村养老保险制度也存在一些问题和不完善的地方。

虽然，农村社会养老保险制度确立了"国家、集体、个人三方共担风险"的基本原则，然而在实践中，保险资金主要来源于个人缴纳，国家仅是通过对乡镇企业进行税收优惠来体现政策扶持，这种优惠并不具有普遍性，集体的补助也仅仅适用于乡镇企业比较发达的地区。而且，由于农村经济体制改革已经将各地的集体经济破坏殆尽，真正能够落实集体补助的地方相对非常有限，补助比例和额度各有不同，集体补助是否具有长期性和稳定性也成为一大考验。因此可以说，农村社会养老保险在实施中政府责任缺位，集体补助不到位，"共担风险"制度初衷并未得到实现。

考虑到农民的实际收入水平而确定 10 个缴费档次的弹性设计，是该制度的一个亮点。但是农民对待新鲜事物的"观望心理"也必然造成"就低不就高"的缴费倾向，缴费水平过低，也相应地带来养老保险保障水平过低的问题；而且，农村社会养老保险采取自愿参保原则，个人账户的基金积累制导致参保农民大都是经济水平较高的农民，贫困的农民则因为经济困难而选择不参保，导致养老保险制度"保富不保贫"，而真正需要保障的对象反而没有被纳入到保障网络内，从而一定程度上扩大了农村居民的贫富差距；某些地区的政府强制农民参加社会养老保险，被群众视为"乱集资、乱摊派"，引起群众的抵制心理，激发了社会矛盾。

在机构设置方面，农村社会养老保险以县为单位，按参保人设立账户、记账和建档，实行村（企业）、乡、县的三级管理，管理层级过多也导致征缴费用支出比较大，"跑冒滴漏"现象比较严重，管理服务费用占用养老保险基金的比例过大，不利于养老保险基金的安全和平衡。

在基金管理方面，农村社会养老保险实行完全的基金积累制，只能购买国债和存入银行，不能用于其他投资。虽说这样的基金管理模式比较安全可靠，但这并不能满足养老保险基金保值增值的基本要求，很难经受得住通货膨胀的考验；而且制度并未规定最低缴费年限，但却规定了在领取时，对于超过 10 年保证领取期的长寿者，养老基金一直支付到其死亡为止，人口老龄化和高龄化的发展趋势也为养老基金带来了严重的支付风险。最重要的是，农村社会养老保险制度的"社会保险"性质并未得到充分发挥。由于采用个人账户基金积累制，个人账户的资金完全是投保人的个人财产，基金管理机构无权使用和调动，使得养老保险基金不具备在区域范围内互助共济的功能。因此，可以说，农村社会养老保险制度从本质上是一种强制个人养老储蓄，而非"社会保险"。

第二节　新型农村养老保险的确立和发展

一、新型农村养老保险制度的源起

根据党的十七大和十七届三中全会精神，国务院决定，从 2009 年起开展新型农村社会养老保险试点。《国务院关于开展新型农村社会养老保险试点的指导意见》（以下简称《指导意见》）指出要根据"保基本、广覆盖、有弹性、可持续"的基本原则来进行新型农村社会养老保险的试点工作，"一是从农村实际出发，低水平起步，筹资标准和待遇标准要与经济发展及各方面承受能力相适应；二是个人（家庭）、集体、政府合理分担责任，权利与义务相对应；三是政府主导和农民自愿相结合，引导农村居民普遍参保；四是中央确定基本原则和主要政策，地方制订具体办法，对参保居民实行属地管理。"《指导意见》确立了"个人缴费、集体补助和政府补贴相结合，社会统筹与个人账户相结合，与其他社会保障政策措施相配套"的新型农村社会养老保险（以下简称"新农保"）的制度框架，并决定"2009 年试点覆盖面为全国 10% 的县（市、区、旗），以后逐步扩大试点，在全国普遍实施，2020 年之前基本实现对农村适龄居民的全覆盖。"

二、新型农村养老保险制度发展现状

本部分将以湖北省新型农村社会养老保险制度的试点情况为例，分析新型农村社会养老保险发展的现状和基本特点。

（一）湖北省新型农村养老保险试点情况

湖北省新型农村社会养老保险试点工作于 2009 年 12 月 30 日正式启动，13 个县市区被纳入国家首批试点范围。试点县市区因地制宜制订方案，在建立参保缴费激励机制、鼓励选择较高档次缴费、基础养老金长缴多得、多缴多得等方面制定优惠政策，增强政策的吸引力。来自湖北省人力资源和社会保障厅的数据显示，截至 2010 年 6 月底，湖北省参加新型农村社会养老保险制度的人数已达 282.45 万人，参保率达 74.6%，全省 60 周岁以上领取养老金的农村老年人达 69.52 万人，每人每月平均 63 元。

（二）新型农村养老保险的财政支持

课题组于 2010 年 7 月赴湖北省的宜都市和赤壁市进行了实地调研，来自两个地区财政局的数据显示，2009 年，宜都市财政对新农保的补贴达到 1 469.8 万元，占到该地一般预算收入的 2.15%；而在赤壁市，地方财政对"新农保"的补贴预算为 417.22 万元，该市地方一般预算收入为 4.44 亿元，"新农保"补贴也占到了该市一般预算收入的 0.94%。另外，根据 13 个试点地区上报的材料，部分试点地区的地方财政已经在预算中留足"新农保"补贴支出以保证政策的贯彻落实并切实维护农民的社会养老权益。

现将调研所得的宜都与赤壁两市的财政对新农保补贴详情绘制成表，如表 5-1、表 5-2 所示。

表 5-1　　2009 年宜都市财政补贴"新农保"测算表

参保对象类别	人数	参保率（%）	补贴标准	补贴金额（万元）
一、缴费补贴	121 788	70.4		1 224.8
被征地农民	9 888	5.72	缴费基数的 75% 以及人平均 30 元	920
农村低保户	3 900	2.25	30 元/人	11.7
残疾人	6 600	3.82	150 元/人	99
城镇居民	2 000	1.16	30 元/人	6
65 岁以上参保者	36 716	21.22		
60~64 岁参保者	36 684	21.2	30 元/人	110.05

续表

参保对象类别	人数	参保率（%）	补贴标准	补贴金额（万元）
新增参保对象	26 000	15.03	30元/人	78
二、待遇发放补贴	49 014		5元/人	245.07
合计	170 802			1 469.8

说明：（1）被征地农民认定对象 20 020 人，剔除 16 岁以下和 65 岁以上 5 340 人，已参加基本养老保险 4 792 人后为 9 888 人；

（2）2009 年第三季度农村低保对象 11 334 人，已剔除学生 260 人、16 岁以下（16%）1 810 人、60 岁以上（18%）2 040 人、重大疾病和重残 2 311 人（32%）、一类保障对象（准五保）493 人、学生家庭父母 520 人，后为 3 900 人；

（3）全市残疾人 15 000 人，其中农村 10 000 人，16 岁以上占 66%，计 6 600 人；

（4）城镇居民因参保情况复杂，且根据现行政策，预计参保补贴对象为男 60～64 岁、女 55～64 岁，计 2 000 人；

（5）2009 年待遇发放按 10 个月计算。

表 5－2　　　　赤壁市地方财政对"新农保"的补贴测算表

参保对象类别	人数	补贴标准	金额（万元）	项　目
普通对象	151 120	10 元/年	151.12	缴费补贴
残疾对象	1 500	110 元/年	16.5	缴费补贴
村副职干部	700	80 元/年	5.6	缴费补贴
被征地农民	10 000	180 元/年	180	缴费补贴
计生对象	329	10、20、40、50 元/月	10	基础养老金补贴
被征地农民	1 800	300 元/年	54	基础养老金补贴
合计	165 449		417.22	

（三）试点地区财政支持的特点

目前湖北省试点地区地方财政对新型农村社会养老保险制度的补贴制度可分为两种形式：一是在缴费环节给予缴费补贴，包括个人缴费补贴、对选择较高缴费档次的个人的奖励以及为缴费困难者代缴全部或部分保险金等方式；二是在支付新型农村社会养老保险待遇环节给予一定数额的补贴，主要是对基础养老金的补助。

1. 对 60 周岁以上参保者的补贴

地方财政实力相对较好的地区都为 60 周岁以上的参保者提供了除中央财政提供的 55 元/月之外的基础养老金补贴，且此项支出占地方财政对新型农村社会养老保险制度补贴支出的比例最大。目前各试点地区的基础养老金补贴标准并不一致，5 ~ 30 元/月不等。

2. 对普通参保对象的缴费补贴

为鼓励应保对象积极参保，试点地区均对参保对象进行了不同程度的缴费补贴，最低补贴标准为每人每年 10 元。除设立 100 ~ 500 元五个缴费档次，一些试点地区另外设立了 600 ~ 1 200 元不等的缴费标准，并对选择较高缴费档次的参保者另外给予不同程度的补贴，这样既满足了不同参保对象的意愿，又增加了"新农保"的筹备资金。

3. 对残疾对象的缴费补贴

残疾对象作为缴费困难群体之一，政策明确规定地方政府要为其代缴最低标准的养老保险费，有条件的地区可给予适当补贴。目前试点地区财政多是按 100 元/年的标准为重度残疾对象（1 ~ 2 级）给予缴费补贴，宜都市与赤壁市的补贴标准较高，分别为 150 元/年、130 元/年。

4. 其他参保对象的缴费补贴

其他参保对象，主要指计划生育对象、被征地农民及其他一些缴费困难群体。对于计划生育对象，根据政策要求，不少试点地区出台了相应的文件来实现"新农保"与计划生育政策的衔接。以钟祥市为例，政策规定为：对计划生育独生子父母，每月基础养老金增加 20 元；计划生育独生女父母，每月基础养老金增加 40 元；死亡、伤残计划生育独生子女父母，每月基础养老金增加 50 元。

对于被征地农民，宜都市为解决失地农民养老问题出台了优惠政策：被征地农民可享受 15 年的政府补贴，补贴标准为每年缴费金额的 75%。由于政府出了"大头"，许多失地农民顺利参保。

另外一些试点地区还对部分待遇领取死亡者支付丧葬补助费，标准为 800 元/户、1 000 元/户不等；赤壁市还对村副职干部提供 100 元/年缴费补贴。这些对特殊群体进行的缴费补贴举措可以为其他试点地区所借鉴。

5. 对长期缴费农民的鼓励政策

目前，不少有条件的试点地区建立了缴费激励机制，以鼓励参保对象长缴、多缴。即对连续缴费超过 15 年的，每增加一年，月基础养老金加发 2 元。

三、新型农村养老保险制度的特点

(一)"统账结合"的财务模式

关于新型农村养老保险制度的财务模式,《指导意见》明确提出建立"个人账户",其中个人缴费,集体补助及其他经济组织、社会公益组织、个人对参保人缴费的资助,地方政府对参保人的缴费补贴,全部记入个人账户。而养老金待遇却由基础养老金和个人账户养老金组成。这一制度的实质是"新农保"的财务制度设计,依然沿袭了1993年城镇社会养老保险制度改革之后的模式,即社会统筹与个人账户相结合的"统账结合"模式,而与城镇社会养老保险不同的是,城镇社会养老保险制度统筹账户的资金来源于企业缴费以及国家的补贴等,而新型农村养老保险制度基础养老金的资金来源完全由财政负担。实施"统账结合"的财务模式,主要是出于以下几点考虑:一是,为了应对日益严重的农村人口老龄化问题,参保农民60岁之后,除了领取国家资助的基础养老金部分,还能领取个人账户的一部分养老金,增加养老金的整体规模和保障能力;二是,为了突出农民养老的个人责任,体现权利与义务的对等,体现了制度的公平性内核;三是,为了实现未来流动人口城乡社会养老保险制度的衔接,不给中国社会保障制度改革完善造成新的障碍。这一制度的设计,初衷是好的,但是一些潜在的问题是不可避免的。

个人账户是一种完全积累性的账户,农民现在的缴费要等到几十年之后,才能领取的。随着新型农村养老保险制度的全面铺开,个人账户基金的规模必将逐渐扩大,基金的保值增值将成为新型农村养老保险制度正常运行及其制度目标实现的关键。而《指导意见》规定,新型农村社会养老保险基金纳入社会保障基金财政专户,实行"收支两条线"管理,单独记账、核算,按有关规定实现保值增值。试点阶段,新型农村社会养老保险基金暂实行县级管理,随着试点扩大和推开,逐步提高管理层次,有条件的地方也可直接实行省级管理。《指导意见》虽然为基金的更高层次的统筹管理留下了政策"接口",但是不同地方之间的利益博弈,必将使将来新型农村养老保险制度的基金统筹层次的提高困难重重。基金管理的属地化、投资渠道狭窄以及管理体制和监督措施等方面的问题,将严重威胁着新型农村社会养老保险"个人账户"资金的安全,也威胁着"新农保"制度的健康运转。

一般来说,社会养老保险是遵循"风险共担"原则的,也即是按照大数法则的要求,使养老风险在参保人之间进行互助共济,共担风险,达到一种"横向"或"纵向"的公平。新型农村养老保险的统筹账户，资金来源于中央财政和地方财政，个人账户资金来源于个人、集体、社会其他团体等。统筹账户的实质是国家责任的体现，并没有体现社会保险的大数法则和风险公担原则，个人账户是一种储蓄性积累，明显缺乏互济性。因此，从新型农村社会养老保险制度财务模式的实质上来看，新型农村社会养老保险制度实际上是国家与农民的合作，而没有体现农民与农民之间的合作，也没有体现地区之间的合作。严格来说，不能称之为本质意义上的"社会保险"，而是一种个人储蓄和国家福利相结合的一种社会福利制度。这种情况下，新型农村养老保险的"个人账户"存在的必要性，已经一个有争议的问题。是否取消"个人账户"以及如何进行改革，还需要进一步的论证和分析。

（二）自愿缴费中的强制条款

在资金筹集方面，新型农村养老保险制度采用个人缴费、集体补助的缴费模式。新型农村养老保险制度规定了100元、200元、300元、400元和500元5个档次的年缴费标准，并允许地方政府根据实际情况增设缴费档次。参保实行自愿原则，参保人自主选择缴费档次，多缴多得；有条件的村集体对参保人缴费予以补助，允许和鼓励其他经济组织、社会公益组织、个人为参保人缴费提供资助。地方政府应对参保人缴费给予补贴，补贴标准不低于每人每年30元，对选择较高档次标准缴费的可适当鼓励，对重度残疾人等缴费困难群体，地方政府要代缴部分或全部最低标准的养老保险费。国家为参保人建立终身记录的养老保险个人账户，缴费全部记入个人账户，并按中国人民银行公布的金融机构人民币一年期存款利率计息。

与传统农村养老保险制度相比，新型农村养老保险制度依然实行基金积累制，同样是个人缴纳为主，不同的是，传统农村社会养老保险制度的集体补助是从乡镇企业利润和集体积累中支付，而新型农村社会养老保险制度的集体补助则是以村民委员会召开的村民会议民主决议形成的，这种改变适应农村村民自治的实际要求。而制度规定的5个缴费档次，也比较适合农民的收入状况：最低档次缴费标准100元大体相当于2008年全国农民人均纯收入的2.1%，最高档次缴费标准500元则相当于2008年全国农民人均纯收入的10.5%[1]，在发达地区则只相当于5%~6%，满足不同收入水平的农民进行选择。地方政府对缴费进行补贴并全部记入个人账户，可以有效调动广大农民的参保积极性和尽快实现"广覆盖"的制度目标。

---

[1] 薛惠元、张德明：《新农保基金筹集主体筹资能力分析》，载《税务与经济》2010年第2期。

新型农村养老保险制度也采取自愿参保原则，但是，"'新农保'制度实施时，已年满60周岁、未享受城镇职工基本养老保险待遇的，不用交费，可以按月领取基础养老金，但其符合参保条件的子女应当参保缴费"的制度规定，却在某种程度上违背了"缴费—收益相对应"的保险性质，从而让这部分老人领取的基本养老金具有社会福利的性质，只是这种社会福利附带了一个子女参保的必要条件。

从子女的角度来看，这可以看做是子女参保缴费的额外"奖励"，从而具有引导和激励参保、迅速扩大覆盖面的作用。温家宝总理在全国新型农村养老保险试点工作会议上指出，"对已经年满60岁的农民，只要他符合参保条件的子女参保缴费，就可以直接享受最低标准的基础养老金。这个立竿见影的做法将具有很强的说服力。"①

但是，近年来农村传统孝道文化逐步衰弱，农村老人的赡养纠纷和权益侵害的事件也频繁发生，因此在新型农村养老保险推进中，必须将子女拒绝参保导致符合规定条件的老人不能享受基础养老金的情况考虑进去：如果是多子女家庭，是否意味着每一位符合参保条件的子女都必须参保缴费，父母才可以享受基础养老金？如果任何一位或其中一位子女拒绝参保，父母是否就不能享受基础养老金？如果子女已经参加了城镇职工基本养老保险，父母是否能够享受基础养老金？这是从农村老人的角度来看，他们想要领取基础养老金，却受制于子女的参保缴费情况，这个必要条件是他们所无法掌握和控制的，这样他们的个人福利就无法得到保障。因此，该项制度规定潜在和存在的问题，需要在实践中由地方政府进行进一步的细化和处理，以切实维护好农村老人的合法权益。

（三）国家主导与财政补贴

新型农村养老保险制度采取了"投保资助型"社会保险的基本理念，即首先强调个人的养老责任，鼓励个人参加社会养老保险，并且养老金待遇标准与个人缴费及缴费年限挂钩；其次"援助自助者"，国家也要承担一定的责任，提供部分养老保险资金进行各种形式的补贴，尤其是对参保人养老保险缴费的补贴。新型农村养老保险制度明确了中央财政和地方财政的补助责任和补助范围，并且根据地区和经济水平的差异规定不同的补助比例。这样的制度设计是基于我国国民经济发展水平和"分税制"财政体制的必然选择。

1. 地方财政补助范围和标准

新型农村养老保险制度规定，地方政府在参保缴费方面，应当对参保人缴费

---

① 温家宝总理2009年8月18日在全国新型农村养老保险试点工作会议上的讲话《开展新型农村养老保险试点工作　逐步推进基本公共服务均等化》。

给予补贴，补贴标准不低于每人每年 30 元；对选择较高档次标准缴费的，可给予适当鼓励；对农村重度残疾人等缴费困难群体，地方政府为其代缴部分或全部最低标准的养老保险费。在待遇领取方面，地方政府可以根据实际情况提高基础养老金标准，也可以对长期缴费的农村居民适当加发基础养老金；而当参保人死亡后，个人账户中地方政府的缴费补贴余额不可继承，而是用于继续支付其他参保人的养老金。

地方财政补助"既补进口又补出口"的"双补模式"有利于调动农民参保的积极性，鼓励多缴多得，帮助困难群众参保，扩大养老保险覆盖面，增加个人账户积累和提高保障水平。农村集体经济组织在农村经济体制改革的过程中已经日渐微弱，普遍地缺乏对参保农民进行补助的经济实力，因此，地方政府必须承担起"三方共担风险"的补助责任和义务；部分农民由于经济贫困而选择低档次的缴费标准，存在缴费困难甚至拒绝参保缴费，从而导致保障水平不高或未被纳入养老保险网络，这也需要地方政府给予适当补助，以帮助贫困群体享有同样的参保权利和基本的保障水平；而地方财政对基础养老金的补贴，则可以鼓励农民参保、扩大养老保险覆盖面，让参保农民共享经济社会发展成果。

2. 中央财政补助及地区差异

新型农村养老保险制度规定，养老金待遇由基础养老金和个人账户养老金组成，并支付终身。年满 60 周岁、未享受城镇职工基本养老保险待遇的农村有户籍的老年人，可以按月领取养老金。"新农保"制度实施时，已年满 60 周岁、未享受城镇职工基本养老保险待遇的，不用缴费，可以按月领取基础养老金，但其符合参保条件的子女应当参保缴费。政府对符合领取条件的参保人全额支付每人每月 55 元的基础养老金，其中，中央财政对中西部地区按中央确定的基础养老金标准给予全额补助，对东部地区给予 50% 的补助。

这样的制度设计不仅强调了国家对农民老有所养承担的"国家责任"，明确了各级政府资金投入的原则要求，而且可以减轻经济欠发达地区和贫困地区的财政压力，提高推行"新农保"制度的政治意愿，将这些地区的农民纳入到"新农保"制度中来。这样一来，无论是发达地区还是贫困地区，无论集体补助能力如何，参保农民都能够领取相同水平的基础养老金，确保了"新农保"制度的公平性、普惠性和"保基本"的制度目标。这是"新农保"制度的一大特色，也是与"旧农保"仅靠农民自我储蓄积累、没有政府财政投入的制度设计的最大区别。

建立新型农村养老保险制度的关键是中央财政和地方财政相结合的基础养老金能否到位，地方政府对农民个人缴费的补助能否到位。据测算[①]，中央财政每

---

① 薛惠元、张德明：《新农保基金筹集主体筹资能力分析》，载《税务与经济》2010 年第 2 期。

年对东部地区基础养老金的补助数额大约为 105.7287 亿元，对中西部地区基础养老金的补助数额为 429.3551 亿元，每年补贴"新农保"制度的总额为 535.0838 亿元；2008 年我国中央财政收入 32 680.56 亿元，中央财政一年补贴"新农保"的数额仅占 1.64%，比例非常小；再加上 2008 年我国中央财政收入占全国总财政收入的 53.3%，而中央财政支出占总财政支出的比重仅有 21.3%，可以看出，中央财政完全可以担负得起"新农保"制度的财政补助。另外，根据"新农保"制度规定的地方财政对参保缴费的最低补助标准计算，全国地方财政每年所需的最低补贴数额为 245.1262 亿元，仅占全国地方财政收入的 0.8556%，因此地方财政总体负担并不重；但是由于地区间的不平衡性，尽管中央财政对中西部地区进行了政策倾斜，中西部贫困地区的地方财政压力依然很大，农业人口较多的省份也面临较重的财政负担。因此，中西部贫困地区的地方财政筹资困难问题成为制约"新农保"制度推行的瓶颈。

（四）基础养老金的福利性质

传统家庭养老模式的存在是基于社会地位和经济利益的代际博弈的模式，老人作为家庭和家族内部的长者，拥有丰富的物质财富和社会资本，其子孙在继承家业的基础上尊老、爱老、养老，并借助老人"聚点"的号召力和影响力，发展和壮大家庭（家族）实力。但是，新中国成立后，我国农村的集体经济发展大搞平均主义，破坏了传统家庭养老的这种交换机制。随着农村经济体制改革的发展，广大农村也进入了社会转型期，文化观念和阶层结构迅速发生了变化，尊老观念在功利主义和现实主义的影响下逐步淡化，并失去了对家庭养老的支撑作用，农村老年人的经济财富和社会地位都大幅下降，并在家庭内外都处于"边缘化"的弱势地位。现在农村的很多老人，一辈子辛苦打拼，但是他们创造的财富却成了儿子的房子、车子、票子，并没有为自己积累下多少物质财富，随着劳动能力下降，对家庭的经济贡献减少，他们的家庭地位进一步下降，缺乏对家庭财富的支配权利和对家庭事务的决策权力，自己少得可怜的储蓄不仅要应付身体健康和日常生活开支问题，还要在孙辈身上大笔开支，来享受"天伦之乐"。经济上的普遍贫困，给这些老年人带来的不仅是自身的养老问题，还有社会地位下降带来的心理伤害。

进入 21 世纪后，我国的经济持续快速发展，人民生活水平也迅速提高，农村居民已经超越了温饱阶段进入了小康生活。2008 年农村居民家庭平均每人生活消费支出已经达到 3 660.68 元，平均每个月开支为 305 元。一般情况下，家庭中老年人的日常生活消费支出会更少一些。新型农村养老保险为农村老年人提供的每人每月 55 元的基础养老金，是独立于个人缴费并由国家财政额外提供的福利性养老金，相对于农村居民人均生活消费支出而言，虽然不能完全保障老年人的基本日常生活，但是考虑到农村老年人大多还是依托土地劳动和家庭养老，在粮食和食品支出方面几乎为零，因此，农村老年人利用这笔可以自由支配的零花钱，能够改善自身生活标准和经济水平，降低老人对子女的依赖和子女的养老负担，或者增加给孙辈的支出而获得更多的心理满足，在保障基本生活的基础上保障其参与社会的权利和地位。

第三节　新型农村养老保险制度的若干问题

新型农村养老保险制度的建立，是对传统农村养老保险制度的改革与完善。与传统农村养老保险制度相比，新型农村养老保险制度在筹资模式、财务机制、待遇水平等方面，都体现出了比传统农村养老保险制度明显的优越性。但这并不是说，新型农村养老保险制度就不存在问题了，在发展与完善的过程中，如何解决以下几个关键问题，将严重考验新型农村养老保险制度的可持续性。

一、法制化与激励问题

新型农村养老保险制度运行的复杂性及其重要性，都迫切需要通过立法的途径加以规范。而中国社会保障制度立法的滞后是一个不争的事实。立法需求与立法滞后的矛盾，必将对农村养老保险制度的发展带来不可忽视的影响。农村社会保障制度，作为一个复杂的系统工程，法制化的重要性主要体现在以下几个方面：

一是，制度责任的落实问题。《指导意见》明确规定了新型农村养老保险制度的责任主体，即个人、国家、集体以及其他社会团体等，其中国家的责任更多体现在对中西部地区和弱势群体的基础养老金责任。问题是，在制度激励性尚不明显的情况下，如果没有法律的强制性规定，如何保障个人的参保积极性，如何落实中央政府和地方政府的责任呢？反观传统农村养老保险制度，集体补助如何在"新农保"中落实也将是一个问题。

二是，依法监督管理的问题。随着新型农村养老保险制度试点范围的逐步扩大，农村养老保险基金规模必将快速扩张，如果没有法律的规制，如何做到农村养老保险基金的保值增值、监管有序、管理规范将是新型农村养老保险制度发展中无法逾越的难题。

三是，如何确保制度的稳定性。传统农村养老保险制度由于制度设计中存在的问题、启动发展中积累的问题叠加，最终使"政府多采取简单的'强制清退'的方式与参保农民进行'了断'"[①]，严重影响了政府的公信力，新型农村养老保险制度试点地区农民存在的观望和迟疑态度，一定程度上是对政府失信行为的反照。新型农村养老保险制度的健康稳定发展，需要尽快出台农村养老保险法律。

制度的激励性不仅关系到新型农村养老保险制度的发展速度，更关系到新型农村养老保险制度的发展质量问题。新型农村养老保险制度规定，参保农民达到缴费 15 年的规定，到年满 60 岁以后，可以按照规定领取养老金。并规定试点地区已经达到 60 岁以上的农民，不需要缴费直接可以领取基础养老金。这一规定，对于农村中老年农民来说，参加新农保的收益是近在眼前或可以预期的，但是对于许多年轻农民来说，可能要到十几年、二十几年后才能看到实实在在的收益，在变革的环境下，那么如何鼓励年轻人参加"新农保"，将考验新型农村养老保险制度"激励性"条款的设计。在实践中，45～60 岁之间的农民表现出明显的参保倾向，而 45 岁以下的中青年农民则参保积极性不高。这一方面可能是因为，农民需要的即期性和农民对风险的厌恶；但另一方面也说明，由于新型农村养老保险制度缺乏激励性而反映的农民的参保理性。

为了鼓励中青年农民的参保积极性，一些地方进行了积极的实践。例如，宝鸡市的做法是：其一，宝鸡市新型农村养老保险制度特别强调政府财政投入，进行"进口"和"出口"两头补。"进口补"是指只要农民参保缴费政府就有补贴，即农民缴纳养老保险费时，每人每年市（县、乡）财政补贴（进口补）30～50 元，其中对按缴费基数 20% 缴纳者给予每年 40 元财政缴费补贴，按 30% 缴纳者给予每年 50 元财政缴费补贴。个人缴费、集体补助、财政缴费补贴（进口补）全部记入个人账户；"出口补"则是参保农民在年满 60 周岁领取养老保险金时，政府给予每人每月 60 元财政补贴[②]。其二，政府将 60 岁以上人员的基础养老金标准与缴费年限挂钩，对 45 岁以下的农民，在参保缴费达到规定的 15 年缴费年限的前提下，每多缴费一年，到领取养老金时，政府发放的基础养老金每月就增加 2 元钱，这在一定程度上也提高了年轻农民参保的积极性。

但是一个突出的问题是，宝鸡市政府对参保农民的"进口"和"出口"补贴，是建立在地方政府财力可以承受的基础上的，而对于广大的中西部地区以及发达地区的贫困县市来说，在地方政府连自身运转都无力支撑以及对"新农保"进行"出口"补贴都存在困难的情况下，如何保证"两头补贴"呢？如果不能

---

① 郑伟：《新农保的近喜与远忧》，载《中国金融》2009 年第 22 期。
② 秦曦：《新农保的"宝鸡模式"》，载《西部大开发》2009 年第 4 期。

对农民进行合理的参保补贴，农民的参保积极性又如何调动起来这必将是中西部地区以及贫困县市"新农保"试点及其推广的一个难点。

二、发展速度与保障水平

制度的发展速度是新型农村养老保险制度试点的范围以及推广的进度问题，关涉到制度的近期可及性与可得性，也关涉到政府对老年农民的贡献补偿以及社会经济发展成果的共享问题。《指导意见》指出，新型农村养老保险制度的制度目标是"2009 年试点覆盖面为全国 10% 的县（市、区、旗），以后逐步扩大试点，在全国普遍实施，2020 年之前基本实现对农村适龄居民的全覆盖。"这一制度的发展速度，将意味着目前中国农村 65 岁以上的老年人口，很大一部分将不能享受这一政策的阳光。那么到底有多少人会错过这一社会福利的"列车"呢？截至 2008 年年底，全国 65 岁以上人口已达到 1.1 亿，占总人口的 8.3%。如果按照 2000 年第五次人口普查时老年人口城乡分布的比例，即农村老年人口占老年总人口的 2/3[①] 来计算，当前农村老年人口也超过了 7 000 万人。再按照中国人口平均预期寿命 73 岁计算，现在已经 65 岁的老年人有将近 4 000 万人活不到 2020 年，也就无法享受到农村养老保险制度的政策福利。这无论从权利与义务对等的角度，还是从发展共享的角度来看，对于这部分农村老人都是不公平的。

《指导意见》规定的试点范围，并不能完全代表新型农村养老保险制度发展的速度。因为实践中，除了国家规定的试点范围之外，还有一部分"自愿试点"的县市也开展了新型农村养老保险制度。"自愿试点"县市"新农保"的开展，有利于加快"新农保"的发展速度。但却带来了"新农保"制度的发展质量问题，由于"新农保"基金的来源方面，由中央财政和地方财政共同分担，同时中央财政负担中西部地区基础养老金的全部或 50%，一些地方为了"套取"中央财政的补贴，盲目扩大试点范围，甚至一些不具备条件的县市，也盲目跟风，影响了"新农保"制度发展的质量问题。另外，一些地区为了扩大试点范围，不按照国家政策规定，对 60 岁以上的参保农民收取几万元的"趸交"保险费，而且缴纳参保费之后，地方政府有关部门，以种种借口拖延养老金的发放，农民迟迟不能享受养老保险金，影响了政府在农民心目中的形象，也一定程度上降低了新型农村养老保险制度的福利效应。

由于农村经济发展水平比较低，农民收入有限，再加上传统农民的"养子"

---

① 王德文、张恺悌：《中国老年人口的生活状况与贫困发生率估计》，载《中国人口科学》2005 年第 1 期。

负担，很多农民是两手空空进入老年的。在抚养子女的过程中，老年人基本上倾尽了所有的劳动所得，甚至有的老人为子女结婚、盖房欠下了债务，根本谈不上有任何的积蓄[①]。新型农村养老保险制度对中老年农民的福利性，使得中老年农民特别是 60 岁左右的农民表现出明显的参保积极性，为了参保他们向子女儿媳伸手"借钱"，并"承诺"子女用自己的养老金"偿还"，子女儿媳基于"养老金"的即期可得性预期，而把钱"借给"了老年人。参保老年人缴费之后，养老金迟迟不能发放，已经使得老年人对子女的承诺无法兑现，有的子女出于对制度可靠性考虑，有的是因为家庭的矛盾，子女反口要老年人"还钱"，而老年人却无力偿还。这影响了农村家庭的代际关系的和谐，也影响了老年人的健康和尊严，对老年人来说是一种获得农村社会保障福利的机会成本，也违反了制度建设的初衷。需要加快完善和规范。

制度的保障水平关系到新型农村养老保险制度的吸引力、保障能力和运行价值。新型农村养老保险制度的吸引力体现在两个方面：一是基础养老金的保障水平，二是个人账户的筹资规模。基础养老金的福利性是"新农保"制度区别于"老农保"制度的显著特征，也是制度吸引力的重要来源。而个人账户的筹资规模牵涉到制度的激励性问题，从目前的实践来看，虽有地方实践值得借鉴，如采取"进口"和"出口"两头补的"宝鸡模式"，但大部分试点地区都面临着一个如何激励中青年人参保的问题。制度的保障能力，一方面和"新农保"制度的统筹账户和个人账户的筹资规模有关，另一方面也和国家的通胀水平有关，很多地方的"新农保"试点，并没有建立相应的养老金指数化调整机制，这会影响到"新农保"制度的保障能力。"新农保"的吸引力和保障能力决定了"新农保"制度的运行价值。一个保障水平很低，保障能力有限，缺乏激励性和吸引力的社会保险制度，其运行价值是值得怀疑的。

在新型农村养老保险制度的筹资水平上，《指导意见》明确规定了"100 元、200 元、300 元、400 元和 500 元"五个缴费档次，这与"老农保""2~20 元"的缴费水平有了很大提高。但 2008 年农村居民家庭平均每人生活消费支出已经达到 3 660.68 元，平均每个月开支为 305 元。而"新农保"制度实践中，很多农民由于经济收入有限以及对制度的怀疑性等原因，很多农民选择了缴费为 100 元的档次，保障水平非常有限。即便是每个参保农民每年都选择最高档次的缴费水平，即年缴 500 元，按照平均缴费 20 年计算，不考虑物价变动和利息积累，个人账户的规模也不过是 10 000 元，除以 139 元是 71.4 元。再加上 55 元的基础养老

[①] 张岭泉、邬沧萍、段世江：《解读农村老年人的"零消费"现象》，载《甘肃社会科学》2008 年第 1 期。

金，也不过 130 元，不够农民半个月的开支。如果考虑货币的贬值和生活成本的增加，"新农保"的保障水平是非常低的，这样的保障水平恐怕只有"象征"意义。

新型农村养老保险制度的实施，一定程度上弥补了中国社会保障制度的缺失，即部分解决了农村社会保障制度"从无到有"的问题，但是如何从"从无到有"过渡到"从低到高"的问题，是新型农村养老保险制度未来发展中的重大挑战。随着中国经济的高速发展，财政收入持续增加（据统计，2010 年财政收入已经突破了 5 万亿元）这为"新农保"制度的推广提供了强大的财政基础，但是在制度设计时，如何让社会经济发展的成果更多的向农民分享是下一阶段"新农保"制度完善的重点。

三、差异性与统一性

新型农村养老保险制度的差异性问题，主要体现在地区之间和地区内部参保户之间的差异性问题。由于我国是一个典型的地区发展不平衡的国家，东、中、西部地区的社会经济发展水平表现出明显的地区差异；又由于社会经济的发展带来了农民的分化，不同农户之间的收入水平也表现出很大的差异。从地区差异来看，东部地区经济发展水平普遍较高，而且东部地区集体经济组织的经济实力普遍较强，这为东部地区农民的参保提供了强大的财力支持，东部地区的农民的"新农保"水平也明显较高。而中西部地区，一方面社会经济发展水平比较低，地方政府对"新农保"基础养老金的支持很难一步到位，即使按照政策规定的基础养老金能够按时到位，也和东部地区由于地方政府财力不同而导致的基础养老金水平不同不能相比。另一方面，中西部地区集体经济组织发展相对滞后，集体组织对"新农保"的支持常常无法兑现。这为"新农保"制度地区差异提供条件和可能。

从地区内部不同农户之间的差异来看。随着中国现代化进程的加快，农民的分化已经非常明显。从理论上，"社会分层理论"[1] 出现后，有的学者把农民分为八大阶层：即农业劳动者阶层、农民工人阶层、雇佣工人阶层、智力型职业阶层、个体工商户与个体劳动者阶层、私营企业主阶层、集体企业管理者阶层和农村社会管理者阶层[2]。课题组在 2007～2009 年不同时段的农村调查中对此也深有感触。一些外出经商或有技术性手艺打工的农民，他们的收入已经和务农农民的差距大大拉开。同一个地区，有的农户依然过着清贫的自给自足的小农生活，而有的家庭已经是高楼大厦，家有存款几十万元甚至上百万元。无论是理论研究

---

① 陆学艺：《当代中国社会阶层的分化与流动》，载《江苏社会科学》2003 年第 4 期。
② 何新华：《当代中国农民的分层问题研究》，载《探索与争鸣》1999 年第 2 期。

上的进展，还是社会已经存在的现实，都说明一个共同的问题，即农民已经出现了内部的严重分化，制度的设计不能忽视这一社会现实。

从前面的章节论述中，我们已经可以看出，中国东、中、西部地区社会经济发展水平以及社会环境的差异性，已经决定了农民养老风险、策略、期望与制度需求的差异性，这本身需要建立地区有别的社会保障制度。国家也注意到了这个问题，例如，《指导意见》规定：根据不同地区发展水平制定出适合当地社会经济条件的新型农村养老保险制度。在制度的激励性问题上，有的试点地区为了鼓励农民多缴费，出台了"多交多补，少交少补，不交不补"的政策。这虽然有利于调动富裕农民的参保积极性和提高参保农民的缴费水平，但却带来了"富裕者，得到更多的补助"，而贫困者由于缴费能力有限，得到较少的补助。这从一定程度上又加剧了本来就已经日益扩大的贫富差距，不利于制度公平目标的实现，也不利于农村社会的稳定与和谐。这是一个值得思考的问题。

第四节　新型农村养老保险制度改革探讨

一、农民退休制度的建立

在现代化和城镇化发展程度较高的西方发达国家，农业是科技水平很高、实行规模化生产的产业，并且大多是以农场的形式存在，农场主作为雇主，农民作为农业产业工人，和一般企业的运行模式相同。随着年龄增加和年工序列的发展，农民的劳动生产率逐步下降，因此农民和农场主签立合约时，也会作出相应的退休规定，与其他产业工人一样，农民也有退休制度，并且能够在退休后享受养老保险待遇。如德国，是世界上第一个建立社会保障制度的国家，根据1957年颁布的《农民老年救济法》建立起了农民养老保险制度，规定所有农民都有义务参加养老保险，农民养老保险费用来源有三个：一是交出农场时与子女签订的私法合同；二是强制参加的养老保险费；三是自愿参加的人寿保险。农民要得到养老保险金，也需同时具备三个基本条件：第一，男女必须分别年满65岁和60岁；第二，投保者需交满180个月（15年）的保费后方有资格享受标准养老金待遇；第三，农民除按规定缴费外，必须在50岁以后通过继承、出售或长期租让等方式转移他的农业企业，脱离农业劳动成为农业退休者[1]。从养老保险的

---

[1]　陈南旺：《国外城镇化进程中农村养老保险制度比较与启示》，载《价格月刊》2006年第5期。

历史起源和国际比较可以看出，养老保险是建立在劳动关系基础上的，基于退出劳动生产领域、无法获得经济收入这一事实而进行的经济保障。

但是，我国的农业生产还是基于家庭联产承包责任制的小农生产和个体经济，农民拥有土地的使用权，自己为自己种地，在体力依然允许的情况下可以继续进行农业生产并获得经济收入，在体力不济的情况下可以选择将土地出让给自己的孩子或者乡亲，依赖这部分地租来支持基本生活开支，而且传统的家庭养老也为农村老年人提供了部分的经济供养和生活照料。可以说，农民的经济来源总是依赖于农业生产，不存在退休一说。那么，农民既没有劳动关系，又没有退休事实，怎么能够为其建立养老保险制度呢？为此，有人提出建立农民退休制度，来解决农民的养老保险问题。这是很好的理论探索，但是，在现实当中该如何实施和操作还有待进一步的研究。

在市场化发展的过程中，我们应该坚持"大市场、小政府"的思路来进行养老保险制度的改革，减少政府对养老保险制度的干预，而是充分发挥市场的力量，鼓励人们进行自我保障。在农村，传统的家庭养老已经流传了数千年，孝道文化依然有着深厚的群众基础，并且很多农村老年人进入高龄之后仍然能够从事农业生产，实现生活自理，再加上家庭和子女适当的经济供养，农村老年人养老的经济来源并不是问题。需要关注的是那些大病缠身、子女不孝、生活十分困难的农村老年人，而这部分老年人可以通过农村最低生活保障制度来获得经济支持和社区照顾。我们应该继续倡导和发扬尊老爱老的优良传统，充分发挥家庭养老的优势，发挥农民合作组织和自治社区对居家养老的作用，将财政投入到农村基础设施建设和加强最低生活保障制度上来，为农村老年人的老年生活创造便利的环境，扩大和强化对困难农村老年人的社会救助。

二、福利型养老金的普及

新型农村养老保险制度规定，试点地区的 60 岁以上的农民，不需要缴费，即可直接享受每人每月 55 元的基本养老金。符合参保条件的农民，在达到领取养老金的年龄之后，除了个人账户的养老金之外，也同时享受基础养老金。由此可以看出"新农保"基础养老金的福利性质。但农民享受福利性养老金制度，必须满足"捆绑"的条件，即老年人家庭符合参保条件的子女必须全部参保，有的地方规定媳妇也要参保，才可以享受这一福利。在农民社会养老保险制度缺乏强制性执行基础的背景下，出于对农民"逆向选择"问题、激励年轻人参保和扩大新型农村养老保险制度覆盖面等方面的考虑，以实现农民养老风险的共同分担原则，这在一定程度上具有一定的合理性。

但是，既然是一种福利性养老金政策，我们认为，就不应该带有任何捆绑限制条件，而是应该面向全体农村的老年人，不论贫富贵贱都能够平等享受，而且享受的对象也不应该仅仅是在试点地区，而是应该在全国范围内普及，特别是要在社会经济发展水平比较低的广大中西部地区。落后地区的老年人，在年老之后靠子女的"施舍"过活，没有地位、没有尊严，生活境况很差，福利性养老金的普及，能够在很大程度上缓解农村老年人的生活困境，能够为老年人提供"零花钱"，让老年人不在为两元钱的理发钱而依赖子女，能为老年人"逛街赶集"提供重要支持，更重要的是为老年人的社会参与提供了可能，这些对于保障老年人的生活和促进老年的晚年幸福具有不可忽视的作用。

为了实现制度的广覆盖，国家和政府可以考虑政策和制度的设计问题。因此，政府可以鼓励和激励农村地区建立多支柱的养老保障体系。关于这一问题，世界银行提出的"五支柱"的老年人保障体系值得参考。五支柱保障体系主要包括：提供最低保障水平的非缴费性的"零支柱"；与不同收入水平相关联，缴费型的"第一支柱"；强制性个人储蓄的"第二支柱"；强调灵活性和自由支配的自愿性的"第三支柱"和家庭支持的非正式保障的"第四支柱"[1]。根据中国农村当前的社会经济发展水平，建立农民生活的多支柱的保障体系，不是不可能，而关键的是如何设计合理的制度，以激励农民的参保。而不是把福利性养老金加上连带的限制条件，这对于福利性制度本身来说，已经变了味。

但是，任何制度一旦建立起来就不能轻易更改和取消，而且会出现路径依赖和利益刚性，因此对于制度的建立一定要持审慎的态度。

三、 制度的全国推广

新型农村养老保险制度的全面铺开，拷问的是当前情况下中国是否已经具备了建立农村社会养老保制度的条件的问题。就目前的研究来看，这一问题并未达成共识。杨立雄（2006）认为，目前在我国农村地区开展养老保险还不具备条件，并提出农村养老应从社会保险退回到社会救助，以非缴费性的老年津贴方案代替现行的以缴费为资格的养老保险制度[2]。而王德文（2006）通过用丹麦、瑞典、葡萄牙等欧洲国家建立农村社会保障制度时农村劳动力比例、农业产出和人均收入等指标与中国的国情比较分析后认为，经济发展水平不是制约农村养老保

---

[1] 罗伯特·霍尔茨曼、理查德·新茨等，郑秉文译：《21 世纪的老年人收入保障——养老金制度改革国际比较》，中国劳动社会保障出版社 2006 年版。

[2] 杨立雄《"进城"，还是"回乡"？——农民工社会保障政策的路径选择》，载《湖南师范大学社会科学学报》2004 年第 2 期。

险制度建立的因素，中国建立农村养老保险制度的时机已经成熟①。而我们更倾向于后一种判断，主要是基于以下考虑：

社会保障制度的本质是一种以经济手段解决社会问题的政策工具。作为一种制度，资金是社会保障制度的生命。因此，从经济指标考虑建立农村养老保险制度的条件是合理的。根据国际经验，一个国家建立全面的农村社会保障制度需要考虑的主要经济指标有：一是，农业产值在国名经济中的总产值中的比重在15%以下；二是，农业人口占总人口的比重在40%以下；三是，人均GDP在2 000美元以上。那么按照这些指标中国是否具备建立农民社会养老保险制度的条件呢？我国第一个指标和第三个指标已经基本满足，而第二个指标，如果不从户籍的角度考虑，而从农民的职业特征上考虑，也基本上已经具备。

从城乡社会保障制度发展的国际经验来看，农村社会保障制度建立的时间，一般都要晚于城市社会保障制度，而这个时间跨度一般是30～50年。例如，德国在1883年建立了世界上第一部工人疾病保险法，到1957年建立农民老年救济法（1995年，农业社会政策改革时，改为农民养老保险法），大约经历了70年②。日本在1941年实施了厚生年金制度，1971年建立农村养老保险制度，经历了大约三十年③。我国从1951年以颁布《劳动保险条例》为标志建立的城镇社会保险制度，到现在也已经超过了50年，因此从国家城乡社会保障制度发展的时间跨度上来看，我国也已经进具备了建立农村养老保险的条件。因此，基于以上判断，我们现在是否可以把新型农村养老保险制度在全国范围内铺开，或者是否应该加快制度推广的速度呢？答案是肯定的。

四、相关制度的衔接

农村养老保险制度从20世纪80年代中期试点，到90年代初期铺开，再到20世纪末的衰退、停滞和整改以及21世纪的重新恢复等，中国农村养老保险制度经历了一个反复曲折的发展过程。虽然20世纪末期，国家明令规定暂停推行农村养老保险制度，但一些有条件的地区，还是保留了这一制度。2000～2008年，农村养老保险制度的覆盖面，一直徘徊在5 378万人左右，月均养老金仅约3.5元④。虽然保障水平和保障能力非常有限，但说明一些地方并没有完全暂停这一制度。这就要求新型农村养老保险制度在建立过程中，要做好与传统农村养老保

① 王德文：《三万亿养老金缺口倒逼养老制度改革》，载《中国改革》2005年第5期。
② ［德］霍尔斯特·杰格尔，刘翠霄译：《社会保险入门》，中国法制出版社2000年版。
③ 张新宝：《日本的健康保险法律制度》，载《外国法译评论》1995年第1期。
④ 岳德军、王谦：《建立新型农村养老保障制度的思考》，载《中国财政》2003年第8期。

险制度的衔接问题。

为了做好新老农村养老保险制度的衔接,《指导意见》规定:"原来已开展以个人缴费为主、完全个人账户农村养老保险(以下称'老农保')的地区,要在妥善处理'老农保'基金债权问题的基础上,做好与'新农保'制度衔接。在'新农保'试点地区,凡已参加了'老农保'、年满60周岁且已领取'老农保'养老金的参保人,可直接享受'新农保'基础养老金;对已参加'老农保'、未满60周岁且没有领取养老金的参保人,应将'老农保'个人账户资金并入'新农保'个人账户,按'新农保'的缴费标准继续缴费,待符合规定条件时享受相应待遇。"① 这为新老农村养老保险制度的衔接提供了重要的参考依据。

相关制度衔接,除了新老农村养老保险制度的衔接之外,还有其他方面的衔接问题。这些问题包括:新型农村养老保险制度与城镇职工基本养老保险衔接问题;新型农村养老保险制度与被征地农民社会保障制度的衔接问题;新型农村养老保险制度与水库移民后期扶持政策的衔接问题;新型农村养老保险制度与农村计划生育家庭奖励扶助政策的衔接问题;新型农村养老保险制度与农村"五保"供养制度的衔接问题;新型农村养老保险制度与农村社会优抚与农村最低生活保障制度等政策制度的配套衔接问题等。这一系列的制度衔接问题,将是一个非常庞大的工程,也是制度建设中的一个难点。本书将在后面的章节中做专门的研究。

---

① 《国务院关于开展新型农村养老保险试点的指导意见》:http://www.gov.cn/zwgk/2009 - 09/04/content_1409216.htm.

第二部分

农村医疗保障
制度研究

第六章

农户的疾病风险及其制度需求

大量研究（丁士军、陈传波，2005）显示，农村风险应对的基本单位是农户而非个人。此结论根源在于两个方面：一是农户是由血缘联系在一起的经济与社会群体，他们居住在一起并且拥有共同的生产、消费和再生产函数。从理论上分析，农户的消费结构和水平应该由"持久性收入"决定，在信贷市场完善的条件下，农户可以利用信贷机制调节储蓄水平，进而平滑掉个体随机疾病风险对家庭消费的冲击。二是农户在风险应对中的重要作用还体现在它为其他策略的运用提供了一种机制。例如，当借款是以病人自己还款为前提，且年纪较大或病情很严重或还款能力低下时，放贷者就要面临严重的违约风险。

如果农村中居民往往以户为单位来应对疾病风险，那么，目前农户的疾病风险有无变化？农户的疾病风险如何衡量？农户应对疾病风险的策略有哪些？这些策略之间的关系是什么？新型农村合作医疗作为一种正式的疾病风险应对策略，农户是否从中真正受益？农户制度需求与政府的正式制度供给之间又存在哪些缺口？应该如何完善才能提高农户的疾病风险应对能力？本章依托九省区调研数据，尝试通过系统的理论和实证分析，回答上述问题。

第一节　农户疾病风险形式的变化

农户的生产生活是一个周而复始的循环过程，而农户利用资源获得收入的活

115

动大多是充满风险的。随着市场机制的健全、农地资源大量流失以及农村人口流动的强化，土地保障、家庭保障等中国农户赖以抵御风险的传统手段开始瓦解，我国农村的农户面临的疾病风险冲击日益增大，但抵御风险的能力却日趋弱化。

近 20 年来，一方面，由于人均寿命的延长、人口流动增加、生活方式和饮食结构变化以及环境恶化等原因，农村常见病、多发病已不再仅仅限于感冒发烧和腹泻，而是扩展到非传染性慢性疾病（如高血压、心脏病、糖尿病、气管炎等），导致农村居民的医疗费用支出逐步增加；另一方面，医疗管理体制改革中的政策和制度性缺陷又导致了医疗机构行为的异化，进而带动了医疗服务价格的上升。医疗服务价格的上涨一方面促进了农户对新型农村合作医疗制度的需求；另一方面又必然降低农村中贫困农户在合作医疗保险体系中的受益水平，甚至可能导致发病率的上升（国务院发展研究中心课题组，2005）。

依据九省区调研获得的一线资料，课题组认为，我国农村农户面临的疾病风险存在以下几个方面的变化。

一、农村人口患大病、慢性病的概率增高

（一）农村人口患恶性肿瘤等大病、绝症的概率越来越高

随着中西部地区工业化程度加深，我国农村居民的居住环境逐步恶化，农民患恶性肿瘤（肺癌、胃癌、肝癌），消化系统疾病或呼吸系统疾病等大病的概率越来越高。

课题组九省区调研结果显示，家庭成员中全部身体健康的样本比例为 41.3%，体弱多病人数为 1 人的占调查样本的比例为 39.2%，体弱多病人数为 2 人及以上的占调查样本的比例为 19.6%。而家庭成员中患有严重疾病人数的调查显示，家庭中没有严重疾病的户数比例为 74.5%，而家庭中有 1 个成员患有严重疾病的比例为 20.7%，2 个及以上的为 4.8%。农户面临的疾病风险可见一斑。

部分学者利用新型农村合作医疗定点医院的住院数据对农民患病的类型进行了分析，得出了类似的结论。例如，娄淮建（2006）对 1 965 例合作医疗住院病人按 ICD－9 国际疾病标准进行分类，结果显示，系统疾病排在前 5 位的依次是肿瘤、内分泌、营养和代谢疾病，免疫疾病，消化系统疾病，肌肉骨骼系统和结缔组织疾病，泌尿生殖系统疾病。而徐建国（2007）随机抽取慈溪市 3 个镇 2006 年度参加新型农村合作医疗农民的全部住院病例 4 808 例，也得出了类似的结论，系统疾病排名在前 5 位的依次是消化系统疾病、肿瘤、循环系统疾病、呼吸系统疾病、损伤和中毒，占总数的 69.58%。

（二）农村留守妇女和老人患慢性病的概率越来越高

随着劳动力流动趋势的强化，留在农村家中种地的人口往往是老人和妇女。由于恶劣的环境以及高负荷的终日劳作，农村老年人和妇女患病的概率大大增加，而生病后又因为缺钱或没有人手而得不到及时的救治，容易发展成为慢性病，伴随他们一生。

南京市卫生局下发的《2005 年南京市医疗服务利用情况》验证了上述观点。该报告显示，与城市人相比，农村人多数从事体力劳动，他们所患疾病中，妇女妊娠分娩产褥期并发症排在了第一位，占 18.94%；接下来分别是损伤与中毒（占 16.06%）、消化系统疾病（占 15.26%）、呼吸系统疾病、循环系统疾病、肿瘤、泌尿生殖系统疾病、传染病和寄生虫病。

慢性病虽然不是大病，无须住院治疗，但如果无法在新型农村合作医疗中报销或补偿，其所带来的长期医疗费用支出同样可以导致农户倾家荡产。

二、医疗服务价格"虚高"放大了农户疾病的风险

我国医疗服务系统的市场化改革逐步提高了医疗机构的赢利水平，市场上医疗服务的数量大大增加，缓解了多年积存的"看病难"局面。但是随之而来的是医疗费用指数远远超出同期物价上涨指数，医疗服务又出现了"看病贵"问题，进一步放大了疾病风险对农村居民的冲击。

2005 年卫生部和国家中医药管理局联合召开的医院管理年工作会议上曾披露，近 8 年来，我国门诊就医费用增长了 1.3 倍，住院费用增长了 1.5 倍，平均每年门诊费用增长 13%，住院费用增长 11%，这些都超过了居民收入增长的幅度。目前城市平均住院费用是 7 600 元，而城市居民的年平均收入是 6 500 元；农村平均住院费用 2 400 元，相当于农村人口年均纯收入[①]。

医疗费用剧增的原因是多方面的，主要包括药品价格增长过快、高精尖诊疗仪器的使用、医疗技术水平提高、一次性医疗材料的使用、医用材料及能源和劳务费用的提高、财政补偿机制不健全、医疗收费管理不善等方面。有些因素是不可避免的，但大多数则属于纯粹赢利性质的不必要附加。例如，相关研究显示，检查费用占医院总收入的 26.62% 之多。

医院医疗服务价格"虚高"的后果之一就是农民对其怕之若虎，而以赢利为纯粹目的的游医、药贩以及形形色色的个体诊所在农村中盛行，不但为假药、

---

① 卫生部：《近年来我国门诊和住院费用均增一倍多》，http://www.xinhuanet.com，2005 年 4 月 18 日。

不规范医疗行为等提供了空间，而且容易耽搁病情，最终不得不"小病大医"，给农户的"持久性收入"能力造成负面影响。而且，也会给新型农村合作医疗制度造成潜在的基金支付压力。

此外，医院医疗服务价格"虚高"也使新型农村合作医疗制度处于一种尴尬境地：一方面，医疗价格越高，农民越需要依赖新型农村合作医疗制度。课题组九省区调研结果显示，52.9%的农户在"家庭成员生大病的资金来源"中选择了"依靠新型农村合作医疗"。另一方面，在高额医疗费用下，新型农村合作医疗有限的住院报销额度（封顶线）又使农民受益程度有限，参加合作医疗制度的积极性并不高。在"农村社会保障中最需要的项目"调查中，43.7%的农户选择了"农村养老保险"，只有12.2%的人选择了"新型农村合作医疗"。

三、工业化、劳动力流动影响了农户疾病风险应对能力

工业化与城镇化的直接后果是农村劳动力的大规模流动，进而导致中国农户赖以抵御疾病风险的传统手段和基础开始瓦解。

在人口大规模流动以前，老年人口可以通过家庭内部资源的控制，以及"孝道"等观念的约束等途径优先获得家庭中的医疗资源。但随着工业化和外出务工的出现，户外资源的重要性和机会开始增加，家庭内部资源的重要性开始降低，老年人甚至对子女婚姻的影响也开始减弱。结果就是媳妇与老人关系日益淡薄，老人在家庭中医疗资源配置中的地位开始降低，老人大多通过自己攒钱或借钱来独立应对疾病风险。

课题组九省区调研结果显示，农民生大病后的资金来源方面，44.9%的农户选择了"依靠个人储蓄"，44.8%的农户选择了"向亲戚朋友借钱"，只有24.3%的农户选择了"依靠儿女"。由于疾病风险的主要载体是老年人口，工业化显然在一定程度上加剧了农村老年人口面对疾病风险的脆弱性。

四、市场化与农户疾病风险变化

金融资本（主要是银行存款）与物质资本也是农户抵御疾病风险的有力工具。但在市场化条件下，这一工具的风险抵御能力也开始下降。

传统研究认为，农村的社会风险主要是自然灾害和流行性疾病风险。但市场经济条件下的农村居民面临的风险则是结构性和多元化的。原因在于市场机制、公共政策、社会资本、户内资源以及利用上述要素转化为收入、福利，甚至是在下一轮投资的过程中，时时都受到市场风险的影响。例如，由于农民处在野味养

殖产业链的最末端，如果城市实施禁止贩卖野味的管制政策，整个行业风险最终将由农民来承担。更值得注意的是，在同类农户采取相同的风险应对策略时，各类风险之间的关联性可能构成更为显著的负面影响。例如，旱灾农户都变卖资产的行为会导致资产的价格发生变化，进而发生双重损失。上述因素进一步加剧了农户在抵御疾病风险领域的脆弱性。

从以上分析可以看出，目前农村居民面临的疾病风险发生了显著变化：即农村人口患大病、慢性病的概率增高，医疗服务价格"虚高"，市场化、工业化、劳动力流动进一步加剧了农村居民在应对疾病风险领域的脆弱性。那么，如何在合理筹资的基础上扩大新型农村合作医疗的报销范围（不能仅仅"保住院"，还要"保慢性病"）；如何依托农村公共卫生体系增强农民的健康意识，进而降低农民患大病和绝症的概率；如何发挥农村医疗救助体系的作用以降低大病对特困农户的冲击；以及如何进一步发挥农村非正式疾病风险应对策略（如血缘网络、村委会等）的作用空间等，都是提高我国农村居民应对疾病风险能力的关键环节，值得引起相关管理部门的重视和关注。

第二节　农户疾病风险程度的衡量

一、农户疾病风险成本的分类

疾病包括病理上的身体不适和意外事故造成的身体伤害。疾病给人们带来的损失主要包括两个方面：一方面是对患者及其家人的伤害，包括生理和心理上的成本（如病痛，甚至对早死的担忧）；另一方面则表现为直接的经济损失或成本，包括患病期间的收入减少、劳动能力下降对未来收入的影响，以及治疗期间所要支付的费用。

显然，第一类损失或成本目前还难以以货币计量，而第二类损失或成本经过分解后，可以进行近似的计量和评价。

例如，疾病的经济性成本可以大致进行如下拆分：

（1）疾病的直接经济成本。疾病的直接经济成本主要是指在医疗服务过程中直接发生的费用，包括服务费和其他费用。其中，服务费是疾病经济成本的主要部分，指医疗机构向病人收取的治疗费或相关服务的费用；其他费用是指病人为看病而发生的交通费和饮食费用，以及陪伴者的住宿费等。

（2）疾病的间接成本或时间成本。疾病的间接成本主要是指在疾病治疗过程中所占用时间的机会成本，包括三项内容：疾病的治疗时间、病人的劳动时间损失和家庭成员因陪护而造成的劳动时间损失。其可以通过单个劳动者一般日工资率乘以因病不能劳作的天数，转化为货币形式而进行衡量，而当地的日平均工资率则可以充当耗费时间的机会成本的代理变量。

（3）疾病的机会成本。疾病的机会成本主要是指因病导致的劳动能力下降对未来收入的影响，如疾病能降低病人的生产能力，或某种传染病人或者病毒携带者可能会被排除在劳动力市场之外等。

二、农户疾病风险程度衡量

疾病经济成本与收入的比例是反映农户对疾病经济成本承受能力的一个重要指标。一般而言，疾病风险带来的支出越高，或其占农户年度收入的比例越高，农户面临的疾病风险程度就越深。对此，国外学者已对此进行了探索性研究。

其中，哈穆迪和萨克斯（Hamoudi and Sachs，1999）认为，疾病的直接成本可以计量，但也不太准确。对个人和其家庭来说，最近似地计算疾病的直接成本包括医疗费和因误工而减少的收入。这种近似计算的方法在理论研究中应用较多。

例如，米德（Mead，1992）估计了坦桑尼亚单个艾滋病病毒感染者的疾病直接成本为 2 462～5 316 美元（以 1995 年币值估计）。阿斯富（Asfaw，2003）通过这种方法计算了埃塞俄比亚 15 个样本村每个病人的月平均疾病直接成本为 13.64 美元。

国内部分学者的相关研究，也得出了类似的结论。

蒋远胜、冯·布劳恩（Joachim von Braun，2005）利用四川省 300 户农户的合作医疗保险调查数据，运用风险管理理论和公共卫生统计方法，发现有生病成员的农户家庭的直接疾病成本为 3 653 元，为农户年收入的 29%，每个病人平均每月疾病直接成本为 77 元。其中，经济成本占 55.3%，时间成本占 44.7%。具体见表 6-1。

表 6-1　　　　四川省农户疾病成本的构成与收入　　　单位：元/户，%

疾病成本类型	剑阁		富顺		盐源		汉源		东坡		总体	
	数量	比重	数量	比重	数量	比重	数量	比重	数量	比重	数量	比重
时间成本	4 980	50.5	371	26	2 711	69.6	1 307	28.1	389	30	1 633	44.7
经济成本	4 884	49.5	1 057	74	1 185	30.4	3 346	71.9	914	70	2 020	55.3
疾病直接成本	9 864	100	1 429	100	3 896	100	4 653	100	1 303	100	3 653	100
农户收入	10 318	47.3	14 875	7.1	7 186	16.5	13 467	24.8	17 055	5.4	12 580	29.0

注：①表中的疾病直接成本 = 时间成本 + 经济成本；

②时间成本由因疾病损失的劳动天数乘以四川省当年的非熟练劳动力的平均工资（15元/天）产生。

薛小和（2002）的研究显示，1990～1999 年，我国农村居民平均收入由 686.31 元增加到 2 210.34 元，增长了 2.27 倍；同期每人次平均门诊费和主要费用，分别由 10.9 元和 473.3 元增加到 79 元和 2 891 元，分别增长了 36.2 倍和 5.17 倍。

国家统计局利用住户调查数据，认为 2003 年我国人均医疗支出为 115.75 元，占家庭生活消费总支出的 5.96%；比 1985 年的人均医疗保健支出增加了 14 倍，在家庭生活消费总支出的比重也上升了 3.5 个百分点。

课题组基于前期九省区（江苏、山东、黑龙江、湖北、河南、安徽、云南、新疆、陕西）的一线调研数据，对 2007 年度九省区的家庭医疗支出占家庭总收入和总支出的比例进行了分析。由于数据获取上的难度，课题组在这里计算的家庭医疗主要是指家庭的直接经济支出（包括医药费、服务费、差旅费等）。具体见表 6 - 2。

表 6 - 2　　　　　　2007 年调查样本地区农户医疗支出的比例　　　　单位：%

家庭医疗支出占总收入比例	5 以下	6～10	11～20	21～40	41～60	61～80	81～100	100 以上
各组所占比例	37.1	24.6	16.1	10.3	4.4	1.9	1.2	4.4
家庭医疗支出占总支出比例	5 以下	6～10	11～20	21～40	41～60	61～80	81～100	100 以上
各组所占比例	56.1	20.4	14.3	7.2	1.5	0.5	0	0

首先，从医疗支出占农户家庭总收入比例的角度分析。表 6 - 2 中的统计结果显示，37.1% 的家庭 2007 年的医疗支出占家庭总收入比例在 5% 以下，24.6% 的家庭 2007 年的医疗支出占家庭总收入比例在 6%～10% 之间，也有 4.4% 的家庭 2007 年的医疗支出占家庭年度总收入比例在 100% 以上。

其次，从医疗支出占农户家庭总支出比例的角度分析。表 6 - 2 中的统计结果显示，56.1% 的家庭 2007 年的医疗支出占家庭总支出比例在 5% 以下，20.4% 的家庭 2007 年的医疗支出占家庭总支出比例在 6%～10% 之间，也有 23.5% 的家庭 2007 年的医疗支出占家庭总支出比例在 10% 以上。

从上述数据可以看出，我国农村居民面临的疾病风险程度较高，38.3% 的农户年均医疗支出占到家庭年度总收入的 10% 以上，11.9% 的农户年均医疗支出占到家庭年度总收入的 40% 以上。对农户"持久性收入"不构成影响的疾病，可以通过借贷等手段平滑其对家庭消费和可持续生计的影响。但一旦农户中有一人重病（尤其是主要劳动力），那么，疾病及相应的医疗支出将对农户的经济状况构成巨大威胁，可能"因病致贫"，并在很长时间内无法恢复到原先的家庭消费水平。

第三节 农户疾病风险的应对策略

一、国内外相关研究

在农户面临的疾病风险识别与应对策略方面，西方学者在低收入国家进行过大量研究。

例如，德孔（Dercon, 2001）发展了一个风险与脆弱性分析框架，将农户各类资源、收入、消费，以及相应的制度安排很好地纳入一个体系之中。

埃利斯（Ellis, 1998）的研究则指出，农民的疾病风险处理和策略是理性的，他们防范和处理风险的策略甚至还十分有效。

夏洛特·卡耶（Char-lotte Cailliez, 1998）认为 20 世纪 80 年代中国政府对合作医疗采取了放任自流的做法，"国家缺席"影响了合作医疗制度的顺利转型。而高额医疗费用阻止了大量低收入人群及时获得健康保健服务，并且医疗支出还致使许多农户家庭经济崩溃（Liuetal, 2004）。对于中国政府 2003 年出台的新型农村合作医疗制度，世界银行的评价是"该制度只保大病、自愿参加的性质，可能会引致大病风险覆盖不平等，造成逆向选择"。

二、以农户为单位的疾病处理模式

课题组认为，现实中农民面临疾病风险时，户内医疗资源决策过程是非个体化和非市场化的，而是以家庭或农户福利或效益最大化为目标趋向的。

在医疗保障资源供给有限的情况下（如与城市的医疗保险相比），农户应对疾病风险的策略有两种：策略一是农户为了应对疾病风险所可能引发的大额开支而储蓄或透支（借贷）；策略二是通过压缩其他方面的开支以适应医疗支出份额的增长，或对不同的家庭成员的疾病风险采取不同的关注程度和医疗资源分配力度。

农户内疾病风险的分散实质上涉及了家庭内部资源的分配和财富代际转移问题。由于家庭成员身体健康状况对家庭的"持久性收入"能力的影响是不均等的，因此，医疗资源在户内家庭成员之间的分配往往也是不均等的。在发展中国家，家庭财富在代际间从有生产能力的家庭成员向老年人和小孩转移，或从顺利的家庭成员向不顺利的家庭成员转移的模式，已成为促进家庭在不同生命周期内应对生存风险的主要形式。例如，为什么老人病后不去及时就医呢？原因在于家庭中小孩上学要交学费；或者为什么小孩上学期间要辍学一年呢？因为要给家庭中的老人看病。换句话说，家庭可能为了实现一个目标而放弃或难以实现另外一个目标[1]。课题组九省区调研基本验证了上述结论，调研结果显示，在家庭医疗资源有限的情况下，"家庭成员看病顺序"的选择上，小孩、老人、主要劳动力、其他成员的选择比例依次为 50.2%、33.6%、13.0% 和 2.7%。

在实践中，农户往往会优先采取第一种策略模式，一旦遭遇重大疾病风险时，往往是两种模式混合使用。

三、我国农户的疾病风险应对策略

（一）农户的疾病风险应对策略类型

政府提供的保障手段（合作医疗）保障力度有限，甚至是在缺失的情况下，我国的农户如何来应对日益增大的疾病风险呢？为什么农民的医疗问题并没有累积成威胁社会稳定的社会风险？

事实上，我国农户在应对疾病风险方面，有其独特的策略。

在面临疾病风险时，农户进行风险管理的策略是综合和结构化的：

第一，是采取预防策略，包括预防保健、清洁的食物等，减少风险发生的可能性。

第二，采取风险缓解策略（如收入多元化、早治疗等），以减少未来可能发生的风险的影响。

第三，采取风险应对策略，是指在主流的价值体系里转移风险事故的不利影响的事后技巧和短期策略。如支付现金、取存款、卖资产、工资性打工、卖耐用消费品、学童辍学。

第四，借助农村社会网络，平滑疾病风险对农户消费水平的冲击。

第五，也不排斥政府提供的正规的风险规避机制，如新型农村合作医疗、大病救助等。

以上五种疾病风险应对策略，大致可以分为两种类型：前四类是农户非正式的疾病风险应对策略，政府在其中并没有承担任何责任，基本上属于农户间的自

---

① 丁士军、陈传波：《转型时期的中国农村老年人保障》，中国财政经济出版社 2005 年版。

发行为。

　　而在农户的非正式的疾病风险应对策略中,层次可进一步细分。其中,第一类、第二类和第三类策略都属于户内资源的配置,第四类策略则属于户外或扩大的家庭资源调配。

　　从理论上分析,在户外资源和机会增多的情况下,农户之间的关系会逐渐由原来的高度互补转化为相互独立。但调研中发现,不同区域的农民们甚至是借钱都要向邻居的红白喜事送礼。调研样本中农户的年平均支出高达 2 193 元,其中,结婚送礼的平均数额是 170 元/次;丧事送礼的标准是平均 143 元/次。而且,越是靠近中西部的地区,送礼的额度越高。例如,湖北省调研样本中农户的年平均支出高达 3 252 元,而江苏省调研样本中农户的年平均支出为 2 138 元。而课题组九省区调研样本中农户年平均的医疗费用支出水平不过才 1 909 元左右。

　　最可能解释就是农村社会网络的存在。这种社会网络可能包括地缘网络(邻居)、婚姻网络、血缘网络(兄弟姐妹叔伯姑舅等)、趣缘网络(牌友、棋友)等多种类型。为什么农民借钱也要送红白喜事彩礼呢?根源在于农村社会网络的存在,导致农户存在多个网络市场的利益均衡。即如果在一个网络市场中的损失(如借钱送礼),可以在另一个网络市场中得到补偿。反之,则会在整个网络中遭受更大的损失。这种社会网络在农户疾病风险化解的基础和作用都远远优于城镇居民,但也从另一个侧面反映了农村疾病风险冲击的巨大影响。

　　农户应对疾病风险策略的具体分类,见表 6-3。

表 6-3　　　　　　　　农户应对疾病风险策略的具体分类

非正式疾病风险应对策略			正式疾病风险应对策略
户内资源配置	关系农户间资源配置	扩大的农户间资源配置	农户与政府间资源配置
取款、儿童辍学、变卖资产等	亲友的馈赠(物品、现金)、亲友间的无利息借贷、帮助寻找廉价的医疗服务等	在私人医生处赊账、村内邻居间物品和现金转移、金融机构或私人借款等	农村公共卫生体系 农村合作医疗体系 农村医疗救助体系

(二) 农户的疾病风险应对策略顺序

　　上述关于农户疾病风险的应对策略模式的分析显然属于理论分析范畴,那么,在实践中,农户的疾病风险应对策略有哪些?其先后顺序如何呢?

1. 国内的相关研究及其启示

蒋远胜、冯·布劳恩（Joachim von Braun，2005）在对四川省 300 户农户的合作医疗保险调查数据进行分析的基础上，提出了四川农户应对疾病风险的 10 大策略及其先后顺序。具体见表 6 - 4。

表 6 - 4　　　　四川农户应对疾病风险的 10 大策略及其先后顺序

农户疾病风险应对策略类型及排序	第一轮筹资		第二轮筹资		第三轮筹资	
	次数	频率	次数	频率	次数	频率
自己的现金或储蓄	217	86.1	0	0	0	0
出售家畜家禽	11	4.4	46	41.1	3	7.7
出售其他财产	3	1.2	6	5.4	3	7.7
亲友的贷款	11	4.4	26	23.2	3	7.7
亲友的赠与	2	0.8	16	14.3	19	48.7
放债者的贷款	0	0	1	0.9	2	5.1
医疗费用赊欠	2	0.8	1	0.9	1	2.6
医疗费用免除	2	0.8	1	0.9	0	0
其他 1（子女赡养费）	4	1.6	5	4.5	1	2.6
其他 2（合作医疗报账）	0	0	10	8.9	7	17.9
合　　计	252	100.0	112	100.0	39	100

资料来源：蒋远胜、冯·布劳恩：《中国西部农户的疾病成本及其应对策略分析》，载《中国农村经济》2005 年第 11 期。

从表 6 - 4 可以看出：

2002 年四川省农户农户应对疾病风险的策略具体包括"自己的现金或储蓄、出售家畜家禽、出售其他财产、亲友的贷款、亲友的赠与、放债者的贷款、医疗费用赊欠、医疗费用免除、其他 1（子女的赡养费）、其他 2（合作医疗报账）"等 10 大策略。

在具体的策略排序中，在第一轮筹资中，样本农户采用了 10 种策略中的 8 种（没有向放债者借钱和合作医疗报账），其中最常用的策略是"自己的现金或储蓄"，占了 86.1%。

在第二轮筹资中，样本农户采用了 9 种策略（没有使用自己的现金或银行存款），其中最常用的策略是"出售家畜家禽"，占了 41.1%。

在第三轮筹资中，农户采用了 8 种策略，其中最常用的是"亲友的赠与"，占了 48.7%；次之是向合作医疗报销，占了 17.9%。

从以上数据可以得出如下结论和启示：

第一，农户疾病成本应对策略的顺序是由低成本到高成本的；

第二，农户的疾病风险应对以户内资源的配置为主；

第三，新型农村合作医疗在作用有限，一般只有到了第三轮筹资时，农户才会向合作医疗报销，农户就医中的"小病大医"、"门诊转住院"等道德风险基本上不存在。

2. 课题组的实证分析

课题组 2007 年九省区调研数据显示，随着新型农村合作医疗制度覆盖面的扩展以及制度的完善，农户在面临疾病风险时的策略已发生了显著变化。

其中，新型农村合作医疗的保障作用显著提高，个人储蓄和向亲朋好友借钱的地位基本相同，而儿女在农户疾病风险应对中的地位则大大降低，工业化和劳动力流动对农户疾病风险应对的影响十分明显。此外，如果实在筹集不到钱，只有 5% 的人会选择向金融机构贷款或向政府申请救济，其余 95% 的人可能会选择"有病扛着"等措施而不去医院就医。具体数据见表 6 - 5。

表 6 - 5　　　　九省区调研中农户疾病风险应对策略类型及频率　　　单位：%

策略类型	非正式疾病风险应对策略			正式疾病风险应对策略
配置方式	户内资源配置		关系农户间资源配置	扩大的农户间资源配置	农户与政府间资源配置
具体策略（多选）	个人储蓄	依靠儿女	向亲朋好友借钱	其他措施（如向金融机构或私人借款等）	农村合作医疗体系
是	44.9	24.5	44.9	5.0	53.0
否	55.1	75.5	55.1	95.0	47.0

从表 6 - 5 中可以看出，调研样本中的农户面临疾病风险时，对各类应对策略的应用频率排序为新型农村合作医疗（占 53%）、个人储蓄（占 44.9%）、向亲朋好友借钱（占 44.9%）、依靠儿女（占 24.5%）、其他途径（如依靠政府救济、向金融机构贷款等，占 5%）。

从以上分析可以看出，由亲戚和好朋友的家庭组成的"关系农户间的资源配置"方式，以及"扩大的农户间资源配置"方式同样在农户的疾病风险应对中起了重要的作用。即农户内的资源配置，以及"关系农户间的资源配置"、"扩大的农户间资源配置"等三种疾病风险应对策略，可视为与新型农村合作医疗保险计划、医疗救助计划并行不悖的三种非正式保险制度安排。与新型农村合作医疗等正式保险制度相比，农村中的非正式保险制度更具有交易成本低、信息较对称，"逆向选择"和"道德风险"问题减少等优点。

因此，我国政府部门在制订新型农村合作医疗发展规划时，应慎重考虑农户、农户间的疾病风险应对策略与政府提供的正式保险制度间的相互关系，避免对农村非正式保险制度的资源"挤出效应"，从而迅速建立起惠及全部农村居民的新型农村合作医疗保险体系。

（三）农户患病后在农村社会网络中借钱的机理

如前面所述，社会网络在农户疾病应对策略中居于非常重要的地位。那么，在新型农村合作医疗保障力度有限的情况下，一旦农户中有成员得了大病后，农户又会采取什么样的策略或行为呢？会向其社会网络中的哪些亲朋好友借钱呢？

在上述研究的基础上，课题组对关系农户间（主要是亲朋好友）的资源配置方式进行了进一步的研究，并借助国内学者（杨云彦、黄瑞芹，2008）提出的"借钱网"的概念和分析范畴，对农户患病后在农村社会网络中借钱的机理进行了系统分析。

农村社会网络按照不同的标准可以划分为不同的类型，如讨论网、实际帮助网、友谊网、情感支持网等。课题组则着重对库区农村移民"借钱网"进行分析（即"平时生活中遇到困难和麻烦需要找人借钱时，您会找谁"）。

1. 调查样本中农户"借钱网"关系构成

表6-6描述的是农户"借钱网"的具体关系构成。表中第一列是提到某一特定关系的调查对象占所有调查对象总数的百分比，第二列是某一特定关系在典型的"借钱网"中的百分比，第三列是某种亲缘关系在总亲缘关系中所占的百分比，第四列是某种非亲缘关系在总非亲缘关系中所占的百分比。财务方面表示从不向别人借钱的个案被我们排除在分析之外。

表6-6　　　　　农户"借钱网"的关系构成　　　　单位：%

关系类型	提到该关系的调查对象的百分比	"借钱网"的关系构成	亲缘关系构成	非亲缘关系构成
亲缘关系	71.4	76.8	100	
男方父母	2.7	1.7	2.2	
男方兄弟姐妹	34.6	21.4	27.9	
男方其他亲戚	23.8	14.8	19.2	
子女	16.5	10.2	13.3	
女方父母	2.6	1.6	2.1	
女方兄弟姐妹	29.3	18.2	23.7	
女方其他亲戚	14.3	8.9	11.6	

续表

关系类型	提到该关系的调查对象的百分比	"借钱网"的关系构成	亲缘关系构成	非亲缘关系构成
非亲缘关系	34.5	23.2		100
邻居	26.1	16.2		69.7
同事	0.4	0.3		1.1
干部或组织	5.3	3.3		14.2
朋友	4.8	3.0		12.9
同学	0.1	0.0		0.2
其他关系	0.7	0.4		1.9

从表 6-6 的统计结果看，71.4% 的调查对象至少提到一名亲缘关系，34.5% 的调查对象至少提到一种非亲缘关系。男方兄弟姐妹在整个"借钱网"中的比例最高（21.4%），其次是女方兄弟姐妹（18.2%）。值得注意的是，邻居所占比重超过其他亲缘关系排在第三（16.2%）。在亲缘关系中，除男女方兄弟姐妹外，起重要作用的依次是男方其他亲戚、子女和女方其他亲戚，无论是男方父母还是女方父母起的作用非常小。在非亲缘关系中，邻居占有绝对优势地位（69.7%），干部或组织占第二重要的位置（14.2%），朋友占第三位（12.9%），同事、同学和其他关系所占比重非常小[①]。

总体来看，亲缘关系是农户"借钱网"的主要构成（76.8%）。在亲缘关系中，男、女方兄弟姐妹的作用远超过父母、子女和其他亲戚，男、女方父母的作用非常小。家庭中男方的亲戚（包括直系亲属和其他亲戚）比女方的亲戚在农户"借钱网"中的作用更大。

值得一提的是，邻居在整个"借钱网"中位居第三。而干部或组织超过了同事、同学、朋友和其他关系的比例，在非亲缘关系中占第二重要位置。

2. 农户"借钱网"的层次性

农户社会网络构成具有一定的层次性。即农户找谁借钱，并不是随机的，存在一个先后顺序。即如果以自我为中心，形成同心圆，每个同心圆分别代表社会网络的不同层次，这些同心圆由里到外，分别为第一层、第二层、第三层……越接近中心层次的成员，与自我的关系越紧密，越可能提供帮助，提供的帮助可能也越大。

---

① 根据中南财经政法大学"南水北调工程与中部地区可持续发展"课题组于 2007 年 8 月在河南省淅川县，湖北省丹江口市和郧县的调研数据计算。

调研结果显示，当生活中遇到困难和麻烦需要找人借钱时，样本区的农户首先会向处于第一层的网络成员借钱，如果他们拿不出或钱没有凑够的情况下，才会向处于第二层的网络成员借钱，如果还凑不够的情况下，再向处于第三层的网络成员借钱。这是农户"借钱网"特有的性质。在农户"借钱网"的层次中，以农户自身为中心，有三个同心圆，由里到外，分别为第一层、第二层和第三层。越接近中心层次的成员，与自我的关系越紧密，越可能提供帮助，提供的帮助可能也越大。

表6-7描述的是农户"借钱网"三个层次的关系构成。当农民遇到困难和麻烦需要借钱时，首先想到男方兄弟姐妹的最多，然后依次是子女、男方其他亲戚、女方兄弟姐妹、邻居和干部或组织等。在离自我稍远的第三个层次中，非亲缘关系比重超过亲缘关系，邻居所占比重最高（40.4%），然后是女方兄弟姐妹、女方其他亲戚和干部或组织。

表6-7　　　　　　农户"借钱网"三层次的关系构成　　　　　单位：%

关系构成		一层关系	二层关系	三层关系
亲缘关系		82.6	81.9	48.3
	男方父母	2.4	1.1	0.5
	男方兄弟姐妹	33.2	12.0	4.5
	男方其他亲戚	14.8	18.2	7.6
子女		16.0	3.9	5.3
	女方父母	1.6	1.9	1.5
	女方兄弟姐妹	11.8	28.0	17.9
	女方其他亲戚	2.8	16.8	11.0
非亲缘关系		17.4	18.1	51.7
邻居		10.5	12.6	40.4
同事		0.2	0.4	0.1
	干部或组织	4.8	1.1	2.8
朋友		1.3	2.9	8.0
	同学	0	0.1	0
	其他关系	0.6	1.0	0.4
样本量		2 556	1 678	827

总体来看，在前两个层次中，亲缘关系占有绝对比例。亲缘关系被提到的比

例在三个层次中逐渐降低，非亲缘关系的比例则逐步提高。男方兄弟姐妹的比例逐渐降低，邻居和朋友的比例逐渐提高。这表明，处于第一层的成员与自我关系最紧密。

从以上分析可以看出，亲缘关系依然是农户"借钱网"的主要构成。在亲缘关系中，男、女方兄弟姐妹的作用远超过其他任何一种亲缘关系，父母的作用非常小。家庭中男方亲戚（包括直系亲属和其他亲戚）提供的各种支持比女方亲戚大。在非亲缘关系中，邻居的作用占绝对优势，干部或组织所提供的支持在非亲缘关系中位居第二，同事和同学等其他非血缘关系所占比重非常小。

第四节　新型农村合作医疗的保障作用

确定农村居民应对新疾病风险的制度需求，必须首先明确政府提供了什么，这一保障手段保障了什么，在此基础上再确定制度供求的缺口所在。

目前，多数研究都肯定了新型农村合作医疗制度对其成员的积极作用，但如何进行衡量和判定，农民无法从制度中真正受益的具体表现形式有哪些？

课题组尝试从农户的主观判断、农民就医行为的变化，以及健康状况差的农户意愿等三个视角进行分析。

一、农民的主观判断：是否从制度中真正受益

问卷调查中关于"您或您的家人是否从新型农村合作医疗制度中得到真正帮助"的统计结果显示，样本中 67.5% 的农户认为得到了不同程度的帮助，32.5% 的农户认为没有得到真正帮助。而且，分省区市统计的结果显示，越靠近东部地区的农户，越认为真正受益的程度低。例如，湖北省认为没有受益的农户比例为 35.6%，得到不同程度帮助的农户比例为 64.4%；这一比例在安徽省却分别为 40.5% 和 59.5%。

二、农民参加合作医疗前后就医行为的变化

农村居民参加新型农村合作医疗是为了获得医疗保障，以分散医疗风险，并影响农民的行为决策。因此，通过观察农民参加合作医疗与医疗支出行为可以验证新型农村合作医疗制度的保障程度。

农民参加新型农村合作医疗制度前后就医行为的变化是衡量合作医疗保障能力的指标之一。调查显示，新型农村合作医疗的隐含性政策目标基本实现，农民就医行为已产生较大变化。具体见表6-8。其中，比较明显的变化是农民"生小病"后"自己买药治疗"的比例由47.2%下降到7.8%，到乡卫生院看病的比例却由9.7%剧增到34.6%；"生大病"后"自己买药治疗"、"到村卫生所就诊"的比例下降23.8%，到"当地大医院就诊"的比例却增加到30%以上。

表6-8　　农民参加新型农村合作医疗制度前后就医行为的变化　　单位：%

	参加合作医疗前生小病的选择	参加合作医疗后生小病的选择	参加合作医疗前生大病的选择	参加合作医疗后生大病的选择
自己买药治疗	47.2	7.8	14.9	1.1
到村卫生所就诊	32.7	28.1	16.3	6.3
到乡卫生院就诊	9.7	34.6	27.3	20.9
到私营医院就诊	2.2	3.2	2.3	1.6
到当地大医院就诊	2.6	22.1	37.7	69.2
用中药、土方或偏方	0.4	0.6	1.4	0.9
先扛一扛，看情况再定	5.2	3.4	—	—

但从另一个角度分析，参加新型农村合作医疗制度的农民"生小病"后，仍有15%的农民选择"用中药、土方或偏方"或到"私营医院就诊"；"生大病"后仍有9.9%的农户选择不去定点医疗机构就医。这说明要解决贫困人口的疾病风险，新型农村合作医疗制度仍然任重道远。

三、健康状况差的农户的参保意愿

现实中，如果健康状况差的农民也不愿意参加新型农村合作医疗，一定程度上可以验证该制度保障能力的薄弱。调查显示，家庭成员中体弱多病人数超过1人的农户中，仍有7.4%的家庭选择"下一步不准备参加新型农村合作医疗"。家庭成员中患有严重疾病的人数超过1人的农户中，更是有11.7%的家庭选择不准备参加新型农村合作医疗。即越是大病，下一步不准备参加合作医疗制度的比例反而越高。这就从另一个侧面反映了新型农村合作医疗制度"保大病"能力的薄弱，以及农户对制度的不信任。

第五节　农户应对疾病风险的制度需求

以上分析表明，新型农村合作医疗制度在农民疾病风险化解体系中发挥了一定的作用，但作用的空间有待进一步提高。那么，农户对制度有什么样的需求呢？这将是新型农村合作医疗制度完善的方向和基础。

本项目确定农户疾病风险应对制度需求的思路包括两个方面：

一是依托深度访谈和问卷调查进行定性和描述性分析，通过意愿性数据，获得疾病风险应对的制度供求缺口相关信息；

二是依托问卷调查获得的数据，进行定量的回归分析，找出显著影响农民从制度中受益水平的因素，这些因素大致可以反映农民对新型农村合作医疗制度的意愿与需求。

一、意愿性和描述性分析：农户的制度需求

（一）农户对新型农村合作医疗制度模式本身的制度需求

1. 参加新型农村合作医疗是否合算

调查样本中38%的农户（包括参保农户和不参保农户）认为参保"不合算"。原因在于其往往从缴费周期的角度出发，认为家中没有老人，本人身体健康的情况下，缴费1年和缴费10年没有区别就不合算；并提出了"缴费年限越多，花费越少，住院报销比例应越高"的制度需求。这种需求与城镇居民医疗保险中个人账户运行机理相符合[①]。

2. 新型农村合作医疗制度存在的问题

（1）31%的人表示"还没有报销过，不了解"，69%的人表示"报销过，比较了解"；

（2）45%的人表示对"报销医药费比例低，或者起付线过高"，55%的人表示满意；

（3）36.1%的人表示"定点医院收费高"，63.8%的人表示满意；

（4）21.9%的人表示"定点医院报销医药费手续烦琐"，78.1%的人表示

---

① 城镇居民基本医疗保险规定：参保人员连续缴费满5年的，其住院报销比例每年可提高2%，但提高比例最多不超过10%。

满意；

（5）17.5%的人表示对"定点医院少，就医不方便"，82.5%的人表示满意。

从以上数据可以看出，调查样本中 2/3 的农户都先后享受过新型农村合作医疗的报销，而报销过的群体中，大家认为新型农村合作医疗制度存在问题的排序为：报销比例低、定点医疗机构收费高、报销手续烦琐、定点医疗机构少。被调查农户中对新型农村合作医疗制度最大制度需求就是"降低起付线，提高报销比例"，而对定点医疗机构医疗服务行为的监管也应引起相关部门的重视。相对而言，新型农村合作医疗的报销收入简化、定点医疗机构布局等方面的改革已取得基本成效，调查样本中 80% 以上的农户对此持肯定态度。

上述数据同时也表明农村居民就医可能性正在提高。就医可能性往往由医疗服务的可得性来衡量。医疗服务可得性指生病时就医的便利程度，用到最近医疗点的距离和到最近医疗点需要的时间来衡量。如果距离很远，需要花费很多时间，那么患者更可能忍受一下病痛，因为就医要花费很大其他成本（如时间成本），从而农户预期接受医疗服务的可能性就低。

3. 新型农村合作医疗或医疗保险的报销水平

42.8%（670 个样本）的人表示"太低了，没有实际意义"；19.5%（306 个样本）的人表示"很合适，比较公正合理"；8.6%（135 个样本）的人表示"无所谓，可以接受"；19.7%（308 个样本）的人表示"限制因素太多，不是很合理"；9.3%（146 个样本）的人表示"不了解或说不清"。

从以上数据可以看出，目前的农村合作医疗虽然定位为"解决因病致贫"，但实质上其作用有限。62.5%的农户认为合作医疗的报销水平或报销限制因素（如报销范围等）过多，影响了农户从中的受益水平。因此，在 2008 年之后的改革中，在提高筹资水平和政府财政补助水平的基础上，提高新型农村合作医疗的保障能力将成为一种趋势。

4. 对村中卫生所医生提供的医疗服务是否满意

问卷调查结果显示，60.7%的人选择了"满意"；39.3%的人选择了"不满意"。

从以上数据和调研访谈中可以看出，承担"门诊"以及疾病预防中大部分责任和工作的农村卫生室医生还是得到了大多数人（60.7%）的认同。但从另一个层面进行分析，仍然有 40% 左右的农户对农村卫生室的"医生技术"、"医疗设备"、"药品质量"和"报销范围或比例小"等不满意或有进一步的制度需求。对此，就需要各级政府在农村卫生室硬件建设投资、医疗人才培养与使用，以及农村药品市场的监管等方面，进行配套完善。

（二）新型农村合作医疗制度之外的制度需求

在"为了更好满足您看病的需要，您希望"问题（多选）的问卷调查中，63.4%的农户希望政府提供大病救助；53.3%的农村希望医院提供免费体检或去医院看病时减少检查费用；28%的农户希望政府多建立医院，看病方便，并且可以通过竞争降低医疗价格；12.9%的农户希望提供商业医疗保险；3.1%的农户希望政府提供其他方面的帮助。从中可以看出，大病救助以及医疗费用监控是农民迫切需要的两个制度供给。

二、回归分析：农户的制度需求

（一）因变量的选取

本项目对农户制度需求的分析主要从调查对象主观感受的层面入手。在调查中，对"您是否从新型农村合作医疗制度中真正受益"问题的回答数据显示，67.5%的人表示"受到不同程度的帮助"，32.5%的人表示"没有受到帮助"。本项目依据这一问题的回答，将表示"受到不同程度的帮助"的67.5%的人赋值为"1"，表示"没有受到帮助"的32.5%的人赋值为为"0"，这样就得到一个二分变量（虚拟变量），构成本章所要分析的因变量。

（二）自变量的选取

根据以上分析，我们引入"性别、家庭收入水平、参加合作医疗的时间、合作医疗管理水平、定点医疗机构收费变化、医疗机构的医疗水平、医院提供更多的中医服务"等14个变量来考察农户的应对疾病风险的制度需求（见表6-9）。

表6-9 变量的选取及类型

变量类别	层面	变量名	变量类型
因变量		是否真正受益	虚拟变量
自变量	个体因素	性别	连续变量
		教育年限	虚拟变量
		健康状况	分类变量

变量类别	层面	变量名	变量类型
自变量	其他因素	家庭收入水平	连续变量
		家庭人数	连续变量
		参加合作医疗的时间	连续变量
	制度因素	医疗机构医疗水平	虚拟变量
		合作医疗报销比例低	虚拟变量
		定点医院看病手续烦琐	虚拟变量
		合作医疗报销手续烦琐	分类变量
		合作医疗保障水平	虚拟变量
		定点医疗机构费用变化	分类变量
		合作医疗管理水平	虚拟变量
		医院提供更多的中医服务	虚拟变量

(三) 模型与统计结果

在数据处理的方法选择上，由于经处理后的因变量是虚拟变量形式，本章故选择 Logit 回归模型进行分析。这里采用 Logit 回归模型形式为：

$$\ln\left(\frac{p_i}{1-p_i}\right) = \alpha + \sum_{k=1}^{k} \beta_k \chi_{ki}$$

其中，χ_i 为研究的自变量，β_i 为自变量的回归系数，即在控制其他自变量的条件下，某单一自变量一个单位的变化所引起的对数发生比的变化，$p_i = P(y_i = 1/\chi_{1i}, \chi_{2i}, \cdots, \chi_{ki})$ 为在给定系列自变量 $\chi_{1i}, \chi_{2i}, \cdots, \chi_{ki}$ 的值时的事件发生概率。

从回归分析结果看（见表 6 – 10），模型 $\chi^2 = 91.687$，Logit 回归模型统计性显著，说明所选的自变量对因变量联合解释效果很好。但就每一个自变量解释效果来看，家庭收入水平、家庭人数、医疗机构医疗水平、定点医疗机构费用变高等 4 个变量统计显著。

表 6 – 10　　　　　农户疾病风险应对的制度需求分析

自变量	回归系数	标准误	Wald	自由度	sig	Exp（B）
教育年限	– 0.016	0.03	0.294	1	0.587	0.984
性别	0.0759	0.217	0.123	1	0.726	1.079
身体状况不好	– 0.138	0.335	0.171	1	0.679	0.871
身体状况好	0.2268	0.229	0.982	1	0.322	1.255
家庭收入水平	0.3513	0.092	14.63	1	0.000	1.421
家庭人数	– 0.148	0.072	4.236	1	0.004	0.862
参加合作医疗的时间 2001～2003 年	0.5933	0.508	1.361	1	0.243	1.81
参加合作医疗的时间 2003 年以后	– 0.307	0.421	0.532	1	0.466	0.735
医疗机构医疗水平	– 0.825	0.22	14.01	1	0.000	0.438
合作医疗报销比例低	– 0.221	0.201	1.202	1	0.273	0.802
定点医院看病手续烦琐	0.0103	0.203	0.003	1	0.96	1.01
合作医疗报销手续烦琐	– 0.135	0.204	0.433	1	0.51	0.874
合作医疗保障水平	– 0.275	0.223	1.527	1	0.217	0.76
定点医疗机构费用变高了	– 0.938	0.337	7.722	1	0.005	0.392
定点医疗机构费用无变化	– 0.284	0.298	0.908	1	0.341	0.753
合作医疗管理水平	– 0.275	0.227	1.469	1	0.226	0.76
医院提供更多的中医服务	– 0.319	0.241	1.745	1	0.186	0.727
Constant	2.4641	0.849	8.429	1	0.004	11.75

– 2 Log likelihood = 641.068，Chi-Square = 79.082，sig = 0.000

（四）统计结果分析及其政策含义

统计结果显著变量中，"医疗机构医疗水平"、"定点医疗机构费用变化"、"家庭收入水平"、"家庭人数"等 4 个变量反映了农户应对疾病风险的制度需求，具有明确的政策含义。

第一，农村医疗机构的医疗水平与农户的受益程度呈负相关，即医疗机构医疗水平越高，农民从制度中的受益程度越低。

本项目认为，这一点与新型农村合作医疗的补偿模式息息相关。一般而言，医疗水平越高，医院的级别越高。新型农村合作医疗管理部门为了控制医疗资源，防止农民"小病大看"的道德风险，设计了与医院级别相配套的逐级递减的报销比例，以及逐级递增的起付线制度。

例如，湖北石首市 2007 年的规定如表 6 – 11 所示。

**表 6 – 11   2007 年湖北石首市规定新型农村合作医疗制度
报销比例与起付线规定**

二级乙等医院（县医院）		二级甲等医院（县医院）		三级医院	
分段报销比例	起付线　　100 元	报销比例	起付线　　200 元	报销比例	起付线　　500 元
	起付线 ~ 2 000 元　50%		起付线 ~ 3 000 元　40%		起付线 ~ 5 000 元　25%
	2 001 ~ 6 000 元　55%		3 001 ~ 10 000 元　45%		5 001 元以上　30%
	6 000 元以上　60%		10 000 元以上　50%		
乡镇卫生院	起付线为 50 元，报销比例为 65%				

从表 6 – 12 中可以看出，医院的级别越高，农户的医疗花费越多，农民在乡镇卫生院就医的受益水平最高。调研中农民"小病去村卫生室、大病去市县医院"的现象，直接反映了农民对乡镇卫生院医疗水平的不满。因此，大力提高农村基层医疗机构的诊疗水平，是提高农户受益水平的现实制度需求之一。

第二，新型合作定点医疗机构费用变化与农民从中的受益程度呈负相关，即医疗机构收费水平越高，农民的受益程度越低。

调研中发现，新型农村合作医疗定点医院的医疗费用普遍要高于非定点医院。村民也反映，"农民看病开药，医生都要问入没入医保，同样的病，入了医保的和没入医保的不但药开的不同，价格也差距很大；农民有时干脆不要医保，看病还便宜些"。

左铮云等基于江西省吉安市吉安县、宁夏回族自治区固原市隆德县、甘肃省平凉市灵台县三地的农村新型农村合作医疗试点实地调研的结果，也验证了这一结论。数据显示，吉安县新型农村合作医疗试点不到一年，乡镇卫生院次均住院费用由之前的 322.4 元上涨到 748.6 元；灵台县实施合作医疗以来，2002 年县医院人均住院费用为 1 145.56 元，2004 年则达 2 276.47 元[①]。用农民自己的话说就是"给你报销的那 30% 都被医院在药品上私下加了上去，你是花自己的钱给自己报销"。

定点医院医药费用的上涨，损害了新型农村合作医疗基金和农民双方的利益。部分观点认为是其内在原因是定点医院监管不力，导致医生的道德风险过于严重。但本书认为，定点医院医疗费用价格虚高存在客观原因，即定点医院承担

---

① 左铮云：《农村新型合作医疗试点中的问题及对策分析》，载《求实》2005 年第 11 期。

了合作医疗制度的宣传、筹资、审核报销等多项制度运行成本。这些成本国家制度规定，不能从新型农村合作医疗基金中支付。于是，这些成本只能通过门诊、住院等途径再转嫁给农民。因此，虽然调整新型农村合作医疗定点医院的经营模式，完善药品的定价方法，建立定点医院医疗价格降低机制，是参合农民的现实制度需求。但仅仅在医院与医药方面做文章，显然并不能解决全部问题。

第三，家庭收入水平与农户从新型农村合作医疗制度中的受益水平呈显著正相关，即家庭收入水平越高，从制度中受益程度越高。

这一点验证了本研究提出的新型农村合作医疗制度"逆向补贴"问题。即家庭收入水平越低的农户，受到支付水平的严格约束，没有足够的能力支付住院报销中的起付线和共付部分，而选择大病小医、不住院或尽早出院。虽然合作医疗制度存在封顶线的制度装置，但贫困农户从制度中受益的机会和程度远低于高收入农户。从而出现了所有农户都缴费，国家也为所有农户进行财政补贴，但最后真正享受这些医疗资源的往往是部分富裕农户，即穷人补贴富人的"逆向补贴"问题。这一问题反映出来的制度需求就是制度如何完善才能帮助贫困户越过起付线，如何才能减少其共付部分的比例，以达到解决"因病致贫"、"因病返贫"的制度设计初衷。

第四，家庭人数与农户从新型农村合作医疗制度中的受益水平呈显著负相关，即家庭人数越多，从制度中受益程度越低。

这一数据反映出来的现实问题就是农村中家庭人数越多的农户，一般都是"上有老人，下有小孩"或家庭成员能力不强的贫困农户。在外出打工使户内资源和机会重要性降低的情况下，家庭规模会随着结婚生子、婚丧嫁娶等行为而分化。这类家庭不仅收入来源不可持续，而且家庭的医疗负担往往比较重。与新型农村合作医疗制度相匹配的大病救助制度、农村医疗救助制度，将是解决该问题的选择之一。

第七章

农村合作医疗制度及其建设现状

农村社会保障是我国社会保障体系中的最薄弱环节，而我国农村合作医疗制度所涉及人群之大、区域之广、情况之复杂，以及需求之迫切，为世界之最。但实践中，我国农村卫生人才匮乏、基础设施落后、传染病与地方病严重，农民"按钱看病"而不是"按病看病"，"因病致贫"、"因病返贫"等情况比较突出。随着医疗市场化改革的推进，我国医疗服务价格持续攀升，更使我国农户和农村合作医疗制度同时面临风险。即医疗服务价格加剧了农民的疾病风险，进而增加了农民参加合作医疗的制度需求；但医疗服务价格大幅上涨往往又抑制了农民的医疗服务支出。因此，农村居民"贫——病——贫"、"病——贫——病"的交叉循环，已经成为我国构建和谐社会、建设全面小康社会的重要瓶颈之一。建立完善的新型农村合作医疗制度的迫切性及意义都不亚于城镇社会保障制度。

第一节　农村合作医疗制度的起源与发展

一、农村合作医疗制度的起源

回顾农村合作医疗制度的 60 余年的发展历程，大致经历了两个阶段：即旧农村合作医疗制度阶段和新型农村合作医疗制度阶段。

139

（一）旧农村合作医疗制度的起源

我国农村合作医疗制度起源于 1938 年陕甘宁边区创办的"保健药社"和"卫生合作社"，而我国历史上第一个正式确立的农村合作医疗制度框架是 1955 年前后的山西高平县米山乡模式。该模式是运营框架是"合医不合药"：即生产合作社与社员共同出资建立医疗保健所；保健所日常运行费用有"合作社公益金的 15% 左右"、"社员每人每年 0.2 元"、"保健所经营药品收入"等三大来源；"赤脚医生"进行巡回医疗，送医送药上门，以预防为主，其报酬主要以记工分的形式的给付；社员免费享受预防保健服务，看病只需要支付药费，没有挂号费、诊断费等。这种模式得到了卫生部的肯定和大力推广。

在 1976 年前后，我国农村合作医疗制度的发展达到巅峰，全国 90% 以上的农村大队都建立了合作医疗制度，形成了集预防、医疗和保健功能于一体的三级（县、乡、大队）医疗工作网络。并被世界卫生组织誉为"以最少投入获得了最大健康收益"的"中国模式"，而向发展中国家推广。

但截至 1990 年前后，我国农村合作医疗保障制度的覆盖范围从过去的 90% 左右，下降到了 5% 左右，该制度已无力承担了我国农村地区庞大人口的医疗保健重任。那么，为什么我国农村合作医疗在农村经济落后、农民收入不高的情况下能够运行；而改革开放之后，在农村的经济实力和农民的收入水平大幅度提高的情况下，农村合作医疗为何反倒逐步萎缩和解体了呢？

课题组认为，我国农村合作医疗制度的逐步萎缩和解体归根到底是由制度本身的特征和制度模式的缺陷所决定的。

我国原有的农村合作医疗制度的特征可以概括为四个方面：即"以人民公社和生产大队为物质基础"、"以农村保健所为依托"、"以赤脚医生为载体"、"以药品（主要是中药）的自给为辅助"。但随着农村家庭联产承包责任制的推行，农村的人民公社逐步瓦解，农民之间的组织化程度大幅度降低，农村合作医疗筹资机制、药品供给机制、赤脚医生激励机制的基础开始丧失，农村合作医疗制度的保障能力和覆盖范围开始萎缩。上述因素与我国改革开放之后的医疗市场过度市场化、医疗价格虚高，以及农村合作医疗制度本身的缺陷（如保障水平较低）等因素相叠加，制度的萎缩与推倒重建就成为一种必然趋势。

在此背景下，中国政府向世界卫生组织承诺，"力争到 2000 年在中国农村多数地区建立起各种形式的合作医疗制度，并逐步提高社会化程度"。但在各级政府财力有限的情况下，农村合作医疗的恢复与重建工作几经反复，全国除了湖北武穴、江苏常州等几个地区坚持下来以外，农村合作医疗的发展情况不尽如人意。制度覆盖面始终低于 10%，经济水平较好的东南沿海和大城市周边地区的覆盖率在也只不过在 20% 左右，广西、新疆等偏远地区基本上陷于停滞。因此，迫切需要对原有的农村合作医疗制度进行改革和制度创新。

（二）新型农村合作医疗制度的发起

由于农村合作医疗的瓦解和基层卫生组织的衰落，造成了极为严重的后果[①]：第一，农村公共卫生、预防保健工作明显削弱，一些已被控制和消灭的传染病、地方病死灰复燃，新的公共卫生问题不断出现，农民的健康水平呈现下降趋势。第二，医药费用不断上涨，广大农民不堪重负，看不上病、看不起病的相当普遍。2003 年的国家卫生服务调查显示，当群众有病时，有 48.9% 应就诊而不去就诊，有 29.6% 的人该住院而不住院。因病致贫、因病返贫的农户明显增多。第三，医疗资源分布严重失衡，城乡差距、东南沿海与中西部的差距、富裕地区与贫困地区的差距进一步扩大，医疗卫生服务的公平性进一步降低，总体绩效更加降低。

新型农村合作医疗制度的发起，源于国家的政策文件。为了满足农民对基本医疗卫生保健的需要和解决农民"看病难，看病贵"问题以及促进医疗保障资源公平配置的内在要求，2002 年 10 月，《中共中央国务院关于进一步加强农村卫生工作的决定》明确指出：要"逐步建立以大病统筹为主的新型农村合作医疗制度"，"到 2010 年，新型农村合作医疗制度要基本覆盖农村居民"，"从 2003 年起，中央财政对中西部地区除市区以外的参加新型合作医疗的农民每年按人均 10 元安排合作医疗补助资金，地方财政对参加新型合作医疗的农民补助每年不低于人均 10 元"。新型农村合作医疗制度在中央政府的重视和国家财政的支持下，重新试点运行。

2002 年 10 月，中共中央、国务院《关于中共中央国务院关于进一步加强农村卫生工作的决定》（中发［2002］13 号）中提出，在农村地区建立新型农村合作医疗制度，同时选取浙江、湖北、云南、吉林四个省进行试点。中央政府将建立和完善新型农村合作医疗和解决"三农"问题、提升政府公共管理职能、全面建设小康社会紧密联系，致力于为农民提供基本的医疗卫生保障，使广大农民"看得起病"、"看得到病"、"看得好病"。

2002 年年底，中央政府将该制度正式确定为"新型农村合作医疗"制度，并要求各地要积极引导农民建立以"大病统筹"为主的新型农村合作医疗制度，并对农村贫困家庭实施医疗救助，重点解决农民的"因病致贫"和"因病返贫"问题。各地要先行试点，取得经验，逐步推广，计划在 2010 年新型农村合作医

---

① 张自宽、赵亮等：《中国农村合作医疗 50 年之变迁》，载《中国卫生》2006 年第 3 期。

疗制度要基本覆盖农村居民。

二、农村合作医疗制度的发展

(一) 旧农村合作医疗制度的发展

合作医疗制度是随着农业互助合作化运动的兴起而逐步发展起来的[①]。而我国农村正式出现具有保险性质的合作医疗保健制度，是在 1955 年农业合作化高峰时期。新中国成立后，一些地方在土地改革后农业互助合作运动的启发下，由群众自发集资创办了具有公益性质的保健站和医疗站[②]。例如，山西、河南、河北等省农村出现了一批由农业生产合作社举办的"医社结合"并由社员群众出"保健费"和生产合作社公益金补助相结合的保健站。其中运营最好的是，1955年山西省高平县米山乡模式。

"合作医疗"一词，最早见于中央文件并作为农村医疗保健制度正式提出，是 1959 年 12 月卫生部党组上报中央的文件《关于全国农村卫生工作山西稷山县现场会议情况的报告》中[③]。报告及该报告附件《关于人民公社卫生工作几个问题的意见》提出了具体意见。1960 年 2 月 2 日，中共中央以［中发］（60）70号文件转发了卫生部党组的这个报告，认为"报告及其附件很好"，并要求各地参照执行。从此，合作医疗便逐渐成为我国农村医疗卫生工作的一项基本制度。

由于"大跃进"运动的影响、人民公社化"左"的思想影响以及三年自然灾害带来的经济困难，中央政府决定对国名经济实行"调整、巩固、充实、提高"的方针，农村的医疗卫生工作也随之进行了相应的调整，因而对农村实行集体医疗保健制度——合作医疗也放慢了步子[④]。1965 年 1 月，毛泽东做出组织城市高级医务人员下农村和为农村培养医生的指示，1965 年 6 月 26 日，毛泽东又做出了把医疗卫生工作的重点放到农村去的指示，简称"六·二六"指示。两项重要指示，对农村合作医疗制度在全国推行起到了重要作用。到 1965 年年底，全国已有山西、湖北、江西、江苏、福建、广东、新疆等 10 多个省、自治区、直辖市的一部分市县实行了合作医疗制度，并进一步走向普及化。

在我国农村，合作医疗制度的真正普及，是在 1966 年以后"文化大革命"

---

① 《当代中国》丛书编辑部：《当代中国的卫生事业》，中国社会科学出版社 1986 年版。
② 乔益洁：《中国农村合作医疗制度的历史变迁》，载《青海社会科学》2004 年第 3 期。
③ 张自宽、朱子会、王书城、张朝阳：《关于我国农村合作医疗保健制度的回顾性研究》，载《中国农村卫生事业管理》1996 年第 6 期。

期间①。1968年，毛泽东同志亲自批示了湖北省长阳县乐园人民公社举办合作医疗的经验，称赞"合作医疗好"②。在当时的政治气氛下，搞不搞合作医疗，不仅是重视不重视农民群众的医疗保健问题，更是执行不执行毛主席革命路线的问题。因此，农村合作医疗很快就"一哄而起"，全国大多数生产大队都办齐了合作医疗，实现了合作医疗全国"一片红"。中国广大农村掀起大办合作医疗的热潮，大批农民充当起"赤脚医生"，踊跃推广中医、中药，到1977年年底，全国85%的生产大队都办起了合作医疗③。

（二）新型农村合作医疗制度的发展

根据《中共中央国务院关于进一步加强农村卫生工作的决定》（中发[2002] 13号），2003年，我国新型农村合作医疗制度的试点工作陆续展开，各地有关部门积极稳妥地推进新型农村合作医疗试点工作。截至2003年9月，西部12个省（自治区、直辖市）和中部9个省的试点县（市、区）参加新型农村合作医疗的农民为4 351万人，占其农村人口的74%④。2003年12月，吴仪同志在全国新型农村合作医疗试点工作会议上提出，要"扎扎实实做好新型农村合作医疗试点工作"，同时，这次会议还下发了《关于进一步做好新型农村合作医疗试点工作的指导意见》，指导下一步的试点工作。

随后，新型农村合作医疗试点工作稳步开展，2004年6月，参合农民近7 000万人，2005年9月，参保人数已经突破1.7亿人。2006年年初，根据国务院第101次常务会议和2005年全国新型农村合作医疗试点工作会议精神，卫生部、国家发改委、民政部、财政部、农业部、国家食品药品监督局、国家中医药管理局等联合发布《关于加快推进新型农村合作医疗试点工作的通知》（卫农发[2006] 13号），决定从2006年起，调整相关政策，加大力度，加快进度，扩大新型农村合作医疗试点，并规定到2008年在全国基本推行的目标。截至2006年3月31日，全国参加新型农村合作医疗保险的人数达到3.74亿人，参合率为79.1%。

从2010年开始，我国将用一到两年的时间将"新农合"筹资水平提高到每人每年150元。其中，中央财政对中西部地区参合农民按60元的标准补助，对东部省份按照中西部地区一定比例给予补助；地方财政补助标准相应提高到60

---

① 张自宽、朱子会、王书城、张朝阳：《关于我国农村合作医疗保健制度的回顾性研究》，载《中国农村卫生事业管理》1996年第6期。

② 邓燕云：《农村合作医疗制度的历史变迁》，载《农村经济》2007年第10期。

③ 卫生部基层卫生与妇幼保健司编：《农村卫生文件汇编（1951-2000）》，卫生出版社2001年版。

④ 吴仪：《扎扎实实做好新型农村合作医疗试点工作》，载《中国乡村医药》2004年第7期。

元。农民个人缴费由每人每年 20 元增加到 30 元①。

第二节　新型农村合作医疗制度框架及其实质

一、新型农村合作医疗的制度框架

根据 2003 年国务院办公厅转发的卫生部、财政部和农业部联合发出的《关于建立新型农村合作医疗制度的意见的通知》（国办发〔2003〕3 号），以及国务院办公厅转发卫生部等部门《关于进一步做好新型农村合作医疗试点工作指导意见》的通知（国办发〔2004〕3 号），我国新型农村合作医疗的制度框架与特征可以归纳为以下几个方面。

（一）制度的功能与目标

中共中央、国务院将新型农村合作医疗的目标定位于为农民提供基本的医疗卫生保障，在农村重建合作医疗制度，缓解广大农民的"因病致贫、因病返贫"的问题，减轻农民因疾病带来的经济负担，提高农民健康水平。

（二）强化政府责任，制度由中央和地方政府主导

新型农村合作医疗制度由中央和地方政府（主要县级政府及以上），而非集体经济或村委会主导。中央政府和地方政府对新型农村合作医疗的主导作用，体现在对制度的组织、引导和资金支持等三个领域，具体体现为以下五大方面。

（1）制度框架设计。

中央政府对新型农村合作医疗的原则、组织管理、筹资、资金管理、服务管理和组织实施等都作出了明确的规定，省级、县级人民政府还制定了具体的管理办法，从而规范了新型农村合作医疗制度的实施框架。

（2）提供补助资金。

按照新型农村合作医疗的制度规定，各级政府提供的补助的额度在中西部大部分地区已占到合作医疗基金的 2/3，接近了城镇职工基本医疗保险中财政或企业的出资比例。

从 2006 年开始中央财政对参加合作医疗农民的补助标准在原有每人每年 10

---

① 佚名：《全国近 12% 的行政村没有卫生室》，载《人民日报》2009 年 7 月 24 日。

元的基础上再增加 10 元，同时将中西部地区农业人口占多数的市辖区和东部地区部分参加试点的困难县市，纳入中央财政补助范围。至此，中央财政对中西部地区合作医疗的出资额度已经达到一半。2006 年以后，中央财政拨款的额度增加到每个农民 20 元/年，省市的综合财政拨款也提高到每个农民 20 元/年（一般是省级政府 15 元，市级政府 5 元，经济发达地区更高），农民个体的缴费额度为 10 元/年，即各级政府财政拨款占到了新型农村合作医疗筹资金额的 80% 以上[1]。

2008 年以来，新型农村合作医疗制度的筹资额度进一步提高，达到每个农民 100 元/年。根据卫生部、财政部《关于做好 2008 年新型农村合作医疗工作的通知》（卫农卫发 [2008] 17 号）的规定，从 2008 年开始，各级财政对参合农民的补助标准提高到每人每年 80 元，其中中央财政对中西部地区参合农民按 40 元给予补助。农民个人缴费由每人每年 10 元增加到 20 元，困难地区也可以分两年到位。

（3）医疗供方的财政支持与行为监管。

中央政府一方面对医疗服务提供方给以财政支持，以调整医疗机构的布局，加强农村医疗卫生服务网络，提供基本医疗设施；另一方面又对新型农村合作医疗需求方进行补助，以保证参保农民真正看得起病，看得到病，从而使政府能对新型农村合作医疗施以足够的影响。此外，又通过诸多法律法规和政策规定，对与合作医疗相关的药品生产、流通领域，以及各级医疗卫生机构及医生的行为进行约束和监管，以降低医疗服务和药品的价格。

（4）制度基金的监管与兜底。

一方面，财政部门要在代理银行设立基金专用账户，所有的新型农村合作医疗资金全部进入代理银行账户存储、管理（管钱不管账），经办机构则负责审核汇总支付费用（管账不管钱）。另一方面，各级政府成立由相关政府部门和参合农民代表组成的新型农村合作医疗监督委员会，定期检查、监督新型农村合作医疗基金的使用和管理情况。审计部门要定期对新型农村合作医疗基金的收支和管理情况进行审计。以最大程度规避新型农村合作医疗基金的运行风险。

在此基础上，一旦因疾病暴发流行、严重自然灾害等特殊情况以及农民参保期间，新型农村合作医疗基金入不敷出时，政府财政给予补贴，并承担最后兜底的责任。

（5）承担经办机构办公费用。

《关于建立新型农村合作医疗制度的意见》（国办发 [2003] 3 号）规定，省、市（地）、县政府成立管理机构，县级成立了专门的新型农村合作医疗经办

---

[1]　卫生部等七部委联合下发《关于加快推进新型农村合作医疗试点工作的通知》（卫农卫发 [2006] 13 号）。

机构，具体操作新型农村合作医疗的运行。原则上不增加编制。此外，经办人员的工资及日常办公经费列入同级财政预算，由地方财政负担，不得从新型农村合作医疗基金中提取。新型农村合作医疗具体运营中的业务处理，如数据库的建立、统一和维护以及相关业务的宣传和组织培训等，都由当地政府主导完成。

（三）提高统筹层次，以县为基金统筹和管理单位

传统的农村合作医疗多以村或乡（人民公社）为单位按统一费率筹资，并在村或乡的范围内分担风险。新型农村合作医疗制度突破了这一界限，以中央政府和省市的财政拨款为依托，以县为统筹单位，按统一费率向农民筹资并建立新型农村合作医疗统筹基金，在全县范围内统筹调剂使用，医疗风险分担。

我国有 9 亿农民，大约有 2 500 个县，每个县平均大约有 36 万人。若按80% 的农民参加新型农村合作医疗制度计算，每县平均的医疗互助共济人口约29 万。这一数字远远超过了许多地方城镇职工医疗保险的互助共济人数。在政府主导下，若实践中这种合作医疗真正实现了适度的保障，那么，它就不仅仅是农村居民自己互济共助，而是初步具备了社会医疗保险的秉性。

（四）以大病统筹为主，提高保障水平

《关于建立新型农村合作医疗制度的意见》（国办发〔2003〕3 号）规定，新型农村合作医疗基金主要补助参保农民的大额医疗费用或住院医疗费用，即以"保大病"为主，帮助农民分摊由于大病带来的高风险损失。在大病统筹的基础上，有条件的地方，可实行大额医疗费用补助与小额医疗费用补助结合的办法，即"保大（病）又保小（病）"，既提高抗风险能力又兼顾农民受益面。

新型农村合作医疗制度坚持以收定支，收支平衡的原则，既保证这项制度持续有效运行，又使农民能够享有最基本的医疗服务。对参加新型农村合作医疗的农民，年内没有动用新型农村合作医疗基金的，可以安排进行一次常规性体检，防止新型农村合作医疗基金超支或结余过多。从这个层面上分析，新型农村合作医疗制度甚至具备了农村初级卫生保健的功能。

（五）强调农民的自愿参保

在新型农村合作医疗制度的推行过程中，中央政府强调"自愿原则"，即农民以家庭为单位自愿参加新型农村合作医疗制度，遵守有关制度规章，按时足额缴纳合作医疗经费。各地方都严禁硬性规定农民参加合作医疗的指标、向乡村干部搞任务包干摊派、强迫乡镇卫生院或乡村医生代缴，以及强迫农民贷款缴纳，

或直接从中央政府向农民拨付的农业补贴中扣除等强制做法。

（六）建立了农村医疗救助等配套制度

新型农村合作医疗制度设计中的起付线、补偿比和封顶线等制度，是为了抵消参合人群的"逆向选择"和"道德风险"，是新型农村合作医疗设计中能够调整受益人群的比例和受益人群获得的补偿水平的灵敏"操作杆"。但上述制度装置的存在，也成为农村五保户、特困人口就医的一个"门槛"：要么是没有能力承担新型农村合作医疗中的个人缴费部分，要么是住院时自己没有能力支付起付线或垫付医疗费用，要么是"封顶线"或单病种定额补偿标准过低，超过部分的医疗费用家庭无力负担。最终导致新型农村合作医疗提供的保障功能并不是均质的，对特困人口存在着功能的弱化现象。

对这类人口群体，强制其参加合作医疗并不可行；如果严格遵循"自愿参保原则"，其往往会陷入"贫——病——贫"的循环。因此，国家在推行新型农村合作医疗制度的同时，辅助了"对患大病农村五保户和贫困家庭实行医疗救助"的制度（《民政部、卫生部、财政部关于实施农村医疗救助的意见》（民发〔2003〕158号），以帮助特困人口成为新型农村合作医疗制度的受益对象或给予一定的医疗费用补助。农村医疗救助制度的辅助推行，促进了我国新型农村合作医疗的快速发展及其保障能力的提高。

（七）卫生部门身兼多职

与城镇医疗保险制度不同，国务院决定由卫生行政部门负责新型农村合作医疗的管理工作。卫生部门在负责新型农村合作医疗服务系统设计工作的同时，又组织提供基本的医疗卫生服务。即卫生部门既在代表农村居民来购买卫生服务（需求方），又在一定程度上代表了卫生服务提供者（供给方），也是医疗服务供给方的管理者（监督方）。

具体而言，卫生部门首先需要组织对新型农村合作医疗卫生服务包（·包括基本药物目录）的确定、支付方式选择、补偿水平的测算、报销程序的设定以及信息管理系统进行设计。其次，医疗服务作为一种高技术垄断的服务，其服务水平和质量的评价、服务能力的评估等只能由行业主管（卫生部门）来施行和管理。最后，基本医疗服务作为一种具有公共产品性质的服务，产品的提供不仅要实现经济目标，而且还承担众多的社会目标。

因此，在市场供给的可得性不足的情况下，卫生行政部门难以"中立"，导致了"医保"为"医政"服务，不仅使得新型农村合作医疗经办机构约束医疗机构变得越来越困难，同时还弱化了卫生部门的监管职能。

二、新型农村合作医疗制度的实质

从以上分析可以看出，我国的新型农村合作医疗制度实质是在中央政府推动下建立的，其实施是一个自上而下的政府主导过程。就资金筹措及统筹范围而言，新型农村合作医疗制度中政府和农民之间的合作，远高于农民与农民之间的合作。各级政府、医疗机构、医保机构和农户等构成了新型农村合作医疗制度的利益相关主体。四者在新型农村合作医疗的制度模式、筹资机制、工作网络等三大模块中相互合作又彼此掣肘，最终决定了新型农村合作医疗制度保障能力的高低与制度的走向。

此外，由中央政府，以及省、市、县级政府来组织新型农村合作医疗，意味着新型农村合作医疗已经不再是社区医疗保健制度，而是一种国家医疗保健制度。县级政府是政府部门，但在本质上承担了一个合作医疗组织的责任和义务。新型农村合作医疗组织是一个风险集合体，覆盖面越广，成员的医疗保障能力越强；另一方面，新型农村合作医疗组织具有非盈利性特征，它与县级政府的政治目标并非完全一致，其生存与发展必将受到县级政府资金收支平衡和政治意愿的约束。

第三节　新型农村合作医疗制度的建设现状

新型农村合作医疗制度遵循了"先行试点、逐步推广"的原则。通过试点总结经验，不断完善，稳步发展，新型农村合作医疗制度的社会化程度和抗风险能力逐步提高。

一、新型农村合作医疗制度建设状况

截至 2007 年 12 月，我国的新型农村合作医疗制度的全国试点工作基本结束，制度框架及运行机制基本形成，主要为以下八个方面：

（1）建立了从中央到地方的由政府领导、卫生部门主管、相关部门配合、经办机构运作、医疗机构服务、农民群众参与的管理运行机制；

（2）建立了以家庭为单位自愿参加，以县（市、区）为单位统筹，个人缴费、集体扶持和政府资助相结合的筹资机制；

（3）建立了银行、财政、医疗机构相互制衡的新型农村合作医疗基金运行机制；

（4）形成了"大病统筹加门诊家庭账户"、"住院统筹加门诊统筹"、"大病统筹"等三种符合各地实际的统筹补偿模式；

（5）形成了大病统筹基金、门诊统筹基金、风险基金等新型农村合作医疗基金规范使用机制；

（6）形成了新型农村合作医疗与城市居民医疗保险并存（农民可以在二者之间自由选择参保）、新型农村合作医疗制度纳入城镇居民医疗保险（即城乡居民医疗保险制度）、城镇居民医疗保险纳入新型农村合作医疗制度（即提高新型农村合作医疗的缴费比例和报销水平）等三种不同的管理体制模式；

（7）形成了鼓励将适宜的中医（含民族医）诊疗项目和中药（含民族药）品种纳入新型农村合作医疗补偿范围，适当提高中医药服务的补偿比例，引导农民选择安全、有效、价廉的中医药服务的药品引导机制；

（8）形成了参合农民在规定范围内自主选择定点医疗机构就医，现场结报医疗费用的结算报销办法等。

二、新型农村合作医疗制度覆盖面情况

新型农村合作医疗制度的重建，从 2003 年正式开始以来，其覆盖面在政府的重视下和国家财政的支持下，范围逐渐扩大，经过七年的发展，到 2009 年年底，新型农村合作医疗制度的覆盖面已经达到 85% 左右，基本实现全覆盖。

从"新农合"的发展阶段来看，2003~2004 年，是"新农合"的稳步发展时期，覆盖人群从 0.44 亿人增加到 1.7 亿人；2004~2008 年，是"新农合"的加速发展时期，参保人群从 1.7 亿人增加到 8.15 亿人，提前完成了制度初建时期制定的制度建设目标；2008~2010 年，是"新农合"的巩固发展时期，参保人群一直保持在 8.3 亿人左右，到 2010 年参保农民已经达到了 8.35 亿人，覆盖面达到 96.5%，实现了应保尽保的制度目标。

2010 年 11 月 30 日，据卫生部官员透漏，计划到"十二五"末，中国个人承担看病费用减至 30% 以下。很明显，农村医疗保障制度作为中国广大农村地区解决农民"看病难，看病贵"的最主要手段，将明显降低农民看病的成本和疾病带来的风险。但制度的可持续健康发展，仍需要对其存在的问题做深入研究和完善。

三、新型农村合作医疗制度基金运行状况

在基金支撑能力方面，截至 2007 年 6 月 30 日，全国开展新型农村合作医疗的县（市、区）达到 2 429 个，占全国总县（市、区）的 84.87%，参加合作医疗人口 7.2 亿，占全国农业人口的 82.83%。

全国新型农村合作医疗基金 2007 年度已筹集到位 241.47 亿元，其中，中央财政补助资金到位 14.70 亿元（中央财政上半年实际下拨 93.97 亿元），地方财政补助资金到位 130.80 亿元，农民个人缴费 91.95 亿元（含相关部门为救助对象参合缴费 2.93 亿元），其他渠道 4.02 亿元。新型农村合作医疗基金支出总额为 133.38 亿元，其中用于住院补偿 110.08 亿元，占基金支出总额的 82.53%。2007 年上半年全国新型农村合作医疗累计受益 16 719.84 万人次[1]。

在此背景下，2008 年全国新型农村合作医疗工作会议于 1 月 14～15 日在北京召开。会议在总结了五年来新型农村合作医疗制度建设积累的宝贵经验的基础上，决定从 2008 年开始新型农村合作医疗建设由试点阶段转入全面推进阶段，基本覆盖全国所有县（市、区）。并计划从 2008 年开始用两年时间将新型农村合作医疗人均筹资水平从 50 元提高到 100 元。

显然，在新型农村合作医疗制度全面推进的情况下，相关制度的完善和管理创新将成为下一步工作重点。这就迫切需要对各地不同的新型农村合作医疗制度模式及其运行效率进行客观评价，对利益相关者的行为和意愿进行检验，从中发现问题和制度供求缺口，避免消极地等待一个检验政策的周期及其消极后果。

---

① 佚名：《框架机制基本形成保障作用逐步显现》，载《中华工商时报》2007 年 9 月 6 日。

第八章

新型农村合作医疗的疾病分担能力研究

第一节 农户就医的经济风险测量

一、疾病经济风险的测量指标

实践中，农民往往是以"户"为单位，而非以"个体"为单位进行疾病风险的应对。因此，本章所指的就医经济风险是指一定时期内农户或农民个体为治疗疾病而支付大笔医疗费用的可能性。一般而言，农户疾病风险（R）的影响因素包括三个方面：（1）患病住院概率；（2）因疾病而发生的就医费用；（3）就医费用带来的支付压力（与经济收入水平相关）。

由于同样一笔医疗支出，对不同收入水平的农户而言，意味着不同程度的相对经济损失。因此，农户面临的疾病风险应消除就医风险描述中收入差异的混杂。农户疾病经济风险的测量是进行新型农村合作医疗筹资规模测算的基本依据之一，也是实践中比较难于操作的技术和环节之一。那么，农户面临的相对疾病经济风险如何衡量呢？

课题组在这里借鉴流行病学中的相对危险度的概念和方法[1]，引入相对风险

---

① 罗力等：《就医经济风险比较指标的探索》，载《中国初级卫生保健》2000 年第 12 期。

度（Relative Risk，RR）。其计算公式为：

$$特定人群疾病相对风险度（RR）= \frac{特定人群医疗费用/特定人群人数}{调查人群医疗费用/调查人群人数}$$

该公式表示特定人群的医疗费用水平是对照人群医疗费用水平的多少倍，即特定人群疾病风险是对照人群的多少倍；RR 大于 1，表示特定人群疾病风险大于对照人群。因此，该指标可以方便地对各类人群就医风险状况做出描述和比较。

二、调查人群疾病风险分布测算

特定人群疾病相对风险度（RR）测算的基本原理和步骤如下：

第一步，运用 SPSS 软件统计出年"就医次数"、"就医人次费用"、"户人均收入"等变量，再分别测量各组段的就医人次和就医费用的绝对数和相对值（相对于户人均收入），最后把就医人群按每次发生费用的高低（绝对标准或相对标准）分成若干组。

第二步，计算各组段的累计就医人次和累计费用的绝对数和相对值，以比较同一人群中不同组段人群的就医经济风险差异。

第三步，用组段金额的合计除以所有组段金额的合计，计算出来每一个组段的构成比，最后用组段构成比再除以就医人次的构成比，就可以得出 RR，即特定人群疾病相对风险度。

此外，若比较不同特征人群的就医风险分布，则需把要比较的不同人群的就医人次或就医金额按次费用的高低分组，再分别测量各组段的就医人次或就医费用的绝对数和相对值。同时计算各组段的累计就医人次或累计费用的绝对数和相对值，便可分析风险不同人群的风险差异。

课题组九省区调研的基础数据中，样本人群的疾病经济风险模拟测算见表 8-1。

表 8-1　　　　　　　　调查人群疾病风险分布

就医次费用占户年均收入比例	就医人群			次就医费用				相对风险度
	人次	构成比(%)(1)	累计	组均值(元)	组段金额合计(元)	组段金额构成比(2)	累计	RR=(2)/(1)
0-	512	41.7	100.0	153.5956	78 640.95	6.03	100.0	0.145
10-	278	22.6	58.3	494.1694	137 379.1	10.54	93.97	0.466
20-	217	17.7	35.77	949.4436	206 029.3	15.81	83.43	0.893
30-	26	2.12	18.07	1 253.205	32 583.33	2.5	67.62	1.179

就医次费用占户年均收入比例	就医人群			次就医费用				相对风险度
	人次	构成比(%)(1)	累计	组均值(元)	组段金额合计(元)	组段金额构成比(2)	累计	RR＝(2)/(1)
40 –	47	3.82	15.95	1 502.128	70 600	5.42	65.12	2.052
50 –	51	4.15	12.13	2 002.451	102 125	7.84	59.70	1.889
60 –	13	1.06	7.98	2 465.385	32 050	2.46	51.86	2.321
70 –	1	0.08	6.92	2 916.667	2 916.667	0.22	49.40	2.75
80 –	30	2.44	6.84	3 006.667	90 200	6.92	49.18	2.836
100 –	29	2.36	4.40	4 629.319	134 250.3	10.3	42.26	4.364
150 –	6	0.49	2.04	6 500	39 000	2.99	31.96	6.102
200 –	5	0.41	1.55	8 100	40 500	3.11	28.97	7.585
250 –	5	0.41	1.14	10 000	50 000	3.84	25.86	9.366
400 –	9	0.73	0.73	31 888.89	287 000	22.02	22.02	30.16
合计	1 229	100			1 303 274.65	100		

从表 8 - 1 中可以看出，调研样本在一年内发生 1 229 次患病并就医，该人群在一年内的患病概率为 336.7%（1 229/365）。

在 1 229 人次就医过程中，有 512 人次就医费用在年人均收入的 10% 以下；84.05% 的人次就医费用在年人均收入的 30% 以下；也有 4.40% 的人次就医费用在年人均收入的 100% 以上，即其可能不得不面临高达一个人均年收入的支出压力。

从表 8 - 1 中也可以大致判断，一旦农村居民患病，可能面临不同的医疗费用支出风险概率。其中，67.62% 的人群的 RR 大于 1，即其面临的疾病风险高于就医人群平均经济风险。另外，RR 值最大的为 30.16，最小的为 0.145，意味着前者是后者疾病风险的 208 倍。农村居民中疾病风险分布的差异性较大。

第二节　新型农村合作医疗的疾病风险分担程度

目前，理论界虽然认同新型农村合作医疗对农民疾病风险的分担作用，但农

153

户面临哪些疾病风险，这些疾病风险在不同的人群中如何分布，目前的制度模式与筹资水平究竟能否解决农户哪些疾病风险，解决到什么程度，尚没有针对性的研究。

一、特定人群疾病相对风险度 RR 变化指标

特定人群疾病相对风险度（RR）的作用包括两个方面：一是各类人群就医经济风险状况的描述，二是评价新型农村合作医疗制度在降低各类人群就医经济风险中的作用。而要实现第二种功能，就必须引进改进后的相对 RR 指标：即

$$特定人群疾病相对风险度 RR 变化 = \frac{补偿前的\ RR - 补偿后的\ RR}{补偿前的\ RR} \times 100\%$$

二、特定人群疾病相对风险度 RR 变化指标的应用

运用特定人群疾病相对风险度 RR 变化指标评价新型农村合作医疗制度对降低农户疾病经济风险的作用，包括三个步骤：

第一步，需要设定新型农村合作医疗的制度框架，包括起付线、报销比例。并在此基础上测算得到政策补偿后，农民实际支出的医疗费用的高低及其占户年人均收入的百分比。

第二步，根据测算出来的农民实际负担的医疗费用占户年人均收入的百分比进行分组，如分为 14 个组。再在分组的基础上，测算就医人群的人次与构成比例，以及各组内次就医费用的组均值，再测算出组段金额合计数额及相对应的组段金额构成比例。最后测算出该组段的相对风险度 RR。

第三步，运用改进后的公式，即特定人群疾病相对风险度 RR 变化 = $\frac{补偿前的\ RR - 补偿后的\ RR}{补偿前的\ RR} \times 100\%$，测算出各组段人群在得到合作医疗制度补偿后风险的相对变化。

在这里，本课题假定起付线为 100 元，报销比例分别假定为报销 70%、60% 和 50%，进而测算出不同补偿方案下农户就医疾病风险度的变化。具体见表 8 - 2、表 8 - 3 和表 8 - 4。

表 8 - 2 起付线 100 元，报销比例 70% 情况下的
农民疾病相对风险度

就医次费用占户年均收入比例	就医人群		次就医费用			相对风险度 RR = (2)/(1)
	人次	构成比（%）(1)	组均值（元）	组段金额合计（元）	组段金额构成比（%）(2)	
0 -	643	57.7	212.46	136 611.8	31.79	0.551
10 -	232	20.8	308.07	71 472.24	16.63	0.7995
20 -	85	7.63	439.5	37 357.5	8.69	1.1389
30 -	49	4.4	487.08	23 866.92	5.55	1.2614
40 -	20	1.8	590.63	11 812.6	2.75	1.5278
50 -	25	2.24	762.7	19 067.5	4.44	1.9821
60 -	2	0.18	670	1 340	0.31	1.7222
70 -	7	0.63	2 469.2	17 284.4	4.02	6.381
80 -	17	1.53	685.44	11 652.48	2.71	1.7712
100 -	15	1.35	903.01	13 545.15	3.15	2.3333
150 -	5	0.45	2 860	14 300	3.33	7.4
200 -	3	0.27	1 010	3 030	0.71	2.6296
250 -	3	0.27	2 093.6	6 280.8	1.46	5.4074
400 -	8	0.72	7 761.3	62 090.4	14.45	20.069
合计	1 114	100		429 711.77	100	

表 8 - 3 起付线 100 元，报销比例 60% 情况下的
农民疾病相对风险度

就医次费用占户年均收入比例	就医人群		次就医费用			相对风险度 RR = (2)/(1)
	人次	构成比（%）(1)	组均值（元）	组段金额合计（元）	组段金额构成比（%）(2)	
0 -	579	52.1	227.2	131 548.8	24.44	0.47
10 -	246	22.1	362.59	89 197.14	16.57	0.75
20 -	98	8.82	546.32	53 539.36	9.95	1.13
30 -	54	4.86	482.13	26 035.02	4.84	1
40 -	33	2.97	668.19	22 050.27	4.1	1.38
50 -	19	1.71	602.28	11 443.32	2.13	1.25
60 -	2	0.18	175.38	350.76	0.07	0.39
70 -	14	1.26	1 452.9	20 340.6	3.78	3
80 -	12	1.08	1 998.8	23 985.6	4.46	4.13
100 -	25	2.25	1 295.1	32 377.5	6.01	2.67
150 -	10	0.9	1 380	13 800	2.56	2.84
200 -	5	0.45	3 780	18 900	3.51	7.8
250 -	4	0.36	1 023.6	4 094.4	0.76	2.11
400 -	10	0.9	9 064	90 640	16.84	18.7
合计	1 111	100		538 302.77	100	

表 8 - 4　　　　起付线 100 元，报销比例 50% 情况下的
农民疾病相对风险度

就医次费用占户年均收入比例	就医人群		次就医费用			相对风险度 RR = (2)/(1)
	人次	构成比（%）(1)	组均值（元）	组段金额合计（元）	组段金额构成比（%）(2)	
0 -	527	47.35	238.27	125 568.3	19.28	0.4072
10 -	266	23.9	413.05	109 871.3	16.87	0.7059
20 -	95	8.535	523.78	49 759.1	7.64	0.8951
30 -	66	5.93	696.09	45 941.94	7.06	1.1906
40 -	31	2.785	724.09	22 446.79	3.45	1.2388
50 -	27	2.426	877.83	23 701.41	3.64	1.5004
60 -	3	0.27	416.67	1 250.01	0.19	0.7037
70 -	14	1.258	1 088.7	15 241.8	2.34	1.8601
80 -	22	1.977	1 404.1	30 890.2	4.74	2.3976
100 -	24	2.156	2 401.6	57 638.4	8.85	4.1048
150 -	13	1.168	1 065.4	13 850.2	2.13	1.8236
200 -	6	0.539	2 237.5	13 425	2.06	3.8219
250 -	9	0.809	3 168.6	28 517.4	4.38	5.4141
400 -	10	0.898	11 305	113 050	17.36	19.332
合计	1 113	100		651 151.8	100	

　　在得到不同补偿方案下，农户就医疾病经济风险度的数据后，就可以通过补偿前后 RR 的相对变化度来衡量新型农村合作医疗不同制度方案的优劣。

　　具体的数据对比，见表 8 - 5、表 8 - 6、表 8 - 7。

表 8 - 5　　　　补偿后（起付线 100 元，报销比例 70%）的
农民疾病相对风险度变化

就医次费用占户年均收入比例	起付线 100，补偿 70%						
	就医人次		次就医费用组均值（元）		相对风险度 RR		相对风险度降低比例（%）
	补偿前	补偿后	补偿前	补偿后	补偿前	补偿后	（补偿前 RR - 补偿后 RR）/补偿前 RR
0 -	512	643	153.5956	212.46	0.14	0.55	- 290
10 -	278	232	494.1694	308.07	0.46	0.79	- 70
20 -	217	85	949.4436	439.5	0.89	1.13	- 30

就医次费用占户年均收入比例	起付线100，补偿70%						
	就医人次		次就医费用组均值（元）		相对风险度 RR		相对风险度降低比例（%）
	补偿前	补偿后	补偿前	补偿后	补偿前	补偿后	（补偿前 RR－补偿后 RR）/补偿前 RR
30 –	26	49	1 253.205	487.08	1.17	1.26	－ 10
40 –	47	20	1 502.128	590.63	2.05	1.52	26
50 –	51	25	2 002.451	762.7	1.88	1.98	－ 10
60 –	13	2	2 465.385	670	2.32	1.72	26
70 –	1	7	2 916.667	2 469.2	2.75	6.38	－ 130
80 –	30	17	3 006.667	685.44	2.83	1.77	37
100 –	29	15	4 629.319	903.01	4.36	2.33	47
150 –	6	5	6 500	2 860	6.10	7.4	－ 20
200 –	5	3	8 100	1 010	7.58	2.62	65
250 –	5	3	10 000	2 093.6	9.36	5.40	42
400 –	9	8	31 888.89	7 761.3	30.16	20.0	34
合计	1 229	1 114					

表 8 – 6　　　　补偿后（起付线 100 元，报销比例 60%）的
农民疾病相对风险度变化

就医次费用占户年均收入比例	起付线100，补偿60%						
	就医人次		次就医费用组均值（元）		相对风险度 RR		相对风险度降低比例（%）
	补偿前	补偿后	补偿前	补偿后	补偿前	补偿后	（补偿前 RR－补偿后 RR）/补偿前 RR
0 –	512	579	153.5956	227.2	0.14	0.47	－ 236
10 –	278	246	494.1694	362.59	0.46	0.75	－ 63
20 –	217	98	949.4436	546.32	0.89	1.13	－ 27
30 –	26	54	1 253.205	482.13	1.17	1	14.5
40 –	47	33	1 502.128	668.19	2.05	1.38	32.7
50 –	51	19	2 002.451	602.28	1.88	1.25	33.5
60 –	13	2	2 465.385	175.38	2.32	0.39	83.2
70 –	1	14	2 916.667	1 452.9	2.75	3	－ 9

就医次费用占户年均收入比例	起付线 100，补偿 60%						
	就医人次		次就医费用组均值（元）		相对风险度 RR		相对风险度降低比例（%）
	补偿前	补偿后	补偿前	补偿后	补偿前	补偿后	（补偿前 RR－补偿后 RR）/补偿前 RR
80 –	30	12	3 006.667	1 998.8	2.83	4.13	– 46
100 –	29	25	4 629.319	1 295.1	4.36	2.67	38.8
150 –	6	10	6 500	1 380	6.10	2.84	53.4
200 –	5	5	8 100	3 780	7.58	7.8	– 3
250 –	5	4	10 000	1 023.6	9.36	2.11	77.5
400 –	9	10	31 888.89	9 064	30.16	18.7	38
合计	1 229	1 111					

表 8 – 7   补偿后（起付线 100 元，报销比例 50%）的
农民疾病相对风险度变化

就医次费用占户年均收入比例	起付线 100，补偿 50%						
	就医人次		次就医费用组均值（元）		相对风险度 RR		相对风险度降低比例（%）
	补偿前	补偿后	补偿前	补偿后	补偿前	补偿后	（补偿前 RR－补偿后 RR）/补偿前 RR
0 –	512	527	153.5956	238.27	0.14	0.4072	– 191
10 –	278	266	494.1694	413.05	0.46	0.7059	– 53
20 –	217	95	949.4436	523.78	0.89	0.8951	– 1
30 –	26	66	1 253.205	696.09	1.17	1.1906	– 2
40 –	47	31	1 502.128	724.09	2.05	1.2388	39.6
50 –	51	27	2 002.451	877.83	1.88	1.5004	20.2
60 –	13	3	2 465.385	416.67	2.32	0.7037	69.7
70 –	1	14	2 916.667	1 088.7	2.75	1.8601	32.4
80 –	30	22	3 006.667	1 404.1	2.83	2.3976	15.3
100 –	29	24	4 629.319	2 401.6	4.36	4.1048	5.9
150 –	6	13	6 500	1 065.4	6.10	1.8236	70.1
200 –	5	6	8 100	2 237.5	7.58	3.8219	49.6
250 –	5	9	10 000	3 168.6	9.36	5.4141	42.2
400 –	9	10	31 888.89	11 305	30.16	19.332	35.9
合计	1 229	1 113					

从表8-5、表8-6和表8-7中，可以得出如下结论。

（一）新型农村合作医疗补偿以后，农户的疾病就医经济风险度都发生了变化

其中，变化最显著的是就医次费用占户年均收入的低比例段（40%以下）和高比例段（100%以上），处于中间段的变化相对较小。说明新型农村合作医疗制度对"小病"和"大病"的风险分担作用比较明显（当然，测算结果是以制度对"大病"补偿没有封顶线为假定前提）。

（二）就医次费用占户年均收入的低比例段的风险度出现了负下降或正增长

其根源可能在于新型农村合作医疗制度补偿之后，本来处于其他收入比例段的人群进入了某个低收入比例段，导致本段的就医人次和单次就医费用平均值相对提高，进而提高了低收入比例段的疾病风险度。同时，在起付线过低或越过了起付线后，医院和农户"小病大医"的"道德风险"也可能导致其医疗费用支出不降反升，进而提高了其相对疾病经济风险度。不过，值得注意的是，疾病风险度出现增长的情况大多出现在40%以下的收入比例段，即使出现了风险度的相对升高（相对于该组段人群的平均风险度），由此带来的支出只占其户内人均年收入的40%左右，并不会真正引致农户"因病致贫"或"因病返贫"。

上述结论验证了在新型农村合作医疗的制度设计中，"保小病"的制度模式是失效或低效率的，其对农户疾病风险的变化反而起到了负面作用。这也可能为实践中部分地区（如陕西黄凌县、湖北石首市）尝试取消个人账户，不保门诊，只保大病的制度创新提供了依据。

（三）新型农村合作医疗中关于起付线和报销比例的设计至关重要

不同的起付线、报销范围和报销比例，会引致医院、农户等不同制度利益相关主体行为的变化，进而导致农户疾病风险度的变化。因此，实践中并不是起付线越低、报销比例越高对农户的疾病分担程度就越高。上述数据的测算表明，在起付线100元的情况下，报销比例限定在50%水平上的风险分担度甚至还略高于60%和70%的报销水平。

当然，上述数据的推算存在样本量过小（1 600份左右）、观测地区经济水平差异过大（涉及9省区27市）、假定没有设定封顶线等缺陷，但毕竟提供了一种对新型农村合作医疗政策合意性进行客观和量化评价的工具或思路。后续的

159

研究可以进一步地细化和深入，比如将人群进一步拆分为"贫苦人口"（贫困线为当地农民年平均收入的1/2）和"非贫苦人口"、"高危人群"（慢性病人口、年龄在5岁以下及50岁以上人口）和"非高危人群"、"住院经济风险"和"门诊风险"、"东部地区人群"和"中西部地区人群"，进而深化研究新型农村合作医疗制度目标（解决"因病致贫"、引导疾病预防等）的实现程度。

第三节　新型农村合作医疗筹资额度的模拟测算

实践中，新型农村合作医疗管理部门缺乏相应的农户疾病风险测算，没有结合风险分布情况进行筹资。往往是"以收定支"，即根据现有的筹资水平（中央和地方政府40元，农民10元，即农民负担了其中的1/5），来确定相应的补偿模式与补偿结构；运行一年后再根据资金节余的多少来调整补偿方案，随意性较大。

在理论上，可以倒过来进行测算，即根据新型农村合作医疗制度的目标定位，如解决多大程度上"因病致贫"、"因病返贫"，反过来测算需要筹资多少规模，其中农民应负担多少及占农民年人均收入的多大比例。即以县级政府为统筹单位，改变筹资水平确定方式，由"以收定支"改为"以支定收"。

根据上述思路，本项目对调查样本的数据推算如下：

从表8-8中可以看出，新型农村合作医疗制度要解决的风险范围越大（即次就医费用占人年均收入的比例越低），其筹资的规模越大，占农民年人均收入的比例越高。如果将调查样本中"因病致贫"的界限界定为次就医费用占人均年收入的200%及以上，那么，为了解决这部分群体的"因病致贫"问题，就需要累计筹资416 499.3元（即9.048%×3 745.5元×1 229人）。

表8-8　　　　　调查人群疾病风险与筹资水平测算表

就医次费用占户年均收入比例	就医人群			次就医费用				组段金额占调查人口年均收入比%	
	人次	构成比（%）	累计	组均值	组段金额合计	组段金额占比（%）	累计	所占比例（%）	累计
0 -	512	41.7	100.0	153.5956	78 640.95	6.03	100.0	1.708	28.311
10 -	278	22.6	58.3	494.1694	137 379.1	10.54	93.97	2.984	26.603
20 -	217	17.7	35.77	949.4436	206 029.3	15.81	83.43	4.476	23.619
30 -	26	2.12	18.07	1 253.205	32 583.33	2.5	67.62	0.708	19.143

就医次费用占户年均收入比例	就医人群			次就医费用				组段金额占调查人口年人均收入比%	
	人次	构成比（%）	累计	组均值	组段金额合计	组段金额占比（%）	累计	所占比例（%）	累计
40 –	47	3.82	15.95	1 502.128	70 600	5.42	65.12	1.534	18.435
50 –	51	4.15	12.13	2 002.451	102 125	7.84	59.70	2.219	16.901
60 –	13	1.06	7.98	2 465.385	32 050	2.46	51.86	0.696	14.682
70 –	1	0.08	6.92	2 916.667	2 916.667	0.22	49.40	0.063	13.986
80 –	30	2.44	6.84	3 006.667	90 200	6.92	49.18	1.959	13.923
100 –	29	2.36	4.40	4 629.319	134 250.3	10.3	42.26	2.916	11.964
150 –	6	0.49	2.04	6 500	39 000	2.99	31.96	0.847	9.048
200 –	5	0.41	1.55	8 100	40 500	3.11	28.97	0.88	8.201
250 –	5	0.41	1.14	10 000	50 000	3.84	25.86	1.086	7.321
400 –	9	0.73	0.73	31 888.89	287 000	22.02	22.02	6.235	6.235
合计	1 229	100			1 303 274.6	100			

注：调查样本中年人均收入 3 745.5 元；调查人数为 1 229 人，总医疗费用为
1 303 274.65 元，户均人口为 4.15 人。

从表 8 - 9 中可以看出，在假定起付线 100 元，报销比例为 50%，农民负担筹资总额的 20%（目前的筹资结构是中央和地方政府负担 40 元，个人负担 10 元）的条件下，要解决次就医费用占人均年收入的 200% 及以上农民的"因病致贫"问题，需要向农民筹资的资金规模为当地农民年人均收入 0.816%，各级政府负担的筹资规模为当地农民年人均收入的 3.264%。

表 8 - 9　　　　　　农民负担比例测算表　　　　　单位：元，%

就医次费用占户年均收入比例	就医人群与次就医费用			农民负担比例的测算（假定起付线 100，报销比例为 50%，农民负担筹资总额的 20%）				
	人次	组均值	组段金额合计	调整后需分担的组段金额	农民负担金额（20%）	占农户人均年收入比例	累计
0 –	512	153.5956	78 640.95	13 720.48	2 744.095	0.0596	2.564
10 –	278	494.1694	137 379.1	54 789.55	10 957.91	0.238	2.505
20 –	217	949.4436	206 029.3	92 164.65	18 432.93	0.4004	2.267
30 –	26	1 253.205	32 583.33	14 991.67	2 998.333	0.0651	1.866
40 –	47	1 502.128	70 600	32 950	6 590	0.1432	1.801

就医次费用占户年均收入比例	就医人群与次就医费用			农民负担比例的测算 （假定起付线100，报销比例为50%， 农民负担筹资总额的20%）			
	人次	组均值	组段金额合计	调整后需分担的组段金额	农民负担金额（20%）	占农户人均年收入比例	累计
50 -	51	2 002.451	102 125	48 512.5	9 702.5	0.2108	1.658
60 -	13	2 465.385	32 050	15 375	3 075	0.0668	1.447
70 -	1	2 916.667	2 916.667	1 408.334	281.6667	0.0061	1.38
80 -	30	3 006.667	90 200	43 600	8 720	0.1894	1.374
100 -	29	4 629.319	134 250.3	65 675.15	13 135.03	0.2853	1.185
150 -	6	6 500	39 000	19 200	3 840	0.0834	0.899
200 -	5	8 100	40 500	20 000	4 000	0.0869	0.816
250 -	5	10 000	50 000	24 750	4 950	0.1075	0.729
400 -	9	31 888.89	287 000	143 050	28 610	0.6215	0.621
合计	1 229		1 303 274.6	590 187.3	118 037.5		

而要解决次就医费用占人均年收入的 100% 及以上农民的"因病致贫"问题，需要向农民筹资的资金规模为当地农民年人均收入 1.185%，各级政府负担的筹资规模为当地农民年人均收入的 4.74%〔具体计算过程为：（1.185%/20%）×80%〕。

第四节　新型农村合作医疗制度政策合意性评估

一、评估的思路与框架

新型农村合作医疗制度是中央政府为了实现与农户"疾病风险共担"、解决农户"因病致（返）贫"风险而建立的正式保险制度。自 2003 年试点以来，该制度的筹资额度和受益面不断提升。统计数据显示，2009 年全国"新农合"实际人均筹资 113.37 元，比 2008 年增长了 17.12 元；2009 年的筹资总额达 944.35 亿元，参合农民中 7.59 亿人次受益[1]。显然，"新农合"制度下一步的筹

---

① 卫生部官方网站，http：www.moh.gov.cn，2010 年 3 月 10 日。

资水平、筹资规模和受益面仍将不断增长。

就"新农合"制度目标的实现而言，理论上需要研究和探讨的问题包括目前的筹资规模究竟分担了农户多大程度的疾病风险，使多少农户免于"因病致贫"，下一步的筹资水平增长到什么程度合适等。

上述问题已经引起理论界的关注。其中，罗力、郝模（2000）和张广科（2009）等基于描述性统计建立了农村大病就医经济风险测量方法，核心是把就医人群按每次发生费用的高低分成若干组，分别测量各组段的就医人次和就医费用的绝对数和相对值；同时计算各组段的累计就医人次和累计费用的绝对数和相对值，以比较同一人群中不同组段人群的就医经济风险差异。孙晓筠等（2007）基于国际上关于"灾难性"卫生支出和"致贫性"卫生支出的研究，提出了农村医疗保障制度对农户"灾难性"卫生支出和"致贫性"卫生支出影响的评价方法。封进、李珍珍（2009）基于中国健康和营养调查数据，估计了农民的医疗需求以及农村医疗保障制度补偿模式选择（保住院或保门诊）。国外专门关于农村医疗保障制度的研究相对匮乏，但在医疗费用控制方面有精致的研究框架。其中，普拉德汉等（Pradhan et al.，2002）用印度尼西亚的家庭调查数据研究了价格补贴对降低家庭医疗支出的影响；其他学者则运用相关数据对费用补贴方式、医疗机构距离等因素与医疗机构选择的关系进行了研究。

上述研究是开拓性的。但鉴于一线调研数据获取的难度[①]，多数研究往往提出严格的假定（如"新农合"制度建立前后农民的就医方式选择和就医需求没有变化等），并限于理论或模型分析，相关技术和结论缺乏实证基础；或者在分析中采用二手数据或描述性统计方法对农户医疗费用的报销比例、享受报销的人次和金额，以及农户医疗支出与农户收入的比例等进行分析。缺乏对"新农合"制度建立前后农户就医选择概率、农户疾病风险分布、"新农合"制度风险共担能力、制度筹资规模测算等技术的系统性分析和探讨。

本章的研究目的在于基于课题组2009年组织的西部五省的一线调研数据，系统识别样本地区农户的就医方式和疾病风险分布，对"新农合"制度的疾病风险分担能力进行精确评估，并基于农户疾病风险共担视角提出解决中国农村居民"因病致贫"问题的理论基础和财务测算技术。

在具体思路上，本章分为四个层次。首先，基于 Multi-logit 模型，估计农户就诊方式（自我治疗、门诊、住院）选择概率；其次，基于农户就诊方式选择概率、农户预期自付的医疗费用和农户年度可支配收入（农户家庭收入减去生

[①] 数据获取难度包括农民对疾病和收入问题比较忌讳，不愿意配合；或受限于教育年限，农民对问卷中问题的理解能力有限，只能采用一对一的"访谈式"问卷调查。

存必需的支出），估计农户灾难性医疗支出发生率与"因病致贫"率；再次，基于"反事实"分析法[①]，估计"新农合"制度报销前农户灾难性医疗支出发生率与"因病致贫"率，并通过农户疾病风险前后的变化测度"新农合"制度目标的实现程度；最后，基于解决不同程度的农户灾难性医疗支出风险和"因病致贫率"风险，探讨"新农合"制度"以支定收"的筹资规模精算方法，并考察国家财政相应的负担额度。

二、研究假设与模型分析

疾病经济风险是指一定时期内农户为治疗疾病而支付大笔医疗费用的可能性。实践中影响农户疾病风险（R）分布的变量包括三个方面：（1）农民患病后就医方式选择（住院、门诊、自我治疗）概率；（2）不同就医方式的平均就医费用；（3）就医费用支出带来的家庭疾病经济风险（与家庭可支配收入水平相关）。

（一）农户就医方式的离散选择模型及其影响因素

不同就医方式带来的医疗费用支出并不相同。因此，要准确衡量农户的疾病经济风险，首先需要明确农民患病后就医方式（住院、门诊、自我治疗）的选择概率及其变化规律。

在农村医疗市场中，由于较低水平的家庭可支配收入的约束，农民的就医行为是"按钱看病"，而不是"按病看病"。因此，这里假定在农户疾病治疗的过程中，医疗方式（住院、门诊、自我治疗）的选择一般由农民个人特征来决定。而患病后农户就诊方式的选择应看做是生病的个体效用最大化条件下的间接效用（v_i）函数的结果（Mwabu et al. ，1993）。

其中，$v_i = V_{ij}(X_i, Y_i, E_{ij}, H_i, \alpha_i)$，$v_i$ 的取值区间为 $\{0, 1, \cdots, j\}$。X_i 为个体的社会经济特征变量，包括年龄、性别、教育程度、婚否、民族、家庭规模等因素；Y_i 为农户年人均收入水平变量；E_{ij} 为个体 i 选择 j 种治疗方式的医疗费用预期；H_i 为就诊医疗机构的特征，包括就医距离、医疗水平等；α_i 为非医疗服务的价格，标准化为1。

农户就医方式选择的间接效用函数可以表示为：

$$v_i = \mathrm{argmax}\ (V_{i0}, V_{i1}, V_{i2}, \cdots, V_{ij}) \tag{8-1}$$

---

① 反事实分析法是一种广泛应用于社会科学推断因果联系的研究方法，适用于研究"假如——结果会如何"类问题（孙晓筠、Adrian Sleihg，2007）。

为估计农户在患病后对每种就医方式的选择概率,公式(8-1)可以转化为:

$$P(v_i = j \mid X_i, Y_i, E_i, H_i) = f(\alpha_{0j} + \alpha_{1j}\mathrm{Ln}Y_i + \alpha_{2j}X_i + \beta_1 E_{ij} + \beta_2 H_{ij}) \quad (8-2)$$

公式(8-2)应满足农民的健康效用对其他消费效用的边际替代率递减的约束(封进、李珍珍,2009),故这里采用线性对数函数的形式(Multi-logit 模型)。其中,可选择的治疗方式 $j = 0,1,2$ 分别表示自我治疗、门诊治疗和住院治疗;并以自我治疗为对照组,估计门诊治疗和住院治疗的影响因素和选择概率。

(二) 不同就医方式的平均就医费用

农户对不同就医方式的医疗费用支出预期(E_{ij})是影响其就医方式选择的显著因素。

这里假定农户对不同就医方式的医疗费用支出的预期是基于前期类似经验(个体或家人门诊或住院费用)或邻居的前期类似经验而做出的。虽然相同疾病的医疗费用会因个体差异和医院等级的差异而存在一定偏差,但在农村信息传递网络不通畅和较低家庭收入水平的双重约束下,这种偏差一般比较小。

本章在这里忽略了这种偏差,并以问卷调查中农户事后不同治疗方式的年平均医疗费用支出水平来取代个体对不同治疗方式医疗费用支出的预期。

(三) 农户灾难性医疗支出发生率与"因病致贫"率

农户医疗费用支出给家庭带来的风险可以用公式(8-3)和公式(8-4)来表示:

$$H_{cal} = \frac{1}{N} \sum_{1}^{N} C_i \qquad (8-3)$$

$$C_i = \frac{P(v_i) \times E_{ij}}{\text{农户年度可支配收入}} - Z_{cat} \text{(临界值)} \qquad (8-4)$$

公式(8-3)中,H_{cal} 为农户灾难性卫生支出风险发生的概率,N 为样本人群大小,C_i 为农户的医疗支出是否属于灾难性支出。如果医疗费用支出占农户年度可支配收入的比例大于或等于灾难性支出标准(Z_{cat}),则 $C_i = 1$,否则 $C_i = 0$。公式(8-4)中,$P(v_i) \times E_{ij}$ 为估计的农户年度医疗费用支出,灾难性医疗支出(Z_{cat})为一个家庭必须通过降低基本生活支出才能应对的疾病费用支出的标准,世界卫生组织通常把这一临界值界定为超过农户年度可支配收入的40%(即 $Z_{cat} = 0.4$);而农户年度可支配收入应是年度家庭总收入减去生存必需的支出(通常用食物支出来代替）。

由于中国还没有公布公认的"因病致贫"标准，一般理解为由于医疗费用支出造成的农户年度可支配收入降低至农村居民最低生活保障线以下的状态。为计算上的方便，本研究采用了相对标准，即如果农户年度的医疗费用支出高出农户年度可支配收入 100% 以上时，农户就"因病致贫"了。在计算过程中，把公式（8-4）中 Z_{cat} 的标准提高到 100%（即 $Z_{cat}=1.0$），用 H_{pov} 来预测农户发生"因病致贫"的概率。

（四）"新农合"对农户灾难性医疗支出发生率与"因病致贫"率的分担度

"新农合"制度对农户灾难性医疗支出发生率和"因病致贫"概率的影响可以通过公式（8-5）和公式（8-6）来分别表示。

$$P_{cal} = H_{cal}^{bef} - H_{cal}^{aft} \qquad (8-5)$$

$$P_{pov} = H_{pov}^{bef} - H_{pov}^{aft} \qquad (8-6)$$

其中，P_{cal} 为"新农合"制度对农户灾难性医疗支出风险的分担度，P_{pov} 为"新农合"制度对农户"因病致贫"风险的分担度。H_{cal}^{bef} 为报销前农户灾难性医疗支出发生的概率，H_{cal}^{aft} 为报销后农户发生灾难性医疗支出的概率；H_{pov}^{bef} 为报销前农户发生"因病致贫"的概率，H_{pov}^{aft} 报销后农户发生"因病致贫"的概率。

由于目前的"新农合"制度已实现对农村居民的全覆盖和"当场报销"[1]。因此，要评价"新农合"制度目标的实现程度，本章在这里采用了"反事实"状态法。即通过将享受了"新农合"制度报销待遇人群的测量指标（事实）与假设"该人群没有参加合作医疗、没有享受报销待遇"情况下计算出的有关指标（反事实）进行比较，以评价"新农合"制度在其中的疾病风险分担能力和解决"因病致贫"的能力。

三、实证分析

本章试图利用实地调查数据对合作医疗制度"疾病风险共担"、"解决因病致贫"目标的实现程度进行评价。数据来源于课题组前期在 2009 年 7～8 月对青海省、内蒙古自治区、广西壮族自治区、云南省和湖北省五省区的农民进行的问

---

[1] 为简化农户的报销手续，各地一般都规定医院应在农民看病付费时就实行"现场报销"，费用当时由医院垫付，月末或季度末再由医院到当地合作医疗办公室统一报销。

卷调查。此次调研采用随机抽样方法，共发放问卷 700 份，有效问卷 645 份。其中，汉族占 44.1%，少数民族占 55.9%；男性占 67.3%，女性占 32.7%。经过编码、录入、整理后，采用 SPSS 14.0 对相关数据进行了统计分析。

问卷调查的统计结果显示，在 645 份有效调查数据中，2008 年农户的户均年度可支配收入为 12 415.49 元，农户的年人均可支配收入为 2 813.19 元；2008 年生病的农民为 135 例，占全部农户人口的 20.9%，即样本中农民的年患病概率为 20.9%。在生病的农民中，31.8% 的人选择了自我治疗，63.0% 的人选择了门诊治疗，5.2% 的人选择了住院治疗；三种治疗方式在报销后的自付费用并不相同（见表 8 - 10）。

表 8 - 10   **样本选择不同治疗方式的比例及平均费用**

	自我治疗	门诊治疗	住院治疗
农户实际治疗方式选择比例（%）	31.8	63.0	5.2
报销后不同治疗方式的户年均费用（元）	405	636	869
报销后不同治疗方式的次均费用（元）	—	166	2 263

（一）报销后农户的疾病风险及其分布

1. "新农合"制度条件下农户疾病治疗方式选择的概率估计

农民患病后疾病治疗方式有三种：自我治疗、门诊治疗、住院治疗。由于这一因变量是多分类变量，因此选用 Multi-logit 模型。表 8 - 11 描述的是存在"新农合"制度的条件下农户疾病治疗方式选择的 Multi-logit 模型的回归结果。根据模型回归结果，以自我治疗为对照组，来估计门诊治疗与住院治疗的影响因素和选择概率。

表 8 - 11   **农户疾病治疗方式选择的 Multi-logit 模型回归结果**

	自变量	回归系数	标准差	Wald 值	自由度	显著度	幂值
门诊	总医疗费用	0.000	0.000	2.78	1	**0.095**	1.000
	到医疗点时间	- 0.004	0.004	0.813	1	0.367	0.996
	年人均收入	- 0.000	0.000	0.805	1	0.370	1.000
	年龄	- 0.037	0.015	5.994	1	**0.014**	0.963
	受教育年限	- 0.060	0.053	1.277	1	0.258	0.942
	家庭规模	- 0.124	0.127	0.962	1	0.327	0.883

	自变量	回归系数	标准差	Wald 值	自由度	显著度	幂值
门诊	男性	0.764	0.349	4.796	1	**0.029**	2.147
	已婚	0.131	0.666	0.039	1	0.844	1.140
	少数民族	− 0.377	0.341	1.224	1	0.269	0.686
	县及其以上医院	0.426	0.624	0.465	1	0.495	1.531
	乡卫生院	0.575	0.428	1.807	1	0.179	1.778
	村卫生所	0.946	0.413	5.252	1	**0.022**	2.576
	常数项	3.424	1.104	9.616	1	0.002	
住院	总医疗费用	0.001	0.000	16.110	1	**0.000**	1.001
	到医疗点时间	− 0.003	0.005	0.265	1	0.607	0.997
	年人均收入	− 0.000	0.000	1.771	1	0.183	1.000
	年龄	− 0.051	0.017	9.017	1	**0.003**	0.950
	受教育年限	− 0.163	0.059	7.557	1	**0.006**	0.849
	家庭规模	− 0.062	0.140	0.196	1	0.658	0.940
	男性	0.447	0.383	1.365	1	0.243	1.564
	已婚	− 0.684	0.707	0.935	1	0.334	0.505
	少数民族	0.405	0.382	1.123	1	0.289	1.499
	县及其以上医院	1.140	0.678	2.830	1	0.093	3.127
	乡卫生院	0.864	0.482	3.212	1	**0.073**	2.372
	村卫生所	1.205	0.466	6.690	1	**0.010**	3.336
	常数项	3.457	1.224	7.977	1	0.005	

− 2 Log Likelihood = 775.173，Chi − Square = 143.726，d. f. = 24，sig = 0.000

（1）选择门诊治疗的影响因素。

从表 8 − 11 可以看出，相对于自我治疗，显著影响农户选择"门诊治疗"的因素是医疗费用、年龄、性别和医疗机构。

其中，医疗费用的系数为正，说明在其他情况不变的条件下，医疗费用越高，农户选择门诊治疗（相对于自我治疗）的概率越高。原因是门诊可以报销50%左右的医疗费用，而自我治疗的医疗费用一般要农户全额负担。从个人特征来看，相对于自我治疗，农户年龄越大选择门诊的概率越小。相对于自我治疗，男性选择门诊治疗的概率是女性的 2.1 倍。这主要是因为男性是家庭中最主要的劳动力和收入来源，男性成员一旦有疾病，一般会优先得到家庭的医疗资源。相对于自我治疗，农户到村卫生所看门诊的概率是去其他医疗机构看门诊概率的2.6倍。这充分表明了村卫生所在门诊治疗方面的优势，包括就医距离比较近、次均就医成本比较低，以及医患关系比较融洽等。

（2）选择住院治疗的影响因素。

从表8－11可以看出，相对于自我治疗，显著影响农户选择"住院治疗"的因素是医疗费用、年龄、受教育年限和医疗机构。

其中，医疗费用的系数为正，说明在其他情况不变的条件下，医疗费用越高，农户选择住院的概率越高。可能的解释是实践中住院治疗的报销比例和封顶线都大大高于门诊治疗[1]，医疗费用越高，农民越倾向于住院治疗（尽管可能同时增加农民的自付比例）。从个人特征来看，相对于自我治疗，农户年龄越大，选择住院的概率越小，充分显示了农户以家庭为单位配置有限医疗资源的理性特征（优先用于主要劳动力和儿童）。受教育年限的系数显著为负，一种可能的解释是教育水平高的人可能更注重疾病预防或及早发现疾病，进行自我治疗或门诊治疗，而不是住院治疗。相对于自我治疗，农户到县及以上医院住院的概率是其他医疗机构的3.1倍，到乡卫生院住院的概率是其他医疗机构的2.4倍，到村卫生所住院的概率是其他医疗机构的3.3倍。这也显示了乡镇医院在农户疾病风险应对策略中的尴尬定位，即如果注重价格或疾病并不严重，农民可以选择在村卫生进行门诊治疗；如果病情严重，农民则更相信县及以上医院的医术和医疗水平。

（3）农户治疗方式选择的概率估计。

根据公式（8－2）和表8－11中农户疾病治疗方式选择的 Multi-logit 模型回归系数，在保持样本的各个特征变量取值不变的情况下，可以分别估计出每个样本选择三种治疗方式的概率 $P(v_i)$。估计结果显示，样本中选择自我治疗的平均概率为9.2%，选择门诊治疗的平均概率为58.6%，选择住院治疗的平均概率为32.2%。这一数据表明，目前农户的健康意识已得到显著提高[2]，患病后的主要治疗方式是"看门诊"和住院治疗，自我治疗在总体上已演变为一种辅助方式。

---

① 各地门诊治疗报销的封顶线一般是个人账户中的缴费额，实行门诊统筹地区的门诊报销比例一般也在50%左右，但一般也有1 000元左右的封顶线。而各地的住院治疗一般都设有50%左右的报销比例，以及5~6万元/年的封顶线。

② 封进、李珍珍（2009）的研究显示，2004年参加"新农合"制度的调查样本中，患病后选择"自我治疗"方式的平均概率高达28.86%，门诊治疗的平均选择概率为68.46%，住院治疗的平均选择概率只有2.68%。

2. "新农合"制度条件下农户年均疾病费用支出估计与农户疾病风险估计

要估计农户的疾病风险严重程度，首先需要估计农户年度的疾病费用支出。农户年度疾病费用支出 $= P(v_i) \times E_{ij}$。

其中，$P(v_i)$ 为存在"新农合"制度条件下农户在患病后每种就医方式的选择概率，E_{ij} 为农户报销后不同治疗方式所需的费用，根据这两个数据可以估计出每个农户过去一年的疾病费用支出。

其次，结合农户的年度医疗费用支出和农户的年度可支配收入，利用公式（8-3）和公式（8-4）可以估计出报销后农户发生灾难性医疗支出风险的概率（H_{cal}^{aft}）为 6.4%。其中，门诊治疗导致的风险为 1.1%（占 17.2%），住院治疗导致的风险为 3.9%（占 60.9%），自我治疗导致的风险为 1.4%（占 21.9%）。报销后农户发生"因病致贫"的概率（H_{pov}^{aft}）为 2.5%。其中，门诊治疗导致的风险为 0.4%（占 16%），住院治疗导致的风险为 1.8%（占 72%），自我治疗导致的风险为 0.3%（占 12%）。

由上述数据可以看出，在"新农合"制度建立以后，住院治疗和自我治疗主导了农户发生灾难性医疗支出风险的概率，即自我治疗（尤其是慢性病等特殊病种）也可能会导致农户发生疾病风险。而住院治疗和门诊治疗则主导了农户发生"因病致贫"风险的概率，即真正导致农户"因病致贫"的往往是必须去医疗机构治疗的疾病，也从一个侧面反映了农村医疗机构医疗费用"虚高"的现实。

（二）"新农合"制度的疾病风险共担度测量

1. 无"新农合"补偿的农户疾病风险的估计

基于"反事实法"，这里首先要估计出假定不存在"新农合"制度补偿条件下农户的就医方式选择概率、补偿前不同就医方式的农户年度医疗费用支出。

在"反事实法"的运用过程中，假定农户就医时门诊治疗不存在起付线，门诊的实际报销比例为 50%、住院治疗实际报销比例为 30%①。在其他因素不变的条件下，利用公式（8-2）可以倒推估计出每个样本选择三种治疗方式的概率 $P'(v_i)$。

估计结果显示，在无"新农合"制度的条件下，样本中选择自我治疗的平均概率为 9.4%，选择门诊治疗的平均概率为 59.1%，选择住院治疗的平均概率

---

① 课题组在调研中发现，农户对当地各类医院关于新型合作医疗制度的起付线和报销比例的具体规定根本不清楚，农户每次就医的报销比例和起付线无法从问卷中获取，数据无法进行更进一步的细分，相关的报销政策规定只能从当地政府获取。

为 31.5% 。

依托公式（8-3）和公式（8-4），可以估计出无"新农合"补偿的农户发生灾难性医疗支出风险的概率（H_{cal}^{bef}）为 9.6%。无"新农合"补偿的农户发生"因病致贫"的概率（H_{pov}^{bef}）为 3.3%（见表 8-12）。

表 8-12　　报销前后不同治疗方式的选择概率及平均费用的对比

		自我治疗	门诊治疗	住院治疗	
模型估计的农户治疗方式选择概率对比（%）	无"新农合"	9.4	59.1	31.5	
	有"新农合"	9.2	58.6	32.2	
报销前后不同治疗方式的户年度医疗费用对比（元）	无"新农合"	405	1 272	1 241	
	有"新农合"	405	636	869	
报销前后不同治疗方式的次均费用的对比（元）	无"新农合"	—	332	3 233	
	有"新农合"	—	166	2 263	
报销前后农户发生灾难性医疗支出风险概率对比（%）	无"新农合"	$H_{cal}^{bef}=9.6$	其中，门诊治疗导致的风险为 3.0%，住院治疗导致的风险为 4.4%，自我治疗导致的风险为 2.2%		
	有"新农合"	$H_{cal}^{aft}=6.4$	其中，门诊治疗导致的风险为 1.1%，住院治疗导致的风险为 3.9%，自我治疗导致的风险为 1.4%		
报销前后农户发生"因病致贫"医疗支出风险概率对比（%）	无"新农合"	$H_{pov}^{bef}=3.3$	其中，门诊治疗导致的风险为 0.8%，住院治疗导致的风险为 1.8%，自我治疗导致的风险为 0.7%		
	有"新农合"	$H_{pov}^{aft}=2.5$	其中，门诊治疗导致的风险为 0.4%，住院治疗导致的风险为 1.6%，自我治疗导致的风险为 0.5%		

从表 8-12 中可以看出，在实施第三方付费的"新农合"制度以后，农民的就医行为和医疗需求已经发生了较大改变。样本中选择自我治疗的平均概率由 9.4% 降低为 9.2%，选择门诊治疗的平均概率由 59.1% 降低为 58.6%，选择住院治疗的平均概率由 31.5 % 提高为 32.2%[①]。在不同治疗方式选择人数的比例方面，实施"新农合"制度后，样本中 60.7% 的人选择自我治疗的概率会减少，65.3% 的人选择门诊治疗的概率会增加，41.5% 的人选择住院治疗的概率会

---

① 目前的多数研究都假定在"新农合"制度报销前后农户的疾病需求行为不变，这一假定显然与现实不符。

增加。

但与城镇医疗保险制度中存在的医疗道德风险（如滥用医疗资源的小病大治、分解住院等）不同，受限于农户较低的年度可支配收入，以及制度运行中农户较低的实际受益率（30%左右）[1]，农民身上出现医疗"道德风险"的概率较低。之所以其疾病治疗的治疗方式选择出现了较大变化，更多的可以理解为农民长期以来积压的疾病风险存量的一种"释放"。

2. "新农合"制度存在前后农户疾病风险的变化

从表8－12中可以看出，在"新农合"制度实施以后，农户选择不同就医方式的户年均费用和次均费用均出现了不同程度的降低。其中，门诊治疗、住院治疗的农户年度医疗费用分别由1 272元/年、1 241元/年降低为636元/年和869元/年；门诊治疗、住院治疗的次均医疗费用分别由332元/次、3 233元/次降低为166元/次、2 263元/次。

在农户患病后的治疗方式选择概率和单次的医疗费用都发生变化的情况下，运用公式（8－5）和公式（8－6），可以测度出"新农合"制度的疾病风险共担能力。具体如下：

农户发生灾难性医疗支出的概率由9.6%下降为6.4%，即"新农合"制度分担了农户灾难性疾病风险中的33.3%。其中，门诊治疗导致的风险由3.0%下降为1.1%，下降幅度为63.3%；住院治疗导致的风险由4.4%下降为3.9%，下降幅度为11.3%，自我治疗导致的风险由2.2%下降为1.4%，下降幅度为36.3%。

农户发生"因病致贫"风险的概率由3.3%下降为2.5%，即"新农合"制度分担了农户"因病致贫"风险中的24.2%。其中，门诊治疗导致的风险由0.8%降低为0.4%，下降幅度为50%；住院治疗导致的风险由1.8%降低为1.6%，下降幅度为11.1%；自我治疗导致的风险由0.7%降低为0.5%，下降幅度为28.5%。

在上述两组数据中，各类治疗方式导致的疾病风险的不同程度下降表明了"新农合"制度的积极作用。其中，住院治疗导致的风险下降幅度最小，可能的原因是在存在第三方付费的情况下，部分自我治疗风险和门诊治疗风险转向了住院治疗风险。

3. "新农合"制度的筹资规模模拟测算

从"新农合"制度目标实现的视角分析，本章认为可以在财务上采用"以

---

[1] 课题组在实际调研中发现，虽然制度规定的报销比例较高，如乡镇医院住院报销60%、县级医院住院报销50%、市级医院住院报销40%等。但在由于报销范围或者医生对治疗药物的选择偏差，农户的实际报销率往往在30%左右。胡善联等（2007）也得出了类似的结论（28%~34%）。

支定收"模式，具体思路为：

首先，根据不存在"新农合"制度条件下农户发生灾难性疾病风险（或"因病致贫"风险）的概率，将"新农合"的制度目标界定为分担农户灾难性疾病风险（或"因病致贫"风险）的50%和80%。

其次，根据报销后农户发生灾难性支出风险（或"因病致贫"风险）的概率（公式8－4）$C_i = \dfrac{P(v_i) \times E_{ij}}{\text{农户可支配收入}} - Z_{cat}$（临界值），可以将"新农合"制度的目标界定为 $0 < C_i \leqslant 50\% \times Z_{cat}$、$0 < C_i \leqslant 20\% \times Z_{cat}$，即不同制度目标下的总筹资规模分布为 $\sum$ 农户年度可支配收入 $\times$（目标值 $+ Z_{cat}$）。

最后，依据目前"新农合"制度的筹资结构（中央负担40元/年，省、市、县政府共负担40元/年，个人负担20元/年）、"新农合"制度30%左右的实际受益率（综合报销比例）[①]，以及公式 $\dfrac{\sum \text{农户可支配收入} \times (C_i \text{目标值} + Z_{cat}) \times 30\% \times 20\%}{\text{样本农户数} \times \text{户均年度可支配收入}}$，即可测算出为达到制度的目标值农户需要负担的"新农合"制度筹资额度及其占农户年度可支配收入的比例。

（1）解决农户灾难性医疗支出风险的筹资额度测算。

在样本中户均人数为4.5人，户均收入为12 415.45元/年的条件下，可以测算出在降低或分担样本农户50%的灾难性医疗疾病风险的目标（即由报销前的9.6%降低到≤4.8%）下，户均筹资额为农户年度可支配收入的2.68%；户均筹资为332.7元/年，户人均的筹资额度为73.9元/年；中央政府负担的筹资额度为当地农户年度可支配收入的5.36%。

在降低或分担农户80%的灾难性医疗疾病风险的目标（即由报销前的9.6%下降到报销后的1.92%）下，户均筹资额为农户年度可支配收入水平的2.86%；户均筹资为355.07元/年，户人均的筹资额度为78.9元/年；中央政府负担的筹资额度为当地农户年度可支配收入的5.72%。

（2）解决农户"因病致贫"风险的筹资额度测算。

在样本中户均人数为4.5人，户均收入为12 415.45元/年的条件下，按照"因病致贫"风险的测度方法，可以测算出要缓解或分担农户50%的"因病致贫"风险（即由3.3%降低到1.65%），户均筹资额为农户年度可支配收入的6.09%，户均筹资为757.3元/年，户人均筹资额度为168.29元/年；中央政府负担的筹资额度为当地农户年度可支配收入的12.18%。

---

① 在计算过程中，本书没有考虑农户住院和门诊报销时起付线和报销封顶线的因素。

而要缓解或消除农户 80% 的 "因病致贫" 风险（即由 3.3% 降低到 0.66%），户均筹资额度为农户年度可支配收入的 6.15%，户均筹资额为 763.5 元/年，户人均筹资额度为 170.06 元/年；中央政府负担的筹资额度为当地农户年度可支配收入的 13.3%。

四、结论及政策含义

（一）农户疾病风险仍然比较严重，"新农合" 制度目标实现度有待提高

1. 中国农户疾病风险分布的密度较高

课题组 2007 年关于农户疾病风险分布的九省区调研数据显示[①]，样本中 4.40% 的人次就医费用占农户年均收入的 100% 以上，67.62% 人群面临的相对疾病风险度（RR）高于就医人群平均经济风险。而本章研究显示，在假定不存在 "新农合" 的条件下，2009 年样本农户中发生灾难性医疗支出风险的概率（H_{cal}^{bef}）为 9.6%，"因病致贫" 的概率（H_{pov}^{bef}）为 3.3%。虽然两次调查的样本并不严格一致，但整体上农户年均收入高速增长（9% 左右/年），而农户面临的 "因病致贫" 风险只是略微下降（1.1%）的现实，只能解释为农户的次均就医费用出现了大幅度增长。

2. "新农合" 制度目标实现度有待提高

在假定 "新农合" 制度建立前后农民的就医方式选择和就医需求没有变化，并且住院报销比例为 50% 的前提下，课题组 2007 年九省区调研结果显示，就医次费用占户年均收入比例在 100% 以上的分组中，报销后该人群的疾病风险由样本人群平均疾病风险的 57.56 倍降低到 30.6 倍，下降比例为 46.7%。

本章研究显示，一旦综合考虑 "新农合" 制度条件下农户就医方式选择概率和次均就医费用的变化，并结合农户 30% 左右的实际受益率（综合报销比例）进行更为精确和现实的估计，报销后农户发生灾难性医疗支出风险的概率（H_{cal}^{aft}）则只是由 9.6% 降低为 6.4%，报销后农户发生 "因病致贫" 的概率（H_{pov}^{aft}）由 3.3% 降低为 2.5%。即目前 "新农合" 制度分别分担或缓解了农户 33.3% 的灾难性医疗支出风险，以及 24.2% 的 "因病致贫" 风险，"新农合" 制度目标的实现程度有限。

---

① 课题组 2007 年九省区调研的分析结果，详见张广科：《新型农村合作医疗的疾病风险分担能力研究——基于九省区调研的实证分析》，载《统计研究》2009 年第 9 期。

（二）"新农合"制度的保障范围应保持或强化门诊报销

首先，就不同治疗方式的选择概率而言。在假定不存在合作医疗制度的条件下，样本农户中选择自我治疗的平均概率为 9.4%，选择门诊治疗的平均概率为 59.1%，选择住院治疗的平均概率为 31.5%。而在存在"新农合"制度的条件下，农户的就医方式中自我治疗的概率降低为 9.2%，门诊治疗概率降低了 0.5%，住院概率则上升了 0.7%。显然，无论是否存在"新农合"制度，门诊治疗都是农户患病后三种治疗方式中的最主要选择。

其次，就导致的疾病风险而言。报销前农户门诊治疗导致的灾难性医疗支出风险为 3.0%，占报销前农户发生灾难性医疗支出风险（9.6%）的 31.25%；报销后农户门诊治疗导致的灾难性医疗支出风险为 1.1%，占报销后农户发生灾难性医疗支出风险（6.4%）的 17.18%。报销前农户门诊治疗导致的"因病致贫"风险为 0.8%，占报销前农户"因病致贫"风险（3.3%）的 24.2%；报销后农户门诊治疗导致的"因病致贫"风险为 0.4%，占报销后农户"因病致贫"风险（2.5%）的 16.0%。这一数据对比充分说明了门诊治疗在农户疾病风险应对，以及"新农合"制度目标实现中的重要地位。

课题组 2007 年和 2009 年的调研结果显示，目前部分地区（如陕西黄陵县、湖北石首市）正在探索取消个人账户和门诊报销。结合上述分析，课题组认为，在"新农合"制度实现全覆盖后取消个人账户应该是一种趋势（张广科，2008），但只补偿住院治疗的制度模式（保大病）对"新农合"制度目标实现的帮助比较有限。在未来的制度优化过程中，"新农合"制度的保障范围应保持门诊报销，部分地方（如安徽省、海南三亚市等）已经开始尝试通过实施（县级）门诊统筹的方式适度强化门诊的报销范围和报销比例。一方面可以强化农民疾病预防意识和"有病早治疗"的健康意识，避免小病累积成大病后再去医治的医疗资源耗费。另一方面也可以避免在"新农合"制度不报销门诊的情况下，农户和医院为了报销部分医疗费用，合谋形成"门诊转住院"、"小病大医"等道德风险行为，导致农户次均就医费用不降反升。课题组在 2007 年的九省区调研中，已通过住院报销比例提高与农户疾病风险的"负下降"的数据对比充分验证了这一观点。

（三）"新农合"制度筹资水平的提高应考虑农户的户均收入水平

提高筹资水平是促使"新农合"制度目标实现的必然路径。但在目前的筹资结构（个人 20%、中央政府和地方政府各 40%）下，要分担样本农户 50% 的灾难性医疗疾病风险，户人均的筹资额度为 73.9 元/年；分担农户 80% 的灾难性医疗疾病风险，户人均的筹资额度为 78.9 元/年。而要分担农户 50% 的"因病致贫"风险，户人均筹资额为 168.29 元/年；消除农户 80% 的"因病致贫"风险，需要户人均筹资额为 170.06 元/年。

考虑到西部五省区农户户均收入为 12 415.45 元/年、人均收入为 2 758.98 元/年的收入约束，筹资额度不可能一步到位，只能逐步提高（如由目前的 20 元/年·人逐步提高到 50 元/年·人和 70 元/年·人等），以促进"新农合"制度目标的实现。

第九章

新型农村合作医疗制度支撑能力及其评价

新型农村合作医疗制度是在中央政府推动下建立的，其实施是一个自上而下的政府主导过程。就资金筹措及统筹范围而言，合作医疗主要是政府和农民之间的合作，而非农民与农民之间的合作。地方政府、医疗机构、医保机构和农户构成了合作医疗制度运行的主体。四者在合作医疗的制度模式、筹资机制、工作网络等三大模块中相互合作又彼此掣肘，决定了合作医疗制度支撑能力的高低与制度的走向。

实践中，地方部门为了获得中央政府按参保农民人头数拨付的医疗补助，比较注重合作医疗制度覆盖面、受益面等指标形式数字，往往忽视农户对该制度实际效用的评价（王兰芳等，2007）。实质上，农户能否从制度中真正受益，受益程度高低，相关利益主体（如县级政府）的能力与政治意愿如何，将是新型农村合作医疗制度能否存续的关键。在合作医疗制度完成时间表被提前到2008年的背景下，迫切需要对制度运行状况进行客观评价，对利益相关者的行为和意愿进行检验，并从中发现问题和制度供求缺口，避免消极地等待一个检验政策的周期及其消极后果。

本章拟通过全国九个省区的实地调查和相关利益主体的行为分析，尝试对新型农村合作医疗的制度模式、筹资机制、工作网络等模块的支撑能力进行评价。

第一节　新型农村合作医疗制度模式的支撑能力及其评价

新型农村合作医疗"制度模式"的支撑能力主要是指制度本身的可持续性与保障水平。合作医疗本身就像一个设计非常精妙的仪器，自愿参保、个人账户、起付线、共付线、封顶线等制度装置是其自动运行的基础。其中任何环节的变动，都可能导致执行效果的重大差异。

一、自愿参保机制与农户"选择性退出"风险

"农民以家庭为单位自愿参保"是新型农村合作医疗制度实施的基本原则。一般理论研究认为，"自愿参保"原则与"保大病"制度模式下受益面小的因素叠加，合作医疗制度会出现"逆向选择"问题。即由于健康人往往低估参保的重要性而拒绝参保，高危人群却非常愿意参加所引致的"选择性加入"风险。

但问卷调查显示，调查样本中13.8%的农户选择家庭成员全部不参保，81.8%的农户选择家庭成员全部参保，只有4.4%的农户选择家庭成员部分参保，即新型农村合作医疗制度运行中农户的"选择性加入"问题并不严重。原因在于地方政府获得中央政府合作医疗财政补贴的前提之一就是参保率不低于地区农民总数的80%，再加上农村医疗救助制度对贫困线以下农户实施的代缴费，农民"选择性加入"的空间并不大。值得注意的倒是身体并不健康的农户参保后的"选择性退出"行为。调研结果显示，住院报销过的农民中有7.7%的人选择"不准备参加下一年的合作医疗"，即由于预期自己不可能连续得大病，前一年参加合作医疗制度并获得大病报销补助的农民，开始选择不再加入。

"选择性退出"极大损害了合作医疗制度的支撑能力及地方政府的利益。地方政府不但无法获得中央政府按参保人头数拨付的医疗补贴，还要为年度内合作医疗资金可能出现的收支缺口埋单。对此，不同县区政府就对"自愿参保"原则的理解出现了差异。

现实中，地方政府对"以家庭为单位自愿参保"原则的理解有两种：一种是以家庭为单位，个体自愿参保；另一种是以家庭为单位，家庭自愿参保，即要么全家参保，要么全家都不得参保。其中，河南、山东、江苏、黑龙江等大多数省份采用了基于第一种理解的制度设计。部分地市在基于第一种理解的基础上，对"选择性退出"行为设置了惩罚措施。例如，湖北石首市就规定，个体可以

自愿参保，但家庭成员中如果有不按规定参加合作医疗制度的患者，住院时按比正常标准低 10% 的水平进行报销。而陕西黄陵县采用了第二种理解，设计了"整户参与、户不漏人"的家庭自由参保模式。上述制度创新的思路值得相关部门借鉴。

二、个人账户与制度受益面

新型农村合作医疗制度设有个人账户，农民个人年度缴费存入个人账户，并可在家庭范围内统筹使用，支付村卫生所和乡镇卫生院的门诊费用，用完为止。个人账户设置的目的在于通过"自己缴费 10 元、自己（门诊）可报销 10 元、住院还可报销更多"的机理，激发农民参加合作医疗制度的积极性。对此，不同的利益主体有着不同的看法和意愿。

样本中 38% 的农户（包括参保农户和不参保农户）认为参保"不合算"。原因在于其往往从缴费周期的角度出发，认为家中没有老人，本人身体健康的情况下，缴费 1 年和缴费 10 年没有区别就不合算；并提出了"缴费年限越多，花费越少，住院报销比例应越高"的制度需求。这种需求与城镇居民医疗保险中个人账户运行机理相暗合[①]。

合作医疗管理办公室从报销与管理的角度出发，认为"个人账户对农民而言，不但不能受益，反而是一种利益侵害"，并提出了取消个人账户的政策意愿。

就制度实际运行情况而言，目前个人账户的制度存在较多问题。

第一，门诊费用金额较小，带来的风险很小，而发生概率很高，农民参加保险的风险溢价很低，不符合保险原理。更重要的是，随着农村收入水平的提高，一般农户都负担得起门诊费用。这一点可以从样本中个人账户仅有 30% 左右的年均使用率中得到验证。

第二，个人账户并没有使参保农户受益。个人账户不具备分散风险的功能，而且在门诊报销过程中，各级政府并没有为个人账户投入一分钱，仅仅是农民自己的钱"缴上去，又报回来"，徒增个人账户管理成本、农户完成报销手续的时间与人力成本。

第三，个人账户反而使农民的利益受到侵害。合作医疗制度规定，个人账户仅限于村卫生室和乡镇卫生院的门诊报销。而上述定点医疗机构按国家规定，西

---

① 城镇居民基本医疗保险规定：参保人员连续缴费满 5 年的，其住院报销比例每年可提高 2%，但提高比例最多不超过 10%。

药有 15% 的加价，中药有 30% 的加价。当部分常见病可以通过去药店购药解决时，由于个人账户资金使用范围的限定，农户就不得不去卫生室或卫生院购药而负担额外的加价费用。

第四，个人账户还可能形成合作医疗制度资金损耗的"漏斗"。部分县区规定，个人账户可以在村卫生所报销，而村卫生所的医生用的都是手工记账。村卫生所医生造假账或错记、漏记账目，引致资金流失的情况较多。

因此，湖北石首市、陕西黄陵县就采用了类似"城镇居民医疗保险"制度的运行模式，取消了个人账户，增加报销范围和住院报销比例，进一步强化了新型合作医疗制度"保大病"的制度初衷。制度运行一年后的结果显示，该市农户住院报销比例在 40% 以上，远远高于湖北全省 30% 的平均受益率，而且参保率不降反升，稳定在 90% 以上。

反对取消个人账户的观点认为，这种做法会降低制度的受益面。但本章认为，在政府没有额外注入资金的情况下，个人账户和门诊并没有使农户真正受益，个人账户带来的"受益面"实质上是一种虚假受益。

实践中，新型农村合作医疗的支出分为六类：即门诊补偿基金、住院医疗补偿基金、慢性病门诊医疗费用限额补偿基金、大病救助基金、健康体检基金和风险。而地方政府每年公布的合作医疗制度受益面指标中，往往是前五种受益面指标的综合。实质上，真正住院报销的受益面仅为参合总人数的 4% 左右，门诊引致的受益面则在 40% 左右。显然，各地政府公布的合作医疗制度的"受益面"要大打折扣，而真正提高合作医疗制度的受益面，应从降低起付线、放宽病种范围等个人账户之外的制度要素入手。

三、起付线、共付比例、封顶线与医疗供方道德风险

起付线、共付比例以及封顶线是合作医疗制度"住院费用分担机制"的载体。实践中各地往往根据医院级别设置相应的起付线和共付比例。乡镇卫生院起付线在 50 ~ 100 元之间，报销比例为 60%；县级医院起付线为 300 元左右，报销比例为 50%；市级医院起付线一般为 800 元左右，报销比例为 40%。封顶线则在 1.5 万 ~ 2 万元之间浮动。

就制度设置初衷而言，起付线主要是为了减少合作医疗管理部门的管理成本，共付比例和封顶线主要是为了控制患者道德风险。个人共付比例越低，封顶线越高，价格需求弹性越小，患者道德风险越高。

起付线、共付比例以及封顶线等制度设置在运行中存在两大问题，值得相关部门关注。

第一，导致"逆向补贴"，降低了农民在新型农村合作医疗制度中的受益程度。

调研结果显示，47.2%的农户认为合作医疗存在的主要问题是"报销医药比例低或起付线过高"。实质上，起付线是影响农民住院受益程度的第一个"门槛"。起付线本身比较高，而各地又往往规定不同病种进住同一医疗机构或同一病种进住不同医疗机构，起付线要重复交付。共付部分中由个人支付的比例过高（多数地区达到40%~60%）以及封顶线水平过低是影响农民住院受益程度的第二个"门槛"。在上述约束条件下，经济条件差的农民可能因为无力支付共付费用而选择门诊或院外治疗；即使住院也由于无力支付较高的费用提早出院。经济条件越好的富裕农户，患病治疗越舍得花费，得到的补贴越多。合作医疗制度的"逆向补贴"问题由此形成。这一点与农业部农业经济研究中心课题组（2007）得出的"合作医疗提供的保障能力并不是均质的，对贫困人口存在功能弱化现象"的结论相一致。"逆向补贴"现象显然背离了合作制度的初衷，起付线、共付比例、封顶线等相关制度设置也有待进一步的修正与组合。

第二，共付比例、封顶线等制度设置并没有，也不能真正控制医疗道德风险。

现行的制度设计将医疗费用控制的重点放在了患者道德风险方面，期望通过共付线和封顶线等制度设置来降低医疗资源耗费。

本章研究认为，这是一个方向性的错误。医生道德风险是原生道德风险，而患者道德风险只是派生道德风险；患者的道德风险只有通过医生才能实现，医生才是医疗费用虚高的策源地。因此，在提高共付部分中的报销比例与封顶线水平的基础上，控制医生的道德风险才是提高农民从合作医疗中受益水平的核心和关键。这一点与目前的合作医疗制度设计出发点相比是颠覆性的，值得进一步的分析和验证。

四、住院、报销范围与实际补偿率

新型农村合作医疗制度规定，必须是住院，而且越过起付线的医疗费用才能纳入报销范畴。但该项规定在实践中遭遇了诸多困境，具体情况如下。

第一，现实中住院不等于大病，大病也不一定要住院。例如，肺结核、重症糖尿病、肝硬化、艾滋病等慢性病也是大病，不住院同样也要花去高额医疗费用，同样可能让农户倾家荡产。如果严格执行"住院才能报销"的规定，不但会降低制度的受益面，而且可能会导致部分患者为了报销而住院，进而引发更多的基金支出项目，如病房费、护理费等。比较而言，江苏省"城市居民医疗保险制度"的相关做法值得借鉴。该制度规定，部分统筹资金直接划到社区，规定的常见病和慢性病种到社区就可就诊和报销，形成了参保人员大病"救治进医院、康复在社区"的就医新格局。因此，将那些无需住院的大病和特殊病种纳入报销范畴，将是合作医疗制度逐步完善的领域之一。

第二，农民从合作医疗制度中得到的实际补偿率偏低。实际补偿率是合作医疗保障能力的重要评价指标。虽然制度规定，"起付线以上，乡镇卫生院报销60%，县级医院报销50%，市级医院报销40%"。事实上，患者很难得到上述高比例的补偿。本次调查的九个省区27个县区中，平均住院补偿比例基本都在30%左右。导致这种情况的因素有三：一是在制定合作医疗实施方案时，中央财政补助资金能否到位尚为不确定因素，故基金测算相对保守；二是药品目录中药品品种较少，范围较窄，住院自费药品所占比例较高；三是农民住院过程中遇到的特殊情况，如用药超出基本药物目录、费用（如专家会诊费）超出报销范围、（特殊病种引致）就诊医院非医保定点医院、报销手续不全等。上述情况直接导致调研县区合作医疗资金节余过多，农民自付比例过高。

第二节　新型农村合作医疗制度的财务支撑能力及其评价

新型农村合作医疗制度财务支撑能力主要是指筹资水平、筹资成本、筹资意愿，以及支付水平的高低等因素。

一、基于农户的角度分析

新型合作医疗制度采取了类似"人头税"的缴费形式。调研样本中除新疆的人均30元/年的缴费方式外，河南、江苏等其余8个省份都是人均10元/年的缴费标准。

这种缴费方式的优势在于降低了管理成本，缺陷在于没有考虑到农民个人收入与支付能力的差异，实际上成了"累退式"缴费，即收入越低的农民，为保障支付的费用占其总收入的比重越高（中国人民大学农业与农村发展学院课题组，2005）。本次调研发现，东部富裕地区同一个村子中也存在相当比例的贫苦人口，中西部欠发达地区同一个村子中也存在一定比例的富裕人口。即同一个村子中可能同时存在"高、中、低"三种不同层次的缴费和保障水平需求。本课题组在安徽芜湖市进行了针对性调查，结果如表9-1所示。在缴费越高报销比例越高的制度前提下，同一村子中的个人合作医疗缴费的意愿与能力差异较大。后续的政策设计应适当考虑这一因素。

表 9 - 1　　　　　合作医疗中个人缴费意愿与能力差异　　　　　单位：%

缴费额度	比例	缴费额度	比例
10 元/年·人	41.0	41~50 元/年·人	4.9
20~30 元/年·人	32.8	60 元以上/年·人	3.4
31~40 元/年·人	7.7	其他情况	1.1

此外，随着人口流动的普遍性和长期性增加，农村出现了大量的"户在人空"（到城市定居）现象。但迫于地方政府对合作医疗制度"扩面"的压力，村干部只好自己垫付或由村办经费代为缴纳。而这类人口可能在城市中已经参加了城镇居民医疗保险，出现了重复参保现象。这从一个侧面反映了新型合作医疗制度配套体系（如户籍管理、农村合作医疗与城镇居民医疗保险衔接）的薄弱。

二、基于管理部门角度的分析

调研结果显示，37.2% 的农户认为"合作医疗定点医院收费比其他医院高"。本章研究认为，合作医疗定点医院收费高与合作医疗制度运行成本的分担机制不合理相关联。

合作医疗制度运行成本可分为三块：初始注资成本、筹资成本、管理成本。初始注资成本主要由省、市、县三级政府按比例分担，一般县区级政府要负担1/3 的初始注资成本。但筹资成本和管理成本则全部由县乡政府负担。筹资成本包括了宣传资料印刷费、宣传与征收的劳务费等。管理成本主要是指合作医疗管理部门的工资与办公经费等。在制度启动后，制度筹资成本和管理成本较高。这对于取消农业税后十分困难的县乡财政来说，确实难以承担。县乡政府只能通过种种方式将其转嫁给所属卫生机构。例如，部分县区在缴费时，往往动用乡镇卫生院的所有医生到农村反复动员，再由乡财政所工作人员进村收费。上述成本一般都由医院支付，并通过住院报销转嫁给患者，削弱了合作医疗制度的公平性和有效性。

三、基于中央政府和医疗供方角度的分析

从中央政府角度分析，新型农村合作医疗制度筹资包括两个方面：一是中央

183

财政的转移支付力度；二是中央转移支付资金的补偿对象，是补医疗的供方，还是补医疗的需方。

第一个问题的实质是政府在合作医疗制度中的作用如何定位。本章研究认为，新型农村合作医疗制度本质上就是政府为农村居民基本医疗保险埋单。因此，在社会医疗资源的56%都由个人购买、政府补偿仅有17%左右，以及中央财政总额快速增长的背景下，中央加大对新型农村合作医疗制度的转移支付力度是必然趋势。

第二个问题的实质是政府转移支付补偿给谁的问题。一是政府投钱给供方，公众享受免费基本医疗；二是政府投钱给需方，通过医保购买医疗服务。新型农村合作医疗制度在运行中采用了"补需方"的方式。但农村医疗体系与城镇医疗体系运行平台不同，农村合作医疗在"补需方"的过程中，必须注意以下两个问题：

首先，"补需方"可能加剧供求矛盾。实践中，农村医疗服务供给水平不仅滞后于城市，而且严重滞后于农村本身的需要。显然，在农村医疗供方市场竞争不充分、供给紧缺的情况下，期望通过竞争来改进"购买服务"的质量和价格并不现实。因此，政府必须通过公立医院改革，降低民间资本进入医疗市场的门槛等配套政策，提高农村医疗服务供给的数量。否则，同样是"补需方"，但合作医疗的政策合意性与城市医疗保险相比必然有天壤之别。

其次，"补需方"对医疗机构的监管工作提出了更高要求。"补需方"要求政府通过社会保障机构，向各类医疗服务提供者购买医疗服务，需要政府和农户一起对医疗服务提供者进行监督。然而，医疗问题的专业性以及由此产生的信息不对称，必然导致"防御性医疗"（降低诉讼风险）、"过度医疗"（增加医生收入）等道德风险的发生，进而对合作医疗资金支出产生重要的影响。因此，建立医生与医院行为的识别与监管机制，已经成为"补需方"模式下提高新型农村合作医疗财务支撑能力的关键。

第三节　新型农村合作医疗制度的工作网络支撑能力及其评价

调研发现，样本中对"合作医疗提供的医疗服务比较满意"的比例仅为15.6%。而关于"对合作医疗服务体系哪些方面不满意"的调查（多选）结果显示，排在前六位的不满意因素依次是"医疗设备"、"医生技术"、"报销比例"、"药品质量"、"定点医院收费水平"、"合作医疗管理水平"。具体见表9-2。

表9-2　　　　您对合作医疗服务体系哪些方面不满意（多选）　　　单位：%

评价因子	选择项	比例	评价因子	选择项	比例
医疗设备	满意	50.2	合作医疗办公室管理水平	满意	71.5
	不满意	49.8		不满意	28.5
医生技术	满意	51.4	医生服务态度	满意	75.8
	不满意	48.6		不满意	24.2
报销比例或起付线水平	满意	52.6	定点医院数量，看病是否方便	满意	80.3
	不满意	47.2		不满意	19.7
药品质量	满意	60.8	其他方面（如缴费管理等）	满意	97.5
	不满意	39.2		不满意	2.5
定点医院收费水平	满意	62.7	没有参加或没有报销过	不了解	32.2
	不满意	37.2			

其中，农民对医疗设备、医生技术、药品质量、定点医院收费水平、合作医疗办公室管理水平的不满意实质上反映了合作医疗制度工作网络支撑能力的薄弱，涉及地方卫生部门、合作医疗办公室、医院、村卫生所等多个环节。

一、地方卫生部门监控能力

在现行新型农村合作医疗管理模式下，卫生部门既承担了农村合作医疗产品购买者的角色，又履行着合作医疗制度管理者的角色，同时还是合作医疗定点机构的监管者。多重角色的目标并不一致，甚至是冲突的，一定程度上影响了地方卫生部门的监控能力，以及合作医疗制度的运行效率。调查中农民对"药品质量"的严重不满，就是上述问题表现的形式之一。

二、合作医疗办公室管理能力

首先，"管制俘获"弱化了合作医疗办公室的管理能力，影响了医疗资源配置的公平性。按照国务院办公厅文件规定，县区合作医疗管理办公室的性质是属于县新农合管理委员会。实践中却是卫生局的二级机构，隶属于县卫生局管理。其工作人员一般从县乡卫生院中选调，部分县区的"合管办"甚至没有正规编制，由卫生院医生兼任，甚至合作医疗办公室本身就设在卫生院内部，日常费用开支（包括办公经费）都是由卫生院支付。由于合作医疗办公室监管的对象——医院也是卫生局的下属，这种管理体制上的"兄弟关系"，则为"管制俘获"的形成提供了天然的条件。"管制俘获"即监管者被监管对象收买，二者形成合谋。"管制俘获"的结果之一就是"定点医院收费水平"虚高。

其次，合作医疗办公室管理平台滞后也在一定程度上影响了制度的运行效率。城镇医疗保险往往是在信息化管理平台的基础上由 10 个岗位管理 1 万人，而合作医疗往往是几个人手工操作管理几十万农民。人员明显不足；如果增加人手，经费又没有保证。

三、医院业务能力

医疗机构与医生的业务能力是合作医疗制度的"脚"，也是农民能否从中真正受益的最关键环节。医生可以通过处方操纵、药品选择、辅助检查、价格歧视等手段，既影响上游的药品市场、医疗器械市场，又能影响下游的医疗保险市场；不仅决定上游厂商的生存命运，也决定了农民的受益程度和健康水平。

实践中，我国的卫生部门与国有医院之间沿用了计划经济模式下的"父子关系"。医院是卫生部门的附属物，医院院长由行政部门任命。医院的业务能力（包括医院的级别、市场声誉和合作医疗定点医疗资格等）也由卫生部门评定。现实中，医生往往是依靠医院声誉而非个人声誉赢得客户，对医生而言，医院声誉属于公共资源，每个个体都有过度利用（开大处方）的动机和空间。其行为背后的逻辑就是医生滥用医院声誉，医院滥用政府声誉。因此，医院越大、声誉越高，医生的道德风险越严重（赵曼、吕国营，2007）。在这种情况下，合作医疗定点医疗机构和医生成了为最大的赢家，虽然可以报销部分医疗费用，但农民并未能切实得到实惠。

四、村卫生所业务能力

在设置个人账户的县区，村卫生室承担着农村合作医疗门诊服务的主体任务，但目前村卫生所的医疗服务能力存在较大缺陷。

首先，从调研结果中可以看出，与城市医院系统的大处方和防御性检查相反，村卫生所医疗服务的最大问题在于"医疗设备"、"医术水平"的严重滞后。村卫生所医生一般都是全科医生，医疗检查设备有限，但什么病都要医治，服务的专业化水平亟待提高。

其次，实行合作医疗以后，乡镇卫生院对村卫生所的财务实行统一管理，药品统一采购、统一定价。卫生所每月定期向乡镇卫生院上缴医药费、管理费，并承担比其他私人诊所更多的责任，如合作医疗的宣传、疾病的预防等。在合作医疗制度没有提供任何补偿的情况下，这些规定和责任使村卫生所在与村中其他私人诊所的价格竞争、成本竞争中处于不利地位，调研地区村卫生室医生的数量和规模呈现出萎缩趋势。

第十章

新型农村合作医疗制度保障能力建设

前述研究表明，我国新型农村合作医疗制度存在明显的制度供求缺口，而造成这种制度缺口的原因涉及制度模式、工作网络、财务机制以及县级政府的政治意愿与机构能力等多个方面。那么，上述制度缺陷或制度缺口应该如何来填补呢？政府、医疗机构、农户以及商业保险机构等利益相关主体在其中的责任或义务有哪些？

本章尝试从新型农村合作医疗的"制度模式"、"运行平台建设"、"管理体制完善"、"医疗费用控制"等方面来回答上述问题。

第一节 制度模式：提高补偿率和受益面

制度保障能力是衡量新型农村合作医疗制度成败的一个重要指标。新型农村合作医疗保障能力大小主要有两个衡量指标：补偿率和受益面。而要提高上述指标政策合意性，应该在以下几个领域进行改革和制度创新。

一、调整新型农村合作医疗参保原则，引导家庭参保

农户的"选择性加入"和"选择性退出"行为会迅速破坏并最终导致一个建立在完全自愿基础上的保险计划的解体。"选择性加入"和"选择性退出"的

负面影响在中央政府的大力财政转移支付格局下并不明显。但随着筹资水平的提高（2008年已提高到人均100元/年，其中，中央政府40元，地方政府40元，个人20元；经济发达地区筹资水平更高），农户的报销范围和报销比例必然大幅度提高。在此背景下，农户的"选择性加入"和"选择性退出"必然会给新型农村合作医疗制度的存续及其发展带来冲击或长远影响。但迫于农村人口流动频繁（户在人空），以及部分人口已参加城市居民医疗保险的现实，期望农村人口100%参加新型农村合作医疗制度并不现实。因此，强制性参保原则容易引发农民的不满，增加基层组织的工作负担。

上述因素折中后的方案就是政府将新型农村合作医疗的参保原则由"个体自愿参保"，调整为"整户参与、户不漏人"的自愿参保，为提高制度本身的受益面和受益程度奠定基础。实践中，陕西黄陵、湖北石首等县市的制度设计显然符合合作医疗制度中医疗风险分担的逻辑。患病就医本来就不是个人的事情，而是家庭的事情；既然家庭内都不愿进行风险互济，那么得到合作医疗的风险互济也不合理。

二、借鉴城镇居民医疗保险制度，取消个人账户，逐步提高制度补偿率和保障能力

目前各地的新型农村合作医疗制度大都设置有"个人账户"。从理论上分析，这种制度设计的目的有二：一是照顾农民的情绪，通过"保大（病）又保小（病）"的模式吸引农民的参保意愿。二是从长远考虑，为以后城镇职工医疗保险（设有个人账户）与新型农村合作医疗制度对接，建立城乡统一的医疗保险制度留下"制度接口"。

但在筹资额度有限的情况下，第一种目标基本上无法实现。课题组在调研中发现，农民对现行新型农村合作医疗制度的评价往往是"既保不了大病，也保不了小病，只能保中（等）病"。即个人账户上每人每年10元的钱连看一次门诊（即使是感冒发烧）都不够用；如果单纯用个人账户去卫生所拿药，价格往往又比专门的药店高。所以农民往往认为个人账户"保不了小病"。调查县区的数据最终显示的结果是，农户个人账户的资金利用率仅在30%左右。因此，正如前面的分析，从表面上看，是农民自己的10元钱缴纳后又报销回来，但在国家和地方政府没有为个人账户额外注入资金的情况下，个人账户对农民个体而言实质上是一种"虚假受益"。

同时，在信息化平台滞后的情况下，新型农村合作医疗制度并不具备类似于城镇职工医疗保险制度个人账户的筹资与运行机制（IC卡）。农村合作医疗的个

人账户不但不能防止患者的道德风险，反而还大量增加了不必要的资金筹集和支付成本。

此外，新型农村合作医疗制度在实践中由于严格的"起付线"、"共付线"和"封顶线"的存在，农户能从新型农村合作医疗制度中报销的全部金额往往在2万元以下。而农户与此同时支付的费用一般要在4万元左右（起付线、共付部分中自付部分、封顶后自付部分，以及相应的差旅费、食宿费用等）。显然，在这种保障结构下，农户往往还会选择"按钱看病"，而不是"按病看病"。

因此，在现有筹资水平不变的情况下，建议政府采取类似于城镇居民医疗保险的运行机制，将新型农村合作医疗制度中的个人账户纳入社会统筹，这也可能是提高新型农村合作医疗制度实际补偿率和农户受益水平的现实选择之一。

三、降低起付线，提高补偿比例和封顶线，增大农户受益面

由于乡镇卫生院在医疗水平和医疗设备方面比乡村卫生所有绝对优势，而医药费用方面又比县市级医院有比较优势。因此，新型农村合作医疗制度提高农民有病早治疗、无病早预防的隐含目标主要借助乡镇卫生院来完成。这就需要卫生院在降低住院报销起付线的同时，尽量提高补偿比例和封顶线，使更多的人得到更大的帮助，使农民逐步由"按钱看病"调整为"按病看病"，并最大程度弥补个人账户取消对制度受益面指标的冲击。

但在减低或取消起付线后，新型农村合作医疗制度管理部门应注意"门诊转住院"以获得报销资格的道德风险，通过类似于"住院3天内花费在300元以下的人数不得超过月住院人数10%"的制度设计，规避医患"合谋"风险。

四、对一定期限内没有享受新型农村合作医疗的农户进行激励，提高农户持续参保动力

我国城镇居民医疗保险制度规定，参保人员连续缴费满5年的，其住院报销比例每年可提高2%，但提高比例最多不超过10%，以吸引和激励城市居民的持续参保行为。这种模式和机制值得新型农村合作医疗制度借鉴。

在实践中，虽然新型农村合作医疗制度规定，对参加保险的农民，如果年内没有动用新型农村合作医疗基金的，应安排进行一次常规性体检。但调研中发现，在给农民做体检的作用方面，新型农村合作医疗运作状况较好的试点县的干部，对常规性体检能够增加农民信任度的判断会提出质疑（如医院对农民的体

检流于形式，农民参加体检还要排队、付出差旅费或食宿费等而得不偿失），并给自己出一些有深度的自考题来思考；而一般县区的干部往往把它作为成功的经验来表述。

在鼓励农户持续参保方面，广东云浮市的"积分制"值得借鉴和思考。广东云浮市在2006年开始试行"积分制"，即但凡参保两年而又从未享受过新型农村合作医疗制度报销的农户，每户可以累积200分，该户就能提高2%的赔付额度，享受52%的报销额度。

第二节 运行平台：提高县级乡政府的政治意愿与能力

如前面所分析，县级政府的政治意愿是影响新型农村合作医疗制度保障能力的关键要素之一。但实践中县乡政府的工作任务和目标往往是多元的，涉及经济发展、计划生育、教育和农业等20多个方面，新型农村合作医疗只是其中之一。而且，新型农村合作医疗具有非盈利性特征，其与县级政府的目标并非完全一致，地方政府对其的资源投入和重视程度往往排在次要位置。

因此，课题组认为，地方政府在新型农村合作医疗中相应的激励、约束与能力建设机制亟待建立。

一、完善县乡政府的新型农村合作医疗考核指标

（一）县乡政府在新型农村合作医疗中的管理责任及其评价内容

要建立县乡政府在新型农村合作医疗中的考核体系，必须首先明确其在新型农村合作医疗中的责任和义务，进而明确对其进行绩效评价的内容。

1. 明晰新型农村合作医疗管理机构及其权责体系

新型农村合作医疗制度的实施需要依托一定的工作网络，包括新型农村合作医疗管理委员会、新型农村合作医疗管理办公室、新型农村合作医疗管理小组等。目前国家虽然出台了很多政策与文件，但对新型农村合作医疗管理机构的工作内容和工作职责基本上没有明确界定。课题组认为，随着新型农村合作医疗的发展，国家应当尽快出台新型农村合作医疗经办机构的责任与工作内容规范制度体系，并建立这些机构的岗位职责体系、考核薪酬体系等，以充分调动这些管理机构人员的政治意愿。

基于前期的九省区调研，课题组认为，县级政府在新型农村合作医疗体系中的管理机构和权责体系应包括[①]：

（1）县新型农村合作医疗管理委员会。

县新型农村合作医疗管理委员会的主要职责应包括：负责新型农村合作医疗方案、长期规划、年度计划的制定和组织实施；负责新型农村合作医疗政策制定、工作指导与协调；管理新型农村合作医疗基金，对年度新型农村合作医疗基金预、决算情况进行审查；监督检查乡镇政府及相关部门对新型农村合作医疗政策、制度的执行情况并实施奖惩；成员单位按照分工切实做好合作医疗基金筹集、基金使用、基金管理、医疗服务质量监督等工作。

县新型农村合作医疗管理委员会一般需要由县长，主管常委、副县长、卫生局局长，县委办、宣传部、农工部、政府办、法制办、经济发展、财政、卫生、民政、农业、监察、审计、计生、文体、广电、药监、统计、扶贫开发、残联等部门负责人及各乡镇镇长共同组成。

（2）县新型农村合作医疗管理办公室。

县新型农村合作医疗管理委员会一般下设县新型农村合作医疗管理办公室（以下简称"合疗办"或"合管办"），属于卫生局管理的事业单位编制。其主要职责应包括：

第一，根据县新型农村合作医疗实施方案、发展规划、年度计划及相关规定，制定具体规定；研究解决实施中出现的问题，并及时向县合作医疗管委会报告工作运行情况；保证全县新型农村合作医疗工作正常有序。

第二，利用多种形式，开展新型农村合作医疗的宣传教育工作，不断提高全县人民群众对新型农村合作医疗的认识水平，逐步转变观念，增强健康投资，建立互助共济、风险共担的医疗保障意识。

第三，定期公布全县新型农村合作医疗资金的使用情况。

第四，开展业务培训工作，不断提高全县新型农村合作医疗工作的规范化水平。

第五，检查、指导新型农村合作医疗工作运转情况，发现问题后及时按规定处理。

第六，定期召开会议，布置工作任务，研究全县新型农村合作医疗工作情况等。

县新型农村合作医疗管理办公室的成员一般由县卫生局、县属医院中抽调的

[①] 以下内容根据课题组与陕西、湖北等省新型农村合作医疗管理部门的访谈，及对方提供的书面资料整理。

人员组成，但其机构性质、资金来源不明确和经办人员的选拔等方面，还有待完善。

首先，经办机构一般归属于各级卫生行政主管部门，设在县市卫生局和乡镇卫生院下，但其工资待遇标准以及单位归属等问题大多没有明确的规定。现实中，这类人员的人事关系一般还在原单位，工资福利也由原单位发放，但却在履行县新型农村合作医疗管理办公室的相关工作职责。其次，在经办机构工作人员的选拔上，目前大多数地区都是从乡镇卫生系统内部选拔，而部分地区乡镇卫生院的领导兼任委托经办机构的负责人。这种选拔方式给监督医疗机构行为、控制医疗机构费用带来了难度，目前这种"管办不分"的卫生服务提供方式，显然不适合定点医疗机构主要为公立医院的总体格局。因此，县新型农村合作医疗管理办公室人员的激励约束机制，亟待进一步地调整和完善。

（3）县新型农村合作医疗经办处。

在实践中，大多数县区还设置了"县新型农村合作医疗经办处"。但往往与县新型农村合作医疗管理委员会办公室合署办公，是一套班子两块牌子，作为县新型农村合作医疗管理委员会的常设办事机构，挂靠卫生局管理。

县新型农村合作医疗经办处的职责主要包括：指导全县新型农村合作医疗制度的推行，收集、报告、解决新型农村合作医疗运行中的问题；经办新型农村合作医疗的各项业务工作；负责全县新型农村合作医疗基金的管理和使用；编制新型农村合作医疗基金的预、决算方案；检查、审核定点医疗机构的收费情况和服务质量；负责相应的配套服务及信息统计和反馈等。

（4）乡镇合作医疗管理委员会及办公室。

乡镇合作医疗管理委员会及办公室的职责主要应包括：

第一，负责乡镇辖区内新型农村合作医疗制度推行工作的组织、领导和协调，解决工作中的具体困难和问题；

第二，开展新型农村合作医疗政策的宣传，承担辖区内新型农村合作医疗的业务咨询工作；

第三，负责辖区内新型农村合作医疗资金农民个人缴纳部分的收缴、上交等工作；

第四，依据新型农村合作医疗的各项规定，监督本乡镇新型农村合作医疗定点医疗机构的医疗服务行为；

第五，负责新型农村合作医疗工作信息的统计、反馈与报告；

第六，建立和完善本乡镇新型农村合作医疗各项规章制度，执行县农村合作医疗管理委员会及办公室交办的其他工作；

第七，委托乡镇医疗卫生机构经办新型农村合作医疗的具体业务工作。

（5）乡镇及县级医疗机构新型农村合作医疗经办机构。

为方便农户报销，乡镇及县级医疗机构应当在内部设立新型农村合作医疗经办机构。

其主要职责包括：宣传新型农村合作医疗各项方针、政策；收集、分类、整理、保管本乡镇及本单位新型农村合作医疗工作相关档案资料；接待参合群众的来访、投诉，协调解决相关事宜；定期公示参合群众报销情况；负责本乡镇新型农村合作医疗参合人员身份、外伤原因等情况的核实；负责本乡镇参合患者县境外住院报销的初审及核算报销费用的发放；承办县合疗办、乡镇新型农村合作医疗管理委员会交办的其他工作等。

（6）村新型农村合作医疗管理小组。

村新型农村合作医疗管理小组一般由村主任、组长、会计及定点村卫生室负责人组成。负责本村新型农村合作医疗政策的宣传，协助做好本村新型农村合作医疗资金农民个人缴纳部分的收缴等工作，监督本村新型农村合作医疗的运转情况，对本村合作医疗患者住院补偿、外伤原因进行公示和调查等。

此外，县乡政府中与新型农村合作医疗相关的部门还包括：

（1）经济发展局：负责将新型农村合作医疗列入县国民经济与社会发展规划，列入全面建设小康社会考核指标体系，积极争取上级项目支持，加快农村医疗机构建设。

（2）财政部门：负责落实各项财政补助政策，及时足额将财政补助基金安排到位，指导各乡镇人民政府组织开展农民个人筹资工作，合理预算县乡新型农村合作医疗经办机构的工作经费，确保其工作正常运转。

（3）民政部门：负责做好对"五保户"、"特困户"农民的合作医疗个人缴纳资金补偿及医疗救助工作。

（4）卫生部门：负责配合县新型农村合作医疗管委会办公室做好新型农村合作医疗的相关业务，加强医疗监管，控制医药费用，提高医疗服务质量。

（5）计生、残联部门：负责农村独女户、双女绝育户孩子及残疾人个人缴纳参与合作医疗制度资金的补助工作。

（6）审计部门：负责对全县合作医疗基金的使用情况进行审计。

（7）监察部门：负责监督检查各部门的履职情况，对违反合作医疗政策的人和事进行查处。

（8）文体广电部门：负责全县新型农村合作医疗新闻宣传报道工作。

（9）农业部门：负责配合搞好政策宣传、筹资动员。

（10）药监部门：负责农村药品市场的监管。

2. 界定县乡政府在新型农村合作医疗制度中绩效评价内容

在考核的内容维度上，课题组认为，县乡政府在新型农村合作医疗制度中绩效评价内容，应当包括"能力"、"过程"和"结果"三个方面。

（1）新型农村合作医疗制度运行的基础条件：包括政府支持力度（经办机构编制与经费、基金投入、监管体系）、规章制度完善程度、农民信任程度、定点医疗机构服务能力等。

（2）新型农村合作医疗制度运行的基本状态：包括新型农村合作医疗基金的筹集水平与筹集成本、基金的安全使用和控制、医疗服务的质量与效率、参合者权益保护状况等。

（3）新型农村合作医疗制度运行的结果：包括制度的受益面、参合人的受益程度、农户疾病经济负担比例、卫生服务利用程度、对农民"因病致贫"的缓解程度等。

（二）县乡政府的新型农村合作医疗考核指标体系

从以上分析可以看出，新型农村合作医疗制度的实施是一个系统工程，需要县乡村各级政府部门的大力组织和支持。

根据县乡政府在新型农村合作医疗体系中的责任和管理内容，课题组认为，应当调整新型农村合作医疗制度目前注重"受益面"和"基金剩余率"的考核模式，形成"保障能力"、"受益面"、"补偿率"兼顾的考核指标体系。

当然，在考核的层次维度上，课题组认为，考核指标应该涉及县乡村三级部门，或由县政府向下逐层分解。具体而言，县乡政府在新型农村合作医疗中的考核指标体系可以细化为以下几个方面：

1. 新型农村合作医疗"能力型"指标体系

具体可以选取指标包括：

（1）政府软硬件建设类指标：包括新型农村合作医疗经办机构编制、人员、经费、车辆、办公硬件等落实情况，乡镇卫生院建设达标率、乡镇卫生院医生具有执业医师证比例、甲等村卫生室达标率，新型农村合作医疗制度的完善或规范程度，农村药品流通与监管体系完善程度。

（2）政府财力支持类指标：县乡政府对新型农村合作医疗补助金额、县乡政府对特困户（如贫困户、五保户）参合者人均救助金额，新型农村合作医疗与当地医疗救助体系结合情况。

（3）当年新型农村合作医疗基金筹集总额与结构比例指标：包括来自中央和地方各级财政、个人缴纳、其他来源、上年合作医疗基金以及风险基金结转下来的资金。

2. 新型农村合作医疗"过程型"指标体系

具体可以选取指标包括：

（1）基金筹集类指标：包括当地政府对新型农村合作医疗补助金按时足额到位率、当地政府对贫困人口参合救助金兑现率、农民个人上交新型农村合作医疗基金到位率、参合者新型农村合作医疗基金人均实有额。

（2）基金运行类指标：包括是否在国有银行建有新型农村合作医疗基金专户、新型农村合作医疗基金是否"收、支、管、用"分离、新型农村合作医疗基金支付率、是否建有基金审计制度、是否建立公示制度、是否建有投诉制度。

（3）医疗资源利用类指标：包括年度内累计住院费用超过封顶线病例数占同期参合者住院病例数、年度内住院费用低于封顶线病例数占同期参合者住院病例数，乡镇卫生院次均门诊费用较上年增长率、乡镇卫生院次均住院费用较上年增长率、县及县以上医院次均住院费用较上年增长率等。

3. 新型农村合作医疗"结果型"指标体系

具体可以选取指标包括：

（1）管辖范围内的参合人数、参合率，贫困户参合率。

（2）新型农村合作医疗制度"受益面"：需要区分住院医疗补偿受益、慢性病门诊医疗费用限额补偿受益、大病救助受益及健康体检受益等，规避"虚假受益"。

（3）新型农村合作医疗制度"受益率"：包括参合者门诊总费用、参合者门诊补偿费用、参合者住院总费用、参合者住院补偿费用、参合者门诊实际补偿比、参合者住院实际补偿比、参合者总实际补偿比。

（4）新型农村合作医疗制度"受益结构"：包括基金支出总额与结构比例（包括住院补偿费用、门诊补偿费用、体检、风险基金和其他的支出）、基金在不同级别医疗机构之间的分布比例。

（5）新型农村合作医疗制度目标"实现程度"：包括参合者年人均自付医疗费用占当地年人均纯收入的比例，定点医疗机构医疗服务满意率、补偿程序繁简程度、报销或补偿等候时间，"因病致贫率"和"因病返贫率"等。

4. 新型农村合作医疗考核指标的分解与落实

客观而言，上述指标设计属于理论分析和规范分析，主要停留在对县级政府的考核层面。在实践中，县级政府往往需要将之进一步细化和层层分解，落实到岗位。例如，"新型农村合作医疗制度的完善或规范程度"、"农村药品流通与监管体系完善程度"、"定点医疗结构医疗服务满意率"等指标的考核，指标的实现程度往往与乡镇合作医疗管理办公室等部门紧密相关。那么，乡镇合作医疗管理办公室的考核指标就可以进一步细化和分解为以下几个方面：

（1）行政管理（10%）：包括各项制度规章的完善程度、年度工作计划与工作总结等。

（2）业务管理（50%）：包括转诊审核工作质量、住院者身份核定差错率、伤情调查、审核结算准确率、合作医疗证发放质量、各种数据及审核资料上报效率与质量、档案管理等。

（3）定点医疗机构的监督管理（30%）：包括监督病人入院指征把关、监督病历记录与收费是否相符、监督自费用药和大型检查、监督收费标准的执行、监督门诊医药费用、监督每月公示等。

（4）宣传发动工作（10%）：政策、规定与程序的宣传，以及其他工作（如争议、纠纷的调解等）。

（三）合理确定新型农村合作医疗考核的标准及其应用

在确定了县乡政府新型农村合作医疗的考核内容和考核指标之后，还需要进一步确定各类指标考核的标准。否则，新型农村合作医疗制度的业绩考核仍然会流于形式。

课题组认为，现实中可选择的参照系包括三个方面：即本县区合作医疗上一年度的绩效、全省合作医疗的平均绩效、全国合作医疗的平均绩效等。同时，可以将考核结果作为县级干部优先晋升，以及中央、省、市合作医疗资金下年度拨付额度增减的考核指标之一，形成"奖优罚劣"的长效机制。

二、加速县乡村基层机构与合作医疗管理机构的民主建设进程

首先，民主化的基层选举有利于调动地方政府参与合作医疗制度建设的政治意愿。有研究表明，选举的效果会使得社区的贫困农户改善健康风险的管理，主要是减少对非正式社会网络的依赖以及帮助贫困户脱贫，并且不会伴随有显著的管理费用膨胀（高梦滔，2006）。村庄选举能够有效增加村庄公共设施投资，最高的村庄选举使得公共投入的增加和管理费用的降低都达到了25%（Wang and Yao，2005）。因此，在民主化选举中，县乡政府的候选人为获得农民更多的支持，往往会出台有利于农民的"亲贫"政策。这些政策将直接降低农户疾病与贫困风险的负外部性。

其次，新型农村合作医疗管理机构的民主建设有利于反映农民的实际制度需求，更有利于加强对新型农村合作医疗管理部门与医院关系的监督与制约。新型农村合作医疗本质上是一种"合作"组织。这里的"合作"，不仅是农民和农民之间医疗保障基金的合作，更重要的是指政府和农民之间在合作医疗基金筹集、管理与监督的全程合作；不仅是参合农民参与资金的筹集，更重要的是部门和参

合农民代表应共同组成各级合作医疗管理委员会、监督委员会，村民自治组织应参与新型农村合作医疗基金的筹集、宣传、监督等工作。

第三节　医疗费用：建立基于医疗供方的合作医疗费用控制链

新型农村合作医疗现行的制度设计将医疗费用控制的重点放在了患者道德风险方面，期望通过共付线和封顶线等制度装置来降低医疗资源耗费。

如前所述，课题组认为，这是一个方向性的错误。医生道德风险是原生道德风险，而患者道德风险只是派生道德风险；患者的道德风险只有通过医生才能实现，医生才是医疗费用虚高的策源地。因此，控制医生的道德风险才是提高农民从新型农村合作医疗中受益水平的核心和关键，这一点与目前的新型农村合作医疗制度设计的出发点相比是颠覆性的。

一、医疗供给方道德风险控制的基本思路

那么，如何才能解决或控制新型农村合作医疗中医疗供给方的道德风险呢？课题组认为，理论上的解决思路有两种。

（一）"费用分担"模式

费用分担（Co-payment）的实质是通过需求方或供给方负担一部分医疗费用的办法来制约对医疗服务的过度需求。一般而言，需求方或供给方承担的费用越多，过度消费的动机就越少。实践中的具体模式就是"共付制"（需方负担）和"预付制"（供方负担：如按人头付费、按病种付费等）。

1. "共付制"

"共付制"思路的实质是将医疗机构的风险转嫁给了患者或参保人。但这种理念或思路在实践中往往遭遇困境：一是患者的"共付比例"过高，虽然会降低患者就医过程中的"道德风险"，但同样会削弱合作医疗制度的保障能力和制度的吸引力。二是患者的"共付比例"过低，就会演化为医疗服务的"第三方付费"，患者的"道德风险"以及医生和患者"合谋"的可能性大大增加。

实践中，现行的新型农村合作医疗制度设计往往采取了后一种思路，即患者"共付比例"略低，平均占40%左右。与城镇职工医疗保险不同，由于大多数农户受低收入水平的限制，其结果是农村的贫困人口往往因付不起"共付比例"

而看不起病，农村的富裕人口在越过起付线后往往"小病大医"，造成了新型农村合作医疗中"穷人"无法保障，"富人"无需保障，只能保障"不穷不富"的中间收入群体（与新型农村合作医疗大病保不了，小病不需要保，只能保"中病"类似，是另一个"保中间"模式）的局面。

2. "预付制"

"预付制"思路的实质是将医疗保险机构的风险（部分）转嫁给了医疗机构，即医疗机构既是医疗服务的供给方，同时又承担医疗保险机构的主要功能——承担风险。那么，市场中的医疗机构是否有足够的意愿来承担这种风险？医疗机构又有多大能力来承担这种风险呢？

在实践中，2007年河南省发改委、省卫生厅公开宣布在新乡医学院一附院、焦作市二院、信阳市六院3家医院进行首批试点，对顺产孩子或者做单纯性阑尾炎阑尾切除术等30种疾病治疗将执行"按病种收费"，也即单病种定价。这是指某一单纯性疾病患者从入院到出院，整个过程的医疗服务费用，患者就按这个定价付费，超出部分由院方承担。这种由政府主导、实行单病种定价的医院收费制度改革在全国尚属首家。

单病种限价的确能在一定程度上降低患者的就医费用，但试点执行却远非预想的那样顺利。例如，医院为减少成本支出，可能尽快让病人出院，以转嫁运营风险；另外，按病种付费测算工作量太大，同种疾病在不同地区、不同等级医院、针对不同年龄和病情的患者，都有不同的费用标准，最终可能使测算偏离实际，影响单病种限价的执行效力等。

因此，要在新型农村合作医疗中推行、规范单病种收费，其中三大核心环节，包括"限价病种该如何确定"、"限价标准如何加以合理测算"、"全过程监管如何进行"，还有待在实践和理论上进行进一步的探索、总结。

（二）"需方和保方策略联合"模式

确立买方在医疗服务市场的地位和作用，在医疗服务领域，需方（患者）、供方（医疗机构）、保方形成三角关系，实现对供方的制衡和行为约束。

赖因·哈特在分析了美国医疗费用高涨等现象后，提出来如果需方市场力量不足，就会造成供方主导医疗服务成本，从而造成医疗费用的攀升。而加拿大的医疗卫生制度在控制费用增长上的经验就是强大的付费方的市场力量可以对服务提供方和利用方进行调控[①]。

基于20世纪50年代弗里德曼（Friedman）在美国公立学校服务中提出的

---

① 徐月宾、张秀兰：《体制建设中的医疗卫生体制改革》，载《卫生经济研究》2006年第7期。

"教育券"（Edueation Voucher，即"教育凭证"）的理论和实践，国内部分学者（林闽钢等，2008）尝试提出了我国农村合作医疗的"健康医疗券"模式。即中央政府将投入农村预防保健和基本医疗服务的资金，不再选择直接补贴供方（医疗服务机构），而是以健康医疗券的形式发给农村居民，使其可以选择有行医资质的医疗服务机构，可以用健康医疗券向医疗服务机构支付其费用，医疗服务机构凭收取的健康医疗券向政府领取补贴。

这种思路的核心是依托市场竞争，以及需方（患者）和保方的紧密联合，以形成一定的约束机制、组织创新和有关政策来影响医疗服务提供者的行为，为参保者争取最大的利益。但课题组认为，"健康医疗券"的运作机理在本质上类似于"个人账户"，实施这种思路有三个前提：

一是医疗市场竞争是否充分？比如，合作医疗定点医疗机构是否数量足够多？农民患者对医疗机构的医疗服务质量等相关信息是否对称？若农民对定点医疗机构及其服务人员没有任何信息通道和间接控制权，新型农村合作医疗就可能陷入一大误区，即中央和地方财政的投入，甚至农民交纳的费用将成为"挽救"濒临倒闭的乡镇卫生院和为那些缺乏技术的卫生人员保住饭碗的资金，新型农村合作医疗的受益者将不是农民。

二是保方（医疗保险经办机构）是否有足够的意愿与需方（农民患者）联合？毕竟新型农村合作医疗在管理体制中卫生部门既是"裁判"，又是"运动员"，既是"医疗服务的买方"，也是"医疗服务的供方"；医院与新型农村合作医疗办公室之间是一种"兄弟关系"。而且实行"健康医疗券"制度必将带来相应的管理成本和人力、物力的投入。张建平（2006）的相关研究显示，在地方卫生部门主管的新型农村合作医疗中，管理费用一般要占到总经费的10%以上，有限的资源成为管理者的人头费，没有充分发挥其应有的作用。因此，在新型农村合作医疗经办机构（即"合管办"）人员编制和经费比较紧张的情况下，要调动其积极性，必然需要政府对此的专项扶持。

三是需方（农民患者联合）又是否有足够的意愿采用"健康医疗券"模式？比如，"健康医疗券"是否意味着农户要缴纳更多的费用？这种负担农户是否愿意承受？即使愿意承受又能否从中真正受益（毕竟定点医疗机构的药品要比一般药店的药品价格高出15%左右，"健康医疗券"的实行就意味着农民丧失了这种选择的机会）等。

二、医疗供给方道德风险控制的基础

新型农村合作医疗不应是合作医疗的简单恢复，而应与农村社会、经济的变迁相适应，逐步实现从"合作办医"到"合作购买医疗"的转变，要通过市场把农村现有的优势卫生资源整合到合作医疗体系之中。

课题组认为，"需方和保方策略联合"和"费用分担"模式，都是改变我国目前新型农村合作医疗中供方诱导需求格局的有效手段。其中，后者已经开始在部分区域施行，前者则仍在理论探索和分解设计阶段。但上述改革要取得成功，必须在以下环节进行完善和调整，以协助县级政府建立基于医疗供方的新型合作制度和医疗费用降低机制。

（一）进行医疗卫生体制改革，实行"管办分离"

思路之一是解除卫生行政部门和国有医院之间的"父子关系"，将国有医院划归国资委管理，由国资委对国有医院进行存量改革（赵曼、吕国营，2007），使卫生行政部门（如合作医疗管理办公室）专职于监管职能。思路之二是解除合作医疗管理部门和国有医院之间的"兄弟关系"，将合作医疗管理部门纳入农村社会保障范畴，由劳动保障部门统一管理，合作医疗管理部门与医院之间相互制衡。最终使合作医疗保险机构实现从"合作办医"到"合作购买医疗"的转变。

（二）缓解或消除医疗供方的"药价虚高"问题

首先，打破国有医院的垄断格局，鼓励社会资本进入，形成供方市场竞争机制。各级政府应通过行业政策引导社会资本通过并购、参股国有医院，投资建立新医院等方式，进入合作医疗供方市场，在不增加财政负担的情况下增加合作医疗服务供给数量。

其次，取消国有医院行政级别，鼓励医院之间的竞争，恢复被扭曲的医疗供方市场声誉机制。现实中，医院的级别和声誉并非来自于市场或患者评价，而是来自于政府。导致医院不重视患者与市场的口碑，只重视与上级行政部门的关系，扭曲了医院声誉的形成机制。因此，可以考虑逐步取消国有医院的行政级别，采取各种措施引导市场决定医院的声誉，并严格落实合作医疗中的"逐级转诊"制度。迫使医院自身重视声誉的建设，进而对医生个体危害医院整体声誉的道德风险进行识别和监管。

再次，在医院内部逐步实行病人挑选医生的制度，鼓励医生之间的竞争。通过网络服务，病人只要在电脑上点一下自己的病症，就能获取医院治疗这方面病症的医生的具体情况，包括如毕业院校、职称、从医经历、社会声誉评价等指标。这可能是解决医疗领域信息严重不对称，外部监管不可及的可行思路之一。

此外，应对乡镇的医疗服务资源进行整合，使新型农村合作医疗的多家定点医疗机构之间形成平等竞争关系。这项改革的关键不在于定点医院范围的圈定，而在于考核和淘汰机制的严密和有效执行。

最后，医药分离，建立起药品产销公平竞争的体制。目前实行的"顺加作价"管理办法没能抑制住药品价格水平，反而使虚高定价、高进高出合法化了。对此，相关部门可以考虑对药品进行分类管理，将重心放在管住基本治疗（包括基本医疗保险用药、预防用药、必要的儿科用药等）等药物的生产与销售渠道控制上。对于其他类药品，由经营单位按国家规定自主作价。既维持了新型农村合作医疗制度的正常运行，又发挥市场机制的作用。

（三）提高合作医疗管理部门搜集价格信息和讨价还价的动力和能力

通过新型农村合作医疗管理部门职责和考核指标调整，促使新型农村合作医疗管理部门积极搜集有关医疗供方的信息，发挥其谈判大户的优势，获取成本更低、质量更高的合作医疗供方。同时，重视农民合法利益的维护，使医院与医生面对的不再是势单力孤的患者，而是力量强大的新型农村合作医疗管理部门，以有力约束医疗供方的不规范行为。

第四节　管理体制：整合社会医疗保障资源

一、整合城乡医疗资源

目前，在部门条块管理下，我国存在城镇职工医疗保险、城镇居民医疗保险、新型农村合作医疗、医疗救助四种制度分割运行不对接的现状。在落实新型农村合作医疗制度的过程中，部分经济发达的县区已基本上实现了城乡一体化，即农民与城镇居民均可参加新型农村合作医疗。但在落实城镇居民医疗保险制度之后，把本来一体化的体系又打破了。结果是在农村户口的居民中，往往出现了重复参保、重复报销或选择性报销的"逆向选择"和"道德风险"行为。城乡的基本医疗卫生资源亟待在管理体制上进行整合和对接。

（一）城乡医疗资源管理部门的整合

目前，我国现行医疗保障体系分属四个主管部门。即职工和居民医疗保险、新型农村合作医疗、医疗救助分别归口为人力资源及社会保障、卫生、民政。其中，在新型农村合作医疗体系中，卫生部门是在"一手托两家"（医疗服务和医疗保障）。因此，要建立城乡一体化的基本医疗保障制度，实现三种医疗保障制度、四种医疗资源在管理体制上的对接，有两种可以参考的思路：

思路之一是先在资金上实现对接，然后再逐步实现管理体制的合并。例如，杭州市已"开创性"地建立了医保调剂基金。即从每年基本医疗保险费的总筹资额中提取 5% 作为调剂基金，用于各类基本医疗保险基金之间的调剂。

思路之二是把经办机构直接统一后，由卫生部门或人力资源和社会保障部门，甚至直接新成立一个医疗保障部门或社会发展局，进行归口管理。

课题组认为，虽然就长远发展趋势而言，我国城乡医疗资源的整合是一种趋势。但就目前而言，新型农村合作医疗体系刚刚建立，管理机构设置及其权责体系、筹资体系等刚刚步入正轨，管理人员数量严重不足，素质也有待提高。建议政府采取"缓和式"调整，即短期内不要匆忙改变各自的管理体制现状，可以通过各地的实践、对比和总结，在适当的时候再出台政策，明确新型农村合作医疗的性质和管理体制等问题，以尽量避免体制上的冲突或摩擦对合作医疗制度发展的不利影响。

（二）居民医疗保险与新型农村合作医疗保险的整合

随着新型农村合作医疗筹资水平和保障水平的提高，城镇居民医疗保险与新型农村合作医疗进行的整合管理，似乎成为一种趋势。

但课题组基于前期的调研，认为我国东、中、西部地区的经济发展水平差异较大，即使要对城镇居民医疗保险与新型农村合作医疗进行资源整合，也应该灵活设计，目前还不适宜采取整齐划一的改革措施。

1. 经济发达区域的整合模式

在那些经济水平高度发达区域（不是省份，因为调研中发现，部分经济强省也存在经济落后的县区；而中西部经济相对落后的省份，也有经济发达的县区），城乡居民的经济承受能力、城乡医疗服务的价格和条件、健康意识与消费习惯等已基本上没有差异。

这些地区城镇居民医疗保险与新型农村合作医疗的整合已不存在对参保者物质利益损害的过多约束，只是存在人力资源和社会保障部门、卫生部门之间体制整合和利益分割问题。

2. 经济欠发达区域的整合模式

在城乡二元化的基本格局没有实质性改变的区域，新型农村合作医疗与城镇居民的医疗保险在筹资水平、医疗消费习惯与水平、面对的服务系统等方面都有巨大的差异，新型农村合作医疗政策应该保持稳定，急于将新型农村合作医疗与城镇居民的医疗保险合并，对农民未必有利。

主要原因如下：

（1）经历过旧农村合作医疗改革失败的农民对国家政策的变化已经十分敏感。如果目前匆忙将新型农村合作医疗与城镇居民的医疗保险制度进行合一管理，一方面容易造成政策执行的混乱，近5年来辛苦建立起来的制度可能会失去农民群众的拥护、支持和信任；另一方面，两个制度合并后，筹资标准和保障标准将难以确定。管理不当，可能会引起多方的不满意。例如，筹资标准过高（如向城镇职工医疗保险靠拢），由于农村农民的资金筹措能力较低，必然会影响农民群众参加制度的积极性；筹资标准过低，则在城市居民医疗设施先进、医疗服务价格"虚高"的背景下，其对城市居民的疾病风险化解作用有限，必然引起城市居民的不满。

（2）经济欠发达区域的城乡居民在经济承受能力、城乡医疗服务的价格和条件、健康意识与消费习惯等方面存在巨大差异。在上述差异没有得到有效缩小的情况下，将新型农村合作医疗与城镇居民的医疗保险制度进行合一管理，必然大大损害农村居民的利益，造成新一轮的医疗资源向城市倾斜。

首先，城镇居民健康意识与消费能力明显强于农村居民。两个群体的医疗保险合并为一个制度后，城镇居民的住院率、就诊率等医疗资源利用率必将高于农村居民，从而得到的补偿的概率和补偿力度也会大大高于农村居民。

其次，农村医院的硬件相对落后，农民平均住院率和住院费用也相对低。即在相同的筹资水平和报销标准下，新型农村合作医疗的保障能力也高于城镇居民医疗保险。如果将两者合并，在实际的报销数额或实际的补偿比例上，农村居民则相对吃亏。

此外，新型农村合作医疗已经运行了5年多，各地不同程度地积累了一定沉淀资金；而城镇居民医疗保障制度建立才不过2年，积累明显有限。如果两个制度合并，必然需要在财务基金上整合，农村本来就有限的医疗资源必然流向城镇居民。

（3）在国家整体的医疗资源分配格局中，农村居民整体仍处于弱势地位，需要国家政策更多的保护。如果二者进行合并管理，管理政策必然要在不同对象之间保持大致均衡，其结果就是农村的医疗设施与城镇的较大差距将逐步扩大。

综上所述，在我国城乡二元化的基本格局没有实质性改变的区域，消除城乡差别不能简单靠宣布取消农民身份、合并城乡医疗制度去实现。目前，应当将工作重点放在缩小城乡医疗条件差别、缩小医疗保障水平的差别上。如果不顾城乡差别的客观存在，匆忙将城乡医疗保障制度合并，不一定能提高农民的医疗保障水平，反而可能会掩盖两者之间存在的差别，加重农民负担，损害农民的利益。即使是将两个制度交由同一部门管理，也应该保留两个基金体系，在城乡居民收入水平、健康意识与消费习惯、筹资能力、筹资水平、保障水平基本接近后，才能真正考虑城乡医保制度合并的问题①。

在这方面，地方实践者们已迈开了步伐。由于各地经济发展水平差异大，各地决策者们均按自身情况，选择制定了不同模式。

例如，仅浙江范围内，城镇居民医疗保险与新型农村合作医疗的整合，就有三种管理模式②。下列模式值得引起相关部门的重视和借鉴。

一是单独建立一套城镇居民医保制度，其缴费标准和待遇享受标准均高于新型农村合作医疗，这种模式主要被一些城镇人口多、区域经济较发达的地区所采用。

二是将城镇和农村居民一起纳入新型农村合作医疗制度，在管理主体、缴费标准和待遇享受上均与新型农村合作医疗一致。这主要是部分地区在建立新型农村合作医疗制度初期就明确将城镇居民纳入新型农村合作医疗，也有部分地区考虑到当地城镇人口少、单建制度基金风险压力大的实际所采取的保障模式。

三是城镇和农村居民纳入城乡统筹合作医疗，但设置两个或两个以上缴费和待遇标准，由参保人群自由选择，如义乌市等。该模式既能克服一些地区城镇居民人口较少，单独的基金统筹余地小的问题，又能适应不同层次的医疗保险需求。

二、整合商业医疗保险资源

在实践中，新型农村合作医疗制度的管理模式大致分为两大类型：政府直接管理型（即"社会保险模式"）和商业嫁接管理型（包括"商业保险模式"、"社会保险＋商业保险模式"）。

（一）政府直接管理模式

"政府直接管理型"的运作模式类似于城镇的社会保险。课题组 2007～2008 年的九省区调研结果显示，大部分省份的新型农村合作医疗制度在管理模式上采用了"政府直接管理"模式。这种模式的运作比较成熟，理论界对此的关注和研究较少。这种模式的结构和特点，可以概括为以下两个方面：

1. 管理机构及其职责

往往由县长任主任，主管常委、副县长、卫生局局长任副主任，县委办、宣

---

① 春一：《急于将城乡医保合并未必对农民有利》，广东新型农村合作医疗网，2008 年 3 月 11 日。
② 王虎峰：《地方医改新政：医保四方管理趋向一体化》，载《21 世纪经济报道》2007 年 12 月 31 日。

传部、农工部、政府办、经济发展、财政、卫生、民政、农业、监察、审计、计生、文体、广电、药监、统计、扶贫开发、残联等部门负责人及各地镇政府为成员的县农村合作医疗管理委员会。同时，设立县新型农村合作医疗经办处（"合管办"），与县农村合作医疗管理委员会办公室合署办公，一套班子两个牌子，作为县农村合作医疗管理委员会的常设办事机构，挂靠卫生局管理。并负责新型农村合作医疗政策制定、工作指导与协调，以及新型农村合作医疗基金管理，对年度农村合作医疗基金预、决算情况进行审查等。

2. 基金运行模式

新型农村合作医疗基金实行乡筹县管制度，在县农村合作医疗管理委员会的领导下，由县财政局设立专户统一管理，并在县农村合作医疗管理委员会认定的金融机构设立新型农村合作医疗基金专用账户，"合管办"每年年初编制新型农村合作医疗基金年度预算及年末决算。财政部门负责落实各项财政补助政策，及时足额将财政补助基金安排到位，指导各乡镇人民政府组织开展农民个人筹资工作，合理预算县乡合作医疗经办机构的工作经费。做到"筹钱不管钱、管钱不用钱、用钱不见钱"的封闭式合疗基金管理方式。

民政部门则负责做好对"五保户"和"特困户"农民的合作医疗个人缴纳资金补偿及医疗救助工作。

（二）商业嫁接管理模式

"商业嫁接管理型"具体包括"商业保险模式"、"社会保险＋商业保险模式"两种类型。具体而言，"商业保险模式"是完全由商业保险公司通过市场方式运作，而"社会保险＋商业保险模式"则将商业保险运作和社会保险管理有机地结合在一起，扬长避短、通力合作，从而以最低的成本达到社会福利的最大化。

实践中，江苏江阴市、广东番禺区的新型农村合作医疗管理进行了制度创新，尝试了与商业保险的嫁接，值得引起相关部门的重视和借鉴。

1. 江阴市新型农村合作医疗管理模式

江阴市新型农村合作医疗的基本模式可以概括为"商业化运营的农民大病医疗保险"，即农民交费、政府补贴，专业化机构即太平洋寿险江阴支公司接受江阴市政府的委托运营管理农村医保资金。

具体而言，太平洋寿险公司充分发挥专业优势，对江阴农村医保资金的征缴补偿标准进行测算，拟订了合理的征缴补偿标准和办法。专门成立农村医保业务管理中心，接受市农村医保领导小组和支公司双重领导。业务管理中心选聘了35名专管员派驻各定点医疗机构，负责参保人员的政策咨询、资格核准、住院登记、转院管理以及现场现金结报支付等日常工作。业务管理中心和各定点医院之间建立远程审核结报网络平台。业务管理中心建立数据库，各定点医院设立工作站。专管员对结报人的医疗费用进行初审，然后将数据传输到业务管理中心，业务管理中心即时核准。农村医保专管员制度和远程审核结报网络平台的建立，缩短了保险公司与医疗机构的距离，既方便管控医疗保险资金的风险，又使结报补偿快捷高效、公平公正，方便了参保群众。业务管理中心还通过制定支付管理、专管员培训与管理、档案管理及信息数据管理等办法，规范了业务流程的各个环节①。

当地政府总结以往农村合作医疗的经验教训，认为政府不是理财专家，要合理使用新型农村合作医疗的资金，必须委托专业的机构来操作。在此管理理念下，太平洋寿险江阴支公司成了江阴农村医保基金的全权业务管理人。政府放权后腾出了精力去解决更宏观层面的问题，也确保了新型农村合作医疗基金的科学管理，杜绝了医保问题上的腐败行为。由于精算准确、管理手段先进，3年来江阴农村医保资金的盘子既没有入不敷出，也没有发生大量资金沉淀的情况。

2. 广东番禺区新型农村合作医疗管理模式

广东番禺区的新型农村合作医疗管理模式创新主要包括两个方面②：即"二次报销"、"依托保险公司管理"，为进一步发展我国新型农村合作医疗提供了思路。

"二次报销模式"实质上是一种商业补充医疗保险模式。番禺区市桥街大胆探索，所属8个行政村的1.13万农村人口购买了商业保险，实现了村办加保险的二次报销模式，即村集体与中国人寿保险公司签订了合同，为村民购买了商业保险，同时村民又参加了新型农村合作医疗。住院农民出院后持相关单据及证明文件到村委办理报销手续，村委根据实际报销金额计算规则向村民支付报销款后，再向保险公司索赔，索赔所得款项划入村集体账户。村民住院实际报销金额主要有两种计算规则③：其一，村民住院实际报销金额＝（住院总费用－不予报销费用）×80.00%－保险理赔金额；其二，村民住院实际报销金额＝（住院总费用－保险理赔额－不予报销费用）×80.00%。如市桥街南桥村一位村民住院共花费7万元，出院后新型农村合作医疗补偿了3万元，商业保险赔付了2万多元。

"依托保险公司规范管理"模式实质上是一种"社会保险＋商业保险模

① 江苏省人民政府办公厅：《省政府办公厅转发〈江苏保监局关于江阴市保险业参与新型农村合作医疗情况报告〉的通知》，（苏政办发［2004］110号）。

② 谢小蓉：《广州市番禺区新型农村合作医疗的实践探讨》，载《农业经济问题》2007年第2期。

③ 广州市番禺区市桥街办事处：《广州市番禺区市桥街农村合作医疗实施情况》，2005年7月4日。

式"，主要是指广东番禺区采取收支、管理账款和用拨分离的运行机制，完善委托管理模式。番禺区卫生局通过合法招标的方式，委托中标的中国人寿保险股份有限公司广州番禺支公司管理新型农村合作医疗基金。保险公司只承担管理的职责，不能利用基金赚取任何利润。番禺区财政每年拿出 200 多万元资金支付保险公司管理人员的工资和福利。保险公司根据新型农村合作医疗基金的日常支付、划拨、审核和具体运作要求，在中国银行开设专户，实行专账管理。同时，完善审计监督制度。区审计局会同财政局定期对新型农村合作医疗基金的收缴和使用情况进行审计，并向社会公布，确保新型农村合作医疗参加者的知情权。经办机构还定期向区人大、政府和监督管理委员会汇报情况，主动接受监督。

从以上的政策实践和相关理论分析可以看出，目前国内大多数地方开展的新型农村合作医疗试点工作中都采用了"政府直接管理"模式。但政府在管理新型农村合作医疗资金的过程中，都不同程度地存在资金运用不得当、有效监督机制不完善、信息处理系统不统一、财务管理和会计制度还不到位等问题。根源就在于尽管国家及省有文件要求新型农村合作医疗管理办公室（即"合管办"）的人员和工作经费要纳入同级财政预算，但目前各省份大多数县区尚未落实，已发生的费用大都靠卫生事业经费垫付，因而直接影响到其他工作的正常开展。在乡镇一级，"合管办"更是一无编制、二无经费，难以承担面广量大的新型农村合作医疗结算和报销任务。同时，由于缺乏工作经验及启动经费，还影响到新型农村合作医疗管理水平的提高，不少县尚未实现计算机管理，依靠手工审核、结报，造成报销难、手续繁等问题，很大程度上也影响到农民继续"参合"的积极性。

相对而言，江苏江阴市和广东番禺区的"新型农村医疗保险商业化经营模式"借助于商业保险公司的管理、技术和人才优势，弱化政府在新型农村合作医疗中的管理职能，实现了从"合作办医"向"合作购买医疗保险"的战略性转变。虽然就当前而言，这种比较先进的模式还只能存在于集体经济或当地财政实力比较强大的区域，如江阴市政府每年要拨付太平洋保险公司 240 万元人员及工作经费，而其他一些县（市、区）较难办到。但实践证明，商业保险公司的介入后，基本上可以解决新型农村合作医疗制度面临的两大现实困境：即"保障水平低"和"管理成本"。以河南新乡为例，卫生部门统管新型农村合作医疗业务时，管理费用为 1 000 万元，而交由中国人寿保险公司后，管理费用仅 100万元；而每人的赔付限额则提高到 5 000 元（癌症 8 000 元）的标准。即使如此，保险公司仍能保本微利。同时，由于商业保险公司在获得部分利润的同时，还可以利用社会保险所蕴含的政府信用开展医疗保险业务，并带动其他业务的发展。例如，仅 2003 年河南省参加合作医疗的 25 个试点县（市），农村人口 1 600 多万人，每人按 30 元筹资规模测算，市场就可达到约 5 亿元。因此，各类商业保险公司也有足够的积极性参与其中。目前，已有中国人寿、太平洋人寿、平安人寿、泰康人寿、新华人寿和中华联合等 6 家保险公司在江苏、河南、福建、浙江、广东、山东、山西、新疆等 8 个省区的 68 个县（市、区）开展了农民医疗保险工作，涉及参合农民 1 765 万人，试点地区平均参保率为 84%[①]。

鉴于以上分析，课题组认为，从效率的角度分析，"新型农村医疗保险商业化经营模式"必将是我国新型农村合作医疗管理模式发展的方向之一。但必须注意的是，新型农村医疗保险是政府直接管理的农村社会保障制度重要组成部分的性质不能改变，不能把新型农村合作医疗办成一种由政府资助的团体商业医疗保险。

三、整合农村医疗救助资源

实践中，农村居民的卫生健康保障体系由农村公共卫生服务、新型农村合作医疗制度和农村医疗救助制度三大部分组成。

其中，公共卫生服务体系可以强化农民疾病预防意识和"有病早治疗"的健康意识，并通过制度内的资助或救治，降低农民享受这些公共医疗服务的"门槛"。否则，如果所有农民患病后都累积成大病后再住院，新型农村合作医疗的基金收支体系将不堪重负。而农村医疗救助则是降低新型农村合作医疗就医"门槛"，帮助弥补新型农村合作医疗的制度缺陷（如前面所述，穷人可能因无法承担医疗费用中的起付线，各级政府为其统筹的资金可能间接帮扶富人，进而形成合作医疗中的"逆向补贴"现象，即合作医疗对特困人口存在着功能的弱化现象）的有力工具。

但在实践中，新型农村合作医疗制度和农村医疗救助制度分别归属卫生部门和民政部门管理。农村医疗救助的对象（主要是五保户和农村特困户）一旦患病住院后，往往需要在两个部门之间往返几次才能报销完毕。问题在于，农村医疗救助的对象往往是农村中的弱势群体，能力偏低，其往往很难掌握作为医疗救助对象的种种优惠条件，进而丧失了获得医疗保障的机会。同时，如前所述，卫生部门和民政部门也会为同一个救助对象的医疗报销问题，重复进行审核，浪费大量的人力、物力和时间。

---

① 张建平：《新型农村合作医疗：模式创新与谨防踏入的误区》，载《农业经济问题》2006 年第 4 期。

农业部农业经济研究中心课题组（2007）经过大量的实证调研后更是认为，特困人口等医疗救助对象占县农业人口的比例为5%，如果要在县里单独建立一个医疗救助制度，与新型农村合作医疗一样就需要配置相当的人力和资金，但它服务覆盖的人群很少，人均成本显然是太高了。较好的办法就是把两个制度结合起来运作，平摊制度费用后，人均成本就可以降到较低的水平①。

实践中，各地对农村特困人口和五保户的医疗救助方式主要有三种：一是帮助救助对象加入新型农村合作医疗；二是帮助特困人口等医疗救助对象越过起付线；三是特困人口等救助对象就医自缴部分过高费用的补贴。因此，新型农村合作医疗制度和农村医疗救助制度的结合方式，理论上可以划分为两种类型：

（1）将农村医疗救助信息内嵌于新型农村合作医疗。考虑到民政部门帮助救助对象交了"参合费"后，当年能享受到新型农村合作医疗补偿的救助（二次补偿）对象比例如此之低，实质上可以增加新型农村合作医疗管理机构或定点医疗机构的职责，由其负责在医疗救助对象患病住院结算过程中，附带向救助对象提供相应的医疗救助信息。

实践中，部分地方进行制度创新。例如，湖北省钟祥市"一单清"的做法值得借鉴，即农村医疗救助对象就医住院以后，出院时定点医院将开列出一个包含所有减免信息的结算单，该单据上详细列出了住院期间发生的全部医疗费用。并在各个项目下分别列出合作医疗减免多少，定点医院减免多少，以及医疗救助对象可以从民政局得到多少救助金等。

而湖北石首市则在2008年1月建立"零起付线"和"事中救助"制度。一方面，实行了"零起付线"。只要当年个人实际发生住院医疗费用，则按个人实际负担医疗费用的30%给予救助。另一方面，鼓励城乡贫困群众到定点医院就医，凡在本市定点医院住院治疗的城乡贫困群众，一律实行"事中救助"。即患者出院时，定点医院剔除合作医疗补偿（或医疗保险报销）、减免优惠、民政部门医疗救助等费用后与患者结算。剔除的费用，由定点医院先行垫付，事后与相关部门结算。"事中救助"坚持以"比例救助"为主，实行"比例救助"与"定额救助"相结合。但享受定额救助的对象必须是完全无能力或基本无能力支付个人负担费用的特困对象。

（2）将新型农村合作医疗制度和农村医疗救助制度合一管理。这种模式属于激进的改革方案，即将新型农村合作医疗制度和农村医疗救助制度从社会保障部门和卫生部门独立出来，划归新的部门，如社会发展局等统一管理。

---

① 农业部农业经济研究中心课题组：《新型农村合作医疗和特困人口医疗救助相结合的制度建设》，载《中国人口科学》2007年第2期。

典型的模式就是浙江省湖州市吴兴区的制度实践，即该区在农村中提供医疗保障服务的责任都由社会发展局来承担，由市、区两级财政投入的农村困难群众大病救助基金和新型农村合作医疗基金一起都交给社会发展局管理，但分专户使用（浙江省湖州市委、市政府，2004）。

上述模式究竟哪一个更有效率，更适应于当地的实际情况，还有待进一步的实践和总结。

四、整合农村疾病预防资源

我国农村的疾病风险化解体系，大致包括公共卫生与疾病预防、基本医疗服务（合作医疗、医疗救助等）和非基本医疗服务（商业医疗保险）三个层次。其中，公共卫生与疾病预防是农村疾病化解体系的基础，对于引导农民树立"有病早治疗"、"无病早预防"的健康和疾病预防意识，通过防止疾病的发生而从根本上降低整个人群和国家的医药费用，进而降低新型农村合作医疗基金的支付压力，有着"四两拨千斤"的效率和效果。

但在现实中，我国农村三级（县、乡、村）医疗预防机构正处于重建过程中，资金缺乏、管理体制比较混乱，彼此之间缺乏协调约束机制，影响了我国农村疾病预防与健康教育工作的进展。例如，在改革开放前，农村三级医疗预防保健网中的县、乡二级机构由县卫生局统一管理，村卫生室由村委会管理。但随着财政分税制度的实施，农村三级医疗预防网络的管理发生了变化。例如，一般由乡镇政府负责乡镇卫生院的管理和财政投入，但由于防疫并不能产生经济效益等原因，乡镇卫生院不愿承担此项义务，并通过各种方式推脱疾病防治工作的开展。此外，村卫生室也没有动力参与农村疾病的预防工作，而乡镇卫生院对村卫生室又缺乏有效的协调控制机制，无法保证其对预防保健工作的完成。上述因素显著影响了农村疾病预防控制服务的数量、质量和效率。

因此，课题组认为，公共卫生与疾病预防的项目，包括计划免疫、传染病控制、妇幼保健、职业卫生、环境卫生和健康教育等在内的公共卫生服务属于典型的公共产品，应由政府向全体社会成员免费提供。但这些公共产品提供的方式，应逐步转变为政府投入机制，将目前的以供方投入为主逐步转变为购买服务为主，借助市场的力量，建立对公共卫生服务提供者的激励制约机制，提高公共卫生服务的投入产出效率。同时，要建立农村公共卫生核算体系，可减少政府投入的不确定性，避免政府投入不足或产生高投入、低效益的问题。

第五节　能力帮扶：完善中央政府在制度中的责任边界

一、中央政府对县级政府能力建设的帮扶

在上述措施的基础上，中央政府可以考虑对县乡政府进行合作医疗能力建设的专项经费拨付。例如，新型农村合作医疗宣传专项、信息系统建设专项、村卫生所医疗设备配备专项、医生培训专项等。以分担县乡政府在合作医疗制度中的主体责任，提高其工作网络支撑能力。

从中央政府角度分析，新型农村合作医疗制度筹资包括两个方面：一是中央财政的转移支付力度；二是中央转移支付资金的补偿对象，是补医疗的供方，还是补医疗的需方。

第一个问题的实质是政府在新型农村合作医疗制度中的作用如何定位。本章认为，新型农村合作医疗制度本质上就是政府为农村居民基本医疗保险"埋单"。因此，在社会医疗资源的56%都由个人购买、政府补偿仅有17%左右，以及中央财政总额快速增长的背景下，中央加大对新型农村合作医疗制度的转移支付力度是必然趋势。其中，可以优先考虑对新型农村合作医疗的制度运行成本（包括宣传成本、筹资成本、管理成本等）进行分担或补偿。县区政府在获得这类财政转移支付后，可以直接拨付使用，也可以借鉴广东的"番禺模式"（即政府购买商业保险公司的专业化的服务，通过招标委托中国人寿保险公司承办补偿等具体业务，区政府每年向保险公司支付管理费用，而管理费并不来自农合基金，区、镇政府、村集体和个人每年筹集的资金全部用作医疗补偿）。

第二个问题的实质是政府转移支付补偿给谁的问题。一是政府投钱给供方，公众享受免费基本医疗；二是政府投钱给需方，通过医保购买医疗服务。新型农村合作医疗制度在运行中采用了"补需方"的方式。但农村医疗体系与城镇医疗体系运行平台不同，新型农村合作医疗在"补需方"的过程中，必须注意以下两个问题：

首先，"补需方"模式可能加剧供求矛盾。实践中，农村医疗服务供给水平不仅滞后于城市，而且严重滞后于农村本身的需要。显然，在农村医疗供方市场竞争不充分、供给紧缺的情况下，期望通过竞争来改进"购买服务"的质量和价格并不现实。因此，政府必须通过公立医院改革，降低民间资本进入医疗市场的门槛等配套政策，提高农村医疗服务供给的数量。否则，同样是"补需方"，

但新型农村合作医疗的政策合意性与城市医疗保险相比必然有天壤之别。

其次，"补需方"模式对医疗机构的监管工作提出了更高要求。"补需方"要求政府通过社会保障机构，向各类医疗服务提供者购买医疗服务，需要政府和农户一起对医疗服务提供者进行监督。然而，医疗问题的专业性以及由此产生的信息不对称，必然导致"防御性医疗"（降低诉讼风险）、"过度医疗"（增加医生收入）等道德风险的发生，进而对新型农村合作医疗资金支出产生重要的影响。因此，建立医生与医院行为的识别与监管机制，已经成为"补需方"模式下提高新型农村合作医疗财务支撑能力的关键。

在这方面，部分地区在经办人员的选拔上也有一些成功的探索。例如，湖北省老河口市的做法是通过自愿报名、集中培训、公开考试考核的方法，在全市范围内差额考核选拔 10 名合作医疗管理人员，并将其异地委派到全市 10 个乡镇的合作医疗经办机构从事管理工作，工资由政府统一负担和发放。这种选拔模式在全国有一定的推广价值。

二、提高农村三级疾病控制工作网络支撑能力

（一）完善农村三级疾病控制网络的管理体制

完善农村三级疾病控制网络的管理体制的基本原则是实行垂直管理，在机构上将医防分设，在工作方式上应考虑医防结合，县级医院、乡镇卫生院和村卫生室都应作为农村疾控体系的网底来开展工作，做好疫情监测和临床预防工作。

比较稳妥的方案是对农村原先的三级预防保健网体制进行完善[①]。完善后的农村疾病预防与控制网络为：县疾病预防控制中心、乡镇级预防保健队（以下简称"防保队"）和村卫生室。其中，县疾病预防控制中心负责领导和统筹管理，乡镇级"防保队"提供技术管理，乡镇"防保队"和乡村医生共同提供防保服务。

具体而言，县区疾病预防与控制工作总体上由县疾病预防控制中心负责。在乡镇一级配置专职防保人员，一般内设于乡镇卫生院，主要职责是提供技术管理；乡镇级"防保队"的人员编制、经费和业务经费都由县疾控中心负责，工作任务也由县疾控中心直接下达。乡村医生提供基本医疗和基本的防保服务。乡镇级"防保队"在提供防保技术服务的同时，还要负责对乡村医生的防保服务提供管理、监督和考核，并根据业务开展情况进行奖惩。

---

① 关于农村疾病预防保健网络完善的其他思路，参见龚向光：《农村疾病预防控制体系的重建》，载《中国初级卫生保健》2003 年第 12 期。

（二）重建村级公立卫生室，提高村卫生员的业务能力

首先，与私立医疗点相比，村卫生室在提供基本医疗服务、承担群体预防、保健知识传播、改善环境卫生活动、提供暂时的医疗帮助（如患者赊账看病或拿药等）等方面，具有不可替代的优势。因此，重建村级公立卫生室，并促进当地村级卫生室配备必要的医疗器具，提高农村居民医疗服务的可得性和可及性，进而提高农村人口的健康标准，可能是目前提高农民疾病风险化解能力的一种最有效率的投资。

其次，基本医疗保健服务并不意味着低质量的服务。中央政府应通过各种措施，尽快提高现有村卫生员的技能并培育医术更高的后备力量。调研中发现，部分地区村公立卫生室的人员数量已呈现萎缩趋势，并且现有的卫生人员中知识结构陈旧、专业水平偏低的状况比较普遍。

因此，国家应该在继续定期对现有乡村医生进行在岗培训的同时，可以考虑采取以下配套措施：

（1）设立专门的基金和制度通道，鼓励大城市中就业困难的医药类大中专毕业生，在固定期限内充实农村医疗服务队伍，并给予相应的政府补贴。在满服务期限后，可以优先录取公务员、录取公费研究生等激励措施。

（2）设立专门的基金和制度通道，鼓励大城市中已退休的部分医生定期或不定期到农村卫生室工作，或进行业务指导。

（3）分期分批从行政村选拔尚未接受专业教育的年轻卫生人员和具有初、高中文化水平的青年，进行3年左右中等专业水平的综合医疗保健教育。由国家对所需学费和生活费给予部分补贴，并提供毕业后去县医院或乡卫生院实习的机会。最后，通过考试取得乡村医生资格后，必须在限定的期限内回村从事基本医疗保健工作。

三、规范农村药品流通与监管体系

我国农村药品流通市场一向比较混乱。其中，比较突出的问题有两个方面：

一是药品质量良莠不齐，药品种类繁多，连县乡医院的医生都只能通过进药渠道了解药品的质量，更不用论及一般的农村居民。其结果是农村往往成了"假药"、"过期药"、"便宜药"的集散地。既对农民的身体健康构成了伤害，也间接增加后续的住院费用和新型农村合作医疗的负担。

二是药品生产厂商过多，不同药品之间的替代性很高，药品的技术含量不高。往往导致新药刚刚进入市场，其替代品也随即入市。这导致了药品市场的

竞争从销售市场转移到药品采购、流通领域。典型的例子就是药品与医疗技术的垄断以及医疗设备的滥用结合在一起"捆绑销售",医疗机构"以药养医"。最终结果是合作医疗定点医疗机构与其他医疗机构间"同药不同价"的情况比较严重,已经严重危及到新型农村合作医疗制度的优越性及其对农民的吸引力。

课题组认为,医药、医疗和医保是医疗保障系统中密切联系的三个子系统,在产业链中呈上下游关系,其中医疗卫生系统处于核心和枢纽地位。三者呈"一体两翼",即医疗卫生系统是主体,医药流通系统和医疗保险系统是两翼。"三改联动"不是并列关系,而是有主次之分。其中,医疗卫生体制改革是其他两项改革的前提和基础;医疗保险制度改革以医疗卫生体制改革为前提,反过来又促进医疗卫生体制改革;如果医疗卫生体制改革和医疗保险制度改革取得成功,药品流通领域的诸多问题将迎刃而解。

在理论上,如果医疗卫生制度与医疗保险制度改革取得了成功,就会形成了医疗市场"声誉"机制和第三方购买机制,促使药品市场上形成两大谈判力量:一是医疗供方,二是医疗保险机构。它们同药品供应商讨价还价将大大降低药品价格。西方国家的经验已经证明了这一点,例如,美国医院的药品价格就低于零售药店。政府对药品的监管重点在于质量和安全性,而不是药品的价格,监管的关键环节在于新药上市。

但在医疗卫生制度与医疗保险制度改革进展缓慢的情况下,为切实保护农民患者的利益,还需要政府对农村药品市场进行适度的监管和保护:

(1)可以联合药监、卫生等相关管理部门制定出台有关合作医疗医药供应商的管理办法,建立药品供应商"声誉约束"机制。

(2)建立定点医疗机构药品的集中采购、集中配送制度,并且辅之以定点医疗机构药品指导价格制度。

(3)限定定点医疗机构或药店在向农民出售医药品的同时,不但要告诉农民怎样使用医药品及相关注意事项,也应该主动承担防伪责任,告诉消费者如何鉴别医药品的真伪。既能维护农民的利益,也维护了医药供应商自身的利益。

(4)制定药品备案制度,建立药品进入农村市场须经药品监督管理和卫生部门的备案等。

四、建构农村医疗保障制度的法律规范体系

我国新型农村合作医疗制度试点过程中,采用了宣示性的、纲领性的、指导

性的规定，即"软法"①。"软法"推动了地方的制度创新，但都是原则有余，具体不足，也使制度运行受到较多的人为因素干扰。

首先，新型农村合作医疗试点方案的频繁调整本身就是制度缺乏法律保障的反映。这种频繁的调整虽然是为了完善制度本身，但同时也给政策的连续性和严肃性带来了不少负面影响。课题组在九省区调研中发现，经常有农民表示，新型农村合作医疗虽好，就怕政策变化。

其次，我国目前的新型农村合作医疗基本上处于无法可依的状态。实践中，中央对新型农村合作医疗补助资金划拨办法、各省补助资金划拨办法、新型农村合作医疗资金筹集与支付办法、定点医疗服务机构管理办法，以及资金管理制度、财务管理制度、就诊和转诊制度、医药费补偿审批制度等，都没有上升到法律法规层面。最多属于卫生行政部门的个别制度，立法级次太低，强制力不够。存在新型农村合作医疗资金筹集困难，资金使用效果难以评估以及推行困难等问题。

在合作医疗要"全面推进"的背景下，新型农村合作医疗"硬法"支持体系亟待建立。虽然我国的新型农村合作医疗制度还处在刚刚开始全面推进阶段，统一的农村合作医疗保障法还未成型。但这并不影响将已初步定型的新型农村合作医疗先行制定实施细则，包括新型农村合作医疗应遵循的原则、新型农村合作医疗的保障与主要内容、管理体制与管理职能、资金筹集各方主体的法定义务、保障项目及其标准、资金的使用与支付、监督体制与法律责任等方面作出明确的规定，使新型农村合作医疗的主要内容的法律规定具体化，以增加其一体化和可操作性。因此，相关部门可以考虑首先制定《新型农村合作医疗制度管理条例》和《新型农村合作医疗基金管理条例》两个法规。在此基础上再配套制定有关法规细则及政策措施，明确界定新型农村合作医疗制度中多个利益主体的责任、权利，从法律上保证新型农村合作医疗制度的有序、规范运行，降低制度的运行成本。

---

① 软法（Soft Law）是指没有强制约束力的类法律文件，或指在跟传统的"硬法"相比的情况下强制约束力相对弱的法律文件。

第三部分

失地农民社会
保障制度研究

第十一章

失地农民安置及其社会保障实践

中国的城市化进程，主要表现为政府主导的城市外延扩张。地方政府依靠强制行为将农民集体所有的农用土地收归国有，通过划拨、出让等形式将其转化为非农用土地。土地一级市场垄断地位保证了政府低价征用土地，把农民排除在土地增值收益分配主体之外。征地补偿标准低，征地后就业、社会保障相关配套制度缺失，产生了大量"无地、无业、无保障"的失地农民，失地农民的生活、就业和社会保障面临严峻的挑战。

第一节 土地的社会保障功能及其转换

随着长期以来的农业社会和农村经济发展模式的转换，我国农村土地的功能已经超过本质上"土地"的作用，尤其是在保障农民经济能力层面特征更明显，如地域差异性、水平阶段性和方式的多元化等。20 世纪 80 年代之前，土地资源对农村地区的农民而言，主要有两种功能：一是赖以生存的基础，二是一定程度的养老保障来源。而在此后，土地资源的作用则逐渐多元化，一是对整个区域社会具有稳定性作用；二是农民可以从其中获得收入；三是土地作为一种生产要素的功能，但此功能体现得不够显著。从发展进程分析，土地资源相对重要性逐渐上升，而以其为生存基础的农民的保障水平却没有因此而提高，尤其是社会保障问题；随着土地资源的生产效率的降低，农民群体无法从其拥有的土地中获得足

219

够的收入来实现富裕。20世纪90年代后，加速发展的城镇化和现代化，以及大规模的农村劳动力的城市化转移，农民群体的土地基础的收入是处于下降趋势，土地资源的经济收入保障和一定程度的养老保障功能则逐渐弱化。取而代之的"农地"向"商地"的转换过程，使得众多的农民成为"失地农民"，而不合理的征地补偿机制使得失地农民未获得足够的保障，补偿水平无法弥补土地资源各种"保障"功能。

国内学者对于土地承担的功能或扮演的角色的研究视角和结论众多。一种思路是从土地收益的角度理解土地的保障功能，认为农村土地的保障作用来自于土地收益，它或多或少地为农户提供了一定程度的生活保障。对苏南地区农村土地保障功能的调查（梁鸿，1999）以及对6省农户的抽样调查（樊桦，2000），都运用土地收益水平的测算方法，发现土地保障功能是客观存在的，但其保障实际能力的大小有所差别。拥有土地数量越多，土地收益越高，土地收入占家庭收入比重越大的农户，土地的社会保障能力就越强；反之，社会保障能力就越差，甚至土地现实保障作用并不存在，只给予农民极大的心理保障，典型的例子就是土地搁荒的农民进城务工，土地并没有给他们提供任何资金来源和现实保障。

从土地制度的角度理解土地的社会保障功能是认识农村土地保障作用的另一种思路，这种思路认为，我国农村土地的社会保障作用来源于现行农地制度安排。土地的社会保障功能是农村土地的社会保障的一个要素，它是以土地集体所有为法律依据，以家庭占有和耕种为现实形式，在操作层面上，一是土地集体所有，二是土地每隔若干年定期地随人口的增减变化而调整，使每个人所拥有的土地数量相等（姚洋，2000）。这样一种土地制度安排填补了农村社会保障制度的空白，它同社会保障制度相同的作用就是使生产力不至于在突发破坏性事件时（如疾病、失业等），遭到摧毁性的打击。过去政府控制全部土地资源，现在把土地让给农民，但同时把对农民的社会保障也一并让给农民（温铁军，2001）。国家通过保障农民土地承包经营权的方式，给予了农民一定"国家保障"（楼喻刚，2002）。提出土地承包30年不变的家庭联产承包责任制既是土地制度，同时也是社会保障制度（蔡永飞，2002）。

透过上述分析不难看出，不管是基于土地收益的考虑，还是基于我国农村现有的土地制度安排来看，农村土地对于农民的保障功能尽管有大小和地区差异之别，但是土地对于农民的保障功能是客观存在的，这种功能体现在土地是农民维持生活、发展生产的根本，农民一旦失去了土地，就失去了其赖以生存的保障。因此，农村土地被征用以后，如何安置失地农民以及如何建立失地农民的社会保障制度，就成为维持失地农民可持续生计的重要制度安排。

第二节　失地农民的安置方式

一、征地的安置方式与社会保障方式的关系

分析征地安置方式与社会保障方式的关系有助于明确失地农民社会保障制度的诱导性因素。实践中，征用农村集体土地，对失地农民的安置方式主要有货币补偿安置、留地安置、招工安置、社会保障安置等基本形式。从该角度出发，把社会保障方式作为两者的关系鉴别是正确的。两者的关系可以从图 11-1 进一步地显示。总结各地的安置方式，在根据当地实际情况基础上，各有优缺点，不能一概而论定性某种方式的"好"或"不好"。表 11-1 是本书根据各地政策总结的安置方式的优缺点。

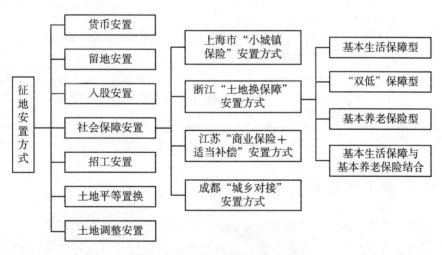

图 11-1　征地安置方式

表 11-1　　　　　　　　各种安置方式优缺点比较

安置方式	优　点	缺　点
货币安置	简单省力，直接性激励效果比较明显，失地农民接受的可能性较大	安置补偿的货币资金可能由于利息的变化而出现贬值的现象，继而使得农民安置补偿的"实际收入"降低；而与此相反，土地的价值由于稀缺性是处于不断增长的，因此土地价值"货币化"后，农民的实际需求与满足之间容易出现缺口，长期来说农民的保障水平是降低的

续表

安置方式	优　点	缺　点
留地安置	这种模式保留了农民对土地的所有，结合高水平的实物补偿，农民的长期利益因此更有保障	此方式具有区域性；产生负面的影响，增加改造投资成本；容易滋养新的"食利阶层"，对社会稳定造成威胁；非农化意识的增长对耕地是一种破坏
入股安置	长期效用性，对安置农民来说是一种持续长久的保障方式	项目选择性较强，因此实施应用的范围较窄；存在征地企业的盈利能力不确定性风险
社会保障安置	此安置模式具有较高水平的衔接性，降低失地农民的生活风险，又在很大程度上维持了社会的稳定	需要较多的资金安排
招工安置	以就业为推动机制，使得部分失地农民获得较为合理的收入来源，获得持久收入	就业单位有一定的用工要求，安置面较窄；因综合素质差，上岗竞争中可能导致再失业
土地平等置换	仍然拥有土地资源，对原有的生产和生活影响较小；切实可行地保护了现有的耕地资源	短期有效，长期来说矛盾仍然存在
土地调整安置	土地资源仍处于掌握之中，生活和生产的影响较小，这种模式是移民安置的重要支撑要素	由于土地的稀缺性特征，模式无法长期适用，而由于环境差异性，失地农民安置后的心理落差较大

二、货币补偿安置方式

这种模式是一种典型的法定安置模式，按照规定给予失地农民一次性的补偿，而之后失地农民可以以此补偿自行进行就业。新的《土地管理法》颁布之后，大量的征地地区都是以这种模式为主要的征地补偿模式。国土资源部征地制度改革研究课题组 2002 年在我国石家庄、哈尔滨、合肥、兰州、南宁等省会城市调查发现，货币安置占 100%。随机抽查浙江省 10 个征地项目，安置的农业人口 3 379 人，采取货币安置的达 94%。[①]

在我国现有的安置体系内，对于失地农民的安置主要采用的模式有两种：第一种是给予失地农民一定数额的货币的补偿，且是一次性到位；第二种同样是给

---

①　国土资源部征地制度改革研究课题组：《征地制度改革研究报告》，载《国土资源通讯》2003 年第 11 期。

予失地农民一定数额的货币补偿，但是分期到位，且由所在地的相关组织统筹安排发放。上述两种方式都是货币安置的表现，这种模式的作用机制是将依附于土地生产的农民剥离出来，在剥离过程中给予一定程度的货币补偿，更重要的是将此部分失地农民转移到非农产业中，获得更为稳定和持续的劳动收入。此模式对于产业之间发展均衡是一种促进作用，而且对于区域安置政府来说亦是简单易操作，根据相关的标准和计算公式，等级注册与规范发放即可，主体之间的经济利益关系简单且一次性可被割裂。而且从土地价值的增长趋势来分析，安置补偿的成本相对较低，并且由于农民的短期利益视角较广，通常也非常愿意接受此模式。

上述分析可以肯定，货币安置具有简单易行的优点，这使得它成为我国失地安置的主要方式，但实际运作的过程中，此模式也存在较多的问题：

第一，从补偿水平层面分析。货币补偿的水平仅仅是保障失地农民生存需求的满足，与土地后期的升值空间相比差异巨大，对土地给予农民群体的保障功能是一种削弱作用，而长远视角分析，农民的未来生活保障仅凭此水平的货币补偿是远远不够的。

第二，从安置目标性质层面分析。现行的货币安置模式仅仅是为维持或保障失地农民的生活，而对其日常的就业层面的保障却无体现。政府征收农民的土地后，使得农民直接面对竞争激烈的劳动力市场，而无"一技之长"的农民，是无法适应劳动力市场的"淘汰"机制。虽然经济发展可以为部分失地农民提供就业岗位，而实际运作过程中由于信息差异和不足，劳动力的选择机制的不完善和不恰当的竞争，使得失地农民在劳动力市场中"生存"的概率较低。不仅如此，经济增长过程中技术性要素的比例不断提升，使得"非技能型"的农民更无"岗位"可以胜任。种种不利要素的结合使得征地后大量的农民群体处于失业状态，因此征地过程中，最显著问题之一就是大部分失地农民对就业安置的不满意。

第三，从制度衔接层面分析。目前我国采用的货币安置模式是一种物质层面的生活安置方式，属于一种短期视角的安排，而与长期保障模式的"社会保障"模块的衔接是不充分的，尤其是失地农民无法从征地后的制度政策中，享受到应有的社会保障内容。社会保障的风险仅仅是依靠个体的资本储备来化解，继而风险系数较大，未来生活不确定性增强。

第四，从支付层面分析。由于我国区域经济发展的不均衡性，不同地区的安置资金的配置能力也有差异，因此对于经济能力较弱的地区，在资金支付层面可能会出现一定的困难。尤其是对于大量失地农民的一次性补偿金额，地方财政可能无法应对，可能出现补偿资金无法到账的现象。

综上所述，主流的货币安置模式是一种"物质"层面的安置，无法长远地体现出土地的保障功能，无法给失地农民提供更为有效的再生产和养老依靠的保障，失地农民群体未来的风险系数仍然较高。

三、留地安置方式

货币安置模式某些功能的缺失，使得留地安置模式逐渐发展起来，这种模式是指政府在征地时，为了支持区域集体经济发展和扩大失地农民的生产生活范围，在规划用地的范围内预留一部分建设用地给予农民，以保障其生产生活需求的模式。在现有的法律框架内，保留的土地具有集体性质，在土地的使用方面则主要体现在第二、第三产业，且不能够用于开发商品房用地。例如，留地安置最早出现在深圳特区，是货币安置的一种重要补充形式，这种补偿形式充分考虑到征地后的农民参与市场竞争的脆弱性，且无法与经济发展速度相适应，因此可能面临较大概率的贫困风险。留地安置模式则较好地匹配了经济发展的周期性，能够使得失地农民获得较为持续和稳定地未来保障。

在我国当期的经济和社会条件下，留地安置模式具有一定的应用前景，一是能够保障农民未来的生活，二是在维持失地农民的社会心态方面有积极的引导作用。不仅如此，留地安置在财政支出层面也减少了政府征地成本，避免政府出现"资金"不足的情况；预留的土地为当地的集体经济发展提供了一定的空间，促进了区域经济发展和农民的就业安置，长久和稳定地保证了农民土地的收益，土地的保障功能得到了延续与提升。

在此，需要提及的是，虽然留地安置模式与当前经济发展模式之间匹配度较高，极大程度地维护了区域内的稳定秩序，但从长远来看，这种模式不能够成为主流的安置模式，仅可能是一定经济发展阶段的过渡模式，并且还存在着较多的问题。

第一，区域性安置模式难以广范围内推行。在实施此模式过程中，应该对留地的经济价值进行测定，只有当预留地的经济价值能够为失地农民未来长久的生活提供动力，模式才能够有效实施。而此点一般情况下很难实现，一是因为预留地的经济价值与商品开发地之间一定存在较大的差异，二是市场经济的逐利性质导致预留地的经济价值受限。区域性政府对于此地的利用往往停留在出租方面，获得收益在一段时间内是比较可观的。

第二，由于出租的潜在高收益，这种模式极易出现另一个问题："城中村"普遍。这种村落的产生，与征地的程序和过程相关联，这种普遍存在的"城中村"现象对城市用地的重新规划造成负面影响。对于留地的进一步开发过程中主要涉及两种途径，一是工业用地的划分，二是商业用地的划分。尤其是在商业用地的重新规划方面。则由于集体经济财政能力有限，无法与城市规划相一致，且由于农民自身的便利性需求，很难从留地迁出，再重新设计住房，由于居住者经济条件限制无法与城市规划相一致，导致"城中村"的异象出现。

第三，这种留地在一定程度上是经济利益空间的驱动，使得大规模的耕地"非农化"，缺乏对我国稀缺耕地的保护。在一定利益需求的驱使下，很多地方政府为了保障集体经济发展，通过很多渠道使得"耕地"商业化，转换成建设用地，获取高额的收益。而传统层面农民的土地使用是为了未来的保障，此举无法从农民视角出发。在征地过程中，农民不再为补偿担忧，更多的是为留地规模的多少，是一种"非正常"的状态。

四、招工安置方式

与留地安置模式的经济利益驱动性不同的是，政府实施的"招工安置"模式，出发点是为了保证失地农民长久的利益，即通过就业技能培训来提高失地农民的收入水平和扩大收入渠道范围。这种模式最大的特点是失去土地保障之后，能够有份稳定收入的工作。这种方法是一种传统制度，但在当今的失地安置过程中很难得以实现。

传统的计划经济环境，使得政府实施的征地获得一般包含两层内容，一是对象的户口的转移，二是对象的就业安置。一般情况下，失地农民都可以从政府获得工作，且可以按照制度要求获得规定的福利待遇。随着经济和社会的变革，市场经济下的效率要求使得征地后的失地农民的社会福利收益消失了，而传统层面的户籍不再成为一种福利待遇，因此征地后的保障措施差异性较大。现行的招工安置模式与传统相比也同样面临着诸多困境，一是企业发展和改革过程需要大量技术性工人，但农民群体无法满足企业的用工要求；二是就业安置后的农民，在其他方面的政策优惠措施则无法享受，因此从长远视角出发很多群体不倾向于接受这种就业安置模式。经济发展驱动下户籍制度的改革，市场经济驱动下企业现代化的趋势，使得多年以来一直使用的就业安置模式无法适应当前的发展，受到阻碍的要素增多。

第三节　失地农民社会保障实践

为失地农民建立社会保障，成为安置失地农民的一项重要制度安排。失地农民的社会保障问题，一直是在征地过程中政府考虑的重点问题，而社会保障安置模式，主要是指政府实施征地活动之后，根据政策规定不再向失地农民支付"补偿费"，而是将原"补偿费"与当地社会保障部门的社会保障制度举措进行结合，开设农民个体或集体的"安置"账户，对于失地农民进行统一的社会保障缴费，并转换成为个人的社会保险账户，当失地农民达到退休阶段时，从社会保障部门获得月供形式的养老金。从我国社会保障发展趋势来分析，失地农民与社会保障之间的融合，可以进一步扩大我国社会保障的覆盖面，加快全覆盖社会保障体系建设的进程。在此趋势的影响下，我们有不少地区已经开始探索这种新的模式，例如，浙江省的失地农民社会保障建设，上海、广东和江苏等地也相继进行实质性的探索。

一、上海市"小城镇保险"安置方式

2003 年 10 月，上海市从社会保障现实发展的需求出发，依附城市化进程加速的趋势来解决失地农民的社会保障问题，且此举亦是城市就业的客观需求，在众多考虑之下，市政府出台《上海市小城镇社会保险暂行办法》（以下简称"镇保"），并做出"完善城保、推进镇保、淡出农保"的发展战略，将失地农民纳入小城镇社会保险制度体系，并把小城镇保险作为上海市社会保险制度的目标模式，由此解决了"城保"和"农保"制度难以适应失地农民社会保障需求的难题。《暂行办法》明确了商业征地补偿费用的用途，将失地农民的社会保障费用作为补偿费用来替代，即规定征地补偿款首先为失地农民缴纳不低于 15 年的养老保险，目的是为了确保失地农民在年老后的生活和医疗保障。

"镇保"是保障水平处于"城保"和"农保"之间的一个中间层次的社会保障制度。"镇保"的总体架构可以概括为"25% + X"，其中 25% 是"镇保"的基础部分，即国家层面规定的"五险"，主要用于保障群体的基本生活。X 是"镇保"的补充保险部分，作用具有多样化，例如，可以从养老、医疗和生活等方面给失地农民一定程度的补贴，此部分费用则由企业和群体自身的经济条件有

选择性的参与。① "镇保"的特点主要有：一是失地农民参与保险的缴费基数较低，可以最大程度覆盖全部群体。失地农民养老保险缴费比例为17%②，缴费基数确定为上年度全市职工年平均工资的60%，基本保险部分的费率降为24%。这种缴费率的设计可以有效地为低收入的群体进入到社会保障体系提供可行路径，而且也能够为政府扩大社会保障覆盖面而减少很多成本的支出。二是制度设计有弹性。基础部分是国家强制性规定，补充部分则是自主性选择参与，具有灵活性，且缴费的水平也不限制，使得整个制度弹性较大，可以应对较为复杂的情况。但补充部分的缴费基础则仍沿用"城保"规定，企业上一年度职工总的工资水平是企业的缴费基础，个人则仍然以上年度的工资收入为缴费基数，比例为23.5%以内，企业和个人的缴费情况不一致，企业是税前，而个人不缴纳。三是覆盖面广。由于"镇保"具有低平台和有弹性的特点，此特征为社会保障覆盖面的扩大提供充分的支撑条件。这种措施可以同时容纳两种群体，将新旧两种失地农民同时纳入到社会保障体系范围之内，实现全方位的失地农民的社会保障。

这种模式可以有效地保障失地农民的基本生活和利益，在政府制度范围内，征地补偿费用用以缴纳基本的养老保险费，当其达到享受条件时，可以从政府层面获得帮助，此举一定程度上降低了失地农民的就业风险和收入风险。同时这种模式很大程度上提高了失地农民对于风险的保障意识，促进其加速融入市场化的进程，并且很大程度上改变了就业观念。只有获得市场认可的就业才是对自己未来最好的保障。

二、江苏省"商业保险+适当补偿"安置方式

江苏省推行的以"商业保险+适当补偿"的安置方式以苏州市最为典型。2001年8月，苏州市被定为首批征地制度改革试点城市，在全市范围内推行商业保险与一次性货币补偿相结合的安置方式。苏州市将失地农民按照年龄进行分段并且确定为三种安置对象：（1）被抚养人，年龄在16周岁以下；（2）剩余劳动力，女性16～35周岁，男性16～45周岁；（3）被赡养人员，女性35周岁以上、男性45周岁以上，以及残疾人。三种安置对象的数量，按征用土地前失地单位上报三部分人员各占在册人员总数的比例确定。在安置的过程中根据失地农民的特征给予不同的安置策略，采用不同的补助方式：第一类群体以货币安置为

---

① 上海市人民政府：《关于印发〈上海市小城镇社会保险暂行办法〉的通知》（沪府发［2003］65号）2003年10月18日。

② "17%"是失地农民养老保险缴费比例，它和一般社会保险缴费比例的含义是相同的。

主，征地补偿费用则由当地的服务机构在规定的期限内支付给第一类群体的监督人，且与其签定相关的执行协议，标准是 6 500 元。第二类群体亦是货币安置为主，基本标准是人均 13 000 元，根据年龄段的不同，男性 40~45 周岁、女性 30~35 周岁年龄段群体，则可以另外享有 5 000 元医疗保险费。补偿费用仍然由相关规定的服务机构在规定的时间内支付给个人，其中失地农民可以实现自主多样化的就业，而医疗保险费用则直接由服务机构代为管理并可以按照规定进行投保，在失地农民医疗消费期间给予补偿。第三类群体主要是实行商业性质的保险赡养安置策略。合格的服务机构为此类群体统一购买保险，失地农民的保障则由保险公司来承担，标准是人均每月 170 元。

2003 年 10 月，江苏省通过了《江苏省征地补偿和失地农民基本生活保障试点办法》，同年 12 月，省政府下发了《关于调整征地补偿标准的通知》，新办法与新的征地补偿标准自 2004 年 1 月 1 日起实行，其中对征地补偿标准、失地农民基本生活保障资金的来源、保障标准都作了具体的规定。[①]

由于实施过程中复杂情况考虑不全面，现行的失地农民安置策略中的货币安置模式是相对比较简单的，具有短暂性，不具有长远性，而失地农民的实际需求是具有层级性且各个层级的需求是具有差异性的。实施过程中穿插的就业安置模式，在制度设计方面是为了保障失地农民长远利益，但是适用的范围较窄，虽然将土地的补偿费用一定程度转换成未来的养老保险费用，但是无法替代土地的保障功能，对于失地农民长远生计的支撑力度也不足。

三、成都市"城乡对接"安置方式

经济发展的增速使得成都市的城市化比例达到了 35.6%，而这种速度背后是大量的征地活动，继而失地农民群体的规模也越来越大，社会发展问题和经济资源配置等问题也日益凸显。为了解决此问题，政府从多方面进行了创新性的探索。

按照过去的安置经验，成都的失地农民安置也分为不同类型，对于农业转为非农就业的农民最多可以获得 1.8 万元的货币安置费，但是按照此标准进行相关的养老保险金折算，预期寿命为 72.6 岁的失地农民退休后每月获得的养老金仅为 60 元，与当地的城镇最低工资相比差距较大，与城镇基本养老保险的中等水平相比差距更大。在这种巨大差异驱动下，很多农民对此持有不满态度，在此背景下政府出台了新的失地农民的社会保障安置政策，新旧政策相比具有下列特

---

① 卢海元：《苏州市失地农民社会保障制度改革调研报告》，http://www.cals.net.cn.

征：一是增加失地农民进入城镇基本养老保险体系的机会。在失地农民中年龄较大的群体一般都会获得一定年限的养老保险和医疗保险。只要累计缴满15年的养老保险费用，失地农民即可享受国家层面的养老保险金的调整和基本医疗保险，并且政府征地过程中可以为失地农民一次性缴纳养老保险费用和一定水平的补贴。二是将失地农民按照年龄段进行划分，主要分为5种类型的群体，并且采取相关措施鼓励年轻农民更多的参与就业安置模式，对于年老农民则主要以社会保障安置为主，将超龄的农民则直接纳入社会保障的范畴之内。

2004年1月1日以后，处于劳动年龄阶段的农转非人员，政府的主要措施就是激励其进行就业。对超龄的失地农民，政府的主要措施是保障其基本生活需求的满足。相关部门一次性将征地补偿费用发放到农转非账户里，并以此为群体缴纳基本养老保险和医疗保险。为了鼓励失地农民的就业动力，政府对那些可以参与劳动力市场的农民进行就业补助，按照年龄的分段来提供就业补贴，一次性补助的金额在6 000~20 000元不等。在参与就业过程中，仍然享受城镇的保险待遇。为了保持政策公平性，政府对于1991~2003年的40万失地农民进行了另一种补偿模式，即"土地换保障，退费进社保，政府给补贴"模式。在这种模式中，年龄阶段的不同、失地时间的差异和自愿状况都给失地农民的社会保障参与过程带来差异，政府根据此类的差异性，不同阶段的为失地农民一次性缴纳社会保险费用，将其纳入到社会保障体系内。

这种安置模式的创新性之一体现在参与社会保障的缴费模式，不仅根据对象的特殊性降低了缴费门槛，而且在很大程度上顺应了农民到市民的转变，是整合城乡社会保障大趋势的重要支撑，不仅有利于实现城乡社会保障待遇的平等性，而且极大程度地维护了群体的利益，推动城镇化的进程。

四、浙江多样化的社会保障安置方式

2003年5月，浙江省劳动和社会保障厅、国土资源厅、财政厅、民政厅、农业厅等五部门联合下发了《关于建立失地农民基本生活保障制度的指导意见》，确定了保障对象、保障重点、筹资模式、待遇享受标准，提出了分类保障的具体要求和培训就业等政策意见。浙江省建立的失地农民基本生活保障制度，与城镇基本养老保险之间是一种补充与协调的关系。这一制度对失地农民社会保障确立了三种方式：基本养老保障；基本生活保障与社会保险相结合；少数地方有条件的，直接纳入城镇"社保"体系。

失地农民的社会保障制度重点放在养老风险的防范上，而且对养老保障方面的规定也比较全面、详细。根据各地制度设计的基点不同，浙江省失地农民基本生活保障制度，大体分为以下四种类型。[①]

（一）基本生活保障型

基本生活保障型的依据是城镇区域内实行的最低生活保障制度，保障的集中点在失地农民日常生活和基本生活需要上。这种模式与区域经济发展紧密结合，为了体现经济发展差异性，这种模式的缴费是多档次性，缴费档次、保障水平和账户分类之间是充分衔接的。与城镇基本保障一致的是缴费来源由三部分组成：个人、集体和政府。其中前两个主体缴费直接进入农民的个人账户，后一个主体缴费则为统筹账户。而在实际运作过程中，个人账户资金使用优先原则，不足部分从统筹资金账户和风险准备金中开支。若保障对象去世后，个人账户中的本息余额可以由其法定继承人或指定受益人继承。个人账户的计账利率按一年期银行同期存款利率确定。

目前属于这种类型的城市包括：浙江省的宁波市、温州市、绍兴市、金华市、湖州市、舟山市、丽水市等 7 个市（含辖区）和大部县（市）。如温州市的主要做法是：年龄未满 60 周岁的失地农民基本生活保障金缴费标准分为 3 档：1 档为 4.68 万元，2 档为 4.14 万元，3 档为 3.6 万元；年龄满 60 周岁及以上人员的缴费标准分别按年龄分为不同的档次。失地农民在参保时可自行选择其中一档，选定参保后，不再变动。根据缴费标准的档次，按月享受的基本生活保障待遇相对应分为 3 个档次。2004 年确定的按月享受待遇标准为：1 档 260 元，2 档 230 元，3 档 200 元。失地农民基本生活保障金的缴费标准和待遇标准，根据该市经济发展和银行利率变动等因素适时调整。失地农民基本生活保障所需资金由政府、集体和个人三方共同出资筹集。其中，政府承担 30%，集体承担 40%，个人承担 30%。如失地农民参保时自行选择 2 档或 3 档缴费标准的，政府仍按 1 档缴费标准的 30% 承担。2004 年 1 月 1 日开始，土地征用时，属劳动年龄段以上（60 周岁及以上）的失地农民，按标准和要求一次性缴纳基本生活保障金后，次月起享受基本生活保障待遇；属于劳动年龄段内（16 周岁至 59 周岁）的失地农民，按标准和要求一次性缴纳基本生活保障金后，年龄满 60 周岁开始享受基本生活保障待遇。2003 年 12 月 31 日前土地已被征用的农民，从通知实施之日（2004 年 2 月 5 日）起，凡年龄在 60 周岁以上的，按标准和要求一次性缴纳基本生活保障金后，次月起享受基本生活保障待遇。以后每年新增的年满 60 周岁的失地农民，在按标准和要求一次性缴纳基本生活保障金后，享受基本生活保障

---

① 杨翠迎：《失地农民养老保障制度的实践和探索——基于浙江省实践》，载《人口与经济》2004年第 4 期。

待遇。[①]

"基本生活保障型"具有储蓄性的特点，对政府财政带来的压力相对较轻，而且新老失地农民的待遇没有差别，不容易引发矛盾，比较适合农村经济发展水平低的地区。但是，保障水平较低，保障程度有限，难以保障失地农民的合法权益，而且还面临将来如何与城镇社会保障体系接轨的问题。

（二）"双低"保障型

失地农民群体与城镇居民的差异性之一就是收入水平较低，将此因素在保障体系设计层面考虑，可以有效地保障失地农民的利益，但同时又要与基本养老保险体系进行相互间的协调。为此，政府进行保障模式创新时，应根据城镇基本养老保险体系"低缴费和低收益"的层面来设计失地农民的社会保障办法。与城镇保障类似的是保障的基金来源三大主体：个人、集体和政府。

浙江省杭州市和台州市采取"双低"保障型。如杭州市对失地农民实施的基本养老保险办法为：劳动年龄内的农转非人员依照城镇职工基本养老保险法律、法规及其他有关规定参保，按"低标准缴费、低标准享受"的规定，一次性缴纳基本养老保险费。其缴费年限为15年，缴费基数为缴费上年全省职工平均工资，缴费比例为19%。养老保险经办机构为按低标准缴费的农转非人员建立个人账户，建账规模为8%，全部作为个人缴费基数记入个人账户。低标准享受的农转非人员按月领取的基本养老金，由基础养老金和个人账户养老金组成。基础养老金月标准为退休时的上年全省职工月平均工资的20%乘以缴费系数；个人账户养老金月标准为个人账户储存额的1/120；缴费系数为0.70。按上述计发办法领取的养老金（含物价补贴）低于410元/月的，补足至410元/月。农转非人员在劳动年龄内办理农转非手续后，按照有关规定参加城镇基本医疗保险。农转非人员就业后，由用人单位按规定办理参保，享受职工基本医疗保险待遇；未就业的，由个人按城镇个体劳动者参保规定办理参保，享受城镇个体劳动者基本医疗保险待遇。对于征地时未达到劳动年龄的人员（包括在校学生），或已经超过劳动年龄的人员，按征地补偿规定实行货币补偿，作为其基本生活来源。农转非人员家庭人均收入低于城镇居民最低生活保障标准的，可申请享受城镇居民最低生活保障待遇。农转非人员一次性缴纳的失业保险费和低标准基本养老保险费，其缴费总额的70%在征地安置补助费和征地补偿费中列支，30%在

---

① 温州市人民政府：《关于建立温州市市区失地农民基本生活保障制度（试行）的通知》（温政发〔2004〕3号）。

土地出让金收益或社会保险后备金中列支。①

"双低"保障型的缴费范围较广，将失地农民纳入城镇职工基本养老保险体系，保障水平比较高，农民积极性也较高，是社会保障走向城乡一体化的制度安排。但主要问题在于"社保"基金的平衡缺口较大，财政"兜底"的压力较大。此模式的成功实施需要两大要素的支撑：一是强有力的经济发展水平，二是较高的城市化水平。而设计的最终目标是整合城乡的基本社会保障体系，实现社会保障体系的全面覆盖。失地农民社会保障体系中的基础养老金和个人账户养老金都是与城镇职工的平均水平工资有一定的关联性。杭州良好的经济发展条件使"双低"保障型实施成为可能，该模式从个人账户管理办法、给付水平以及养老金调整方式上体现了其与城镇职工基本养老保险对接的特性。

（三）基本生活保障与基本养老保险结合型

此种类型按照失地农民不同的年龄段、失地程度及就业状况等区别对待，不同的情况实行不同的制度。

浙江省衢州市采取这种类型。衢州市失地农民的保障分为三种情况：（1）基本生活补助。按基本生活补助标准缴纳的失地人员，男性年满 60 周岁，女性年满 55 周岁，可以按月领取基本生活补助金。村集体和个人按缴费基准的 30% 缴纳基本生活补助费的，基本生活补助金月标准为 120 元，缴费标准每提高 5%，基本生活补助金月标准相应增加 10 元。基本生活补助金每年正常增加额按基本生活保障金调整标准减半执行。（2）基本养老保险。失地人员参加基本养老保险的，按规定标准缴纳基本养老保险费。缴费标准分两档：A 档 37 000 元，B 档 33 000 元。失地人员在办理手续时以村为单位自行选择其中一档，一经选定，不再变动。所需资金由政府、村集体和个人共同负担，其中政府补贴 30%，从土地出让金中列支；个人负担不低于 25%；其余部分由村集体缴纳。有经济条件的村可以提高村集体的缴费标准，并可相应提高失地农民基本养老保险待遇。提高缴费标准所需资金从村集体土地补偿金及村集体资产变现等收入中支出。个人和村集体缴纳的基本养老保险费由社会保障局为其建立个人账户，并按同期银行一年期存款利率计息；政府补贴部分进入社会统筹账户。领取基本养老保险金的年龄为男性年满 60 周岁，女性年满 55 周岁。基本养老保险金支付标准对应缴费标准相应分档，月标准分别为 A 档 230 元，B 档 200 元。关于基本生活保障与基本养老保险的政策衔接，衢州市的具体规定是：已办理"农转非"手

---

① 杭州市人民政府：《关于市区征用土地农转非人员就业和社会保障的若干意见》（杭政 ［2003］ 7 号）。

续且未达到企业职工法定正常退休年龄的失地人员，在办理失地人员基本生活保障（补助）手续后，可按城镇自由职业者参加城镇职工基本养老保险，并将原缴纳的基本生活保障（补助）费（包括政府补贴部分）折算成城镇职工基本养老保险缴费年限。对在办理失地人员基本生活保障（补助）手续前已参加城镇职工基本养老保险的，将缴纳的基本生活保障（补助）费折算成城镇职工基本养老保险缴费年限。在办理基本生活保障（补助）手续时即选择参加城镇职工基本养老保险的，不分征地时间和办理基本生活保障（补助）手续的先后，同一缴费基准的同等缴费额折算成同等缴费年限。在折算缴费年限时适用的市本级平均工资，可按 2002 年度市本级平均工资的 80% 计算；企业正常缴费比例可按 2003 年的缴费比例（28%）计算，其中，折算后推算补缴的年限属于 2002 年度及以后的，允许按 2003 年基本养老保险"双低"办法的缴费比例（19%）折算。在办理基本生活保障（补助）手续时选择不参加城镇职工基本养老保险、以后又提出或选择参加城镇职工基本养老保险的，以办理折算手续时的当地上年职工平均工资和当年企业职工正常缴费比例进行折算。[1] "基本生活保障与基本养老保险结合型"充分考虑到失地农民的经济状况，为他们设立了可供选择的基金模式，缴费水平和给付条件结合失地农民的失地状况、就业状况、经济条件区别对待。这种保障模式是一种有差别的制度安排。它与基本生活保障型相比，保障水平有了提高；与基本养老保险型相比，对财政的压力没有那么大，既减轻了政府承担的责任，又有利于保持基金的收支平衡，有可能代表了失地农民社会保障制度发展的一种方向。

（四）失地农民借鉴或纳入基本养老保险型

这种类型是参照城镇职工基本养老保险办法设计。该类型的模式构建原则是权责对等，主要采用的是个人账户形式，且金额与缴费年限、指数和经济发展水平之间挂钩。失地农民从此类模式中获得收益水平较高，最终目标是与城镇基本养老保险进行有效的融合。

浙江省仅有嘉兴市采取这种类型。该市对在征地时达到退休年龄（即男性年满 60 周岁，女性年满 50 周岁）的失地人员，户口"农转非"，并为其一次性缴纳 15 年养老保险统筹费，与劳动部门签订协议后从次月开始按月发放养老金。享受标准为每人每月 398 元。对征地时男性 45～60 周岁，女性 35～50 周岁的失地人员，户口"农转非"，并为其一次性缴纳 15 年养老保险统筹费，到退休年

---

[1] 衢州市人民政府：《关于印发〈衢州市区失地人员基本生活保障试行办法〉的通知》（衢政发[2003] 46 号）。

龄后，按月发放养老金。退休前每人每月发给生活补助费和医疗包干费 160 元。对在征地时男性 16～45 周岁，女性 16～35 周岁的失地人员，户口"农转非"，采用自谋职业加养老保险，一次性发给每人自谋职业费 8 000 元，并按其在农村劳动年限（从 16 周岁开始计算），每满一年为其购买一年的养老保险统筹费，最高为 15 年，同时领取《失业证》，失业时可享受城镇集体企业下岗职工的优惠政策。对在征地时未满 16 周岁以下的对象，一次性发放征地安置补助费。补助基数标准为：每人 3 000 元，每增长一岁增加 200 元。[①] 嘉兴市的安置政策基本解决了失地农民的后顾之忧。

该种保障模式地方财政需要对失地农民参加基本养老保险进行补偿，也就是失地农民自己缴纳了部分养老保险费之后，其余部分要由财政弥补，因此，对地方财政造成了一定压力。实施这种保障权利与缴费义务相对等的模式需要成熟而完善的制度基础。对嘉兴市来说，早在 1993 年就开始了征地补偿安置制度的改革与探索，是我国失地农民社会保障制度建设的先行地之一；1998 年 12 月，嘉兴市颁布了《土地征用人员分流办法》，正式为失地农民开办了基本养老保险。从 1993 年 5 月～2003 年 9 月，嘉兴市区规划区内累计征地 6.5 万亩，已纳入养老保障范围人数共有 3.43 万人，其中已享受社会保险待遇的有 1.53 万人，没有出现因安置政策不当而引发的集体上访事件。在保障制度步入稳步发展阶段后，提出缴费义务与享受权利对等的基本养老保险模式，成为嘉兴市失地农民社会保障制度发展的必然趋势。

从上述几种不同安置方式的效果看，养老保险方式虽然标准不高，但对失地农民最为长远、保险和可靠，而其他方式均存在诸多不确定因素。因此，同样是失地农民，却因为安置方式的不同而保障不同，造成了失地农民之间事实上的不平等。处理好失地农民安置政策的衔接问题是今后全面铺开失地农民养老保险制度必须面对的重要问题。

---

① 嘉兴市人民政府：《关于贯彻浙政发［2003］26 号文件的若干意见》（嘉政发［2004］67 号）。

第十二章

失地农民货币收入与社会保障的引致需求分析

土地被征用，失地农民得到相应的补偿款，但失地也意味着农民失去较低的生活成本，必须要有社会保障制度来分散失地后的各种社会风险。本章认为失地农民货币补偿收入所得及其结构是引致失地农民参加社会保障制度需求的重要因素，即建立失地农民社会保障制度的资金来源，主要依靠货币补偿所得。

第一节　失地农民货币补偿收入结构分析

个人利益在集体和国家利益面前是可以牺牲的意识是传统观念的核心之一，而市场经济机制的引入与深化，这种意识有必要发生一定程度的转变。在失地农民的补偿过程中，政府的经济利益是考虑的重点之一，但是仍然要考虑的重点就是国家对失地农民的责任和义务，失地农民利益也非常之重要。在均衡考虑主体之间利益分配基础上，一是征地补偿的金额不能够超过地方政府的承受范围；二是征地过程中要体现公平和公正，不能在机制设计层面体现明显的不公平。被征地群体的补偿不能够低于征地前的收入水平，即补偿水平要与经济发展动态之间进行匹配。

《土地管理法》第47条规定了各地的征地补偿标准：征用土地的，按照被征用土地的原用途给予补偿。征用耕地的补偿费用包括土地补偿费、安置补助费，以及土地上附着物和青苗的补偿费。

对征地补偿标准的规定，可用如下公式进行描述[①]：

$$P = P_0 + A_1 + A_2 \qquad (12-1)$$

式中，P：农村土地所有权价格；

　　　P_0：土地补偿费；

　　　A_1：安置补助费；

　　　A_2：青苗及附着物补偿费。

一、土地补偿费

《土地管理法》规定按照被征用土地的原用途确定土地补偿费。征用耕地的土地补偿费为该耕地被征用前三年平均年产值的 6~10 倍，征用其他土地的土地补偿费标准，由各地参照征用耕地的土地补偿费标准。土地补偿费 P_0 的计算公式可表示为：

$$P_0 = \frac{1}{3} \cdot n \cdot \sum_{i=1}^{3} \frac{Z_i}{M} \qquad (12-2)$$

式中，P_0：土地补偿费；

　　　n：土地补偿系数（$n=6$，7，8，9，10）；

　　　Z_i：第 i 年该土地上的年总产值；

　　　M：该土地的面积（公顷）；

　　　i：第 i 年（$i=1$，2，3）。

二、征用耕地的安置补助费

我国《土地管理法》的征地补偿费用计算主要是以现有统计的农业人口数量来计算耕地的征收补偿。需要安置的农业人口数，按照被征用的耕地数量除以征地前失地单位平均每人占有耕地的数量计算。每一个需要安置的农业人口的安置补助费标准，为该耕地被征用前三年平均每公顷年产值的 4~6 倍。但是，每公顷被征用耕地的安置补助费，最高不得超过被征用前三年平均年产值的 15 倍。征用其他土地的安置补助费标准，也是由各地参照征用耕地的安置补助费标准。安置补助费的计算公式可表示为：

$$A_1 = \frac{1}{3} \cdot n \cdot \sum_{i=1}^{3} \frac{Z_i}{M} \qquad (12-3)$$

[①] 刘永湘等：《农村土地所有权价格与征地制度改革》，载《中国软科学》2004 年第 4 期。

式中，A_1：安置补助费；

n：土地补偿系数（$n = 6$，7，8，9，10）；

m：每亩土地负担的人口数（征地前人均占有耕地数量）；

Z_i：第 i 年该土地上的年总产值；

M：该土地的面积（公顷）；

i：第 i 年（$i = 1$，2，3）。

三、地上附着物和青苗补偿费

如果被征用的土地尚生长着不到收获期的农作物（包括大田作物、经济作物、蔬菜等）以及有其他附着物，征地单位应根据农作物的预测产量支付相应的青苗补偿费和其他附着物补偿费。青苗及附着物的补偿标准由各地规定或根据实际情况确定。一般可用下面的公式计算：

$$A_2 = N \cdot Q \cdot X \qquad (12-4)$$

式中：A_2：青苗及附着物补偿费；

N：农作物产量及附着物数量；

Q：农产品单价及附着物价格；

X：补偿成数。

由此，补偿标准的完整公式可以表示为：

$$P = \frac{1}{3} \cdot n \cdot \sum_{i=1}^{3} \frac{Z_i}{M} + \frac{1}{3} \cdot Z_i \cdot m \cdot \sum_{i=1}^{3} \frac{Z_i}{M} + N \cdot Q \cdot X \qquad (12-5)$$

四、失地农民补偿款项所得

从调研数据来看，按照上述公式计算的征地补偿标准，不管是底线还是封顶线，都不足以保持失地农民原有的收入水平，不足以弥补农民因失去土地而带来的机会损失。按照我国东部地区一般耕地年产值每亩 800 元计算，土地补偿费和安置补助费两项之和仅有 8 000 ~ 12 800 元，即便是达到法律规定"不得超过"的 30 倍，农民每失去 1 亩土地的补偿也不过 24 000 元，仅相当于 2002 年东部地区农民人均纯收入（3 400 元）的 7 倍。也就是说，即使按照当前法定的最高标准，也仅仅相当于东部地区农民 7 年的纯收入。[①]

---

① 孔祥智、王志强：《我国城镇化进程中失地农民的补偿》，载《经济理论与经济管理》2004 年第 5 期。

　　根据国家统计局对 16 个省（自治区、直辖市）2 670 个失地农户的调查，约有 46% 的农户失地后收入下降。被调查农户的人均纯收入，耕地被占用前平均为 2 707 元，被占用后平均为 2 884 元，增长 6.5%。其中，增加的占 45%，持平的占 9%，下降的占 46%。被调查农户中，湖北约有 56% 的农户收入水平比占地前下降，河南开封县 83% 的农户收入下降①。调查结果显示，离城市较近的农户收入有不同程度的增长，主要原因是大中城市郊区有较多的就业机会，这些农民本来就没有把土地作为收入的重要来源。而且大中城市郊区征地补偿的标准较高，如果不考虑土地对这部分农户未来收入的贡献，征地补偿实际上大大提高了即期收入水平。收入减少的农户，大多是农业县的纯农业户，这类农户除了农业生产活动外，基本没有其他的生产经营活动，耕地减少，收入自然也随着下降；再加上这类地区一般都是财政困难的地区，经过层层克扣，补偿费用到农户手中已经所剩无几。

　　在收益分配中，地方政府往往得到的收益最多，而农民得到的收益最少。有学者根据在浙江绍兴的调查，对收益分配情况作了测算。如表 12 – 1 所示。②

表 12 – 1　　　　一平方公里土地在非农化过程中的收益及分配

农用地：

（1）农用地价格	$100 \times 10^4 \text{m}^2 \times 21.75$ 元/$\text{m}^2 = 2\ 175$（万元）

土地征用：

（2）土地征用价格	$100 \times 10^4 \text{m}^2 \times 53.93$ 元/$\text{m}^2 = 5\ 393$（万元）
（3）村集体及农户的总收益	$539 \times 370\% = 3\ 775$（万元）
（4）村集体及农户的纯收益	$5\ 393 - 2\ 175 = 1\ 600$（万元）
（5）地方政府的纯收益	$539 \times 330\% = 1\ 618$（万元）
（6）可供应土地总面积	$100 \times 10^4 \text{m}^2 \times 58.3\% = 58.3 \times 10^4 \text{m}^2$
（7）建设用地总收益	$58.3 \times 10^4 \text{m}^2 \times 386.74$ 元/$\text{m}^2 = 22\ 547$（万元）
（8）扣除基础设施等建设成本的总收益	$58.3 \times 10^4 \text{m}^2 \times 212.61$ 元/$\text{m}^2 = 12\ 395$（万元）
（9）扣除征地成本的纯收益	$12\ 395 - 5\ 393 = 7\ 002$（万元）
（10）地方政府的纯收益	$700 \times 270\% = 4\ 901$（万元）
（11）中央财政的纯收益	$700 \times 230\% = 2\ 101$（万元）

非农化过程中的收益分配：

（12）土地非农化过程中的纯收益	$1\ 600 + 1\ 618 + 4\ 901 + 2\ 101 = 10\ 220$（万元）
（13）村集体及农户的纯收益及所占的比例	$1\ 600$ 万元，占 15.66%
（14）地方政府的纯收益及所占的比例	$1\ 618 + 4\ 901 = 6\ 519$（万元），占 63.79%
（15）中央财政的纯收益及所占的比例	$2\ 101$ 万元，占 20.56%

---

　　① 国家统计局农调总结：《失地农民的困难、心态和需要解决的问题》，http：//www.sannong.gov.cn，2003 年 10 月 22 日。

　　② 贾生华、张红斌：《中国农地非农化过程与机制实证研究》，上海交通大学出版社 2002 年版。

在调查中，抽样选择 B 县作为样本，在 B 县土地农转非过程中，政府集团所得近 68%，而农民集团所得仅占 32.17%。土地农转非过程中农民所得构成如表 12 – 2 所示。

表 12 – 2　　　　　　土地农转非过程中农民所得构成

数额 ＼ 类别	土地补偿费和安置补助费	青苗补偿费	树苗等土地附着物补偿费	拆迁地面附着物的奖励费	合计
绝对额（元）	29 683.5	270.7	4 290.0	220.0	34 464.2
相对额（％）	86.1	0.8	12.5	0.6	100

资料来源：吕彦彬、王富河：《落后地区土地征用利益分配——以 B 县为例》，载《中国农村经济》2004 年第 2 期。

第二节　失地农民社会风险甄别与社会保障引致需求

一、失地农民面临的社会风险甄别

我国农村社会保障制度应基本保障农村居民的生有所靠、病有所医、老有所养，也就是社会保障项目中的最低生活保障、医疗保险和养老保险。从失地农民的家庭生活压力溯源入手，失地农民的生活压力是他们面临社会风险的脆弱性所在，也是需要政府、社会给予关注，施予救济保障的方面。

我国农村全面、正式的社会保障制度体系尚未充分建立，失地农民在丧失土地之后，其基本的生活保障面临困难：供养家中老人、子女上学、治病等。如表 12 – 3 和表 12 – 4 所示，在问及征地前后你家的生活压力是什么？问卷给出了 6 个选项供受调查者选择。

表 12 – 3　　　　　　征地前家庭的生活压力来源

变　量	样本数	有效百分比（％）
（1）家庭基本生活维持不过来	264	18.0
（2）小孩学费没办法凑齐	541	36.9
（3）无力供养家中老人养老	120	8.2

续表

变　　量	样本数	有效百分比（%）
（4）家人生病没钱治疗	242	16.5
（5）天天没活干，找不到事做	55	3.7
（6）其他	167	11.4

表12－4　　　　　　　　　征地后家庭的生活压力来源

变　　量	样本数	有效百分比（%）
（1）家庭基本生活维持不过来	139	9.5
（2）小孩学费没办法凑齐	424	28.9
（3）无力供养家中老人养老	91	6.2
（4）家人生病没钱治疗	360	24.5
（5）天天没活干，找不到事做	197	13.4
（6）其他	185	12.6

从表12－3和表12－4的调查数据可以看出，无论是征地前还是征地后，家庭中生活压力最大的类别还是没有脱离上述三个方面。当然，表中也可以发现农民子女上学的学费始终都是家庭重要负担之一。教育成本的负担不仅在失地农民这个群体中存在，它是整个中国农民生计中的沉重负担。问卷中我们发现选项"天天没活干，找不到事做"的比例达到13.4%，选择该项的农民可能意味着其无地可靠、无业可寻的境地。

问卷中问及"你认为在你失地的情况下能够维持全家生活的最低开支每月多少钱"，本章结合我国东中西各地区的实际情况将该问题回答的数据以"不重不漏"的原则进行不等距分组，分成的九组结构比例如表12－5所示。可以看出，农民家庭的生活标准大部分在300～800元的范围内。

表12－5　　　　　　　　　家庭最低生活开支情况

每月家庭最低生活开支（元）	样本数	有效百分比（%）
（1）300及以下	271	18.9
（2）300～500（不含500）	442	30.8
（3）500～650（不含650）	152	10.6
（4）650～800（不含800）	228	15.9
（5）800～1 000（不含1 000）	162	11.3

每月家庭最低生活开支（元）	样本数	有效百分比（%）
（6）1 000～1 200（不含1 200）	39	2.7
（7）1 200～1 500（不含1 500）	58	4.0
（8）1 500～2 000（不含2 000）	55	3.8
（9）2 000及以上	30	2.1

　　失地农民的社会风险何在？从调查数据的分析中可以得出，失地农民面临至少三方面的风险：一是由于土地全部或部分被征用，农民失去了低成本的生活方式和发展方式，面临当前家庭基本生活困难的风险；二是原土地吸纳农民从事农业生产的功能丧失，从务农到非农就业的转变，需要的是劳动技能的转变，失地农民的生存能力面临着压力；三是失地农民的收入来源减少，收入渠道缩减，在较长时期里家庭老年养老、疾病救治、子女教育等问题也将面临着风险和压力。因此这已经不是一个能够由家庭或社区、村委帮助解决的农民个体风险了，这是一个必须由政府统一调控，需由政府主导建立就业援助和社会保障制度才能化解的群体性风险。

二、征地补偿收入支出方向

　　从表12-6数据来看，农民的土地被征收或被征用所得的补偿款项主要有三个支配项目：一是维持基本生活层面项目，如"维持生活开销"，其排列位序为第一；二是家庭成员的发展层面项目，如有34.7%的受调查者认为征地补偿款最应该"留给孩子读书"；三是应对家人的社会风险层面项目，如"参加社会保险"或"购买商业保险"项目。但表中显示，基于第三个层面的补偿款支出比例比较低，从调查访谈情况了解到其原因主要有两个方面：一是政府发放的征地补偿款相对额度小。在失去土地的同时，也就意味着失去了原先较低的生活成本，若要保持同水平的生活质量，当前的经常性生活开支项目就要增加，如此应对未来不确定风险的支出计划便减少了。二是农民的风险防范意识薄弱，注重于眼前的生活情形，而比较少考虑预期。

表 12 - 6　　　　　　　　　征地补偿款支出方向

如何处理您家的征地补偿款 （多项选择）		其中最主要的一项 （单项选择）	
被选项	回答数（人次）	样本数	百分比（%）
（1）用来偿还债务	294	38	2.6
（2）维持生活开销	1 026	285	19.4
（3）购买生产资料	465	61	4.2
（4）修建房屋	450	170	11.6
（5）投资搞点经营	436	189	12.9
（6）学技术找工作	122	27	1.8
（7）留给孩子读书	822	509	34.7
（8）参加社会保险	133	8	0.5
（9）购买商业保险	29	1	0.1
（10）存着以后再说	227	52	3.5
（11）其他	59	14	1.0

从调研数据可以得出一个结论，即失地农民在获得征地补偿款项后，支配该款项的用于建立自己或家人的社会保障基金账户的动机不高，意识较弱。或者说在政府缺乏"保障型"安置方式下，失地农民建立社会保障账户，应对社会风险引致需求小。

三、失地农民社会保障参与意愿选择

调查发现，各地区失地农民社会保障的实际参保率参差不齐。调查中，一些省市失地农民对养老保险、医疗保险等社会保险认识不清，眼前利益和长远利益的关系搞不清楚，更多地区失地农民缴纳社会保险费后，就没有日常生活资金以及就业补助金，导致部分农民不愿意参保。如表 12 - 7 所示，在受调查农民中，85.3%的失地农民在失地前没有参加或享受社会保障项目，土地被征用后，也只有 31.8%的农民参加（或需要）部分社会保障项目。

表 12 - 7　　　　　　参加社会保障项目状况统计性描述

被选项目	你觉得有必要的社会保障项目		
	有必要的项目（多项选择）	最有必要的项目（单项选择）	
	回答数（人次）	样本数	有效百分比（%）
（1）养老保障	1 185	360	24.5
（2）医疗保障	1 230	309	21.0
（3）给予子女教育支持	1 036	420	28.6
（4）提供就业培训	454	68	4.6
（5）提供扶贫项目	340	39	2.7
（6）最低社会保障	599	168	11.4
（7）提供信贷支持	264	55	3.7
（8）未参加或享受任何项目	27	4	0.3

　　在笔者实地调研访谈过程中，当地的土地管理部门对于"未给失地农民购买各种保险"原因的回答是失地农民自身的原因，他们更倾向于直接获得补偿款。而他们认为如何保障失地农民的最低生活保障的责任应该归属民政部分，而非土地管理部门。

　　同样我们关注到，"给予子女教育支持"项始终都是农民关注的重点之一。因此政府部门在对农民的土地征用时，安置工作中应该对农民家庭子女的上学费用问题提出相关的优惠政策。

　　从基线调研收集的资料分析中，可以把失地农民社会保障安置的形式归结为以下几种类型：参加城镇职工基本养老保险；建立农村基本养老保险制度；建立失地农民基本生活保障制度；参加农村养老保险制度；生活补助和农村养老保险相结合；一些有条件的地方建立了农民老年退休金制度；实行留地和股权分红安置；部分失地农民参加了最低生活保障；建立了大病统筹制度或是参加农村新型合作医疗保险。

四、基本结论

（一）法定的征地补偿标准游离于土地市场价格之外

　　目前我国的征用土地价格对市场的供求变化反应呆滞，一方面国家对农地的供给有严格的计划，从理论上会处于供不应求的状态；另一方面城市化进程对农

243

村土地需求日益增大的客观事实存在。但是由于我国征地是套用国家法律规定的内容和标准确定土地补偿额，致使征地补偿额的计算始终游离于土地市场价格之外。

（二）土地的"低征高卖"对农民权益造成严重侵害

在征地补偿制度的设计实施过程中，政府作为征地者和土地使用权的分配者，出于自身利益考虑，以尽可能高的价格将征来的土地使用权出售给需求者，从中牟利。尤其是一些商业性项目用地由政府低价统征后高价转卖给开发商，对村民的合法权益造成了侵害。政府以"经济人"的角色参与征地使用权的分配可以解释目前失地农民征地补偿不完全的问题。

（三）补偿范围过窄，没有涉及农民的社会保障

集体建设用地、宅基地的补偿标准无法测算；征地之后的补偿款仅仅是对于物质资本的弥补，而土地给予农民其他的保障没有体现。如农民可以出租和承包获得更多的收益。在政府的征地之后，大量的耕地转换为商业用地，价值差距巨大，而这种收益农民无法享受，而征地活动对于经济的促进作用后的收益，农民应该得到一定比例的分配，可以有效缩小经济发展的不均衡性。为了解决现实中征地补偿的缺陷，政府应该考虑将土地的增值收益科学、合理地分配到征地补偿款中。

（四）失地农民对建立家庭社会保障基金账户的引致需求不突出

在缺乏政府对征地安置方式改进效用前提下，失地农民在征地过程中或在其之后，应对家庭面临的社会风险的积极性不高，对获得征地补偿款引致的建立社会保障制度需求较低。

第十三章

失地农民社会保障制度的参保意愿实证分析

政府征用土地，落实相应的安置政策和安置方式（第十一章已分析），之后失地农民需要规避无地、无业、无保障状况下的社会风险（第十一章已分析）。在这种情况下，本章甄别失地农民的参保意愿，提炼失地农民参加社会保障制度意愿选择性需求的影响因素。

本章实证研究部分运用回归分析方法来分析影响失地农民参加社会保障需求的因素。本章内容包括研究假设的提出、问卷的设计、数据的相关分析和回归方程的建立。

第一节　研究假设与变量选取

一、研究假设

虽然我国地区经济发展不平衡，但是迅猛推进的城市化对失地农民社会保障的重大影响有以下共同特征：一是农村经济的发展速度虽历经起伏，但总体上仍是上升的，尤其是在 20 世纪 80 年代中期至 90 年代中期和 2000 年以来的两个阶段。农村经济的发展为农民社会保障事业向城乡社会保障一体化发展提供了物质基础，同样也为失地农民社会保障制度的建立奠定了基础。二是农村经济发展的物质基础使农民保障意识发生了改变。三是由于发展和福利制度的改进，农民的

245

社会保障制度也呈现出两个方面的变化：一方面，在经济较发达的地方，由于集体给予经济上的支持，家庭收入的增加，家庭保障能力的增强以及农民个人收入的增加，经济保障能力也相应增强，诸因素为农村社会保险持续发展和失地农民社会保障制度的建立提供了经济基础；另一方面，伴随着城乡一体化发展观念的变化，农民城乡劳动经济增长的机会也相应地增加，养老、医疗的提供者——家庭成员的社会化劳动也日益增加，这样导致传统以家庭保障为主的功能逐渐弱化。四是随着人们观念的变化，越来越多富裕起来的农民，更倾向于参与到国家社会化保障模式中去，以此降低有可能面临的生活风险，而不是靠传统的家庭保障或土地保障模式。

以上描述建立在大量的文献回顾和调研报告基础上，这些事实与描述说明城市化对建立失地农民社会保障有推进作用。但是城市化是把"双刃剑"，城市化使得农民遇到前所未有的风险。失地农民面临的社会风险大，则其保障制度需求就越强烈。因此，农民自身及家庭基本条件构成了失地农民抵御社会风险需求的重要因素。另外，农民对现有失地农民征地补偿标准满意度、征地政策的满意度和基层卫生技术水平的评价度等因素也对失地农民保障需求产生重要影响。本章考察失地农民社会保障需求就是根据以上因素展开的，为了找出影响失地农民社会保障需求的具体因素，本章做出三则假设。

【假设 13 - 1】个人基本条件（Personal Fundamental Qualities）拟定有性别、年龄、文化程度（受教育年限）、身体健康状况、是否党员和个人对未来就业信心度等六个因素。个人基本条件与失地农民社会保障需求呈负相关。即：失地农民个人条件越差（女性、年老、文化程度低、非党员和对未来就业缺乏信心），其失地农民对社会保障需求越大。

【假设 13 - 2】家庭基本条件（Family Basic Conditions）拟定有现存耕地数量、家庭年收入、家庭地理条件、家庭位置（离城市远近）和是否担心家人花很大一笔钱治病等五个因素。家庭基本条件与失地农民参加社会保障意愿（需求）呈负相关。即：家庭基本条件越差（如家庭年收入低、现存耕地少等），其失地农民社会保障需求越大。

【假设 13 - 3】制度方面条件（System Aspect Conditions）拟定有征地补偿标准满意度、对国家土地征用政策满意度、社会保障基金出资方、扣除征地补偿款与养老金态度和基层医疗卫生管理及技术水平等五个因素。制度层面态度评价与失地农民社会保障意愿需求呈正相关。即：制度层面态度评价越差（如对国家土地征用政策不满意、基层医疗卫生条件不满意等），其失地农民社会保障参保意愿越低。

二、变量选取和样本描述

本章要考察的是失地农民对于社会保障这一整体概念的需求状况，把失地农民当做社会保障制度（项目）需求主体，考察由政府主导的专门针对失地农民的保障方式的需求程度。本章不考察社会保障制度（或者说社会保障项目，如社会基本养老保险、社会基本医疗保险、新型农村合作医疗等）差异性对失地农民参保意愿的影响，因此数据资料对上述差异的处理不作甄别。事实上，在问卷访谈过程中，当调研人员问及失地农民关于"失地农民社会保障"的概念时，他们不会具体区分"失地农民社会保障"是问失地农民养老保险或者是医疗保险等，而更多的是将其理解为包含养老、医疗、就业以及经济补偿等的整体概念。根据实际调研过程中的体会，本章将失地农民对社会保障的需求解释为："你是否认为失地农民社会保障必要？"并将此作为本章分析的因变量。处理该因变量的数据方式是构成一个等序变量：认为"完全没必要"的赋值"1"、"不太必要"的赋值"2"、"一般"的赋值"3"、"比较必要"的赋值"4"、"非常必要"的赋值"5"。

基于研究假设，本章引进的自变量有：性别（P1）、年龄（P2）、文化程度（P3）、健康状况（P4）、政治面貌（P5）和就业信心度（P6）；耕地数量（F1）、家庭年收入（F2）、家庭地理条件（F3）、家庭位置（F4）和家人花钱治病担心度（F5）；征地补偿标准满意度（S1）、对国家土地征用政策满意度（S2）、社会保障基金出资方态度（S3）、扣除征地补偿款于养老金态度（S4）和基层医疗卫生管理及技术水平评价度（S5）。

本章将上述自变量纳入统计模型中，通过 SPSS 13.0 软件进行分析，考察自变量对失地农民社会保障参保意愿产生怎样的影响。本章中的自变量和因变量有虚拟变量、定序变量和定距变量。除性别本身为定距变量外，其他变量都通过赋值转换成为定距以上层次的变量，因此自变量满足回归分析基本要求。

《失地农民问题调查问卷》数据库中抽调的基础数据，完成了对其的编码和整理之后，因变量和各自变量的统计性分布情况如表 13-1 所示。

表 13 – 1　　　　　　　　　　**因变量与自变量及其统计分布**

层　次	变量名	变量值	分布（%）
因变量	社会保障参保意愿需求 Y	"完全没必要" = 1	0.3
		"不太必要" = 2	2.1
		"一般" = 3	10.6
		"比较必要" = 4	38.1
		"非常必要" = 5	48.9
个人基本条件（P）	性别（P1）	"男" = 1	71.4
		"女" = 2	28.6
	年龄（P2）	（均值，岁）	44.82
	文化程度（P3）	"没上过学" = 1	7.0
		"小学" = 2	30.0
		"初中" = 3	40.2
		"高中中专等" = 4	20.0
		"大专及以上" = 5	3.0
	健康状况（P4）	"不好" = 1	9.7
		"一般" = 2	27.5
		"健康" = 3	62.8
	政治面貌（P5）	"非党员" = 1	85.7
		"党员" = 2	14.3
	就业信心度（P6）	"完全没有信心" = 1	3.0
		"没有多少信心" = 2	21.1
		"一般" = 3	33.1
		"比较有信心" = 4	28.1
		"很有信心" = 5	14.5
家庭基本条件（F）	耕地数量（F1）	（均值，亩）	3.04
	家庭年收入（F2）	（均值，元）	17 327.93
	家庭地理条件（F3）	"沙漠高原及其他" = 1	1.8
		"山区" = 2	14.3
		"丘陵地区" = 3	41.0
		"平原地区" = 4	42.9

续表

层　　次	变量名	变量值	分布（％）
家庭基本条件（F）	家庭位置（F4）	"乡镇及农村地区"＝1	67.9
		"小城市郊区"＝2	16.4
		"中等城市郊区"＝3	10.0
		"大城市郊区"＝4	5.7
	家人花钱治病担心度（F5）	"一点也不担心"＝1	0.6
		"不太担心"＝2	2.5
		"一般"＝3	3.9
		"比较担心"＝4	43.3
		"非常担心"＝5	49.3
制度方面条件（S）	征地补偿标准满意度（S1）	"很不满意"＝1	11.0
		"不太满意"＝2	25.4
		"一般"＝3	33.9
		"比较满意"＝4	21.6
		"很满意"＝5	8.2
	对国家土地征用政策满意度（S2）	"很不满意"＝1	4.8
		"不太满意"＝2	24.6
		"一般"＝3	47.0
		"比较满意"＝4	18.7
		"很满意"＝5	4.9
	社会保障基金出资方态度（S3）	"个人"＝1	3.3
		"集体"＝2	7.5
		"国家"＝3	31.0
		"三方共同"＝4	58.2
	扣除征地补偿款与养老金态度（S4）	"坚决反对"＝1	2.0
		"不太赞成"＝2	11.1
		"一般"＝3	18.8
		"比较赞成"＝4	43.0
		"非常赞成"＝5	25.0
	基层医疗卫生管理及技术水平评价度（S5）	"很混乱"＝1	9.0
		"比较混乱"＝2	26.0
		"可以接受"＝3	60.0
		"比较好"＝4	5.0

第二节　失地农民社会保障参与意愿的影响因素

一、模型选取

本章拟采用多元线性回归模型对其进行参保意愿的预测拟合。多元回归分析的模型为：$y = b_0 + b_1 x_1 + b_2 x_2 + \cdots + b_n x_n$，其中，$y$ 为根据所有自变量 x 计算出的估计值，b_0 为常数项，b_1，b_2，$\cdots$，b_n 为 y 对应于 x_1，x_2，$\cdots$，x_n 的偏回归系数。偏回归系数表示假设在其他所有自变量不变的情况下，某一个自变量变化引起因变量变化的比率。本章引用的上述多元线性回归模型满足线性回归方程的假设理论。

二、结果分析

从表 13 - 2 信息反映出，对于各个层面的因素有些是可以构成因变量的解释变量，有些因子则没有进入回归方程的解释变量中。对于多元回归模型的有效方程形式，统计结果中校正 R2（Adjusted R2）为 0.230，表明回归方程能够解释总变异的 23%；查 F 分布表得到该研究样本数量下的 F 值需达到 4.53，F 值（F Ratio）为 18.545 > 4.53，说明该回归模型可以被采用；P 值（Significance F）是 0.000，说明选取自变量的回归总体显著。VIF 没有很大数值出现，说明方程中各自变量之间没有出现共线性问题。

表 13 - 2　　　　　社会保障参保意愿需求与各自变量的回归

假设层面	自变量	回归系数（B）	标准误（S. E.）	显著水平（Sig.）	膨胀因子（VIF）
个人基本条件（P）	性别（P1）	- 0.030	0.044	0.500	1.033
	年龄（P2）	0.008	0.002	0.001	1.346
	文化程度（P3）	0.100	0.022	0.000	1.375
	健康状况（P4）	- 0.016	0.032	0.626	1.149
	政治面貌（P5）	- 0.066	0.058	0.254	1.050
	就业信心度（P6）	0.058	0.020	0.003	1.107

假设层面	自变量	回归系数（B）	标准误（S. E.）	显著水平（Sig.）	膨胀因子（VIF）
家庭基本条件（F）	耕地数量（F1）	0.005	0.002	0.039	1.001
	家庭年收入（F2）	0.007	0.000	0.091	1.016
	家庭地理条件（F3）	−0.057	0.026	0.031	1.055
	家庭位置（F4）	0.091	0.023	0.000	1.067
	家人花钱治病担心度（F5）	0.187	0.027	0.000	1.006
制度条件层面（S）	征地补偿标准满意度（S1）	0.032	0.018	0.000	1.092
	对国家土地征用政策满意度（S2）	−0.001	0.022	0.002	1.120
	社会保障基金出资方态度（S3）	−0.003	0.024	0.003	1.003
	扣除征地补偿款与养老金态度（S4）	0.279	0.019	0.000	1.025
	基层医疗卫生管理及技术水平评价度（S5）	−0.028	0.042	0.507	1.016
	Constant	2.135	0.267	0.000	—

N = 1467；df = 17；F = 18.545；Adjusted R Square = 0.230

个人基本条件层面中分别有"年龄（P2）"、"文化程度（P3）"和"就业信心度（P6）"三个自变量进入了回归模型。三个解释变量的显著性水平都小于0.01，说明这三个自变量的假设检验的显著性水平非常高。在前面的前提假设1中，假设个人基本层面条件越差，其失地农民对社会保障的需求程度就越大，对建立家庭社会保障账户的意愿性更大，则该假设得到了验证。数据显示，年龄作为个人基本条件的重要条件之一，年龄大的失地农民更需要建立自身的或家人的社会保障项目。文化程度高，受教育年限长的失地农民，接受社会信息较为充裕，其抵御自然或社会风险的能力强和做出反应的速度较快，其对参加基本层面的社会基本保障项目（如社会基本养老保险）积极性未必高；相反，一些文化水平低，受教育年限少的失地农民，其综合素质差，就业能力低，其在城镇就业体系中处于弱势地位，无法与同类的具有较高文化水平的失地农民或其他就业群体竞争相同的岗位，这些失地农民则更期望能够把风险在社会层面分解，这说明这些失地农民需要更为周全的社会保障项目来抵御未来不定期的风险。"就业信心度"变量进入回归方程同样说明了该问题，即失地农民如果对未来寻找工作的期望值不高，对未来能够找到一个稳定的工作缺乏信心，则失地农民可能会把希望寄托在政府为责任主体的保障项目上。在个人基本条件层面上，个人的性别、身体健康状况和政治面貌都不是影响建立社会保障家庭账户的利导因素，从

表 13 - 2 中可以看出，此三项的显著性水平都大于 0.05。对于性别因素未能进入回归模型的进一步解释，笔者认为，本章的数据没有进行户内抽样调查，原因是在农村家庭，受到传统观念的影响，一般都是家庭的青年男性为一家之主，对外发表自己的观点或言论，只要男性户主在家，家庭中的其他人员在接受调研时会将回答的权利交给男性户主，因此，本章调研数据样本中，个人资料相对过于集中，可能会导致在分析过程中对相关分析、回归分析数据不够离散。

在家庭基本层面，进入失地农民参保意愿回归模型的因素有四个，分别为"耕地数量（F1）"、"家庭地理条件（F3）"、"家庭位置（F4）"、"家人花钱治病担心度（F5）"，未能进入回归方程的是"家庭年收入（F2）"。失地农民被征用一定数量的土地后，土地现存数量的多少代表了土地的社会保障功能强弱。现存耕地越少，农民依附在土地上的社会养老、医疗保障（甚至是就业保障）水平就越弱，也就越需要其他方式进行保障项目的补充。"家庭地理条件（F3）"描述的是失地农民生活所在地的地理情况，统计分析中以"沙漠、高原及其他"作为参照组。"家庭地理条件（F3）"回归系数为 - 0.057，说明以抽样样本为代表的失地农民，居住在平原地区的失地农民比之居住在山区的失地农民更需要社会保障。"家庭位置（F4）"描绘的是家庭所在地位于城市环境的融合度，即失地农民家庭环境与城市大小和规模的关系。该变量描述以"乡镇农村"为参照组，回归系数为 0.091，验证了假设条件 2，乡镇和农村的失地农民比大城市郊区的失地农民更需要专门针对失地农民的社会保障项目。家庭年收入低、家中劳动力比例低，其失地农民社会保障需求越大，该前提未得到验证。家庭年收入因素未能进入参保意愿回归模型的原因之一，可能是统计数据的机械误差所致。在调查问卷中，家庭年收入的问题没有根据全国地区经济发达程度进行合理的分类，同时在调查数据库中也未能对收入水平进行分组，导致了失地农民家庭收入水平的统计预测值高，而剔除了该因素在方程中的解释功能。对于该因素的实际原因，可能的解释有以下三种：一是家庭收入低下，家中劳动力比例低的家庭，本身已经觉得生活比较困苦，那么征地可能使他们对于生活更加没有希望，对于征地相关政策都不愿接受，包括失地农民社会保障；二是该类家庭更可能注重解决眼前实际问题，对于实物补贴和工作安置更为乐意接受；三是失地农民保障制度在抽样的某些地区实行时间不长，有些地方政策在不断改进过程中，在家庭基本条件较差的农户看来，失地农民保障对于现在的保障效果并不大。本章认为第三种解释对于参保意愿模型来说更有说服力。

制度条件层面的影响因素有："征地补偿标准满意度（S1）"、"对国家土地征用政策满意度（S2）"、"社会保障基金出资方态度（S3）"与"扣除征地补偿款于养老金态度（S4）"，"基层医疗卫生管理及技术水平评价度（S5）"因素未能进入参保意愿的回归方程中。"征地补偿标准满意度（S1）"与"对国家土地征用政策满意度（S2）"共同指出，在政府为主导的征地过程中，土地征用政策和征地补偿标准彰显于对失地农民的安置方式和安置政策。本章分析中表明，一旦失地农民对土地征用政策及该政策对失地农民的每个个体的落实情况①感到不满意，失地农民就需要在非货币化、非物质化等其他方式进行心理等价补偿。这时候，政府主导建立失地农民的社会保障制度则成为失地农民补偿心理落差有效的手段，调查问卷数据显示，失地农民也愿意政府采用该种方式进行补偿。"社会保障基金出资方态度（S3）"的回归系数为 -0.003，意在指出如果社会保障基金的资金筹集完全由失地农民个人承担的话，建立的失地农民社会保障制度将遭到失地农民反对，失地农民没有意愿参保社会保障诸多项目。由国家、集体和个人共同出资筹集社会保障基金的方式是比较合理的，其得到了 58.2% 的失地农民的赞同。"扣除征地补偿款于养老金态度（S4）"成为失地农民愿意参加社会保障制度的引致因素，表明失地农民赞成政府从征地补偿款中拿出一定比例的资金参加社会保障项目，用于参保养老保险项目，待年老时候再按月发放养老金。在此层面上，结论数据对假设 3 的解释如下：当失地农民对征地补偿制度表现较满意时，相对他们对各项保险的满意程度也相对较高，能够预期失地后他们的生活水平会有所改善和提高，那么他们对失地农民社会保障制度的认可程度也就越高，同时他们对失地农民社会保障制度的需求相应就更高。解释包含两方面的意思：一是在实际操作过程中，他们体会到制度政策对自身是有利的，其中包括征地补偿制度和失地农民社会保障制度，那么他们持积极的态度，对于征地的相关政策持支持态度，同时对失地农民社会保障制度也比较赞同，这样使得他们对于失地农民社会保障制度这种公共政策的需求提高；二是征地后农民感受到生活水平发生好的变化，而这一系列变化是由征地而导致的，当失地农民社会保障制度成为征地制度的必要补充时，失地农民就会自然地接受失地农民社会保障制度，一旦他们享受到失地农民的各项社会保障制度的福利，他们对失地农民社会保障制度的认可程度也将提高。

三、结论与讨论

在农村，作为生产物资资料和生活资料的一种必要手段，土地可以衍生出养

---

① 问卷中问及"您觉得您家的补偿政策落实得如何？"有四个层次：（1）确实做到了，得到了土地或拿到了钱；（2）得到了一部分土地或钱，但绝对没有政策上规定得多；（3）只得到了很少部分土地或钱；（4）根本就没有从失地土地中得到任何好处。

老、就业等功能。年龄的分化决定参加社会保险的需求意愿大小不同。农民也只有到了完全失去劳动能力、完全依赖别人照顾时才会脱离生产劳动①。

调研中发现，因为参加或听说商业保险在索赔时困难重重，许多失地农民并不相信商业保险。3 个年龄组②愿意参加商业养老保险的比例分别仅为 14%、21%、26%，对制度不了解和不太信任是不愿意参加保险的主要原因。从征地拆迁类型来看，已征地未拆迁和已征地已拆迁的被调查者参加社会基本养老保险的意愿有所区别。已征地未拆迁的是因为对制度不了解和不信任而不愿参加；而已征地已拆迁的参保意愿较强，但"落袋为安"的心理促使他们不愿交钱。

由于要面对失地后失业以及未来各种不确定因素，失地农民必须考虑长期生活问题。我国一些地区规定的征地安置中的社会保障方式中，男性 50 岁以上（女性 40 岁以上）失地农民采用一次性缴费方式。如果要参加失地农民养老和医疗保险，集体和个人一次性缴费额度占用了征地补偿款的大部分甚至全部。在被调查者中有 42% 的人首选将征地补偿款用于盖房装修，以用于出租或拆迁时获得更多补偿。征地补偿款的短期使用效用大于长期使用效用，一次性缴费显然不符合失地农民效用最大化的要求。

通过数据结果对本章研究假设的检验及进一步的分析讨论，可得出如下初步结论：（1）对于建立失地农民的社会保障制度的切入点，保障对象不能"一刀切"。不同年龄阶段的失地农民对社会保障需求不同，对参加社会保障不同项目的意愿不同。本章认为这是建立社会保障制度对保障对象人群分类指导原则的依据所在。（2）现存耕地数量及其由此衍生的农民的就业状况对社会保障制度具有引致性效应。生活区域的环境和地理位置在影响失地农民社会保障理念的同时，进一步体现了失地农民现存人力资本和社会资本、身份归属感的潜力，从而进一步影响失地农民建立社会保障家庭账户的意愿。这也是建立失地农民社会保障制度地区差异的依据所在。（3）国家土地征用政策和补偿政策作用于安置方式的选择。对于补偿款的使用问题，从征地补偿款或土地出让金中一次性划款建立失地农民基本养老和基本医疗保险统筹账户和个人账户的方式值得商榷。（4）建立多层次的失地农民社会保障新体系符合失地农民的需求。在政策制定过程中，可以考虑按照分层管理模式建立多层次的失地农民社会保险体系，不仅考虑体系的生活指向性和就业指向性，更需注重体系的开发性和风险保障性。

① 乐章：《风险与保障：基于农村养老问题的一个实证分析》，载《农业经济问题》2005 年第 9 期。
② 三个年龄组为：（1）35 岁以下；（2）35～55 岁；（3）55 岁以上。

第十四章

构建失地农民社会保障制度的政策思考

第一节 政府主导与责任分担相一致

随着城市化进程的加快，失地农民的安置问题已经不是农民的个体风险问题，而是一个影响深远的农民群体风险问题。个体风险可以通过家庭或社区的帮助来解决，而群体风险却只能在政府的主导下，通过相应的社会保障机制才能化解。从个体风险到群体风险的转变，决定了政府必须对这一问题给予高度的重视，并采取有效的措施予以化解。从世界各国的社会保障执行情况来看，无一例外的都是由政府直接主导，并承担着相应的责任。如果没有政府的主导，社会保障政策目标便不可能实现，也无法解决老百姓诸如养老、医疗、贫困等社会保障问题。

基于城乡一体化的建设，以及社会保障制度内在的公平价值趋向，社会保障作为城市居民专利品的制度安排格局将会改变，我国农村社会保障制度也要完善。因此，政府应当建立完善的失地农民社会保障制度，在实际操作过程中，政府应加强政策法规的实施及监督管理制度运行的责任。从国外的实际操作可以看出，社会保障制度的实施应建立在责任分担机制基础上，才能实现制度的可持续发展，不能完全由国家或政府包办，也不能由单位包办，更不能由个人独自承担全部的责任。失地农民社会保障制度的实施，必须由政府主导，实现政府、集体和个人共同分担的责任机制。

第二节　以农户和失地农民个人需求为导向

政府在制定失地农民社会保障政策时，应当重视农户家庭资源配置对失地农民社会保障的影响。从第十三章的实证分析中可以看出个人及家庭因素对失地农民社会保障需求有较强的影响，政府在制定相关政策时，需要特别指向农民个人和农户经济发展的政策。例如，对部分经济水平较高、家庭非农化程度较高的地区，应当相应地加强失地农民的社会保障水平，以满足他们对于社会保障制度的需求。在政策制定的过程中，政府应改变以往"从上而下"的政策制定和政策决策过程，应视农户和失地农民个人需求为导向，设计"从下而上"的农村家庭和个人保障的政策。这是一种观念上的转变，是当前中国农村社会公共政策的基本价值取向问题。

建立失地农民社会保障制度的分类指导原则。目前，应根据失地农民的特点，分步骤、分阶段将失地农民纳入社会保险范围，将失地农民纳入养老保险是切实可行的。对养老保险应实行社会统筹和个人账户相结合的模式，根据失地农民年龄和身体条件的不同，可以分为四种对象[1]：一是被赡养人员（男性 65 周岁以上，女性 60 周岁以上）；二是剩余劳动力（男性 16 ~ 65 周岁，女性 16 ~ 60 周岁）；三是被抚养人（16 周岁以下）；四是残疾人（不限制年龄）。

建立失地农民的社会保障制度的因地制宜原则。通过第十三章社会保障安置模式差异比较，发现各地失地农民保障需求模式的建立，深刻嵌套在当地社会、经济、政策制度环境之中。随着城市化进程向中、西部地区逐步的推进，中、西部地区失地农民的社会问题将会越来越严重，中、西部地区在应对失地农民的社会问题时应及早准备。目前中、西部地区还面临着经济欠发达，地方财政吃紧的压力，若失地农民的保障政策不能在征地过程中得到及时解决，将导致劳动力流失、资源不平衡等矛盾积重难返。

---

[1]　陈贵杨、春桃：《中国农民调查》，人民出版社 2004 年版。

第三节　多渠道筹集失地农民社会保障基金

　　资金筹集的具体方法是由三方共同出资，即通常说的"三个一点"："政府出一点、集体补一点、个人缴一点"。这种筹资模式的三方出资比例及资金来源可以借鉴当前大部分地区的比例（如图14-1所示）：政府出资的费用不低于保障费用总额的30%，一般从土地出让金中列支，这部分资金全部进入社会保障基金统筹账户。集体承担的费用不低于保障费用总额的40%，从土地补偿费中列支；个人承担的费用从失地农民安置补助费中抵缴。集体和个人的缴费部分全部以个人的名义存入个人账户。对于年龄达到退休年龄（男性65周岁、女性60周岁）的失地农民，一次性将费用缴齐。由于失地农民的特殊性，他们的收入并不一定都是稳定的，所以对16周岁以上还没达到退休年龄的失地农民，缴费时间具有一定的弹性，他们可以按月缴纳、按季度缴纳、按年缴纳或者是根据自己的收入情况，来决定缴纳时间。参加失地农民养老保险的农民，必须在个人账户中缴费满15年的才能享受养老保险待遇。由于我国地区经济发展的不平衡，各地可以按照具体情况在政策允许范围内进行调整。

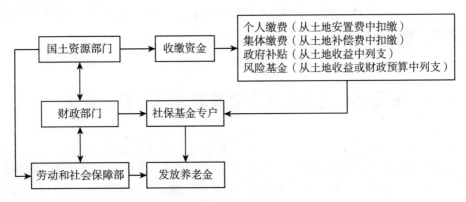

图14-1　失地农民社会保障基金筹资方式

　　失地农民基本养老保险风险准备金的提取，是按照失地农民养老保险资金总额的一定比例，在土地出让金中提取，以应对未来养老保险基金的支付风险。在养老保险基金的构成比例上，政府出资的部分应占较高的比例，因为在我国当前土地交易市场上还存在明显的"土地剪刀差"，政府征地价格与出让价格之间存在较大差异，有巨大的增值收益。为了维护失地农民的正当权益，国家应从土地转让的增值收益中，划拨一定比例用于设立失地农民基本养老保险基金。

第四节 弥合失地农民补偿安置费用缺口

要弥合失地农民补偿安置费用存在的制度缺口，完全寄期望于政府是不现实的，最佳的选择是通过制度创新，实施土地换保障，建立失地农民多元化的社会保障费用筹集机制。加快建立适合失地农民特点的社会养老保障制度，把失地农民纳入社会养老保险体系之中。目前广大失地农民仍把土地作为安身养命的基本生活资料，作为获取收入的主要来源。没有健全完善的社会保障制度，就不可能从根本上增强农民离开土地的安全感和适应市场风险的能力。按照"土地换保障"的思路和要求，将重点实施社会保障安置与安置形式多样化结合起来，积极探索通过货币安置、招工安置、留地安置、住房安置、征地费用入股安置等方式建立社会保险制度的具体途径，为征地工作的顺利实施而提高制度保障。在目前国家经济实力有限的条件下，失地农民的生活、就业和社会保障安置还得靠自己。国家的责任主要是通过制度创新为妥善安置失地农民提供制度保障和政策支持，即通过激活失地农民拥有的最具潜力的土地资源，以土地资源为基础，发展集体经济，创造就业机会，增加收入。也可以将一定的土地资源资产化，形成稳定的资产收益；还可以将一定的土地资源直接换为社会保险费，以实物换保障的形式建立失地农民的社会保障制度。

第五节 失地农民社会保障制度的配套政策

在失地农民社会保障制度中，国家应当统一决策，明确失地农民社会保障制度的性质及其重要性、紧迫性，明确这一政策与征地制度改革政策的关联性，明确发展目标与过渡措施。政府应把失地农民社会保障制度的建设作为一项系统工程来实施，创造有力的制度和政策环境，统筹考虑促使这一制度所需的政策环境并尽可能地同时带动其他政策的实施，改变以往追求单一改革的成效而忽视其他政策的综合效果，应当明确改革的最大成效来自各项政策的综合配套与综合成效。失地农民社会保障制度建设需要与征地制度改革政策紧密配合，同时需要相应的金融政策环境与财政税收政策环境，而城乡一体化的户籍制度、就业制度、住房制度和医疗制度等方面的改革将对失地农民社会保障制度的完善起着重要的推动作用。

第四部分

农民工社会保险
制度研究

第十五章

农民工社会风险识别与抗风险能力评估

第一节　农民工及其历史归宿

农民工的出现既是历史必然，也是社会进步的表现。廉价劳动力的比较优势推动了中国经济30多年的快速发展，但当前经济波动彰显了对农民工社会风险的冲击。中国30多年的发展模式证明了它的成功，但一些消极后果也正在显现。基于"城乡二元"结构特点，中国现代化建设必然从城市现代化与农村现代化两个维度展开，然后才是两者趋向融合，逐渐完成现代化进程。后者显而易见是中国现代化建设的最大难题——农业、农村现代化，以及与之伴随的几亿农村剩余劳动力向非农领域转移。"这一现代化成功的关键是为从事农业和非农产业的农村劳动者提供有保障及有稳定预期收益的就业机会"①。

一、何谓"农民工"

国内学术界对"农民工"概念的界定不一。"农民工"，顾名思义就是说在

---

① 张晓山：《农民收入与农村市场分析：中国经济前景分析——2000年春季报告》，社会科学文献出版社2000年版。

城市打工的农民，它与"农村剩余劳动力"[①] 比较，农民工是农村剩余劳动力中转移出去的群体（汪志洪、游钧等，2009）。对"农民工"群体的最早称谓之一是"盲流"；直到2003年6月，国家废止了沿袭多年的收容遣送制度，"盲流"一词最终退出历史舞台。与之相近的词"民工"，也是进城寻找工作农民的代名词。另外，其他相应称呼也一直与"民工"并存，如"外来务工人员"、"进城务工人员"、"打工仔"、"外来工"、"移民"、"农村转移劳动力"等。

"农民工"这个词最早是由社会学家张玉林教授于1983年提出来的，"农民工"意指脱离土地，在城市从事非农产业的农民。尔后，"农民工"这个说法被大量地引用。李培林（1996）从地域、职业、阶层三方面来界定"流动民工"。陆学艺（2004）从四个方面给农民工进行界定：职业，是非农职业；制度身份，是农民户籍身份；劳动关系，属于被雇用者；地域，来自农村，属于农业人口。"农民"这种身份与"工"这种职业的特殊结合，造成了"农民工"一个具有鲜明时代特色的群体。另外，王春光（2006）主要从职业、制度身份、劳动关系和地域四个层面来界定"农民工"。

赵曼（2007）认为农民工是中国社会经济转型时期的特殊名词，是指具有农村户口，有少量土地，但主要在城市从事非农产业，依靠打工收入维持家庭生活的农村外出务工人员。郑功成等（2006）的研究中也有类似的"农民工"定义。汪志洪等人（2009）将"农民工"理解为：户口登记在农村，拥有承包经营的土地，但主要不依靠自己经营；主要在非农业生产领域，采取受雇或自雇的形式，以工业化生产方式从事生产或经营，并以这种生产经营收入为主要收入来源的人群。

贺汉魂、皮修平（2005）指出，"农民工"是一个"具有时代局限性、充满歧视性、不利于发展的概念"，"农民工"意味着人在城镇从事非农业工作，而身份仍是农民，即农村居民户口[②]。许经勇、曾芬钰（2004）认为，城乡分割的户籍制度和城乡二元经济结构，是农村城镇化进程中产生"农民工"这一特殊社会群体的基本条件；"农民工"就是从事非农产业的农民，即"其农民身份还没有或未来得及转换又在城镇从事非农业生产经营乃至居住生活。之所以形成这一悖论，是源于传统的城乡分割的户籍制度"[③]。朱力（2000）认为，对农民的定义有职业和身份两层含义，但生活中人们更偏向于从身份的角度理解农民；当

---

① 阿瑟·刘易斯在《二元经济论》中对"农村剩余劳动力"的定义是边际生产率为零或负数的劳动力。

② 贺汉魂、皮修平：《农民工：一个不宜再提的概念——"农民工"的伦理学思考》，载《农村经济》2005年第5期。

③ 许经勇、曾芬钰：《"农民工"：我国经济社会转型期的一个特殊范畴》，载《学术研究》2004年第2期。

大批的农民工进城，在城市形成了一个新的准市民阶层，"准"的含义就是无论农民工本身还是城市均没有将长期生活在城市中的民工群体视作城市居民，农民工作为准市民群体还无法享受市民待遇，无法完全融入城市生活①。因此，"农民工"是世袭的身份制度和自由的市场制度结合的产物（付华英，2004）。

《中国农民工调研报告》将"农民工"定义为：农民工是我国经济社会转型时期的特殊概念，是指户籍身份还是农民，有承包土地，但主要从事非农产业、以工资收入为主要来源的人员②。在实际政策制定和实施中所涉及的农民工范畴，因各项业务工作的不同而有所差异。如关于做好农民工子女义务教育工作中针对的是进城农民工，而工伤保险、劳动保护方面在很多地区已将在乡镇企业务工的农民工纳入在内（汪志洪、游钧等，2009）。

上述研究对"农民工"的界定都点出了农民工的属性与成分：农民身份，工人的职业。由于研究视角的不同，在分析农民工问题时文献成果给出了农民工特殊群体形成机理的不同解读，虽然这些分析在学科背景、逻辑思路、推演路径等方面具有不同形式，但是，均点出了农民工流动的前因、过程、影响。

本书以为，对"农民工"的界定，一是以户籍为基本依据，说明农民工群体的基本形态；二是以所研究城市为空间地域界限，说明农民工群体的流动属性；三是以职业定位为考量，确定农民工群体的历史作用。依据此三条标志，"农民工"是以农民的社会身份承担产业工人职能的流动性劳动群体。

二、农民工的就业形式

上述对"农民工"的概念界定，其外延既包括了跨地区外出进城务工人员，也包括在县域内第二、第三产业就业的农村劳动力。以此为参照，农民工的就业形式（就业类型）可谓多样，行业（领域）分布也十分广泛。如图 15-1 所示，农民工群体主要有三种就业类型：灵活就业型、企业雇用就业型和政府机构雇用就业型，前两类占了农民工群体的主要部分，第三类所占比例较少。

自雇型的灵活就业农民工往往是在非正规部门从事临时、缺乏保障的工作。从事商业服务类型的自雇型就业，要么农民工夫妻从事个体经营，要么若干农民工联合经营小商铺；经营的形式多样，有开小饭馆的，自驾车运输货物的，开打字复印店、美容美发店的等。分散服务型就业主要由独立提供劳动服务工作构

---

① 朱力：《准市民的身份定位》，载《南京大学学报（哲学·人文科学·社会科学）》2000 年第 6 期。

② 国务院研究室课题组：《中国农民工调研报告》，中国言实出版社 2006 年版。

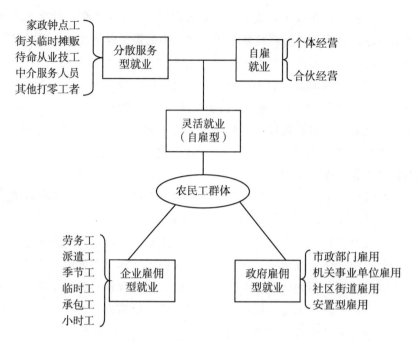

图 15-1 农民工的就业形式

成，并且大多集中在人群集中的街头、车站、码头等地方，以利于雇用方能够及时、方便地"点将要人"。比如，一些水泥工、木工等拥有传统技艺的农民工拿着小纸片，上面写着自己擅长的工作名称，在街头巷尾等待雇主召唤；还有重庆码头的"棒棒"、武汉汉正街的"挑夫"等。城市一切脏、险、累、重的活儿都可以由灵活就业的农民工群体承担，如家政服务人员、医院临时陪护、人力车夫、早晚市的摆摊者、装修工、车记修理铺（主要是自行车、摩托车）、保安、绿化养护员、交通协管员等。

　　企业雇用农民工就业包括在大、中型企业就业的农民工，也包括小型、微型企业（家庭作坊）和劳动组织使用的农民工。企业雇用农民工以劳务工和派遣工为主（这两部分占了七成左右），另外还有建筑公司、建筑队中的承包工人。许多制造型企业往往不会与被雇用的农民工直接签订劳动合同，而主要是与各类劳动派遣组织签订用工协议，劳动派遣中介机构再将农民工派遣到相应的企业岗位上。该种劳动组织形式使用的农民工一般是临时性的，有活儿就干，没活就各自回家，但这种形式与灵活就业形式不同，它具有统一的组织单位，由劳动组织对外协调、调配人员，具有较强的组织性。许多小型、微型企业，包括家庭作坊能够承接制造类企业的配套产品生产和服务的订单，如零配件、包装盒（包装袋）的生产和组装，一般也由进城务工的农民工完成，因为这些工作技术要求低、组织形式灵活，比较适合该群体。

政府雇用农民工就业主要有两种形式。其一是带有公益性质的岗位用工，并且一般由原企业下岗失业人员和当地农村户籍的进城农民担当。这类岗位通过在社区、机关大院开展保洁、绿化、保安、养护等公益性劳动，帮助从业人员获得基本收入和社会保障，具有以工代赈性质。其二是政府征用市郊土地后，原市郊的失地农民尚未被划入城镇户籍，需要政府就业安置。当地政府往往将此类农民安置在区县、街道、社区市政工程岗位，并且还具有政府补贴性质，这类人群也成为农民工。

三、农民工的历史归宿

从社会经济发展普遍规律来看，"农民工"是一个极不规范的概念，但是中国在社会转型、体制转轨中，农民工作为生产关系（经济关系）的人格化，是中国当前社会性质、发展阶段的集中体现。农民工的历史作用不容抹杀，"农民工"也成为"极为贴切、极为传神的工作语言"①。农民工群体的历史地位已经在政治层面得以界定，《国务院关于解决农民工问题的若干意见》（国发〔2006〕5号）论述农民工"对我国现代化建设作出了重大贡献""已成为产业工人的重要组成部分"。他们是以农民的社会身份履行产业工人职能的普通劳动者。他们进城务工或在乡镇企业就业，亦城亦乡，在工商业和农业之间不停地转换社会分工的角色。"农民工"的尴尬在于社会身份与职业身份的矛盾。遵循社会经济发展规律，农民工的历史归属就是消除这种矛盾。农民工现象是中国转型期间或是中国现阶段社会发展进程中的一种过渡现象，其将随着新体制的全面确立而分化，并分别归入市民或农民群体，职业身份也由流动的、不稳定的状态转入稳定状态②。这种"过渡说"成为建立农民工社会保障制度需要"留有接口"原则的理论支撑之一。解决农民工问题不可能一蹴而就，但在制定农民工相关社会政策措施时也不能偏离大方向。笔者认为，农民工群体的发展趋势有两个方向：一是彻底抛弃农民身份，与分工角色相统一，成为名副其实的产业工人和城市居民；二是接受市场的洗礼、选择，返回农村，参加新农村建设。两个方向没有好与坏之分，但都是历史的选择。前者遵循了城镇化、工业化、现代化过程中吸收农村剩余劳动力的路径，后者是在市场经济竞争原则下"优胜劣汰"的结果，

---

① 刘福垣：《社会保障度决定社会和谐度》，《和谐社会与社会保障：首届中国社会保障论坛文集》，中国劳动社会保障出版社2006年版。此文源于刘福垣教授《重新认识社会主义市场经济——政治经济学词条新解》。此书（未刊稿）为刘福垣教授的手稿本，在此引用其论断，不胜感激。

② 郑功成、黄黎若莲：《中国农民工问题：理论判断与政策思路》，载《中国人民大学学报》2006年第6期。

两者统一于城乡统筹发展战略之中。农民工转变社会身份，进入现代生产方式体系中，享受与城市居民相同的国民待遇；农民工返乡，受益于新农村建设中各项社会经济制度的惠顾。

从这两个发展方向来看，路径明确并不等于过程顺畅，农民工被吸收和消化，或者还原的过程仍然不能掉以轻心，其中有一点是共同的——农民工的就业与社会保障将成为上述两个趋势演变途中的关键影响因素。在中国改革开放的30多年，令人瞩目的经济发展速度中，包括了农民工的低廉劳动力的贡献，拿着微薄收入创造了现代化建设伟大成就。多数农民工是在年富力强阶段便进城务工，把本该学习技术、技能的时间耗费在解决温饱的简单重复体力劳动上。这种代价，体现着大量可以积累人力资本的时间被耗用。若干年后，产业和技术结构升级带来的资本和技术集结，资本与技术结合，有机构成提高，会替代简单劳动力，若不解决农民工的人力资本提升以及社会保险权益问题，"这些劳动者今天的流动性恰恰是明天彻底失业的原因"[①]。由此，需要有相应的制度安排为农民工提供未来避免遭遇各种社会风险的社会保障体系和劳动技能（劳动力素质）提升计划。当明天劳动力市场以需要技术工人为主时，他们就像20世纪90年代国有企业改制的下岗失业人员一样，相当一部分的人将会成为社会经济发展的死负荷，他们会死死地抓住越来越细碎的土地，在那时候，农民工与其他群体之间巨大的贫富落差，只有靠政府的救济来解决。

农民工历史演进的另一路径是返回农村做新时期、新农村的新型农民。农民工外出务工，从城镇返回农村的方式有多样，总结起来有以下5种情况：

（1）城市企事业单位用人的偏好使身强力壮、精力充沛的年轻农民工源源不断地涌向城市，这些企业往往只聘用中青年农民工。一旦这些农民工年龄较大或结婚成家，就辞退另聘。与此相应，许多年轻农民，尤其是女青年，也趁自己尚未成家，没有负担牵挂时，到城市闯荡，见世面，学手艺，赚点钱准备嫁妆，如果在城镇找不到合适的配偶便返回农村结婚成家，参加劳动。

（2）工商企业自主经营，自负盈亏，市场经济优胜劣汰机制必然使一些企业无法屹立不倒。一些企业因经营不善、效率降低而压缩业务，辞退农民工；个别企业在竞争中破产，解聘包括农民工在内的全体职工。在这些被辞退、解聘的农民工中，有不少因个人的素质不高或年龄偏大，在城镇中找不到新的受聘单位或其他的就业门路，不得不返回农村。

（3）在"后农业税"时代，部分农村地区经济发展前景优于城市务工，或

---

① 刘福垣：《社会保障度决定社会和谐度》，《和谐社会与社会保障：首届中国社会保障论坛文集》，中国劳动社会保障出版社2006年版。

乡镇企业效益好、待遇高，或务农耕作补贴多等，过去从这些地区流动到城镇工作的农民重新被"拉回"原籍。

（4）中国农民对家庭的重视往往超过了他们对社会的重视。"家族"的血缘纽带在农村社会极为稳定和强大，农村家庭素有相互依存、相互关照和提携的血缘亲情。农民工进城务工，要么单身一人，要么夫妻二人，把父母、兄弟姐妹留在农村，不论他们是短期出走还是长期在外，都始终忘不掉自己的故土，无时无刻不想到"落叶归根"的古老信条。

（5）全球经济、中国经济发展总有起有落，繁荣与萧条循环上升。在某一段时期内可能经济形势下滑，或可能受累于宏观调控、产业政策调整，使大批农民工返回农村参加劳动。2008年发端于美国的"次贷危机"波及我国金融行业和实体经济，农民工也出现了受经济容量缩小而大规模返乡的现象。

第二节　农民工面临的社会风险

社会风险主要包括工伤、失业、生病、因年老而失去劳动力、因贫穷而失去教育机会、儿童失去父母而无法正常成长、公共卫生危机及各种天灾人祸等。农民工面临的社会风险主要产生于以下因素：

一、就业的不稳定性

农民工流动具有不稳定性，演化出农民工的失业风险、生活费用来源不稳定以及家庭贫困化趋向。在不同的经济发展阶段，农民工流动形式和流动规模各不相同，但都表现为城乡之间的"亦工亦农"流动或城市之间的职业工种的改变：既有在比较利益级差导向下大量农村人口涌入城市的"向心式"流动，又有在城市环境质量下降时农民往返于工作地点和居住地点之间的"钟摆式"流动；既有大城市高集聚效应和高辐射效应带来的功能性梯级流动，又有功能性相似的城市之间的同级流动。不论哪种流动方式，都决定了农民工就业和居所的不稳定，由此产生了众多问题乃至形成了风险冲击。

其一，与历史上丧失土地为了生计而被迫背井离乡的农民不同，现今农民工进城，其目的高度明确——赚钱，其行为也是主动的。他们没有割断与土地的联系，农民承包的土地成为农民最后的"保障载体"。失去城里工作，他们随时都可以回家务农。

其二，大批进城务工的农民较难进入城市现代产业部门。而大多以承包队、临时工、合同工、轮换工的身份出现，从事城市某些部门中比较艰难、笨重、危险的工作。他们既面临由于体制和技术原因对他们谋职择业的限制性，又有较为灵活地支配自己行动的自由，因而他们按照比较利益的原则，经常擅自中止合同或"跳槽"。

其三，从社会学角度看，农民工是一个具有很独特社会身份和社会地位的社会群体。他们的户口在农村，基本活动却在城市；他们既不是纯粹意义上的农村人，也不是体制内的城市人；他们的活动受到社会承认，并成为城市运行不可或缺的一部分，但是他们自己却不被他所服务的城市社区所接纳。由于体制的原因，他们不能享受到与城里人尤其是城市职工同等的劳动和生活待遇，城市生活中最"赏心悦目"的部分与他们无关。

长期以来，农民工合法权益未得到应有保护，农民工与用人单位劳资关系普遍比较紧张。农民工群体处于一种"权利缺失"和"权利剥夺"的状态。一股在西方早期工业化阶段才有的"血汗工资制"在社会主义中国的某些角落里重演，进一步催化了农民工的社会风险。

二、农村经济的局限性

我国采取的城乡二元经济结构和以户籍制度为主的人口静态管理模式造成城乡之间的劳动力流动几乎枯竭，形成了一个半封闭的城乡二元社会结构。在农村，极为有限的耕地和庞大的农村人口结合在一起，只能形成极为细小的经营规模和极为分散的经营方式。林牧副渔业的发展余地虽然很大，但是由于受资金、技术等"瓶颈"因素的影响，在短期内也很难容纳大量的农业劳动力。这种对土地资源的平面垦殖方式，更使得务农收入只能维持在最低限度。

在农民工回流到农村的时候，这种农村经济潜力释放受限的因素引发了回流农民工寻求可持续性生存方式的困境（赵曼、刘鑫宏，2008）。这时候农民工面对的将不再是个体的社会风险，而是以缺乏后续发展能力为特征的系统风险。

三、城市社会保障的排斥性

改革开放使大城市在政治、工业、贸易、科技、文化、医疗、交通、通信等方面多中心功能日益强化，大城市与中小城市、乡村存在着巨大的水平差异和容量差异。一般来说，农民工流动的集聚量和扩散量与城市的功能呈显著相关关系。城市较大的经济就业容量常年不衰地吸引着从事各类经济活动，如从事购销货物、开发制作、应聘协作的各类农民工流入城市。城市企业也乐于使用农民工，主要原因是农民工平均成本低于城市劳动力，并且听话，易于管理。一个城市劳动力成本大体等于 2～3 个农民工的人工成本。这种用工成本的显著差异主要来源于我国城市就业制度与福利制度、保障制度的三位一体、高度重合的特性。进城务工人员往往是处于社会保障和用人单位福利的圈子之外。

这种用工需求与农民工保障给予量的不协调无法为农民工构筑社会风险的立体防线。农民工在城市务工，但是缺乏基本的社会保障和公共服务，也缺乏应有的权利保障。倘若这些复杂的矛盾日趋严重化、显性化，社会不稳定的风险将潜伏于农民工群体之中。

四、城市公共服务的排斥性

一是农民工子女接受义务教育困难。农民工子女上学难，上学费用高。尽管中央三令五申，但一些地方公立学校仍然向农民工子女收取借读费。农民工子女学校基本得不到当地政府的财政支持，只有依靠高收费维持运转，进一步加重了农民工的子女教育负担。另外，农民工家庭父母长期在外打工，留守农村的孩子缺乏良好教育，辍学、失学人数不断增多。[①]二是城市政府无法为农民工居住集中区域提供有效的公共管理服务。农民工居住的集聚中心多为临时工棚式的单位工房、私人出租房，城乡居民家中、旅店、招待所或企事业单位的集体宿舍。农民工落脚于近郊区尤其是城乡结合部地带的概率远高于在城市市中心的可能性，但是农民工流动的平均密度则是市中心远高于近郊区。农民工这种居住特点成为城市政府提供公共管理服务的"阳光普照不到的独立王国"。三是城市政府无法控制农民工生活居住区的"常态管理"。乱搭乱盖，摆摊占闹市、挤便道，不仅影响市容市貌，还造成火灾和交通隐患。农民集中居住的临时工棚附近、出入地带连同施工现场，往往是垃圾遍地、蚊蝇孳生、臭水横流，是城市中脏、乱、差问题的死角，成为各种疾病滋生的传播源。农民工自身也是各种传染性疾病的主要传播者，城市卫生防疫管理工作基本上是"真空"。

---

① 国务院研究室课题组：《中国农民工调研报告》，中国言实出版社 2006 年版。

第三节　农民工社会风险结构及识别

对于农民工面临的社会风险结构及其轻重程度的判断，可参考课题组调研问卷涉及的"农民工参加社会保险项目意愿的重要程度"选项。农民工对参加社会保险项目的意愿及选择次序能够反映农民工在城市工作生活环境状态下面临社会风险的内容与强度。农民工在城市生活面临着各种社会风险，依据其规避风险的需求强度的高低，农民工对于各项社会保险的参保意愿是有差别的。

一、老年养老风险

老年养老风险与疾病风险等相比较而言，老年风险是有规律的，基本上是一种对必然事件的保险。化解养老风险需要在个人生命周期内由年轻阶段为老年阶段作出谋划和储备。农民工对于养老风险给予更多的关注的原因是：其一，农民工主要从事繁重的体力劳动，未老先衰的几率较高，随着年龄的增长，他们的劳动能力和生命机能会快速下降；其二，农民工主要是从事苦、脏、累、险、毒的工作，待到年老时身体素质下降、各种潜伏职业危害病频发，健康状况更容易出现问题；其三，农民工进城打工后通常把多余的土地转包给他人，若在城市陷入困境回到农村可能没有稳定的生活保障；其四，农民工外出务工的收入主要是为了谋生和养家，很少为自己的养老问题作打算，也不可能为养老攒下多少积蓄。

从课题组调研数据库中抽取苏、皖、鄂三地农民工的调查数据，如表15 – 1"年龄与养老积累的交互"情况显示，67.55%的农民工并没有为自身计划积累养老金，而进行老年生活保障积累的比重只有12.09%。受访农民工中16 ～ 40岁年龄组占三地区抽样调查样本的55.39%，其中有85.52%的农民工没有考虑过自身养老问题（"C. 未予考虑"），8.60%的农民工有考虑年老生活来源但却暂时没有进行养老积累（"B. 有计划但无积累"），只有5.88%的农民工有考虑并有积累（"A. 进行了养老积累"）。41 ～ 55岁农民工约占21.3%，其中有47.06%的人"未予考虑"；56岁以上群组中，有67.55%比例为"未予考虑"。由此可见，绝大部分的农民工在不久的将来都会面临非常严重的养老问题。

表15－1　　农民工的自身养老打算情况（苏、皖、鄂三地抽样）

年龄分组 选项分类		16～40岁		41～55岁		56岁以上		合　计	
		频数 （人）	行内比 例(%)	频数 （人）	行内比 例(%)	频数 （人）	行内比 例(%)	频数和 （人）	比例和 (%)
A. 进行了养老积累	频数（人）	13	31.71	15	36.59	13	31.71	41	100.00
	列内比例(%)	5.88	—	17.65	—	39.39	—	12.09	—
B. 有计划但无积累	频数（人）	19	27.54	30	43.48	20	28.99	69	100.00
	列内比例(%)	8.60	—	35.29	—	60.61	—	20.35	—
C. 未予考虑	频数（人）	189	82.53	40	17.47	0	0.00	229	100.00
	列内比例(%)	85.52	—	47.06	—	0.00	—	67.56	—
合计	频数和（人）	221	—	85	—	33	—	339	—
	比例和（%）	100.00	—	100.00	—	100.00	—	100.00	—

　　资料来源："农村社会保障制度研究"课题组所做的"农民工社会保障"子课题调研数据。

二、疾病风险

　　疾病是人生难以预料的风险，个人抵抗疾病风险的能力也很有限。在疾病侵扰时，以青壮年为主的农民工，仗着年轻、体质好硬挺过来或找一些江湖游医诊治。这种治疗疾病的方式往往延误病情甚至危及性命。农民工大多数集中在"苦、脏、累、险、毒"的岗位上，工作环境和工作条件的恶劣，严重危及农民工自身的身体健康。农民工在城市居住地一般是城市卫生、环卫部门管理的真空地带。生活垃圾随意堆放，生活饮用水未经过消毒处理等，就像是在农民工的身心健康问题上绑的"定时炸弹"。一旦农民工受到大病的侵袭，不但丧失收入来源，而且还要变卖家中房子、牛羊等家畜来筹集大笔资金医治疾病，农村家庭也因此容易"因病返贫"或"因病致贫"。农民工疾病风险有典型的"治病三部曲"：不愿看病，潦草吃药，住不起院。由于营养、卫生、医疗、保健等条件落后以及文化水平、收入等因素的影响，这些都加剧了农民工卫生健康问题。

三、工伤事故风险

农民工的工伤风险分为职业性工伤和职业病两类，两类工伤风险的时效和结果显现形式不尽相同，农民工应对这两类风险也具有不同的脆弱性考量。职业伤害事故对农民工的伤害是即时的，也是最惨烈的形式；职业病伤害则是对农民工生命的隐蔽性透支，潜伏若干年后才可能显现，并且还可能发生后遗症。

农民工风险表征部分已证明农民工群体仍处于"权利缺失"和"权利剥夺"的状态。我国每年与工伤直接相关的事故死亡人数超过 1.5 万人，主要集中在矿山开采、建筑施工、危险化学品生产等高危企业。这些职业伤害事故中死亡的人员中很大部分是农民工，如建筑施工生产安全事故受害的 90% 为农民工[①]。据调查显示，我国遭受职业病危害的劳动者，已经由过去的国有企业正式工人转嫁给进城务工农民[②]。2008 年认定的近 100 万名工伤人员中，80% 以上是农民工；全年享受工伤保险医疗的 256 万人中八成以上也是农民工[③]。《职业病防治法》颁布实施 7 年多，仍然难以有效控制农民工职业病危害。农民工与企业很少签订劳动合同；劳动强度大、劳动收入低；所从事工作的作业场所职业病防护设施简陋或缺乏。用人单位没有发放个人防护用品或发放的防护用品是不合格、不具备预防职业病的产品；农民工上岗前、在岗时、离岗后几乎没有获得职业健康体检，造成已经发生或将要发生的职业病没能及时发现、治疗。郑功成、黄黎若莲等人组织的农民工问卷调查显示，56.5% 的农民工从未接受过劳动安全卫生教育，只有 60.6% 的人表示所在单位提供了必要的劳动保护用品，仅有 47.2% 的农民工反映所在单位能够定期进行健康检查，48.3% 的女性农民工在孕期不能得到法律规定的特殊保护[④]。

数据显示，我国农民工的工伤风险防范能力较弱，企业对职工安全生产保护观念不强。农民工外出务工处于劳动关系中的弱势一方，相当一部分企业主不与农民工签订劳动合同，以期在工伤事故后推卸责任。若签订劳动合同，经常有附加的"生死免责"条款。在就业岗位上，劳动条件较为恶劣，生产场所通风照明条件差、安全设备简陋甚至未安装，等等。由于职业病具有"缓

---

① 国家安全生产监督管理总局网，http：//www.chinasafety.gov.cn/.

② 高强：《保护职工的健康和安全是企业重要的社会责任》，首届中国·企业社会责任国际论坛发言 [EB/OL]．2006－02－22.http：//sina.com.

③ 国务院农民工工作办公室主任、人力资源和社会保障部副部长杨志明在 2009 年"保护农民工健康高层论坛"上发布的数据。

④ 资料来源于郑功成等人在 2005 年组织的农民工抽样调查。调查地点包括深圳、苏州、成都与北京四地，调查采取问卷调查与深度访谈方式，共获取 2 800 份（有效问卷 2 617 份）、深度访谈 120 份。

发"特征，企业主对慢性中毒的职业病，往往采取"民工岗位互换"的做法推卸和转嫁其所要承担的民事赔偿责任，甚至采用"试用期"或短期合同的做法，在农民工发现自己患职业病时，因劳动场所和工作岗位经常更换，无法提供明确的证据证明所患职业病的时间和地点，也就无法追究某个企业主的工伤责任。

四、失业风险

农民工的失业风险来源于农民工就业的不稳定特性。农民工在城里求职的途径主要有以下6种：(1) 通过县（乡）政府统一组织的劳务输出；(2) 由城里的亲朋好友牵线搭桥在用人单位谋职；(3) 农民流动的连锁效应，即一个人进城务工所带来的诱人的"流动效益"会刺激一群人随之而去，往往经先行流动人员介绍在同一单位谋取岗位；(4) 在各级各类职业介绍所登记求职或在劳动力市场，尤其是在初级劳动力市场上，如雇工市场、保姆市场上找活干；(5) 自谋职业，包括两部分人：一是走街串巷的流动商贩和修理工匠，二是开店设铺的个体经营者；(6) 由各类包工头组织进城揽活。这6种主要都是非正规化的就业渠道，农民工从进入劳动力市场之初便决定了其就业稳定度不会很高。

农民工就业基本上有两种情况：一种是临时工。虽然农民工所在的单位可能是正规部门，但是农民工只是从事临时的工作，与正式职工在收入、福利上均有明显差别。另一种情况则是，农民工所在的单位本身就是非正式组织或非正规部门。这两种就业模式都具有低收入、不稳定等特点，因此农民工随时都面临着失业的风险。而一旦失业，农民工又因没有其他经济来源、没有劳动部门提供的免费就业培训机会等而不愿回乡，因而只能在城市中苦苦挣扎，期望再次寻找新的就业机会。

农民工从事的工作岗位可替代性高，农民工的就业岗位获得变数较大，一定时期内职业更换次数多，收入来源不稳定。城市中常可以看到农民工蹲在车站、码头、道路交叉口，在他们面前放一块小牌，写上能干的活计，以寻求雇主。雇主们来到这些地方选择合适的农民工，未被雇主聘用的农民工也就处在失业状态。表15-2为抽样调查农民工对于失业经历和失业时间的回答情况。表15-2的数据显示，61.5%的农民工有失业的经历，其中平均失业时间达到4.5个月左右，失业时间在1~2个月的农民工群体占了20.3%左右。

表 15 - 2   **农民工失业经历、时间等情况**

失业情况	失业时间	样本数	百分比（%）	有效百分比（%）
没有失业经历	失业时间	346	34.7	38.5
曾经失业	1 个月以下	185	17.1	18.9
	1～2 个月	198	18.3	20.3
	3～5 个月	112	10.3	11.5
	6～12 个月	63	5.8	6.4
	1 年以上	43	4.0	4.4
	小计	601	55.5	61.5
缺失值	—	106	9.8	100.0
合计	—	1 053	100.0	—

资料来源：2005 年重庆市社会科学规划办公室基金项目"重庆市进城务工人员失业及社会保障机制研究"课题的问卷调查数据库。此项调查由重庆大学肖云教授等人组织，抽样选取重庆市 1 053 位农民工进行问卷调查。

第四节 农民工的抗风险机制评估

一、农民工的抗风险机制

（一）传统抗风险机制

农民工传统的抗风险机制源于农民工的"农民"身份，是农民工回流农村后能够享受到的保障项目。中国的经济改革虽从农村开始，但是以城市为改革重点。目前农村以"自然就业"为基础的社会保障政策，与城镇相比，农村社会保障水平低，保障项目少，保障只具有应急性，缺乏制度化[1]。目前从全国地方开展农村社会保障情况看来，涉及农民工及其家庭的传统抗风险机制主要包括：（1）家庭养老保障；（2）土地保障；（3）农村社区养老；（4）商业保险；（5）"五保"制度与社会救济制度；（6）农村最低生活保障制度；（7）农村养老保险。

---

[1] 王东进：《中国社会保障制度的改革与发展》，法律出版社 2001 年版。

（二）农民工的社会保障项目

农民工抗风险社会政策体系由国家层面的指导性文件与农民工流入较集中的城市试点操作组成。国务院《关于解决农民工问题的若干意见》（国发［2006］5号）以及劳动和社会保障部《关于贯彻落实国务院解决农民工问题的若干意见的实施意见》（劳社部发［2006］15号）、《关于农民工参加工伤保险有关问题的通知》（劳社部发［2004］18号）等文件中，对农民工建立农民工社会保障制度明确了方向并提出了建立农民工社会保障制度的基本原则。同时，全国各大城市也结合本地的实际情况，先后制定农民工社会保障制度，有些地方的试点时间比上述三个文件的出台还要早。地方城市建设的农民工社会保障制度基本包括了农民工的养老、医疗、工伤、权益保护等项目。北京早在1999年就出台了《农民合同制职工参加北京市养老、失业保险暂行办法》，之后又在2001年9月制定了《北京市农民工养老保险暂行办法》（以下简称《办法》）。该《办法》明确规定了用人单位从招用农民工之月起，必须与其签订劳动合同，并为其办理参加养老保险手续。江苏省苏州市1999年3月颁布了《关于进一步加强外埠员工参加基本养老保险的意见》的决定，对包括农民工在内的外来人员提供养老保障。上海市从2002年9月执行《上海市外来从业人员综合保险暂行办法》，2003年3月成都实施了《成都市非城镇户籍从业人员综合社会保险暂行办法》。2004年1月，广东省修订通过的《广东省工伤保险条例》中要求广东省行政区域内的各类企业、个体工商户、民办非企业单位、国家机关、社会团体及事业单位，都应当为与之建立劳动关系的职工或雇工缴纳工商户保险费。2005年4月山东青岛市开始执行《农民工基本养老保险暂行规定》、《农民工工伤保险暂行规定》。2007年以来，各省区市地方政府试点农民工社会保险制度的力度进一步加强，出台的相关规定政策大致以两种形式来设计农民工社会保障机制：一是将农民工群体置于城镇从业人员范围之内，比如《海南省城镇从业人员基本养老保险条例实施细则》（海政令［2008］213号）、《浙江省人民政府关于建立健全覆盖城乡居民的养老保障制度的意见》（浙政发［2008］36号）等。二是单独将农民工群体作为制度建设的主体在政策法令中体现，如《云南省农民工工伤保险暂行办法》（云南省劳动和社会保障厅公告2008年第3号）、新疆维吾尔自治区《关于商贸、餐饮、住宿等服务业参加工伤保险有关问题的通知》（新劳社函字［2008］238号）等。

二、农民工抗风险机制评估

农民工社会保障政策能够在一定程度上化解农民工的社会风险压力。比较于20世纪90年代以前国家"管理"农民工跨地区流动的社会政策，上述的农民工社会保障制度突破了"严格控制"、"消极应对"[①] 农民工进城务工的政策制度。各地根据本地农民工流动特点制定当地的农民工社会保障政策，自下而上地从地方经验摸索开始，逐渐推动建立国家层面的农民工社会保障制度，这有利于综合地方农民工社会保障制度的特点，在国家层面规范农民工社会保障制度，从而在更高级别层面帮助农民工化解社会风险的冲击。

虽然上述的社会政策制度构成的农民工抗风险机制能够缓解农民工的社会风险冲击，但从实施效果和资源整合方面来看，这种农民工抗风险机制还是比较薄弱的，农民工抗风险能力未能得到及时、有效的加强。

（一）传统抗风险机制评估

随着计划经济向市场经济体制转轨，农村传统农业向现代农业转型，农村集体经济解体使农民工失去了分散社会风险的组织基础和物质条件。貌似广泛的农村社会保障方式恰恰说明了农民工在传统农村社会保障上的无助：农村中除"三无"老人可享受部分社会保障、极少数富裕地区农民工能享受社区养老外，农民工在农村基本上都是依靠自己或家庭[②]。计划生育政策的实施打破了农民工养儿防老的思想"惯性"。农民工在城市流动若干年后回流农村是否还能适应土地耕作的农村生产方式，这在一定程度上影响了土地保障的功能发挥。"五保"制度经费原来从20%的农业税附加中列支，在农村费改税、取消农业税后，"五保"制度资金来源渠道更加有限；同时，社会救济也不可能解决多数农民或农民工的养老、医疗等问题。

农民工家庭养老、农村社区养老两种方式是否能够化解农民工养老风险、保障农民工老年生活？目前我国农民虽然还是以家庭养老为主，但是家庭养老功能明显弱化了。一是市场经济的发展动摇了家庭养老的思想和道德基础；二是家庭规模小型化缩小了家庭养老的照料和赡养源[③]，农村家庭规模小型化在逐渐瓦解

---

① 国务院研究室课题组：《中国农民工调研报告》，中国言实出版社2006年版。
② 乐章：《风险与保障：基于农村养老问题的一个实证分析》，载《农业经济问题》2005年第9期。
③ 福建省农村社保模式及其方案研究课题组：《农村养老保险制度创新》，经济管理出版社2004年版。

家庭养老方式的"人口红利式"条件；三是农民工作为各自家庭支柱，其本身职业的非农化和频繁外出务工活动，削弱了家庭成员的互助功能。这样农村家庭养老方式难以满足农民工家庭的养老需求，农民工养老面临缺乏经济支持、缺乏家庭保障的双重困境。对于农村社区养老，改革开放30多年来，农村社区养老只在少数农村集体经济发展水平较高的地区以社会福利的方式，提供退休费、举办敬老院、建设老年公寓等，其覆盖范围极其有限。所以说，农民工的养老风险也无法依靠这两种方式来化解。

传统的医疗保健和公共卫生体系、由子女赡养老人、集资合作兴办教育以及"五保"等传统抗风险机制也都瓦解或削弱；城乡二元分割体制使农村难以获得更多的公共财政支持来化解风险，农民工依靠传统机制根本无法抵御工业化带来的社会风险①。

（二）现行农民工社会保障政策评估

国发〔2006〕5号、劳社部发〔2006〕15号、劳社部发〔2004〕18号等规定较为笼统；各地的经济发展水平和认识水平不尽一致，地方出台的农民工社会保障制度内容差异较大。所以农民工社会保障政策还没有发挥化解农民工社会风险的功能。

其一，建立的包括工伤、医疗、养老保险在内的保险制度，制度安排初衷与制度运行的现实局部脱节，使该制度的适应性受到影响②。这种局部脱节造成了农民工社会保障制度主体（企业、农民工自身）的参保意愿低，降低了制度主体③抗风险的能力。企业主与农民工共同承担农民工社会保障账户的缴费责任，企业承担的较高水平的缴费率挫败了企业参保积极性；农民工对农村土地的特殊依赖和非农就业收入的低水平状况使得农民工参保"心有余而力不足"。调查显示，广东、北京、上海、江苏等地都已出台农民工社会保险办法，但是政策的推行遇到了较大的阻力，与制度推行的预期存在较大的差距：80.0%的企业主不赞成为农民工购买养老保险，83.2%不愿意购买基本社会养老保险，90.0%根本就没有购买基本社会养老保险④。

其二，地方操作实施的农民工社会保障政策仍然有覆盖范围的遗漏，未能有

---

① 吴雪明、周建明：《中国转型期的社会风险分布与抗风险机制》，载《中国人民大学书报资料复印中心——社会学》2006年第9期。
② 李航：《我国转型期弱势群体社会风险管理探析》，西南财经大学出版社2007年版。
③ 雇用农民工的企业为农民工建立社会保障账户，这是从风险共担机制出发帮助农民工增强抗风险能力的途径之一。
④ 何海宁、程昭国：《2.5亿农民工养老保险应立法》，载《南方周末》2005年2月24日。

效地分类管理农民工。当前农民工的构成较为复杂，有稳定就业型的农民工、季节性流动的农民工和岗位职业城市不断转换的流动性农民工等类别。地方政府实施的农民工社会保障政策未能将不同类别的农民工流动特点综合考虑，往往将其中部分农民工排除在参保政策规定之外，这样部分农民工的社会风险仍然由其本人或其家庭承担。例如，《上海市外来从业人员综合保险暂行办法》第3条规定："下列外来从业人员不使用本办法：（1）从事家政服务的人员；（2）从事农业劳动的人员；（3）按照《引进人才实行〈上海居住证〉制度暂行规定》引进的人员。"《成都市非城镇户籍从业人员综合社会保险暂行办法》第2条规定："前款所称非城镇户籍从业人员是指不具有城镇户籍、在本市行政区域内被用人单位招用或个人在城镇从事商品生产、商品流通或服务性活动等劳动者，但从事家政服务和农业劳动的劳动者除外。"

其三，农民工社会保障既得权益不能转移续接，农民工抵御社会风险机制不可持续。目前各省区市实施的农民工社会保障制度规定只允许农民工权益在特定区域内转移和流动，不能实现跨地区的制度转移和制度对接。尽管参保者在离开原工作地时可以退保，即取出社保中个人账户中的资金，但是退保也即意味着过去多年的参保权益彻底消亡，这对于参保者来说无疑意味着一大损失。尤其是农民工回乡，就更意味着彻底与社会保障及其所能提供的保障无缘。尽管社会保障不一定就是人们是否流动的决定性因素，但是对于自我保障意识强的农民工来说，却不能不成为他们需要慎重考虑的问题。

第五节　结论与讨论

农民工流动就业的特点决定了农民工的风险冲击既有来自农村传统类型的社会风险，也有来自于工业文明的现代社会风险。农民工遭受社会风险冲击，却缺乏类同城市居民化解社会风险的抗风险机制。探析农民工社会风险源和识别农民工风险结构，可得出农民工抗风险机能尚存缺失。混沌于传统"家庭式"保障方式与"碎片化"的国家社会保障制度两者之间，农民工抗风险机制有赖于国家建立全新的社会风险共担机制和提供完善的社会政策体系。而该体系与机制的制度载体便是农民工社会保障体系的制度安排。

上述对于农民工抗风险机制的评估可以得出的结论是，农民工传统"家庭式"的保障机能在面临现代工业文明（农民工进程就业）风险冲击时也已无法承受；当前国家"碎片化"的社会保障制度尚未发挥出化解社会风险的保障功能。因此，有必要重新审视农民工抗风险机制的建设思路。

农民工承受的这些社会风险已经演变为群体性的系统风险，它有可能削弱农民工群体中部分人原本脆弱的基本生存能力。因此，降低、化解农民工群体性系统风险有赖于国家建立社会风险共担机制和提供社会政策体系（赵曼、刘鑫宏，2009）。笔者认为，该体系与机制的制度载体便是农民工的社会保障体系的制度安排。也就是说，农民工群体的抗风险机制建设理念是研究农民工社会保障制度，及该制度覆盖下的农民工社会保障项目的完备性与项目的保障能力。建立农民工的社会政策原则之一是社会风险共担原则，其与社会保障制度的风险分散、群体共担的"大数法则"类同。农民工抗风险机制收敛于社会保障制度之中，其功能的发挥有赖于建立农民工的工伤保险、医疗保险、养老保险、失业保险、社会福利和生活救助等制度以及相应的财政投入、金融扶持机制。

第十六章

农民工社会保险制度参与意愿及其影响因素

第一节 相关文献综述与研究目标

近年来，农民工社会保障制度成为研究热点，但实证研究农民工制度需求的成果并不多。从分项研究不同险种的成果来看，多以农民工参加养老保险、医疗保险或综合保险的意愿（龚秀全等，2004；任建萍、徐玮，2006；李存艳等，2008；凡亚军，2008；宗成峰，2008）为主要研究对象，工伤保险意愿（徐德稳，2009）或其他险种的参保意愿研究成果并不多见。

农民工对养老保险的制度需求可以由农民工的养老保险购买意愿代表，根据民盟重庆市委的调查，83.2%的受调查农民工不愿意购买目前推行的养老保险，80.0%的受调查企业也不赞成为农民工购买养老保险（李国等，2005）。我国城镇社会保障体系的改革以养老、医疗和失业三大主体和最低生活保障制度为重点展开，同样以工资为主要生活来源的农民工，他们的社会保障体系同样应该以养老、医疗和失业三大险种为核心，但由于农民工面临的特殊困难，这三大主体的重要性排序有所变化：当务之急是构建包括工伤保险和疾病保障的健康保障，其次是失业保障体系，最后是养老保障（简新华、张建伟，2005）。通过问卷调查中国东部沿海地区农民工，研究者认为农民工参加社会保险的意愿先后排序为：养老保险、工伤保险、医疗保险、失业保险和生育保险（李群、吴晓欢、米红，

2005）。农民工主要集中于基本建设、工业企业和服务等三个行业，抽样调查数据显示，农民工群体对社会保障险种的重视程度依次是：工伤保险、最低生活保障、医疗保险、困难救助、养老保险和失业保险（唐新民，2005）。这样的位序具有明显的行业特征：在基本建设和制造、建筑行业工作的农民工将工伤保险作为首位。2002 年起，上海市要求外来从业人员参加综合保险，研究者通过观察抽样群体的不同种类保险（工伤或意外伤害保险、住院医疗保险和养老保险）的投保偏好，发现上海外来从业人员更偏好于养老保险，有高达 66.1% 的人最希望得到的保障项目是养老保险，而工伤或意外伤害保险和住院医疗保险的参保意愿相差不大，分别为 17.15% 和 16.75%（龚秀全、韩宇翔、宋莉君等，2004）。

个人保障享受程度与保障选择有密切关系，即个人越缺乏保障则保障选择程度越高；医疗保障的选择更多受到社区因素的影响，养老保障更多地与个人年龄有关，失业保障选择则受到更多因素的影响（梁鸿等，2002）。研究者认为，农民工社会保险制度需求受其收入、偏好和相关物品价格等因素影响。将社会保障价格（用社保缴费表示）、农民工收入水平（用月工资额表示）、农民工对社会保险的偏好（用受教育年限反映）、婚姻状况和替代品价格（由社会资本和物资资本构成）等变量引入构造的社会保险需求量函数模型，结果显示，从需求角度出发看，提高农民工的收入水平、增强参保偏好、减少替代品供给等都是增大农民工社会保险需求以提高参保率的有效途径（董延芳、刘传江，2008）。通过调查重庆市 954 名青壮年农民工，以性别、年龄、学历、单位性质等 7 个影响因素作为解释变量进行青壮年农民工社会养老保险参与倾向的研究。研究结果显示，年龄、学历、单位性质（以国有企业为参照）和月均收入对青壮年农民工社会养老保险参与倾向有负相关影响，男性农民工比女性农民工更倾向于参与社会养老保险。另外，农民工文化素质低、法律知识贫乏、维护自身权益的意识较差以及经济行为的短期性等，都是青壮年农民工不愿参加社会养老保险的重要原因（肖云、石玉珍，2005）。

上述的研究结论尽管在保障项目的选择顺序和影响因素方面不尽相同，但是在判断依据上都有异曲同工之处。各研究成果从农民工主观认识出发，将农民工自身感受的生活、工作和家庭抚养等压力概括为遭受潜在社会风险的判断，主观认识到这些风险是源于哪些资源禀赋的匮乏并且判断哪些社会风险高，那么这些成为农民工首选规避的风险，也是农民工参与社会险种先后的保障期望。本章设定以农民工社会保险制度的需求为研究目标，以课题组完成的基线调研数据为研究基础，采用实证分析方法，以瞄准目标分析为手段解决两个问题：其一，解决农民工参与社会保险项目优先位序；其二，回答农民工社会保险制度参与意愿影响因素。

本章数据来自课题组 2007 年 10 月至 2008 年 7 月在全国九省、市的抽样调查。数据主要通过三种途径获取：一是，现场实地访谈：由调研员通过近距离对受访农民工访谈，客观记录受访对象的生活情况和对社会保障制度的认识等；二是，二手信息资料、数据的收集：了解当地政府有关部门对社会保障工作的政策和规章，借鉴和分析职能部门管理农民工社会保障工作的年度报告、年度数据等；三是，问卷调查：主要掌握抽样农民工社会保障综合情况，包括农民工对务工所在城市社会保障制度的满意度、对缴费方式和缴费额度以及政府在执行方面的满意度、对参加社会保障的期望度等。

第二节　农民工参与意愿的描述性分析

农民工的参保意愿存在区别，并且农民工对不同的社会保险项目需求位序有重要程度的判断，这是本章立论的研究前提。农民工缴费参加社会保险，作为特殊商品的消费者，成为购买社会保险制度这种特殊商品的需求方。需求方根据自身条件和获得的信息综合评估，决定购买商品的数量和商品结构。在综合评估后购买的社会保险使得农民工得到了获取商品价值的效用。农民工对社会保险制度购买的效用，可以用基数效用或序数效用来衡量。"效用"本身就是对购买对象的期望，农民工对社会保险的期望很难用具体的数量关系来测量，因此，用经济学中序数效用函数方法评估农民工的社会保险期望价值更便于操作。

"序数效用理论"为研究农民工选择社会保险项目优先位序提供了分析范式。在课题组的调查问卷中，设问："B4. 按照您的个人需求，您认为以下社会保障项目中哪三项是您最迫切需要的？"问题有如下 7 个备选项："（1）养老保险；（2）医疗保险；（3）工伤保险；（4）失业保险；（5）生育保险；（6）最低生活保障；（7）社会福利"。受调查的农民工对该问题的回答形成了本章研究农民工判断社会保险项目优先位序的数据，由此笔者便有可能计算农民工社会保险的参保意愿得分。

表 16 - 1 为调查问卷形成的 B4 问题的统计结果，反映的是农民工选择最迫切需求的三项社会保障项目。如表 16 - 1 所示，"位序一"表示农民工最为迫切需求社会保障项目，"位序二"、"位序三"则顺延。表 16 - 1 数据显示，农民工认为自身社会保险项目需求的迫切程度不仅有结构之别，而且在位序选择中还有

不予考虑的某些项目，如位序一中的"生育保险"项目、位序二中的"社会福利"项目。结果显示，前两项位序判断比较集中：位序一集中于"养老保险"和"医疗保险"项目；位序二集中于"医疗保险"和"工伤保险"项目。农民工在社会保障第三项需求判断上出现了较大分歧，表现在位序三中社会保障项目的回答集中趋势不明显，而是分散在"工伤保险""失业保险""最低生活保障"等项目中。"生育保险"项目在三个位序选择数据中都没有较突出表现，究其原因有可能是问卷调查的抽样时没有较好地控制女性农民工的样本数，尤其是未婚与已婚女性农民工之间的比例；但笔者认为，数据结果不够突出更可能是因为农民工在外打工面临的社会风险中，生育保险机制尚未成为化解诸多社会风险的有力工具之一[①]。

表 16 - 1　　　农民工对社会保障项目需求的重要程度判别

保障项目	位序一（$i=1$）		位序二（$i=2$）		位序三（$i=3$）	
	频数	百分比（%）	频数	百分比（%）	频数	百分比（%）
（1）养老保险	451	68.3	10	1.5	2	0.3
（2）医疗保险	153	23.2	390	59.1	6	0.9
（3）工伤保险	24	3.6	123	18.6	215	32.6
（4）失业保险	13	2.0	56	8.5	116	17.6
（5）生育保险	0	0.0	7	1.1	15	2.3
（6）最低生活保障	7	1.1	22	3.3	163	24.7
（7）社会福利	3	0.5	0	0.0	82	12.4
合计	651	98.7	608	92.1	599	90.4
缺失值	9	1.3	52	7.9	61	9.2
总计	660	100.0	660	100.0	660	100.0

根据表 16 - 1 统计结果计算农民工社会保障项目需求的参保意愿得分。根据农民工对社会保障项目需求重要程度的排序，设选项排第一位（位序一）的数值为 9（分），第二位（位序二）的数值为 5（分），第三位（位序三）的数值为 3（分），那么农民工对某项社会保障项目的参保意愿得分计算公式为：

---

① 生育保险制度享受群体数量少、享受周期短，加之农民工流动性强进一步削弱了生育保险的抗风险功能。

$Z_n = \sum a_i \cdot p_i$（$i = 1, 2, 3; n = 1 \sim 7$）。其中，$i$ 是位序一、二、三的代码；a_i 为该社会保障项目在 i 中的系数值，即 9（$i = 1$ 时），5（$i = 2$ 时），3（$i = 3$ 时）；p_i 是某项目在每一位序中所占的比重，即表 16 – 1 中"百分比①"一栏。因此，农民工对各项社会保障的参保意愿分值分别为：

养老保险参保意愿分值 $Z_1 = 68.3\% \times 9 + 1.5\% \times 5 + 0.3\% \times 3 = 6.231$

医疗保险参保意愿分值 $Z_2 = 23.2\% \times 9 + 59.1\% \times 5 + 0.9\% \times 3 = 5.07$

工伤保险参保意愿分值 $Z_3 = 3.6\% \times 9 + 18.6\% \times 5 + 32.6\% \times 3 = 2.232$

失业保险参保意愿分值 $Z_4 = 2.0\% \times 9 + 8.5\% \times 5 + 17.6\% \times 3 = 1.133$

生育保险参保意愿分值 $Z_5 = 0 + 1.1\% \times 5 + 2.3\% \times 3 = 0.214$

最低生活保障参保意愿分值 $Z_6 = 1.1\% \times 9 + 3.3\% \times 5 + 24.7\% \times 3 = 1.005$

社会福利参保意愿分值 $Z_7 = 0.5\% \times 9 + 0 + 12.4\% \times 3 = 0.417$

上述即是农民工对社会保险项目的重要程度判断，因此，农民工对社会保险项目需求的重要性判断从强到弱顺序分别为：养老保险（$Z_1 = 6.231$）、医疗保险（$Z_2 = 5.07$）、工伤保险（$Z_3 = 2.232$）、失业保险（$Z_4 = 1.133$）和生育保险（$Z_5 = 0.214$）。由此可见，农民工希望参加养老保险的意愿最为强烈；其次是医疗保险、工伤保险、失业保险和生育保险。生育保险的意愿在社会保障项目排序中列于第七位，最低生活保障参保意愿与社会福利参保意愿要领先于生育保险项目。这样的排序结果与米红等人（李群、吴晓欢、米红，2005）的计算结果②相似，说明在农民工群体中不论是东、中、西部地区的农民工，其对社会保险项目的制度需求有共同（或类似）的参保意愿。从另一个角度看，这样的结论便于笔者利用课题组调研所得数据分析农民工社会保险制度问题的关联性以及推断结果的推广。

农民工对社会保险项目的重要性判断为实际管理部门建立农民社会保险制度提供指导，即了解哪些险种是农民工最关注的，应该首先为农民工建立哪项保障制度。上述判断也为笔者研究农民工社会保险制度需求的影响因素提供了参与项目的结构性参数。

---

① 表中选用"百分比"指标，而未选用"有效百分比"指标。在数据整理、录入过程中发现，问卷中每一位序的回答都有少部分的缺失，spss 统计软件将缺失值调整进入了"有效百分比"项目的计算范围里。因此，若采用"有效百分比"数值计算参保意愿得分，将会受到缺省值比重影响而产生误差。

② 通过调研北京、河北、上海、江苏、浙江、广西、福建、山东、广东和海南等 10 个东部沿海省、市，李群、吴晓欢和米红教授等人访问 3 783 位农民工，计算得出受调查农民工对社会保险的参保意愿强烈程度依次分别为：养老保险、工伤保险、医疗保险、失业保险和生育保险。

第三节　模型选取与研究假设

一、计量模型选取

农民工参与社会保险制度的决策取决于参与该制度与不参与该制度的效用差别。农民工作出参与与否决定的可能性即是选择在该种状态下能够获得的最高效用的概率。在离散模型框架中，这个概率可通过需求效用函数求得，其被解释变量为农民工参与社会保险制度的情况，即为参与或不参与两种类型。显然，被解释变量为双值变量（虚拟变量）。被解释变量只有两种结果的定性变量，可以考虑分别就每一因变量建立一个概率模型，在自变量的影响下观察其概率值在 0 和 1 之间的变化。在计量分析中，处理这种双值变量的统计分析方法包括：判别分析（Discriminate Analysis）、线性概率模型（Linear Probability Model）、Probit 回归分析、Logit 回归分析等。标准的线性概率模型要求符合残差项正态分布、零均值、同方差等经典假设，所以线性概率模型在本章的分析中并不具有很好的统计学意义。马达拉（Maddala，1983）研究表明，本章研究对象较适合应用 Probit 模型或 Logit 模型。在实际应用中，Logit 模型的计算较为简单，因此本章的农民工社会保险参与需求分析采用因变量为二分变量的 Logit 回归模型。

设 P 为农民工参与社会保险制度（被解释变量 $Y = 1$）的概率，取值范围为 $0 \sim 1$，$1 - P$ 为农民工不参与社会保险制度（被解释变量 $Y = 0$）的概率，将比数 $P/(1 - P)$ 取自然对数 $ln[p/(1 - p)]$，即对 P 作 Logistic 转换，即为 $\text{Log}it\ P$，则 $\text{Log}it\ P$ 的取值范围在 $-\infty$ 到 $+\infty$ 之间。以 $\text{Log}it\ P$ 为因变量，建立线性回归方程：$\text{log}itP = \alpha + \beta_1 x_1 + \cdots + \beta_m x_m$，其式可变换为：$P = \dfrac{\exp\ (\alpha + \beta_1 x_1 + \cdots + \beta_m x_m)}{1 + \exp\ (\alpha + \beta_1 x_1 + \cdots + \beta_m x_m)}$。

该模型即为农民工参与社会保险制度需求的 Logit 回归模型。模型中 α 是常数项，表示解释变量取值全为 0 时，比数（$Y = 1$ 与 $Y = 0$ 的概率之比）的自然对数值。参数 β_i 为 Logit 回归系数，表示其他解释变量取值保持不变时，第 i 个解释变量增加一个单位引起比数比（OR）自然对数值的变化量。

二、研究假设及变量选取

农民工社会保险制度并不只限于社会保险制度措施，可以将其界定为农民工基于自身或家庭条件，对自己现在以及年老时期一旦面临生活困难所能获得帮助的一种主观预期。因此，农民工参与社会保险制度的需求程度就可以界定为农民工对社会保险制度能够给予农民工（及其家庭）支援的一种主观上的合理估计与效用评价。在调查问卷中进一步操作化为："您是否参加了社会保险？"回答选项为"1"表示"参加了"，"0"表示"没有参加"。"参加了"社会保险制度，说明农民工的参与社会保险效用达到或超过了农民工参与该制度的决策临界点，表明该制度对农民工有主观上的预期效用；"没有参加"，则反之。农民工对于是否参加社会保险的回答情况是：45.0%的受调查对象"参加了"，55.0%的受调查对象"没有参加"。

根据前面思路，本章给出模型检验的假设条件。

假设16-1：农民工自身条件越差（女性、年老、文化程度低），其面临社会风险越大，则认为越需要社会保险项目；

假设16-2：农民工就业保障形式越少、工作条件越差、处于工作的阶层越低、个人工资收入越少，其越倾向于有必要参加社会保险；

假设16-3：家庭耕地面积越少、家庭一起外出打工人数越少、经济收入评价越差，农民工在城市务工的风险就越大，其参加社会保险项目的意识越强烈；

假设16-4：农民工了解社会保险的有关政策，并且这些信息主要来源于政府及其相关行政部门的宣传（政府部门的信息是可信赖的），则有较高的参保意愿。

课题组调研时，现场访谈经历告诉我们，农民工在风险冲击下选择社会保险的应对意识，前提是要能清楚判断这些社会风险的来源、概率和损失程度。这个过程直接考验了受访农民工的风险识别能力。文化程度是衡量这种认识能力的一个合理指标（乐章，2006），同时从文化程度看，"高素质"能保证农民工在城市的生存能力，也容易形成较强的社会保险参保意识（李群、吴晓欢、米红，2005）。据此，笔者还提出另一个与假设16-1中文化程度因素作用相反的假设，即假设16-5：文化程度越高的农民工，他们应对社会风险的意识越强，对农民工社会保险必要性认识能力越高，参与社会保险意愿越强烈。

在理论模型推导和上述假设基础上，笔者引入年龄、性别、文化程度等变量作为个体层面因素，引入就业保障形式、工作时间、月工资收入、企业身份等变量作为就业条件层面因素，引入耕地面积、家庭打工人数、经济收入评价等指标作为保障能力层面因素，引入社会保障政策的信息渠道、是否找劳动监察机构解决问题等变量作为信息掌握与渠道层面因素。Logistic回归模型对既定样本量下的解释变量个数有严格的要求，根据经验，解释变量的个数一般不能多于被解释变量中较少的那一类样本量的1/10（张文彤，2002）。本模型共引入四个层面的 13 个解释变量，少于农民工不参与社会保险样本数（$Y=1$ 时的样本数为 290 个）的 1/10 的个数，经验上判断可以进行回归分析。有关解释变量的变量类型以及样本分布情况见表 16-2。引进的解释变量一部分源于农民工参与社会保险制度需求的决策模型，但一些变量是来自人口学理论下生产的变量。下面分析年龄、性别、文化程度等人口学特征变量为什么会影响农民工制度需求决策。

表 16-2　　　　　　　**解释变量的类型、赋值以及分布情况**　　　　　单位：%

解释变量	变量类型	变量值	分布
一、个体层面因素			
1. 性别	虚拟变量	1 = "男"	71.1
		0 = "女"	28.9
		（N）	（660）
2. 年龄	定距变量	（均值，岁）	（33.0）
		（N）	（657）
3. 文化程度	定距变量*	1 = "没上过学"	1.4
		2 = "小学"	9.7
		3 = "初中"	57.2
		4 = "高中、中技"	27.2
		5 = "大专及以上"	4.6
		（N）	（659）
二、就业条件层面因素			
1. 就业保障形式	虚拟变量	1 = "合同工"	50.9
		0 = "非合同工"	49.1
		（N）	（660）
2. 工作时间	定距变量*	1 = "≤7 小时"	2.0
		2 = "在 8 小时左右"	31.1
		3 = "在 9 小时左右"	19.1
		4 = "在 10 小时左右"	27.1
		5 = ">10 小时"	20.7
		（N）	（656）

续表

解释变量	变量类型	变量值	分布
3. 在企业身份	虚拟变量	1 = "管理人员"	21.0
		0 = "非管理人员"	79.0
		(N)	(643)
4. 月工资收入	定距变量*	1 = "500 元以下"	10.7
		2 = "501～800 元"	22.2
		3 = "801～1500 元"	43.5
		4 = "1500 元以上"	23.6
		(N)	(657)
三、保障能力层面因素			
1. 家中耕地面积	定距变量	(均值，亩)	4.9
		(N)	(586)
2. 接受技能培训	虚拟变量	1 = "是"	55.8
		0 = "否"	43.7
		(N)	(577)
3. 是否独自外出打工	虚拟变量	1 = "是"	57.8
		0 = "否"	42.2
		(N)	(630)
4. 自身经济状况评价	定距变量*	1 = "属于高收入阶层"	0.6
		2 = "属于中上阶层"	9.9
		3 = "属于平均水平阶层"	36.9
		4 = "属于中下水平阶层"	32.4
		5 = "属于低收入阶层"	20.2
		(N)	(648)
四、信息掌握与渠道层面因素			
1. 通过社保服务机构了解政策	虚拟变量	1 = "是"	28.7
		0 = "否"	71.3
		(N)	(647)
2. 通过劳动或监察部门解决问题	虚拟变量	1 = "是"	57.7
		2 = "否"	42.3
		(N)	(660)

注：表中带"＊"数据原均为定序变量，为统计方便而将其近似看做定距变量。

不同年龄阶段的农民工会表现出不同的生理特征和心理状态特点，并且农民工在生命周期的不同阶段所面临的风险以及对风险的态度往往存在较大差异。农民工年轻时候身体强壮，意识不到年老后的养老问题，有可能不会参加社会保险（或社会保障权益缺失情况下没有维权意识去争取参保）；随着年龄的增长，农民工对自己养老方面的担心程度增高，并且对国家政策解决养老问题的期望值越高，越积极地参与养老保险。这种不同的特点和存在的差异会对农民工保险需求、保险意愿以及对各个保险项目的偏好有直接影响。

性别特征作为人口学的基本特征之一，会通过多种方式对保障对象的保障问题产生影响（唐代盛、秦犁，2006）。一般来说，男性农民工有比较长的外出时间和较丰富的务工经历，参与社会保险的意识相对比较高。农民工群体中有不少女性农民工，其保障问题具有特殊的一面。与男性相比，女性在承担工作的类别和强度方面与男性有所区别，女性农民工不适合从事一些对体力要求较高和危险性较大的职业。并且女性受其生理特征的影响，往往需要得到某些保障项目，如生育保险。同时，女性农民工在社会中处于相对弱势地位，在就业和保障方面还经常受到不公正待遇，侵害女性权益的事件时有发生。因此，这些特征与遭遇也将会影响女性农民工对社会保险项目的选择及其次序。同时，男性农民工对此也可能作出他们自己的理解，例如，在女性农民工生育保险项目的参与和存续等问题上，男性农民工可能有其自身的见解。这点也是本章研究关注的影响因素之一。

文化水平（受教育年限）对农民工社会保险参保意愿有多重表征作用。文化程度高低首先指向农民工就业质量的高低，与其就业收入有直接关联。文化水平高的农民工，从事的岗位替代性相对小，职业收入可能相对高些，则其个人和家庭总收入也会高。收入高，则有更强的潜在支付能力参加社会保险。同时，受教育年限长，接受新知识、现代观念的能力也相对高，也会强化其对现代社会风险的意识，促进农民工参与社会保险项目。

本章研究解释变量有虚拟变量、定序变量和定距变量 3 种类型。解释变量中，性别、就业保障形式、在企业身份、是否独自外出打工以及信息掌握与渠道层面等变量已转换成虚拟变量，年龄、家中耕地面积相当于 2 个定距变量，文化程度、工作时间、月工资收入、自身经济状况评价均为定序变量。一般回归分析要求变量至少是定距以上层次，由于社会科学研究中研究者为统计方便也经常近似地将定序变量看做定距变量进行回归模型分析（柯惠新、沈浩，2005），故本研究中的 4 组自变量均基本满足了回归分析的要求。

第四节　农民工参与意愿的影响因素

哪些是影响农民工参与社会保险制度的因素呢？引进的四个层面 13 个变量，对农民工社会保险制度需求进行 Logit 回归模型分析中（见表 16 - 3），性别、年龄、文化程度、就业保障形式、工作时间、月工资收入、家中耕地面积、接受技能培训和通过社保服务机构了解政策等 9 个变量非常显著（Sig. < 0.01）或比较显著（Sig. < 0.05），模型的总体也具有很高的显著水平（Sig. = 0.000），说明模型总体具有一定的解释力。在选入变量标准 α = 0.05 和剔除标准 α = 0.01 的水平上，模型预测分类结果显示，当模型中不包含任何解释变量时，所有受访的农民工皆被预测为没有参与社会保险制度的需求，总的预测准确率为 55.3%；从模型对解释变量的分类预测情况，预测准确率上升到 73.5%，说明新解释变量的引入对改善模型预测效果的确有意义。

表 16 - 3　农民工社会保险制度需求与各个自变量的 Logit 回归模型

解释变量	回归系数 B	标准误差 S. E.	显著度 Sig.	幂值 Exp（B）
一、个体层面因素				
1. 性别	0.046	0.013	0.000	1.047
2. 年龄	- 0.613	0.283	0.030	0.542
3. 文化程度	0.591	0.178	0.001	1.806
二、就业条件层面因素				
1. 就业保障形式	1.317	0.244	0.000	3.734
2. 工作时间	- 0.175	0.103	0.039	0.839
3. 月工资收入	0.639	0.163	0.000	1.895
三、保障能力层面因素				
1. 家中耕地面积	- 0.008	0.017	0.017	0.992
2. 接受技能培训	- 0.400	0.219	0.027	1.492
四、信息掌握与渠道层面因素				
通过社保服务机构了解政策	0.573	0.243	0.018	1.774
五、常数项	- 6.311	1.121	0.000	0.002

- 2 Log likelihood = 498.981；Model X square = 155.633；df = 9；Sig. = 0.000

Cox & Snell R Square = 0.279；Nagelkerke R Square = 0.373

模型的个体层面引入了3个解释变量——性别、年龄和文化程度，它们对农民工社会保险制度需求都具有显著影响。解释变量中性别因素与农民工社会保险制度需求呈正相关，男性比女性农民工更需要社会保险制度安排。结论与假设16-1正好相反，究其原因：其一，男性农民工较之女性农民工，较多从事繁重、危险或劳累的工作，这些工作本身就很需要工伤救助、医疗保险等制度支援农民工群体，因此从工作性质出发，男性农民工从事的职业就激发了其需要这些社会保险险来构筑他们的"安全网"；其二，女性农民工在心理上可能更担心保障问题，但在传统农村家庭中，女性农民工对该问题的担心往往是源自于对整个家庭风险脆弱性的顾虑，或者说女性农民工已经"绑定"了家庭主要支柱（通常是家庭中的男性）风险冲击，所以才有模型中男性农民工比女性农民工更需要社会保险制度。其三，男性农民工由于整体上性格粗犷，眼光相对长远，所以他们比女性更倾向于参与社会保险（肖云、石玉珍，2005）。那么，女性农民工的生育保险需求呢？其实从表16-1中农民工对社会保险项目需求排序中我们就可以发现，无论是男性农民工还是女性农民工都将生育保险的需求置于较后的安排中。表16-3中的幂值（男性与女性的比例为1.047:1）也证明上述的解释。与研究假设相反的还有年龄变量，即年轻农民工比年老农民工更倾向于参与社会保险制度。老年人的参与意愿相对较低更多是由制度因素和现实原因引起的，以养老保险为例，年纪大的农民工已经失去了缴费意义，而且从地方农民工制度规定中可以看出，农民工养老保险制度规定需以一定年龄以下的农民工为参保对象；再则，老年人没有像年轻人那样感受到人口老龄化所带来的赡养危机，他们中的多数人还可以依靠家庭或其他传统养老方式来保障自己的老年生活（王义才，2000）。个人层面中最为显著的是文化程度变量（$B = 0.591$，$P < 0.01$），同时也印证了研究假设16-5（拒绝了研究假设16-1），说明受教育年龄长的农民工对社会风险的来源与损失程度反应比较敏感，参与社会保险意愿比文化程度低的农民工更强烈。

模型中分析就业条件因素，目的是把农民工工作中的环境、条件以及自身获得的资源纳入参与意愿模型中，观察这些因素对农民工参与社会保险意愿的影响程度。回归模型数据显示4个解释变量中，就业保障形式和月工资收入非常显著（Sig. $= 0.000$），工作时间变量比较显著（Sig. < 0.05），企业身份变量未能在模型中体现统计学意义（未通过检验）。农民工与单位是否签订劳动合同对参与社会保险意愿非常敏感（$B = 1.317$），即农民工与单位签订了劳动合同，其参与社会保险意愿为374.4%，这表明，与没有和单位签订劳动合同的农民工相比，有劳动合同保护的农民工的参保意愿上升了273.4%。这与研究假设是一致的。月工资收入在800~1 500元的农民工对参与意愿有显著影响，同样也印证了研究

假设。工作时间变量的回归系数为 -0.175，说明农民工工作时间越长，其参保意愿越不明显，这与前面提出的研究假设相反。其实，在笔者看来这种"悖论"有其一定的内在逻辑。用工作时间长短来衡量农民工就业条件好坏本身没有问题，但是在现实中我们可以发现，企业越是要求农民工加班增加劳动时间，本身说明该企业对农民工的权益越处于极度"漠视"的状态。农民工一旦对企业提出所谓"过分"的要求，其要考虑的是"饭碗"能否保住的问题，试想农民工在这样的企业是否还能产生参与社会保险制度的想法或需求呢？农民工在企业的身份对参与意愿模型没有显著影响，说明农民工不论是否为管理人员，其社会保险的参与意愿不会随着职业地位的提高而增强。

模型的第三个层次为农民工保障能力因素，有家中耕地面积、是否接受过技能培训、是否独自外出打工和自身经济状况评价4个指标。其中前两个变量对模型有显著影响并且都通过研究提出假设检验，后两个变量未能通过参数检验。一般来说，保障能力强的农民工，对社会保险制度的需求就不会那么强烈，两者呈负相关关系。农民工家中的耕作土地将为农民工解决返乡后的保障实现载体问题。农民工在城市遭受社会风险冲击或因年老、无法在城市生存等原因而返回农村家乡，在农村社会保障体系尚未建立情况下，农村传统保障项目成为返乡农民工的主要保障形式。因此，可耕地面积的多少就显现传统的土地保障功能的大小，其对农民工参与社会保险制度意愿有消极的影响。农民工接受技能培训的指标也反映出同样的道理。接受技能培训的农民工在一定程度上提升了自身就业能力和就业竞争力，在劳动力市场择业过程中遭受社会风险冲击时，接受过技能培训的农民工相对来说更能"从容"应付。是否独自外出打工的解释变量未能解释农民工参与意愿模型，说明农民工的参与意愿不受其是否与配偶或子女一起外出务工情况的影响。农民工对自身经济状况的评价并没有影响其对参与社会保险制度意愿的需求判断，笔者认为这是因为对自身经济状况的评价解决的是农民工对社会保险制度的支付意愿问题，是社会保险制度的潜在需求问题，对农民工社会保险制度现实需求（参与意愿）没有直接、必然的联系。

研究假设中提出，通过政府或相关职能部门宣传社会保险相关政策，将进一步加强农民工的参保意愿。一项政策的执行是将该政策付诸实施的各项活动，其中最首要的就是解释，即将政策的内容转化为一般人所能接受和了解的指令。农民工在参与社会保险制度过程中，必然会担心政策是否改变、是否如实兑现、是否划算等问题，农民工不敢轻易将自己来之不易的收入投入到并不熟悉、自身发展也不成熟的保险制度中去。在这种情况下，社会保险服务机构通过大力宣传、解释农民工社会保险政策的意义与技术操作规范，有助于增进农民工了解社会保险制度，增强参与制度的需求。

第五节　结论与讨论

一、研究结论

其一，农民工参与社会保险制度的各险种有不同的需求强度。不同的参与需求反映了农民工对现实生存条件、风险偏好和自身风险脆弱性在生命周期内的考量。在国家财力并不宽裕的背景下，建立农民工的社会保险制度就不能"无的放矢"、同步推进，需要很好地结合农民工的实际需求，有重点、有先后地逐步建立和完善农民工社会保险制度。

其二，从调查对象的平均年龄判断，农民工正处于第一代与第二代交接过渡阶段，并且目前大部分农民工正处于青壮年，因此需要激发潜在的、有能力的农民工参与社会保险制度。从年龄因素考虑，第一代农民工相对于第二代农民工更倾向于政府提供社会保障制度。该结论为政府部门的农民工管理工作提供了一定的思路：是否考虑在安置、解决农民工问题时，第一代农民工的制度供给以提供社会保障制度为主，而第二代农民工则以促进其充分就业为制度供给目标。以农民工判断最迫切需求的养老保险为例，如果他们参与社会养老保险，理论上说即可形成较长时间的缴费期。养老保险制度本身就需要一定时间的资金积累，倘若能激发具有潜在需求和现实意愿的农民工参与养老保险制度，就可为参保主体缴费年龄的黄金期构造充分条件。

其三，从本章模型推断结果来看，企业与农民工签订劳动合同的行为不仅可以规范双方的劳动就业权益，而且还是触发农民工参与社会保险制度的重要影响因素。另外，农民工的劳动强度、劳动收入也对农民工参与意愿有较强的正面效应。劳动就业制度与社会（保险）保障制度往往相互结合、相互影响，两者的完备性及运行的规范性将直接关系到社会保险参保主体的公平与效率问题。

其四，城乡二元经济社会结构对农民工社会保险参与意愿的影响，表现在传统的农村社会保障机制一定程度上削弱了农民工参与现代社会保险制度的需求意愿。本章回归模型显示，农民工家庭耕地面积对农民工的社会保险参与意愿存在消极影响。土地"天然"地具有社会保障功能，是农民工返乡后的"兜底"保障机制之一。这种情况下，如果加强农民工的技能培训、增强农民工的就业竞争能力，将会减小这种消极影响。模型中"接受技能培训"变量的幂值等于1.492，正是笔者观点的佐证。

其五，农民工的社会保险参与意愿很大程度上依赖于政府和社会保险服务机构的引导与宣传，这种宣传不仅需要介绍农民工社会保险制度框架，更重要的是帮助农民工认识到自身可能遭受的社会风险，让农民工改变依赖家庭和土地保障的观念，培养他们自我保障意识和投入保险的消费习惯。

二、几点讨论

其一，农民工已经成为城镇工人阶级的一部分，只不过是现行的城乡二元体制把他们排除在工人阶级群体之外。但是问题的关键不在于对农民工"亦工亦农"的尴尬身份，而是在于排斥农民工享受社会保险制度的保障功能。上述研究表明，农民工群体对社会保险项目的参与需求有不同的位序判断，不同年龄、文化水平和性别的农民工对社会保险制度参与意愿的影响大、层次分明，并且都具有较强的相关性。从实现现代社会保障制度真正意义上的"国民皆保障"的主旨出发，应该确立农民工应有的社会保障主体地位，在此基础上分层分类地建立符合农民工意愿需求的农民工社会保险制度。对于现实的农民工社会保险制度研究，我们还可以继续引入其他控制变量对农民工的参保意愿进一步的分解，如农民工健康状况是否会加强工伤保险制度的购买力，不同职业的农民工参与社会保险险种的效用不尽相同。因此，在分层分类建立保障办法的过程中就是优先满足基本需求和解决突出的基本问题，根据群体特征、职业特点以及流动程度构建不同参保类别和缴费档次的农民工社会保险制度。

其二，本章静态地研究了农民工参与社会保险制度的意愿，而没有进行动态跟踪分析。从社会保障体系构建的历程看来，随着时间的推移，农民工对社会保险制度的需求将随着时间推移不断发展。因此，对比分析农民工群体不同时间段的社会保险制度需求具有较大的现实意义，但由于人力、物力和财力等方面因素的限制，笔者没有做纵向深入的调研研究。

其三，研究统计选取了较实用的 Logit 回归分析的方法，而没有尝试其他统计方法，因此也不能保证研究选取的方法能够代表最好的拟合模型。同时，Logit回归分析也没有将各协变量之间的交互作用考虑进来，这可能也会对模型的解释力度造成影响。

其四，由于意愿测度是考察心理度量的主观性问题，加上在问卷设计及调查的过程中，难免出现一些主观性倾向，这些主观性的问题是学科特点所致，本身无法控制。因此，所有可能导致的研究结论的一些偏差需要进一步的研究、证实。

第十七章

农民工社会保险制度供给现状评估

建立农民工社会保险制度工作应当坚持"农民工需要什么？"和"政府能够做什么？"思路，从农民工能够获得社会保险实际利益出发，根据农民工现实需求和制度建设的能力来分类分层保障，优先解决突出的、基本的保障项目。第十六章内容已经回答了第一个问题，本章基于农民工制度需求层次的结论进一步研究需求的另一端——制度供给，即当前相关城市政府推行的农民工社会保险制度存在的制度弊端与顽疾？政府应该怎样为农民工构建一个与制度需求相匹配的社会保险制度？"制度均衡"下的农民工社会保险制度是什么样的框架体系？

本章从两个维度分析"有效制度供给"命题：一是制度供给的形式；二是判别制度供给的有效性。"制度供给的形式"解决的是农民工社会保障制度的载体或操作规则问题，即现存哪些规范（广义上理解为成文、不成文的规范）可以用来规制农民工社会保障，并显现化，用以指导农民工社会保障制度主体的参保行为。农民工社会保障制度的供给形式主要表现为农民工社会保障制度体系。"制度的有效性"是基于农民工社会保障供给形式的功能与效用判断，有效的农民社会保障制度可理解为社会保障制度功能发生了作用——具有"保障"意义，即是我们通常所说的制度框架内的社会保障制度供给与农民工社会保障制度需求达成了"均衡"状态，是一项公共政策可及性和可得性有机结合的最佳匹配状态。农民工社会保障的制度体系健全程度可以作为农民工社会保障制度有效供给形式的基本判断依据之一。地方实施的农民工社会保障操作方法亦可衡量农民工社会保障制度有效程度。依照此思路，为避免重复和低效率的研究，本章首先总结现有研究成果，回顾农民工社会保障制度有效供给的观点和立论基础。第二部分是从社

295

会保障制度体系建设角度解决农民工社会保障制度供给形式问题。第三部分内容从制度供给的可及与可得性角度判断农民工社会保障制度供给有效程度。

第一节　农民工社会保障制度供给研究回顾

一、农民工社会保障制度的供给方式

农民工分类分层提供社会保障制度有利于保障制度供给的有效性。农民工是一个复杂且数量众多的群体，既有正规就业，也有灵活就业；既有稳定就业，又有频繁流动；有的有明显的市民化倾向，更多的是进城打工挣钱，迟早要叶落归根。因此，很难用一个社会保障制度将农民工全部覆盖进去，建立的农民工社会保障制度应该适用不同就业状况的亚群体（华迎放，2005）。根据农民工的就业状况和流动程度，可将农民工主要分为三类：第一类为有雇主且职业较为稳定、有固定收入的农民工；第二类为有雇主但职业不稳定、也无固定收入、流动性较强的农民工；第三类是无雇主、以灵活就业为主的农民工（杨辉，2003；樊小钢，2003；王保真、王斌，2004；李春根、徐光耀，2006；石宏伟、张仁传，2007；邓大松、孟颖颖，2008；等等）。

有研究表明，农民工的社会保障制度首先应该解决农民工频繁流动带来的一系列困扰，解决权益累计、关系接续以及政府无限责任等问题（华迎放，2005）。在制度设计方面，坚持统账结合模式，实施土地换保障，优先建立农民工的大病统筹和工伤保险（王保真、王斌，2004）。通过设立农村劳务输出公司，有利于解决工资收入低与农民工社会保险消费高的矛盾、农民工高流动性与统筹范围小的矛盾、即期收入与长远保障矛盾等，提升农民工社会保障水平（赵立航，2006）。

有研究者认为，解决农民工社会保障问题，商业保险公司也可以有所作为，为农民工提供意外伤害保险、医疗保险、养老保险。特别是在目前建立农民工社会保障体系的条件尚不成熟的情况下，保险公司通过为农民工提供保险，解决农民工的保障缺失问题（刘冬姣，2004）。

二、农民工养老、医疗、工伤保险制度供给

（一）农民工的养老保险制度相关研究

樊小钢（2003）认为，为进城农民工建立社会养老保险制度比建立工伤保

险和大病保险具有更大的难度，因此，有必要针对不同的情况建立有差别的社会养老保险方案。将拥有较稳定职业且在城镇就业时间较长的农民工纳入城镇社会养老保险体系，其养老保险费缴纳办法，企业缴纳基本养老保险费的比例一般不得低于企业招用农民合同工工资总额的 20%，个人缴纳部分一般不得低于本人工资的 7%～8%；对无稳定职业且流动性较大的农民工，则设计一种过渡性方案，制定不同档次的缴费率供农民工自由选择；对进城从事经营性自雇式农民则可以参照城镇个体工商户的保障制度安排。

卢海元（2005）认为，建立适合农民工特点的社会养老保险制度的基本取向是构建以个人账户为主、缴费门槛较低、缴费方式灵活、可随转移的弹性社会养老保险制度。笔者认为，卢海元提出的弹性社会养老保险制度的最大特点在于该制度是能够在农民工可承受范围内能自主选择缴费基数、费率或缴费额。卢海元的观点表明，建立弹性的社会养老保险制度，在个人账户建立方面，实行缴费确定型的完全储备积累模式，缴费基数、费率、缴费额等标准（档次）可以在不同年龄段、不同经济发展时期自由选择；在个人账户的弹性补贴机制方面，建立财政补贴的调整养老金待遇的专项调剂基金账户，直接补贴农民工的缴费，引导扶持农民工提高缴费能力和缴费水平，形成多元筹资机制；在弹性的覆盖对象设置方面，覆盖对象既可以是传统的务农农民和乡镇企业职工，也可以逐步扩大到被征地农民、农民、小城镇农转非人员、农村独生子女和双女户、村组干部等重点保障对象，制度具有广泛的适应性和可推广性。

石宏伟、张仁传（2007）认为，第一类农民工应实行与城市职工相同的社会统筹与个人账户相结合的社会基本养老保险制度，并确保其个人账户在全国范围内转移；对于后两类农民工，可实行按个人储存额享受养老保险的个人储存型保险模式，只建立个人账户。

（二）农民工的工伤保险制度相关研究

在以人为本的科学发展观指导下，推行生命和健康价值至上的发展理念，经济发展和健康安全是一致的，只有这样才能从根本上扭转工伤事故频发、职业病大幅上升的态势，从根本上解决农民工的健康保障问题（刘辉、周慧文，2006）。樊小钢（2003）认为，建立针对进城务工农民的工伤保险制度，不但保证其出现职业伤害事故可得到相应的赔偿，而且促使用人单位还将更加注意用工过程中的安全保护措施。而政府要做的主要在于设计特定的制度，并将之作为一种"优效品"推行。

石宏伟、张仁传（2007）认为，就有雇主的农民工而言，最迫切的是应该尽快确立农民工的工伤保险制度。大规模的农民工职业病群体和劳资纠纷案件都决定了应当把农民工的工伤保险制度作为最基本的社会保障项目优先确立。

简新华、张建伟（2005）认为，工伤保险实际上是事后措施，其实事前的积极预防花钱少、效果好，政府职能部门应加强《安全生产法》、《职业病防治法》的执法监督检查，增强农民工的维权能力，改善劳动条件。

（三）农民工的医疗保险制度相关研究

樊小钢（2003）认为，农民工的大病医疗费用部分的筹资机制由个人缴费和地方财政支持构成，个人缴费和财政支持的比例应该根据各地具体情况而定。

石宏伟、张仁传（2007）认为，农民工医疗保险分为大病统筹医疗保险与一般医疗保险两项。对第一类农民工应实行与城市职工相同的即社会统筹与个人账户相结合的制度；对第二类、第三类农民工应参加大病统筹医疗保险账户。

王玉玫（2003）认为，城镇农民工的基本医疗保险制度应当与全国医疗卫生体系改革相结合。首先，将城镇农民工的疾病预防和基础卫生保健纳入城镇卫生体系，由国家财政给予支持。其次，尽快建立农民工的住院医疗保险和大额互助制度。"农民工缺乏基本医疗保险保障，既不利于疾病，特别是传染病的控制，也不利于城镇就业市场的稳定"。

第二节 农民工社会保障体系健全程度评估

一、国家层面的制度供给不足

（一）法律适用对象未能实质性涵盖农民工群体

迄今为止，在全国人大及其常委会颁布的法律和条例、人力资源与社会保障部（或原劳动和社会保障部）及有关部委规章中，均没有关于农民工社会保障制度的明确规定（不排除对农民工社会保障制度提出指导性意见的文件规范），全国统一的农民工社会保障规章制度尚未出现。现行实施的社会保障法律体系，较大程度地保证了城镇居民的社会保障权益，主要以城市居民（城镇企业职工）为参保对象建立相关社会保障制度，在制度建设上带有较为明显的"二元体制"痕迹。农民工的社会保障权益只是在法理上包含其中，但面对新型的农民工问题，这些法律制度尚不能为农民工落实社会保障权益。

相关社会保障法制在法理上涵盖农民工群体，却没有真正地依据规定建立农民工社会保障项目。其主要表现有法律制度所适用的对象只停留在法律文本表述上，如"城镇企业及其职工，有雇工的城镇个体工商户及其雇工适用于本条例"。规定城镇各行业人员都必须参加社会保险，既包括机关和事业单位职工，也包括外商、港澳台投资企业，集体企业、股份制和股份合作制企业及私营企业的全部职工，这种适用范围文本的表述方式是通过企业属性（区别于职工类别）作列举规定，其表明，倘若农民工受雇于城镇企业，自然就是城镇企业的职工，那么农民工理所当然就可以受该法律制度保护。如此对职工未作明确列举的法律文本频现于我国社会保障规范性法规、文件中，1994 年的《企业职工生育保险试行办法》、1998年的《国务院关于建立城镇职工基本医疗保险的决定》、1999 年的《社会保险费征缴暂行条例》和《失业保险条例》等都在此列。基于农民工具有不同于城镇职工的特殊性，这些文件制度没有就农民工社会保障权益的特殊性作出规定，在上述办法和条例实施之时也只是农民工群体社会保障权益的制度化"走过场"而已。

（二）农民工权益保障缺乏法律效力

在全国统一的社会保障法制中，有些法律法规也对建立农民工社会保障制度工作提出了指导意见，但这些文本缺乏法律效力。1989 年劳动部制定的《关于私营企业劳动管理暂行规定》曾规定国家对私营企业退休养老实行社会保险制度，但是该文本过于简单，没有具体的操作办法，并且"规定"本身就不具有较强的法律约束力。1991 年《全民所有制企业招用农民合同制工人的规定》对农民工社会保障作了较为具体却不完善的规定，随着国有企业改制，全民所有制企业的数量渐少，该规定的适用范围越来越窄。1992 年《县级农村养老保险基本方案（试行）》中规定，农村养老保险对象为"非城镇户口，不由国家供应商品粮的农村人口"，提出"外来劳务人口，原则上在其户口所在地参加养老保险"。这种规定本身就是在城乡"二元"格局框架下生成，并不符合农民工现实需求，其最终实施效果并不理想。

劳动和社会保障部于 2001 年发布《关于完善城镇职工基本养老保险政策有关问题的通知》，对参加养老保险的企业农民合同制职工的养老保险关系的保管、接续或转移及养老待遇、养老金领取条件作了说明；于 2004 年发布《关于农民工参加工伤保险有关问题的通知》，强调各类用人单位招用的农民工均有享受工伤保险待遇权利，并对用人单位注册地与生产经营地不在同一统筹地区，以及对跨省流动的农民工如何享受工伤保险待遇进行了详细规定。劳动和社会保障部办公厅于 2004 年发布《关于推进混合所有制企业和非公有制经济组织从业人员参加医疗保险的意见》规定，对混合所有制企业和非公有制经济组织的从业人员应通过建立统筹基金和参加大额医疗费用补助办法，将他们纳入医疗保险范围，重点解决大额医疗费用风险；文件中明确要求各地劳动保障部门把用人单位形成劳动关系的农村进城务工人员纳入医疗保险范围。以上三个文件都强调与用人单位形成劳动关系的农民工纳入受保范围，但仍存在两个问题：一是在具体内容规定中，仍然存在农民工与城镇职工在待遇、支付条件等方面的差别；二是仍然是分项目的单行条例，是行政性单位作出的工作指导文件。

上述两个方面的分析既是对农民工的国家统一社会保障法律制度现状的评估，又是关于农民工全国性社会保障法律制度完备性的评价。除了上述两方面，笔者认为还有第三点作为农民工全国性社会保障法律制度评价的内容：当前农民工全国性社会保障法律制度大多以国务院及其各部委发布的"条例"、"决定"、"通知"、"规定"、"办法"、"意见"、"复函"等形式出现，甚至在条例、通知、办法、规定前常冠以"暂行""试行"等字样，其法律权威性和稳定性尚无法保证（刘远凤、张德明，2006）。综合上述三方面分析，笔者认为，就国家层面的农民工社会保障制度而言，农民工社会保障制度供给不足，且较多以经济体制改革中出现问题时的应急产物（或配套措施），供给的制度未能从根本上解决农民工社会保障问题。

二、地方层面的制度供给错位

我国社会保障法律制度体系中暂时没有系统的社会保障法，也没有针对农民工的全国性法律，有关农民工社会保险制度大多是授权地方立法来规定[①]。农民工社会保障的地方制度建设始于 20 世纪 90 年代中期，21 世纪以来地方政府对农民工社会保障制度建设加大了力度。我国出台法律政令或某项制度通常是由国务院及各个部委发布具有指导性的"条例"、"通知"、"意见"等，地方政府根据当地的实际情况制订具体实施方案。在这种路径下，地方政府被赋予了较大的设立行政性规定的自主权，因此，农民工社会保障制度在地方层面表现出较大差异。比如，2001 年，劳动和社会保障部颁发《关于完善城镇职工基本养老保险政策有关问题的通知》，该通知建议地方政府将农民工纳入城镇基本养老保险体系。同时期，各省（市、自治区）根据自身的情况都制定了相应的规章制度。各地相关的农民工社会保障制度实施情况显示，农民工社会保障出现了分化、分向的发展路径：部分农民工参加了农村养老保险，部分农民工参加了城市社会基本养老保险，或糅合两者的综合社会养老保险制度。

（一）限于规章形式

地方性的农民工社会保障制度一般以地方政府政令文件方式颁布，只限于政府

---

① 杨正喜、成景丽：《农民工养老保险地方立法及实践反思》，载《桂海论丛》2008 年第 7 期。

的规章，目前仍然没有上升到各省（市、自治区）人大或常务委员会制定的法规、单行条例或其以上级别。以地方政府的规章形式规范农民工社会保障制度，意味着执行效率层次低，制度易于修改，制度可能会陷入不利于良性发展的"怪圈"中。

例如，1995 年陕西省人民政府发布《实施〈全面所有制企业招用农民合同制工人的规定〉办法》中规定农民工享受医疗保险、工伤保险、养老保险等内容。1998 年广东省颁布《社会养老保险条例》，将农民工纳入城镇职工社会养老保险体系试点。2003 年北京市政府出台的《农民工养老、失业保险暂行办法》规定，用人单位应当依法为农民工办理参加养老保险手续并缴纳养老保险费。试点运行是一系列地方政策的共同特点，虽然该特点在探索农民工社会保障制度建设过程中有利于健全完善制度，但是试点运行往往不能保证制度的连续性、稳定性和权威性。

（二）不完整的险种供给

社会保障体系从权利义务对等关系角度出发可以将社会保障子系统中的社会救助、社会福利项目划分为非缴费性类别，将社会保险项目归结为缴费性类别。

从缴费性社会保险项目的制度建设上来看，我国城镇社会保险险种涵盖了养老、医疗、工伤、失业、生育等保险，但是对于农民工的社会保险制度供给，地方政策尚未提供较为全面的险种。以较典型的农民工社会保险制度供给城市为例，北京、上海、成都等城市虽"破"、"立"农民工社会保险制度，但是比较城市社会保险体系，农民工享受到的社会保障险种还不完整。上海市《外来从业人员综合保险暂行办法》、成都市《非城镇户籍从业人员综合社会保险暂行办法》和大连市《农民工综合保险暂行办法》等被称为"综合社会保险（综保）"制度，其涵盖险种为工伤保险（无单位的外来从业人员享受意外伤害保险）、住院医疗和老年补贴等 3 项待遇；北京市《农民工养老、失业保险暂行办法》也仅在养老保险和失业保险领域有较明确的规定。

从非缴费性的社会救助、社会福利项目的制度供给来看，农民工社会保障制度在这方面的法规、政策建设较为落后。农民工非缴费性社会保障项目依然具有较强的排他性。例如，城市居民最低生活保障制度的受益主体仍然是其规定的享受主体——"持有非农业户口的城市居民"。再如，在社会福利项目方面，农民工子女显然尚未能享受城镇义务教育的福利；住房福利方面，2004 年《城镇最低收入家庭廉租住房管理办法》的适用对象也限于城镇低收入家庭，将农民工群体排斥在外。

总结地方层面的农民工社会保障制度，笔者认为，首先，制度供给错位、不完整，制度实施权威的保证形式较为脆弱。地方政府出台相应的农民工社会保障制度实际上给其较大的行政干预空间，进一步加剧了出于地方狭隘的利益保护之下的行政干预制度，"引发农民工社会保障制度在法律适用上的混乱"①。其次，政策较多集中在社会保险项目，忽视了社会救助和社会福利项目。社会救助和社会福利等保障项目是政府的转移支付工程，这两项制度的供给效用并不逊于缴费性的社会保险项目作用。在实践中，这种结构性的制度供给矛盾导致部分农民工最需要的保障项目需求无法得到满足，同时一些需求程度不强的保障项目却可能占用了大量的社会资源②。

第三节 农民工社会保障制度的实践模式评估

前面分析得出，我国农民工社会保障制度整体情况是中央层面尚未出台统一的制度，地方还处于试点、摸索并不断完善阶段。而且地方建立农民工社会保障制度多是以农民工社会保险制度为主，其他符合农民工保障需求的社会救助、社会福利等项目尚未提出制度框架。因此，本节分析农民工社会保障制度的地方操作，主要是分析地方层面的农民工社会保险制度供给内容。

根据地方的实践情况，国内学术界对地方不同的操作总结了若干种农民工社会保障模式，主要有三种划分类型："两模式"划分、"三模式"划分和"四模式"划分。两模式划分将地方实践的农民工社会保障概括为两种（贾丽萍，2006；华迎放，2005；等）：一是广东模式，包括浙江的"双低政策"和北京模式，即将农民工纳入现行城镇社会保障框架内；二是上海模式，包括成都市的做法，单独建立一套有别于城镇职工基本社会保险制度的保障办法。"三模式"划分（郭席四、杜潇，2005；王家宝等，2007；杨正喜、成景丽，2008；邓大松、孟颖颖，2008；等）：一是在农民工流入地没有为农民工社会保险进行统一立法建制，而是修改原有社会保障相关规定，将农民工纳入适用范围，以广东、深圳为代表；二是以北京、青岛、郑州、重庆等省市为代表，实行城乡分野的社会保障制度；三是上海、成都的综合保险制度。"四模式"划分（赵殿国，2006；田晓雯、费伟，2006；吕学静等，2008；等等）：一是将农民工直接纳入城镇职工社会保险体系的"城保模式"；二是结合农民工的特点，在对城镇职工社会保险制度微调的基础上形成的"双低模式"；三是少数城市对包括农民工在内的外来务工人员或非城镇户籍职工实行"综合保险模式"；四是将农民工纳入农村社会

---

① 刘远凤、张德明：《农民工社会保障立法困境探析》，载《调研世界》2006 年第 1 期。
② 彭宅文、乔利滨：《农民工社会保障的困境与出路——政策分析的视角》，载《甘肃社会科学》2005 年第 6 期。

保障体系的"农保模式"。

以上三种划分从不同的角度对当前地方实际操作进行归纳，尽管有些差异，但都是对农民工社会保障制度建设的真实写照。本书分析农民工社会保障制度供给有效性，也有必要对现行各地农民工社会保障的政策措施进行详细的考查与梳理，并进行系统的划分。从农民工社会保障制度构建的角度，本书根据实际操作部门的农民工社会保障制度供给内容总结为两种形式：直接扩面的农民工社会保障制度和相对独立的农民工社会保障制度。分析这两者模式的制度供给内容，本书选取了上海、成都市代表分析相对独立的农民工社会保障制度，选取深圳、北京市为代表分析直接扩面的农民工社会保障制度。为明确比较两者模式具体政策点，本节将农民工社会保障制度的主要政策点与国家基本制度相比较并列，如表17－1所示。

表17－1　　不同农民工社会保险模式与国家基本制度的比较

制度类型 \ 项目	国家基本制度	相对独立的农民工社会保障制度（以上海市为例）	直接扩面的农民工社会保障制度（以深圳市为例）
保险项目	基本养老、医疗、失业、工伤、生育等五项保险	综合保险：一项保险、三项待遇	基本养老、医疗和工伤三项保险
参保对象	城镇职工（也有针对城镇居民）	非上海市户籍的从业人员：外地城镇户籍人员；外地非城镇户籍人员	非本市户籍员工
缴费基数	职工工资（总额）	上年度当地职工月平均工资的60%	当地上年度社会平均工资的60%
缴费比例	养老：单位20%，个人8%；医疗：单位6%，个人2%；失业：单位2%，个人1%；工伤：单位0.5~1%；生育：单位0.5~1%	用人单位、无单位的外来从业人员12.5%，外地施工企业5.5%	养老：单位8%，个人5%；住院医疗：0.8%，外加0.2%的地方补充医疗保险

制度类型 项目	国家基本制度	相对独立的农民工 社会保障制度 （以上海市为例）	直接扩面的农民工 社会保障制度 （以深圳市为例）
个人缴费	11%	不缴费	5%的养老保险费
单位缴费	大于28%	全部由单位缴费	除个人缴纳5%的养老保险费外的费用
缴费周期	按月缴纳	由每3个月缴费1次调整为每月1次	每月1次
享受待遇	基本社会养老、基本社会医疗、失业、工伤、生育保险等五项待遇	有单位的:工伤、住院医疗和老年补贴; 无单位的:意外伤害、住院医疗和老年补贴; 外地施工企业人员:工伤、住院医疗	养老、住院医疗和工伤保险待遇
待遇标准	养老:上年城镇社会平均工资的20% +个人账户的1/120;医疗:门诊 + 大病住院医疗	养老:连续缴满1年,退休时享受本人实际缴费基数7%的老年补贴; 住院医疗:起付标准为上年度全市职工年平均工资的10%;以上部分,由综合保险基金承担80%,个人自付20%;有"上限"; 工伤:国家标准享受	养老:上年城镇职工月平均工资的20% +个人账户1/120;住院医疗:共济基金支付90%;个人自付10%;最高赔偿额按参保时间不满半年、1年内、1~3年及5年以内分为不同的等级; 工伤:国家标准享受
异地转移	可转移社会保险关系、个人账户	领取老年补贴凭证、不转移、不退保	可转移至原籍,也可选择退保
管理机构	社会保险经办机构（事业单位编制）	市外管中心委托商业保险公司支付、运作	社会保险局(事业单位编制)

资料来源:笔者根据课题组收集资料整理而得。

一、相对独立的农民工社会保障制度

（一）参保对象

根据《上海市外来从业人员综合社会保险暂行办法》规定,上海市综合社会保险制度（简称"综合保险"、"综保"）的对象是外来从业人员，即非上海常住户籍的从业人员，其包括了所有外地城镇户籍在上海工作的人员和外地非城镇户籍的农民工，并以外来农民工群体为主要参保对象。但是，从事家政服务如保姆等工作的外来人员，以及在上海从事农业劳动的外来人员不能参加综合保险。此外，通过申领《居住证》进入上海工作的外来人才也不能参加此项保险。解读"综合保险"相关规定可以发现，上海市本地的农民工没有纳入"综保"的覆盖范围。根据上海市社会保障制度体系的建设情况，上海市本地的农民（工）不需要参加综合保险制度，上海市本地的农民（工）有农村社会养老保险（俗称"农保"）和小城镇社会保险（俗称"镇保"）。因此，非上海户籍的农民工在上海务工主要参加"综保"制度，上海户籍的农民工则参加"农保"和"镇保"制度。

成都市根据《成都市非城镇户籍从业人员综合社会保险暂行办法》将参保对象限定为进城务工人员，其与上海市综合保险一样也排除了从事家政服务人员和从事农业劳动的劳动力参加该项保险制度，但成都市综合社会保险还不适用于无雇主的非城镇户籍从业人员。成都市农民进城务工则参加上述综合社会保险，非成都市的城镇户籍工作人员在参加城镇社会保险，这两点不同于上海市的操作。

（二）缴费主体与缴费周期

上海市综合社会保险由用人单位和无单位的外来从业人员缴纳综合社会保险费，有用人单位的个人无需缴费。缴费周期原先（按照 2002 年《上海市外来从业人员综合保险暂行办法》）规定为每 3 个月申报缴费 1 次，一次缴纳 3 个月的综合社会保险费。2004 年修订的《上海市外来从业人员综合保险暂行办法》将缴费周期调整为每月 1 次。

成都市综合社会保险制度要求用人单位参保缴费，而且适用对象的个人亦要缴费。缴费周期为每月 1 次，用人单位及其非城镇户籍从业人员、无用人单位的非城镇户籍从业人员在每月 20 日（含 20 日）以前足额缴纳当月社会保险费。超过 20 日（不含 20 日）缴纳综合保险费的，作为下月的综合保险费。

（三）缴费基数与缴费比例

上海市综合社会保险费的基数为用人单位使用外来从业人员的总人数乘以上年度全市职工月平均工资的 60%。无单位的外来从业人员缴纳综合保险费的基数为上年度全市职工月平均工资的 60%。用人单位和无单位的外来从业人员按照缴费基数的 12.5% 比例，缴纳综合保险费。其中，外地施工企业只需缴纳工伤保险和住院医疗两个项目的保险费，其缴纳比例 2004 年前为 7.5%，2004 年以后调整为 5.5%。

与上海市综合社会保险的缴费基数不同，成都市的综合保险费的缴费基数进行了分级分档，即根据非城镇户籍从业人员的实际收入情况，按照上一年成都市职工平均工资的 60%、70%、80%、90%、100%、120%、150%、200% 等 8 个档就近靠档。综合保险费按照缴费基数的 20% 缴纳。其中，有用人单位的由单位承担 14.5%，个人承担 5.5%，个人承担的缴费由用人单位在其工资中代扣代缴；无用人单位的从业人员全部由本人承担。

（四）保险待遇与计发办法

上海市本地企业使用外来从业人员，享受工伤保险、住院医疗和老年补贴等 3 项待遇；外地施工企业的外来从业人员享受工伤保险与住院医疗 2 项待遇；无用人单位的外来从业人员，享受意外伤害、住院医疗和老年补贴 3 项待遇。成都市综合保险的享受待遇的规定中没有设立外地施工单位的险种，用人单位使用非城镇户籍从业人员享受工伤保险、住院医疗和老年补贴 3 项待遇，无用人单位的非城镇户籍从业人员享受意外伤害、住院医疗和老年补贴 3 项保险待遇。

上海市外来从业人员保险待遇的计发办法分别为：（1）被认定因工负伤或患职业病的，一次性支付抢救医疗费用、伤残补助金、伤残津贴、生活护理费（上述四项补助简称"四项待遇"，其分为十级，每个等级享受的待遇水平略有差别）和安装辅助器具的费用等。（2）被认定为因工死亡的，一次性支付抢救医疗费、丧葬补助金（6 个月的上年度全市职工月社会平均工资）、因工死亡补助金（50 个月的上年度全市职工月社会平均工资）和供养亲属抚恤金（抚恤金 = 死亡时上年度全市职工年社会平均工资 ×30% ×12 年 ×1 人）。（3）在劳动时间和劳动地点发生意外伤害的按照工伤保险待遇标准一次性支付意外伤害保险金（参照"外来人员工伤保险四项待遇一次性支付标准"），发生其他意外伤害的，支付一次性意外伤害保险金（参照"意外伤害一次性支付标准"）。（4）住院发生的医疗费用在起付线标准以下的由外来从业人员自己承担。起付标准以上部分，由综合保险基金承担 80%，外来从业人员承担 20%。住院医疗费用的起付标准为住院之日的上年度全市职工年平均工资的 10%。（5）老年补贴的待遇规定为用人单位和无单位的外来从业人员连续缴费满 1 年的，外来从业人员可以得到一份老年补贴凭证，其额度为本人实际缴费基数的 7%（2004 年 10 月前老年补贴的比例为基数的 5%）。外来从业人员在男满 60 周岁、女满 50 周岁时，可以凭老年补贴凭证一次性兑现老年补贴。

成都市非城镇户籍从业人员的保险待遇计发办法分别为：（1）被认定因工负伤的，根据工伤致残程度给予一级到十级的一次性工伤补偿。（2）被认定因工死亡的，一次性支付医疗补助金（死亡时上一年成都市职工月平均工资×10）、丧葬补助金（死亡时上一年成都市职工月平均工资×6）、因工死亡补助金（死亡时上一年成都市职工月平均工资×50）、供养直系亲属抚恤金（死亡时上一年成都市职工月平均工资×40）。（3）住院医疗费用的报销需要连续缴费满6个月后才能享受，若欠缴未超过3个月，补缴后才能享受；间断超过3个月的，在恢复缴费且连续缴满6个月后才方能享受。住院医疗费保险办法为［一次性住院医疗费－（城镇职工基本医疗保险规定的起付标准＋应由个人自付的费用）］×（75%＋累计缴费年限数×0.5%）。这种计算报销的住院医疗费的最高金额，一个自然年度内累计不超过住院前6个月本人月平均缴费基数的48倍。（4）按照综合社会保险费缴费基数的8%为非城镇户籍从业人员建立老年补贴个人账户。有用人单位的，以个人缴纳的5.5%计入个人账户，其余2.5%从单位缴费中划入；无用人单位的，按缴费基数的8%从其缴费中划入。在男年满60周岁、女年满50周岁时，一次性发放老年补贴，标准是：个人账户累计储蓄额＋本人综合保险年平均缴费基数×本人累计缴费年限×0.6%。

二、直接"扩面"的农民工社会保障制度

直接"扩面"的农民工社会保障制度就是通过一定的政策将农民工作为扩大城镇社会保险制度覆盖面的对象直接纳入城镇社会保险制度体系中，以期在向农民工提供社会保险的同时扩大城镇社会保险制度的覆盖面。这种制度形式在规定农民工参与社会保险的法律适用上，通常与城镇企业员工划为等同一列，赋予农民工与所有类型企业员工同样的社会保险权利与义务。直接"扩面"的农民工社会保障制度，实质就是在不改变原先实行的城镇社会保险制度的基础上，以城镇社会保险制度的参保条件、享受待遇和计发办法等规定"内嵌于"农民工群体，使之按照城镇社会保险制度的"规则"履行义务，享受相应的权利。

目前，直接"扩面"的社会保险项目仅限于社会养老保险、工伤保险和医疗保险项目，推行其他项目在地方实践中尚未得到充分的检验。

（一）深圳市农民工社会保险制度

1. 基本养老保险

深圳市农民工参加养老保险以本人的月工资总额为缴费基数，设有上下限，幅度为本市上年度城镇职工月平均工资的60%～300%。缴费比例为月工资总额的18%，其中用人单位缴纳10%，计入共济（统筹）基金；个人缴纳8%，计入个人账户。

根据规定，深圳市参保农民工在累计缴费满 15 年，在男满 60 周岁、女满 50 周岁时，可以享受按月领取养老金的待遇，享受标准是上年城镇职工月平均工资的 20% 加上个人账户的 1/120，同时退休后可以享受医疗保险待遇。达不到上述条件的，不能享受按月领取养老金的待遇，只能一次性结算养老补贴，同时终止社会保险关系。农民工在缴费期间辞工离开深圳市，农民工输出地有社会保险机构的，个人账户积累额全部转入当地的社会保险机构；当地社会保险机构不予接受的或当地没有社会保险机构的，个人账户积累额全部退还本人。

2. 医疗保险

按照规定，深圳市实行多层次的社会医疗保险制度①：基本医疗保险、地方补充医疗保险、生育医疗保险制度。农民工可以参与基本医疗保险中的农民工医疗保险制度。农民工参加医疗保险，医疗保险费按每人每月 12 元的标准缴交，其中用人单位缴交 8 元，个人缴交 4 元。

社会保险机构对住院医疗保险和农民工医疗保险参保人建立社区门诊统筹基金和调剂金，从每个参保人的医疗保险费中划出 6 元进入参保人选定社康中心所在的社区门诊统筹基金，用于支付门诊医疗费用；划出 1 元作为调剂金，用于选定社康中心结算医院之间的医疗费用调剂。住院医疗保险和农民工医疗保险基本医疗保险费中除进入社区门诊统筹基金和调剂金以外的其余部分进入大病统筹基金。社区门诊统筹基金有结余的，结转下一年使用。住院医疗保险、农民工医疗保险参保人在选定社康中心发生的门诊（含急诊）费用按以下规定处理：（1）属于基本医疗保险药品目录中甲类药品和乙类药品的，分别由社区门诊统筹基金按 80% 和 60% 的比例支付；（2）属于基本医疗保险目录内诊疗项目或医用材料的，单项价格在 120 元以下的，由社区门诊统筹基金支付 90%；单项价格在 120 元以上的，由社区门诊统筹基金支付 120 元；（3）参保人因病情需要经结算医院批准转诊到其他定点医疗机构发生的门诊医疗费用，或在非结算医院发生的急诊医疗费用，由社区门诊统筹基金规定支付费用的 90% 报销。

由社区门诊统筹基金在一个医疗保险年度内支付给每个住院医疗保险参保人的门诊医疗（含急诊）费用，总额最高不得超过 800 元。农民工医疗保险参保人床位费最高不超过 35 元/日。农民工医疗保险参保人住院发生的列入基本医疗保险记账范围的医疗费用，在住院起付线以上、统筹基金最高支付限额以下的部分，由基本医疗保险大病统筹基金按住院医院级别支付不同的比例，市内一级医院、二级医院、三级医院、市外医院的支付比例分别为 95%、90%、80%、

---

① 本章分析深圳市的农民工医疗保险制度是以 2008 年 3 月 1 日起实施的《深圳市社会医疗保险办法》为蓝本。2003 年 5 月 27 日制定的《深圳市城镇职工社会医疗保险办法》（深圳市人民政府令第 125 号）以及《深圳市劳务工医疗保险暂行办法》已经废止。

70%，其余部分由参保人支付。

农民工医疗保险参保人因工外出或出差、在非结算医院因急诊抢救发生的住院费用，按前款规定标准应支付费用的90%报销，有条件的医疗机构可实行记账。

3. 工伤保险

深圳市拥有特区立法权，以先行先试的办法，在1993年12月颁布了《深圳经济特区工伤保险条例》。这是全国第一部地方性工伤保险方面的法规，该办法不分本市户籍员工还是农民工，都实行相同的工伤保险制度。直到2004年1月国务院《工伤保险条例》生效，《深圳经济特区工伤保险条例》完成其历史使命。目前深圳市工伤保险统一执行国家《工伤保险条例》制度的相关规定。

（二）北京市的农民工社会保险制度

北京市农民工社会保险制度是基于农民工及其企业的承受能力，在对城镇职工社会保险制度微调基础上进行改造，通过降低农民工的参保成本、相对应的农民工享受社会保险待遇水平也适当降低。从北京市推出的农民工社会保险相关政策文本分析，北京市的农民工社会保险制度仍然属于直接"扩面"型的社会保障制度。北京市农民工社会保险制度内容主要有[①]：

北京市从1999年起颁布了《农民合同制职工参加北京市养老保险暂行办法》、《北京市农民工养老保险暂行办法》、《北京市外地农民工参加基本医疗保险暂行办法》等，规定农民工的养老保险、失业保险、生育保险的缴费基数为上一年度本市职工月最低工资标准，对于农民工医疗保险的缴费基数规定为上一年本市月平均工资的60%，都低于城镇职工的缴费基数（见表17-2）。

表17-2　　　　北京市现行农民工社会保险政策一览表

发文机关	文件名及发文号	主要内容
北京市劳动保障局	《北京市农民工参加基本医疗保险暂行办法》京劳社发〔2004〕101号	农民工医疗保险的缴费基数为上一年本市月平均工资的60%。用人单位的缴费基数为本企业全部职工缴费工资的基数之和； 用人单位缴费，农民工个人不缴费，不建立个人账户； 用人单位以上一年度本市职工月平均工资60%为基数、按2%的比例按月缴纳基本医疗保险费，其中1.8%划入基本医疗保险统筹基金，0.2%划入大额医疗互助资金。 保大病，主要是保住院费用，门诊费用由农民工自付； 当期缴费，当期享受待遇，没有缴费的时间长短限制。 农民工退休后不享受退休人员的医疗保险待遇

---

① 吕学静等：《中国农民工社会保障理论与实证研究》，中国劳动社会保障出版社2008年版。

发文机关	文件名及发文号	主要内容
北京市劳动保障局	《关于加快本市农民工参加工伤保险和医疗保险有关问题的通知》京劳社发〔2005〕99号	重视农民工参加社会保险工作，要从抓好农民工参加工伤、医疗保险为突破口，切实保障受事故伤害或患职业病和患大病农民工的合法权益； 用人单位必须为本市农民工办理基本医疗保险手续； 规定了用人单位的缴费标准以及农民工享受的相关待遇
北京市劳动保障局	《北京市农民工养老保险暂行办法》京劳社发〔2001〕125号	缴费基数为上一年度本市职工月最低工资标准；养老保险费由用人单位和农民工共同缴纳，用人单位以上一年度本市职工月最低工资标准的19%，按招用农民工人数按月缴纳养老保险费；农民工本人以上一年度本市职工月最低工资标准为基数，2001年按7%比例缴纳养老保险费； 待遇一次性清算； 养老关系可转移，也可以一次性领取养老保险待遇，并终止养老保险关系，即可"退保"； 可转入农保，农民工回农村，可以将个人账户存储额和按规定核算的待遇转移到本市农村养老保险账户中，按"农保"的规定享受相应待遇
北京市劳动保障局	《农民合同制职工参加北京市养老、失业保险暂行办法》京劳社发〔1999〕99号	缴费基数为上一年度本市职工月最低工资标准； 农民工个人不缴费，由用人单位按照1%的比例缴费； 农民工失业后，符合规定的可以享受一次性生活补贴。农民工连续缴费每满1年，一次性生活补助费按照120元的标准发放。连续缴费时间超过12年的，按12年计算

资料来源：吕学静等：《中国农民工社会保障理论与实证研究》，中国劳动社会保障出版社2008年版，第57~58页。

第四节　农民工社会保障制度有效性评估

制度的可及与可得的对应性问题，是评估一项制度的首要标准之一，这是一项制度的信度与效度问题（祝建华，2008）。可及性，是从社会保障制度角度考虑，政府为农民工化解社会风险、提供生活保障的资金和实物资助。政府提供制度，是制度目标人群的可及。实现制度的可及，从需方角度来讲不一定"可得"，农民工群体需求目标和预期得以实现，方能说社会保险制度"可得性"得以实现。农民工社会保险制度"必须满足'可及性'与'可得性'的有效对应"①。依据上文对农民工社会保险制度体系和地方操作层面的分析,从制度可及性和可得性角度,此部分着重在农民工制度需求与制度供给不对等的政策点上进行评估。

一、可得性评估

无论是直接"扩面"的社会保险制度还是相对独立的社会保险项目,其建立的保障项目基本一致,均保留了工伤保险、养老保险和医疗保险。考虑到农民工流动性强、工作不稳定的特点,农民工的养老保险都建立了完全积累制的养老保险个人账户。上海综合社会养老保险以老年补贴凭证记录农民工养老保险权益,将缴费基数的 7% 做实个人账户,成都市农民工养老保险个人账户规模为 8%,深圳市农民工个人账户规模为 8%。但是,从基金运行的长期安全性考虑,以目前规定的农民工个人账户筹资能力而论,农民工养老保险待遇"可得性"压力较大,待农民工老年后由于养老补贴待遇偏低,防范老年风险存在一定的难度。按农民工年均 10 000 元工资计算,每工作一年,农民工个人账户积累 800 元(设 8% 的筹资水平),待到 60 岁即使农民工工作缴满 20 年养老保险费,个人账户积累也只有 16 000 元。倘若这 16 000 元从个人账户中一次性领取(上海模式),这对 20 年后的养老基本发挥不了保障作用。

上海的综合社会保险对外地城镇户籍在沪打工人员不利,因为综合保险的待遇较城镇社会保险低,且两者不能衔接。成都市综合社会保险是在参考上海相关办法基础上制定的,城镇社会保险与综合社会保险在成都市能够对接②。但是成都市制定的参保缴费基数划分为 8 个档次,看似较为科学,但限于成都市的经济基础薄弱,因而"成都市在参保入档的档次上远不如上海市,对农民工本就不高的保障水平来说,更是显得杯水车薪"③。从保障项目上来看,建立相对独立的农民工社会保障制度较好地解决了农民工的工伤风险和大病医疗风险防范问题。

从老年补贴的支付方式看,上海市和成都市都是采取一次性支付的方式,而且农民工自己缴纳的保费转了一圈最终分文不多地回到自己手中(养老金的个人账户没有统筹划入的部分,也不含企业缴纳的保费划入),更何况还要受到通

---

① 祝建华:《可及与可得:我国城市居民最低生活保障制度的目标定位》,载《浙江学刊》2008 年第 3 期。

② 胡务:《外来工(农民工)综合社会保险透析》,四川大学出版社 2006 年版。

③ 胡务、张伟:《成都市农民工综合社会保险研究》,载《农村经济》2005 年第 2 期。

货膨胀、物价上涨等因素的"蚕食"，"这种方式是农民工认为参保了仍感晚年不保的一个重要原因"①。当然，从工伤保险的一次性支付方式看，有其可取之道。一次性支付工伤保险的可及性在于解决长期困扰的农民工频繁流动问题。大病医疗与工伤保险捆绑在一起，如果外来人员发生工伤事故，按综合保险规定的待遇办法核算成现金一次性支付给本人或家属。此前如果发生工伤，由于不允许企业解除劳动关系，单位一直要给农民工发工资。综合保险实行之后，"一次性支付工伤待遇使得农民工可以领一笔钱回原籍养老"②。

从待遇的缴费条件方面来分析，上海市的综合保险规定缴费满 3 个月，可以享受住院医疗待遇；而成都市的综合保险办法规定缴费满 6 个月才能享受，同时规定，若间断 3 个月，补缴后可以继续享受。上海市综合保险规定在缴费期间欠缴则不能享受。对于住院医疗的最高额度，上海市综合保险要求连续缴满 1 年以上的，享受住院医疗待遇的最高额为上年度全市职工平均工资的 4 倍；成都市规定最高金额为入院前 6 个月本人月缴纳保险费基数的 48 倍。对于工伤保险补贴，由于成都市综合保险没有要求参保人员如实按照工资基数选择缴费档次，参保人员大多选择了低档，届时若遇到工伤，其赔付额度也相对较低，受保程度严重不足。

缴费周期的设置应与农民工流动性强的特点相适应。农民工流动并不会受限于地域，有些时候农民工会因工作任务的完成、施工单位的转移而转换自己的工作单位和工作地点，也可能由于农村农忙等原因发生季节性的进城务工或返乡务农。笔者认为，这是上海市综合社会保险缴费周期由原来的每 3 个月 1 次改为每月 1 次缴纳的主要原因。这是制度可及性的改进，更是参与主体受益于制度可得性的表现——用人单位不会为农民工提前离职（有些时候农民工工作不满 3 个月，甚至少于 1 个月）而导致已缴纳相应保费的损失和撤销变更账户的麻烦。基于同样的缘由，上海市综合保险制度也将老年补贴取得条件在 2004 年作了修改，将"连续缴费满一年"的规定修改为"在 3 年内累计缴费满 12 个月"，以此适应农民工流动性大而导致经常中断缴费的情况。

二、可及性评估

直接"扩面"的制度供给形式有两方面的优点：一是，实行了制度上的统一。将农民工纳入城镇社会保险制度体系，有利于统一城镇职工与农民工的社会

---

① 满海峰、宫春子：《农民工社保模式与内容研究》，载《财政研究》2006 年第 5 期。
② 华迎放：《农民工社会保障模式选择》，载《中国劳动》2005 年第 5 期。

保险关系，摒除了学界中争论的农民工社会保险权益不平等的观点。这种制度的统一符合农村剩余劳动力向城镇转移和城乡一体化要求。二是，支持了城镇社会保险统筹基金的支付危机。农民工进入城镇社会保险制度体系，扩大了城镇社会保险制度的覆盖范围。扩大的统筹基金规模可以应付未来人口老龄化危机、减轻社会统筹基金支付压力。

笔者认为，地方政府推行农民工社会保险制度的原始动力之一是上述两方面中的后者。但是，政府供给直接"扩面"制度的优点正是农民工对直接"扩面"制度可及性的缺点。比照城镇职工养老保险缴费比例，将农民工纳入城镇养老保险制度中，其实质是要求农民工与城镇职工一起承担城镇养老保险制度的转制成本（也为历史债务）。从这一角度来看，直接"扩面"的农民工社会保障制度无形中违背了市场经济公平性原则，该制度破坏了雇用农民工的企业与城镇未招收农民工企业之间、农民工与城镇职工之间的社会保险水平公平负担关系。

直接"扩面"的农民工社会保险制度暴露出来的可及性问题重点在社会保险关系的接转并续时权益保障方面。一方面，农民工直接纳入现行的城镇职工基本保险体系，主要参加养老、医疗和工伤保险三项，多数不参加失业保险和生育保险项目。农民工退保后，社会关系就此中断，当农民工再就业（或者异地就业）时需要重新参保，没有延续原来的社会保险权益，在一定程度上损害了农民工社会保险制度的可得性，"有对农民工权益再次剥夺之嫌"[1]。另一方面，农民工退保时，返回的只是农民工本人缴纳的个人账户积累部分，社会统筹部分无偿地留在了当地城市保障部门，这种做法是对农民工权益的再次剥夺。假如农民工退保后返回农村，把其社会保险关系转回了户籍所在地，那么农民工输出地就相应担负起了返乡农民工的养老、医疗保障等责任。

缴费门槛是直接"扩面"的社会保险制度另一个可及性问题。一是缴费率门槛，二是养老待遇享受门槛。农民工社会保险在城镇社会保险制度框架下运行，虽然在险种和缴费上与城镇职工的社会保险有适当的差别，但是就目前农民工的实际收入情况分析，其缴费能力不一定能够负担各地制度实行的缴费水平。从各地的农民工社会保险制度的参保水平得到启示，农民工参保率低的原因之一即是较高的缴费水平阻碍了缴费能力有限的农民工参保。大多数实行直接"扩面"制度的城市在供给制度中都要求农民工连续缴满15年养老保险方能享受养老金待遇，这对农民工群体而言是提高了其养老保险待遇的资格条件。一般而言，农民工不可能在某个城市驻留、就业15年（否则即市民化），因此"连续"缴纳"15年"养老保险的规定在可及性上不能满足条件。总结基本养老保险制

---

① 华迎放：《农民工社会保障模式选择》，载《中国劳动》2005 年第 5 期。

度待遇标准较低的影响，主要有三点：影响农民工参保意愿、制度存在和可持续、基本生活保障能力受到质疑。

第五节 结 语

农民工社会保险制度的可及性与可得性的有效对应，就是供给的制度能否克服社会保障属地管理与农民工就业参保流动特点的矛盾，能否鼓励农民工参保、引致农民工参保积极性提高，并且激励农民工持续参保、保持社会保险账户的长期性。因此，不论制度供给形式如何，制度都需要共同解决两大关键：农民工激励约束相容下的农民工参保可持续的制度性问题，以及农民工退保后社会保险权益转移接续的技术性问题。计发办法中企业缴纳的保险费能否以合适的比例划入个人账户（深圳市原先的做法即是如此），从而引致农民工参保或保持参保账户——激励机制；同时限制退保时企业划入部分随个人账户而走的现象——约束机制。

第十八章

农民工社会保险的企业缴费能力测算

社会保险缴费水平一般指标化为缴费率，是社会保险行为主体（个人、企业）依法缴纳各项社会保险的缴费水平。个人承担社会保险费水平是劳动收入所得在生命周期内消费与储蓄调节分配的比例关系；企业缴纳社会保险费的多少，与企业生产周期内产值与利润率高低直接相关。企业承担的社会保险费主要有企业为员工缴纳的社会养老保险费、基本医疗保险费、失业保险费、工伤保险费和员工生育保险费。企业社会保险缴费水平主要由上述五项保险缴费率构成。

同样遵循风险共济原则的农民工社会保障制度，制度体系中农民工社会保险是其核心，因此研究农民工社会保险的缴费水平正是体现了上述重要关系，具有较高的理论意义和现实意义。无论制度供给形式如何，确定社会保险缴费水平是农民工社会保险制度供给的可及性和可得性匹配过程中的重要环节之一，也是农民工社会保障制度理论与实践中的重要内容。

第一节　文献追踪与简要评价

目前学术界对社会保险缴费水平（或者社会保险基金）运行效率的研究，较多关注于政府财政在社会保险基金收支平衡中的机制改良方面。虽然这些研究也是长期吸收、借鉴西方财政理论界对社会保险理论研究成果的结果，但与西方不同，我国界内研究社会保险缴费负担水平问题仍然沿袭了传统体制背景：西方政府运用财政收支调节社会保险基金平衡的机理是直接以个人为对象——政府收入以个人所得税、社会保险税和财产税等为主，政府支出的相当份额直接用于个体的社会保险，就是说主体（企业、个人）社会保险缴费能力在财政调节社会保险基金运行的过程中起着重要的影响作用；在我国体制转轨过程中，国家的财政收支活动本身还具有生产资料所有者运用自身权利的性质，其对社会保险基金营运活动表现为直接掌控与调度企事业单位分配"话语权"，即是说目前界内所关注的主要是财政如何使企事业单位的收支与分配行为（如税费征缴的法制性规定）更为合理，而缺少思考与关注企事业单位、个人是否适应这种法制强制下生成的义务承担能力。这种借鉴西方分析缴费负担适度性理论的错位导致相当多的研究成果未能很好地解决我国社会保障制度运行，尤其是社会保障基金在目标期间营运平衡方面的实际问题，如引入精算模型测算基金运行的替代率、缴费年限、缴费率等参数，徒有模型模拟的参数估计值，却没有考量模型使用的前提需有较为精准的人群年龄结构变化预测和工资增长率、货币利率等联动关系的处理，这样的模型仿真结果使得测算出的缴费率等参数未能真实反映基金运行规律，相应的，基金自身平衡运行轨迹仍需诉求政策（法律）对缴费率、缴费年限、待遇给付条件等内容的规定。

至于有关企业社会保险缴费负担能力的研究成果并不多见，利用统计、调查数据证实企业缴费水平的研究就更少了。李珍、王向红（1999）从社会基本养老保险与企业竞争力关系方面分析，企业社会保险费支出增加使劳动力成本提高，企业利润降低，导致企业投资欲望减弱；过重的社会负担带来的后果可能是资本排挤劳动力。周小川（2000）从企业财务角度分析我国企业，尤其是劳动密集型企业受社会保险缴费率调高的影响，企业的盈利能力会受此削弱。利用我国1995～2003年的社会保险福利费用、员工工资总额统计数据计算出两者的比重变化。郭伟、黎玉柱等人（2008）认为，我国企业的社会保险福利费用负担总体呈现上升趋势；在社会保险中，企业和个人的筹资结构不合理，企业缴费占社会保险基金总额的73%以上，而个人缴费在整个社会保险基金中不到27%；我国社会保险企业缴费负担已经远远高于世界的平均水平，企业的社会保险负担比较重。

上述文献的研究注重理论视角分析企业不能承受过高的社会保险缴费负担，至于这种负担程度达到多大的数值期间，文献的作者没有给出较为合理的证明。有关测算企业适度缴费水平方面的研究，主要有以下方面：边恕、孙雅娜和穆怀中（2005）测算国有工业企业承受社会保险统筹缴费的最高限度为28.3%，适度缴费限度为20.9%；刘钧（2004）用我国国有工业企业统计数据测得企业缴纳社会保险费的适度界限为20%左右；顾文静（2006）从温州地区的私营企业社会保险需求专项调查数据中发现，私营企业保险费率的承担最大极限为35%；郭伟、黎玉柱等人（2008）测算天津市国有工业企业能够承受的社会保险统筹缴费的最高限度为7%，他们认为现实政策规定的缴费率比企业所能承受的最高缴费限度高出4倍多，企业难以承受这一负担；刘畅（2007）采用柯布—道格拉斯生产函数方法计算天津市国有工业企业能够承受的社会保险统筹缴费的最高限度为7%，"企业难以承受占工资总额32%的社会保险费负担"[①]。

由于选取不同的实证样本与测算方法，文献研究测得的适度水平不尽相同。但以上研究成果无疑是开拓性的，并且以我国既定的政策规定缴费率为参照，从不同视角分析企业负担社会保险缴费水平。总体而言，这些研究仍然有不足之处。一是目前的研究对企业缴费负担水平的测度尚未规范出一个较好的分析框架、测算路径和计算方法，这使社会保险缴费水平的研究缺乏学理支撑；二是既往文献的研究没有为企业保险缴费的定价依据确定理论基础，天然地认为企业是社会保险缴费主体之一，缴纳社会保险费行为是出于国家规定企业承担社会责任的义务考虑。

研究农民工社会保险制度的适度缴费水平，正是基于上述文献研究中的不足而展开的。农民工社会保险制度规定的适度缴费率，分为企业缴纳社会保险费水平和农民工个体承担社会保险费负担能力两个方面，本章和下一章内容将分别从企业与农民工个人两个角度对其进行实证研究。研究农民工社会保险制度中企业缴纳社会保险费水平，本章寻求测算适度水平的技术路线，希冀解决企业保险缴费水平的定价依据。需说明一点，本章即已将农民工社会保险适度的缴费水平作为分析对象，书中出现的企业、企业社会保险缴费负担能力、企业员工等概念的外延，皆以雇用农民工企业及该企业缴费水平为范畴，如无特殊说明，这些概念将不再延伸到所有类型的企业或企业员工中去。

第二节　企业缴费水平确定的依据

企业缴纳的社会保险费以企业员工工资总额为征缴基数并且在税前列支，表明企业承担的社会保险费是人工成本的重要组成部分。企业社会保险费正是以企业利润的再分配形式实现（见图18-1）。企业在资源极优配置原则下组织生产，

---

① 刘畅：《社会保险费水平的效率研究——基于天津市的实证分析》，载《江西财经大学学报》2007年第1期。

形成产值（Output Value，OV），并投放市场，获得销售总收入（Sales Income，SI）。产品产值由物耗成本（Material Cost，MC，即是中间投入品，如原材料、能源、交通、电力等）和产品的增加值（Value Added，VA）两部分构成。经验数据表明，不论是生产型企业还是服务性企业，物耗成本 MC 值占产值的比例都较高。与企业列支社会保险费有关的价值形态是产品增加值 VA。企业承担社会保险费的多少影响到企业新增价值的分解[1]。VA 由劳动力要素和资本要素贡献，体现为劳动价值 L 和资本价值 K。资本创造的增加值首先要偿还资本的成本 Vc，Vc 包括折旧费用和借贷资本的利息，以及各种损失计提。在 K 中，除去 Vc 部分剩下的就是资本的利润 R，从宏观经济层面来说，这部分应该是企业的平均利润，见图 18 - 1。

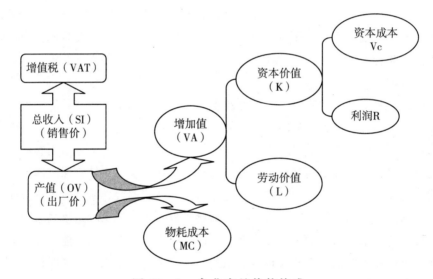

图 18 - 1　企业产品价值构成

企业社会保险缴费水平的定价依据是来自于企业利润部分的扣除。或者说，企业承担的社会保险费用是企业人工成本的一部分，是源于企业利润 R 部分。正如马克思所说："保险费表现为特定部门的一定资本在总剩余价值中所取的份额，……是利润的部分，即剩余价值的一部分，从而只体现新追加劳动的剩余产品（从价值方面来看）的一部分，必须充当保险基金。"乔治·拉姆赛（George Ramsay）在《论财富的分配》一书中也提及企业社会保险费用计提的依据，其正是企业资本的利润。他在书中说："企业主利润可以分解为企业主薪金、补偿其风险的保险费和它的超额利润。""补偿风险的保险费，只是把资本家的损失

---

①　刘钧：《社会保险缴费水平的确定：理论与实证分析》，载《财经研究》2004 年第 2 期。

平均分摊。从这个平均分摊的损失中，必须……扣除投在保险事业中并担负这种平均分摊职能的资本的利润。"① 这就是说，企业社会保险负担是企业缴纳社会保险额度与企业缴费前企业利润额度的比重。通过分解企业利润 R，企业承担的社会保险费得以实现。

社会保险参与企业 R 分配是有限度的，因此要保持农民工社会保险制度中对 R 的适度扣除，前提是不影响企业自身发展需要。在传统计划经济体制下，政府往往实行与就业高度重合的社会保障制度，实际上是要求企业承担保障的主体责任。但是，现代社会保障理论中，保障责任主体与制度的缴费主体是分开的，政府作为最后的"兜底人"，是现代保障体系中的责任主体，需要利用政府的"法律制造者"和"财政调节者"的角色来确保社会保障体系功能的发挥；企业承担缴费主体责任是企业利润在第一阶段基础上的再分配活动，是企业作为市场经济微观主体维系资本与劳动力关系的义务。如果把政府的保障责任主体责任同等地强加给企业，那么，作为微观经济实体，"由于时时要面对激烈的市场竞争所带来的风险，如企业破产等，企业往往负不起这一责任，从而也不可能长期承担社会保障职能"②。

企业的利润是扩大再生产的源泉，每一个生产过程中的当期都需从利润中提取一定比例的资金投入下一个生产周期去，积累投资资本，便于企业扩大再生产。企业社会保险费在企业利润中的扣除，其扣除比例的高低将影响企业投资资本的积累，影响企业扩大再生产能力。如果企业承担社会保险费率高，从企业利润中扣除部分就多，用于扩大再生产的投资小，市场中企业生产运营能力下降。那么，企业承受的社会保险负担在怎样的水平上是合适的？如何判断企业社会保险缴费水平是否过高了呢？明确了上述企业社会保险缴费水平的定价依据，本章开篇提出的计算企业社会保险水平负担技术路径就有了破题的"切入口"。

第三节　企业缴费能力的模拟与测算

一、企业缴费水平的模拟

企业缴纳社会保险总费用 E，是企业社会保险缴费率 b（企业社会保险缴费水平）与企业所有员工工资总额 W 的乘积，即 $E = W \times b$。上文论证得出 E 是企

---

① 乔治·拉姆赛（George Ramsay）著：《论财富的分配》，商务印书馆1984年版。
② 庞凤喜：《论社会保障缴款的性质》，载《中南财经政法大学学报》2008年第2期。

业利润 R 分解后的扣除（可以理解为 $E \leq R$），假设企业取得的利润 R 全部用来缴纳企业社会保险金，不再计提扩大再生产的资金了，那么此时 $E = R$，即企业社会保险费就是企业生产当期的利润额。引进一个反映财务状况的指标——利润率 r①。利润率是利润额 R 与企业总收入② Y 的比率，即 $r = R/Y$。如果用企业缴纳社会保险总费用 E 除以企业总收入 Y，则生成了一个新变量 q，表示企业社会保险费占企业总收入的比值，即 $q = E/Y$。显然，$0 \leq q \leq r$。

由 $0 \leq q \leq r$，其形式演变为 $0 \leq q = \dfrac{E}{Y} \leq r = \dfrac{R}{Y}$

$$0 \leq \frac{W \times b}{Y} \leq \frac{R}{Y} \tag{18-1}$$

不等式（18-1）两边同时除以企业员工工资总额 W，则由式（18-1）推导出：

$$0 \leq \frac{W \times b}{Y \times W} \leq \frac{R}{Y \times W}$$

简化上式，可得：

$$0 \leq b \leq \frac{R}{W} \tag{18-2}$$

不等式（18-2）中的 R/W 为工资利润率 v，即不等式（18-2）的最后形式为 $0 \leq b \leq v$。

由此可见，理论上说企业社会保险缴费水平区间为 $[0, v]$。其理论取值可以等于 0，但现代社会保障理论以及社会保险的法制性要求，企业需为在职员工缴纳社会保险费用，因此实际中企业社会保险负担水平一般不为 0。工资利润率 v 是企业社会保险缴费率的上限值，是企业承受社会保险负担的极大值。

二、企业缴费水平的计量分析

企业增加值 VA 可以分解为劳动力价值、资本价值的贡献。利润 R 是资本价值的分解，同时也是国家确定企业社会保险费价格的依据。图 18-1 以及前面论述可以得出以下关系式：

---

① 与如图 18-1 所分析企业产品价值的财务结构相对应，在此采用销售收入利润率。
② 与前面分析企业产品价值对应，企业总收入即为销售收入 SI，它包括 OV 与 VAT 之和。

$$K = Vc + R$$

$$VA = L + K$$

$$OV = VA + MC = （L + K） + MC = Vc + R + K + MC$$

$$Y = SI = OV + VAT = VA + MC + VAT = Vc + R + K + MC + VAT$$

根据上述关系式，计量企业社会保险缴费水平，需先后计算企业产品增加值率、资本贡献率和企业平均利润率三个变量的数值。

（一）企业产品增加值率

企业产品增加值率是度量经济体投入产出效益的综合指标，是增加值 VA 占总产出 OV（总投入）的比重[①]。对于同样的总投入，增加值率越高，说明新创造价值越大，即单位总投入中包含的新创造价值就越大。

计算增加值率目的是量化生产要素劳动力、资本的贡献率，进而计算企业利润空间，以此模拟测算企业社会保险费用的扣除数额。20 世纪 80 年代以来，我国全行业的增加值率从 0.4800 点起一直呈现下降趋势，1995~2003 年，我国全行业口径的平均增加值率为 0.3624。根据相关年份的《中国工业经济统计年鉴》的数据，测算 1993~2007 年全部国有及规模以上非国有工业企业工业增加值率（见表 18-2），其平均值约为 0.274786。调查数据显示，农民工从事的职业主要集中在建筑、餐饮等行业，因此计算集中雇用农民工行业的企业增加值率有利于更"逼近现实"地反映农民工社会保险的企业缴费负担水平。本章选取建筑业企业的增加值率作为参照（见表 18-3），1993~2007 年全国建筑业企业的增加值率平均为 0.243503。表 18-1~表 18-3 的数据从不同角度分别计算了企业产品增加值率的基本变化情况，综合这三类型数据，为求较好地反映企业承担农民工社会保险费用水平程度，笔者认为可取表 18-3 的数据作为参考。因此，本章选取增加值率等于 0.243503 作为本部分实证研究农民工社会保险适度水平问题的参数值。这就是说，在企业产品产出中，有 75.65% 的价值属于中间产品的投入，是物耗成本 MC 的价值转移；占产值 24.35% 的价值是产品的增加值。打个比方，在 100 元的产品出厂价中，中间投入品占 75.65 元，增加值为 24.35 元，产品的销售价格为 104.14 元[②]。

[①] 首先通过物耗成本 MC 数值中间转换计算得出增加值（用全部生产活动的总成果扣除在生产过程中消耗或转移的物质产品和劳务价值后的余额）。计算公式：增加值率 =（总产出 − 物耗成本）/总产出。

[②] 倘若企业产品缴纳的增值税税率按 17.0% 计算，则折合成出厂价后的比率为 4.14%（0.2435 × 17%）。出厂价为 100 元的产品中，缴纳的增值税为 4.14 元，那么产品的销售价格为 104.14 元（75.65 + 24.35 + 4.14）。

表 18 - 1　　　　　我国全行业增加值率（1995～2003 年）

年　　份	增加值率	年　　份	增加值率
1995	0.3744	2000	0.3586
1996	0.3766	2001	0.3519
1997	0.3788	2002	0.3451
1998	0.3721	2003	0.3384
1999	0.3653	平均值	**0.3624**

注：计算各项数据使用的是《统计年鉴》中的社会生产中全行业的全口径数据。

资料来源：沈利生、王恒：《增加值率下降意味着什么》，载《经济研究》2006 年第 3 期，第 61 页。

表 18 - 2　　　　　国有及规模以上非国有工业企业工业
增加值率（1993～2007 年）

年　　份	增加值率	年　　份	增加值率
1993	0.3235	2001	0.2968
1994	0.2863	2002	0.2978
1995	0.2811	2003	0.2951
1996	0.2551	2004	0.2963
1997	0.2902	2005	0.2869
1998	0.2867	2006	0.2877
1999	0.2966	2007	0.02889
2000	0.2964	平均值	**0.274786**

资料来源：根据相应年份的《中国工业经济统计年鉴》计算取得。

表 18 - 3　　　　建筑业企业增加值率（1995～2007 年）

年份	总产值 （亿元）	总产值可比值 （亿元）	增加值 （亿元）	增加值可比值 （亿元）	增加值率
1995	5 793.8	46.53655	1 668.6	13.22187	0.284118
1996	8 282.2	57.95801	2 405.6	16.68239	0.287836
1997	9 126.5	82.8176	2 540.5	24.05777	0.290491
1998	10 062.0	91.22393	2 783.8	25.39964	0.278432
1999	11 152.9	100.6579	3 022.3	27.82965	0.276477

续表

年份	总产值 （亿元）	总产值可比值 （亿元）	增加值 （亿元）	增加值可比值 （亿元）	增加值率
2000	12 497.6	111.4862	3 341.1	30.2362	0.27121
2001	15 361.6	124.9927	4 023.6	33.4186	0.267365
2002	18 527.2	153.6252	3 822.4	32.72603	0.213025
2003	23 083.9	185.264	4 654.7	38.21593	0.206278
2004	29 021.5	230.8791	5 615.8	46.56551	0.201688
2005	34 552.1	290.11	6 899.7	56.14076	0.193515
2006	41 557.2	345.4464	8 116.4	69.01701	0.199791
2007	50 018.6	415.4369	9 769.6	81.14286	0.195319
平均值	20 695.2	172.0334	4 512.6	38.05032	0.243503

资料来源：建筑业企业的统计口径为施工总承包、专业承包建筑业企业，不含劳务分包建筑业企业。"总产值"、"增加值"数据栏由相关年份的《中国统计年鉴》得出，相应的可比值按可比口径计算。

（二）资本贡献率

计算资本贡献率实际上是研究国民经济增长的问题。经济增长取决于社会劳动过程中劳动、资本、技术等要素。这些要素的投入数量的多少、质量的高低以及生产率水平是经济增长的决定因素。因此在分析我国经济增长各要素的作用时，本章设立柯布—道格拉斯生产函数（Cobb-Douglas Production Function）计算劳动力生产要素 L 和资本生产要素 K 的贡献率。

设 C - D 生产函数[①]为：

$$Y = A(t)L^{\alpha}K^{\beta}, \ s.t. \ \alpha < 1, \ \beta < 1, \ \alpha + \beta = 1$$

若 $\alpha + \beta = 1$，则生产函数取对数后变换为：

$$\ln Y = \ln A(t) + (1 - \beta)\ln L + \beta \ln K \tag{18 - 3}$$

变换后的式（18 - 3）中，$A(t)$ 是综合技术水平（包括经营管理水平、劳动

---

① Robert S. Pindyck, Daniel L. Rubinfeld：Microeconomics（Fourth Edition），by Prentice-Hall，inc，1998，P.216.

力素质、引进先进技术等), $1-\beta=\alpha$ 是劳动力产出的弹性系数（劳动力要素贡献率), β 是资本产出的弹性系数（资本要素贡献率）。

选取我国 1978～2007 年这 21 年的国家总体经济指标。式（18-3）隐含有在时间期间内技术进步对经济增长没有关系的假设。但是拟合分析中选取的是时间跨度为 21 年的时间序列数据，根据我国经济发展的实际情况肯定不能忽略这 21 年的技术进步对国家经济发展的影响，所以应该修正原假设，并认定技术进步会随着时间推移呈线性关系[①]。因此，式（18-3）可以表示为：

$$\frac{\partial \ln Y}{\partial t}=\frac{1}{Y}\cdot\frac{\partial Y}{\partial t}=m+\alpha\frac{1}{L}\cdot\frac{\partial L}{\partial t}+\beta\frac{1}{K}\cdot\frac{\partial K}{\partial t}, \ s.t. \ \alpha+\beta=1$$

$$\Rightarrow\frac{1}{Y}\cdot\frac{\partial Y}{\partial t}=m+(1-\beta)\frac{1}{L}\cdot\frac{\partial L}{\partial t}+\beta\frac{1}{K}\cdot\frac{\partial K}{\partial t} \qquad (18-4)$$

式（18-4）中，$\frac{1}{Y}\cdot\frac{\partial Y}{\partial t}$ 表示总产出的增长率 q;

$\frac{1}{L}\cdot\frac{\mathrm{d}L}{\mathrm{d}t}$ 表示劳动力要素在一定时期内的增长率 l, $(1-\beta)\frac{1}{L}\cdot\frac{\partial L}{\partial t}$ 表示在经济增长中劳动的增长对总产出的贡献，即劳动增长贡献率；

$\frac{1}{K}\cdot\frac{\partial K}{\partial t}$ 表示资本要素在一定时期内的增长率 k, $\beta\frac{1}{K}\cdot\frac{\partial K}{\partial t}$ 表示在经济增长中资本的增长对总产出的贡献，即资本增长贡献率；

m 表示科技进步的平均增长率[②]。技术进步对经济增长的贡献是指经济增长中不能用资本与劳动的增长来解释的余额部分，称为技术进步率（全要素生产率 TFP), 换言之，技术进步率表示在所有投入不变的情况下，作为生产方式改进的结果而导致产量增加的幅度。

式（18-4）等价变形为：

$$\ln Y=\ln A+mt+(1-\beta)\ln L+\beta\ln K \qquad (18-5)$$

采用式（18-5）拟合我国经济增长中的劳动力、资本要素的贡献率，数据见表 18-4。

---

① 本章使用的经济增长模型在引入技术内生（Y 已是时间 t 的函数，科技进步对经济增长有贡献）前提下仍然假设规模报酬不变，即 $\alpha+\beta=1$。虽然这种假设并不是中国经济增长轨迹的最真实反映，但从企业劳动力和资本贡献率的适度水平，尤其是还需观察企业劳动力和资本贡献率的下限水平的情况下，规模报酬不变的假设并不影响文章分析雇用农民工的企业承担社会保险缴费水平的适度性。

② 通过对式（18-4）进行变形，可得到技术进步对经济增长的贡献率 $m=\frac{1}{Y}\cdot\frac{\partial Y}{\partial t}-\alpha\frac{1}{L}\cdot\frac{\partial L}{\partial t}-\beta\frac{1}{K}\cdot\frac{\partial K}{\partial t}$, 即 $m=q-\alpha l-\beta k$, 此式也为索洛增长速度方程。

表 18 - 4 　　　　　　　　　经济增长中相关数据及测算

年份	Y	K	指数	调整后 Y'	调整后 K'	L	$\ln Y'$	$\ln K'$	$\ln L$
1978	3 645	817	100.0	36.4500	8.1700	40 152	3.5959	2.1005	10.6004
1979	4 063	854	107.6	37.7602	7.9368	41 024	3.6313	2.0715	10.6219
1980	4 546	911	116.0	39.1897	7.8534	42 361	3.6684	2.0610	10.6540
1981	4 892	961.0	122.1	40.0655	7.8706	43 725	3.6905	2.0631	10.6857
1982	5 323	1 230.4	133.1	39.9925	9.2442	45 295	3.6887	2.2240	10.7210
1983	5 963	1 430.06	147.6	40.3997	9.6888	46 436	3.6988	2.2710	10.7458
1984	7 208	1 832.87	170.0	42.4000	10.7816	48 197	3.7471	2.3778	10.7831
1985	9 016	2 543.19	192.9	46.7392	13.1840	49 873	3.8446	2.5790	10.8172
1986	10 275	3 120.6	210.0	48.9286	14.8600	51 282	3.8904	2.6987	10.8451
1987	12 059	3 791.69	234.3	51.4682	16.1831	52 783	3.9410	2.7840	10.8739
1988	15 043	4 753.8	260.7	57.7023	18.2348	54 334	4.0553	2.9033	10.9029
1989	16 992	4 410.38	271.3	62.6318	16.2565	55 329	4.1373	2.7885	10.9211
1990	18 668	4 517	281.7	66.2691	16.0348	64 749	4.1937	2.7748	11.0783
1991	21 781	5 594.5	307.6	70.8095	18.1876	65 491	4.2600	2.9007	11.0897
1992	26 923	8 080.09	351.4	76.6164	22.9940	66 152	4.3388	3.1352	11.0997
1993	35 334	13 072.31	400.4	88.2468	32.6481	66 808	4.4801	3.4858	11.1096
1994	48 198	17 042.1	452.8	106.4443	37.6371	67 455	4.6676	3.6280	11.1192
1995	60 794	20 019.3	502.3	121.0313	39.8553	68 065	4.7960	3.6853	11.1282
1996	71 177	22 913.5	552.6	128.8038	41.4649	68 950.0	4.8583	3.7248	11.1411
1997	78 973	24 941.1	603.9	130.7717	41.3000	69 820.0	4.8735	3.7209	11.1537
1998	84 402	28 406.2	651.2	129.6100	43.6213	70 637.0	4.8645	3.7755	11.1653
1999	89 677	29 854.7	700.9	127.9455	42.5948	71 394.0	4.8516	3.7517	11.1760
2000	99 215	32 917.7	759.9	130.5632	43.3185	72 085	4.8719	3.7686	11.1856
2001	109 655	37 213.5	823.0	133.2382	45.2169	73 025.0	4.8921	3.8115	11.1986
2002	120 333	43 499.91	897.8	134.0310	48.4517	73 740	4.8981	3.8806	11.2083
2003	135 823	55 566.61	987.8	137.5005	56.2529	74 432	4.9236	4.0299	11.2176
2004	159 878	70 477.4	1 087.4	147.0278	64.8128	75 200	4.9906	4.1715	11.2279
2005	183 217	88 773.6	1 200.8	152.5791	73.9287	75 825	5.0277	4.3031	11.2362
2006	211 923	109 998.2	1 340.7	158.0689	82.0453	76 400	5.0630	4.4073	11.2437
2007	249 530	137 239	1 500.7	166.2757	91.4500	71 352	5.1136	4.5158	11.1754

　　注：Y（单位：亿元）、K（单位：亿元）、L（单位：万人）分别为 GDP、固定资产总额、就业人员数，Y'、K' 为按可比价格（以 1978 年为 100 指数）调整后的 GDP、固定资产价格数据。

　　资料来源：历年《中国统计年鉴》、《中国经济统计年鉴》，1993～2004 年 GDP 数据是经国家统计局修正后于 2006 年 1 月 6 日发布的数值。

根据表 18 - 4 的数据，利用 Eviews 5.0 软件采用 OLS 方法拟合式（18 - 5）的估计结果为：

$$\ln Y = -1.0232 + 0.0287t + 0.7036\ln L + 0.2964\ln K \qquad (18-6)$$
$$(0.578733)\ (0.012565) \qquad (0.051515)$$
$$t = (1.7680)\quad (2.2841)\qquad (5.7537)$$
$$R^2 = 0.9947 \quad s.e = 0.0970 \quad D.W. = 0.5056$$

从上述拟合方程来看，$R^2 = 0.9947$，说明解释变量与被解释变量之间是高度线性相关的，样本回归模型的解释能力达到了 0.9947，即我国 GDP 变动的 99.47% 可由资本和劳动投入作解释，同时说明表 18 - 4 数据拟合优度较好。拟合方程中 t 统计量与 P 值检验都通过了，说明回归方程式（18 - 6）显著成立，且 t、$\ln K$、$\ln L$ 三个解释变量对 $\ln Y$ 的影响是显著的。

$\ln L$ 的系数（$1-\beta$）和 $\ln K$ 的系数 β 分别为 0.7036、0.2964，则劳动力产出的弹性系数（劳动力要素贡献率）约为 0.7036，资本产出的弹性系数（资本要素贡献率）约为 0.2964。分析表明，在产品新增值中，约 70.36% 是劳动力要素贡献的，即新增值中 70.36% 用来支付员工工资；约 29.64% 为资本要素贡献，即为资本报酬。出厂价 100 元的产品，增加值为 24.35 元，其中 17.13 元（24.35 × 70.36%）用于支付企业员工工资，7.22 元（24.35 × 29.64%）用于补偿资本贡献。

（三）企业平均利润率

100 元企业产品中，资本报酬有 7.22 元。这 7.22 元中既包括资本成本 Vc 也包含了资本利润 R。评估企业社会保险缴费水平的承受能力，目标之一便是求得资本的利润空间，那么首先就得知道资本的利润率，即企业平均利润率。采用企业产品的销售利润率表示企业平均利润率，并且选取中国 1995～2007 年工业企业产品销售收入、利润总额数据计算。选取中国企业产品销售利润率表示企业平均利润率的意义在于：其一，销售利润率是一定时期的销售利润总额与销售收入总额的比率。它表明单位销售收入获得的利润，反映销售收入和利润的关系。其既可考核企业层面利润计划的完成情况，又可比较不同时期的中国企业整体经营管理水平。其二，工业企业的面板数据较能代表中国经济发展历年来资本要素报酬水平。表 18 - 5 是"中国工业企业产品销售收入、利润总额及销售利润率"情况，求得中国工业企业产品销售利润率在 1995～2007 年的平均水平为 4.63%。在整体上判断该数值似乎小了些，笔者便另外计算同一时间跨度的全部国有及规模以上非国有工业企业工业成本费用利润率。从表 18 - 6 中可知，1995～2007 年全部国有及规模以上非国有工业企业工业平均成本费用利润率为 5.05%。其与中国工业企业产品平均销售利润率相差不大，说明表18-5计算得到的企业产品平均销售利润率较为合理。事实上，我国银行贷款利率长期在较高位运行，资本成本应该是比较高的，4.63%的企业产品销售利润率较能够反映中国企业整体经营管理水平。同时，也有学者利用1998年、1999年《财富杂志》世界500强的数据推算出500强企业的销售利润率平均为5.60%、4.37%[1]，这从侧面进一步印证了笔者上述观点。

表18-5　中国工业企业产品销售收入、利润总额及销售利润率

年　份	销售收入（亿元）	利润总额（亿元）	销售利润率（%）
1995	52 936.26	1 634.90	3.09
1996	57 969.98	1 489.74	2.57
1997	63 451.48	1 703.48	2.68
1998	64 148.86	1 458.11	2.27
1999	69 851.73	2 288.24	3.28
2000	84 151.75	4 393.48	5.22
2001	93 733.34	4 733.43	5.05
2002	109 485.77	5 784.48	5.28
2003	143 171.53	8 337.24	5.82
2004	198 908.87	11 929.30	6.00
2005	248 544.00	14 802.54	5.96
2006	313 592.45	19 504.44	6.22
2007	399 717.06	27 155.18	6.79
累计额	1 899 663.08	105 214.56	—
均　值	146 127.93	8 093.43	4.63

资料来源：

① 销售收入1995~1999年数据来自《中国工业交通能源50年统计资料汇编》，2000~2007年数据来自《中国统计年鉴》（2006、2007、2008），该指标现行名称为"主营业务收入"，依据同时有两种指标年份数据观察，产品销售收入与主营业务收入是同一指标。

② 利润总额1995~1999年数据来自《中国工业交通能源50年统计资料汇编》，2000~2007年数据来自《中国统计年鉴》（2006、2007、2008）。

① 周小川：《社会保障与企业盈利能力》，载《经济社会体制比较》2000年第6期。

表 18 - 6　　　　　全部国有及规模以上非国有工业企业工业
成本费用利润率　　　　　　　单位：%

年　份	2001	2000	1999	1998	1997	1996	1995
利润率	5.35	5.56	3.42	2.35	3.17	3.05	3.81
年份	均值	2007	2006	2005	2004	2003	2002
利润率	5.05	7.43	6.74	6.42	6.52	6.25	5.62

资料来源：数据来源于相关年份的《中国工业经济统计年鉴》。企业统计口径 1998 年以前是"乡及乡以上独立核算工业企业"，此后名称改为"国有及非国有规模以上工业企业"。口径调整使企业数量从 1997 年的 468 506 个减少到 1998 年的 165 086 个，不过由此引起统计对象实际经济规模的变动数额要小得多。

由此可见，产品新增价值中，约 70.36% 为劳动力要素贡献，约 29.64% 为资本报酬；在资本报酬中，企业利润率占 4.63% 左右。企业产品出厂价为 100元，产品的销售价格为 104.14 元，增加值为 24.35 元，资本利润为 4.82 元（104.14 × 4.63%）。这 24.35 元的增加值，用 17.13 元支付企业员工工资，7.22元为资本报酬。由此可见，工资利润率 $v = R/W = 4.82/24.35 = 0.197$。

三、企业适度缴费水平的确定

企业社会保险缴费水平区间为 [0, v]，即为 [0, 19.70%]。其上限自然是企业工资利润率 v。即是说企业创造的利润全部用于缴纳其承担的社会保险费用，该额度占企业员工工资总额的 19.70%。理论上分析，目前相关政策规定的企业承担社会保险负担的缴费比例明显与企业的承受能力相差甚大。企业社会保险缴费水平过高，把有限的利润投入到履行社会责任中去，削弱了企业利润的"再造血"功能，不利于企业扩大再生产，从而影响整个社会层面的经济稳定，员工收入和福利效用也将受此影响。

那么，怎样的缴费水平才是企业社会保险适度费率呢？笔者认为，从资本价值构成出发，扣除资本利润中企业投资部分，剩下的额度即可投入到企业承担的社会保险费用中去。扣除资本利润中一定比例的投资额度，利润转化为资本进行投资，企业完成扩大再生产的投资，不仅有能力为企业员工承担相应的社会责任，同时也有驱动力进一步追逐资本的"本性"。因此，如果计算得到了企业平均的投资水平，扣除企业应投资的部分，便有可能计算企业社会保险缴费的适度水平。

投资率在我国统计学上有资本形成率和固定资产投资率两种计算方式[1]。为保持与前面分析对象的一致性，本章采用资本形成率计算我国的投资率。研究表明，改革开放以来，我国投资率水平一直维持在 31.90%（为 1982 年的投资率）以上。1978～1997 年我国平均投资率为 37.0%，1998～2005 年的平均水平为 39.60%[2]。以经济普查统计数据计算，2004 年的投资率由 2003 年的 44.2% 下降到 39%[3]，2005 年、2006 年我国投资率分别为 43.4%、42.3%[4]。将我国经济改革以来的投资率下限趋近值作为我国企业投资水平，取值为 30.0%。企业产品出厂价为 100 元，约有 4.82 元为企业利润，按照企业投资率等于 30.0% 进行资本积累，则企业可用于缴纳社会保险费的资金为 1.446 元[5]。这 1.389 元就是企业社会保险费的适度界限，则此适度界限的水平为 8.40%（1.446/17.13×100%）。

通过以上推导可得，企业有能力承受法制性的社会保险费率最高为企业员工工资总额的 19.70% 左右，适度的缴费限额约为 8.40%。当然，上述缴费水平的推导计量是在不考虑外部约束性因素（如政府对企业征收所得税、营业税，企业捐赠等）以及企业家对剩余价值索取权等条件下完成的。

第四节 企业缴费水平的修正

前面计算企业社会保险缴费水平是假设企业没有积累前提下的区间水平。相比较而言，目前政策规定的企业缴纳社会保险费的费率[6]要高出适度区间 15 个百分点左右。差距如此之大，企业应该无法承担这样的重负的。在社会保险按基金征缴管理中，参保企业为何还有能力缴纳社会保险费？这里需要对本节计量得出的企业社会保险缴费水平进行修正，因其存在"可变动"的社会保险金缴费基数下名义社会缴费率与实际社会保险缴费率之别。

企业全体在职员工的工资总额为企业社会保险费的征缴基数，因此，企业社会保险缴费水平除了缴费额度以外还有另一参照标的——缴费基数。在征缴过程中，企业全体员工的工资总额具有两个明显的特征：一是员工劳动报酬非工资

---

[1] 资本形成率是资本形成总额占支出法国内生产总值的比重。固定资产投资率是全社会固定资产投资率占支出法国内生产总值的比重。

[2] 郑京平：《我国投资率为何居高不下》，载《数量经济与技术经济研究》2006 年第 7 期。

[3] 刘慧勇：《我国投资率问题》，载《武汉金融》2006 年第 3 期。

[4] 李云林：《我国高投资率的成因分析》，载《经济研究参考》2000 年第 41 期。

[5] 假设是扣除必要的资本积累后的资金全部用于缴纳社会保险费。

[6] 参照目前地方农民工社会保险政策规定的企业养老保险缴费率来判断。

化、工资非货币化程度较高,工资总额大大小于劳动报酬;二是社会保险经办机构核定的缴费工资也小于工资总额。这两个特征给予了企业申报员工工资总额时有可操作的空间,使得企业社会保险缴费水平有名义缴费率和实际缴费率之分。修正企业社会保险缴费能力也就有了名义缴费能力和实际缴费能力的区别:根据企业利润计算得到的企业社会保险缴费水平 $[0, v] = [0, 19.70\%]$ 为企业实际缴费能力;国家相关政策规定的各项社会保险险种的缴费率为企业名义缴费水平。形成名义缴费率、实际费率的差距与员工工资总额的缴费基数统计方式有关,对企业社会保险缴费水平的修正是基于缴费基数为参照标的的统计偏差,即分解为:实物收入、工资外收入和"缴费工资总额"。

一、缴费水平修正:实物收入

实物收入的存在,缩小了工资总额,名义缴费率与实际缴费率不一致。实物收入是计划经济时期为了规避国家工资管制的产物。现在国有企业还是比较盛行实物分配的福利工资发放方式。住房、电器、柴米油盐等日用消费品,是员工劳动收入很重要的一部分。社会保险制度以员工工资总额为缴费基数,由于没有考虑到员工获得的实物收入,造成了缴费基数偏离员工真实的劳动收入。根据有关学者的研究显示,实物收入占员工总收入的 3% ~ 9%。实物收入的存在减少了员工工资总额作为缴费基数的比重,其造成名义缴费率与实际缴费率的差距大约为 5%。

二、缴费水平修正:工资外收入

工资外收入缩小了工资总额,使企业社会保险名义缴费能力与实际缴费能力不一致。工资外收入主要是随着我国经济体制转轨过程中产生的,它不仅包括员工在企业单位获得的工资外收入,如兼职、兼岗补贴收入,还包括员工在企业单位外获得的收入,如各种财产性收入、转移性收入。统计工资总额指标只包括员工工资、奖金、津贴等,没有把员工的利息收入、资本利得收入等财产性收入以及转移性收入计算在内,员工工资总额偏离了员工的实际劳动报酬收入。一般来说,若剔除工资外收入中非劳动报酬部分,工资外收入平均占企业员工工资总收入的 8% 左右[①]。

---

① 李珍:《缴费基数对收支平衡的影响》,载《中国社会保障》2000 年第 3 期。

三、缴费水平修正：缴费工资总额

目前申报制度要求企业自行申报，社会保险经办机构核定企业缴费工资总额。这种核定的缴费工资总额往往会被人为缩小。社会保险经办机构核定的缴费工资总额小于统计口径的工资总额，缩小了政策规定的名义缴费率。据推算，社会保险经办机构核定的缴费工资约为统计部门统计的工资总额的 90.0%，缴费工资总额比工资总额缩小 7.0% ~ 10.0%。

基于参照标的工资总额的统计偏差，企业社会保险缴费负担还可以提高 19.0% 左右。也就是说，企业社会保险缴费占企业员工工资总额的比例可以维持在 28.70% 左右，此即为企业社会保险实际缴费率。以此判断企业社会保险缴费能力，笔者认为目前政策要求企业缴纳的社会保险费用高于企业自身的承受能力。这也是社会保险"扩面"难，企业逃费、漏费现象严重等问题的原因之一。

第五节　结 论 与 思 考

企业的社会保险缴费水平是社会保障理论与实践的重要内容。评估企业社会保险缴费水平应该考虑企业经济承受能力，企业承担社会保险缴费的数额将影响到企业经营状况。本章为企业社会保险缴费水平的评估作出了理论和实证的有益尝试，在此基础上有三点基本结论。

企业缴纳的社会保险费是企业利润的扣除，这是社会保险政策定价企业社会保险水平负担的依据。企业产品的新增价值由劳动力生产要素和资本要素共同创造，新增值率也可分解为劳动力贡献率和资本贡献率。此两者是企业支付员工劳动工资及资本报酬的源泉，也是企业社会保险缴费水平上限的目标变量。企业承担社会保险费的多少影响到企业新增价值的分解，更牵扯到企业资本报酬中企业利润的分配结构。计算得出企业利润额占企业工资总额支出的比例即是企业负担社会保险缴费的上限值；其利润中扣除投资资本后的额度占企业工资总额的比例即为企业负担社会保险费的适度值。依此路线，要评估企业社会保险负担能力，就应先求得新增值率、劳动力贡献率、资本贡献率和利润率等变量值。

相关变量值的求证。新增值率是总产出扣除中间投入品成本后的新增价值与总产出的比重，采用中国三个产业全口径数据测得 1995 ~ 2003 年新增值率的平均值为 0.2435。利用 C－D 生产函数计算得出中国国民生产总值中劳动力生产要素贡献率为 70.36%，资本要素贡献率约为 29.64%。根据中国工业企业产品销售收入、利润总额及销售利润率情况，求得中国工业企业产品销售利润率 1995～2007 年的平均水平为 4.63%。

企业社会保险缴费水平。企业社会保险缴费率不仅受到企业利润剥离出缴费额度的影响，还与工资总额的缴费基数的统计方法有关。经过校正缴费基数统计偏差后的企业社会保险缴费率才是企业社会保险缴费承受能力。假设不计提企业积累与储蓄、不考虑外部约束性因素，修正后的企业社会保险缴费水平最高限额为 28.70% 左右，适度水平一般应维持在 8.40% 左右。这样的缴费水平与目前政策规定要求的社会保险缴纳水平不相符，企业社会保险缴费负担过重，不利于整体经济体系的运营稳定。

适当的缴费率应该与社会保险制度供求相匹配，这样才能发挥社会保险制度的激励效用。在社会保险缴费供求差异较大的情况下，提高企业承担的缴费率将扭曲企业经营行为，削弱制度运行效果。前面评估企业社会保险缴费能力的结论以及企业社会保险缴费水平实证过程呈现出缴费率与制度供求不匹配的表现，对此应该引起我们的高度关注。

一、高费率下社会保险的可持续性

征收较高的社会保险费用对企业竞争力的影响主要表现在两个方面：第一，过高的社会保险费用，提高了企业的生产成本，降低了企业的市场竞争力；第二，社会保险待遇过高，降低劳动力的积极性，甚至会导致技术熟练工过早退休，同时也可能产生"储蓄挤出"效应，不利于人力资本发挥作用。对于农民工社会保险而言，第二个方面的影响一般不可能出现，因为不可能达到如此高的保障水平，而第一个方面的影响则是完全可能出现的，必须予以重视。

农民工大都属于非正规就业，在第二、第三产业中的小企业工作。这类企业的社会保险费用的征收是否会提高其劳动成本，关键取决于劳动力实际工资水平的浮动程度。一个设计良好的养老保险制度，在劳动力市场自由化程度比较高的条件下，会将这部分缴费压缩在劳动力实际工资中，消减其对企业成本增加的影响是完全可行的[1]。从国内外相关的研究来看，大部分企业都首先采取调低企业内部福利，如减少加班补贴、奖金、降低加薪频率和额度等措施来化解社会保险缴费对成本提高的压力[2]；日本学者在对法定福利费增加后企业可能采用的行

---

① 姜晓兵：《农民工医疗保险研究》，载《西北农林科技大学学位论文》2008 年 6 月。
② 金碚、李钢：《中国企业盈利能力与竞争力》，载《中国工业经济》2007 年第 11 期。

动进行调查后发现，位于前三位的分别是调整工资制度、压缩加班补贴、压缩奖金[③]。

制度要求企业与个人参加社会保险，其主旨在于宏观层面能够在"大数法则"下化解群体性社会风险，在微观层面则提高企业员工的工作积极性以利于企业生产效率的提高。高费率与制度供求内涵的不相匹配，阻碍社会保险制度发挥其正面激励效用。高费率导致企业社会保险负担增加，必然导致劳动成本增加。限于企业产品销售价格受到国内外商品竞争压力，这种劳动成本增加很难转嫁到消费者身上，只有企业自身内部消化。劳动成本增加了，使得企业利润减少。企业将社会保险缴费压力内部消化的结果必然会转嫁给员工：或降低企业员工薪金，或减招、停招新员工。这对于扩大就业、提高经济效益不利，更不利于社会保险制度的推广、"扩面"，影响社会保险制度运行的可持续性。鉴于此，应该适当控制社会保险制度的供给价格，调整企业社会保险缴费负担。

二、缴费基数修正的依据

名义缴费率与实际缴费率不一致，造成企业社会保险权益外溢，使制度与权益统一前提下的事实不公平。由于管理水平、财务制度遵守程度的差别，参保企业的缴费工资总额与工资总额的差距，工资总额与劳动报酬的差距，致使参保企业的实际缴费率不一致，负担也就畸轻畸重。不一样的社会保险负担，直接危及社会保险制度的正常运行。一方面加大了参保企业逃费的动机，导致收缴难；另一方面打击未参保企业的参保积极性，造成"扩面"难问题。一个有效的政策思路是通过加快改革工资制度，尽早实现劳动收入工资化、工资收入货币化，扩大社会保险费费基，增加制度收入，降低保费率。劳动收入货币化、工资化可以扩大社会保险费费基，提高覆盖面也可以扩大社会保险费费基，两种方法都可以增加制度的收入。不同的是，后者在增加收入时，也在增加支出，因为新参加社会保险制度的企业增加退休人口，而前者只增加收入不增加支出。虽然劳动收入货币化、工资化并不能减少参保企业和个人所缴社会保险费的数量，但可以降低费率，一方面减少少报、瞒报工资总额现象，对那些诚实的企业是公平的，有利公平负担；另一方面减少新企业的逆向选择现象，从而提高收缴率。

以员工工资总额为企业社会保险征缴基数有内在弊端。劳动密集型企业利润相对较低，在统一的缴费率下，缴费相对要高，产生制度不公，影响制度互济性。一般而言，劳动力成本高的企业也是劳动密集型企业，其利润相对于资本技术密集型企业要低。如果完全以"职工工资总额的20%"计缴养老费，非但实现不了不同效益企业间的互济，而且会出现"劫贫济富"的不良后果[①]。以企业利润为计缴基数是基于企业社会保险负担平衡性角度出发，有利于企业之间实际缴费率趋向平衡。以企业利润为基数的社会保险征缴制度，贯彻了"盈利多企业多缴，盈利少企业少缴，不盈利不缴"原则。这种征缴制度考虑了企业的财务实际情况，有利于统筹社会保险征缴率提高，也有利于抑制企业虚报利润行为。

---

① 黎民、马立军：《"双基数"征缴：统筹养老金筹措的新思路》，载《中国软科学》2004年第3期。

第十九章

农民工社会保险的个人缴费能力评估

对个人而言,农民工的缴费意愿受到了劳资关系、储蓄功能、缴费比例等因素的影响。随着经济的发展,农民工个人对社会保险的需求将越来越大,社会保险将成为农民工收入分配中不可或缺的一部分。因此,确定合理的农民工社会保险缴费率不仅影响农民工的参保意愿,而且还在更大程度上决定着农民工社会保险与储蓄两种技术手段的关系处理。

本章分析延续上一章的思路,但是将分析对象转为农民工个体。农民工在社会保险参保的个人选择行为中,适度的缴费比率不仅可以引导农民工积极参加社会保险,而且还可以引致更多的农民工储蓄进入社会保险领域。回顾现有的研究文献,一些研究者对个体缴费水平的实证评估做了有益的探索。边怒、孙雅娜和穆怀中(2005)利用 1990~2002 年辽宁省城镇居民人均年收入、人均消费支出数据测算了基于辽宁省养老保险改革试点方案的个人承受社会保险缴费最大限度:1990 年为 19.0%,1995 年提高到 21.5%,2000 年上升到 21.9%,2002 年达到 22.3%。他们认为,参照试点方案,"职工完全能够承受 8% 的养老保险缴费率和 11% 的社会保险缴费率"[①]。刘畅(2007)将职工收入分为现期消费和远期消费后测得 1991~2003 年天津市城镇职工社会保险缴费的承受水平,认为目前个人缴费率相对于职工个人的缴费承受能力来说在一个较低的水平运行,"实

---

① 边怒、孙雅娜、穆怀中:《养老保险缴费水平与财政负担能力——以辽宁养老保险改革试点为例》,载《市场与人口分析》2005 年第 3 期。

际上缴费率再提高几个百分点，个人也是完全可以承受的"①。

总体而言，现有的文献对社会保险个人适度缴费能力的实证文章并不多见，以农民工个人缴费能力为分析视角的研究成果更是尚未出现。因此，本章的研究将为该领域进一步补充缺失的理论机理，并在分析方法上进行有意义的探索。本章力求解决两个问题：其一，明晰评估农民工个人适度社会保险缴费水平的理论机理。既往的文献尚未对此问题作出明确的回答，笔者认为，评估农民工个人的社会保险缴费能力应当以社会保险与储蓄、福利代际转移的关系为理论起点。其二，探索评估农民工个人适度缴费水平的方法与路径，以此实证农民工个人缴费的适度区间。

第一节　个体缴费能力评估的理论基础

不论负担形式是征收社会保险税还是缴纳社会保险费，个体作为社会保险基金负担主体之一，征缴的社会保险基数（税基或费基）都可以为工资收入总额。一般认为，工资收入是劳动者劳动价值体现，并且也是劳动者个体及其家庭生活的经济来源之一。也就是说，工资收入水平是能够进行分解的，从经济理性出发，个体的工资收入至少可以分解为消费、储蓄和捐献等类别。这种工资收入的分解形成了它自有的结构比例，我们将配置该结构比例的过程称之为货币收入效用在约束条件下最大化的过程。个体缴纳社会保险费的比例也在该过程之列。因此，分析社会保险费与消费、储蓄、无偿捐助等比例关系，在西方研究经济增长与资源配置的文献研究中，往往表现为社会保险与劳动力市场、金融市场或者消费能力、储蓄行为等因素的关系。比如说养老保险的资金筹集具有与税收等同的效应，它的资金使用属于公共支出理论范畴，它对两大要素市场——劳动力市场和资本市场都有重大的影响；它还直接改变社会成员在代内（Intra-generation）和代际（Inter-generation）的福利。

在社会保险理论框架下评估个体缴费能力，笔者认为，其理论源头涉及社会保险制度与储蓄的关系（一般有消费者行为理论，即效用理论）和福利代际转移效用的分析。分析社会保险制度（或是养老保险制度）与储蓄的关系，在新古典经济理论的框架下并不能完成，因为在新古典模型中，个人的效用函数并没

---

① 刘畅：《社会保险费水平的效率研究——基于天津市的实证分析》，载《江西财经大学学报》2007 年第 1 期。

有将时间变量内生化，而是分析单一时期的静态效用函数。也就是说，它是把人看成长生不老的，这样就根本不存在养老保险问题，因此也就没有研究社会保险制度影响储蓄变化关系的"基石"了。对于消费储蓄问题的研究，长期以来，研究者用弗里德曼（Milton Friedman，1957）的持久收入假说（Permanent Income Hypothesis，PIH）和莫迪里亚尼（Modigliani，F.，1957）的生命周期假说（Life Cycle Hypothesis，LCH）作为主要理论框架。生命周期假说认为个人在长期的时间范围内规划他们的消费和储蓄行为，以在整个生命周期内实现消费的最佳配置和效用现值的最大化。通过在高收入时储蓄和在低收入时负储蓄，在整个生命周期内实现平滑的跨时期消费配置。因此，当个体进行消费决策时，他不仅要考虑当期收入，还要考虑未来的终生收入状况。生命周期假说认为个人在其收入高于其终生平均收入时储蓄较多，而在收入低于其终生平均收入时不进行储蓄，因此一个国家的人口年龄构成也是决定该国个人消费和储蓄的重要因素。

第二节　农民工个体缴费能力的评估路径

一、评估模型的选择

在社会保险制度下，消费者个体在跨越两个时间周期时如何调配自身收入结构，使之得到消费效用最大化的结果。这种分析思路已经将缴纳社会保险费内化为消费变量因子，即模型将社会保险费作为货币消费的一部分共同参与了消费与储蓄关系的动态演进[1]。因此，考量农民工个体的缴费能力，可以从消费效用理论和两期迭代模型解释中得到其评估路径[2]。

在社会保险资金筹集的过程中，农民工个人缴费部分是劳动力成本的直接扣除。缴费额占劳动力成本的比重，直接影响农民工个人的收入水平。农民工获得工资收入后，一般分解为储蓄和消费两部分。收入中储蓄和消费各占多少份额，主要受个体（家庭）生活水平、收入心理预期、消费方式等多因素影响。

现将农民工缴纳的社会保险费独立于农民工消费，即农民工消费结构有农民

---

① 之所以称社会保险缴费额为内生变量，是因为理论中隐含了一个前提假设：消费者个体购买意愿是基于规模风险的需要，也是为储蓄形式多样化的内在动力。

② 结合农民工收入特点和消费倾向特征，本章在借鉴有关"城镇职工社会保险缴费对职工收入分解的影响"（刘钧，2004）分析思路基础上形成农民工个体缴费能力评估机理（刘钧：《社会保险缴费水平的确定理论与实证分析》，载《财经研究》2004年第2期，第73～74页）。

工缴纳的社会保险费、非社会保险费部分的消费额等两部分。农民工缴纳的社会保险费主要是养老保险费和医疗保险费。养老、医疗风险都是随着年龄的增加而增加，因此在基金积累制下，农民工是将年轻时创造的财富延迟至年老后消费，将现期消费的一部分转化为远期消费。由此，把农民工的整个生命周期分成两个部分：第一期为工作期，第二期为退休期。农民工收入必须在第一期和第二期进行消费的时间配置，并通过这种合理配置实现消费效用的最大化。

假设条件为：（1）消费—储蓄的效用组合置于基金积累制的社会保险制度框架下；（2）农民工非农就业工资为其唯一收入来源；（3）农民工的收入水平与其消费水平在生命周期内平衡；（4）农民工的边际消费倾向在其生命周期内保持不变。

在第一期时，设农民工劳动收入为 W，那么农民工收入 W 便分解为三部分[①]：一部分为个人缴纳社会保险费 I，一部分为第一期的消费 C_1，另一部分用于第二期的消费形成储蓄 S。农民工在第 t 年退休（或称之为退出劳动力市场），退休后所领取全部社会保险金为 E，退休后的消费为 C_2，退休后农民工不再进行储蓄。

农民工在两个时期的消费函数有下列关系式：

在第一期（年轻工作期）：

$$C_1 = W - I - S \qquad (19-1)$$

在第二期（老年退休期）：

$$C_2 = (1 + r)S + E \qquad (19-2)$$

式（19-2）中，r 为第 t 年时的实际市场储蓄利率，$(1+r)S$ 表示农民工第一期末（第 $t-1$ 年）形成的储蓄总额 S 从农民工退休的第 t 年开始用于消费。将式（19-2）两边同时除以$(1+r)$可得现值关系式：

$$\frac{C_2}{1+r} = S + \frac{E}{1+r} \qquad (19-3)$$

式（19-3）表明退休后消费的现值等于储蓄加退休后社会保险金收入的现值。

将式（19-1）与式（19-3）的消费现值合并，可得：

$$C_1 + \frac{C_2}{1+r} = W - I + \frac{E}{1+r} \qquad (19-4)$$

---

① 这种划分为三部分的结构进一步说明个人缴纳社会保险费用在一定意义上是实行强制储蓄的功能。

式（19-4）说明，消费现值等于收入现值，这是农民工对收入进行消费-储蓄配置的基本原则，它为配置农民工第一期消费与第二期消费的合理比例提供理论指导。

二、模型的求解

引入农民工个人边际消费倾向 β，农民工在第一期消费时有另外一个变量——自主消费量额 C_0，即不随收入变化的、稳定的消费。因此有第一期消费 C_1 和第二期消费 C_2，并且有[①] $W = C_1 + C_2$。那么，表示第一期消费函数的式（19-1）即可转换为：

$$C_1 = C_0 + \beta \cdot W \qquad (19-5)$$

个人缴费的费率为缴费额与工资总额的比例关系[②]，倘若将农民工的全部储蓄（即第二期消费）都用来缴纳社会保险费，则费率为：

$$\frac{I}{W} = \frac{W - C_1}{W} \qquad (19-6)$$

将式（19-5）代入式（19-6），可得：

$$\frac{I}{W} = \frac{W - (C_0 + \beta \cdot W)}{W} \qquad (19-7)$$

$$= 1 - \beta - C_0/W$$

根据式（19-7）可知，测算农民工个体的缴费能力，就需要确定农民工个体的边际消费倾向 β、农民工自主消费额 C_0 和农民工的劳动工资总额（收入总额）。

第三节　农民工个人缴费能力的评估结果

一、数据来源

测算农民工个体的缴费水平区间需要获得农民工群体的劳动工资收入以及消费结构数据。目前，关于农民工的该类型数据在统计核算中不可能体现，原因有

---

① 根据假设条件（3），农民工收入 W 等于其消费总支出。
② 若以工资总额为缴费基数，计算费率的公式应以工资总额为分母。

两点：其一，从全面调查（普查）方式来看，由于农民工群体概念的界定尚未有定论，无法准确地确定统计对象，那么统计该群体的收入消费数据便可能有浮动或偏差；其二，从非全面调查方式（如重点调查、典型调查和抽样调查）来看，农民工流动就业的特点和地区就业格局的差异致使统计部门在进行抽样时无法确定抽样人群的样本和农民工在行业中的层级比例。因此，通过专门的统计部门获取农民工群体的收入—消费结构数据，从目前技术力量来说行不通。那么需要寻找可行的替代方法，笔者认为，替换统计核算方式的方法有两种：一是用抽样调查与问卷调查相结合，事先设计调查问卷并且确定调查地区和样本，以个体访谈方式完成调查问卷，形成调查数据库；二是挖掘与农民工群体消费行为相仿、收入能力相似的群体相关数据，通过数量技术手段来模拟仿真农民工的收入—消费结构数据。

采用抽样调查与问卷调查相结合的方法能够直接洞察农民工个体及其家庭消费、收入情况，能够在微观层面获得农民工的边际消费倾向、消费效用结构等数据。但是由于农民工的收入水平总体不高，收入差距（个体、地区之间的不平衡）更大，采用该方法估计农民工边际消费倾向等数据将会受到抽样地区和选取样本的影响，也就是说，不同的抽样方法可能影响数据模拟的参数值。

挖掘与农民工相似群体的数据来模拟农民工的消费行为关键有两点：一是该群体的收入水平和收入来源与农民工有共同点；二是该群体的消费行为、生活支出等也与农民工的消费轨迹相若。因此，农民工群体与替代群体之间的关系或者是平行关系，如农民工群体与城郊的失地农民群体；或者是包含与被包含的关系，比如说农民工群体的收入水平与消费方式在农村居民的收入、消费方式上得以体现。城郊失地农民，土地被征用，原先的生产条件（土地生产资料等）不存在了，他们在获取土地补偿款后便只能进城从事非农岗位，但是原来的生活方式并不会因生产条件消失而发生较大的改变，他们仍然会努力尝试原来具有较低生活成本的生活行为习惯①。农民工"亦工亦农"、"亦城亦乡"的角色特点并没有完全脱离农村社会的大环境。农民工的其他家庭成员在农村生活，农民工也是在城市与乡村之间不断流动，因此农民工群体的特点应该包含于农村居民的特征中，是后者的突出表现。笔者认为，求得农民工群体的收入—消费的相关参数，可以采用农村居民的消费、收入数据来替代农民工群体的数据。究其原因，一是农村居民的消费支出、收入情况能有效地反映农民工及其家庭消费、收入信

---

① 从另外一个角度说，失地农民从事的非农就业薪资也较低，收入水平决定了其生活水平将延续原来以土地耕种为生的生活方式。

息，保持数据信息失真度的最低弱化趋势，并且农村居民的消费、收入数据易于较全面地从权威统计资料中获取；二是若以城郊失地农民的数据替代，同样将陷入抽样调查范式获取数据时的困境。

因此，为测算农民工群体的个人边际消费倾向、自主消费额等变量值，本章将通过计量农村居民的消费函数得到农民居民的消费模型，从而生成模型的个人边际消费倾向、自主消费额等参数估计值，以此来反映农民工群体的相关变量信息。采用 1988～2007 年我国农村居民人均生活消费支出、人均纯收入的时间序列数据，对设定的消费函数模型在统计软件 SPSS 13.0 下进行回归分析。

二、实证结果

将 1988～2007 年的农村居民年人均生活消费支出 C、农村居民年人均纯收入 W 数据按照 1978 年基点价格进行可比价换算，得到 C'、W'，并将按照可比价计算的两类数据取自然对数得到 $\ln C'$、$\ln W'$。数据详见表 19－1。

表 19－1　　　　农村居民人均生活消费支出、纯收入情况
（1988～2007 年）

年　份	人均消费支出 C（元）	C'（元）	$\ln C'$	人均纯收入 W（元）	W'（元）	$\ln W'$
1988	476.7	215.70	5.37	544.90	175.38	5.17
1989	535.4	246.50	5.51	601.50	196.76	5.28
1990	584.6	271.40	5.60	686.30	220.53	5.40
1991	619.8	272.92	5.61	708.60	223.25	5.41
1992	659.0	267.34	5.59	784.00	233.19	5.45
1993	769.7	299.38	5.70	921.60	265.67	5.58
1994	1 016.8	383.70	5.95	1 221.00	335.16	5.81
1995	1 310.4	463.20	6.14	1 577.70	411.29	6.02
1996	1 572.1	485.52	6.19	1 926.10	460.68	6.13
1997	1 617.2	484.19	6.18	2 090.10	477.96	6.17
1998	1 590.3	470.36	6.15	2 162.00	474.02	6.16
1999	1 577.4	443.96	6.10	2 210.30	466.80	6.15

年　份	人均消费支出 C(元)	C'(元)	$\ln C'$	人均纯收入 W(元)	W'(元)	$\ln W'$
2000	1 670.1	449.80	6.11	2 253.40	466.16	6.14
2001	1 741.1	448.74	6.11	2 366.40	469.80	6.15
2002	1 834.3	449.47	6.11	2 475.60	468.95	6.15
2003	1 943.3	474.55	6.16	2 622.20	476.24	6.17
2004	2 184.7	515.87	6.25	2 936.40	499.39	6.21
2005	2 555.4	560.76	6.33	3 254.90	521.20	6.26
2006	2 829.0	572.67	6.35	3 587.00	534.81	6.28
2007	3 224.0	602.05	6.40	4 140.00	564.03	6.34

资料来源：C 为农村人均生活消费额，C' 为按可比价格计算（1978＝100）的农村人均生活消费额，$\ln C'$ 是对按可比价格计算的农村人均生活消费额取对数值；W 为农村人均纯收入额，W' 为按可比价格计算（1978＝100）的农村人均纯收入额，$\ln W'$ 是对按可比价格计算的农村人均纯收入额取对数值。表中数据根据相关年份的《中国统计年鉴》数据整理。

将数据在 $SPSS$ 13.0 统计软件下运行，生成两个散点图，以此直观上判断两者的线性关系。图 19－1 为可比价格计算后的人均纯收入与人均消费支出的散点图，图 19－1 表示对数据取自然对数后的 $\ln C'$ 与 $\ln W'$ 的关系。如图 19－1、图 19－2 所示，不论是否取对数，人均消费支出与人均纯收入之间都有很好的线性关系，说明两种数据类型都可以用作线性回归分析。图 19－1 中 R-square Linear 等于 0.961（Confidence Intervals of Individual＝95%），图 19－2 中 R-square Linear 等于 0.974（Confidence Intervals of Individual＝95%），说明相对于图 19－1 中的数据，图 19－2 中的数据在线性回归中更具有显著性，其拟合出估计值更能代表总体水平。因此，根据表 19－1 提供的数据，对按可比价计算的人均消费支出和人均纯收入作线性的回归消费模型、取自然对数后的数据作对数型的回归消费模型。

计算两种类型的消费函数分别为：

模型 1：取对数前的消费函数（以可比价格计算的数据），得：

$$C' = 65.579 + 0.750 W' \tag{19-8}$$

$$(17.636)\quad(0.042)$$

$$t = (3.718)\quad(17.857)$$

$$r^2 = 0.980\quad \mathrm{d}f = 19\quad F = 441.374$$

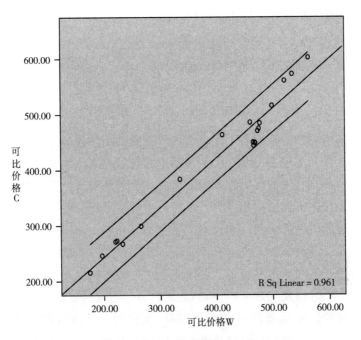

图 19 - 1　可比价格调节后的散点图

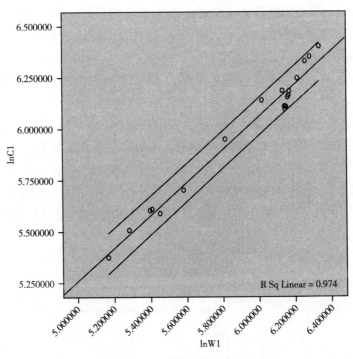

图 19 - 2　取对数后的散点图

模型 2：取自然对数后的消费函数，得：

$$\ln C' = 1.262 + 0.799\ln W' \qquad (18-9)$$
$$(17.636) \quad (0.042)$$
$$t = (3.718) \quad (21.009)$$
$$r^2 = 0.987 \quad \mathrm{d}f = 19 \quad F = 678.317$$

从上述两个回归方程来看，无论是线性关系还是对数形式，消费函数的拟合效果都很好，表明无论是用线性关系还是用对数形式来描述农村居民的消费函数都是恰当的，并且其消费行为符合库兹涅茨长期消费模型。这样的拟合结果更进一步佐证了农民工群体的消费行为可以由农村居民的消费数据模拟的思路。从模型1不难发现，农村居民的人均自发消费为 65.579 元，折合成 2007 年的物价水平为 351.176 元，符合现实经济的客观性。居民的边际消费倾向与收入之间存在反方向变动关系，收入水平越高，边际消费倾向越低；收入水平越低，边际消费倾向则越高。从方程式（19-8）得到的农村居民边际消费倾向（回归系数）上看，农村居民的边际消费倾向高达 0.750，说明现行中国农村总体经济水平较低，农民并不富裕，收入的增加在很大程度上（约75.1%）用于生活消费支出。从模型2所得到的收入弹性上也可以看出，方程式（19-9）中农村居民的收入弹性为 0.799，说明农村居民收入增长1%，农村居民的消费将增长 0.799%。为什么会有这么高的消费倾向呢？笔者认为，主要原因在于农村居民所处的经济生活环境，其中最主要的因素包括农村居民具有不稳定的收入预期和极端落后的社会保障水平。农民进城务工的收入即使不存在工资拖欠的情况，其工作性质本身决定了这部分收入来源具有非稳定性的特点，不稳定的收入增长预期必然导致消费的谨慎行为，谨慎的消费行为意味着边际消费倾向将保持一个较高的水平。

根据上述模型得出的消费函数，将农民工的边际消费倾向设定为 0.751，自主消费为 65.579 元（可比价）。根据式（19-4），可以得出农民工个体缴费水平的极大值，并且可知这种缴费水平的上限值在不同年份是不同的（因为每年的年收入不同）。选取 1998～2007 年 10 年的数据，农民工个体缴费能力的上限值见表 19-2。

表 19-2   农民工社会保险缴费适度水平上、下限值
（1998～2007 年）

年　份	W'（元）	$r(\%)$	$(I/W)_{max}(\%)$	$(I/W)_{min}(\%)$
1998	474.02	3.33	11.07	7.74
1999	466.80	2.16	10.85	8.69
2000	466.16	2.16	10.83	8.67

续表

年　份	W'（元）	r（%）	$(I/W)_{max}$（%）	$(I/W)_{min}$（%）
2001	469.80	2.16	10.94	8.78
2002	468.95	1.89	10.92	9.03
2003	476.24	1.89	11.13	9.24
2004	499.39	2.07	11.77	9.70
2005	521.20	2.07	12.32	10.25
2006	534.81	2.25	12.64	10.39
2007	564.03	2.88	13.27	10.39

注：表中数据由笔者根据表 19 – 1 及相关公式计算。其中 r 为中国人民银行为金融机构确定的一年期存款基准利率，并以每年年末的基准利率为时间点确定[①]。$(I/W)_{max}$ 为测算农民工个体缴费水平的上限值，$(I/W)_{min}$ 为测算农民工个体缴费水平的下限值。

那么，农民工个体的适度缴费水平的下限值怎么求解呢？根据前面的假设条件，并且通过式（19 – 5）可知，农民工可以按照工资收入的 $1/(1+r)$ 的比例进行消费与储蓄分解，若 $r = 6.0\%$，则表明农民工的工资收入中约有 6.0% 的比例用于储蓄。表 5 – 2 中 "r" 一栏反映的是 1998 年以来金融机构人民币存款基准利率变化情况，本章以一年期的定期存款利率作为实际市场储蓄利率 r 值。用社会保险缴费上限值减去工资收入中的储蓄率 r，可得到农民工社会保险适度缴费率的下限值[②]，见表 19 – 2。

从表 19 – 2 可见，受农民工劳动工资收入和市场存款利率的影响，农民工个人缴纳社会保险费率在一定区间内逐年浮动。1998～2007 年，缴费水平基本上在 7.5%～13.5% 变动，这便是农民工个人缴纳社会保险费的适度区间。当然，表 19 – 2 中需要着重研究缴费水平的上限值，其下限值是随着存款利率的变化而变化，可以说是由上限值与利率两个变量决定的。r 越大，则农民工越倾向于储蓄保障，社会保险的缴费能力就越低。在时间序列上，随着农民工劳动工资收入的增加，农民工缴费的适度区间有微弱的提高，这进一步说明了农民工的缴费能力已经将农民工的劳动收入内生化了。随着工资收入的增长，个人的缴费能力也在不断提高，即在较高利率下，农民工的缴费能力也有相应的提高。如 2007 年，

---

　　① 央行出于履行调控宏观经济的职能，其存贷款基准利率不会在每一年中固定不变。为简化分析，本章以每年年末的基准利率代入计算公式中计算。

　　② 选取 1998 年以来的数据，1998 年以前数据虽然也可计算出来（见表 18 – 7 中获取的 1988～1998 年数据），但较早年份的社会保险适度缴费水平对分析结论缺乏强烈支撑作用（但不能就此否认了其时间序列推导的严密逻辑意义）。

即使市场储蓄利率提高到 2.88%，农民工个人的缴费能力也可以在［10.39%，13.27%］的高位区间运行。在实际经济层面来看，这种"稳中微升"的趋势说明农民工生活基本需求类别和需求量是相对稳定的。表 19－2 数据及其推导方法有助于在实际工作中衡量农民工个人缴费的高低水平，并进一步为实际部门策略性地调节缴费比率提供参考。

第四节　本章小结

本章的研究以问题为导向，分析农民工个人参加社会保险制度的适度缴费水平机理。适度的缴费水平与农民工个人的收入分解相关，以农民工生命周期为考察对象，确定合理的农民工社会保险缴费率不仅关系着农民工的参保意愿，而且还从更大程度上决定着农民工社会保险与储蓄两种技术手段的关系处理。农民工个人缴费部分是劳动力成本的直接扣除。农民工获得工资收入后，一般分解为储蓄和消费部分，缴费额占劳动力成本的比重，直接影响农民工个人的收入水平。

农民工适度缴费水平随着农民工收入水平的变动而变化。适度水平的上、下限值与农民工的边际消费倾向、自主消费额以及劳动收入等变量有关，确定了三者的数值方能确定农民工适度缴费区间。

不同的缴费水平影响着农民工劳动收入的分解，产生两个效应：保费差效应与潜在保费支出效应。这两种效应的匹配组合能为职能部门完善农民工社会保险制度尤其是合理确定缴费水平提供诸多启发，如缴费率的分级分层、如何规避制度产生的退保现象等。

第二十章

建立农民工社会保险制度的框架设计

建立农民工社会保障制度，不但关系到农民工生存、发展福祉，也会制约中国城镇化、新农村建设的进程。面对农民工社会保障诉求，问题的研究对象已转变为如何建立公平有效、秉持进步理念的农民工社会保障制度。

第一节　研究回顾与总结

一、主要研究和分类

（1）主张把农民工纳入城镇基本养老保险，同时降低缴费基数和企业缴费比例。

这种方式以北京、广州、深圳、厦门等城市为典型。1997 年厦门市推出《外来从业人员住院医疗保险暂时管理办法》，规定住院医疗保险费由用人单位按上年度全市社会平均工资总额的 4% 为外来从业人员缴纳，个人不缴纳。2001年深圳出台了《深圳经济特区企业员工社会养老保险条例》，外来人员要累计缴满 15 年的社会养老保险费并达到退休年龄，就可以像本地户口的员工一样享受按月领取养老金的退休待遇。北京市颁布的《北京市农民工养老保险暂行办法》要求用人单位必须为农民工办理同城镇职工相同缴费率的养老保险。2001 年起，广州、广西等其他省区市相继出台有关农民工社会保障的法规条例和政策，这些条例政策从不同方面明确当地农民工的相关社会保障项目与当地城镇职工待遇一致，共同在现行城镇社会保障制度中运行（陶志勇，2005；邓大松、孟颖颖，2008）。

（2）主张对农民工实行相对独立的社会保障制度。李迎生（2001，2002）认为一开始在中国即推出较为完整的社会保障制度缺乏充足资金支持，因此构建一种作为过渡形态的城市企业职工、农民工（乡镇企业职工、进城农民）和农民分别实行的、既相互独立、又便于走向整合的"三元社会保障模式"。这种方式以上海、成都、大连等城市为典型。2002年，上海市政府出台《上海市外来从业人员综合保险暂行办法》，用人单位全额缴费，外来农民工则享受工伤保险，住院医疗待遇及老年补贴三项待遇。工伤待遇在鉴定后一次性支付，医疗待遇出院后一次性支付，老年养老补贴在男性到达60周岁，女性到达50周岁后一次性支付。2003年，成都市出台《非城镇户籍从业人员综合社会保险暂行办法》，要求用人单位按照非城镇户籍从业人员实际收入的14.5%，非城镇户籍从业人员按照本人实际收入的5.5%缴纳综合社会保险费。综合社会保险包括农民工的工伤、医疗、养老、失业等保险项目（华迎放，2005）。

（3）主张把农民工纳入农村社会保障。有学者认为要从根本上解决农民工的社会保障问题，应把农民工纳入目前加快建立的农村社会保障制度中，并最终向城乡一体化的社会保障制度过渡。把农民工纳入城镇统一的社会保障体制和参照城镇社会保障体系建立的新的农民工社会保障制度两种模式在理论上和实践上都不具备可行性（张晨寒，2006），可行的办法是将农民工纳入农村社会保障体系中，逐步建立和完善农村社会保障制度，并在适当的时候与城镇社会保障制度统一接轨。当然考虑地区发展的不均衡，在不同区域也可以考虑不同的梯度推进策略（杨立雄，2003，2004）。

另外，在险种次序上，有主张暂不解决农民工的养老保险。认为目前的条件并不成熟，应该首先为农民工建立工伤保险制度，其次是疾病保险以及相应的社会救助制度（郑功成，2002；李迎生，2001，2002）。

二、评价与启示

上述模式具体在地方实践中呈现出四个特点：综合保险与专项保险并存，市民待遇与差别待遇并存，社会保险与商业保险并存，整体保障与特殊群体保障并存。这些模式虽然各具利弊，但都是各地根据当地农民工社会保险需求做出的有益探索。

将农民工纳入现行城镇社会保障制度的模式，对农民工与城镇职工一视同仁地执行相同的社会保障政策，在消除了对农民工的就业歧视和权益享受差别的同时，也坚持了权利与义务对等原则，按照统一的标准参保、缴费以及享受相应社会保障待遇。这种模式从对基金财务的影响看，有利于增加社会保障基金收入，减缓基金支付压力和做实个人账户的压力。但将农民工整体纳入城镇社会保障制度，在实践中产生了一些问题。一是没有充分考虑到农民工的流动性强等特征；二是社会保险的缴费基数和缴费比例超越了多数农民工的实际承受能力，加之缴费基数高，企业用工成本无形增加，影响企业吸纳农民工就业的数量。此外，农民工会损失大部分社会保障权益。农民工一旦发生医疗和工伤事故，将难以支付城市高额的医疗费用，返乡治疗无法享受城镇社会保障的相关待遇。

单独对农民工建立专门的社会保障制度的办法易于适应农民工流动性强的特点，解决进城农民工最迫切需要的工伤保险和住院医疗保障问题。制度"门槛"低（费率低），有利于低水平、广覆盖，政策设计可操作性强。但从国家社会保障体系完整性来说，此种综合保险制度最突出的问题是把社会保障"条块分割"，多套社会保障制度同时运行，制度之间无法实现对接，在很大程度上限制了与当前合理引导劳动力自由流动的发展趋势。从社会保障公平性和系统性来说，一个地方同时有适用城区居民的城镇社会保障（"城保"），适用郊区的小城镇社会保障（"镇保"），适用外来务工人员农民工综合社会保障（"综保"），适用失地农民、"农转非"市民的土地被征用农民社会保障（"土保"），还有适用在乡农民的农村保障（"农保"）等五项社会保障制度，其制度设计庞杂，标准难以衔接，管理运行成本高，从长远看，存在制度衔接、统一问题。

农民工纳入农村社会保障体系模式考虑到了农民工的参保能力与农村居民经济承受能力，有利于以农民工群体作为示范效应推动农村社会保障制度的建立。这种方式在东南沿海农村社会保障水平高的地区有一定的可行性，倘若推行到我国大多数地区则并不适合：面对规模庞大的农民工的社会保障紧迫性诉求，农村社会保障的各项具体制度安排尚且处于"铺地基"的起步阶段。加之农民工外出流动就业，在管理上如何与"农保"衔接也存在着问题，例如，一旦农民工在外受疾病侵害，不可能回到社会保险关系所在地的农村就医问诊、凭证报销的可行性值得考虑。

地方政府推出的农民工社会保险制度及其实践过程为构建农民工社会保障制度体系提供了一些启示。进城农民工对社会保障的需求构成了对现有社会保障体系变革的推动力，最初社会保障制度改革的理念应该是"直接扩面"，这是广东省、深圳市率先进行实践的方式。但是这一群体的复杂性以及这种复杂性无法与现有的社会保障体系相协调，在这种情况下，社会保障制度改革的理念从最初简单的扩面理念转为为农民工建立相对独立的社会保障制度，如上海、成都和北京市地区的做法。从上述研究成果中可以看出，构建农民工社会保障制度：一是要降低制度门槛，扩大覆盖面；二是分清层次，根据农民工收入结构及其不同需求类型建立多层次的缴费基数档次；三是对部分困难群体进行有重点地扶持；四是针对农民工就业特点制定灵活政策。

第二节　群体甄别的"信号"

基于农民工群体的多样性，为保证制度设计的针对性和实施有效，学术界提出的农民工社会保障制度建议一般都根据农民工群体的特定需要、特定问题建立不同的保障重点和保障项目。将保障对象进行适当地分类，标准可以根据其收入水平、结构，也可以根据其年龄或家庭结构，抑或是农民工流动就业的稳定程度。这些分类标准以农民工就业流动的稳定性类别居多，认为农民工在某地区实现持续就业，其适应当地社会保障制度环境的容忍度越强，个人参加社会保险的积极性亦随之增高，企业参保的可能性也增大。笔者认为，虽然学者们为农民工设计制度考虑了上述保证制度实施的针对性问题，但却不知诸如分类标准在实践政策操作中缺乏可行性。任何一个公共政策的推出，都需要保证该制度的"可及"、"可得"和"可行"原则。若以农民工的收入水平、流动频繁程度等为标准分类，制度在实施中尚且无法求得可行性方法，即这种分类方法缺乏操作化条规。例如，以不同流动频繁程度将农民工分为有雇主且不流动、职业不稳定且流动性较强和以灵活就业为主的农民工三类，每一类群体之间的社会保险缴费率、受益条件、待遇标准等各不相同。试想，在实际政策操作中，政策执行部门应设置什么样的门槛或区别标志来区分这三种人群，以防止第二、第三类的参保人缴纳较低的保费而享受第一类人群的较高待遇。

这是为农民工设计社会保障制度遇到的首个问题，即采用什么样的"信号"来甄别不同的农民工人群，以实施更加有效的社会保障政策。上述对农民工分类分群的出发点本身没有问题，从课题组对农民工社会保障问题研究过程也可以看出，将农民工分类分群实施社会保障更有利于发挥制度"保障"功能，更能体现出制度设计的"激励约束相结合"原则。但上述研究的问题所在——没有寻得甄别农民工不同人群的"信号"。这种信号甄别，在功能上可以杜绝企业可能的道德风险和个人逆向选择。企业可能的道德风险是指企业为所雇农民工参保时，以较低档位群体的缴费基数、缴费率参保，节约农民工保费成本；个人逆向选择是指农民工在参加社会保险时，故意选择低档缴费率参保，待社会保险关系跨地区转移或年老退休享受养老保险退休待遇时，申报与缴费档次不一致的受益级别，权利与义务不对等。所以说，分群分类的农民工社会保障政策，选择一个较好的甄别信号是首要任务。笔者认为，这一"信号"可以由"稳定就业"为标签。将农民工是否稳定就业的指标进行量化，可以将农民工不同人群的信号传递出来。稳定就业的指标量化可通过农民工累计就业年限为标准，以用人单位提供的工资领取单、签订的劳动合同期限等为凭据。如此即可将农民工群体分为稳定就业的人群和流动就业的人群两类，在制度设计上也可加简便统一。这种稳定就业的界定，不仅区别于工作状态上，它还在社会保险"购买能力"方面体现。具有稳定就业状态的农民工，本身在就业市场的竞争能力可以得到认可，还说明了其收入稳定、遭受风险冲击几率小，同时可以肯定此类人群一定是率先被城镇化吸纳、市民化的对象。

第三节　总体的框架设计

本节设计的农民工社会保障制度框架是基于本书前有关农民工就业问题、社会保障问题的分析及其结论。笔者认为，一项较好的农民工社会保障制度，应该是将农民工构成的复杂性、参保意愿的多样性与社会保障制度险种、立法层次的统一性有机结合，应该尽量化解农民工就业不稳定、流动性大与缴费连续性的矛盾，并且克服保险基金转移接续的技术性难题，同时需要充分考虑三对关系之间的平衡：农民工"生存性"工资收入与社会保险缴费能力、企业成本与为农民工社会保险的缴费负担、政府的公共财政承受能力与公共服务均等化。

农民工社会保障制度以养老保险为突破口，建立过渡性的个人账户管理模式的社会基本养老保险制度，其他险种则"适时"地进入国家现行基本制度，但农民工不承担国有企业改制时遗留的历史债务，并保持农民工社会保障权益的流动性与可衔接。

具体来说，将从事正规就业、在城市与企事业单位建立稳定劳动关系的农民工纳入现行制度；对流动性强、就业不稳定为特征的农民工，其养老保险引入过渡性的办法，实行"低缴费、低标准"的账户模式，并将个人的社会保障权益计入个人账户；农民工工伤保险与城镇职工参加的保险制度相同；大病统筹农民工医疗保险，但允许大病医疗保险制度与新型农村合作医疗制度流转对接；参加"二选一"的失业保险，兼顾统筹与农民工流动特点，并与促进就业机制保持协调；逐步建立社会保障制度转移办法，在基础养老金实行全国统筹之后，将农民工社会保障制度分类纳入城市社会保障制度与农村社会保障制度，直至城乡社会保障制度一体化。

解决农民工社会保障的关键问题，不仅是资金，更重要的是解放思想和制度创新。西方社会保障制度的发展沿革表明，社会保障不是富裕群体的专利，而是帮助弱势群体脱贫、化解社会风险的公共政策手段。

在社会保险政策制定、完善过程中，对于政策目标的是设定可以从政治方向考虑，但是为完成该目标的手段应该是技术性的。也就是说，制度性问题可以从政治角度定夺，技术性问题需从实体角度考量。不要等到城市社会保障制度完善后再考虑农村问题、农民工社会保障等问题。一味地增加城镇社会保险体系的相关待遇，而忽视农村社会保障体系建设、忽略农民工社会保险待遇和基金筹措水平，造成前后两类在规模效应和待遇水平上不仅没有缩小，反而会越来越大，这种现象在长期里将造成农民工社会保险待遇水平永远处在低水平上徘徊，更可能与城镇社会保险体系差距扩大化，城乡社会保障一体化建设更成为伪命题。

前面设计的农民工社会保障制度模式需要其他并行制度。

一是户籍制度改革。在转型时期，城乡"二元"体制的户籍制度成为中国社会经济改革发展过程中必然克服的历史"症结"。改革城乡一体化的户籍制度，可以促进农民工市民化，使一部分工作稳定、有能力的农民工最终在城镇落户、就业，其参保城镇职工社会保障制度也可"顺理成章"；逐步取消城乡分立的户籍制度，可以杜绝各种歧视农民的制度，保障农民工自由迁徙、流动就业，保证农民工子女享有与当地城镇居民同等的受教育权利。

二是建立农村社会保障制度。农村社会保障制度在实践中尚处于试点、探索阶段，但是一个完整的社会保障体系必然包括农村社会保障系统。在农村剩余劳动力转移过程中，农民工群体终究会被城镇化吸纳入城镇，或会被分离返回农村。随着农民工被市民化和返乡，现行建立的农民工社会保障制度还需要分别并入城乡社会保障制度。因此，建立农村社会保障制度并在将来一段时期内不断完善，可以保证返乡农民工的社会保障权益有承接的"盘口"，有利于建设城乡一体化的社会保障体系。

三是社会保障转移对接制度。农民工社会保障转移对接制度主要是农民工养老保险、医疗保险转移接续制度，因此，农民工社会保障转移对接制度与农民工养老保险办法联系密切，且有共性——适应劳动力市场的流动性问题。但也有不同之处：后者的对象是游离于城乡之间的农民工，政策重点是能不能参保的问题；而前者的对象是已参加城保的职工，政策重点是已积累的权益能不能得到继续确认的问题。因此，前者属于政策完善，后者属于弥补制度缺失。制定一个适合农民工特点的农民工社会保障制度，有助于农民工参保；同时制定社会保险关系跨省转续办法，避免参保人员在流动中社会保险权益受到损害。

四是促进就业法律政策。农民工社会保障制度应该以其就业劳动关系确立为先导，农民工的非农就业状态决定了农民工社会保障制度完善进程以及该制度与城镇社会保障制度合并统一的难易程度。如加大促进就业法律的执法力度，企业使用农民工劳动力时，强化企业与其签订有保障的用工合同。这样使农民工稳定就业状态成为可能，若此种状态成为雇佣农民工群体的常态，农民工社会保障制度便可以随之进行分类地推出、逐步整合。需要说明一点，稳定就业并非等于固定就业，稳定就业只是从农民工就业岗位的连续性保证角度出发，它仍允许农民工流动就业，许可农民工在城市之间"市场选择"地非农就业。这种稳定就业的农民工社会保障制度并不受农民工流动的影响，因为有稳定劳动关系保证下，农民工的流动有社会保障转移对接制度保证农民工社会保障权益的转、接、并、续，农民工社会保障能够保持可持续性。

第四节　具体的制度安排

一、工伤保险

农民工工伤保险与城镇职工工伤保险在操作上一致性并无障碍。理由有二：

其一，工伤保险是与就业岗位联系紧密的险种，它是典型的由劳动关系延伸的社会保险关系项目，因此，当前城镇职工实行的工伤保险制度已经符合农民工工伤保险制度的条件机理，农民工纳入城镇职工工伤保险制度已无参保条件、法理等限制。

其二，当前工伤保险制度体系已经基本健全，并且中央政府为保障农民工的工伤保险权益先后出台了一系列法规和政策。2003 年 4 月 27 日，国务院颁布的《工伤保险条例》明确规定："中华人民共和国境内的各类企业、有雇工的个体工商户应当遵照本条例规定参加工伤保险，为本单位全部职工或者雇工缴纳工伤保险费。"可见，该条例已将农民工明确纳入工伤保险范围。2004 年 6 月 1 日，原劳动和社会保障部下发《关于农民工参加工伤保险有关问题的通知》，就农民工参加工伤保险、依法享受工伤保险待遇的一些具体问题做出了明确规定。2006 年 3 月 27 日，《国务院关于解决农民工问题的若干意见》强调要"依法将农民工纳入工伤保险范围。各地要认真贯彻落实《工伤保险条例》。所有用人单位必须及时为农民工办理参加工伤保险手续，并按时足额缴纳工伤保险费"。

可见，相关的法律法规已基本健全，目前更多要做的是加强执法力度、理顺农民工的工伤赔偿机制以及对农民工适当地给予法律援助。

二、失业保险

建立农民工失业保险制度是为所有就业相对稳定的农民工抵御失业风险提供制度保障，更有利于促进农村劳动力向非农产业和城镇转移就业。结合本书撰写时对农民工就业与失业、风险与保障问题的分析，笔者认为，改革我国失业保险制度可从为农民工建立失业保险制度着手，以建立农民工社会保险为试点，将失业保险制度改革措施试点于农民工失业保险操作中，逐步建立农民工失业保险制度并完善我国失业保险制度系统。

实行城乡就业统筹，是今后相当长时间内的一项任务。鉴于多数农民工流动性强等实际情况，全面实行与城镇职工统一政策的条件还不成熟，有必要采取更灵活的做法，既为那些在城镇稳定就业的农民工自愿适用与城镇职工的统一政策提供支持，也为那些流动性强的农民工能够参保并享受到一定待遇提供政策保障。

因此，城市企业雇佣有劳动合同保障的农民工，企业为其建立的失业保险可以自愿选择适用以下政策[①]：一是按照城镇职工的参保缴费政策，缴纳个人应缴纳的失业保险费，失业后符合条件的，按规定享受与城镇职工统一的待遇。二是按照现行规定，用人单位缴费，个人不缴费，由省级政府确定标准和办法，缴费满1年并终止或解除劳动合同的，领取一次性生活补助费。

之所以推出"二选一"的农民工失业保险政策，完全出于农民工就业状态不稳定的考虑。政策选择一是主要针对具有相对稳定工作的农民工，政策选择二是流动中的农民工的权宜之计。农民工群体在未来20～30年的消化与转移，失业保险政策可以从政策二向政策一逐步靠拢，实现两者的统筹合并。

三、基本医疗保险

外出流动的农民工医疗保险实行大病统筹，并且允许农民工同时参加大病医疗保险和农村合作医疗保险制度；稳定就业并已参加城镇职工基本医疗保险的农民工，禁止用人单位未经其同意将此部分农民工转为参加农民工大病医疗保险；

---

① 人力资源和社会保障部劳动科学研究所专题研究小组：《保生活 促就业 防失业 失业保险制度改革方向》，载《中国劳动》2008年第4期。

在未来 20～30 年城市消化、吸收农民工和被市民化分离出来并返回农村的农民工的两个群体中，完善社会保障权益转移对接机制，形成与城镇职工医疗保险制度（或城镇居民医疗保险制度）一致的农民工医疗保险制度、与农村社会保障制度一体的农村医疗保险制度。

农民工实行大病统筹的医疗保险制度是由我国医疗服务水平和医疗保险制度供给能力所决定的，在地方政府提供的农民工医疗保险制度中亦有大病医疗保险的政策、操作。可以说，这样的制度安排已经有了可循的实践路径，需要的是整合两种制度，实现有梯次的、可转移对接的农民工医疗保险制度。那么，有哪些理由允许农民工同时参加大病医疗保险和新型农村合作医疗保险制度？

笔者提出三个理由来解答此疑问。由本书前面章节分析的有关农民工社会保障制度需求的实证结论可知，农民工及其家庭在考虑医疗保险需求时"既想保大病，又想保小病"。如此制度需求要求政府部门在为农民工供给医疗保险制度时候，或者设计一种制度能够同时保障农民工得到大病救治和小病治愈，或者能将制度安排分别对位于化解农民工大病风险和小病"侵蚀"。显然，当前政府的公共服务水平无法提供前者的制度设计，因此就有必要分别为农民工设计有梯次的农民工医疗保险制度，满足农民工医疗保险需求。此为理由一。

理由二，农民工参加大病医疗保险专施大病救助功能、新型农村合作医疗保险制度确保农民工及其家庭的小额门诊报销，此为农民工医疗保险制度设计的充分条件。新型农村合作医疗保险制度为农民工家庭报销小额门诊并不否定该制度为其保障的住院医疗保险功能。可以说，农民工参加大病医疗保险是在空间上化解农民工在城市就业期间遭遇的大病风险，一旦农民工流动返乡时患大病需要住院治疗，其可诉诸新型农村合作医疗的保障。这样就能够在空间上实现城市与农村的保障制度"无缝式"对接。

那么，同时参加大病医疗保险制度和新型农村合作医疗制度，农民工参保人是否会出现所谓的"逆向选择"——参保人两地参保而出现合计报销的医疗费用超出实际发生的医疗费用的情况。现阶段各地实施的农民工大病医疗保险制度的特点是缴费水平低、保障水平有限，而新型农村合作医疗保险制度的筹资能力亦限制了保障水平，所以，即使允许农民工两地参保，也较难出现两地报销费用总额超过实际发生的医疗费用的情形。这是理论上的分析。在实际操作中，部分地区对外出流动的农民工参加新型农村合作医疗制度并不限制，允许农民工同时参加两种医疗保险可以提高农民工的医疗保障水平；与此同时，现有条件也并不允许当地职能部门去了解、甄别农民工是否参加了大病医疗保险。此外，农民工大多以中青年群体为主，相对于老人、儿童，患病几率较低，若将农民工排斥在新型农村合作医疗制度之外，新型农村合作医疗保险基金的收支风险将面临较大考验。此为第三个理由。

四、基本养老保险

农民工基本养老保险制度供给，首先要定位该制度，确定其在整个社会保障体系（尤其是纵向的社会基本养老保险系统）中的层级与历史作用。本章依据"三个要求、一个判断"定位农民工基本养老保险制度。农民工基本养老保险制度必须符合三个要求：低费率——适应农民工收入低、流动性强特点；广覆盖——最大限度覆盖游离于城镇社会保障制度之外的农民工；可转移——适应农民工频繁流动的需要，养老保险权益应当方便转移和携带，并能在城乡制度间实现自由转换、衔接①。"一个判断"是农民工终须转变社会身份：在未来50年城镇化和社会经济发展进程中，作为城乡之间流动的农民工群体，最终或转入城镇就业（少部分被大城市市民化），或返回农村（或者表现为在当地中小城镇非农就业、定居）；即是说，随着农民工身份被正名，"农民工"的概念终究如"下岗工人"一样会消失。所以，本章设计的农民工基本养老保险制度，其定位即为过渡性基本养老保险制度。可以说，随着农民工群体的分化、分离，过渡性质的农民工基本养老保险制度最终与城镇养老保险制度或农村养老保险制度对接。

（一）过渡性农民工基本养老保险制度的主要内容

（1）凡属参保范围的单位（或集体）和个人都必须按照规定参加基本养老保险，缴纳基本养老保险费。基本养老保险费由单位和个人缴费为主，国家予以政策扶持并对特定时期、特殊参保人进行适度补贴。

（2）"双低"比例：缴费基数为农民工本人工资，单位缴费比例为10%，个人缴费比例为4%。

（3）基本养老保险基金建立个人账户，不建统筹基金，单位缴费和个人缴费全部进入个人账户，实行完全积累。

（4）按照规定参加基本养老保险并缴纳保险费的参保对象，经确认符合规定的养老金领取资格的，可享受基本养老保险待遇。男女农民工分别达到60、55周岁时，由其个人账户支付养老保险待遇，待遇水平由个人账户积累额决定。

（5）非经职能监管部门审批，禁止养老保险账户中途退保。农民工在领取

---

① 此三项要求正是国家建立农民工养老保险制度的原则：国务院《关于解决农民工问题的若干意见》（国发［2006］5号）提出的"要抓紧研究低费率、广覆盖、可转移，并能够与现行的养老保险制度衔接的农民工养老保险办法"的要求。

待遇前，其个人账户基金留在不同的就业地所在省份，分时段分地区记录其个人账户和收益。当农民工符合待遇领取条件时，将其个人账户基金一次性转移至农民工户籍地省级社保机构。

（6）基本养老保险基金实行省级运营管理、设市区监督指导、县级平衡核算（有条件的地区可直接设市区以上层次平衡核算）。待条件成熟时（如实现全国统筹），再将各层级职能依次提高一级。各省应根据自己的情况予以确定。

（7）转移衔接：达到领取待遇年龄的农民工回到农村的，可以转入农村社会养老保险。基金并入农村社会养老保险个人账户，按规定享受农保待遇；转入城镇基本养老保险，将个人账户基金按个体工商户和灵活就业人员缴费标准逐年折算缴费年限。

（二）相关问题的处理

（1）缴费期参保对象身故的退保处理办法。缴费期参保人身故，个人缴纳保费按照银行一年期利息分段计算本息，全部支付给指定受益人、法定继承人；政府补贴、单位缴纳保费按照银行一年期利息分段计算本息，按50%支付。如果指定受益人（或法定继承人）亦参加本保险，经本人统一，可将退保的金额直接转入其缴费账户。

（2）缴费期中断缴费处理。企业因各种原因无法正常生产或停产、农民工因自然灾害等原因暂时无法缴纳保险费，可向当地经办机构申请暂缓缴纳保费。允许两年内缓缴保费，保留账户信息，并不间断计息，待缓缴期满后，可如数缴纳保费及其利息。个人缴费账户存储额及缴费年限累计计算。

（3）免税政策：企业缴纳基本养老保险费在税前列支；个人缴纳基本养老保险费不计征个人所得税。

第五部分

城乡社会保障
一体化研究

第二十一章

城乡养老保障一体化研究

第一节　城乡老年人养老保障的差异性比较

城乡老年人在收支结构、居住方式以及养老方式上都存在较大差异，三个方面的差异也决定了老年人经济供养、生活照料和精神慰藉三个层面的差异。其中，收入水平是老年人生活质量的基本保障，而城乡老年人收支结构的差异，一方面可以反映出养老金在城乡老年人日常生活中所发挥的作用，另一方面可以反映出城乡养老保险制度存在的衔接和整合问题。养老金在城市老年人收入来源中所占比重较大，而对农村老年人来说则微乎其微。居住方式和养老方式的选择决定了老年人获得生活照料和精神慰藉的程度。

一、城乡老年人的收支结构比较

城市老年人的经济来源的多层次性，反映城市老年人由于得到较稳定的经济保障，其参与社会能力普遍较强；经济支出的多样性，反映城市老年人的参与机会较多。

（一）城市老年人的收入结构

调查发现，城市老年人的收入来源主要为两大部分：经济性收入和财产性收入。其中经济性收入包括：（1）城市老年人的养老金或退休金；（2）返聘或兼职收入；（3）炒股收入；（4）子女以实物和货币形式的经济补贴。财产性收入主要是老年人的房产收入。

1. 养老金

城市职工在达到国家规定的退休年龄（男性 60 岁，女性 55 岁），退出原工作岗位后，可领取养老金或退休金。城市老年人的养老金或退休金，是一种长期的、稳定的待遇政策，主要用于支付城市老年人日常生活支出。目前，对于城市老年人收入来源覆盖面最广的是退休金，78.0% 的城市老年人有退休金收入[①]，80.5% 的城市老年人认为自己有经济保障[②]。国家和各地方政府对基本养老金自 2003 年起连续六年进行调整，每次调整水平以上一年企业退休人员"月人均基本养老金"为基数，按照上一年企业在岗职工平均工资增长率的一定比例确定，现全国平均养老金待遇水平为 1 200 元[③]，基本能够满足老年人的生活消费需求。

统计资料显示[④]，城市老年人的平均养老金远高于当地的最低生活保障和当地最低工资标准，因此足以支付老年人日常基本开销，还能留有余钱以供其他支出。在对城市老年人调研中发现，老年人由于有了养老金作为经济保障，不再成为子女的负担，还能补贴子女，在子女结婚时为子女买房，平时给孙子买小礼物。

2. 返聘收入

城市老年人另一主要收入来源是在退休后返聘、兼职的收入。据 2006 年中国城乡老年人口状况追踪调查表明，有 5.19% 的老年人从事有收入的工作，而有 18.23% 的老年人愿意在退休后从事有收入的工作，这一点在 60～64 岁被调查男性体现更为突出，约占 32.85%[⑤]。部分老年人，由于退休前从事专业技术性强、劳动替代率低的工作，在达到退休年龄后，会被原单位或其他单位返聘。一方面，返聘或兼职的收入使得这部分老年人退休后收入仍维持较高水平，保证其生活质量；另一方面，返聘和兼职的工作机会，使得老年人在退休后仍然有机

---

① 郭平：《老年人居住安排》，中国社会出版社 2009 年版。

② 郭平、陈刚：《2006 年中国城乡老年人口状况追踪调查》，中国社会出版社 2009 年版。

③ 人保部：《企业退休人员基本养老金月人均超 1 200 元》：http://internal. dbw. cn/system/2010/01/22/052323006. shtml。

④ 统计资料为：各地社保机构公布的当年平均养老金水平、最低工资；民政局公布的最低生活补助。

⑤ 郭平、陈刚：《2006 年中国城乡老年人口状况追踪调查》，中国社会出版社 2009 年版。

会参与社会，对其人力资本再利用，同时这些老年人在返聘和兼职的过程中，获得了较其他未继续工作的老年人更多社会承认和尊重。

3. 炒股收入

在调研中发现，城市很多较年轻的、文化层次较高的老年人是"股民"，因此股票收入成为这部分老年人收入结构中的一个重要方面。炒股对于老年人生活方式的影响，主要有三个方面。其一，老年人因为需要研究国家政策对股票市场的影响，会更积极地关注国家出台的各种政策制度，参与社会；其二，炒股扩大了自己的社会交际范围，大部分炒股的老年人在与其他股民的交流和探讨的过程中，形成了新的交际圈，认识了更多新朋友，增加了参与社会的机会，他们通过相互学习和交流，学会了上网炒股、聊天、玩游戏等原来属于年轻人的娱乐项目；其三，炒股票的收入使老年人产生满足感和成就感。对于这些老年人而言，炒股票不仅是为了赚钱，更多的是通过其参与社会，获得精神慰藉。

4. 房产性收入

据 2006 年中国城乡老年人口状况追踪调查显示，70.71% 的城市老年人拥有自有产权的房子，高于农村老年人 19.6%。城市老年人平均家庭居住面积达 74.25 平方米。空巢老年人房屋自有产权比例高于非空巢老年人 5.6%[①]。城市老年人所居住的房子大都是原单位的福利分房。

由于晚年生活有养老金作为经济保障，在子女结婚时，城市老年人通常都要支付一部分费用为子女购置新房。同时，随着城市的房地产增值，一方面老年人的自有房产所有权使得老年人在晚年依然拥有重要的财产处置权；另一方面老年人能够在子女无力买房时给予部分资助，因此城市老年人的家庭地位较高。

（二）农村老年人的收入结构

农村老年人的收入是影响农村老年人养老保障水平的重要因素。这是因为，农村老年人的收入水平决定其在家庭里的经济地位，老年人的经济地位会最终影响到家庭的养老决策和养老方式选择。依据农村老年人收入来源的不同，课题组将农村老年人的收入分为"子女给予"、"打零工收入"、"种地收入"、"政府补助"、"财产性收入"、"继承性收入"和"其他"共七个方面（见表 21 - 1）。

---

① 郭平：《老年人居住安排》，中国社会出版社 2009 年版。

表 21 - 1   农村老年人的收入结构

收入项目	平均值（元）	百分比（%）
子女给予	1 883.83	47.70
打零工收入	1 254.70	31.77
种地收入	725.89	18.38
政府补助	71.13	1.80
财产性收入	7.06	0.18
继承性收入	7.06	0.18
总收入	4 143.39	100.00

从表 21 - 1 中我们可以看出：

第一，农村老年人的主要收入来源是子女给予，占老年人总收入的 47.70%。与城市老年人能获得稳定的养老金收入相比，农村老年人的子女给予收入具有不稳定性，数额大小取决于子女的经济状况和孝顺程度。

第二，农村老年人另一个主要生活来源是劳务性收入，包括种地收入和打零工收入，分别占到 18.38% 和 31.77%。这和对农村家庭收入状况的统计结果是基本上一致的。

第三，农村老年人的"政府补助"、"财产性收入"、"继承性收入"所占比重极低。这与农村的五保户和低保户的待遇水平不高、国家对农业生产的补贴有限和农民所拥有的财产价值较低等实际情况密不可分。

此外，农村老年人养老保险待遇水平很低，有的地区甚至没有被政策覆盖。截至 2009 年年末有 27 个省、自治区的 320 个县（市、区、旗）和 4 个直辖市部分区县被列入首批新型农村养老保险试点[①]。本课题在调研期间，大多村镇尚未推行"新农保"政策，一些推行"新农保"政策的村镇也反映出养老金不足以真正解决老年人的生活等问题。

（三）城市老年人的支出结构

1. 日常生活费

在城市调研中发现，老年人的消费主要分为：日常生活费用、医药费用、通信费用、交通费用、补贴子女费用和娱乐性支出。其中占最大比重的支出项目是日常生活费用、医药费用和补贴子女费用。郭平（2009）通过调研不同居住方

---

① 资料来源：2009 年度人力资源和社会保障事业发展统计公报。

式的老年人支出结构，得出城市老年人支出费用最大的是个人日常生活费、补贴子女的费用和人情往来费用，佐证了我们的调研结果①。表 21 - 2 是根据访谈材料制作的一份普通城市老年人日常生活费用收支表。

表 21 - 2　　　　　　城市老年人月生活费用支出　　　　　　　单位：元

收支	养老金	2 400（老两口）
	食品	600
	天然气	30
	孙子零花	200
	通信费用	50
	水电费	150
	日用品	300
	人情	100
	报刊费	100
	医药费	100
结余		900

对比农村老年人的消费结构，城市老年人拥有更多消费机会，如通信费用、娱乐消费、日常购买报纸杂志。这些费用的支出，一方面表现出城市老年人的消费水平比农村老年人更高；另一方面也说明城市比农村为老年人提供了更多的消费机会。由于城市老年人有养老金作为生活保障，且完全能够满足老年人的基本生活需求，因此老年人手中有"余钱"能够满足老年人的其他项目支出，并且养老金的费用任其支配，给予老年人最大的自由度。

2. 通信费用

据 2006 年中国城乡老年人口状况追踪调查显示，86.3% 的城市老年人家里有电话，30.06% 的老年人有手机，另有 14.16% 有电脑，相比较农村老年人统计数据差异十分明显。这一现象说明城市老年人物质生活基础条件较农村老年人好。城市为老年人提供更多的通讯设施和设备，影响了老年人的生活方式。

3. 交通费用支出

城市老年人由于社会网络比农村老年人更广，活动范围也较大，因此在交通费用上的支出更多，2006 年中国城乡老年人口状况追踪调查显示，有 78.19% 的

---

① 郭平：《老年人居住安排》，中国社会出版社 2009 年版。

老年人认为乘车不费力。而在农村，老年人的交通费用支出基本没有。一方面是由于农村的交通设施与城市相比较少；另一方面，由于农村老年人社会网络较小，因此对公共交通的需求较少，从而交通费用支出极少。

4. 旅游消费

旅游成为城市老年人新的生活方式之一。根据国务院发展研究中心信息网显示，2007 年城镇居民出游情况（按城市、性别和年龄分）统计显示，全国平均65 岁以上人口出游占旅游总人数的 7.2%，在统计的 40 个城市中共有 10 个城市65 岁以上老年人口出游比达到 10% 以上，而苏州达到了 33.3%。由此看出，老年旅游消费者也是旅游市场中的重要群体。老年人退休后与他人交流变少，社会网络逐渐萎缩，通过旅游可以结交新朋友，开阔视野，积极融入社会。

（四）农村老年人的支出结构

农村老年人的支出状况根据来源的不同可以分为：生活费用支出、抽烟喝酒支出、医疗花费支出、其他支出（见表 21 – 3）。其中健康的维护成本和基本的生活成本占据老年人总支出的 90% 以上。农村老年人整体收入水平较低的实际情况，要求农村老年人必须要把有限的资金支出在效用最大化的项目。农村老年人最关心的是自己的健康和养老问题，因此老年医疗开支和生活费用开支是支出项目中比重最大的两项。

表 21 – 3   农村老年人的支出情况   单位：元、%

支出项目	平均值	百分比
生活费用支出	1 618.74	41.66
抽烟喝酒支出	156.09	4.02
医疗费用支出	1 919.05	49.39
其他支出（走亲戚、红白喜事等）	191.52	4.93
总支出	3 885.40	100.00

通过表 21 – 4 可以看出，抽烟喝酒等老年人的平均费用已经达到了 646.67元/年，也即养老金费用仅仅够这部分农村老年人的烟酒费用，这也从一个侧面反映出了 55 元/月的基础养老金在实际生活中对于农村老年人的保障能力是很低的。正是因为"新农保"制度中规定的 55 元对农村老年人的养老保障效果有待商榷，所以将其理解成一种国家对农村老年人的福利更为恰当。这也是养老保障制度中，农村与城镇老年人的养老保险的巨大不同，城镇老年人通过领取养老金来进行日常生活几乎完全没有问题，而农村老年人想要通过"新农保"的 660

元/年的养老金待遇来维持正常生活几乎不可能。"新农保"的 55 元是国家给老年人的"红包",因此不应该有任何附带条件和强制条款。

表 21－4　　　　　老年人的吸烟喝酒情况　　　　　单位：元

项　　目	平均花费
所有老年人,抽烟、喝酒等费用的平均值	156.09
其中,抽烟喝酒等老年人的费用平均值	646.67

二、城乡老年人的居住安排比较

(一) 城市老年人居住安排概况

中国传统的家庭模式是父母年老之后与至少一个已婚儿子同住并接受儿孙的赡养。统计数据表明,老年人传统居住安排随着社会进步正在发生改变。虽然绝大多数老人依然与子女同住,但空巢家庭(包括单身户和夫妻二人户)的比例正在快速增长。2000 年全国人口普查的相关数据显示,在 60 岁以上的老年人中,8.7%是单身户,25.0%是夫妻二人户,处于空巢家庭的比例为 33.8%[①];而 2006 年中国城乡老年人口状况追踪调查发现,在城市中上述三项指标分别为 8.3%、42.4%和 49.7%[②]。

伴随着空巢家庭比例上升,老年人的居住意愿也发生了改变。2006 年中国城乡老年人口状况追踪调查发现,城市老人不愿与子女同住的比例达 40.8%,超过了愿意同住的比例 37.2%,而城市住房条件的改善也使儿女与父母分居成为可能。相反,农村由于众多青壮年劳动力外出打工,导致很多老人即使不愿意,也不得不生活在空巢家庭里。农村老年人愿意与子女居住在一起的比例高达 54.5%,不愿意的仅为 20.5%。

还有研究显示,城镇高龄老年人更倾向于与女儿居住。在城镇中与子女同住的高龄老年人中,27%的男性、29%的女性高龄老年人与女儿同住[③]。这表明"养儿防老"的传统观念在城市的影响远不如农村。与儿媳妇相比,女儿能够给老年人提供更好的生活照料和精神慰藉。

另外,城市老年人因其拥有房屋所有权,使得其收入来源更加多样化。由于

① 根据 2000 年第五次全国人口普查抽样数据计算。
② 郭平:《老年人居住安排》,中国社会出版社 2009 年版。
③ 曾毅等:《中国高龄老年人的社会经济与健康状况》,载《中国人口科学》2004 年增刊。

在经济转轨时期我国没有及时地进行福利房政策改革，使得现有的住房市场出现福利房和商品房并存的二元格局。计划经济的福利分房，大多城市老年人都拥有自己的房屋，为"以房养老"的实行提供了重要的前提条件。可见，城市化进程的加快，房价的不断攀升给这些拥有福利房的城市老年人提供了一种新型的养老方式——以房养老，这是与农村老年人养老方式的一个重大的区别。

（二）农村老年人的居住安排

农村老年人的养老方式和生活质量不仅受住房产权的影响，居住方式也是重要的影响因素之一。农村的特点是分户不分家。针对农村老年人"你目前的居住方式是什么？"的调研数据显示如表 21-5 所示。

表 21-5　　　　　农村老年人居住方式　　　　　单位：人、%

老年人居住方式	人　数	比　例
和子女生活在一起	392	48.94
独居	133	16.60
单独和孙子女生活在一起	30	3.75
单独和配偶生活在一起	226	28.21
其他原因	20	2.50

课题组认为影响农村老年人居住方式的因素主要包括：农村老年人的年龄、婚姻状况、户主是否外出打工和老年人的人力资本。通过对数据的分析，得出以下结论：第一，年龄对居住方式的影响显著；第二，婚姻状况与居住方式呈显著负相关，已婚老年人独居的概率比较大，而离婚或丧偶的老年人则更多地和子女居住在一起；第三，户主外出打工的家庭老年人和不外出打工的家庭老年人的居住方式存在显著差别，没外出打工的家庭老年人更多地和子女生活在一起或和配偶生活在一起，而有外出打工的家庭，老年人更多地单独和孙子女生活在一起；第四，老年人人力资本水平对居住方式无显著影响。

三、城乡老年人的养老方式比较

（一）城市老年人的养老方式

1. 家庭养老

风笑天（2009）在 2008 年通过四省调研，研究第一代独生子女父母养老方式，提出传统的家庭养老方式由于受到国家独生子女政策以及城市职工基本养老金的影响，在城市已经逐渐消失，逐渐由家庭养老转变为独立养老方式[①]。在城市中，因为父母有了养老金的经济保障，经济供养的责任不再由子女承担，在家庭养老中子女需要承担的责任，转变为生活照料和精神慰藉。

尽管家庭在老年人的生活中起到关键作用，但由于国家计划生育政策的影响，完全依靠家庭养老不现实。一方面，由于家庭规模变小，子女数量变少，大部分家庭变为"4－2－1"的结构，子女既要照顾老年人又要照顾小孩，因此不可能完全负担对老年人的生活照料。另一方面，调查显示，由于社会工作压力的增加，子女对父母的照料更多是有心无力。

2. 居家养老

鉴于家庭养老在目前城市养老方式中的局限性，很多地区都积极发展居家养老。居家养老是指老年人居住在家里，由社区提供生活照料，子女提供精神慰藉。但居家养老的前提依然是以家庭为基础。

前面提到老年人通过家庭养老的方式能够得到最大的精神慰藉，是因为他们参与家庭的分工，在家庭中寻找到自己的社会地位，并受到尊重，因此能够安度晚年。而居家养老这一新型养老方式也同样需要家庭的支持。在家庭分工中，考虑到老年人的人生经验丰富，因此应充分发挥老年人的"智慧"，充分尊重老年人的意见，充分展现老年人的才能，即家庭成员给予老年人更多机会参与家庭生活。

基于以上优势，居家养老这种新型的养老方式，势必会在人口老龄化的趋势下得到大力的发展。居家养老并不是将全部责任推由社会承担，而是在老年人身体不方便时，由社区人员提供一定程度的生活照料。既符合中国传统家庭养老的习俗和"养儿防老"的观点，同时又能适应人口老龄化的要求。

虽然社区式的居家养老解决了老年人的生活照料问题，但是子女同样失去了通过对生活照料为父母提供精神慰藉的机会，因此，在居家养老中更应重视家庭的作用。儿女不能仅仅认为老年人的养老就是照顾起居饮食，更重要的是让老年人在晚年获得精神慰藉，成为精神上"富足的人"。在居家养老方式下，儿女更应多关心父母，为父母提供更多参与家庭活动的机会。

3. 机构养老

各方面研究数据显示，由于老龄化的影响，中国养老机构极度缺乏，不能应对老龄化的需要。截至 2009 年年底，全国各类老年福利机构 38 060 个，比上年

① 风笑天：《第一代独生子女父母的家庭结构：全国五大城市的调查分析》，载《社会科学研究》2009 年第 2 期。

增加 908 个，床位 266.2 万张，比上年增长 9.1%，收养各类人员 210.9 万人，比上年增长 7.7%。其中：城市养老服务机构 5 291 个，床位 49.3 万张，年末收养老年人 32.3 万人①。

首先是传统观念限制老人和子女选用机构养老方式，对于机构的照顾存在较多顾虑。传统观念认为，送老人入院是一种不孝的行为。另外，在城市访谈中发现，城市老年人很少愿意选择机构养老，主要原因是由于养老院的严格约束，使得老年人失去自由，客观上脱离了与原来的朋友联系，减少了老年人参与社会的机会，从中获得的精神慰藉减少，幸福感降低。其次，养老院通过其话语权对老年人进行思想改造，是对老年人已经"老"了、"没有用处了"这一观念的自强化过程。

因此，对于城市老年人而言，家庭养老功能弱化，机构养老又导致社会参与机会减少，精神慰藉降低，居家养老才是未来养老的发展方向。

（二）农村老年人的养老方式

1. 家庭养老

家庭养老在传统社会几乎是农村唯一的养老方式，进入现代社会之后出现了新的养老方式，最主要的是农村家庭的功能发生了变化。过去农村家庭最主要的功能是生产功能，现在生产和生活发生了分离。即使农村家庭中有很多子女，但子女外出打工的比例很高，农村家庭养老的成本—收益优势就得以彰显。从家庭养老的收益而言，养老的三个层次都能兼顾，尤其是精神慰藉部分，老年人可以参与家庭生产，包括农业生产和家务劳动；可以参与社会交往，在参与中获得更高层次的精神慰藉。就家庭养老的成本而言，首先老年人由子女照料，由于双方利益最为一致，交易成本最低，子女没有降低服务质量的动机，机构养老则不同；其次老年人照料孙子，相对于请保姆照料存在的道德风险、交易成本也更低。因此，从这个方面说，家庭养老是最理想的养老方式。那么，在目前的农村，家庭养老是否是最合理的养老方式呢？

第一，家庭养老符合农村传统观念的要求。家庭养老被认为是尊老敬老的表现，符合中国传统观念中典型的反馈模式，在道义上和法律上都能体现出子女对老年人的赡养义务；并且子女与父母之间的经济利益关系更加隐晦、不可量化，因此家庭养老方式成为子女和父母双方双向选择的结果。

第二，家庭养老是最能满足农村老年人养老三个层次需求的养老方式。之前

---

① 2009 年民政事业发展统计报告，http：//www.mca.gov.cn/articlezwgkmzyw/201006/20100600080798shtml.

已经详细分析，在此不再赘述。

第三，家庭养老是成本最低、风险最小的养老方式。对于政府而言，家庭养老方式对政府财政投入要求最小，农村家庭风险自担；与城镇相比，农村的"养儿防老"更具人力资源的优势，尽管农村家庭平均收入水平不高，但农村家庭的子女数量较多，可以通过数量取胜。

当然，农村家庭养老方式也并非十全十美。随着工业化进程的推进，农村家庭日趋小型化、农村老年人的空巢期延长和农村家庭观念的愈发淡薄，使得自担风险的家庭养老方式的保障能力受到影响和质疑。这就需要在农村将家庭养老作为根本养老方式的同时大力发展多元化的养老方式。

2. 机构养老

农村中的机构养老，多数是指农村"五保"老人在敬老院里的集中供养。即将"五保"老人集体安置在乡或村敬老院，有乡村集体提供吃、穿、住等生活安排，并有工作人员负责日常照顾。而在现实中，农村对机构养老的认可度较低。这是制约机构养老发展的一个重要因素。

农村机构养老发展这么多年，始终没有成为农村的主流养老方式，也不可能成为农村主流的养老方式，其原因是多方面的。

（1）机构养老的定位。

从养老机构的自身建设来看，这些乡村敬老院无一例外是规模小、管理人员少、管理水平低、靠财政吃饭，这就直接导致敬老院面临着收养能力有限、工作压力大、缺乏耐心、积极性不高、硬件设施简陋等一系列问题。

从敬老院本身的性质来说，其本身就属于社会福利或社会救济的范畴，没有引入市场竞争机制，导致农村敬老院并没有强烈的意愿收养"五保"老人，更不用说收养那些有子女有供养能力家庭中的老人。

（2）老年人对机构养老的消极看法。

首先，农村社会认为把老年人送去养老院都是子女不孝。其次，农村老年人在情感上抵触敬老院，是因为在养老院会强化自己"老"的观念；再其次，对于本应自由自在安享晚年的他们来说，被时间表所约束、被工作人员所管制都是他们不能接受的。最后，敬老院的服务和管理偏离人性化。

（3）机构养老的费用。

由于农村机构养老的定位就是针对农村特殊人群，所以对于普通的农村老年人来说，想要进入机构养老是需要支付一定费用，大多数老年人认为进入敬老院的费用对家庭来说，是一笔沉重的经济负担。

（4）机构养老与老年人精神慰藉。

农村老年人在机构中养老意味着基本上与外界隔绝和与自己原来的家庭隔

绝。这也就意味着老年人缺失了来自于家庭和亲人的精神慰藉，不能够正常地参与社会交往，从而使他们越发感到孤独、寂寞。

3. 居家养老

农村居家养老的初步设想在早在 1993 年《中共中央关于建立社会主义市场经济体制若干问题的决定》上就有所体现，"农民养老以家庭保障为主，与社区扶持相结合。有条件的地方，根据农民自愿，也可以实行个人储蓄积累养老保险"。

实际上，虽然大多数农村没有明确提出居家养老的理念，但其实都具备这个基础，并正在形成农村居家养老的雏形。在人口老龄化的背景下，年轻人的数量继续减少，老年人的数量继续增加，居家养老将是农村未来重要的养老方式。和城市居家养老相同，农村居家养老也是以家庭为核心，通过邻里互助，以"人情"为流通手段进行老年人三个资本交换。

当然，农村居家养老并不是农村社会完美的养老方式。与城镇居家养老一样，农村居家养老也会面临传统观念逐渐淡薄，曾经"免费"的帮忙逐渐变成显性的利益交换；"人情"、"面子"无法衡量，导致劳务质量无法确保；家庭观念的转变，子女能否接受他人对老年人的长期照料等一系列问题。但是，在农村家庭养老面临风险、机构养老萎靡不振的背景下，农村老年人居家养老，无疑是对农村养老保障方式的有益补充。

第二节　城乡养老保险制度的衔接

随着"广覆盖、保基本"的新型农村养老保险制度的全国推广实行，"新农保"的普惠性和低水平的政策特征也逐步明晰。随着城市化进程的不断推进，农村中两类特殊群体的社会养老保险问题成为学界和政府必须思考和解决的问题。这两类特殊群体分别是农民工和失地农民。他们是从纯农民群体中逐渐演化出来的群体，处于农村社会或城镇社会的边缘。本章所要探讨的农村养老保险的衔接问题，主要是针对农民工和失地农民与城镇基本养老保险的衔接。

在我国城镇地区，已经建立了比较完备的以企业和个人缴费为主的城镇职工基本养老保险制度。对于农民工群体来说，国家政策规定符合条件的可加入城镇职工基本养老保险，但由于农民工流动性较强，收入有限，导致其参保率很低；对于失地农民来说，有些地方将其纳入城镇职工社会养老保险，但是，由于失地农民的就业问题并未得到真正解决，其收入很不稳定，导致参保缴费困难，城镇职工社会养老保险难以为其提供有效保障。

另外，对农民工和失地农民养老保险衔接问题的讨论，一定要放在农村人口老龄化的特殊背景下来研究。与城镇人口老龄化不同，农村的人口老龄化有着鲜明的特点：第一，农村人口基数大，农村人均寿命的增加导致农村中老年人的比例增大，尤其是高龄老人增多，赡养比大幅下降；第二，农村中外出打工的青壮年人员的增加，导致农村的家庭养老保障模式受到冲击，另外导致从事农业生产的整劳力的减少；第三，失地农民失去了赖以生存的土地，农业生产、生活中的土地保障功能不复存在，导致失地农民过早地失去自己的职业，过早地处于被赡养的地位。以上三点的合力致使农村传统的养老方式受到冲击，因此农村的老龄化程度与城镇相比更加严重，也就迫切地要求城市和农村两种养老保障制度实现对接。

2009年起，我国农村开展"新农保"的试点工作，其基本趋势是由政府承担较大责任，由国家财政负责最低标准基础养老金的支付，农民个人可以选择100元、200元、300元、400元、500元五个档次的年缴费金额。很明显，城乡之间以及各群体之间在社会养老保险的享有上存在明显差别。

农民工和失地农民是在城市化建设中的两种特殊情况，只要有城市化就一定会有农民工和失地农民，这是在城市化的长期进程中城乡养老一体化所必须面对的问题，也是社会矛盾比较集中的领域。从今后的发展趋势来看，城乡社会养老保险制度必然要衔接，这也是制度整合，进而实现城乡一体化的基础。其目的有二：一是要消除城乡之间的不平等，使城乡居民之间以及不同群体之间平等享有改革发展成果，共同得到社会提供的养老保障；二是城乡衔接可以促进居民在城乡间、地区间、行业间、职业间、就业状态间的转移和流动。

因此，在新型农村养老保险的推广实行过程中，必然要涉及与其他制度之间的衔接问题。制度衔接是为了有效整合，而衔接和整合的最终目标是建立一体化的城乡养老保障体系。

一、农民工养老保险的衔接

改革开放后，由于城乡二元社会结构的解体，农村居民逐步实现了劳动力的自由流动，而随着工业化和现代化的快速发展，劳动人口跨区域流动的规模不断扩大，频率也不断加快，农民工这个特殊的社会群体也开始形成、发展和壮大。但是限于城乡分治的户籍制度，中国农村的劳动力"亦工亦农、亦城亦乡"，在转移就业时，职业与身份相分离，在城乡之间双向流动，呈现出明显的"候鸟式"迁徙特征。简而言之，农民工在身份上是农民，拥有土地和农村户籍；在职业上是工人，工作和生活在城市。

到 2008 年年底，我国农民工总量已经达到 22 542 万人，其中外出务工规模为 1.404 亿人，其中来自中、西部地区的打工者占 70%；到东部地区工作的占 72%；年龄在 16～30 岁的占 61%；以年为周期在城乡之间和地区之间流动工作的占 80%①。由于文化程度不高，人力资本不足，在激烈的竞争环境下，他们所从事的工种大多是"苦、脏、累、险、毒"，遭遇工伤和意外伤害的机会大大提高，失业、低工资、劳动权益受损的风险也大为增加。作为一支新型劳动大军和产业工人的重要组成部分，农民工有权利享受社会保障政策以分担风险。

农民工的养老保险的衔接主要涉及农民工的参保选择问题、农民工养老保障关系流转时地区间利益协调问题、"新农保"体制下农民工养老关系转移接续问题。

（一）农民工的参保选择问题

根据现有的研究，农民工养老保险模式选择可分为三种：（1）农民工"进城"模式，可以参加城镇职工社会养老保险；（2）农民工"返乡"模式，可以参加农村养老保险；（3）单独设立农民工养老保险制度模式。城镇企业职工采用"国家、集体、个人三方共担风险，统账结合，现收现付与基金积累制相结合的混合模式"，职工本人缴费压力小而且待遇水平仍很高；农村养老保险则是"个人缴费、集体补助、国家政策相结合"，实行完全的个人账户基金积累制，农民缴费水平低而且待遇水平也很低。农民工应当选择哪一种养老保险，这要根据其实际情况来进行。

然而，究竟是参加新型农村养老保险，还是参加城镇职工基本养老保险，对于农民工群体来说仍然是个两难选择。

如果农民工选择参加新型农村养老保险。这种情况的农民工多数是有"返乡"倾向的群体，对于他们来说：首先，从务工城镇返乡务农是具有吸引力的，减免农业税、种粮直补、家电下乡、农机补贴等国家大力倡导的各项惠农政策，使得回到农村种地成为年龄较大、无法适应城市生活的农民工的重要选择，甚至也成为一些有志于农业现代化生产的中青年农民工的重要选择；其次，保持农民的身份，在制度上可以保证农民工群体拥有属于自己的宅基地和耕地，可以说这是农民最重要的不动产，农业社会几千年的历史传统使农民天然地有一种土地情结——土地是他们的生产生活保障，尤其是对于曾居住于近郊农村的农民工群体

---

① 资料来源于《农民工参加基本养老保险对基金管理的影响及对策研究》（人力资源和社会保障部社会保险事业管理中心课题组 2009 年 9 月）。以下与农民工有关的数据也来源于此。

来说，他们极有可能在城市化进程中获得巨大收益。

如果农民工选择参加城镇职工基本养老保险，这部分农民工基本上已经适应了城市的生活，或者已经在城市中工作多年。对于他们来说：首先，城市的社会保障制度比较健全，不仅种类要高于农村，在保障力度上也远远超过农村现阶段的水平；其次，在教育和就业的资源分布上也比农村更具优势，从而有利于解决自己未来所要面对的养老问题。

需要特别指出的是，农民工对自己究竟选择哪一种养老保险的考虑将会伴随着城市化进程的始终，只要多套制度并存，或者只要城乡养老保障水平仍有差异，他们就必须面对这样一个两难选择。

（二）农民工养老保障关系流转时地区间利益协调问题

农民工之所以特殊，是因为他们一般在城镇不稳定的岗位工作，又在城乡之间流动生活。尽管有少部分农民工已经加入了城镇职业养老保险，但是大部分农民工没有加入任何社会养老保险项目。即使那些已经参加了城镇职工基本养老保险的农民工，仍存在至少两方面的利益协调问题。

根据农民工的特点，将农民工流转的区域可以分为转入地和转出地；根据养老保险异地流转所涉及的主要方面，可以进一步分为养老关系的转入地和转出地，以及劳动力的转入地和转出地。养老关系与劳动力的流转是同向的，即农民工转入地，是养老关系转入地也是劳动力转入地，反之亦然。在此需要讨论的是：养老关系与劳动力的转入转出对该区域来说是利益平衡的，也即养老关系转入带来的负担和劳动力转入带来的收益是否可以冲减；还是两者的转入转出对于该地区来说是利益失衡的，即养老关系和劳动力的转入或转出对该区域带来的皆为成本或收益。

1. 参保农民工养老关系的转入转出

对于农民工养老关系的转入地和转出地来说，存在一定的利益冲突。

第一种情况是，相同经济状况的地区之间的转移：如广东的农民工向上海转移时，其实是将自己的养老成本从广州转嫁给上海，但由于广州和上海的经济发展水平相差无几，因此根据职工月平均工资或社平工资为基数进行测算的养老金待遇水平也近似相等，对于上海来说，他们并不存在接受一个退休农民工就要增加很多养老负担的问题，这个情况下，农民工养老关系的转移所发生的成本可以近似地等同于经办机构交接所发生的交易费用。

第二种情况是，不同经济状况的地区之间的转移：农民工从经济发达地区向经济欠发达地区转移时，第一，如广东的农民工向河南转移时，因为他在广州参加了城镇职工基本养老保险，与河南省相比，其养老保险的支付水平较高，转回河南时其社会统筹账户部分要受到一定的损失，由此引发出大规模农民工退保事件；第二，广东省的农民工回到河南时往往处于中老年时期，这就要求河南省要直接面对这批农民工的养老金支付问题，这对河南省的养老基金来说是一种负担，进而产生广东省愿意办理养老保险转出手续，而河南省不愿办理接收手续的现象。农民工养老关系从经济欠发达地区向经济发达地区转移时，上述第一点是反向关系，实际上是农民工的道德风险问题；上述第二点依旧存在，甚至更严重。实质上可以理解为养老关系转出地向转入地的成本转嫁。

针对以上两种情况，所需采用的养老关系流入地和流出地利益协调措施拟从以下两方面着手：第一，制定激励机制，激发办理养老关系转移的相关地区、相关部门的积极性；第二，引入大型商业保险公司的基金管理机构管理农民工社会统筹账户的资金，使其可以基本无摩擦的"跟人走"，即交易成本的内部化。

2. 参保农民工劳动力的转入转出

不考虑养老负担的情况下，劳动力的流入对于一个地区来说可以视为生产要素的流入，能够降低生产成本和提高生产效率，对于一个地区来说是利大于弊的。然而，根据实践经验，农民工的劳动力流转呈现出如下特征：（1）在经济发达地区挣钱，在经济欠发达地区养老；（2）中青年时在经济发达地区，年老后回到经济欠发达地区；（3）高质量的劳动力留在发达地区，低质量的劳动力退回经济欠发达地区。在这个背景下，农民工的劳动力流出地相当于甩掉养老的包袱，而劳动力流入地负担了农民工的养老责任。这样一种马太效应势必导致劳动力分配的不均衡，进而导致资源配置更加不合理。

《国务院关于印发完善城镇社会保障体系试点方案的通知》（国发〔2000〕42号）规定，职工跨统筹范围流动时，个人账户随同转移，但是企业为职工缴纳的社会统筹部分资金却不能转移。这样的制度规定让农民工的养老保险在转移时变成了完全的"个人账户基金积累制"，而且带来了养老保险关系转入地和转出地之间严重的地方利益冲突，导致许多转入地"闭关锁国"，拒绝接纳流动人员的养老保险关系。2006年，《国务院关于解决农民工问题的若干意见》（国发〔2006〕5号）明确提出"农民工的社会保障，要适应流动性大的特点，保险关系和待遇能够转移接续，使农民工在流动就业中的社会保障权益不受损害"。2009年，经过一年的讨论和修订，《城镇企业职工基本养老保险关系转移接续暂行办法》正式发布，对参加城镇企业职工基本养老保险的农民工一样适用。《暂行办法》决定"统筹基金（单位缴费）以本人1998年1月1日后各年度实际缴费工资为基数，按12%的综合转移，参保缴费不足1年的，按实际缴费月数计算转移"。

《城镇企业职工基本养老保险的转移接续办法》是针对劳动力流动性加大的

现实和实际需要，在原有制度框架下进行的补充完善。社会统筹账户的异地转移有效地化解了社会养老保险关系转入地和转出地之间的地方利益冲突，保护了企业职工和农民工的养老保险权益，解除了异地流动时的后顾之忧，促进了农民工的自由流动和劳动力的优化配置，也解决了养老保险关系异地转移时的地区衔接问题。

（三）新型农村养老保险与城镇基本养老保险的制度衔接

国办发 66 号文（《城镇企业职工基本养老保险关系转移接续暂行办法》）已经出台，城镇企业职工基本养老保险（以下简称"城保"）关系转移接续有了体系内衔接的基础制度。但是对于不同人群（如机关事业单位养老保险制度与城保制度）或城乡地区之间的养老保险制度转移问题仍然存在制度空白。农村剩余劳动力（典型的就是农民工群体）频繁往返于城市非农就业与农村务农（或待业）之间，由此带来了新型农村合作养老保险制度（以下简称"新农保"）与城保制度衔接的命题。

保证养老保险关系转移接续的衔接制度是打通养老保险制度"碎片化"格局的重要制度工具。"新农保"与"城保"制度衔接是诸多制度衔接命题的重中之重。流动人口规模之大，流动方式多样（"城—乡"、"乡—城"、"城—乡—城"或"乡—城—乡"等流动方式）为该命题提出了紧迫性要求。本章研究立于此背景，重点研究城保与新农保制度衔接存在的政策关键点、矛盾，并阐明解决这些问题的机理，试图提出解决"新农保"与"城保"制度衔接的政策建议。

1. 制度衔接的症结

"新农保"与"城保"都需要为参保对象开设个人账户。办理城乡养老保险之间的衔接，应该是农民的养老保险关系与个人账户储存额在两地之间的转移。但是城乡养老保险存在本质上的差异："城保"实行的是社会统筹与个人账户相结合的部分积累模式，"新农保"制度是按照"中央财政、地方财政补贴和个人账户"的原则建立个人账户积累式的养老保险。因此，养老保险在城乡之间转换存在三个问题：其一，由于基本制度在农村与城市的不同，使得城乡之间养老保险划拨、划转和续接存在障碍；其二，"新农保"标准低于"城保"；其三，目前"新农保"尚在试点之中，覆盖面比较低。将"城保"制度的养老金转入农村，不可能将"城保"养老保险体系中的转移方式照搬，需要整合"城保"转移方法或寻求新的方式。

"新农保"实行"中央财政、地方财政补贴和个人账户"相结合的筹资模式。养老保险待遇支付实行基础养老金和个人账户养老金相结合。与"城保"制度相比，两者具有一定的相似性，但也存在差异。"城保"制度实行"社会统筹账户和个人账户"相结合。退休职工的基础养老金月标准以当地上年度在岗职工月平均工资和本人指数化月平均缴费工资的平均值为基数，缴费每满 1 年发给 1%，长期缴费享受较高的基础养老金。这样的缴费激励措施兼顾公平与效率，有利于促进职工的长期缴费。

"新农保"的社会统筹账户没有相关组织的缴费，相应的基础养老金由政府全额支付。对于长期缴费的农村居民，可适当加发基础养老金，提高和加发的部分资金由地方政府支出，在缴费时间上并没有一个明确的激励措施。

"城保"与"新农保"制度衔接的矛盾焦点在于"城保"缴费由两个账户（基金）分立管理，"新农保"则只存在个人缴费账户。一旦流动人口发生城乡之间的就业转移，养老保险关系转移中的"资金"对接便成为制度的盲区。流动人口外出非农就业，并参加城镇"城保"制度若干年，单位为其缴纳 12% 建立统筹账户，个人缴纳 4% ~ 8% 的比例建立个人账户。若该劳动力在城市打工若干年后返乡回流至农村，并参加"新农保"，国办发 66 号文要求将该劳动力参加"城保"的账户权益跟随劳动者的流动一并转入农村地区。这样就存在"城保"的统筹账户部分是否需要转移的问题。若转移"城保"单位缴费部分，则农村地区的"新农保"尚无统筹基金账户，转移进来的资金管理成为盲区。另外，转移"城保"统筹基金的比例也涉及参保人员的权益保障。若不能转移"城保"中统筹账户，则视为该劳动者参加"城保"的权益丧失，最终也会影响个人退休养老待遇水平、转入和转出地区基金统筹平衡等问题。

由统筹账户转移引发了核算缴费年限、待遇水平等问题，还有"城保"与"新农保"缴费基础、缴费比例不一致的困扰。由"城保"向"新农保"转移，劳动者在"城保"的缴费年限是否以"新农保"标准对等折算。一旦承认，则转入地区需要折算相应的待遇标准和领取时间（年限）。该问题既关乎参保个体待遇水平高低，也涉及转入地与转出地之间利益分配关系。

2. 制度衔接的操作理念

"新农保"和"城保"的衔接问题实质包括了权益的转、接、并、续四个环节。其权益集中表现为两个方面：养老保险关系的转、接、并、续和养老保险基金的转、接、并、续。养老保险关系、养老保险基金的转移接续是一个问题的两个方面，即养老保险权益流动问题的人事关系流动（所谓"人"的流动）和待遇权益流动（所谓的"资金或基金"的流动）两个方面。"人"的流动主要涉及流动地之间的参保条件对接，在人事关系流动带动下，待遇权益流动更具复杂性，比如缴费年限换算、个人账户资金与统筹账户是否同时转移或后者转移比例的确定等，这些都是养老保险权益流动问题具体的表现形式。

养老保险转移是时空转移和程序转移相结合，时空转移为"新农保"与城镇职工基本养老保险的地域转换和参保时间的积累，程序转移是指养老保险转移需要经过转、接、并、续四个环节。转、接、并、续四个环节前后一致、过程相连，是一个系统；若非完全理顺四个环节的每一个步骤，只解决其中一个或若干个环节，最终都无法妥善地解决权益流动保障问题。"新农保"与"城保"制度的转移接续，意味着劳动关系的流动，劳动关系的流动必然需要养老保险权益跟随移动，这就是"转"的环节。养老保险由"新农保"转出，需要"城保"管理单位"接"收。这种转出地与转入地之分，以社会保险统筹地区为要旨。接收手续后需要"并"：各统筹地区的制度门槛不尽相同，农民工社会保险从转出地转出，需要将原先转出地参保情况、参保政策以及农民工参保条件与转入地的政策、条件进行比对和归并，并换算、调整相关参数，如缴费年限、受益水平等。调整合并后的账户就能继"续"在转入地参保缴费。

养老保险关系和养老保险基金的转、接、并、续出现如此复杂的困境，与当前中国社会保障系统"耕地式"块状分割现状不无关系。中国社会保障系统不仅具有按照人群特征建立的制度，还实行了地区差别的社会保障制度。制度间不同的制度门槛使得流动人员在异地流动就业时很难把养老保险权益从一地转入到另一地，不同制度门槛主要是在城间互认与城乡对接两方面存在问题。

3. 制度衔接的方式

"新农保"与"城保"衔接，实现城乡一体化的养老保障制度，需要通过制度安排、技术性创新使养老保险衔接制度化、规范化。笔者认为，解决"新农保"和城镇职工基本养老保险衔接有三种方式：（1）完善现行制度和政策，在参保人员城乡流动就业时改良技术手段，只转移个人账户储存额；（2）在参保人员城乡流动就业时，只转移养老保险关系，不转移资金（封存资金），退休时按不同参保地分段计算养老金，由最后参保地负责归集资金并确保养老金发放；（3）在参保人员城乡流动就业时，将个人账户储存额和社会统筹缴费部分一并转移。

第一种方式，重点就是完善相关政策。如单独设立一个国家养老保险转移调节基金，对因转移而新增加的基金缺口由中央财政"兜底"解决，同时取消地方设置的"门槛"，以保证养老关系转移的顺利进行。单独设立养老保险调节基金，解决社会统筹基金转移中城乡利益不均衡问题，但是，"一个主要矛盾的解决，必然会出现新的问题"，如设立的养老保险转移调节基金如何补偿城乡之间的关系？还是城乡之间统一协调？

第二种方式的创新之处是采用分段计算方法[①]。从长远看，分段计算在明晰

---

① 分段计算基础性养老金办法的基本原则是：工作地缴费，分段记录；在退休地方发放养老金。

不同参保地责权、保障参保人员权利义务相对应等方面有一定意义，但管理手段复杂。其一，分段计算需要改变缴满15年才能按月领取养老金待遇的政策，参保人员在不同地区缴费年限"有零有整"，计算养老金的情况复杂。其二，分段计算仍不能回避资金转移问题，只是采取了不同的转移资金核算办法，且分段计算仍不能解决退休地待遇支付责任无限大问题，确定最后领取养老金仍存在较大难度。其三，由于城乡养老金调整、死亡待遇支付等政策存在差异，会强化退休人员选择待遇优厚的政策或退休地的趋富心态。其四，可能会出现参保人因不诚信而多头享受养老保险待遇问题。其五，对经办机构的管理手段和信息网络系统要求较高，对经办机构管理人员的业务水平要求较高，管理成本高。

如果不能建立中央转移补助机制，对因转移而新增加的基金缺口由中央财政"兜底"解决的话，第三种方式成为较优策略。虽然转移统筹基金也存在转出地基金压力增大、不能完全弥补转入地的基金缺口等缺点，但相对而言，该方案能够解决"新农保"和"城保"转移难的问题，其优点显而易见。一是转移统筹基金兼顾了城乡转入地和转出地的利益均衡，转出地和转入地都可以接受。二是对现行制度没有冲击，政策调整力度适中。三是有利于撤出转入地与转出地自行设定的"门槛"。四是转移统筹基金的同时将养老权益随同转移，有利于明晰转出地、转入地的责任，补充说明在第三种思路中要将"1998年以后相应的单位缴费部分"与个人账户一并转移。从1998年起开始执行的《国务院关于建立统一的企业职工基本养老保险制度的决定》将原来在个人账户管理工作中存在着的诸如个人账户规模、记账方法、转移及支付办法等不规范、不统一的问题加以规范处理，并形成了企业缴纳的保险费进入统筹账户的制度。1998年以后的账户相对来说保存了较为清晰、准确的历史信息记录，对于这个时间点起的统筹基金转移将减少不必要的纠纷。但是，第三种思路在现实操作上是否可行还要具体看"新农保"的社会统筹资金，由于《指导意见》中，"新农保"的社会统筹账户没有相关组织的缴费，相应的基础养老金由政府全额支付。那么"新农保"社会统筹账户是否是空账？从"新农保"转移到城镇基本养老保险时，是否可以转移统筹基金这部分资金？关键在于中央财政的补贴和地方财政的补贴是否能够及时、足额建立社会统筹基金。

4. 衔接的操作方案

（1）对象。

本章设计转移接续养老保险关系衔接方案，适用的情形是参加"城保"制度的农民工和参加"新农保"制度的农民。

衔接制度适用参加"城保"制度的农民工和参加"新农保"制度的农村户籍人员。已经按国家规定领取城镇企业职工基本养老保险待遇的农民工，或者男年满 60 周岁、女年满 50 周岁农村户籍人员，不再转移养老保险关系。

（2）"城保"到"新农保"的衔接。

① 关系转移接续。

参加"城保"农民工在城镇之间跨省流动就业参保的，按照国办 66 号文规定办理转移接续手续。返回农村就业或务农的，未年满 60 周岁，且不符合"城保"按月领取待遇条件的，由原养老保险关系所在地继续保留关系，保存账户；达到本人在"城保"的待遇领取退休年龄时，由保留养老保险关系所在地社会保险经办机构负责将"城保"的关系转移接续到本人户籍所在地社会保险经办机构"新农保"的关系上，同时终止"城保"的基本养老保险关系，"城保"的缴费年限计算为参加"新农保"的缴费年限。

② 资金转移。

个人账户储存额：1998 年 1 月 1 日之前按个人缴费累计本息计算转移，1998 年 1 月 1 日后按计入个人账户的全部储存额计算转移。

统筹基金（单位缴费）：以本人 1998 年 1 月 1 日后各年度实际缴费工资为基数，按 12% 的总和转移，参保缴费不足 1 年的，按实际缴费月数计算转移。其中的 4% 和本人在"城保"的个人账户合并计入本人在"新农保"的个人账户，8% 划入户籍所在地财政"新农保"专项账户。

（3）"新农保"到"城保"的衔接。

男未年满 60 周岁、女未年满 50 周岁已经参加"新农保"离开乡村到城镇就业参保的，将本人"新农保"个人账户全部储存额计算转移并入"城保"的个人账户之中，按"城保"办法统一计算利息。

（4）重复参保缴费问题。

农村户籍人员同期同时重复参加"新农保"和"城保"的，可协商本人保留其中一个养老保险关系，清退另外的养老保险关系。如保留的是"城保"关系，则由转入地清退本人"新农保"个人账户中的个人缴费部分本息额，财政补助划入个人账户中的部分不能清退个人，并入基金统一管理。如保留的是"新农保"关系，则由转入地清退本人"城保"中个人账户全部储存额，单位缴费部分不能清退个人，并入基金统一管理。

（5）转移接续手续。

农村户籍人员在新就业地按规定建立基本养老保险关系和缴费后，由用人单位或参保人员向新参保地社保经办机构提出基本养老保险关系转移接续的书面申请，并提交原参保地参保缴费凭证。

新参保地社保经办机构在 15 个工作日内，审核转移接续申请，对符合本办法规定条件的，向参保人员原基本养老保险关系所在地的社保经办机构发出同意接收函，并提供相关信息；对不符合转移接续条件的，向申请单位或参保人员作出书面说明。

"新农保"所在地社保经办机构在接到同意接收函的 15 个工作日内，办理好转移接续的各项手续。

新参保地社保经办机构在收到参保人员"新农保"养老保险关系所在地社保经办机构转移的养老保险关系和资金后，在 15 个工作日内办结有关手续，并将确认情况及时通知用人单位或参保人员。

参加"城保"农民工在达到本人在"城保"的待遇领取退休年龄时，如不符合"城保"按月领取待遇条件的，由保留养老保险关系所在地社会保险经办机构在 30 日内负责将"城保"的关系转移接续到本人户籍所在地社会保险经办机构"新农保"的关系上，同时按本办法的规定划转资金。

二、失地农民养老保险

通过本章对城乡老年人收入结构和养老方式差异的比较，我们可以看出对农村居民来说，家庭养老仍是最为普遍和最为基础的养老方式，土地依然是家庭养老重要的经济支柱和基本保障。但是随着城镇化进程的加快，城市周边农村被纳入城市发展的规划中，大批土地被政府征收，造成相当一部分农村居民失去了赖以生存的土地，并成为"无地、无业、无保障"的"三无人员"。

根据每 1 万人口完成城镇化平均需要不少于 1 平方公里土地的国际经验和 2003 年我国每征收 1 亩耕地平均造成 1.43 个农民失去土地进行测算，我国在 1999～2008 年 10 年间共造成被征地农民 4 495 万人，1978～2008 年 30 年间共造成被征地农民超过 8 300 万人，目前依然有 5 000 万被征地农民尚未纳入到社会保障体系中来，而且我国城镇化发展还将产生每年 400 万以上的新增被征地农民[①]。为了解决和保障这么大规模的失地农民的基本生活和养老问题，2004 年以来，国务院和有关部门相继出台了一系列关于加强土地调控、严格土地管理和做好被征地农民社会保障工作的政策，使失地农民的社会保障工作也进入了一个有"政策"可依的新阶段。

尽管各地的实践经验丰富了理论基础，但对失地农民的养老保障衔接问题尚存在一些模糊的地方，这主要是因为对失地农民补偿机制的认识不清晰和对失地农民的参保归属不明确所造成的。

---

① 卢海元：《和谐社会的基石——中国特色新型养老保险制度研究》，群众出版社 2009 年版。

（一） 失地农民的补偿机制

如前面所述，土地是农民最重要的经济来源，放在养老问题上，土地则是农民无论参加哪种养老保险的缴费来源。农民失去土地的原因是多种多样的，但可以统归为两点：城市化建设和基础设施建设进程中公共利益，或非公共利益对土地的需求。这就明确了失地农民的形成原因和责任主体，进一步地说，农民失去土地，是"被动"的失去。有征用就必然有补偿，在征地之前，政策上就应当也必须对失地农民的相关待遇加以明确，然而实际操作中并非如此。

作为对农民被征用土地失去经济来源的补偿，各地政府根据《土地管理法》和《土地管理法实施条例》的规定，"按照被征用土地的原用途给予补偿"，"土地补偿费归农村集体经济组织所有"，"土地附着物及青苗补偿费归地上附着物及青苗的所有者所有"，"不需要统一安置的，安置费发放给被安置人员个人，或征得被安置人员同意后用于被安置人员的保险费用"。这是政府在货币补偿上提供的相关解决思路，但并不尽如人意，因为失地农民在与政府和征地单位的利益博弈中往往处于劣势地位，村集体也很难成为农民的代言人，因此这样的货币补偿力度在长期来看很难彻底解决失地农民的养老保障问题。于是，失地农民沦为种粮无地、就业无岗、低保无份、创业无钱的弱势群体[①]。

实际上，仅仅在货币上补偿失地农民，是一种将征地成本外部化的表现。对于农民来说，从事农业生产便是他们的职业，失去土地就是失去职业，就相当于城镇职工的退休。然而，农民的身份使得失地农民并不存在退休一说。因此，如何对后续生活进行维持，就要求政府或征地单位必须给失地农民安排相应的就业岗位。

对于年富力强的失地农民来说，他们经过一段时间的职业培训，有可能会适应政府或征地单位安排的就业岗位，则可以获得相应的经济收入；对于年老力衰的失地农民来说，他们常年在地上耕种，已经习惯了农业生产，很难再去适应政府或征地单位安排的就业岗位，无法从中获得经济收入。除此之外，由于安排的就业岗位与失地农民之间并非双向选择关系，而是一种单向的提供，这部分就业的失地农民会存在积极性不高的情况；即使失地农民能够积极地接受政府或征地单位提供的就业岗位，又会存在工资水平不足以维系生活、生存的状况；即使工资水平足够高，还会存在失地农民无法适应上班族刻板的工作时间或工作环境等情况。

综上所述，除了提供征地补偿和就业岗位之外，失地农民的养老保障还是不

---

① 耿永志、刘秀艳：《"新农保"如何处理与农民工及失地农民养老保险的衔接问题》，载《社会保障研究》2010 年第 3 期。

能得到妥善的解决，这就进一步要求还需为失地农民提供相应的社会保障制度。

（二）失地农民的养老保障制度选择

对于失地农民来说，国家举办的"新农保"更具意义，这是因为：失地农民失去了原来的生活来源和职业，作为责任主体的政府和征地单位有义务为失地农民相关的社会保障权益兜底、承担为失地农民提供养老保险的责任，使他们不会因为失去土地而失去养老保障。

各地结合自身实际，进行了有益的尝试，并形成了不同的失地农民养老保险制度：或是参加城镇职工基本养老保险，或是参加农村养老保险，或是参加城乡最低生活保障制度，或是单独建立失地农民基本生活保障制度和失地农民基础养老金制度。

从总体上看，单独建立失地农民基本生活保障制度和失地农民基础养老金制度的省份较多，其保障水平参照城镇职工基本养老保险制度的最低档，并高于城乡最低生活保障制度的标准，基本保证了失地农民的基本生活水平和养老待遇标准没有因为丧失土地而降低。在制度设计上，将失地农民区分为城市规划区内和城市规划区外两大类，针对不同年龄段采取有针对性的社会保障政策。被征地农民的社会保障资金从当地政府批准提高的安置补助费和用于被征地农户的土地补偿费中统一安排①，参加社会保障所需的个人缴费，可以从其所得的土地补偿费、安置补助费中直接缴纳，地方政府可以从土地出让收入中安排一部分资金用于补助被征地农民的社会保障支出②，确立了个人、集体和政府三方负担的筹集机制，并普遍建立了失地农民的社会养老保险个人账户，采取统账结合模式或个人账户模式。这种失地农民的社会保障模式被形象地称为"土地换保障"。

这种失地农民基本生活保障制度和失地农民基础养老金制度，是针对城镇发展过程中"农村变为城市，农民变为市民"、跨越城乡发展的特殊情况，在城乡基本社会养老保险制度之外，单独建立的一种城乡衔接制度。这种单独建立的制度要达到衔接的目的，就必须在制度设计上留有接口，框架模式保持一致，保障水平趋于统一，以方便日后向城乡基本社会养老保险制度的转移和并轨。

因此，对于失地农民的养老保险问题，应具体问题具体分析、区别对待：对于获得政府或征地单位提供的相对稳定工作的失地农民，可以加入当地城镇职业养老保险；对于创业或失业在家的，可以自由选择是加入"新农保"或城镇职工养老保险中的一项。需要指出的是：无论失地农民选择加入哪种养老保险，集

---

① 2004 年国发〔2004〕28 号文《国务院关于深化改革严格土地管理的决定》。
② 2006 年国办发〔2006〕100 号文《国务院办公厅关于规范国有土地使用权出让收支管理的通知》。

体和地方财政，尤其是征地单位，也即获得征地收益的一方应当承当一定的缴费义务，并为之提供相应的、持续性的社会保障补贴金。

第三节　城乡养老保障模式的整合

衔接问题主要是城乡之间、地区之间的制度衔接，而整合问题不仅包括管理体制的整合，还包括养老资源的整合，在整合过程中体现了灵活性和统一性。整合和衔接的差异在于：衔接问题是人在变，制度不变；而整合问题是人不变，制度在变，两套制度合为一套制度。在农村，农民工和失地农民属于政策衔接问题，而农村中的"纯农民"属于农村和城市的整合问题，是"新农保"和城镇职工、城镇居民基本养老保险的整合。

一、管理体制的整合

整合并不意味着一个标准，而是一个制度下的多样化标准。由于城乡老年人的养老需求和缴费水平的差异，决定了养老服务供给的多样性，使得城乡老年人可以根据自身情况自由选择。因此，整合并不是"一刀切"，不是平均主义。

要实现城乡养老保障的整合，首先要实现管理体制的整合。对养老保险实行统一管理，将"新农保"、城镇职工基本养老保险和城镇居民基本养老保险，纳入城乡养老居民保障一个制度框架中，建立"分档选择"的路径。建立市、县、乡镇、村社多级经办管理体系，方便群众就近参保，提高经办效率。另外养老保障基金可实现市级统一管理，下级管理部门征收的基金按时上缴市财政部门，养老金由市级财政部门统一发放。

通过对养老保障管理体制的整合，不仅保证了养老资源的合理配置，居民可以根据实际情况自由选择，同时城乡可以共享信息资源，并且由于垂直领导的实行，提高了行政效率，节约了行政成本。

二、养老资源的整合

养老资源的整合可以实现养老资源的合理配置，广泛覆盖，缩小城乡差距，使农村养老保障水平向城市靠拢。然而，养老资源的整合并非意味着城乡"一刀切"，搞平均主义；吃大锅饭，而是提供多样化的养老保险包和机构养老服务

385

包供老年人自由选择，实现多档选择，灵活缴费。

凡是加入本区域城乡居民养老保险的人，设计不同的养老保险包和养老服务包以供不同收入人群自由选择。参保居民根据自身的需求选择低一档或高一档进行缴费，获得一定差别的基本养老保障和基本养老服务，实现制度一体化、服务多样化和受益差别化的基本养老保障目标。同样地，类似于养老保险管理体制的整合，机构养老也应该实行城乡统一管理，提供有差别的机构养老服务，为不同人群提供多样化选择。农村养老院的服务人员可由市级民政部门统一培训，允许社区服务人员的自由流动，合理配置机构养老和居家养老的专业服务人员。

第四节　养老保障衔接与整合的典型模式分析

城乡养老保障统筹可以分为三步：第一步是各个相对独立的养老保险制度的衔接，这也是目前大多数地区正在解决的主要问题，比较有代表性的是北京模式；第二步是对碎片化的养老保险制度进行整合，比较有代表性的地区是重庆；第三步是通过整合，最终实现城乡养老保障制度的一体化。需要指出的是，一体化并不代表"无差异"，而是说在统一制度下"分档次"。

一、北京模式

2007 年年底，北京市率先建立了"新型农村养老保险制度"（简称"新农保"）和"城乡无社会保障老年居民养老保障制度"（简称"老年保障"），填补了养老保障制度的空白。截至 2008 年年底，农民参保率由上年年底的 37% 提高到 84%，参加"新农保"的农民累计达到 110 万人，当年新增 63 万人。全市享受"老年保障"的人员达到 56.3 万人。

目前，北京市已形成了由企业职工养老保险、"新农保"、"老年保障"以及机关事业单位退休金制度组成的养老保障体系，城乡养老保障制度基本实现了全覆盖，覆盖人群 1 022 万人。但还有两部分人群没有被制度覆盖，一是一部分劳动年龄内无固定收入的大龄城镇居民（包括农转居人员）没有参加企业职工基本养老保险，约 10 万人；二是超过劳动年龄的城乡女性居民（城镇 51~59 岁、农村 56~59 岁），约 10 万人，其中城镇 3 万人，农村 7 万人。针对这一问题，北京市在"新农保"制度框架的基础上，建立了城乡居民养老保险制度，将已参加"新农保"的 110 多万人和上述两部分人员中，女 55 岁以下、男 60 岁以下的人员纳入了城乡居民养老保险制度；同时完善老年保障制度，将女 56～59 岁的人员一次性纳入老年保障制度。今后劳动年龄范围内的人员，通过参加养老保险享受养老待遇，老年保障制度不再扩大享受人群。

北京市将市民全部纳入到养老保障的范围当中来，打破过去市民养老保障按照城镇和农村分类的两线格局，其特点可以归纳为：多项制度并存、有效转移接续、城乡全面覆盖。

二、重庆模式

2009 年，重庆作为全国统筹城乡综合配套改革试验区，按照国务院关于开展新型农村养老保险试点总体部署，探索建立起重庆市城乡居民社会养老保险制度。具体做法是：

（一）城乡广泛覆盖

2009 年 7 月和 2010 年 10 月，重庆先后共在 30 个区县开展养老保险试点工作。截至 2011 年 2 月底，重庆全市 277 万 60 岁以上老人已享受每月按时足额领取养老金。最后一批试点的 10 个区县也在 2011 年 1 月启动了群众参保受理工作，截至目前申报参保人数达到 168 万，其中有 57 万 60 岁以上老人将从 4 月起领取养老金。2011 年年底，重庆全市农村 300 多万 60 岁以上老人全部领到养老金。重庆市政府 3 月 30 日宣布从 2011 年 4 月起，重庆所有 40 个区县全部纳入城乡居民社会养老保险制度试点，比全国提前 4 年实现全覆盖。

（二）政策条件实惠

重庆通过加大地方财政补贴投入，在国家规定的每月 55 元标准之上将基础养老金提高到 80 元，而对独生子女父母及年满 70 周岁以上的老年人，每人每月还将各增发 10 元养老金。对 60 岁以上老年人，既可执行"不缴费直接领取基础养老金"的国家规定，也可自愿选择一次性缴费，缴费部分另外计发个人账户养老金。此外，16～59 周岁的参保人员按规定缴清养老保险费后，政府会在其个人账户中每年再补贴 30 元；而对选择一次性缴费的 60 岁以上老年人，政府会根据其缴费年限，为其代缴每年 30 元的养老保险费。全覆盖完成后，每年政府财政将为此投入 36 亿元。重庆还根据实际情况，合理设置了缴费档次。对 16～59 周岁人员，拉大了年缴费档次差距，设立 100 元、200 元、400 元、600 元、900 元 5 个缴费标准。

（三）高效经办管理

重庆建立起市、区县、乡镇、村社四级经办管理服务体系，即村社负责受理、乡镇负责办理、区县负责处理、市级负责集中管理，以方便群众就地、就近、就便参保为目标开展经办管理工作。重庆一步到位实行了养老保险专项基金市级统一管理——全市统一政策规定、业务标准、操作流程和管理软件；区县征收的基金全部按时上划市财政专户，发放养老金所需资金由市财政统一调拨。这样做既能增强基金的抗风险能力，确保养老金按时足额发放，也使得参保人员在全市范围内跨区县流动转移时，养老保险关系能得以顺利衔接。

重庆社会养老保障一体化主要有以下几个特点：

第一，全市统筹一步到位。重庆二元经济结构突出，主城区经济发达、两翼农村贫穷，利用城市资源，带动农村发展。

第二，制度覆盖面广。不仅农民可以参加，参加城镇职工养老保险有困难的收入较低的城市居民也可以参加。

第三，出口入口都有补贴。凡是加入养老保险，入口每年补助30元，其中残疾人补到70元。出口在中央规定的55元基础上，地方增加25元，每月补到80元。

三、典型模式对比评价

可以看出，无论是北京模式还是重庆模式，在城乡养老保障一体化的推进过程中都涉及了各项制度的衔接与整合，甚至可以说衔接与整合是几乎同步进行的。从其实施效果上来看，两种典型模式基本上都能够符合政策制定者的初衷，实现城乡的全覆盖；从操作方法来看，两种模式都采取分档缴费、政府补贴的方式。

不同的是，北京模式更加注重制度的健全，多项制度并存，有效衔接，从而实现制度间的无缝衔接和覆盖面的广泛覆盖；而重庆模式则是单独建立一套覆盖城乡的养老保险制度，直接将所有原制度尚未覆盖的居民全部纳入体系之内。从制度的制定成本上来看，北京模式的成本要小于重庆模式；而从制度的运行成本来看，重庆模式要小于北京模式。从参保率来看，重庆模式要高于北京模式；但从保障效果来看，北京模式比重庆模式更具针对性。

短期来看，北京模式正是全国多数地区正在积极模仿的对象，更具可操作性；从长期来看，重庆模式将会是一个发展趋势和发展方向。但无论北京模式还是重庆模式，其目的都是为了实现城乡养老保障模式的一体化。

第二十二章

城乡医疗保障一体化研究

在现阶段，我国城乡之间两种医疗保障模式的存在，不但不利于城乡社会保障制度的统筹发展，也不利于城乡差距的缩小与消除。因此，统筹推进城乡基本医疗保障制度建设，逐步将分割的医疗保险制度、分设的管理体系、分散的管理经办资源等整合为城乡一体化的医疗保障制度和经办管理体系，已经成为我国未来 20 年经济体制改革的必然选择。2010 年公布的《关于公立医院改革的指导意见》进一步提出：统筹配置城乡之间和区域之间医疗资源，促进公立医院健康发展，满足人民群众基本医疗服务需求，切实缓解群众看病贵、看病难问题。如何通过有效的机制设计改变医疗资源配置的结构性矛盾，提高医疗服务的公平性和可及性既是缓解"看病难、看病贵"的关键，也是统筹城乡医疗保障、推动城乡医疗卫生一体化改革的有效举措。

第一节　城乡医疗资源配置失衡与"看病难、看病贵"

一、我国城乡医疗资源配置的现状

医疗资源是在一定社会经济条件下，国家、社会和个人对医疗部门投资的总称，是医疗部门为社会及人群提供医疗服务的基础。从广义上看，医疗资源包括四个部分，即医疗人力、医疗机构、医疗设备和物质供应、医疗知识。由于医疗

389

资源的稀缺性和国民对医疗服务需求的多样性，这就需要在不同医疗资源进行均衡配置，以使有限的资源发挥最大效用。

长期以来，由于我国实行的城乡二元经济结构和计划经济管理体制，医疗资源主要按部门、地方的行政隶属关系设置，依靠行政命令手段来配置，加剧了城乡分割、结构失衡的医疗资源状况。

（一）城乡结构失衡

在城乡结构上，重城市轻农村，医疗资源过多地集中在城市，农村医疗资源尤其是优质医疗资源稀缺。结果是城市医疗资源和服务过度，而农村医疗资源严重不足。数据显示，近70%的农村人口只拥有30%的医疗资源，而30%的城市人口却拥有70%的医疗资源。世界银行1997年报告指出，1993年我国城市人均卫生支出是乡村人均支出的4倍。国际惯例一般把每千人口医疗机构床位数和每千人口卫生技术人数作为衡量一个国家或地区卫生资源配置水平的重要标准。根据卫生部2008年的卫生统计数据显示，截至2007年，我国平均每千人口医疗机构床位数为2.83张，但是每千农业人口乡镇卫生院床位数仅为0.85张；以市为统计单位的每千人口卫生技术人数为5.35人，而以县为单位统计的每千人口卫生技术人数却仅为2.14人。卫生部的卫生改革与发展情况报告中也显示，2008年年底，全国卫生人力总量预计达698万人，其中卫生人员达608万人、乡村医生和卫生员90万人。与2007年比较，卫生人员增加了17万人，增长2.88%，但是乡村医生和卫生员却减少了2万人。中国卫生年鉴的统计数据表明，2008年，我国城市卫生总费用为11 255.02亿元，农村卫生总费用为3 280.38亿元，城市卫生总费用远远高于农村。从人均卫生总费用来看，城市人均卫生费用为1 862.3元，农村人均卫生费用为454.8元，农村人均卫生费用不及城市的1/3。政府对农村医疗资源投入的减少，直接导致了农村医疗资源匮乏、设备简陋、医务人员技术水平低下，相当部分的居民得不到最基本的卫生服务，造成城乡之间的健康差距和基本公共卫生服务水平差距不断扩大，是导致农村居民"因病致贫、因病返贫"的重要原因之一（邱鸿钟、袁杰，2005）。

（二）区域结构失衡

在区域结构上，城市中2/3的卫生资源集中在大医院。先进的医疗仪器设备和技术、高级卫生技术人员都集中在大城市的大医院，城市基层和社区卫生资源相对匮乏，且质量不高。而广大居民的医疗服务需求主要集中在常见病和多发病上。卫生资源分配的"倒三角型"状态与居民医疗服务需求"正三角型"的局面不相适应（邱鸿钟、袁杰，2005）。医疗资源大多集中在高等级医疗机构，社会医疗资源数量少且质量不高，使得大部分本可以在社区解决的疾病集中在大医院里，加剧了医疗资源的供需矛盾。

（三）管理体制分割

在卫生管理体制上，城乡分割，造成卫生机构设置重复，无序竞争，卫生资源的闲置与浪费并存。现有的医疗保障制度是按照城镇职工、城市居民和农村居民分别设计的，不同人群不仅参保缴费标准不同，而且报销比例、报销范围、审批项目等医保待遇标准也有区分，现有的医疗保障制度人为地分割了城镇居民和农村居民，造成了新的城乡二元结构。城镇职工、城镇居民基本医疗保障制度与新型农村合作医疗保险制度各自建立一套完整独立的自上而下的管理系统，造成了条块分割、自成体系、相互不能兼容、行政成本高的局面，存在着行政管理"多元化"的问题，成为各级地方财政和经办管理的沉重负担，需要尽快整合管理体制，实行城乡一体化的管理。

（四）衔接、接续较难

在医疗保险的衔接、接续上，目前按城乡户籍制度设计的医疗保险制度，使不同保险之间不能衔接、接续，城乡居民看病就医的可选择性受到限制，相对富裕的农民不能加入城镇居民基本医疗保险制度，一些低收入的城市居民不能选择缴费较低的"新农合"制度。在我国存在城乡庞大流动人口的背景下，这种按参保人群"户籍化"的制度设计难以满足居民看病就医的需求，也难以适应市场经济和城市化快速发展的要求。

二、城乡医疗资源配置失衡与"看病难、看病贵"

城乡医疗资源配置失衡是导致我国医疗领域长期存在"看病难"与"看病贵"问题的重要原因。从经济学角度来讲，"看病难、看病贵"是一个悖论。"看病难"是指挂号难，看病需要排长队。排队就意味着实际价格低于均衡价格。"看病贵"则是指价格过高，高于均衡价格。可见，"看病难"与"看病贵"不能同时存在。从国外经验来看，在医疗卫生领域中，英国的主要问题是"看病难"，美国的主要问题是"看病贵"，而中国则是"看病难"与"看病贵"并存。医疗资源过度集中于城市地区导致居民只信任城市大医院而不信任农村乡镇或城市社区小医院。这造成了我国医疗领域的一个特有的现象，即患者不管是患大病还是小病，都拥向城市大医院。当所有患者选择大医院时，即使医疗价格虚高，就医时仍然需要排队等待，形成"看病难"的问题。同时，不合理的就医格局使得患者即使是很小的病也要享受专家服务、启用高级设备，自然会产生"看病贵"的问题。小病挤大医院这一结构性矛盾加剧了我国城乡医疗资源的配置失衡。一方面导致"大医院门庭若市，小医院门可罗雀"的不合理就医格局，农村乡镇和城市社区基层医院本来就不够充足的医疗资源被闲置浪费；另一方面强化了农村医疗市场和城市社区医疗市场的逆向选择，医疗资源进一步向城市大医院畸形集中，城乡医疗资源的供需矛盾更加突出。恶性循环由此产生，"看病难、看病贵"现象愈演愈烈。

医疗资源是一种稀缺资源，其配置本应要满足效率原则，使有限的资源效用最大化。医疗资源本应该按照居民的实际需求在城乡之间和不同层次的医院之间进行合理的配置。合理的配置状况应该是基层医疗组织处理常见病和多发病，大医院和专家处理疑难重症。但是我国现有医疗资源的配置在城乡之间和城市不同层级医院之间却呈现"倒三角"的模式。近70%的农村人口只拥有30%的医疗资源，而30%的城市人口却拥有70%的医疗资源，同时城市80%的医疗资源又集中在大医院。人们大病小病都去挤大医院，导致大医院门庭若市，基层医疗机构门可罗雀。小病患者挤大医院，使得疑难重症患者感到"看病难"；而大医院高昂的医疗成本又使得小病患者感到"看病贵"，这就导致了"看病难、看病贵"并存。卫生资源配置的"倒三角"模式不仅降低了医疗资源的利用效率，也损害了医疗卫生的可及性和公平性，因此必须整合城乡医疗资源，实现医疗资源的均衡配置。

第二节　城乡医疗资源均衡配置的经济学分析

一、关于城乡医疗资源配置的不同观点

关于城乡医疗卫生资源配置公平性的相关问题，诸多文献集中于研究政府在医疗资源配置中的主导作用。章也微（2005）依据公共经济学理论，研究了政府在农村公共卫生中的职责，认为政府应在公共卫生资源配置中起主导作用。顾昕（2006）强调医疗体制进一步改革的关键之一应该是政府正确地矫正市场失灵、弥补市场不足。贡森（2006）则认为中国卫生资源供给问题的症结在于市场化卫生改革思路存在严重偏差，纠偏的主要对策应该是重视政府在医疗资源配置中的作用。余宇新、杨大楷（2008）的研究认为政府应该在城乡间医疗资源配置公平性下降的现实情况下坚持城乡统筹，以建立覆盖全体劳动者的医疗保

障制度。苗艳青（2008）根据江苏、山东、河南、四川4省8县46个村庄的入户调查数据，运用Logit模型分析了卫生资源可及性对农民健康结果的影响。并认为加强对农村医疗资源的投入可以在改变农民患病方面获得很大收益。李晓燕等（2008）利用黑龙江省2003～2006年农村卫生资源数据，通过测算洛伦兹曲线、基尼系数、差别指数和泰尔指数分析了黑龙江省农村卫生资源配置公平性。并强调了政府对落后地区的公共财政支持力度、提高资源配置的地理公平性以及兼顾卫生资源配置公平与效率具有重要的现实意义。

还有一些学者试图从医疗资源配置的角度解释"看病难、看病贵"。胡琳琳、胡鞍钢（2003）以城乡疾病模式的差距为切入点论证了市场化改革和城乡二元结构导致医疗资源在城乡间配置的不公平性。顾昕（2006）注意到在医疗体制改革的过程中，市场化的资源配置机制对初级医疗卫生服务可及性的公平带来不利影响。贡森（2006）认为中国的卫生资源供给相对于经济发展水平来说并不低，问题在于卫生资源的结构失衡以及政府在医疗资源配置中的干预不到位。

也有部分学者认为医疗卫生资源通过市场化整合才是有效率的。宋晓梧（2006）认为针对政府垄断医疗资源以及过去医院垄断患者造成的种种弊端，恰恰应该明确医疗资源调整和公立医疗机构改革应该引进市场机制。刘维奇等（2007）的研究表明我国医疗卫生领域存在的主要问题是医疗价格水平畸高，没有形成合理的价格竞争机制，导致医疗资源配置的低效率。他认为应该从医疗机构经营目标、医疗市场和我国医疗保障体系三个方面，改善我国医疗资源配置效率低下的现状。

尽管已有的研究为我国医疗卫生资源配置欠合理提供了大量的支持性证据，但我们认为，医疗资源配置的结构性矛盾是造成"看病难、看病贵"的主要原因。我国医疗资源城乡之间配置失衡的深层次原因在于，逆向选择导致的优质医疗资源不断退出，加剧了城乡医疗资源配置的两极分化，进而阻碍了一体化的发展。因此，分析农村医疗市场和城市社区医疗市场上的逆向选择问题以及如何通过有效的机制设计消除两个逆向选择和资源配置过程中的行政壁垒所带来的影响，充分发挥市场在医疗资源配置中的作用，对整合城乡医疗卫生资源，缓解"看病难、看病贵"问题，推动医疗保障城乡一体化改革尤为重要。

二、医疗市场上的逆向选择

（一）"旧车市场"与逆向选择

逆向选择（Adverse Selection）是保险市场中的一种重要现象，可能导致市场萎缩甚至市场崩溃，从而导致市场失灵。阿克洛夫（Akerlof，1970）[①] 的"旧车市场模型"是逆向选择问题研究的奠基之作。

俗话说，"新车落地打七折"。"新车落地打折"并不奇怪，奇怪的是打折的幅度之大。如何认识这种现象？原来这一切都与信息不对称有直接的关系。与新车市场相比较，旧车市场上买卖双方信息高度不对称。关于旧车质量，卖方拥有信息优势，且往往无意如实传递给买方；买方处于信息劣势，买方通过旧车外表的观察和试驾，也只能获得相对有限的信息。在这种情况下，买方由于无法判断旧车的质量，只能根据市场上旧车的平均质量持有一个保留价格；而对于市场上优于平均质量的旧车车主而言，理性选择是退出市场交易。随着他们的退出，市场上旧车的平均质量逐步降低，买方据此持有的保留价格也进一步降低，如此造成新一轮的质量相对较好的旧车退出市场。这样一轮一轮下去，买方的出价越来越低，"旧车"市场越来越小，市场上交易的旧车质量越来越差。这类似于"劣币驱逐良币"。极端情况下，旧车市场上，好车全部退出，只剩下劣车，市场就会逐步萎缩甚至崩溃，导致市场失灵。

在旧车市场中，假设有9辆可供出售的旧车，它们的质量水平在0～1之间均匀分布，1代表质量最好的车，0代表质量最差的车。9辆车的相对质量水平（Q）可以用质量衡量指标表示为0，1/8，1/4，3/8，1/2，5/8，3/4，7/8，1。质量指标为1的车是质量指标为1/2的车的质量的2倍。并且，买卖双方根据旧车的质量出价，以质量为1的旧车为例，买方的保留价格为1万元，而对于卖方而言，只有当市场上的出价至少为1万元时，才会出售这辆旧车。关于旧车的质量和价格分布，如图22－1所示：

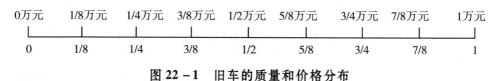

图 22－1　旧车的质量和价格分布

在旧车市场中，卖方明确知道旧车的质量，而潜在的购买者只知道质量的分布状况，却无法具体知道每一辆旧车的质量，买卖双方在旧车质量上存在信息不对称。在这种情况下，如果拍卖师根据市场上旧车的平均质量报价，也就是 Q＝1/2，并且以 1/2 万元出价，买卖双方各有什么反应？

先看卖方的反应。在这一价格水平下，对于质量水平高于1/2（即，质量水平为1，7/8，3/4，5/8）的车主而言，由于价格太低选择退出市场。在剩下的旧车中，最好的旧车的质量水平为1/2，平均质量水平为1/4。

---

① 谢康、乌家培编：《阿克洛夫、斯彭斯和斯蒂格利茨论文精选》，商务印书馆2002年版。

再看买方的反应。理性的买方能够预测到卖方的上述反应，因此不会接受以1/2 万元的价格购买平均质量为 1/4 的旧车。

因此，1/2 万元不是均衡价格，也就是说，对于这个价格买卖双方不能成交。

如果拍卖师以再次根据没有退出的旧车的平均质量报价，买卖双方会如何反应？只用重复上述分析即可。对卖方来说，质量水平高于 1/4 的车主（质量水平为 1/2，3/8）会选择退出市场，只有质量为 0、1/8 和 1/4 的车主愿意交易。对买方而言则决不会以 1/4 万元的价格购买平均质量为 1/8 的旧车。因此，1/4 万元也不是均衡价格。

如此过程可以进行 n 次，伴随着质量较高的旧车一轮一轮的退出，旧车市场越来越小。极端情况是市场上最终留下来交易的旧车为质量为 0 的旧车，这时候，买方的出价为零，整个旧车市场将会崩溃。对于这个问题，阿克洛夫认为，当潜在的购买者只知道旧车的平均质量水平时，市场价格倾向于低于较高质量汽车的真实价值，这些高质量的汽车卖主会选择退出市场。从某种意义上说，高质量的车被低质量的车驱逐出市场。

（二）医疗供方的逆向选择模型

在信息完全的情况下，医疗市场同一般交易市场一样，医疗资源本应该按照居民的实际需求在城乡之间和不同层次的医院之间进行高效合理的配置，这样就不会存在逆向选择的问题。然而现实生活中，医疗市场上的一般状态是参与人之间的信息不对称、产品不同质以及医疗供方可以自由进出，这便产生了医疗资源在配置过程中的逆向选择问题。由于我国的特殊性，医疗资源配置过程中的逆向选择问题在农村医疗市场和城市社区医疗市场上表现得尤为明显。

在我国，城乡分割的二元经济结构造成普遍存在的城乡收入上的差距。同城市相比，农村地区的购买力相对较低。在医疗服务市场上，广大的农村地区只能够提供平均水平甚至是低于平均水平的报酬以及较为恶劣的工作环境，满足不了医疗供方的期望收益，拥有较高素质的人力资源（如医生）和较高质量的物质资源（如病床、医疗设备以及药品等）就会退出农村医疗市场。这样，留在农村医疗市场中的往往是技术水平较低的医生、质量不高的医疗设备以及数量有限的药品。结果，随着质量高于平均质量的医疗资源逐渐退出，农村医疗市场上医疗资源的质量和数量也逐步下降，进而导致均衡价格进一步下降。由于新形成的平均报酬率仅对较低质量的医疗资源具有吸引力，从而又导致剩余次优医疗资源的继续退出，如此一轮一轮的退出，最终留在农村医疗市场中的医疗资源非常有限而且质量不高，这就形成了农村医疗市场上的逆向选择。与农村医疗市场上一样，城市社区医疗市场上同样存在较为严重的逆向选择问题。一种理论上的极端情况是农村地区或城市社区的医疗资源不断退出甚至最终为零。

在我国，医疗资源配置中的逆向选择过程实际上就是资源不断向城市大医院畸形集中的过程，其直接后果便是农村地区和城市社区医疗资源的质量和数量下降，导致城乡之间医疗资源配置的结构失衡。

我国农村医疗市场上逆向选择的历史过程也证明了理论分析上的合理性。计划经济时期，传统农村合作医疗作为我国二元社会保障体制下的农村唯一的医疗保健制度，在解决我国农村基本医疗保健和缓解农村医疗资源贫乏的问题上发挥过重要的历史作用。一个重要的原因就是户籍制度和国家统一的工作分配制度制约了医疗卫生人员的自由流动，一定程度上克服了逆向选择行为。政府的制度干预使卫生人力资源在城乡间分布相对均衡，大部分农村地区仍然拥有一定数量的具有较高技术的医疗卫生人员。但是进入市场经济时期，尤其是随着市场化改革的深入和自由就业制度的确立，逆向选择问题随即产生。一方面拥有资源配置优势的城市大医院吸引着大批名医从农村流向城市，从社区基层医院流向大医院；另一方面新一代的医疗卫生人员毕业后又不愿意回到经济落后、环境恶劣、待遇水平较差的农村地区。高素质的人力资源流向城市，低素质的滞留农村，新一代的人力资源又不能对农村医疗市场形成有效的补充，这样农村市场上的医疗资源数量有限、质量不高，"劣币驱逐良币"的效应非常明显。医疗资源的单向流动直接导致了广大农村地区和城市社区医疗资源骤减，医疗公平性下降，"看病难、看病贵"现象愈演愈烈。

（三）"管办不分"的医疗卫生体制对逆向选择的强化

医疗市场上的信息障碍会使得医疗供方和医疗需方同时陷入困境，从而导致"逆向选择"。医患双方为了追求利益最大化，都会尽力改善自己的不利处境，主要表现为医疗供方的信号传递和医疗需方对信息的甄别。但遗憾的是中国现行"管办不分"的医疗卫生体制不仅导致医疗市场上信号传递失灵，还进一步强化了逆向选择，降低了市场配置医疗资源的效率。

逆向选择是市场失灵的表现，适度的行政干预本可以在一定程度上克服逆向选择。但我国的现实是，卫生行政部门集"裁判员"与"运动员"于一身，与国有医院呈"父子关系"。这种"管办不分"的医疗卫生体制导致行政干预对克服逆向选择不但无效而且有害。在我国，政府干预的一个重要表现就是医院的行政级别和医生的职称都由卫生行政部门来评定。这种干预的后果就是医院（尤其是城市大医院）的声誉不是通过市场形成，而是来源于政府评定。

通常情况下，声誉对医疗供方将起着发送信号的作用，对医疗需求方来说则起着甄别信息的作用。换言之，对医疗供方来说，声誉好、级别高的医院就意味着医生素质高、医疗设备先进；对医疗需方来说，声誉较好（或者说级别较高）的医院就意味着拥有高素质的医疗人才和高质量的医疗资源。但是中国现行的医院声誉评价机制不仅导致信号传递失效，而且进一步强化了医疗市场上的逆向选择，产生资源配置失衡。一方面乡镇卫生院的医生为了证明自己能力出众，其理性选择便是退出农村医疗市场转投城市大医院；另一方面由于优质医疗资源的退出使得农村地区资源更加匮乏，加之政府定级别形成了错误的信号发送机制，患病农民只能选择城市大医院，这样造成本来就萧条的农村医疗市场状况更加恶化，加剧了农村医疗市场上剩余次优医疗资源新一轮的退出，恶性循环由此产生。

我国医疗卫生领域政府过度干预导致信号传递失灵的直接后果便是一方面强化了医疗供方的逆向选择行为；另一方面误导了医疗需方，造成"看病难、看病贵"现象。延伸一点的是，逆向选择不仅导致了城乡间医疗资源配置的低效和失衡，还进而加剧了小病挤大医院这一结构性矛盾。这也正是我国现今医疗市场上的真实写照。

由此可见，中国现行"管办不分"的医疗卫生体制对上述两个医疗市场上的逆向选择具有强化作用。我国的现实是，卫生行政机构作为医院的主管部门集"裁判员"与"运动员"于一身，与国有医院呈"父子关系"。这种"管办不分"的医疗卫生体制导致行政干预对克服逆向选择不但无效而且有害。医院的行政级别和医生的职称都由卫生行政部门来评定，这种干预的后果就是医院的声誉不是通过市场形成，而是来源于政府评定。医疗卫生领域政府过度干预导致信号传递失灵的直接后果便是一方面强化了医疗供方的逆向选择行为，另一方面误导了医疗需方，造成小病挤大医院这一结构性矛盾。这不仅导致了城乡间医疗资源配置的低效和失衡，进而加剧了"看病难、看病贵"现象，阻碍了城乡一体化的发展。

三、逆向选择的三种后果

根据上面分析，从计划经济到市场经济的转轨诱发了农村医疗卫生领域的逆向选择，而患者的理性选择又强化这种逆向选择，最终导致城乡医疗卫生资源配置的两极分化。这种两极分化至少产生三种严重的后果。

（一）宏观上城乡医疗卫生资源的配置失衡

医疗资源配置中的逆向选择过程实际上就是农村地区医疗资源流失、城市大医院医疗资源集中的过程，这导致了城乡之间医疗资源配置的结构失衡。医疗资源在城乡之间和城市不同层级医院之间的配置呈典型的"倒三角"状：近70%的农村人口拥有30%的医疗资源，而30%的城市人口却拥有70%的医疗资源，同时城市80%的医疗资源又集中在大医院（薛新东、潘常刚，2009）。

（二）微观上供求之间结构性错位

医疗资源在宏观上的配置失衡使得城乡患者不得不涌向城市大医院，形成"城市大医院门庭若市，乡镇卫生院门可罗雀"的不合理就医格局。本来，农村基层卫生组织作为供方，应该与作为需方的常见病、多发病患者相匹配，但是，这种配置由于患者的不信任而不能实现，乡镇卫生院医疗资源因此被闲置。而城市大医院供方，本该与作为需方的疑难重症患者相匹配，然而由于小病患者的涌入，这种匹配就在排队等待中被滞后。由此导致广遭诟病的"看病难、看病贵"现象。

（三）城市大医院和农村基层卫生组织的道德风险

现代经济学研究两大基本问题，一是资源配置问题，二是激励问题。根据前面的分析可知，我国医疗卫生领域不仅资源配置严重失衡，激励机制也被严重扭曲，医疗资源配置失衡是激励机制扭曲的重要原因。我国的医疗卫生领域，不管是农村基层卫生组织还是城市大医院，普遍存在严重的道德风险。医生滥开大处方和检查单的道德风险行为已经成为"看病贵"的重要原因，成为全社会广为关注的问题。

第三节　城乡医疗资源整合的路径选择与制度安排

一、城乡医疗资源整合的三种路径选择

医疗资源配置和利用不合理的现状在我国已经形成共识，诸多学者从不同的方面试图给出解决这一问题的思路与方案，现有的研究可以概括为如下三种观点。

（一） 医疗资源整合的政府机制

医疗领域的信息不对称导致医疗市场失灵和医疗产品的准公共性成为支持这种观点的依据。在这种观点的支持之下，一个较为普遍的提法是政府应加大对医疗卫生领域的财政投入，缓解农村地区以及城市社区的医疗资源配置不足的问题。

这种观点认为：与一般商品不同，医疗服务特别是基本医疗服务具有公共物品或准公共物品性质。具有公共品性质的服务是营利性市场主体干不了、干不好或不愿干的。因此，必须由政府来发挥主导作用（国务院发展研究中心课题组，2005）。同时，由于医疗卫生有很多特殊性：如公共品、外部性、不确定性、信息不对称以及垄断，导致市场失灵，市场不能有效地配置医疗卫生资源，因此需要政府主导（李玲，2005）。按照这种思路，医疗领域提供的产品既然具有一定的公共产品性质，那么这种资源的提供就会存在着在一定的预算约束。衡量资源配置效率的一个最重要的方法就是成本——收益分析法，选择可以达到特定目标而成本最小的方案才是合理的制度安排，而仅仅利用财政投入的增加，即成本的增加来提高医疗的公平性是一种下策。对医疗领域财政投入的增加势必导致其他领域投入的减少，这是一种"损人利己"的方法。况且最为关键的是在不改变我国目前医疗卫生体制弊端的前提下，政府财政的投入越多浪费也越严重，如果政府在提高财政投入的同时，医疗价格也随之上涨，那么绝大部分的补贴又转移给了医疗机构，最终将会导致医疗公平性和整个社会福利水平的进一步下降。在政府主导医疗资源整合的观点支持下，建立城乡一体化的医疗保障制度也成为现今的热门话题，并且我国的不少地方已经开始试点。建设医疗保障制度城乡一体化的提法符合国家的大政方针，而且也是大势所趋，但是问题是如果不对目前我国"政事不分，管办合一"的医疗卫生体制进行行之有效的改革，那么医疗资源的配置和利用仍然不可能在新制度的安排下趋于合理，医疗保障制度的城乡一体化也仍然不能够给广大农民和城市低收入阶层带来福音。

（二） 医疗资源整合的市场机制

这种观点认为，医疗市场竞争不足、不公平、不充分是导致"看病难"、"看病贵"的主要原因。市场机制可以发挥价格对信息的传递作用，保证医疗资源的配置效率，并且可以解决政府在资源配置过程中的寻租和交易成本问题。刘国恩（2007）指出，"看病难、看病贵"的实质是医疗服务供不应求。其主要原因是过多的政府干预和行政垄断所导致的市场竞争不足。因此，应该在提供医疗服务方面引入市场竞争机制，鼓励和扶持民营资本进入医疗服务市场。通过医疗服务机构之间的竞争来提高效率，降低医疗服务价格。顾昕（2006）认为中国医改不成功的根源与其说是医疗服务市场化，不如说是在市场化过程中政府职能的缺位和越位。

但是，医疗领域的特殊性导致医疗资源在进行市场配置的过程中确实存在种种的市场失灵现象，并使"看病难、看病贵"的现象进一步加剧。第一，由于医疗领域的信息严重不对称和医疗产品的特性导致医疗市场不符合完全竞争的假定条件，因而市场机制运行的结果不能真正实现效率。其次，医疗资源的配置中确实存在一部分的公共产品和准公共产品，市场机制不能有效解决公共产品和准公共产品的供给问题。市场配置医疗资源的关键在于如何通过合理的制度安排克服市场失灵。上述观点一方面没有解决资源配置过程中市场失灵的问题，尤其是没有解决导致医疗市场失灵的信息问题。另一方面更多的学者仅仅提出了市场机制的粗线条，并没有提出在市场机制下配置医疗资源具有的现实性、可行性及可操作性的方案。

（三）医疗资源整合的第三方机制

其实质是一种政府与市场的折中机制。这种观点认为政府配置资源的低效率和医疗市场的失灵为第三部门配置医疗资源提供了可能性，非营利性组织的性质决定了其在医疗资源配置中的公平性。但是，问题是第三部门在医疗卫生资源配置中同样存在失灵。况且，与发达国家相比，目前我国非营利性组织的发展还相对滞后。所以从资金筹集到内部的约束机制，再到资源的分配和利用非营利性组织都还难以承担起这个关乎全中国国民健康的重担。

（四）三种整合机制的关系

基于前面分析可知，政府机制和市场机制是整合城乡医疗资源的两大机制。然而，在整合医疗资源的过程中，市场机制的失灵是否意味着一定需要政府干预来解决？这是我国医改争论双方分歧较大的地方。从政府干预市场的原因来看，主要是由于垄断、公共物品、外部性、信息不对称和不完全等问题，导致市场失灵，无法达到帕累托最优。然而，市场失灵是政府干预的必要条件，而非充分条件。首先，垄断并一定需要政府干预，垄断本身会产生自身的竞争对手。鲍莫尔的可竞争性理论很好地说明了这一点；第二，公共物品也不一定必须有政府来提供，公共品的供给可引入市场竞争，由政府购买来完成；第三，外部性问题。按照科斯的思路，外部性可以通过市场界定产权来解决，并不需要政府干预；第四，信息不对称。市场机制会演化出各种克服信息问题的机制和手段，以解决信息不对称问题。发达市场经济国家医疗卫生体制改革的经验表明，无需政府直接干预，市场自身也会演化出各种各样的机制来克服自身的缺陷。在第三方支付体系下，医疗保险机构可以充分利用其专业和规模优势，通过加强对医疗服务机构的监管和审核，约束供方道德风险行为。从美国管理型医疗（Managed Care）的经验来看，保险机构通过提供优惠来限制参保人的就医选择；支付方式的变革是指保险公司采用不同的费用结算方式，从而给医疗服务机构以不同的激励，促使其注重保险公司及患者的利益。即使在英国等政府主导型的国家中，近年来通过引入内部市场化（Internal Market）等机制来约束医疗供方的道德风险。因此，即使没有政府干预，医疗市场自身也可以演化出机制创新来约束医疗机构和患者的道德风险行为。西方发达国家的经验充分说明，医疗市场并非是静止不变的。医疗市场可以通过不断演化，寻找合适的交易方式有效地克服信息不对称这样的市场失灵问题。因此，在西方发达国家，其医疗资源完全可能通过市场机制来得到均衡配置。

与西方国家不同的是，我国还处在于计划经济到市场经济的过渡时期，现在的医疗卫生体制是计划经济与市场经济的混合体，是一种最坏的组合。一方面，计划经济的影响尚未完全消除，政府对市场干预过多，如医疗机构、服务价格和企业进入处在政府严格控制之下。另一方面，市场尚未演化出克服自身缺陷的机制，主要是医生自律机制的缺失，这导致医生滥开大处方、医药合谋等现象十分严重。尤其重要的是，管办不分的医疗卫生体制进一步强化了医疗供方的逆向选择，是造成城乡医疗资源配置失衡的重要原因。

二、城乡医疗资源整合的制度安排

（一）基于医疗供方视角的分析

实现城乡医疗资源均衡配置，必须从两个方面同步进行。一是医疗供给方面，如何实现医疗资源在城乡之间的双向流动，如何实现城乡之间双向转诊，前者是生产要素的流动，后者是服务对象的流动。二是医疗需求方面，如何通过需求因素引导医疗资源向农村倾斜，包括：强化"补需方"以增强需方引导医疗资源的能力，整合城镇职工基本医疗保险制度、城镇居民基本医疗保险制度和新型农村合作医疗制度以增强需方引导医疗资源的能力等。

在国际上，医疗集团的产生和发展已经成为医疗产业组织中的一种潮流。所谓医疗集团，是指以城市大医院为主体，通过兼并、重组等方式整合中小医院以及乡镇卫生院和社区卫生组织，使之成为一个利益共同体。通过医疗集团，可以整合大、中、小各个层次的医院和基层卫生组织，重组医疗服务流程，实现双向转诊，进而降低医疗成本，合理配置医疗资源。问题在于，各级医院和基层卫生组织是否具有参与医疗集团的动力，否则，"拉郎配"式的医疗集团最终将流于形式。

要抵消逆向选择带来的不利影响，提升医疗市场上资源配置的效率，改变城乡医疗资源配置失衡的状况，就必须解决信息问题。医疗集团化和社区守门人制度是解决信息问题、克服逆向选择、整合医疗资源的一种行之有效的路径选择。

1. 医疗集团化

鉴于我国现行"管办不分"的医疗卫生体制对市场声誉的挤出，制度设计的前提就是对公立医院实行市场化改革。通过组建医疗集团彻底解除卫生行政部门与国有医院的"父子关系"，真正做到"政事分开"、"管办分离"，以恢复被扭曲的市场声誉，重塑信号发送机制。

首先，市场化改革后的医疗集团为争取市场份额和保持竞争优势会通盘考虑医疗资源的分布，例如隶属于医疗集团的单个医生由于要受统一安排的限制其个人自由流动和选择的可能性降低，不利于发挥其信息优势，从而可以克服逆向选择。

其次，作为独立参与市场竞争的医疗集团在失去卫生行政部门这把巨大的"保护伞"之后会为争取市场份额与地位、树立对外的良好形象而自觉地规范自己的行为（例如不乱开大处方、不提供过度医疗等），此举有利于恢复被扭曲的市场声誉，重塑正确的信号发送机制。

最后，以市场为纽带，打破隶属关系而组建的医疗集团容易实现城市医疗资源向乡村或者社区延伸，并且会自发的引导病人合理分流（由于属于同一个利益共同体，也就不会出现大医院同小医院争抢病人的状况），病人的合理分流与医疗资源的合理流动是相辅相成的，在病人合理分流和资源互动转移的过程中实现医疗资源的结构调整。从长期来看，医疗集团还会不断地注入新资本，其实际上是对医疗资源的一种增量调整，这将能在很大程度上均衡城乡之间的医疗资源。

2. 社区守门人制度

制度安排的第二个层次是建立社区守门人制度，此举不仅能通过重复博弈解决信息问题，而且还能进一步强化市场声誉，克服逆向选择和道德风险，从而达到均衡配置城乡间医疗资源的目的。

需要强调的是守门人制度是市场自然演化，而非行政干预的结果。守门人制度的巧妙之处在于双重重复博弈解决信息缺失问题。第一重重复博弈是指患者与全科医生的重复博弈关系。在守门人制度下，患者首先到全科医生那里就诊，有利于形成一种长期稳定的关系。第二重重复博弈是指全科医生与专科医生之间的重复博弈。患者生病后，首先到全科医生那里就诊，如果全科医生不能诊治，就会把患者推荐到相应的专科医生那里作进一步的治疗。对于患者来说，一生中到专科医生就诊的机会很少。但是，对于全科医生而言，由于其有着众多的患者资源，代理着众多患者选择专科医生，这时全科医生与专科医生之间便不是一次博弈，而是一种重复博弈。通过第一重重复博弈，建立患者与全科医生的信任关系。通过第二重重复博弈，建立全科医生与专科医生的信任关系，从而形成一个信任链。这条信任链的中间环节便是全科医生，通过建立社区守门人制度，强化声誉机制，解决了医学技术进步和医学分工细化情况下的重复博弈问题。

守门人制度下，一方面医患双方之间不断增加的交易次数可以减少信息交易的成本，也容易促成更为有效的契约，同时使患者的信息趋于充分，医生由于受声誉机制的约束也会规范自己的行为，道德风险不易产生，诱导需求和过度医疗的现象也不会轻易发生，医疗资源的浪费可以得到有效的控制。另一方面通过守门人制度合理地分流了病人，从而推动了医疗资源向农村和社区的良性流动。

3. 允许医生多点执业

现行的《中华人民共和国执业医师法》，以注册上岗证书必须注明执业地点的形式，严格限制医生只能在人事档案所属医院行医。这就迫使医生受雇于某一医院，不能出诊，不能到基层或社区卫生院工作，从而造成了社区医疗人才的匮乏，加剧了农村医疗资源短缺。

为了改变这一现状，《国务院关于深化医药卫生体制改革的意见》（2009）提出：要稳步推动医务人员的合理流动，促进不同医疗机构之间人才的纵向和横向交流，研究探索注册医师多点执业。医师多点执业一定程度上承认了医生自由职业者的身份，意味着我国医师制度的重大变革，有助于促进人才合理流动，为短期内实现基层社区医院医疗人才的供给提供了保障，有利于医疗资源的均衡配置。

为了应对医师多点执业过程中可能出现的难点，可以采取以下手段来确保多点执业制度的顺利实施。

（1）建立健全医院内部测评机制。

医院内部应建立一套完整的医生评价体系，通过此体系来评价、衡量医院内部医生的技术水平和工作绩效，根据测评结果，按期确定、轮换可外出多点执业人员，促进医院内部人员竞争，激发其工作积极性。

（2）完善双向转诊制度，确保医疗安全。

大力完善双向转诊制度，使不具备手术条件的基层或社区医院的患者能够及时转向技术水平高、资源充足的大医院，避免多点执业医生为了眼前利益，不顾医疗条件、医疗设备水平等因素实施手术，避免医疗事故的发生。

（3）建立多点执业管理机构，合理安排医生。

应建立一个介于大医院与社区医院之间的多点执业医生管理机构，由管理机构衡量社区对医生的需求情况，根据具体情况，安排合适的医生进行多点执业，避免医生在大医院与社区医院的时间、利益冲突，确保多点执业医生以百分百的精力开展工作。

总之，新医改方案中对医疗人员保底、激励、搞活的措施，无疑将激发优秀医疗人才多点执业的积极性。通过转变医生服务方式、完善医生利益分配机制、促进医生合理流动、协调大医院与社区医院关系等举措，确保医生多点执业顺利推行，缓解社区医疗资源紧张、医疗人才匮乏的现状，从而为最终实现社区首诊制、发挥社区守门人作用提供帮助。

4. 一体化组织整合医疗资源

医疗集团化和守门人制度同步实施，其兼容性和联动效应非常明显。守门人制度的设计可分为两个类型：即松散型和组织型。在松散型中，社区守门人和医院专科医生之间是松散的市场关系。守门人在遇到需要专科医生诊治或住院的患者时，可以根据自己对整个医疗市场的了解，推荐患者去性价比高、医生行为规范的医院。在这种制度设计下，守门人与专科医院没有隶属关系，从而后者对前者也没有约束关系。

但是在组织型的制度设计中，社区守门人和医疗集团是一体化的，即守门人是医疗集团的雇员。医疗集团委派医生去乡村卫生院或社区工作成为社区守门人，社区守门人再根据实际需要推荐患者去其所隶属医疗集团的专科医院就诊。在这种关系下，虽然双重重复博弈只剩下一重重复博弈关系，即患者同守门人的博弈。但守门人和他所隶属的医疗集团可以解决患者的各种问题，市场声誉约束医疗集团的行为，医疗集团为赢得市场声誉又会约束社区守门人的行为，这样就解决了医学的专业分工导致患者不易和医生形成重复博弈关系的问题，也就减少了医生产生逆向选择和道德风险的可能。

同时，组织型的守门人制度和医疗集团化同步实施可以有效解决现行医疗体制下双向转诊不畅的难题，为医疗集团争取市场份额、培育市场声誉提供了制度平台，而且也是医疗集团营销的一种重要手段。这种制度安排有利于通过市场交易协调相关的利益主体，实现医疗资源在城乡之间和医疗卫生服务体系间的最佳配置，破解医疗资源配置结构失衡的难题，从而达到医疗资源充分整合的目的。

需要强调的是市场化手段整合医疗资源并不意味着政府无所作为。政府重点应该在于法律的制定、合同的履行、医疗纠纷的处理以及贫困群体的医疗救助等。

（二）基于医疗需方视角的分析

前面重点从医疗供方的视角分析了城乡医疗资源整合的途径。那么，如何通过需求因素引导医疗资源向农村倾斜，从而达到城乡医疗资源的均衡配置？我们认为，可以通过以下方面的改革来实现此目的。

1. 强化"补需方"以增强需方引导医疗资源的能力

为了提高农民的医疗消费水平，政府应该增加财政补贴，这一点似乎没有争议。学者们争议的焦点在于，政府补贴的方式是什么？究竟应该补供方还是应该补需方？国研中心报告（2005）、李玲（2005）等认为政府财政应该直接补贴医疗供方，加大对医疗供方的财政补贴，政府投钱给公立医院，维护其公益性；应该继续由政府举办医疗机构，包括医院和社区卫生组织等。李玲基于对宿迁医改的调查，认为当地市场化的改革并不能解决"看病贵"问题。如果政府调整对公共卫生建设的思路，加大对公共卫生和基本医疗服务体系的投入，加强政府主管部门对医疗和医药的监管，宿迁的医疗卫生体系将给当地老百姓提供便利、优质的服务。与补供方思路相反，顾昕（2006）、刘国恩（2007）等认为政府财政应该补贴医疗需方，增加需方购买能力。政府主导主要体现在筹资和政府对医疗服务的购买，确保全民享有基本医疗服务和公共健康服务；政府应该加大对医疗保险和大病救助的财政补贴和促进医疗供方之间的竞争。医疗服务价格决定机制和医疗费用支付制度建立在第三方购买与医疗供方谈判的基础之上。政府作为医疗筹资的主体，应补贴需方尤其是低收入人群等弱势群体来实现全民医保，通过医疗保险成为强有力的谈判者，向医疗机构购买医疗服务，并建立相应的以市场和谈判为基础的价格决定机制和费用支付制度。

事实已经证明，补供方不是一种有效的补贴方式。1991年以前英国对公立医院就是采用补供方的财政投入方式，结果造成效率低下和患者漫长的排队等待；1991年英国国民卫生体系（NHS）改革的要点就是将购买方与提供方分开，引入内部竞争机制。也就是说，即使被主张"补供方"者所推崇的英国模式，在1991年以后也开始采用补需方的方式。我国2003年开始的新型农村合作医疗，采用卫生部门"一手托两家"的管理模式，名为补需方，实为补供方，故有"新农合救活了乡镇卫生院"之说。

补需方就是财政投入投向社会医疗保险，通过提高社会医疗保险的保障水平，提高农民的医疗消费水平。通过提高农民的医疗消费水平引导医疗资源向农村倾斜，进而实现城乡医疗资源的均衡配置。

2. 整合城乡医疗保障制度提升社会医疗保险引领医疗资源配置的能力

目前，我国现行的医疗保障制度分属于不同的部门。城镇职工基本医疗保险

405

和城镇居民基本医疗保险隶属于人力资源和社会保障部，新型农村合作医疗隶属于卫生部门。其中，在新型农村合作医疗体系中，卫生部门"一手托两家"。整合城乡医疗保障制度实质上就是整合城镇职工基本医疗保险、城镇居民基本医疗保险和新型农村合作医疗等三种制度。本着购买方与提供方分开的原则，应该改革新农合"一手托两家"的管理模式，用城镇医疗保险管理模式吸纳、改造和融合新农合。关于这一点，我们将在下文进行详细分析。

社会医疗保险力量的强化有利于医疗集团的形成。美国的医疗集团快速发展的重要背景就是购买大户的谈判压力。如何降低谈判成本？如何使谈判更方便？这是组建医疗集团的一个直接原因。英国的医疗集团也是伴随着"购买者与提供者分开"以及"内部市场竞争"的形成而出现的。因此，医疗集团的形成不仅与医疗提供方有关，与买方也有重要关系。如果医疗集团的形成一定要有一个主体来引导，这个主体就是购买大户，在中国就是社会医疗保险机构。

3. 改革支付方式和支付水平

购买大户可以采取适当的支付方式引导提供方调整组织结构。以总额预付制为例。总额预付制实际上是将医疗费用的控制权交给了医疗供方，城市大医院为了节约成本，提高医疗资源的利用效率，必须改进服务流程，将关键治疗环节（例如大型手术）放在中心医院，辅助的治疗环节放在中小医院甚至社区医疗组织。而这一切都是在医疗集团内部进行的。可见，总额预付制有利于促进医疗集团的形成。

购买大户也可以通过调整支付标准引导医疗资源的合理配置。比如，提高对农村地区医生的支付标准，降低医疗资源拥挤地区医生支付标准。这一点，可以借鉴英国的经验。英国将全国初级医疗网络分成四类区域：A. 指定区域，这类地区医生缺乏，政府通过提高支付水平鼓励医生进入该类地区；B. 开放区域，允许自由进入；C. 中间区域，通过批准方可进入；D. 限制区域，严格限制进入。在德国，对诊所医生实行"工分制"，家庭医生一般性的出诊 400 个工分；医生在 19～22 时出诊可计 1 200 个工分，在 22～7 时出诊或者中断正常门诊的出诊可计 1 600 个工分。中国社会医疗保险机构可以采用类似的办法鼓励医生为农民服务，引领医疗资源向农村倾斜。

（三）基于医保管理体制视角的分析

现在已经形成的共识是，城乡医疗保障管理体制应该整合，但分歧在于怎样整合：是用以"第三方付费制"为主要特征的城镇管理体制来改造融合以"一手托两家"为主要特征的农村管理体制，还是用后者改造融合前者？

1. "一手托两家"管理还是"第三方"管理？

为了分析整合的方向，首先来看医疗保险系统的基本结构。

最为简化的医疗保险系统是由三方主体、两个市场构成的。三方主体分别是消费者、医疗保险机构和医疗机构，两个市场分别是医疗保险市场和医疗市场。社会医疗保险管理体制的差异集中体现在医疗保险机构和医疗机构的关系上。

如果医疗保险机构与医疗机构划归同一个行政部门管理，就是所谓的"一手托两家"。"一手托两家"意味着买卖双方归同一个行政部门管理，即从相互制约的买卖关系变成"兄弟"关系，新农合与乡镇卫生院就是这种关系。"一手托两家"的极端情况则是"两家成一家"，中国计划经济时期的公费医疗制度以及英国1991年以前医疗保障制度就属于这种情况。

如果医疗保险机构和医疗机构隶属不同行政部门管理，就是所谓的"第三方付费制"。中国城镇职工基本医疗保险制度和城镇居民基本医疗保险制度就是第三方付费制。其中，提供保障的社会医疗保险机构由社会保障部门管理，负责社会医疗保险的筹资与支付；提供医疗服务的医疗机构由卫生部门管理。医疗保险机构与医疗机构相互独立，二者呈买卖关系。作为现代社会医疗保险制度发源地的德国，其社会医疗保险制度也是典型的第三方付费制。

这种买卖关系不同于患者与医院的买卖关系，而是作为第三方的付费者，医疗保险机构是购买大户，具有大户谈判功能和信息功能，同时也对医院具有监督管理和评价的职能。这些功能是单个患者绝对不可能具备的。在这种管理体制下，"桥归桥、路归路"，作为买方的医疗保险机构和作为卖方的医疗机构分工明确，责任清晰，相互制约，有效运行。

而新型农村合作医疗管理体制的最大特点就是"一手托两家"。卫生行政部门既管理医疗保险，即新型农村合作医疗，又管理医疗服务。在这种管理体制下，作为医疗保险机构的新型农村合作医疗办公室，与作为医疗供方的乡镇卫生院，呈现出"兄弟"关系。有的地方的乡镇卫生院甚至代行合作医疗办公室的职能，既参与筹资又提供医疗服务，既是买方又是卖方。也就是说，筹资、医疗费用支付和医疗服务的提供均由卫生行政部门管理，医疗服务的购买和提供均在卫生部门内部完成。

2. "一手托两家"管理体制的几大认识误区

有观点认为应该用新农合管理体制来改造融合城镇医疗保险管理体制，下面着重分析支撑这种观点的几点常见理由，看看是否能够真正站得住脚。

（1）理由之一：外行不能领导内行，内行的监管更有效。

这种说法的潜台词是，卫生行政部门是内行，其他部门是外行，故应该由卫生行政部门领导整个医疗保障事业。

"外行不能领导内行"不是管理学中的一般结论，而是特定历史背景的产物。"文化大革命"期间知识分子受到严重摧残，改革开放之初政府基于"尊重知识，尊重人才"的考虑，矫枉过正，遂有"外行不能领导内行"之说，从而为知识分子走向领导岗位奠定舆论基础。

这种认识虽然在当时产生了积极的社会效果，但是，其负面影响也很严重。一个显著表现就是大量技术人才走向行政领导岗位，荒废了他们的专业技术。难道领导者一定就是技术权威吗？领导者的技术水平一定要高于被领导者吗？古今中外找不到这样的规律。因此，不能脱离历史背景来理解这种说法，更不能把这种说法扩大化、绝对化。

（2）理由之二：卫生行政部门的监管更有效。

这种说法的潜台词是，第一，医疗领域离不开监管；第二，由于拥有技术优势，卫生行政部门监管更有效。

固然，医疗领域具有信息不对称、医疗产品不确定性等诸多的特殊性，这可能导致医生行为的扭曲，监管是必要的。但是，高尚的医风和医德绝对不是严厉监管的结果，其他行业的诚信也不是行政监管的结果。

医学不是一门严格的科学，而是一门不严格的艺术，在诊疗过程中没有唯一的标准答案，医生拥有很大的自由裁量权，不同门派师承、不同行医经历导致不同的医学理念和行医风格，医疗领域的"小地域差异"现象充分说明了这一点。可见，医疗领域的监管何等困难，即使内行也难以监督同行的行为。换句话说，固然其他部门难以监督医生行为，但是卫生部门几乎同样难以监督医生行为。

在监管问题上，监管动力是比监管能力更重要的问题，著名的"管制俘获"现象反映的就是监管者与监管对象的合谋。中国卫生行政部门与公立医院呈"父子"关系，合谋几乎是天然的，这是中国医疗卫生领域几乎所有问题的根源。这种"父子"关系以及由此带来的合谋严重降低了卫生行政部门的公信力。

鉴于我国现行"管办不分"的医疗卫生体制对医疗资源整合的阻碍，制度设计的前提就是对公立医院进行产权改革。通过股份制改造、重组、合并、合资、甚至是拍卖等形式，彻底解除卫生行政部门与国有医院的"父子关系"，真正做到"政事分开"、"管办分离"，使公立医院成为独立的市场主体，拥有平等自由的签约权。此举不但有利于改变我国资源配置中的结构性矛盾，促进一体化组织的形成，而且行政壁垒的消除还有利于民间资本的进入和医疗资源的增量改革，进一步缓解"看病难，看病贵"的问题。

由于"父子"关系的存在，其他方的监督比上级的监督更有效。医疗保险机构是消费者的代表，也就是医疗服务的买方代表，其大户谈判功能、信息功能、监督管理评价功能、甚至威慑功能，是规范医院和医生行为的强大力量。对于遏制医疗费用的攀升、保证医疗质量具有重要意义。这已被不少国家的实践所证明，也被我国各地的实践所证明。在医改争论中，"补需方"之所以优于"补供方"正是基于这一点。

（3）理由之三：传统农村合作医疗取得了伟大成就，新型农村合作医疗成效显著。

传统农村合作医疗的神话由来已久，其中有所谓的三大法宝：赤脚医生、三级卫生服务网络和合作医疗。这三大法宝都是基于卫生行政部门管理，包括赤脚医生培训、三级卫生服务网络建设、合作医疗管理等。世界卫生组织把中国计划经济时期的农村合作医疗制度，赞誉为发展中国家解决医疗卫生问题的成功范例。果真是这样吗？

这种论断最重要的依据之一是"中国人均期望寿命从新中国成立初期的35岁增加到1978年的68岁"。根据卫生经济学的研究结果，影响健康的因素大致可以依次排列：收入与营养的增加、居住条件和饮用水的改善、生活方式的合理化……最后才是医疗因素的贡献。在我国，新中国成立后战乱的消除更是一个重要因素。即便是医疗卫生，也不能忽视公共卫生的贡献，新中国成立后消灭了天花、瘟疫等重大传染病，消灭了一些地方病。这些都与农村合作医疗没有多大关系。

另外，借鉴边际效用递减规律，也不难解释，计划经济时期近30年人均寿命迅速增长，而改革开放之后的30年人均寿命何以增长缓慢？数据显示，2008年中国人均寿命73岁。可以肯定地说，人均寿命的增长速度还将更慢，并且是越来越慢。这些都与医疗没有多大关系。

因此，必须破除对传统农村合作医疗的迷信。

就"新农合"而言，确实给农民带来了实惠，但是其管理体制的弊端是不容忽视的。"新农合"的管理体制集各种功能和各种权力于一个部门，缺乏制约机制；强化了卫生行政部门与乡镇医院之间的"父子"关系。这种管理体制已经产生了严重后果。首先是"新农合"的受益者到底是谁？是广大的农民还是乡镇卫生院？在一些地区，农民对"新农合"的满意度较低，而乡镇卫生院却因"新农合"而起死回生。"'新农合'救活了乡镇卫生院"颇具讽刺意义。

此外，"新农合"中的"吃空饷"现象值得关注。几年来，人们一直关注如何提高"新农合"的参保率，其实，高参保率并不意味着"新农合"的成功。高参保率可能是行政干预的结果，是政绩工程的一部分，也可能是"吃空饷"造成的，如有些地区参保率大于100%。"吃空饷"往往是由乡镇卫生院代行"新农合"的筹资功能造成的，也可以说是两者合谋骗取政府补贴。

值得深思的是，同样有政府补贴，城镇居民基本医疗保险却没有发现"吃空饷"现象，这也显示了"一手托两家"与"第三方付费制"的不同效果。

"新农合"、"一手托两家"的管理体制与中央关于深化医药卫生体制改革的指导思想是不相容的，是在向计划经济回归。然而回头路是走不通的，因为与计划经济时期相比较，经济制度环境已经发生了根本变化，各个行业已经走向市场，医疗卫生又怎能成为市场经济汪洋大海中的"孤岛"呢？

（4）理由之四：西方国家的经验。

在西方国家中，确实有些国家由卫生部管理医疗保险，德国和加拿大非常典型。但是，这些国家的卫生部和我国的卫生部不是一个概念，明确这一点非常重要，否则就易偷换概念。德国和加拿大的卫生部，与医院不是"父子"关系，不是医院的总院长。以我国卫生部为标准，德国和加拿大的卫生部根本不能称其为卫生部，换个名字可能更合适，如医疗保险部。因此，这些国家的医疗保障管理体制归根到底还是属于"第三方付费制"，而不是"一手托两家"。

如何正确理解大部制？大部制是对同类业务的整合，比如，"新农合"与城镇基本医疗保障制度的整合；医疗卫生与计划生育管理的整合。不同类型的业务，尤其是呈买卖关系的两类主体是不能归统一部门管理的。医疗保险与医疗服务的提供是两类性质截然不同的业务，前者属于社会保险，后者属于医疗卫生，必须分开管理。

同时，如何理解美国的健康维护组织？这种组织就是集保险功能及医疗服务提供于一身，整合医疗保险和医疗机构，产生了积极的效果，那么是否就能够由此推断，我国的医疗保险功能和医疗服务提供也可以统一由卫生部门来管理呢？

其实，经济学经典文献早就提醒我们一定要警惕"合成"悖论，也就是说，个体理性不能保证集体理性，微观上合理不能保证宏观上合理。美国的健康维护组织属于微观主体，面临着强大的市场竞争压力，从而激发出生命力。而我国的卫生行政部门则属于宏观管理部门，不存在竞争压力，如果集各种功能和权力于一身，低效率就不可避免。

3. 医保管理体制整合的基本方向

基于以上分析，我们认为应该把整合城乡医疗保障管理体制置于深化医药卫生体制改革的框架之中。城乡医疗保障管理体制整合的正确方向应该是，用城镇职工基本医疗保险"第三方付费制"的管理模式，改造融合新型农村合作医疗"一手托两家"的管理模式，实行"管办分离"，真正解除医院与卫生部门的"父子"关系，发挥医保机构作为第三方的谈判功能和信息功能，真正发挥市场机制在城乡医疗资源整合中的作用。

第四节 城乡医疗资源整合的动力与障碍分析

一、医疗资源整合与城乡医疗卫生一体化的动力

农村医疗市场和城市社区医疗市场中的逆向选择导致城乡医疗资源配置的两极分化，造成了统筹城乡一体化发展的障碍。但是这并不意味着城乡之间双方的利益主体缺乏一体化的动力。恰恰相反，城乡医疗市场的相关利益主体都有足够的动力推动一体化组织形式的形成。

（一）大医院的动力

第一，对于城市大医院来说，中国农村具有广阔的医疗市场，农村地区和城市社区有着广阔的病源市场，这是任何具有战略眼光的大医院不能忽视的重要因素。诸多的基层医疗机构都是城市大医院为扩大市场份额、竞争病源的潜在力量。城市大医院通过专科医生拉拢病源，专科医生通过发展其下线，即基层全科医生赢得客户。如此一来便形成了金字塔式的一体化组织结构，使各级医疗机构对患者的转诊变成一体化组织内部的资源配置问题。随着医改的推进，医疗领域的竞争将日趋激烈，城市的大医院如何保持原有的市场份额。组建医疗集团不失为扩大市场份额的一种有效手段。所以大医院有足够的动力与基层医疗机构形成一体化的组织形式，利用基层医疗机构和社区医生来赢得的农村和城市社区医疗市场上的客户，从而扩大自己的市场份额，增强竞争实力。

第二，从生产的角度看，组建医疗集团有助于充分释放城市大医院的医疗服务能力，弥补其"短边"资源的不足。由于大医院病床数量以及其他生产要素的限制，一方面患者需要排队等待，另一方面医疗专家的服务能力却不能充分发挥。而中小医院"门可罗雀"，资源闲置，正好为城市大医院的医疗专家充分发挥服务能力提供了合适条件，这也能够缓解城市大医院的拥挤状况。组建医疗集团也有助于充分利用城市大医院的先进诊疗设备，因为，这些先进的诊疗设备可以为医疗集团内部各个层次的医疗机构所共享。

第三，从资源配置的角度看，有利于不同层次医疗资源的互补，解决现行体制梦寐以求的"双向转诊"问题。一旦形成医疗集团，集团内部各个层级的医疗组织便具有相对一致的利益，这是双向转诊的基础。双向转诊实现双赢，通过双向转诊，城市大医院可以集中精力治疗更多的疑难重症患者，城市大医院的潜

力被充分挖掘，同时，中小医院和基层医疗组织"门可罗雀"的状况也将得到根本改善。

第四，一体化的运作可使签约主体成为同一组织的利益共同体，通过市场化操作顺利化解一体化进程中的利益冲突。同时社区首诊、分级诊疗以及双向转诊等配套的机制也可以应运而生。如此一来，一体化组织不但能够最大限度地避免同级医院间恶性竞争，重复检查、重复诊疗等浪费现象，还可以根据患者距离医疗机构的远近以及病情的轻重缓急合理规划就医格局，开发品种多样适合不同群体的医疗产品。在医疗集团内部，各级医疗机构对患者的转诊变成一体化组织内部的资源配置问题，医疗集团可以采用成本最低的诊疗安排，把关键治疗环节（如大型手术）安排在大医院进行，把辅助的治疗环节（如手术之后的恢复等）放在基层社区医院。此举一方面可以大大降低医疗成本、提高医疗资源的利用率，另一方面可以有效地化解小病挤大医院的结构形矛盾。

第五，现行医疗保险制度下的总额预付制也成为城市大医院推行一体化的动力。总额预付制实际上是将医疗费用的控制权交给了医疗供方，城市大医院为了节约成本，提高医疗资源耗费的边际效益，其理性的做法便是将关键治疗环节（如大型手术）放在大医院进行，而辅助的治疗环节（如康复等）放在基层社区医院。所以大医院有动力同基层医院签订一体化合同，将其作为合理利用医疗资源、节约成本的一体化组织。

（二）中小医院与基层医疗组织的动力

农村和城市基层医疗机构同样具有参与医疗集团的动力。城市大医院拥有先进的医疗技术和医疗设备、高水平的医疗专家，特别是拥有良好的社会声誉，这些优势是基层医疗组织难以企及的。基层医疗组织为了取信于患者，可以依托城市大医院，利用城市大医院的社会声誉与专家资源。这是基层医疗组织解决"门可罗雀"问题的一条捷径。

加入医疗集团，基层医疗组织至少可以从以下几个方面获益。一是通过大医院医疗专家的定期坐诊，取得患者的信任。二是利用大医院的诊疗设备，弥补设备缺乏的不足。三是通过大医院医疗专家的"传、帮、带"，以及各种培训计划，提升基层医生的医术水平。四是直接利用医疗集团的社会声誉和市场品牌。另外，基层医疗组织甚至可以得到医疗集团的资金支持。

组建医疗集团使得基层医疗组织与城市大医院成为一个利益共同体。在这个利益共同体内部，社区首诊、分级诊疗以及双向转诊等制度的运行成本将大大下降。医疗集团内部可以解决重复检查、重复诊疗等浪费现象，还可以根据患者距离医疗机构的远近、病情的轻重缓急、疾病的诊疗情况、患者的恢复情况等方面，合理安排就医，甚至可以开发多种医疗产品，满足不同收入群体的需要。这既可以降低医疗成本，解决"看病贵"问题，同时也化解了因小病患者挤大医院而造成的"看病难"问题。

（三）医生的动力

新医改方案提出：要稳步推动医务人员的合理流动，促进不同医疗机构之间人才的纵向和横向交流，研究探索注册医师多点执业。医生多点执业可以带来以下方面的好处：

首先，弥补社区医疗人才供给不足。新医改方案提出要大力发展社区医院，实现社区首诊制，但现实是社区缺乏好医生。多点执业允许医生到基层，这就弥补了社区医院人才不足的问题。

其次，为大医院"分流"。医师是医疗服务的主体与核心，只有医师合理流动，才能引导患者来基层医院就医。患者就医首选好医生，大医院的医生来到基层社区，势必会影响部分患者的就医选择，通过"发信号"使部分患者留在社区医院，避免了大病小病都涌向大医院的现象，实现为大医院的分流。

再其次，方便基层患者就近就医。多点执业允许医生到基层、到社区医院就诊，这样一方面可以使患者就近得到高质量的诊疗，缓解老百姓的"看病难"之苦，另一方面节省了患者的时间，使疾病能够及时得到治疗。

最后，实现医生自我价值。前面已经提到，现阶段，医院内医生的价值得不到体现，"医师不如理发师"的现象存在，医生靠推销药品而不是医疗技术来获得收入，自我价值得不到体现。多点执业就允许医生走出医院，去社区，靠看病、做手术等通过医疗技术的方式，实现自我价值，同时获得一定的收入。

可见，理想状态下医师多点执业，无论是对基层医院、大医院、患者还是医生本人，都会带来益处，是一种"四赢"的举措，也是解决城乡医疗资源配置失衡的重要措施。

二、组建医疗集团的体制性障碍

（一）"管办不分"的体制

一体化的组织形式也符合"城乡一体化"发展战略的要义，即从城乡双方的共同利益出发，变城乡之间互相分割为互相结合，变相互封闭为自由开通，促进城乡之间协调发展，共同繁荣。但遗憾的是这种看似双赢的一体化组织形式在我国并没有出现，原因何在？

413

根本原因在于公立医院和各级卫生行政部门之间的"父子"关系。我国"管办不分"的医疗卫生体制不仅是医疗资源有效整合的障碍，也是我国医疗卫生体制改革举步维艰的重要原因。

中国的国有医院作为计划经济的最后堡垒之一，管理上基本沿用计划经济模式：即卫生行政部门集"裁判员"与"运动员"于一身，与国有医院呈"父子关系"，医院至今依然是卫生行政部门的附属物，而不是独立的市场主体，缺乏独立的法人地位，缺乏从事参与医疗集团的自主权。当医疗集团的组建涉及县属医院、市属医院、省属医院以及卫生部部属医院时，首先遇到的障碍便是"婆婆"之间的壁垒。可见，医疗集团的建立是以政事分开、管办分开为前提的。

在"管办不分"的医疗卫生体制下，医院的定价机制也发生了扭曲。一方面医疗设备使用费、医用材料费，以及药品的价格等大多都由医院自行定价，而这些本不能反映医生人力资本价值的自行定价项目，却成为了医院收入的主体，在道德风险极为严重的中国，医生的信息优势在此领域发挥到了极致。另一方面医疗卫生服务价格又由政府控制，医生作为专家其人力资本价值被人为地低估，低廉的挂号费和治疗费远远低于医生的实际劳动成本，严重地违背了市场调节价格的原则。而政府在制定医疗服务价格时几乎又是采用平均主义。以医院挂号费为例，由于政府对医疗服务价格的控制，小医院医生的挂号费和大医院专家的挂号费差距不大，不能反映出医生技术水平之间的差异。大医院专家的医疗服务价格过低，淡化了患者就医找专家的费用意识，并且当大医院专家的医疗服务价格与小医院普通医生的医疗服务价格相近的时候，患者就医时即使是小病也自然会首选大医院的专家，而较少考虑是否必须如此，这样"小病挤大医院"这一结构性矛盾产生。

"小病挤大医院"这一结构性矛盾一方面导致"大医院门庭若市，小医院门可罗雀"的不合理就医格局，农村乡镇和城市社区基层医院本来就不够充足的医疗资源被闲置浪费；另一方面强化了农村医疗市场和城市社区医疗市场的逆向选择，医疗资源进一步向城市大医院畸形集中，加剧了医疗资源的供需矛盾。恶性循环由此产生，"看病难、看病贵"现象愈演愈烈。由此可见，现行"管办不分"的医疗卫生体制导致了患者不合理的就医格局，后者又进一步推动了医疗资源配置上的恶性循环。

需要强调的是，组建医疗集团完全是一种市场行为。要发挥市场配置资源的基础性作用，前提就是市场主体产权清晰、签约自由。我国体制转轨的过程就是产权逐渐清晰的过程，这个过程的基础性工作则是"政企分开，管办分开"。这是国有企业改革的基本经验。遵循这一思路，医疗卫生体制改革的基础性工作应该是"政事分开，管办分开"。因此，明晰产权、恢复公立医院独立的市场主体地位、弱化新医疗改革中的行政壁垒是保证城乡医疗资源整合和一体化顺利推进的关键。

（二）宿迁医改的经验

宿迁医改突出体现了医疗集团的作用。可以说，宿迁的医改过程就是医疗集团的形成过程。在宿迁医改的过程中，南京鼓楼集团广泛参与，和宿迁各级各类医院建立广泛的联系，把宿迁的各级医院和基层医疗组织等纳入鼓楼集团的谈判视野。最终结果是，城市大医院赢得了农村地区广大的医疗市场，而农村中小医院也得到了顶级医院的帮助，重塑了自己的形象，同时也方便了农民就医。

宿迁医改的关键在于，宿迁地方政府对公立医院实行彻底的政事分开、管办分开，同时消除医疗领域的地区壁垒，对外地城市大医院开放医疗市场，以招商引资的方式吸纳南京鼓楼集团。宿迁医改实现了中心城市大医院与农业地区中小医院的优势互补，成为城乡医疗资源整合的典型案例。

三、社区首诊制的障碍

所谓社区首诊制，即所有医保参保者在非急诊的情况下必须在社区型医疗机构首先就诊，在必要的情况下接受转诊。目的就是要扮演好社区守门人的角色，发挥基层医院方便、快捷、低价、高效的优越性，切实为社区居民提供便利，为大医院"分流"。但是由于种种原因，我国当前"社区首诊制"推行不顺畅，举步维艰，那到底是什么阻碍了"社区首诊"的顺利推行呢？

（一）政策限制医生的随意流动

目前，我国医疗人才是封闭式的管理，医生为医院所有，不能到另一家医院执业，医生只被允许与一家医疗机构签订劳动服务合同，一旦签约，医生就成了医院的"奴隶"，一切都围绕着医院来进行。医生与医院签约之后，虽然医院外部有需求，但面对医院之外的患者和利益，医生们也只能望而却步，不敢靠近，否则就是违法。但现实是，即便这样，面对诱惑，大量的医生依然铤而走险，医生"走穴"开始盛行。在后面将会更详尽地进行论述。

（二）成本—收益分析导致医生就业首选大医院

鉴于医生学习所付出的高昂成本，包括时间、金钱等方面，医生就业首先瞄准大医院。与社区医院相比，大医院有着丰厚的回报、良好的工作环境和工作条

415

件、广阔的职业成长空间以及优越的社会地位，而这些都是社区医院所无法比拟的。综合考虑成本、收益，医生们无疑都会选择大医院，从而造成社区医院严重的人才匮乏。

（三）优质医疗资源分布不均衡

长期以来，由于认识上的缺陷，使得大量优质医疗资源分布不均衡，优质医疗资源主要集中在大城市大医院。大医院的这种优势无形中对患者发送了强大的信号，患者受信号驱使，纷纷来大医院就医，而大医院的"红火"现象又一次向医生们发送了信号，由于医生潜在的自我实现和利益动机的驱使，他们就会选择大医院工作，与大医院签订劳动合同，而社区医院无人问津。

可见，政策、资源、待遇成为阻碍"社区首诊"推行的罪魁祸首，而这三者又都指向了一个问题，即社区医疗人才供给不足。医疗人才不足导致患者对社区医院不信任，无论大病小病都涌向大医院，造成"看病难、看病贵"现象。

四、体制性障碍对医疗资源整合机制的影响

基于上述分析，城市医疗市场与农村、社区医疗市场都有足够的动力推进城乡医疗卫生一体化。但是我国现行"管办不分"的医疗卫生体制缩小了城乡间双方利益主体的选择空间，限制了自由签约权，与此同时新出台的医疗改革方案进一步强化了城乡一体化进程中的行政壁垒，阻碍了一体化组织的发育。

医疗资源整合和城乡一体化发展的过程其实质就是城乡之间和不同层次医院之间的产权主体自由谈判，降低交易成本实现双赢的过程。这种自由平等谈判的前提要求相关的产权主体必须具有独立的市场地位和自由签约权。但我国现行"管办不分"的医疗卫生体制导致我国的城乡各级公立医院名义上产权明晰属于政府，但实际上产权不清，缺乏独立的法人地位。由于各级医院不具有完整的产权，那么包括兼并、重组在内的自由签约权也就受到限制。这种行政壁垒所导致的直接后果就是阻碍了一体化组织形式的发育，降低了市场的效率，同时也难以缓解小病挤大医院的这一结构性矛盾。

可见，"管办不分"的医疗卫生体制是医疗资源有效整合的关键性障碍。在这种体制下，国有医院由于缺乏独立的市场地位和自由签约权导致无论实施哪一种资源整合机制都无济于事。

在我国，一方面医院的行政级别和医生的职称都由卫生行政部门来评定，而医院级别和医生职称的高低又是反映医院声誉好坏的指标之一，这不仅会导致小病挤大医院的结构性矛盾推动医疗资源向城市大医院畸形集中，而且还导致城乡

不同级别的医院在政策受益或者资源配置方面差别十分显著。另一方面医院和医生为了能够争取更高的级别就必然会产生寻租行为，实际上医院和医生不断提高级别的过程其实质就是不断寻租的过程，且并不是一劳永逸。同时由于卫生行政部门与国有医院的"父子关系"，导致监管无效，医疗资源配置失衡的矛盾进一步加剧。如此看来，"管办不分"的医疗卫生体制导致医疗资源整合采用政府机制既不公平也无效率。

同时，"管办不分"的医疗卫生体制也给第三部门整合医疗资源设置了障碍。这种体制不仅为民营资本进入医疗领域、社会资金的整合调配设置了行政壁垒，也大大增加了跨部门整合的交易成本。所以这也就出现了一方面我国的医疗体制改革正在如火如荼地进行，另一方面却出现"亚心改姓"等这样的反向改制行为。因此，改革现行"管办不分"的医疗卫生体制，解除卫生行政部门与国有医院的"父子关系"，真正做到"政事分开"、"管办分离"，才是进行城乡医疗资源有效整合的关键。

第五节　城乡医疗保障一体化的典型模式分析
——以湖北省鄂州市为例

作为湖北省唯一的城乡一体化试点城市，2008年8月，鄂州市在湖北省率先推进城乡医保一体化改革，以"人人享有基本医疗保障"为目标，大力推进城镇职工医保、城镇居民医保、新农合的"三网合一"。通过打造制度、监管和服务等"三大体系"，成功破解了困扰医保事业发展的体制、身份和资源等"三大难题"，形成了"城乡管理一体化、城乡待遇均等化、城乡服务网络化"的医保运行模式，是湖北省唯一实现了"市级统筹、城乡统筹、门诊统筹"的地级市，较好缓解了城乡居民的"看病难、看病贵"问题。

一、鄂州市城乡医疗保障一体化的政策体系

（一）医疗保险体系的主要内容

1. 城乡居民基本医疗保险品种

城乡居民基本医疗保险设两档：一档缴费标准为110元/年（其中个人缴费20元/年，财政补助90元/年）；二档缴费标准为240元/年（其中个人缴费150

元/年，财政补助 90 元/年）。

2. 险种转换

城乡居民可根据自身经济条件，自由选择一档或二档两个品种参保，其家庭成员（除已参加城镇职工医保外）所选缴费标准必须相同。一旦选定，两年不变；两年后选择一档家庭可选择二档参保，但原选择二档家庭不能逆向选择一档参保；城乡学生均以学校为单位统一参保，按一档缴费，享受二档待遇。

3. 一档待遇支付

（1）住院费用分段设置，住院补偿比例。

① 在乡镇卫生院住院治疗，医疗费用在 51 元以上补偿 85%；在城区一级医院住院治疗，医疗费用在 101 元以上补偿 80%。

② 在市中医医院、妇幼保健院、三医院、优抚医院住院治疗，医疗费用在 301～2 000 元补偿 55%；医疗费用在 2 001 元以上补偿 70%。

③ 在鄂州二医院住院治疗，医疗费用在 301～3 000 元补偿 45%；医疗费用在 3 001～5 000 元补偿 55%；医疗费用在 5 001 元以上补偿 65%。

④ 在市中心医院住院，医疗费用在 501～3 000 元补偿 40%；医疗费用在 3 001～5 000 元补偿 50%；医疗费用在 5 001 元以上补偿 60%。

⑤ 经转诊在市以上定点医疗机构住院治疗，医疗费用 801～5 000 元补偿 25%；医疗费用在 5 001～10 000 元补偿 35%；医疗费用在 10 001 元以上补偿 45%。

（2）住院补偿范围。

① 疾病诊疗必需的特殊材料纳入补偿。

② 疾病诊疗必需的特殊检查纳入补偿。但单次、单部位费用超过 300 元的特殊检查按 300 元纳入补偿；同一部位大型设备检查一般不得超过两次。

③ 参保城乡居民因危、急、重症等情况在门诊实施紧急抢救后住院的，其紧急抢救费用并入住院费用，纳入补偿。

④ 器官移植患者住院费用纳入补偿。

（3）住院治疗补偿封顶线。

住院治疗费用补偿封顶线为 40 000 元。

（4）特殊人群就医优惠政策。

① 城乡低保户（持市民政部门发放的有效证件）在市内各定点医疗机构住院医疗费用补偿不设起付线。

② 参保孕妇住院分娩每人补助 300 元。

③ 慢性肾衰竭透析患者透析直接费用按 50% 补偿。

4. 二档待遇支付

（1）住院费用分段设置，住院补偿比例。

① 一级及以下医疗机构（包括惠民医院、乡镇卫生院、社区卫生服务站，下同）、二级医疗机构、三级医疗机构的起付标准分别为 100 元、300 元、500 元；

② 转市外省内医疗机构的起付标准为 800 元；转省外医疗机构的起付标准为 1 000 元；无劳动能力、无固定收入、无法定赡养人或抚养人的参保城乡居民在惠民医院住院，不设起付标准；一个保险年度内，参保城乡居民住院两次及以上的，起付标准减半。

③在起付标准以上的住院费用，属于一般检查、治疗和规定药品目录范围内的甲类药品的，一级及以下医疗机构、二级医疗机构、三级医疗机构分别按 80%、70%、60% 的比例报销；属于特殊诊疗和规定目录范围内的乙类药品的，分别按 60%、50%、40% 的比例报销；参保城乡居民转外就诊的，按市三级医疗机构的报销标准执行；低保城乡居民到惠民医院就诊，在规定支付范围内的住院医疗费用，按相关规定享受医疗及服务费用减免和药品平价销售优惠并按规定比例报销。医疗保险报销和惠民医疗减免之和原则上不低于目录内医疗费用的 80%。

（2）住院补偿范围。

参保城乡居民因危、急、重症等情况在门诊实施紧急抢救后住院的，其紧急抢救费用并入住院医疗费用。

（3）特殊门诊慢性病。

参保城乡居民患癌症、器官移植抗排、慢性肾衰竭透析、血友病、红斑狼疮等 5 种特殊慢性病之一的，其门诊费用按规定程序进行申报和报销。特殊慢性病的报销标准：红斑狼疮、癌症、血友病门诊治疗费用按 40% 报销，器官移植抗排、肾衰竭透析门诊治疗费用按 50% 报销；同时患两种及两种以上特殊慢性病的，按就高不就低的原则，只对一种病种实行报销。

（4）特殊门诊慢性病、住院治疗补偿封顶线。

在一个保险年度内，基金报销住院医疗费用和特殊门诊慢性病补助之和的最高支付限额为 40 000 元；连续缴费满 3 年不足 5 年的，最高支付限额为 60 000 元；连续缴费满 5 年及以上的，最高支付限额为 100 000 元。

5. 门诊统筹试点

城乡居民按筹资总额的 15% 用于门诊统筹，由各区自主选择 1 个乡镇进行试点，从当地经济社会发展实际出发，自行制订门诊统筹方案，报市医疗保险局批准后实施。以点带面，积累经验，逐步推广。

6. 特殊群体的补助

（1）城镇低保对象、重度残疾人员由政府按二档全额补助，享受二档待遇。

（2）农村低保人员、重度残疾人员由政府按一档全额补助，享受一档待遇。

（3）城镇低收入家庭60周岁以上老人由政府每人每年补助150元，个人每年缴纳90元，享受二档待遇；如果个人自愿选择一档待遇，则个人缴纳20元，政府补助90元。

7. 基金统一，分档核算

对基金进行统一监管，分档核算，账外调剂。即一个系统管理，分两档核算：设立第一档和第二档，第一档基金核算，对省卫生厅；第二档基金核算，对省劳动保障厅。建立一个监管体系、一个核算专班，分设两个账户。

8. 新旧政策衔接

《方案》下发前已缴费参保的城乡居民按原政策执行，《方案》下发后缴费参保的城乡居民按《方案》执行。

（二）运行机制

参保时间：每年缴费时间为9月1日～12月31日，城乡居民可就近办理登记参保和缴费手续。新生儿在自办理入户手续之日起30天内办理参保手续，逾期则只能在下一年度的缴费时间内方能办理参保手续。

征缴核定：在市人民政府统一领导下，区（乡、镇）和街道办是收取城乡居民基本医疗保险费的责任主体，财政部门在资金筹集中承担重要的职能，劳动、卫生、教育等部门要配合做好城乡居民医保费的收缴工作，充分发挥区（乡、镇）和街道办在筹资中的重要作用。为充分调动各级各部门积极性，财政按缴费总额的4%对区、街道给予补助。

基金管理：坚持以收定支、收支平衡、略有结余的原则。基金纳入市财政专户储存，实行收支两条线管理，单建统筹、统筹共济、风险共担、接受审计。确保基金安全，建立健全财务会计制度和基金管理的各项规章制度，促进基金管理的规范化、制度化，任何单位和个人不得挤占挪用基金；确保基金有效支出，当年基金节余不得超过15%，累计基金结余不得超过25%。

待遇审核：医保机构根据疾病诊疗规范和医疗保险"三个目录"对门诊、住院医疗费用进行审核，对不符合支付标准予以扣减。

稽核考核：加强服务协议管理，严格按规定与定点医疗机构和定点零售药店签订协议并做好考核兑现工作；成立医保稽核机构，每天对各定点医疗机构的住院患者进行例行查房、对证、对人、对床号、对病名，了解病情和治疗情况，查处定点单位的违规行为；同时加强内部稽核，建立内部制约机制，确保基金安全。

网络管理：建成覆盖全市城乡的计算机网络系统，既能使基金的收支状况及医疗费用结构一目了然，又为参保职工提供方便快捷的服务；不断完善住院率、参保人员自负率等网络管理指标，加强对定点单位网络监管，确保网络系统安全运行，有效降低基金风险。

（三）监管系统

采取强有力的监控和管理措施，建立起高效、敏感、实时的监管系统，节约有限基金，防止资源浪费和滋生腐败，减少道德风险对基金带来的冲击。

确保基金安全。市财政、审计等部门对基金使用情况实施定期、不定期的检查，监督制度执行情况。建立医保基金的双向预警机制，统筹基金结余低于5%或超过20%时，市医疗保险局应提出意见，在一体化办公室组织下，经劳动、卫生、民政等行政部门讨论通过后，报市政府批准实施。

实行共同监督。按照"方便群众、合理布局、利于管理、公正透明"的原则，由市劳动、卫生与民政部门共同审查与确定定点医疗机构和定点药店。将全市城镇职工医疗保险定点医疗机构、新型农村合作定点医疗机构、城镇居民基本保险、医疗救助定点医疗机构统一命名为"鄂州市基本医疗保险定点医疗机构"，将定点零售药店统一命名为"鄂州市基本医疗保险定点零售药店"，统一签订《服务协议》，统一医疗费用结算，统一医保业务考核。劳动部门与卫生部门履行监督职责，在运行过程中，由医保经办机构以网上监控与实地稽查为手段，由专职稽核人员通过定时查、不定时查，充分发挥群众监督、社会监督作用，规范定点医疗机构和定点零售药店服务行为。

（四）医疗救助

医疗救助由市民政部门具体实施，与城乡居民基本医疗保险制度相衔接，在定点医院与医疗保险机构资源共享、合署办公。

城镇低保对象（含集中供养三无对象）、农村低保对象（含农村福利院集中供养五保对象）和特困优抚对象住院治疗时，在享受医疗保险待遇后，对个人承担的部分按比例进行救助，救助比例和封顶线由定点医疗机构通过网络平台报民政部门批复后执行，所需资金由定点医疗机构先行垫付，定期与民政部门结算。

（五）网络平台

（1）依托金保工程，统一开发"三网合一"的信息网络系统，设立城镇居民、新型农村合作医疗、医疗救助不同模块，分别处理业务，但各项数据模块之间，统一数据库、统一信息标准（统一药品和诊疗项目编码）、统一操作软件。

（2）建立覆盖城乡网络系统，与社区（乡镇）参保登记信息网络实现对接与共享，与定点医院、定点零售药店实现对接，既可实现参保人员数据传输与交换，又可实现医疗费用的监管与结算。

（3）开发使用统一的社会保障卡，具有查询、支付、信息交换等功能，方便群众办事，提高工作效率，实现"一卡通"。

（4）建立网络服务管理指标体系和评估体系，实现对定点单位的远程监控。

（六）组织领导

一是成立鄂州市城乡社会保障一体化工作领导小组，负责城乡社会保障一体化工作的组织实施工作。城乡医疗保障一体化工作作为社会保障工作的重要组成部分，在该领导小组的统一领导下开展工作。市长范锐平任组长，市委常委、常务副市长刘立勇、副市长李莹任副组长，相关部门主要负责人为成员，领导小组下设办公室，由市政府一名副秘书长任办公室主任，具体负责日常工作。

二是成立城乡居民基本医疗保险基金监督委员会，监督城乡医疗保障一体化制度执行、基金监管等工作。由市委常委、常务副市长刘立勇任主任，其成员由市劳动、卫生、监察、财政、审计、民政、工会、居民代表、人大代表、政协委员及有关专家组成。

二、城乡医疗保障一体化的主要经验

（一）破解身份难题，打造普惠、公平的制度体系

（1）城乡打通，自由选择。破除以往农村居民只能参加"新农合"、城镇居民只能选择城镇居民医保的身份限制，将原来分别参加城镇居民医保和"新农合"的人员一并纳入城乡居民医保制度体系，设置二个医保品种：一档缴费标准 150 元/年（个人缴费 30 元）、二档缴费标准 270 元/年（个人缴费 150 元），补偿封顶线分别是 4 万元、12 万元。城乡居民可根据自身经济条件，自由选择任何一个医保品种。

（2）财政补贴，城乡均等。2009 年，财政对参加城镇居民医保每人补贴 90 元，但参加"新农合"则只补贴 80 元，为体现公共财政的"公共性、均等性"，市财政当年列支 640 万元，为每个参加"新农合"人员多补贴 10 元，使城乡居民医保当年的财政补贴标准统一为每人 90 元；2010 年，城乡居民医保的财政补贴标准按国家要求统一为每人 120 元。

（3）门诊统筹，覆盖城乡。为引导城乡居民正确处理住院治疗和门诊看病的关系，2010年，实行"市级统筹管理、乡镇（社区）独立核算"的城乡居民医保门诊统筹管理体制。市区参保居民可就近选择一家定点医疗机构作为自己的门诊统筹约定医疗机构，乡镇参保居民则可在其户籍所在地的乡镇卫生院或村卫生室就诊。参保人员的门诊费用统一按25%报销，个人年度报销累计封顶线为100元。截至目前，门诊看病25.5万人次，报销金额553万元，医保政策的受惠面进一步扩大。

（4）打通基金，城乡调剂。对城乡居民医保两个档次的基金，设立统一的财政专户，分设两个账户管理。两档基金分档核算、分类统计数据并说明基金使用情况，同时实行基金的账外调剂。2010年，两档基金筹集总额达1.45亿元，为83.3万城乡参保居民的看病就医提供着坚实的医疗保障。

（二）破解体制难题，打造精简、高效的监管体系

（1）统一管理模式。基金管理是医疗保险的核心，我们从改革基金征收体制着手，重点抓好基金的筹集、运行和支付三个环节，实现了"五个统一"：统一筹资主体，由市政府统一领导，区（乡、镇）和街道办是收取城乡居民医保费的责任主体，财政部门在资金筹集中承担重要职能；统一工作经费补助：市财政按缴费总额的4%对区、街道给予补助；统一对特殊群体的补助，政府统一给予低保人员、重度残疾人员、残疾人员特困家庭、低收入家庭老人医保参保补助；统一基金管理，实行财政专账管理、封闭运行，将基金报销流程统一为：基金征缴入库——定点单位对个人结算——市医保局审核——市财政局按审核情况将基金拨付到指定账户中，建立了"医院用钱不管钱，医保管钱不拨钱，财政拨钱不用钱"的基金管理新模式；统一医疗救助，建立"两个资助、两个放开，四种方式"的救助模式：资助城市、农村低保对象享受城乡居民医保一档、二档待遇，放开起付线和病种限制，实行医前、医中、医后及临时救助方式。

（2）进行"两大整合"。整合经办机构。将市"新农合"办整体移交到市医保局，由市医保局统一经办管理医保业务，实现了"一套班子运作，一个窗口对外，一条龙式服务"；整合经办人员，合并后的市医保局共配备"以钱养事"人员31人，比湖北省编委文件规定的编制下限减少了54人，每年可节约人员和办公经费200多万元。

（3）开展"两项创新"。创新医保风险预警防控体系。从人、财、物三个层面，构建由干部岗位风险预警防控、基金风险预警防控、网络及安全生产预警防控等三大系统组成的腐败风险预警防控体系，用制度来规范医保管理，维护基金安全。2010年以来，已责令1家违规定点医院停止收治住院病人，责令1家违

规单位限期整改 6 个月，针对定点医院及参保人员的各种违规行为，共拒付、扣减医保基金 493 万元。创新医保基金管理方式。采取 "总额控制、定额管理、单病种限价" 的复合型结算方式，按医院类别和级别的不同，与定点医院谈判后签订协议，确定人均住院医药费定额标准。对月人均住院医药费在定额标准内的据实结算，低于或高于月定额标准的按照 "结余共享，超支共担" 的原则结算。截至目前，全市累计结余城镇职工医保基金 13 289 万元（其中：统筹基金 4 883 万元，个人账户 8 406 万元），累计结余城乡居民医保基金 4 126 万元（其中：统筹基金 2 909 万元，个人账户 1 217 万元）。各项保险基金都实现了 "收支平衡，略有结余"。

（三）破解资源难题，打造便捷、优质的服务体系

（1）健全医保服务网络系统。实行医保市级统筹政策后，鄂州市级医保服务网主要依托市中心医院等 10 所市级医院，乡级医保服务网主要依托 27 所乡镇卫生院，村级服务网主要依托 327 个村卫生室和社区卫生服务点，全市参保人员可以持本人的医保卡，在市内选择任何一家医保定点医院看病就医，实现了看病的市内 "一卡通"。市医保局则对全市医保定点医院和药店统一命名、统一签订协议、统一费用结算和业务考核。

（2）完善计算机服务网络系统。实现了市、区、乡三级联网，各经办机构与定点医院、药店全部联网并能实时传输数据，各项经办业务由计算机自动审核完成。市政府投入 1 000 万元开发实施 "金保工程"，正在设计三项医疗保险的不同模块，逐步实现网络管理的统一平台、统一数据库。2010 年 5 月，开通了网上银行支付业务，外转参保人员报销，只需携带相关证件到医保局服务窗口，经审核后，报销款便会在规定日期前通过网上银行转入到个人指定账户，大大方便了参保人员，广大群众反映良好。

主 要 结 论

（1）中国城乡医疗资源配置不均衡具有特殊性，行政性的地区垄断和部门垄断是中国城乡医疗资源配置不均衡的症结所在。逆向选择导致的优质医疗资源不断退出是加剧了城乡医疗资源配置的两极分化，阻碍了城乡医疗卫生一体化的发展的重要原因。

（2）实现城乡医疗资源均衡配置，必须首先解除卫生行政部门与公立医院

的"父子"关系，政事分开，管办分开，落实公立医院的独立法人地位，使公立医院有资格参与医疗机构市场重组与改造。这是组建医疗集团的前提条件。

（3）打破地区界限和城乡界限，实现医疗资源的自由流动，以市场机制组建包括城市大医院、中小医院以及乡镇卫生院的医疗集团，是实现城乡医疗资源均衡配置的有效手段。组建医疗集团也是实现双向转诊以及医生多点执业的重要手段。

（4）社会医疗保险机构是实现城乡医疗资源均衡配置的重要力量，可以通过影响医疗消费需求、与医疗供方谈判、调整支付方式和支付水平，引导医疗资源向农村倾斜。

（5）城乡医疗资源均衡配置不仅不能强化计划经济年代遗留下来的行政手段，恰恰相反，必须消除医疗领域的行政性壁垒，包括地区壁垒和部门壁垒。

第六部分

农村自然灾害
救助制度研究

第二十三章

农村自然灾害的类型与分布特征

第一节 自然灾害的定义与分类

一、自然灾害的定义

国内外对自然灾害的定义可以分为两类：第一类是把自然灾害看做一种纯自然现象，与人类行为无关；第二类是从人类社会与自然界互动的视角来定义自然灾害，把自然灾害看做自然界与人类社会互动的结果。

第一类定义的主要观点有：日本学者金子史郎（1981）把自然灾害定义为一种自然现象，它与人类关系密切，常会给人类生存带来危害或损害人类的生活环境；[①] 中国学者马宗晋（1998）认为，灾害和灾难主要指自然因素、人为因素或由二者共同作用所引起的对人类生命、财产或人类生存环境造成破坏损失的现象或过程；[②] 洪波（1998）认为，自然灾害是指水、旱、霜、雹、雪、病、虫等自然现象对人类的生产、生活形成危害性的影响和损失；[③] 彭珂珊（2000）则认为，自然灾害是指发生在生态系统中的自然过程，它可以导致社会经济系统失去

---

① 金子史郎：《世界大灾难》，山东科技出版社1981年版，第2页。
② 马宗晋等：《灾害学导论》，湖北人民出版社1998年版，第64页。
③ 洪波：《抗灾减灾是西藏持续发展农村经济的重要途径》，载《西藏农业科技》1998年第4期。

稳定与平衡，使社会财产产生损失或导致社会在各种原生的和有机的资源方面出现严重的供需不平衡；① 盛海洋（2003）把自然灾害定义为发生在地球表层系统中、能造成人们生命和财产损失的自然事件。②

可以看出，上述定义强调了自然灾害的自然属性方面，忽视了自然灾害的社会因素。这些定义大多认为自然灾害是发生在生态系统中的一种以自然变异为主因的自然危害，对人员、物资以及生存环境等方面造成损失，并且这种损失超出了地方政府应对和治理的能力。

第二类观点关注的是自然系统与社会系统相互作用的过程，认为自然灾害是危险源（致灾因子）与社会背景相互作用的结果，人类社会的某些行为导致的脆弱性是自然灾害产生的真正原因。联合国国际减灾战略委员会（UNISDR）（2010）把自然灾害定义为：自然灾害是致灾因子、脆弱性状况、降低风险负面后果的能力或措施不足等因素共同造成的。当社会或社区无法用自己的资源和能力解决其脆弱性时，脆弱性与致灾因子相吻合时，致灾因子才会演变成灾害。苏珊·卡特尔、菲尔·奥克菲和本·威斯纳（Susan Cutter, Phil O'keefe and Ben Wisner）认为灾害是"易于遭受伤害的人群与极端自然事件相互作用的结果"，"不再被认为是一个突发事件，灾害的发生其实是人类面对环境威胁和极端事件的脆弱性表现。"大卫·亚历山大（David Alexander）认为灾害不能仅仅被视为事件，而是一种"动态社会结果"。灾害是自然环境与社会环境作用的结果，灾害发生原因具有社会性质，人类活动可以被视为是造成灾害的重要原因。灾害发生是脆弱性的结果。③

第二类定义转向对社会层面原因因素的分析，特别是对脆弱性与恢复力的考察，完善了传统的灾害定义和研究。灾害不再是纯自然现象，而是由人类社会系统的原因导致的。由此，学界对自然灾害的认识从"天灾"转向了"人祸"。

综合国内外学者的定义，自然灾害的定义应包括以下特征：第一，自然灾害是不可避免的，其风险是有形的、可感知的，有来有去。第二，自然灾害并不能独立地危害社会安全运行，它常常是与社会经济因素联系和结合起来，成为一股破坏社会运行安全的巨大力量。"三分天灾，七分人祸"，"人祸"起决定性作用，"天灾"只是雪上加霜，推波助澜。第三，人类可以通过自身行为的调整来减弱或消除自然灾害的影响，即自然灾害风险是可以管理的。

---

① 彭珂珊：《我国主要自然灾害的类型及特点分析》，载《北京联合大学学报》2000 年第 3 期。
② 盛海洋：《我国自然灾害特征及其减灾对策》，载《水土保持研究》2003 年第 4 期。
③ 陶鹏：《什么是灾害？——国外灾害社会科学研究思想流派评析》，载《中国社会科学报》2011 年 6 月 30 日。

二、自然灾害的分类

鉴于自然灾害的复杂性、多维性，自然灾害的分类存在着诸多划分方法。

（一）按灾害的成因分类

根据自然灾害的形成原因和致灾因子的特点，自然灾害可分为七大类，见表23－1。

表23－1 　　　　　　　　　　　**自然灾害的分类**

成　因	类　　别
气象灾害	干旱、雨涝、暴雨、热带气旋、寒潮、冷冻害、风灾、雹灾、干热风等
洪水灾害	洪涝、江河泛滥等
海洋灾害	海啸、海浪、海水入侵、赤潮
地震灾害	地震
地质灾害	崩塌、滑坡、泥石流、水土流失、土地沙化
农作物灾害	病虫害、鼠害、农业气象灾害
森林灾害	森林病虫害、森林火灾等

（二）按照灾害发生的地理位置分类

按照灾害发生的地理位置分类，灾害可分为地质灾害、陆地灾害和海洋灾害。各大类又可以细分为：[①]

（1）地质灾害：主要指发生在地壳中的自然灾害。如地震、火山、沉陷等。

（2）陆地灾害：

① 地貌灾害：发生在地表。如水土流失、泥石流、沙漠化、滑坡等。

② 气象灾害：干旱、暴雨、台风、陆龙卷、热浪、寒流、冰雹等。

③ 水文灾害：洪水、地下水位下降、水污染。

④ 土壤灾害：土地盐碱化等。

⑤ 生物灾害：物种减少、农林病虫害、森林火灾等。

⑥ 环境污染：大气污染、温室效应、酸雨、化学烟雾等。

---

① 虞立红、史培军：《中国自然灾害研究现状与展望》，载《干旱区资源与环境》1989年（增刊）。

⑦ 海洋灾害：风暴潮、海浪、海水、海啸、赤潮、海底滑坡、海底火山、海温异常等。

（三）根据灾害发生的条件和范围分类

中国国际减灾十年委员会公布的《中华人民共和国减灾规划》（1998～2010）中把自然灾害分为：①

（1）大气圈和水圈灾害。包括洪涝、干旱、台风、风暴潮、沙尘暴以及大风、冰雹、暴风雪、低温冻害、巨浪、海啸、赤潮、海冰、海岸侵蚀等。

（2）地质、地震灾害。包括地震、崩塌、滑坡、泥石流、地面沉降、塌陷、荒漠化等。

（3）生物灾害。包括农作物病虫鼠害、草原和森林病虫鼠害等森林和草原火灾。

（四）根据灾害持续时间的长短和爆发的缓急程度分类

按照这种方法，灾害可以分为以下几种：突发性自然灾害，这类灾害强度大、持续时间短，结束比较快。如雪崩、地震、火山、台风、飓风、风暴潮、冰雹等；缓变性灾害是逐渐成灾的，通常要半年或更长时期的发展，主要有干旱、泥石流、滑坡、沙土地沙漠化、水土流失等。突发性自然灾害往往使人类猝不及防，造成的损失巨大；缓变性灾害的影响面积比较大，持续时间比较长，虽然比较缓慢，但若不及时防治，同样会带来巨大的经济财产损失。

三、自然灾害的主要类型

（一）干旱

中国是一个旱灾频繁发生的国家，自古以来旱灾就给中华民族带来过无穷的灾难。旱灾居中国各种自然灾害之首，对农业生产的危害极大。

干旱是指某一地区在一个较长时间内降水量异常偏少，空气异常干燥，土壤水分严重缺少致使地表径流和地下水大幅度减少，从而使农作物或其他植物过分缺水，致使产量下降或不能正常生长，对人类生产生活带来巨大的损失。干旱对农业生产的损害主要是农作物减产，也包括病虫害的发生和流行，有时在同一年

---

① 《中华人民共和国减灾规划资料》：http://www.people.com.cn/9806/19/current/newfiles/a1030.html.

份内也出现干旱与洪涝同时发生的情况。但旱灾与水灾有所区别，水灾发生之时主要表现为灾害直接冲毁或淹没从而使农作物减产或绝收。旱灾对农作物的减产一般表现为一个过程，农民可以利用现有水利基础设施抵御干旱，农作物在一个缓慢过程中因旱而缺水、枯萎，最终导致减产。

根据干旱的时间长短，干旱可以分为长期性干旱和短期性干旱。长期性干旱地区是指某些地区因特定的气候条件，历史上长期性持续缺少降水而形成固有干旱气候的地区。短期性干旱地区是指某些地区因天气异常，使这一地区某一时间内降水量异常减少、水分短缺的现象。根据干旱对社会和自然的影响，可以分为气象干旱、农业干旱、水文干旱和经济干旱。

干旱具有以下特点：首先，干旱具有持久性和普遍性。干旱持续时间较长，并且每个时间都有可能发生，在各个地方都可能会发生干旱。其次，干旱具有地域性和差异性。干旱一般是发生在某一特定区域，有一些地区受气候影响极易发生干旱，并且干旱对于这个地区来讲是一种极为常见的自然灾害。干旱的地域性决定了干旱的差异性。在不同的地区，干旱的发生类型及其危害程度都会有所差异。再其次，干旱的受灾范围极其广泛。不仅会影响农作物的生长和人民的基本生活，而且会影响到整个农业甚至国民经济的发展。最后，干旱破坏的严重性。干旱尤其是长期干旱，会对人类的生产和生活造成极大的威胁，可能会造成长期的食物短缺和饥荒，还可以引起农业的病虫害和农作物疾病的暴发，给农业生产带来巨大损失。

（二）洪涝

洪涝包含两层意思：洪水和雨涝。洪水是指超出天然的水道或人工限制界限的任何异常高水位水流。[①] 雨涝是指长期大雨或暴雨产生大量的积水和溪流，淹没低洼地的灾害。洪涝灾害是指由于暴雨或冰雪融化等原因致使江河湖海水位上升，淹没地位较低地区，并对人类的生产和生活造成严重损失的自然灾害。洪水和雨涝往往是相伴产生的，不易区分。因此，把两者统称为洪涝灾害。

洪涝产生的最主要诱因是暴雨。长时间的暴雨天气会产生大量积水，并致使江河湖海的水位上升，冲毁堤坝淹没周围低洼地区，对人类和其他生物造成严重或毁灭性破坏。人类活动会加剧洪涝灾害，如过度耕种、森林砍伐、建造房屋、不恰当的流域管理等都会使洪涝灾害进一步放大。

根据成因不同洪涝灾害可分为：（1）降雨型洪水。主要包括暴雨洪水、持续性大雨洪水、气旋雨风暴潮洪水和滞留性内涝洪水；（2）融水性洪水。主要

---

① 孙绍骋：《中国救灾制度研究》，商务印书馆 2004 年版。

包括高山冰雪融水洪水、季节性积雪融水洪水、河道冰凌阻塞性洪水；（3）工程失事性洪水。主要包括溃坝洪水和河堤溃决洪水。

洪涝灾害的主要特点有：第一，洪涝灾害的地域性和季节性。洪涝灾害往往发生在降水较多的地区。这些地区每年的降水量普遍较多，并且这些地区周围的江河湖海较多。一旦有暴雨天气，水位就易上涨，影响农村正常的生产和生活；洪涝灾害具有季节性，一般发生在夏季和秋季。第二，洪涝灾害具有不确定性。一般情况下，雨水天气是可以预测的，人们也可以对发生的洪涝提前预警，以便采取措施，但由于目前预测预警技术还存在一定局限，使人们对一些突发性的洪涝灾害仍束手无策。第三，洪涝灾害具有渐进性。洪涝灾害往往是在雨水天气持续发生的情况下才会产生的。不同于地震等突发性灾害，它的发生不是一次性造成的，而是随着持续降水导致的水位上涨而发生的。

（三）地震

地震是地壳快速释放能量过程中造成振动，期间会产生地震波的一种自然现象。地震灾害是由地震引发的危害人类生命财产安全和人类生存环境的地球表层振动，地裂、山体崩塌、滑坡、泥石流、地面塌陷、地面沉降等次生性灾害也被统称为地震灾害。

地震是一种突发性的自然灾害，破坏性巨大，是世界上最严重、最可怕的一种自然灾害。地震的发生会给人类的生活、生产以及其他经济、社会活动造成极大损失，会带来严重的人员伤亡，破坏建筑和其他设施，还可能引发次生灾害。

地震根据产生原因的不同可分为天然地震和人工地震。天然地震主要包括构造地震、火山地震、陷落地震、陨石冲击地震等。人工地震是指因工业爆破、地下核爆炸、大型水库蓄水、深井高压注水等引起的地震。天然地震的突发性强，危害范围广；人工地震的强度一般较低，影响范围小，破坏较轻。根据地震震级的大小可以划分为超微震（震级小于1）、微震（震级大于1小于3）、小震（震级大于3小于5）、中震（震级大于5小于7）、强震（震级在7级及以上）。地震灾害按照过程可分为原生灾害、次生灾害和诱发灾害等。

地震的主要特点有：第一，突发性和不确定性。地震一般情况下都是突然爆发的，是猝不及防的；虽然人们可以确定某一时间段内是否有地震发生，但是由于技术的限制，地震具体发生的时间地点目前都难以预测，发生具有高度的不确定性。第二，地域性和差异性。地震的发生区域有频繁发生地区与不频繁发生地区，地震往往发生在地震带上，所以地震只是局部性的灾难，具有地域性；同时地震发生在不同的地方，所造成的危害都会有差异。因此，它也具有一定的差异性。第三，波及范围的广泛性。地震的发生往往波及很广的范围。如2008年汶川大地震，整个四川都陷入了瘫痪，对人们的伤害甚至波及全国。第四，破坏严重性。一次大地震可能会毁灭一座城市，可能会破坏上亿元的财产损失，可能会破坏所有建筑物以及其他设施，还可能会造成数万人的伤亡。

（四）风灾

风灾主要发生在我国东南沿海地区。风灾灾害指因暴风、台风、龙卷风或飓风过境而造成的灾害。风灾主要是破坏房屋、车辆、船舶、树木、农作物以及通信设施、电力设施等。按等级划分，风灾一般可划分为3级：一般大风，相当于6～8级大风，主要破坏农作物，对工程设施一般不会造成破坏；较强大风，相当于9～11级大风，除破坏农作物、林木外，对工程设施可造成不同程度的破坏；特强大风，相当于12级及其以上大风，除破坏农作物、林木外，对工程设施和船舶、车辆等可造成严重破坏，并严重威胁人员生命安全。

风灾的主要特点是：第一，具有较长的预警期。一般都可以进行准确的预测。第二，具有较强的地域性和季节性。一般情况下发生在夏季，并且发生在沿海地带、热带地区。第三，跟其他的灾害伴生性较强。如暴风、巨浪、海潮等。第四，破坏性较大。风灾对人类的生产、生活、交通、基础设施、农作物、动植物、环境等造成严重破坏。

（五）低温冷冻

低温冷冻灾害是指连续多日的气温下降，使作物因环境温度过低而受到损伤以致减产的农业气象灾害。低温冷冻灾害主要是因为来自极地的强冷空气及寒潮侵入造成的连续多日气温下降，使作物因环境温度过低而受到损伤以致减产的农业气象灾害。低温冷冻灾害包括低温连阴雨、低温冷害、霜冻和寒潮等。

冷空气是低温冷冻灾害发生的主要原因。冷空气的堆积、加强、南移和爆发有一个过程，并有相应的天气形势配合，极易形成低温冷冻。在我国的春秋季节，北方的冷空气和南方的暖湿空气频繁交汇，常常造成低温连阴雨天气。强冷空气尤其是寒潮的南下，使得南方地区温度急剧下降，会造成倒春寒、霜冻等灾害。在强烈的辐射冷却作用下，北冰洋和西伯利亚地区会形成大规模的冷空气团，且由于冷堆中的空气做上升运动而产生绝热膨胀冷却，冷空气堆会不断增强。当冷空气堆达到一定强度时，就在有利的环流形势下爆发南下，发生寒潮。

低温冻害的主要特点：第一，破坏严重性。低温冷冻灾害是严重的农业灾害之一。在严重冻害年如1968年、1975年和1982年，我国因冻害死苗毁种面积达20%以上。第二，具有一定的规律和周期性。可以根据气象资料对低温冻害的发生概率进行预测。第三，具有地域性和季节性。主要常见于长江中下游地区，发生的季节在春季和秋季。

（六）雪灾

雪灾是因长时间大量降雪造成大范围积雪成灾的自然灾害。雪灾主要发生在内蒙古草原、西北和青藏高原的部分地区。雪灾发生的时段，冬雪一般始于10月，春雪一般终于4月。危害较重的雪灾一般是秋末冬初大雪形成"坐冬雪"。随后又不断有降雪过程，使草原积雪越来越厚，以致危害牲畜的积雪持续整个冬天。

雪灾根据形成条件、分布范围和表现形式可以分为雪崩、风吹雪灾害（风雪流）和牧区雪灾；根据积雪稳定程度可分为5种类型：永久积雪、稳定积雪、不稳定积雪（不连续积雪）、瞬间积雪、多年无降雪；雪灾按其发生的气候规律可分为两类：突发型雪灾和持续型雪灾；根据雪灾的严重程度可以分为轻微雪灾、中等雪灾及严重雪灾。

雪灾的主要特点：第一，雪灾分布的地域性和差异性。雪灾发生较为频繁的地区是北方和西北地区，地处高原的地区。温度常年较高的南方降雪量往往比较少，雪灾发生的可能性较小。所以雪灾往往是发生在某一特定的区域，并且不同的区域，雪灾的形成过程、造成的危害都会有所不同，所以雪灾具有差异性。第二，雪灾发生的渐进性。雪灾往往不是一次就造成的，它需要一个连续不断的过程。第三，雪灾危害尤其严重。如我国2008年南方雪灾所造成的损失非常大。

（七）农业病虫害

农业病虫害是我国农村的主要自然灾害。具有种类多、影响大，并时常暴发成灾的特点，其发生范围和严重程度对我国国民经济、特别是农业生产造成重大损失。我国历史上农作物虫灾名类繁多，如螟、蝗、蝥等，有百余种。不同时期影响农业生产的主要病虫害种类有明显差别。例如，两汉时期虫灾种类以蝗、螟特别是蝗灾为主。最近二三十年来，我国稻瘟病常有大面积发生。一旦成灾往往给粮食生产带来致命打击。稻瘟病在我国与纹枯病、白叶枯病被列为水稻三大病害。

根据灾害危害的对象可以分为农作物生物灾害、森林生物灾害、畜牧业生物灾害。根据导致灾害产生的生物种类可以分为病害、虫害、草害、鼠害。根据灾害成灾的面积和发病率等指标可以分为轻害、中害、重害、特重害。

近年来，我国农业病虫害出现了一些新的特点：首先，过去次要的病虫害成了现在的主要病害。如过去根结线虫病是一种较次要的病害，现在成了主要病害；其次，小型害虫越来越猖獗，弱寄生性的病害越来越严重。如过去的蚜虫和白粉虱是较次要的害虫，花生瘿介虫是很少见的，而现在日益猖獗。如弱寄生虫性的黄枯萎病也越来越严重。最后，生理性的病害越来越严重。如西葫芦的水心病、芹菜的茎裂病、番茄的金腐病等。[1] 这些病虫害对我国农业的健康发展带来十分不利的影响。

<h1 style="text-align:center">第二节　中国农村自然灾害的时空分布</h1>

一、中国农村自然灾害的时间分布

（一）1949年前的主要自然灾害

在历史上，我国农村自然灾害呈现多发的趋势，素有"三岁一饥、六岁一衰、十二岁一荒"之说。自然灾害严重威胁农民的生命安全和社会稳定，给中华民族带来了深重的灾难。1949年新中国成立前，我国农村自然灾害主要以"旱灾、洪灾、蝗灾和地震"为主。据竺可桢统计，自公元1世纪至19世纪（西汉至清），中国各省区共发生水灾1 349次，其中发生100次以上的省区为河南、直隶、江苏、山东、安徽等。最多的朝代为清朝，669次。同时期中国发生旱灾的次数为1 669次，发生100次以上的省区有河南、直隶、浙江、江苏、山西等。明朝和清朝都超过了300次。而邓云特的研究显示，自公元前1766年至公元1937年，我国共发生各种灾荒5 258次，其中水灾1 058次，旱灾1 074次，蝗灾482次，平均每年发生1.42次。[2]

1949年新中国成立以前，我国农村自然灾害主要集中发生在明清时期和民国时期（见表23－2）。尤其是1840~1911年的70年间，几乎年年遭灾。1841~1843年，黄河连续决口，发生秦豫干旱。1856~1858年，发生了旱蝗灾害。波及直隶、江苏、安徽、陕西、河南、湖南、湖北、山西、山东等省部分州县，灾重之地往往"飞蝗蔽野，食禾稼几尽"，有的地方"蝗虫积地有尺许厚"。1876~1879年的华北大旱灾，是中国古代历史上最为严重的旱灾之一。大旱持续了整整四年。受灾地区有山西、河南、陕西、直隶（今河北）、山东等北方五省，并波及苏北、皖北、陇东和川北等地区。大旱不仅使农产绝收，田园荒芜，而且饿殍载途，白骨盈野，饿死的人竟达1 000万以上。

---

① 莫利拉、李燕凌：《公共危机管理——农村社会突发事件预警、应急与责任机制研究》，人民出版社2007年版。

② 邓云特：《中国救荒史》，商务印书馆1993年版。

表 23 - 2　　　　　　1949 年前我国发生的主要自然灾害

发生年份	灾害类别	发生地点	灾害情况
1556	8 级地震	陕西华县	统计死亡人数超过 82 万
1841	黄河决口	河南祥符	《再续行水金鉴》中记载了当时的灾况：大溜经过村庄人烟断绝，有全村数百家不存一家者，有一家数十口不存一人者。即间有逃出性命，而无家可归，颠沛流离，莫可名状。城内居民虽幸免漂没，而被水者辗转迁徙，房屋多倒，家室荡然，惨目伤心，莫此为极。截至 1843 年 12 月 7 日，受灾区包括太和、五河、凤台、阜阳等三十七个州县，水灾涉及的村镇更多
1842	黄河决口	江苏桃源	
1843	黄河决口	河南中牟	
1856 ~ 1858	旱蝗灾害	直隶（今河北）南部各州	灾重之地往往"飞蝗蔽野，食禾稼几尽"，有的地方"蝗虫积地有尺许厚"
1876 ~ 1879	华北大旱灾	受灾地区有山西、河南、陕西、直隶（今河北）、山东等北方五省，并波及苏北、皖北、陇东和川北等地区	农产绝收，田园荒芜，而且饿殍载途，白骨盈野。整个灾区受到旱灾及饥荒严重影响的居民人数，估计在 16 000 万到 2 亿左右，约占当时全国人口的一半；直接死于饥荒和瘟疫的人数在 1 000 万人左右；从重灾区逃亡在外的灾民不少于 2 000 万人
1915	珠江大洪灾	广东珠江流域	广东三江江水暴涨，同时漫溢，水淹广州 7 昼夜，死伤 10 余万人
1920	北方大旱	河北、河南、山西、山东、陕西	"赤地千里，遍野颗粒无收"。受灾 317 个县，灾民 2 500 万人，死 50 万人。
1920	海原大地震	宁夏海原县	震级高达 8.5 级。死亡人数达 23.4 万人
1929	陕西大旱	陕西省	旱灾造成 250 万人死亡
1931	洪灾	长江流域、淮河流域、珠江流域、辽河流域	全国受灾区域 16 省 672 县，其中江淮流域受灾最重，受灾人口 5 127 万，死亡 40 万人
1938	黄河决堤	郑州花园口	河南、安徽、江苏 3 省 44 县受灾，造成 89 万多人死亡，1 200 多万人流离失所，财产损失达 95 280 多亿元
1943	旱灾	广东省	饿死人数达 300 万人，约占当时总人口的 10%

　　资料来源：作者根据席会芬等著：《百年大灾大难》，中国经济出版社 2000 年版相关内容整理而来。

民国时期也是自然灾害的多发时期。据统计，从 1912 年到 1948 年的 37 年间，全国各地（不包括今新疆、西藏和内蒙古自治区）总共有 16 698 县次（旗、设治局）发生一种或数种灾害，年均 451 县次，按民国时期县级行政区划的最高数（1920 年北京政府时期有 2 108 个，1947 年国民政府时期为 2 246 个）计算，即每年约有 1/4 的国土笼罩在各种自然灾害的阴霾之下，而其极值年份如 1928 年、1929 年，竟高达 1 029 县或 1 051 县，几占全国县数之半。在各种灾害中，最严重的是水旱灾害。"从 1912 年到 1948 年，全国遭水灾的共有 7 408 次，旱灾 5 955 县次，蝗灾成为第三大灾害，共 1 719 县次。"①

在洪灾方面，1915 年的珠江大洪灾，导致广东三江江水暴涨，同时漫溢，水淹广州 7 昼夜，死伤 10 余万人。1938 年的黄河大决堤，致使河南、安徽、江苏 3 省 44 县受灾，造成 89 万多人死亡，1 200 多万人流离失所，财产损失达 95 280 多亿元。在旱灾方面，1920 年的北方大旱，北方 5 省的灾民总数在 3 000 万人以上，饿死 50 万人。1928～1930 年，华北、西北又发生了大饥荒。大约有 1 000 万人饿死。1943 年的广东大旱，共计饿死人数达 300 万人，约占当时总人口的 10%。

（二）1949～1978 年的主要自然灾害

新中国成立后，党和政府高度重视防灾、减灾和抗灾工作，修建了一系列的水利设施和防灾工程，以抵御自然灾害。但是，我国农村自然灾害仍然呈现多发的趋势，造成了严重的损失。主要自然灾害有：

1. 1958 年黄河洪水

1958 年 7 月 17 日，黄河三门峡至花园口之间发生了一场自 1919 年黄河有实测水文资料以来最大的一场洪水。这次洪水造成的危害很大。据不完全统计，这次洪水使 1 708 个村庄被淹，74.08 万人受灾，淹没耕地 304 万亩，倒塌房屋 30 万间，死亡 4 人。②

2. 1959～1961 年"三年自然灾害"③

1959～1961 年"三年自然灾害"，是新中国成立 50 多年来范围最大、程度最深、持续时间最长的最大自然灾害。受灾最严重的有河北、辽宁、江苏、浙江、安徽、山东、河南、湖北、广东、四川等 10 个省份。全国各地接连发生的自然灾害严重影响了农业生产。

1959 年全国出现了严重的洪涝、干旱、台风等自然灾害，受灾面积达 4 463

①② 康沛竹：《中国共产党执政以来防灾救灾的思想与实践》，北京大学出版社 2005 年版。
③ 中华人民共和国统计局：《中国灾情报告（1949～1995）》，中国统计出版社 1995 年版。

万公顷，成灾（收成减产 80% 以上为成灾）面积 1 373 万公顷。其中成灾占受灾面积比例 30.8%，主要集中在主要产粮区如河南、山东、四川、安徽、湖北、湖南、黑龙江等省区，占全国成灾面积的 82.9%。1960 年，自然灾害继续肆虐全国各地。全国因自然灾害的受灾面积达 6 546 万公顷，成灾面积 2 498 万公顷。主要灾害是北方为主的持续特大旱灾和东部沿海省区的严重台风洪水灾害。1961 年，全国连续第三年发生特大自然灾害，共造成农业受灾面积 6 175 万公顷，成灾面积 2 883 万公顷，其中 1/4 绝收（减产 80% 以上为绝收）。成灾人口 16 300 万，也超过了上年。

3. 驻马店"七五·八"大洪水

1975 年 8 月上旬，3 号台风在我国东南沿海登陆后，变成台风低气压，深入河南境内，在驻马店地区上空徘徊引发特大暴雨。石漫滩、田岗水库垮坝，澧河决口，流域内洪峰齐压驻马店全区，老王坡蓄洪区相继决口。1975 年 8 月 8 日 1 时驻马店地区板桥水库漫溢垮坝；同期竹沟中型水库垮坝，薄山水库漫溢，及 58 座小型水库在短短数小时间相继垮坝溃决。驻马店地区东西 300 公里，南北 150 公里范围内，60 亿立方米洪水疯狂漫流，汪洋一片。造成河南省有 29 个县市、1.1 亿人受灾，伤亡惨重，1.7 亿亩农田被淹，其中 1.1 亿亩农田受到毁灭性的灾害，倒塌房屋 596 万间，冲走耕畜 300.23 万头，猪 720 万头，纵贯中国南北的京广线被冲毁 1 020 公里，中断行车 180 天，影响运输 48 天，直接经济损失近百亿元。孟昭华和彭传荣编的中国灾荒史中载录，板桥水库和石漫滩水库垮坝失事，1 029 万人遭受毁灭性的水灾，约有 10 万人当即被洪水卷走。[①]

"七五·八"大洪水虽然是由自然灾害引起的，但与多年来形成"重兴利，轻除弊；重水库建设，轻河道治理"的错误政策有很大关系。水库下游的河道长期没有疏浚，导致洪水倾泄时，排泄能力有限，最终导致洪水的漫堤。

4. 1976 年唐山大地震

1976 年 7 月 28 日 3 时 42 分 56 秒，中国河北省唐山市发生大地震。突然间地动山摇，许多建筑物倒塌，转眼间，整个唐山被夷为平地。此次地震破坏区域超过 3 万平方千米，有震感范围达 14 个省市。其中，京、津、唐地区受到严重影响。因唐山历史悠久，煤矿、采掘工业、陶瓷、纺织、炼钢、水泥等行业发达，这次地震使这座重工业发达城市顷刻间变成了一座废墟。在极震区，铁路钢轨被毁，路面崎岖不平，地面建筑和各种设施几乎全部被摧毁，住宅、办公楼、学校、医院等严重倒塌，市内多层砖混结构楼房破坏率为 95.8%，地裂缝出现，并且下水道等被毁，地下水位发生变化，交通、供水、供电、通讯全部中断，此

---

① 席会芬等：《百年大灾大难》，中国经济出版社 2000 年版。

次地震造成的人员伤亡高达 24 万。经济损失也很惨重。据统计，地震共造成损失 100 亿元以上，对天津市造成的直接经济损失达 60.86 亿元。[①]

（三）1978 年至今农村的自然灾害

自 20 世纪 70 年代以来，我国农村的自然灾害仍呈现频发趋势，主要以水灾、旱灾、地震等灾害为主，其造成的损失约占自然灾害总损失量的 70% ~ 80%。这一时期重大的自然灾害主要有：

1. 1998 年洪水

1998 年洪水，是继 1931 年和 1954 年两次洪水后又一次全流域型的特大洪水。据初步资料，1998 年上游的洪峰流量和洪水量与 1954 年接近；由于中游洪峰流量不具备可比性，以最集中的 30 天洪水量相比，1998 年汉口以上总来水量较 1954 年少 300 多亿立方米；下游的洪峰流量较 1954 年少 1 万多秒立方米，洪水量少 500 多亿立方米。根据卫星和航空遥感对长江中游地区所进行的多期和系统的监测与分析，1998 年长江流域洪水共造成湘、鄂、赣三省最大受淹面积约为 1 586 万亩。据长江水利委员会的统计，中下游五省共溃口分洪 1 705 个围垸，淹没耕地 1.96 亿亩，受灾人口 2.23 亿人。灾情统计中绝大部分受灾农田是由于内涝。因洪水死亡的人口为 1 432 人。直接经济损失估计约 1 666 亿元。[②]

2. 2008 年南方雪灾[③]

2008 年 1 月 10 日起，中国大范围发生低温、雨雪、冰冻灾害，形成雪灾。此次雪灾具有降雪量大、范围广、持续时间长等特点。受灾地区的农业生产、交通基础设施、电力设施等带来极其严重的损失。受灾范围波及浙江、江苏、安徽、江西、河南、湖北、湖南、广东、广西、重庆、四川、贵州、云南、陕西、甘肃、青海、宁夏、新疆和新疆生产建设兵团等 19 个省级行政区。其中，河南、陕西、甘肃、青海等地雨雪持续日数超过百年一遇，贵州、江苏、山东等地达到 50 年一遇。全国范围恶劣的天气引起连锁反应：国道中断、交通受阻、通信不畅、菜价上涨、电网瘫痪。雪灾共造成直接经济损失 537.9 亿元，死亡 60 人，失踪 2 人，紧急转移安置 175.9 万人，农作物受灾面积 7 270.8 千公顷，倒塌房屋 22.3 万间，损坏房屋 86.2 万间。其中湖南、湖北、贵州、广西、江西、安徽等 6 省区受灾最为严重。

3. 2008 年汶川地震

2008 年 5 月 12 日 14 时 28 分，四川省汶川县发生 8 级地震。此次地震是新

① 邹其嘉等：《唐山地震的社会经济影响》，学术书刊出版社 1990 年版。

② 席会芬等著：《百年大灾大难》，中国经济出版社 2000 年版。

③ 《2008 南方特大雪灾回顾》：http://jsjfm.blog.163.comblogstatic/377303382010224101824964/.

441

中国成立以来破坏性最强、波及范围最广、救灾难度最大的一次地震。灾害范围波及宁夏、青海、甘肃、河南、山西、陕西、山东、云南、湖南、湖北、上海、重庆等省市及东南亚地区。此次地震最大烈度达十一级，破坏特别严重的地区达10万平方公里以上，受灾人口3 000万左右。其中，受灾最严重的地区是四川省北川、什邡、绵竹、汶川、彭州等地。震后，汶川震区共发生余震上万次，造成山体崩塌、滑坡、泥石流、堰塞湖等次生灾害。截至2008年9月25日，汶川大地震造成房屋大量倒塌损坏，基础设施大面积损毁，工农业生产遭受重大损失，生态环境遭到严重破坏，直接经济损失已达8 451亿元，死亡69 227人和失踪17 923多人，受伤374 643人，需要紧急转移安置受灾群众1 486 407人。地震直接引起四川滑坡9 556处次生灾害，其中滑坡5 117处，崩塌3 575处，泥石流358处。①

二、中国农村自然灾害的空间分布

（一）台风

中国是世界上少数几个受热带气旋（台风、龙卷风、飓风等）影响最严重的国家之一。其影响主要在东南沿海地区的浙江、广东、福建、海南等地。根据2002~2008年灾情统计数据，台风造成受灾人口最多的3个省份分别是浙江、广东和福建；农作物受灾面积最多的3个省份分别为浙江、福建、广东；倒塌房屋间数最多的3个省份分别为浙江、福建、广东；直接经济损失最大的3个省份分别为浙江、广东、福建。②

（二）干旱

干旱在我国分布较广，主要集中在中部地区和西南地区。例如，1920年的北方大旱集中在中国北方的河北、河南、山西、山东、陕西等省份。1929年陕西大旱，是20世纪陕西省遭受大旱最重的一次。将近1年的时间，全省92个县滴雨未降，赤地千里，万井无烟，灾民大多深受饥饿之痛，或背井离乡或被卖出省外，各地饿毙灾民的数字成倍地往上增长，死亡人数达250万之多。1972年西南大旱，陕西全省1 710万亩农田受旱，重旱面积达430万亩，农作物枯萎、落叶以及落花。甘肃省夏秋连旱，秋田受旱面积达460万亩。四川省内水田一半

---

① 《5·12地震》：http://baike.baidu.com/view/1587399.htm#2.
② 邹铭等：《自然灾害风险管理与预警体系》，科学出版社2010年版。

以上脱水龟裂，面积达 800 万亩。贵州省农田受旱面积达 950 万亩，占全省农田面积的 1/4 以上。2009～2010 年西南广西、贵州、云南、重庆、四川五省区市发生严重的干旱，共造成损失超过 350 亿元。

（三）地震

我国的地震主要分布在五个地区的 23 条地震带上。这五个地区是：（1）台湾省及其附近海域；（2）西南地区，主要是西藏、四川西部和云南中西部；（3）西北地区，主要在甘肃河西走廊、青海、宁夏、天山南北麓；（4）华北地区，主要在太行山两侧、汾渭河谷、阴山—燕山一带、山东中部和渤海湾；（5）东南沿海的广东、福建等地。地震灾害的地理分布存在明显的规律性，青藏高原边缘地区以及地壳延伸带（包括西藏、青海、四川、云南、甘肃、陕西、宁夏和新疆等省区市）与太平洋板块相连的沿海地区（包括台湾、河北、山东、山西、辽宁、天津等省市）是两个最主要的地震带。如 1920 年的海原大地震、1970 年的通海地震、1976 年的唐山大地震和 2008 年的汶川大地震等。

（四）洪涝

洪涝灾害主要分布于我国江淮流域和长江流域。1931 年江淮大洪水南起北粤，北至关外，东起苏北海岸，西达四川盆地的大范围地区。全国受灾区域集中在江淮流域和长江流域的 16 个省 672 个县。其中江淮流域受灾最重，受灾人口达 5 127 万，死亡 40 万人。长江流域受灾面积 15 万平方公里，中下游淹没农田 5 600 多万亩，灾民 2 800 余万人，死亡 14.5 万人，损毁房屋 178 间，经济损失 138 400 万元，湖北、安徽、湖南的灾情最为严重。1998 年的长江大洪水对湖北、湖南、江西等省份的农业生产造成严重的影响。

（五）雪灾

中国雪灾的发生地区主要集中在四大区域：内蒙古牧区、新疆天山南北、青藏高原东北部、长江中下游地区。这个地区都出现导致重大经济和财产损失的冰雪灾害，且冰雪灾害发生概率也相对较高。例如，1977 年的内蒙古雪灾，共造成 20.7 万人受灾，120 多万头牲畜死亡。1982 年的青海雪灾，持续的积雪与低温的双重灾难，导致牧业损失惨重。数据显示，截至 1982 年 4 月，受灾牲畜 660 多万头，因灾死亡大小牲畜总计 69 万多头，占 1982 年牲畜死亡总数的 54.7%。

（六）农业病虫害

农业病虫害在空间上主要分布于东部地区，尤其是生态环境较差的地区。病虫害受灾最严重的省份有江苏、贵州、内蒙古、河南等省区。根据 1983～2008 灾情统计数据，农作物病虫害造成的受灾人口最多的 3 个省区分别为江苏、贵州、四川；农作物受灾面积最多的 3 个省区分别为江苏、河南、内蒙古；直接经济损失最大的 3 个省区分别为江苏、内蒙古、山东。①

---

① 邹铭等：《自然灾害风险管理与预警体系》，科学出版社 2010 年版。

第二十四章

农村自然灾害的应急机制

第一节 农村自然灾害的应急管理体系

一、我国自然灾害应急管理体系的现状

自然灾害应急管理是指政府等社会组织在应对突发自然灾害的整个过程中，通过建立必要的应急体系、管理体制和机制，采取一系列必要措施，防范和降低自然灾害所带来的人民生命财产损失，恢复社会运行秩序，促进社会和谐健康发展的有关活动。[①] 目前，我国已经实施了《国家自然灾害救助应急预案》、《国家突发事件总体应急预案》、《中华人民共和国突发事件应对法》等法律法规，它们是全国应急预案体系的总纲，明确了各类突发事件分级分类和预案框架体系，规定了国务院应对特别重大突发公共事件的组织体系、工作机制等内容，是指导、预防和处置各类突发公共事件的规范性文件。其中，2007年1月颁布的《中华人民共和国突发事件应对法》将自然灾害和事故灾难、公共卫生事件、社会安全事件共同纳入社会突发事件。由于自然灾害属于社会突发事件的一种，因此可以从应对社会突发事件的应急管理来探讨针对自然灾

---

① 张乃平、夏东海：《自然灾害应急管理》，中国经济出版社 2009 年版。

害的应急管理体制。

（一）我国现行的应急管理法律法规

从应急制度的角度来看，目前我国的应急管理在立法上仍不健全，与应急有关的法规可分为 4 个层次：紧急状态法、应急救援管理条例、政府法令和标准。从 1954 年通过《宪法》首次确立戒严制度至今，我国已颁布《中华人民共和国突发事件应对法》、《安全生产法》、《公共突发卫生事件应急条例》等百余部应对突发事件的法律法规，各地方政府又根据这些法律法规颁布了适合本行政区域的地方性法令和标准，从而初步形成了一个从地方到政府的突发事件法律体系。不过具体结合到自然灾害来说，颁布的相应法律法规则显得较为分散，缺乏系统性。而反观自然灾害频繁的日本，其于 1961 年颁布《灾害对策基本法》来作为防灾减灾的基本法，迄今已修订 23 次，形成了一个较为系统全面的包括防灾相关组织、灾前预防、灾后应急、灾后重建、财政金融措施等 10 章 117 条法律条款的较为完整的防灾减灾根本大法。

（二）我国应急管理体系的框架

胡锦涛总书记在十七大报告中明确提出要"完善突发事件应急管理机制"，之后中央政府也高度重视应急管理体系的建立健全，颁布了"十一五"期间"国家突发公共事件应急体系建设规划"，支持突发公共事件应急体系的建设。2003 年是应急体系建设的重要的一年。"非典"危机之后，党和国家迅速成立应急预案小组，以"一案三制"（即制订修订应急预案，建立健全应急的体制、机制和法制）为代表的应急管理工作取得了显著进展。2005 年 1 月，国务院常务会议原则上通过了《国家突发公共事件总体应急预案》。随后又出台了一系列相配套的法律法规。2007 年 11 月正式颁布实施《中华人民共和国突发事件应对法》，2008 年又颁布了《国家自然灾害救助应急预案》。当前，我国已经颁布了针对具体突发事件的 25 项国家专项预案、80 项国务院部门应急预案和 31 个省（自治区、直辖市）的地方应急预案，基本形成了全国性的应急管理体系。其中，《国家自然灾害救助应急预案》是我国目前自然灾害应急管理的专门法规。该预案对灾害救助的总则、预案启动的条件和方式、救灾准备、应急反应机构以及应急反应和行动的具体内容做了较为明确的规定（见图 24-1）。

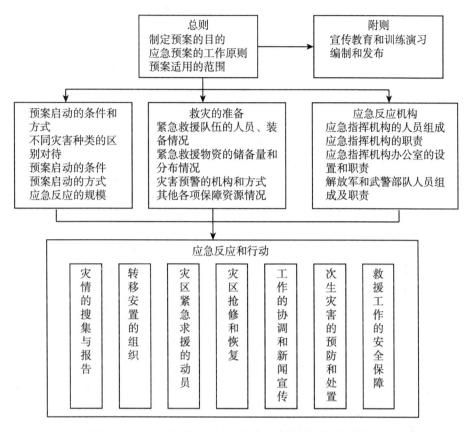

图 24 - 1　国家自然灾害救助应急预案的基本框架

（三）我国应急管理体系存在的问题

1. 政府的应急管理体系不完善、缺乏统一的协调和沟通

现代意义上的减灾是一个综合减灾的过程。目前，我国关于灾害的各种信息源分散在各个部门，采取"一个部门为主、其他部门配合"的模式。这种模式加大了实际工作的协调难度，缺乏宏观上的整体规划和把握。而公共突发事件的爆发通常具有联动性，如地震的发生会导致泥石流、山洪等频繁发生，自然灾害带来的众多人员伤亡有可能导致公共卫生突发事件等的爆发。

我国各级政府应急管理工作水平不平衡，应对灾害的能力从中央到地方逐步减弱，加上之前一直沿用的分部门、分灾种的灾害管理模式，对单项突发事件的应急处理研究较多，而面对综合突发事件时则显得效率低下，反应迟缓。一旦综合性的自然灾害爆发，不仅不同灾害归不同的部门管理，而且同一灾害的不同阶段也被分开，灾害管理的各阶段必将出现分割，职能缺位，权责不明确。

2. 应急管理的法律法规体系不完善，对农村自然灾害关注度不高

首先，虽然我国已经颁布一系列应对自然灾害的法律法规，但仅仅是针对具体的自然灾害分别立法，缺乏一部统一应对自然灾害的综合性的法律。这样难免出现各类法律法规之间的冲突，各部门各行其是，缺乏统一的协调和配合；其次，就整体上针对我国突发事件的应急法律法规而言，部分条款过于宽泛，重原则、轻规定，缺乏具体的有效指导，甚至一些突发事件存在立法空白现象，政府还没从实质性层面去预防处理该类事件，往往在真正面临时才被动地制定临时性预案法规等。最后，目前的应急管理法律法规对农村自然灾害的关注不够，导致农村自然灾害发生时无章可循、无法可依。

3. 应急预案和预警响应机制不健全

目前，我国以 2006 年出台的《国家突发公共事件总体应急预案》为基础，相继出台的《国家自然灾害救助应急预案》、《国家突发公共卫生事件应急预案》、《国家防汛抗旱应急预案》等保障了相关部门在应对具体各类突发事件时迅速展开工作。但其中存在严重缺失。就自然灾害而言，我国编制了大量应对地震、水旱灾害等应对地质灾害的国家级预案，而针对雪灾、台风、冰雹等气象灾害的国家级预案尚未出台，2008 年南方雪灾的应急管理就是一个最大的教训。

同时虽然我国在应急预案的基础上建立了四级响应机制，但在突发事件爆发时预警响应机制存在工作上的失误、延迟，对响应级别和灾害风险缺乏标准规范的评估。2008 年的雪灾始于 1 月 10 日，但直至 1 月 25 日中国气象局才启动重大气象灾害预警应急预案的三级响应，1 月 27 日又提高为二级。而在汶川大地震中，类似失误再次出现，先期响应级别定位二级，尽管事发当天夜里即改为一级，但仍然错过了救灾的黄金时间。

4. 突发事件的应急管理责任分配和承担不明确，问责出现层层推卸

突发事件的发生呈现出区域性特点，这决定了在处理应对时往往依靠当地力量，地方政府在其中发挥关键作用，实施具体的应急任务。但是，我国应急管理制度的设置是以官僚制为基础的从中央到地方的层级管理。这样实际上造成多层参与管理，权限界定较为模糊，责任承担难以明确。一旦发生重大突发事件处理不力时难以抓住问题根源，易出现责任推诿，导致问责对象不明确，问责不及时，影响问责效果。

（四）完善我国自然灾害应急管理体系的对策

1. 整合各方救灾力量，建立统一的应急管理体制

目前我国针对自然灾害的应急管理都是分类管理，政府各职能部门之间分开行动，这不利于救灾过程中工作的展开和效率的发挥。应急管理水平参差不齐，

很多应急机构和预案都是临时性的。对此，需要在众多部门化、专业化的救灾指挥机构中建立一个常设性、综合的应急管理机构，来保证应急管理工作的展开。这个机构应当具有以下职能：在非应急管理状态，负责危机的预防和预警工作；在应急管理状态，负责统一协调，横向联动，纵向整合的功能，来改变"多头治理"的弊端。这样能够更好地整合救灾资源、凝聚一股力量、分头协调展开，提高应对应急管理的能力和效率。

2. 加快我国应急管理的法制法规建设

作为一项政府职能，应急体系管理只有纳入法制化轨道才能有效运作。法律制度是各种制度中最有执行力的一种，因此，法制建设也就成为危机管理制度建设中最为关键的一环。虽然《中华人民共和国突发事件应对法》的制定对我国应急管理体系起着总体指导的作用，相关法律法规的颁布填补了在应对自然灾害、社会安全、公共卫生事件等突发事件的空白，但是具体针对应急管理的实际可操作法规还是有所欠缺。对此，我国可借鉴美国《紧急状态法》，再制定处理突发事件的母法——《紧急事务处理法》，对紧急状态下的政府行为作出明确的法律规定；[①] 其次，我们应该加快《中华人民共和国突发事件应对法》的具体实施细则的出台，制定针对统一的国家突发事件应急管理的基本法来统一指挥各职能部门的工作，协调各方利益，维护自身来更有效力、更具体地指导应急管理的一系列工作。

3. 完善应急预案及预警机制

针对应急预案在具体突发事件的缺失，可从以下几方面展开进行：

（1）政府及相关部门应加快相关预案的制定和出台，以保障在面对具体突发事件时有法可依，有章可循，避免类似 2008 年雪灾中的失误。

（2）平时应结合应急预案来开展突发事件的应对演习。这样不仅可以加强公众危机意识的宣传，而且可以检验预案的完备性，考验应急队伍的敏捷性。

（3）建立预案定期修订完善机制。应急预案不是一成不变的，而是要及时修订，不断充实、完善和提高。国外的预案管理经验是，不论是否发生过突发事件，都定期修订和完善应急预案。比如，美国巴尔的摩市消防局和洛杉矶市抗灾预备局都建立了预案定期修订制度。[②]

（4）不断规范对我国应急预案的预警评级标准和对灾害的风险评估标准。

4. 强化和完善政府官员问责机制

在突发公共事件应对和处理中需要遵循有法可依、执法必严的原则，不断建

---

① 徐凤琴：《论突发公共安全事件应急管理体系之构建》，载《河南广播电视大学学报》2009 年第 4 期。

② 汪寿阳等：《突发性灾害对我国经济影响与应急管理研究》，科学出版社 2010 年版。

立健全问责和责任追究机制。目前，对此我国已建立了一系列法律法规。国务院已于 2004 年确立行政问责制，出台的《全面推进依法行政实施纲要》中也有明确规定，"行政机关违法或者不当行使职权，应当依法承担法律责任，实现权力与责任的统一。依法做到执法有保障、有权必有责、用权受监督、违法受追究、侵权要赔偿。" 2009 年 6 月出台的《关于实行党政领导干部问责的暂行规定》也明确指出："对党政领导干部实行问责，坚持严格要求、实事求是，权责一致、惩教结合，依靠群众、依法有序的原则"。

在问责的追究中，应把高层官员和相关部门作为主要问责对象。强化政府责任意识，建立"有权必有责，用权受监督，侵权要赔偿"的现代责任型政府。同时，为了规避问责不及时和问责效果不佳等问题，在突发公共事件发生之后，有关部门需要依法及时介入，将责任追究作为应急处置过程的一个不可或缺的环节。在汶川地震救灾过程中，中纪委和审计部门及时对救灾物资和钱款的使用情况进行监督、审计，这充分证明了强化问责机制的重要性。

二、农村自然灾害的应急救灾程序——以汶川地震为例

近年来，我国自然灾害的频繁发生，对目前以政府为领导，非营利组织和其他社会组织为重要补充的紧急救援工作提出了更高要求。这要求各级政府不断提升应急力和判断力，面对灾害带来的错综复杂的后果在短时间内利用有限信息和有限资源，寻求达到最大满意度的合理解决方案。下面将以 2008 年汶川大地震为例，重点介绍地震发生后的第一时间政府展开的紧急救援工作及存在问题，并分析非营利组织和相关媒体的行动。

（一）汶川地震后各方的应急反应

1. 政府方面

在汶川大地震发生后，政府迅速组织人力物力，开展救援行动，将灾区损失降低到最小化。具体来说，其行动主要有以下特点：

（1）反应及时。

① 信息发布迅速。2008 年 5 月 12 日 14 时 28 分，四川汶川地区发生 7.8 级地震。而在 14 时 46 分 29 秒，新华网便将该消息发布出来，随后在中国政府网也相应公布。

② 决策指挥快。地震发生后，胡锦涛总书记立即作出重要指示，要求尽快抢救伤员，保证灾区人民生命安全。温家宝总理也赶赴灾区指导救灾工作。中国地震局新闻发言人张宏卫 12 日下午也通报，针对四川汶川地震，中国地震局已

启动一级预案，一支 180 人的救援队已经集结，准备开往灾区投入救援。① 这些都是在地震发生两小时内作出的决议，迅速的抢险救灾决策为将损失降到最低提供了可能。

③ 救援快速展开。地震发生 13 分钟后，军队应急机制便全面启动，解放军和武警全面出动展开救援行动。成都军区紧急出动 6100 余名官兵奔赴灾区，驻灾区民兵预备役部队和军区总医院医疗分队也紧急投入抗震救灾。与此同时，其他各方救援队伍也在前往灾区。截至 5 月 13 日上午 7：56 分，参加抗震救灾的人民子弟兵已过万人，另外成都军区调派民兵预备役万余人。我国军队在最短的时间内以最快的速度展开救援，为灾区人民赢得了宝贵的生还时间。②

（2）应急预案全面启动，协调有序。

① 全面启动预案。地震发生后，国家地震局迅速启动一级应急预案，国家减灾委也紧急启动二级救灾应急响应。

② 中央各部门建立了协调机制。5 月 12 日晚和 5 月 13 日上午，国务院多个部门分别召开有关救灾的会议，相互传达救灾精神，分头成立应急机构，来应对突发公共事件的人力、财力、物力、交通运输等工作，保证了灾区的应急救援工作和群众的基本生活，提高了灾区紧急救助的效率。

（3）信息公开，救援过程透明。

① 各种媒介充分发挥作用。政府不断将灾区的信息通过网络、报纸、广播、电视字幕、插播新闻等多种媒介将灾区的信息发布出去。同时四川省政府和国务院新闻办每天举行各种新闻发布会，通报当天的救灾情况和灾区紧缺的救灾物资。这种公开透明的方式不仅减少了人们面对地震时的恐慌，也有利于凝聚群众力量，增强了政府的公信力。

② 救灾款物接受发放全程透明。2008 年 6 月 1 日，民政部颁布《汶川地震抗震救灾资金物资管理使用信息公开办法》，要求各有关部门将中央和地方政府投入的救灾资金物资、社会捐赠资金物资，按照真实全面、及时快捷、方便群众、有利监督的原则予以公开。这促使各级政府及其相关部门、红十字会等公募基金会通过各种方式主动接受社会监督，保证救灾资金、物资的合理使用和分配。③

---

① 《温家宝总理赶赴震中指导救灾》：http：//www. infzm. com/content/11941.

② 《救灾：救援力量集结 子弟兵出动 医疗队 雨夜救援》：http：//www. xinhuanet. com/chinanews/2008－05/13/content_13237966. htm.

③ 《汶川地震救灾款物接收发放——全过程公开透明》：http：//news. hexun. com/2008－06－03/106409567. html.

2. 非营利组织

（1）自发组织，反应迅速，人员众多。

亚洲周刊称："截至 5 月 19 日，四川共青团省委公布的数据显示，登记的志愿者达到 106 万之巨，来自全国 21 个省份，其中成都人约十万。六天内，这 106 万志愿者均为自发组织动员，创造了世界历史上的奇迹，而这还未将大批尚未登记的志愿者、草根非营利组织，以及来自港澳台与国际的志愿者包括在内。"来自美国、德国、瑞典、加拿大等国家的民间组织也为四川灾区提供了大量的救援设备和援助资金。

（2）深入灾区展开实际救援。

众多志愿者在自发召集后前往灾区，参加抗震救灾工作。这些志愿者有的依托于省共青团，有的加入非营利组织，有的自发组成志愿者小团队，有的单独行动。由于这些志愿者均来自各行各业，他们运用自身的专业知识，深入灾区，在资金筹集、采购运输、物资发放、帐篷搭建、伤员护理、医疗服务等方面发挥了举足轻重的作用。

3. 媒体方面

汶川地震发生后，网络、报纸、电视广播等各种新闻媒介不断更新地震消息，同时网络媒体发挥重大作用，网络为主的民间力量动员成为招募临时义工、筹集善款、鼓舞士气的中坚力量。信息发布公开、透明、开放，达到了前所未有的水平。这种方式可以最大限度地减少人们的恐慌情绪，避免谣言的传播，同时也对凝聚力量、鼓舞斗志，增强政府公信力，增加全国及全世界对地震情况的了解，发挥了巨大的作用，确保了灾区内外的和谐稳定。

总体来说，政府、非营利组织和各方媒体在灾害应急救助中发挥了不可替代的作用，保证了抗震救灾的胜利。但在救援过程中各方主体也暴露了不少问题，需要认真对其进行总结，吸取经验和教训。

（二）汶川地震应急救援中存在的问题

1. 政府方面

（1）开放外援的时间过迟。

相关媒体评论中国一开始婉拒国外救援队伍，其后则选择性地接受。地震发生后的 72 小时是最为关键的"黄金救援时间"。作为我国接受的第一支外援部队，日本救援队到达现场时已是 5 月 16 日上午。这是我国自成立以来首次在特大自然灾害后接受外国专业人员救援。由于错过黄金救援时间，救援队伍未在废墟中抢救出一个生还者。国外一些救援队伍经验丰富、设备和技术较为先进，能为灾民尽可能地赢得更多的生还机会，也许应该反思对待国外的救援时是否应该更开放一些。

（2）缺乏灾前预警。

尽管灾害预报还是个难题，中国地震局及其主要的科学家也一再强调汶川地震无法被准确预测，但这并不意味着灾害预报毫无意义。以"5·12"汶川大地震为例，如果该地区建有地震预警系统，并且能够在地震波到达北川、青川等地区之前，提前数秒至数十秒发出预警，就有足够的时间引导合理避灾，从根源上减少损失。[①]

实际上，在汶川大地震之前，我国政府已经认识到地震预警系统的重要性。在2007年10月发布的《国家防震减灾规划（2006～2020年）》中，已明确提出，要建立地震预警系统：到2010年要加强地震预警系统建设，加强重大基础设施和生命线工程地震紧急处置示范工作。此外，其他一些省市也有意引入地震预警系统。

（3）对灾民缺乏防灾意识教育。

深受灾害不可预测性思想的影响，我国更多地关注灾后的应急救济和重建，而对防灾减灾意识的普及则显得相对薄弱。尽管此次汶川地震发生在地震高发区，但绝大部分灾民对地震的知识、对震中震后逃难的知识几乎为零。很多人便因对应急避难存在误区，而丧失了逃生机会。

"凡事预则立，不预则废。"从经济学角度看，有计划地做事不仅能节约成本，更能够实现效用最大化。这也适用于灾害管理。我国地质结构复杂，不同地区的灾害分布不同，灾害发生频率也存在较大差异，相关政府部门可在灾害频发地区，结合当地实际情况，组织学校、医院等公共场所展开防灾减灾知识的普及。

（4）救灾经验不足，机械设备不够。

在地震救援中，如何在最短时间内尽快从废墟瓦砾中抢救出更多的灾民，这是一个同时间较量的问题。而解决这一问题需要的是专业的救援队伍和现代化的救援设备。在救援的最初阶段是机械拆解，这主要依靠大型机械和部队结合起来完成救援行动。

由于地震波及很多山区乡镇，道路受损严重，大型机械难以及时进入并发挥应有的作用。如果在地震发生后，相关人员可将大型机械设备空运过去，这也许可以争取更多的生还机会。同时，在地震带活跃地区，当地居民也可自备一些小型应急救灾工具，不仅使人们时刻保持防灾抗灾意识，还可防备不时之需，在救援部队未赶到时展开自救。

（5）应急救灾物资储备不足。

现存的中央和地方救灾物资储备库不能满足应对大灾的需要，救灾物资储

---

① 李虎军：《什么叫地震预警》，财经网，2008年6月8日。

备的种类和数量不足。物资储备库的总量和分布也不能保证救灾物资及时快速地运抵灾区。在品种方面，目前 11 个中央级救灾物资储备库的储备物资比较单一，省和省以下的救灾物资储备库一般只储备棉衣棉被。汶川地震中非常需要的手电筒、蜡烛、净水器、雨衣、雨具、小型发电机、移动厕所、活动板房等却没有或很少储备。在数量方面，中央救灾物资储备库储备的帐篷只有 15 万顶，而这次地震灾区的需求达到百万顶以上。地方各级的储备物资数量更少。

2. 非营利组织方面

（1）信息失效，人员分配不均衡。

地震发生后，由于信息更新不及时，加上志愿者缺乏统一的分配协调，往往媒体大力报道的明星灾区有大批志愿者集中涌入，造成人员过于集中，许多人不能发挥应有作用，而一些真正需要志愿者的地方却不能得到及时帮助。

（2）缺乏专业培训和管理，效率未能充分发挥。

大多数志愿者均为临时招募，投身工作的热情较高。但既缺乏经验，也未接受过专业培训，相关政府部门也没对其进行合理管理和速效培训。这些因素致使大部分志愿者在实际救援过程中缺乏较强的可操作性，只能从事搬运发放物资、护理伤员等一些非专业性工作。行动往往也比较零散，缺乏组织性，调度难度大，影响了志愿者的救援效率。

3. 媒体方面

（1）媒体对灾区的报道不均。

媒体报道多集中于一些交通设施相对畅通、救援力量充足、被过多关注的灾区，忽视那些救援力量与救灾物资相对匮乏、地理位置偏僻的受灾地区，容易造成救援的"盲点"。比较典型的是陕西陇南镇，具体的灾情是在五天后才出现在报端，救援力量才陆续分派前往，大大影响了当地救灾工作的展开和救灾的效果。[①]

（2）过多强调正面报道，忽视负面消息。

虽然媒体的及时报道为灾区内外的信息需求提供了保证，为自身赢得了公信力，但媒体对地震的大量报道仍集中在正面形象和事迹，对于汶川大地震后的学校受损严重背后的根源、巨灾保险、社会安全、救灾工作中存在的不足和失误、救灾资金物资的使用分配效果等方面报道较少，相关负面消息被埋没。这导致信息失真，不利于发现问题和总结救灾的经验教训。

---

① 朱力、韩勇等：《我国重大突发事件解析》，南京大学出版社 2009 年版。

第二节　救灾物资的筹集、监督和发放

汶川地震后，社会各界积极踊跃捐款，筹集了大笔善款。民政部的相关资料显示，汶川地震的救灾捐赠已突破 760 亿元。这不仅是政府对灾区进行积极救助的有利补充，也是一个国家、一个民族团结互助精神的彰显。面对如此巨大的社会捐赠额度，将其充分发挥最大效用是每个捐赠者的初衷。然而，如何发挥最大作用取决于物资的筹集、监督和发放等方面的内容。我国现有的社会救灾捐赠机制是否完善？救灾资金的使用效果如何？如何提高救灾物资的使用效率？救灾物资管理的筹集、分配和监督效率不仅影响着救灾的实际效果，而且还影响着政府和非营利组织的公信力。

一、救灾物资的筹集

救灾物资包括救灾物品和救灾资金。物资的筹集是救灾工作展开的前提和基础。没有救灾资金，救灾工作的展开也就缺乏实质性的内容。在救助过程中，不同的资金募集主体直接关系到筹集的效率。

（一）救灾物资的募集主体和受赠主体

由于现行法律法规的不断变动，目前我国救灾资金的筹集主体和受赠主体不一致。这种不一致易在实际管理和运行中产生矛盾和冲突。

1. 相关法律法规的界定

1999 年 6 月 28 日颁布的《中华人民共和国公益事业捐赠法》是我国迄今为止颁布的第一部也是唯一一部有关捐赠方面的法律。之后国务院及民政部等部门又陆续出台了一系列有关捐赠的法律法规。2008 年 5 月 31 日发布的《关于加强汶川地震救灾捐赠款物管理使用的通知》是对有关捐赠和受赠主体的最新规定。通知规定，各级民政部门负责以政府名义接收救灾捐赠款物，各有关部门可接收本系统的捐赠款物。各级红十字会、慈善会等具有救灾宗旨的公募基金会可以救灾名义向社会开展募捐活动，接收救灾捐赠。没有救灾宗旨的公募基金会以救灾名义开展募捐活动，应经民政部门批准，未经批准已经开展募捐活动的公募基金会要及时到民政部门补办审批手续。其他社会组织接收的捐赠款物要及时移交民政部门或者红十字会、慈善会等具有救灾宗旨的公募基金会。组织开展义演、义卖等各类救灾募捐活动，要按规定报有关部门批准，募集的捐赠款物要及时移交民政部门或者红十字会、慈善会等具有救灾宗旨的公募基金会①。

也就是说，在现行制度下，民政部门和红十字会、中华慈善总会等有救灾宗旨的公募基金会②既具有筹集募捐的资格也有最终接受救灾资金的资格，而其他社会组织接受的捐赠款物最终要移交给民政部门和红十字会、中华慈善总会等有救灾宗旨的公募基金会。

2. 募捐主体和受赠主体资格存在的问题

我国救灾资金的募捐体制存在许多需要改进的地方。就救灾资金的筹集和受赠主体的资格而言，主要存在以下几个方面的问题：

（1）救灾资金的筹集主体过于集中，容易滋生腐败。

从目前的法律法规来看，只有民政部和红十字会、慈善会可以募集和接受社会捐赠资金，其他民间组织不得开展任何形式的募捐活动和接受社会捐赠。从红十字会和中华慈善总会的性质来看，两者均具有官方背景。红十字会的工作人员享受国家公务员待遇，行政经费部分来源于国家拨款；中华慈善总会中绝大部分省级慈善会属于省级民政厅的一个处级机构，相当于民政部门的另一个"民间"身份。因此，社会捐赠资金最终会由政府来管理，而政府资金又被自身使用，草根民间组织不能参与使用和分配。

事实证明，由于没有其他竞争主体，这种政府财政包养的慈善机构除了在资金的运作、监管和使用各个环节易滋生腐败之外，并没有体现过多优势。2011年以来围绕红十字会出现了一连串新闻事件。"郭美美炫富"事件引发了红十字会信任危机；四川省石渠县城区一所贫困小学拒绝企业捐款，理由是当地有关部门要求，捐赠必须通过当地红十字会来完成。2011年8月1日红十字会公布捐款查询平台，但平台显示玉树在地震前收到捐款。红十字会的公信力正在受到人们的质疑。从长远看来，这也许正是改革的一个契机，由此打破长期以来政府庇护的局面，在群众和媒体的监督下做到公平、公开、公正，重新赢得群众的信任。

（2）政府在救灾物资筹集中的角色定位模糊。

1999年颁布的《中华人民公益事业捐赠法》说明：政府还是倾向于将民间公益组织作为捐赠主体，政府部门只有在特殊情况下才可接受捐赠。在1999年全国人大讨论中，大多数学者也倾向于将政府作为捐赠的监督管理者，而非捐赠

---

① 《国务院办公厅关于加强汶川地震抗震救灾捐赠款物管理使用的通知》：http：// www. gov. cnzwgk2008 - 05/31/content_1001129. htm.

② 这里所指的公募基金会是指面向公众募捐的公共募款型基金会，非公募基金会则是指不可以面向公众募捐的独立基金型基金会。

的接受主体，这一政府角色的定位也得到了多数政府部门的同意。

早期民间组织处于起步发展阶段，作为一种过渡的办法，政府部门可以作为捐赠的接受主体。但从 1999 年开始，民间组织无论是数量上还是质量上都得到发展，社会各界对公民社会、民间组织、志愿者的认识程度也不断加深。《救灾捐赠管理办法》就印证了这点。它扩大了受赠主体的范围并规定政府只能是捐赠的受赠主体，而不是募捐主体。

但涉及具体执行层面时，政府仍处于垄断地位，在捐赠中扮演的角色没有实质性的变化。红十字会、中华慈善总会这些看似脱离政府关系的非营利组织实质上还是民政部门在管理。也就是说，政府在救灾过程中扮演着多重角色，既是组织者、管理者，又是善款的募集者和受赠者，最终还是资金的使用者和监督者，无论是募集市场还是监督过程都没有竞争对手，透明度得不到保证。这样不仅会挤压民间组织的生存发展空间，而且也容易出现权钱交易、通过行政手段强制捐赠、腐败频发等现象。[①]

（二）救灾物资筹集的渠道

我国灾后应急与重建的筹资渠道多种多样：个人捐款、企业捐款、国外捐款、地方财政的配套支持以及政府开支中节省下的资金等。

汶川大地震发生后，我国救灾资金的捐赠一直处于盲目的自发组织状态，民政部、红十字会、中华慈善总会、壹基金和乐施会之类的非营利组织、各种慈善募捐晚会纷纷展开行动，积极筹集善款。但根据《关于加强汶川地震救灾捐赠款物管理使用的通知》，最后的受赠主体，即最终有资格接受善款并使用的主体，只有民政部门、红十字会、慈善总会等具有救灾宗旨的公募基金会。这种相对单一的筹资渠道，很容易形成慈善捐赠中的"垄断"，既不利扩大捐赠物资筹集的覆盖面，也不利于捐赠物资的有效使用。

资金的筹措渠道与方式见图 24－2。

（三）救灾物资筹集的效率

如何在最短的时间内动员社会力量以最小的成本筹集到最多的资金，这是个资金的筹集效率问题，可从以下两个方面分析。

从各种渠道筹措的救灾资金的额度来看，我国个人捐款、企业捐款占绝大比例，国外捐款、地方财政的配套支持以及政府开支中节省下的资金等几种形式的捐赠额度基本持平。

---

① 邓国胜等：《响应汶川——中国救灾机制分析》，北京大学出版社 2009 年版。

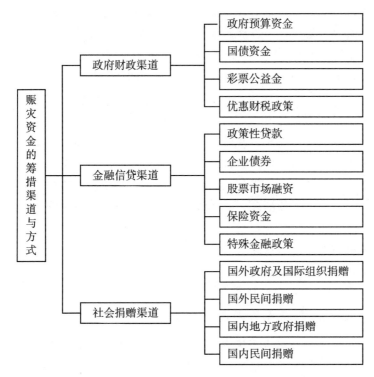

图 24 – 2 救灾资金的筹措渠道与方式

资料来源：孙克竞：《重大自然灾害资金筹措及其配置问题研究——源于汶川地震灾害的思考》，载《经济与管理》2008 年第 8 期。

就救灾物资在筹集过程中的损耗而言，任何捐赠物资和资金在筹集的过程中都会有损耗，如管理费，需要尽可能地降低管理费之类的损耗，来提高捐赠物资的使用效率。1988 年颁布的《基金会管理办法》明确规定了基金会和公益性社会团体不能从捐款中列支管理成本，其工作人员的工资及办公费用等从基金利息中开支。基金会长期"零成本运作"，相当于零损耗。直到 2004 年《基金会管理条例》的颁布，规定：基金会工作人员工资福利和行政办公支出不得超过当年总支出的 10%。这改变了之前 16 年以来基金会"零成本"的运作状态。

汶川地震发生后，中国红十字会最初表示需要提取不超过 5% 的管理费用，之后宣布不从救灾款项中提取任何管理费用，而在 2008 年 5 月 20 日，又宣称民间公益组织可以按国际惯例从救灾资金中提取低于 6.5% 的行政费用，红十字会内部最终确定扣除不超过 5% 的行政费用。2008 年 5 月 21 日中华慈善总会秘书长也表示："总会也需要一定必需的管理费用。"

一方面，红十字会、慈善会等对是否提取多少管理费、提取多少比例的管理费存在争议，举棋不定。另一方面，各种募捐机构面对各种舆论的压力不得不承诺"零成本运作"。而在实际救灾资金的管理和使用过程中，不可避免会产生诸如救灾物资运费、差旅费、人员费、筹资费、监测评估费等项目执行费用。因此，公众、捐赠者等应该认识到募捐机构存在成本问题，允许在法律范围内有一个合适的管理费比例。同时，由于我国情况特殊，不同的募捐组织获得政府的支持和行政经费的资助不一样，募捐机构运作的成本也各不相同，普通公众难以判别。在目前情况下，需要不断加大募捐机构的信息公开透明度，统一财务信息公布的标准，使不同募捐机构公布的财务信息具有可比性，而公众也可以利用这些真实可靠、具有可比性的信息进行比较，选择效率高的募捐机构进行物资捐赠。

二、救灾物资的监管

（一）救灾资金监管的现状

针对汶川地震筹集的巨额资金，政府相关部门颁布了相关法律法规，采取了一系列规范的救灾资金使用程序来保障救灾资金的合理安全使用，主要有以下方面：

1. 救灾资金的监管程序

救灾资金在监管下的使用程序具体如下：财政部负责对民政部接受的资金进行全程监督，由民政部将救灾款物的使用方案上交给财政部，经财政部审核无误后再交由民政部负责实施。民政部通过铁路、公路、民航等各种交通运输途径将救灾资金和物资下拨至各省民政厅，同时省财政厅则负责对省民政厅的资金物资划拨方案进行审核，经省财政厅审核无误后将相关资金经地/市民政局、县/区民政局最终下拨到乡镇。同时此过程中，地/市财政局、县/区财政局也需要对实施方案进行审核。最后乡镇负责将救灾资金和物资送至群众手中。而这一过程由省纪检工作组进行全程监督。

中国慈善总会的救灾资金和物资调配方案则直接由毕马威会计师事务所对实施方案进行审核，之后再由总会按照审核通过的调配方案进行分配使用。中国红十字会的救灾资金和物资的调配方案则直接受国际红十字会的工作指导和审核，独立进行方案实施。[①]

虽然相关部门对救灾资金和物资的筹措与使用进行监督，但从实际情况来看，目前这种监管程序的有效性受到了群众的质疑。救灾资金从筹集到分配使用

---

① 朱国玮：《救灾资金筹措与使用监管机制研究》，载《中国行政管理》2009 年第 3 期。

是一个复杂的过程，需要有效的监督程序。如何建立、健全有效的监督程序和机制，需要进一步在实践中加以完善。

2. 资金使用和监管的相关法律法规

（1）救灾过程中出台的行政法规。

①《国务院办公厅关于加强汶川地震抗震救灾捐赠款物管理使用的通知》于 2008 年 5 月 31 日出台，对汶川地震救灾捐赠款物管理使用的基本原则、接收管理程序、统计和信息公开制度等提出了明确要求。

②《国务院办公厅关于汶川地震抗震救灾捐赠资金使用指导意见》于 2008 年 6 月 13 日出台，确立捐赠资金使用要依照有关法律、法规和章程的规定，强调坚持尊重捐赠者意愿和政府引导相结合的原则；对不同类的资金投入使用分别作出了不同规定。

③《国务院关于印发汶川地震灾后恢复重建总体规划的通知》于 2008 年 9 月 19 日出台，将救灾捐赠款物的信息公布内容具体到救灾资金的使用恢复情况、灾后重建的资金和物资来源、数量、分配和使用情况。

（2）救灾过程中出台的部门规章。

①《关于加强对抗震救灾资金物资监管的通知》。2008 年 5 月 20 日，中央纪委、监察部、民政部、财政部和审计署联合出台了《关于加强对抗震救灾资金物资监管的通知》，具体提出了以下要求：建立健全抗震救灾资金和物资管理的规章制度；确保救灾款物合理使用和规范募集；提高救灾款物管理使用效益和公开透明度；审计机关要关口前移、提前介入，对财政和社会捐赠款物的筹集、分配、拨付、使用及效果进行全过程跟踪审计，来强化对救灾款物的跟踪审计监督；加强对救灾款物管理使用情况的纪律检查。

②《汶川地震抗震救灾资金物资管理使用信息公开办法》于 2008 年 6 月 1 日由民政部印发。它确定了公开抗震救灾资金物资的管理和使用信息时，应当坚持真实全面、及时快捷、方便群众、有利监督的原则；具体确立了公开抗震救灾资金和物资管理使用信息的群体及这些群体需要公布的事项。

③《汶川地震抗震救灾捐赠款物统计办法》于 2008 年 7 月 16 日发布，对统计内容、统计对象、报送时间、报送渠道、统计时点和频率等作了具体规定。同时，依照谁接收、谁公开的原则，各捐赠款物接收机构要通过网络等载体，及时公布本机构接收捐赠款物的有关情况，包括捐赠资金来源、规模、捐赠者意愿以及捐赠款物拨付等信息，确保每一个捐赠人都可以查询到自己的捐赠信息。

④《关于汶川地震抗震救灾捐赠资金使用有关问题的意见》于 2008 年 10 月 24 日发布，具体指出从中央到地方及全国性社会组织捐赠资金的管理使用，

规范了捐赠资金使用的原则和范围，同时规定信息公开的频率不得少于每月一次①。

民政部在 2008 年 4 月 8 日全国纠风工作会议上提出了四项措施来加强救灾资金监管：配合审计检查、配合监察监督民政、财政部门联合执法检查、支持舆论监督。

（二）救灾资金使用和监管中存在的问题

1. 监管主体单一

事实证明，虽然我国一直有较为严格的纪检监察体系，但是资金监管中的腐败现象屡禁不止，而且大多数现象并不是由纪检部门揭露的。这反映了我国的监督主体单一，过分强调党内监督，而忽视了来自外部的监督，如群众、新闻媒体、非营利组织等。体制内的监督牵涉的共同利益关系太多，加上党内没有建立有效的监督机制，造成党内监督形同虚设，不能发挥其应有的作用。

2. 立法层次较低，现行的规章缺乏可操作性

目前我国还没有出台专门针对救灾资金监管的法律法规，《关于加强对抗震救灾资金物资监管的通知》也只是一个临时性的通知，没有上升到法律法规层面。在汶川地震中，国务院相关部门针对救灾资金的使用和监管出台了几个规范性文件，但这些规范性文件缺乏可操作性，涉及落实层面时还需要具体的细化办法。

3. 救灾资金信息披露质量不高，信息披露缺乏完整性

根据相关规定，信息披露包括救灾资金物资的捐赠接受情况、使用情况，而救灾资金的接受单位还应披露资金发放使用的流程和程序。但从实际披露情况来看，政府部门、民间组织等都没有严格按照要求披露相关信息。就救灾资金的接受和使用信息两方面来看，大多数受赠机构相对详细地披露了接受捐赠的信息，但资金使用的信息则未披露或者披露得不充分、完整，内容简单，披露频率较低。而且受赠机构中大多数不仅没有披露救灾资金使用的流向，资金的使用效果和效率的披露更为缺乏。

（三）完善救灾物资监管的对策建议

1. 监管主体多元化

在对救灾资金的监管上，不仅要强化现行的纪检监察体系和审计部门，还需要不断完善、强化监督主体，实现监督主体多元化。

---

① 邓国胜：《响应汶川——中国救灾机制分析》，北京大学出版社 2009 年版。

（1）充分发挥非营利组织的作用。

非营利组织相对独立，在一些直接牵涉到政府的相关问题时可以处理地较为公正客观，更具有公信力度。其在组织的运作管理、资金的筹集分配等方面具有政府难以匹配的专业知识的相关人才。政府应减少相关限制，放宽活动范围，让非营利组织在救灾资金和物资的监管上发挥更大的作用，同时也可让其他各类志愿者组织加入到救灾资金的监管中来，汇集更多的力量来参与监管。

（2）发挥新闻媒体的作用。

国外学者的研究表明，新闻媒体对政府救灾的效果有着显著影响。埃森塞和斯特龙伯格（Eisensee and Stromberg, 2007）基于 1968～2002 年美国的救灾数据，研究了新闻媒体报告对政府在 5 000 个自然灾害中救灾力度的影响。结果发现，自然灾害发生的同时若有其他重大事件的发生，政府的救灾效果是相对较差的。唯一合理的解释就是救灾努力是受新闻媒体报道影响的，其他值得报道的事件对灾害报道产生了挤出效应。[①]

媒体有着独到的优势和职业敏锐性，但中国的大多数媒体或多或少地受政府的掌控，过多地强调正面报道，忽视了通过揭露问题来督促监管工作的改进。因此，媒体可以通过曝光典型案例、传达群众建议、提供相关线索等渠道，来充分发挥媒体的监督作用。

（3）发挥党代表、人民代表、政协委员的监督作用。

群众的监督是最有效的，而党代表、人民代表、政协委员等是广泛吸纳民意的群体。对此，应该鼓励、帮助和支持他们进行各种巡查，深入基层倾听民意，提出质询，提出专项监督提案，审议救灾资金物资使用的报告，并如实向社会公布。[②]

2. 加快救灾资金监管的立法步伐，将相关法律法规、部门规章不断细化

我国应尽快出台一部有关救灾资金监管的法律，来从总体上对救灾资金的监管进行约束，做到有法可依。同时，救灾资金的监管是一个庞大的体系，从每笔资金的规范使用到整体资金的划拨，内容复杂烦琐，需要有具体的可操作性法规来不断规范并指导实施。

3. 建立充分完整的信息披露公开机制

（1）信息披露要及时。建立定期信息披露机制，频繁公布救灾款物的接受和使用清单。

（2）信息披露要具体。不仅要披露救灾资金接受捐赠和使用的数额，对救灾资金的具体使用去向、采购的物资单价、型号、数量等也要详细披露。

---

① Eissensee, T and David Stromberg. May, 2007. News drought, news flood, and U. S. disaster relief. *Journal of political economy*. 693 – 728.

② 刘益飞：《对救灾资金物资的监管需要改进和完善》，载《成都行政学院学报》2008 年第 3 期。

（3）信息披露方式要多样化。应该充分利用电视、报纸、广播、网络等多种新闻媒体进行及时披露，让捐赠者及其他关注资金安全性的群体最大限度地了解救灾资金的运作情况。[1]

三、救灾物资的发放

救灾资金和物资筹集的最终目的是能顺利送至灾民手中，满足灾民的基本生活需要，但救灾物资的发放是一个复杂的程序。如何用最简便的方式来规避发放过程中存在的道德风险，将资金和物资的损耗程度降到最低？如何在充分满足群众的需要的同时又达到最优的配置效率？这直接关系到整个应急体系的救灾效率。

（一）救灾物资发放中存在的问题

1. 救灾物资浪费严重

汶川地震后，大批救灾资金和物资涌入灾区。由于灾区物资的协调、发放出现失误，一些地区受关注较多，大量救灾物资存在闲置浪费，未能得到充分利用；而另一些地区由于交通中断、信息传达不便，使灾民极其缺乏帐篷、饮用水、医药品之类的应急救灾物资等。同时在物资的分配上不能按时、按量、按需求地保证灾区的需求，往往灾区医院需要的物资和药品不能及时送到，而灾区不是很急需的物资却在源源不断地送来，这同样造成了浪费。

2008 年 6 月 16 日《民政部财政部住房和城乡建设部关于进一步做好汶川地震灾区救灾款物使用管理的通知》的出台缓解了这一现象。通知表示，要求建立捐赠款物信息管理系统，及时发布最新需求信息，对于灾区不适用或者过剩的救灾捐赠物资，可以由县级以上民政部门按规定组织变卖，变卖所得资金全部作为救灾捐赠款管理使用。

2. 滥用挪用救灾物资的现象层出不穷

我国救灾物资主要采取的是由上至下的逐级拨付模式。由于长期以来过分强调党内监管，容易滋生腐败，在层层下拨过程中截留、挪用救灾资金的现象泛滥。

2008 年 5 月 21 日，新华网曝光了成都市"蜀山行"户外用品经营店冒用锦江区红十字会的名义销售帐篷、睡袋等赈灾物资，涉案金额巨大，社会影响极其恶劣，被立为重大非法经营案。[2]

---

[1] 康贵明：《做好抗震救灾资金物资的监管》，载《红旗文稿》2008 年第 13 期。

[2] 《冒充红十字会名义销售帐篷成都"蜀山行"遭查处》：http://www.sc.xinhuanet.com/content/2008 - 05/23/content_13347456.htm.

3. 救灾资金层层截留，损耗严重

由于资金的信息披露难以做到及时公开、透明、及时，加上监管的主体单一，舆论监督不能充分发挥作用，救灾资金在层层下拨过程中安全性难以得到保障，从中央到地方资金逐层缩水。

2011年1月12日，《经济参考报》报道，甘肃文县是2008年"5·12"地震的重灾区，地震中倒塌房屋和无法再居住的危房占了总户数的78%，其中受灾严重的碧口镇和中庙乡居民房屋几乎全部倒塌。地震后，国家为甘肃划拨了重建基金256亿元且已划拨到位。而国家划拨给甘肃文县的中央重建基金中，有8 000多万产业援助基金至今没有发放，被当地政府变为借款，部分灾民至今住在救灾帐篷里，当地政府却利用这笔所谓的"灾后重建的结余款"开展亮化工程。[①]

（二）原因分析

1. 政府官员的理性行为

根据公共选择理论，政府官员也是理性人，有自身的利益，追求自身效用的最大化。从理性经济人的角度出发，就不难理解政府官员在救灾过程中的寻租行为。此外，救灾物资发放过程中的信息不对称也是导致官员寻租的重要原因。在救灾资金的筹集使用过程中，相对于群众而言，政府可以获取大量信息，政府和群众获取的信息是不对称的。救灾资金和物资的使用分配情况不透明、不公开，缺乏外界的监督管理，很容易产生政府官员的寻租行为，导致资金和物资截留、挪用现象十分普遍。同时，由于救灾事务中的责权缺乏清晰定位，给了地方政府寻租的机会。地方政府会过分夸大灾情的严重程度，以此争取更多的中央政府救灾物资，并减少自己的救灾投入。其结果是灾情最严重的地区却得不到救灾物资，导致救灾物资的浪费。

2. 救灾机构的道德风险行为

由于信息不对称，处于信息劣势的捐赠人（委托方）与处于信息优势的代理方（慈善机构）由于利益不一致，代理方很容易产生道德风险行为。就救灾物资的筹集和使用而言，众多委托人将捐赠的资金交给代理人——红十字会、中华慈善总会等公益性组织。由于委托人众多，达成委托人之间协商一致需要较高交易成本，而红十字会、中华慈善总会等组织官方色彩浓厚。因此，红十字会等代理人最终选择政府部门来代表众多捐赠者进行监管，其信息披露和资金的运作效率等只需要"取悦"政府及相关部门即可。信息的不对称加上监管主体的有

[①] 《中央重建基金竟被变为"借款"》：http://jjckb.xinhuanet.com/2011 - 01/12/content_281671. htm.

限，红十字会、中华慈善总会等代理方必然会在这种扭曲的委托—代理关系中产生道德风险行为，挪用、滥用、私吞救灾物资，从而损害委托方的利益。

3. 多层次的委托—代理关系

我国救灾资金的使用采取的是层级拨付模式，民政部——民政厅——地/市民政局——县、区民政局逐层委托，委托代理的层次较多。而委托代理的层次越多，代理链就越长，从而逐渐超过初始委托人的控制监管范围，使委托人对代理人的约束力逐渐弱化。委托人和代理人之间的信息不对称、权利不对等和利益不一致等问题必然导致每层委托代理关系中出现"代理人问题"。委托代理的层次越多，监管成本就越高，救灾物资的安全级别就越低。

就救灾物资而言，由于中央与地方之间、地方与基层之间的信息不对称，由于权责高度分离的多层委托代理关系，国家的专项资金往往在下拨的过程中不见踪影，出现挪用、截留资金等腐败现象。2003 年云南大姚 6.2 级地震发生之后，中央总共拨发了 1.2 亿元的救灾重建资金，后来审计的结果是截留（未按时下拨）资金 5 174 万元，挪用资金 4 111 万元。① 也就是说，多达 77% 的资金没有被送到灾区用于救灾。这种现象绝不能简单地归咎于个别领导干部的腐败和玩忽职守，而更应该归因于救灾机制存在的严重缺陷。

第三节 灾害救助方式与瞄准机制

救助方式与瞄准机制是灾害救助中十分重要的两个问题，直接关系到救灾的效率。不合适的救助方式和较差的瞄准机制可能导致那些不需要物资的灾民得到救灾物资，而那些真正需要物资的灾民却得不到救灾物资，从而影响物资的优化配置。因此，对救助方式和瞄准机制进行分析对于提高救灾效率是十分重要的。

一、救助方式选择的经济学分析

灾后救助的方式主要分为实物救助、现金救助两种，不同的救助方式产生的经济效果不同。关于救助方式的选择，主要有以下两种观点：

现金救助的支持者认为，通过发放实物来实现救助是无效率的，同时也是不

---

① 《2005 年第 1 号：对 2003 年云南省大姚地震救灾资金审计结果》：http://politics. people. com. cn/GB/8198/58704/58717/4127539. html.

尊重灾民自身选择的做法。政府不知道灾民最需要什么物品和劳务,应该由灾民自主决定自己的需求,现金补助使受益者有可能根据自己的需要来购买他们需要的东西,提升自我的恢复能力。在刺激地方经济的同时,减少了实物分配中潜在的复杂分发程序。灾民能在预算约束线范围内自由选择,达到资源的最优配置,实现效用最大化。

实物救助的支持者认为,通过实物来实现转移支付能规避现金发放过程中存在的道德风险,确保这些实物救助能够最终发放到最需要的人手中。

下面将从传统经济学和现代信息经济学两个视角来对实物救助和现金救助的效果进行分析,这样能够帮助政府在灾后分配救灾资源时,选择最优的救灾方式来实现经济效用最大化。最后,还将讨论如何结合灾后不同时段来对救助方式进行选择。

(一) 基于传统经济学理论的分析

根据消费者行为理论,在一定的预算约束线范围内,受灾群众可以自由选择直接获取实物和通过现金消费来进行分配和选择,满足自身需求。借助预算约束线和无差异曲线来分析在等量的现金和实物下,个人面临的消费者选择集的变化情况。

图 24 - 3 表示现金救助对灾民消费选择集的变化情况。横轴表示救灾物品的支出,纵轴表示其他商品的支出。在政府没有发放现金时,原先的预算线是 IA,与无差异曲线 U_1 相切于 E_1;当政府发放现金补贴后,预算约束线由 IA 向右平移 F 单位,移至 BA',与新的无差异曲线 U_2 相切于 E_2。可以看出,在进行现金补贴后,灾民消费其他物品和救灾物品的数量都增加了,灾民的消费选择集扩大 $BIAA'$ 的面积。

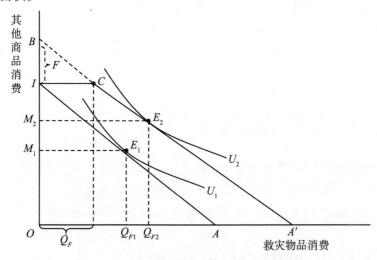

图 24 - 3 现金救助时个人消费选择集

图 24－4 表示实物救助对灾民消费选择集的变化情况。在政府没有发放实物时，原先的预算线是 IA，与无差异曲线 U_1 相切于 E_1；当政府发放实物救助后，预算约束线由 IA 将变为 ICA'，而不是 BA'。这是因为发放的实物救助将使得灾民不能通过现金购买自己所需要的其他消费物品，限制了灾民在纵轴上的选择，BC 上的其他物品是灾民不能选择和获取的，这将会使得无差异曲线被迫移至 C 点。在 C 点，获得的效用是 U_2，小于在相同现金补贴条件下获得的效用 U_3。

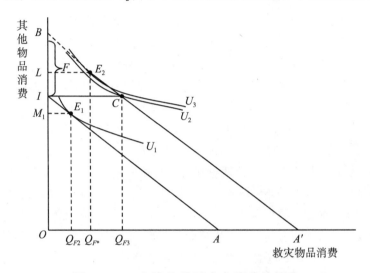

图 24－4　实物救助时个人消费选择集

这说明实物救助减少了灾民的消费选择集，带来的效用低于等量现金补贴的效用。因此，从传统经济学的角度来看，政府应该选择现金来进行救助，因为这一救助方式可以带来灾民选择集的扩大和效用水平的增加。

（二）基于现代信息经济学的分析

在实际的灾害救助中，实物救助广泛存在，而现金救助相对较少。这与救灾过程中存在的逆向选择密切相关。根据信息经济学的理论，在救灾过程中，由于救灾主体和灾民之间的信息不对称，导致灾民的类型很难识别清楚，即很难区分清楚需要救助和不需要救助的人群。如果采用现金救助，则那些不需要救助的人群会冒充需要救助的人群来骗取救灾资金，从而导致有限救灾资金的流失、浪费。

而实物救灾物资使用范围和途径相对狭窄，可自动对需要的群体进行筛选。这样，灾民虽然具有信息优势（知道自己到底需不需要救助），但却不大可能充分利用这种优势来骗取救灾物资。因为与救灾资金相比，救灾物资的适用性大大降低，这样能够最大限度地保障救灾物资毫无损耗地送至灾民手中，汶川地震后许多国内企业和国外捐赠采取实物的形式也正说明了这点。虽然现金救助更快捷，发挥的经济效用更大，但实物救助才能从根源上保障物资真正送至最需要的群体手中。

（三）救灾不同阶段救助方式的选择

在灾后的紧急救助阶段，针对灾民的救济主要是满足其最基本的吃、穿、住、行等方面的基本生活需求。而灾后灾区的社会经济秩序混乱，商品供给能力会遭受不同程度的削弱，不能满足大量灾民基本生活必需品的需求，此时当地救灾物资市场基本处于垄断状态。因此，该阶段政府应承担起相应的满足灾民基本生活需求的责任，采取实物救助的方式，通过提供大量救灾物资进行紧急救助。因为此时，货币救助对灾民而言缺少实际意义，而实物救助则正好可以满足灾民的需求，可以满足灾民的基本生活需求，保持灾民正常的生活秩序。

与前一阶段不同，灾后的长期救灾阶段持续时间长、涉及的资源多，主要目的在于恢复重建灾区的整体经济秩序和灾民的生存能力。若该阶段灾区已与外界的交流往来增多，交通、通信得到一定的保障，政府可以考虑现金和实物相结合的方式进行发放，一方面现金的发放可以帮助恢复当地的经济秩序，让当地的商品市场逐渐恢复正常；另一方面实物的发放可以抑制价格的哄抬，帮助灾区的市场由垄断状态变为完全竞争状态。而实物救助和现金救助的主次关系则取决于市场竞争的程度。若市场处于刚摆脱垄断状态，则应该采取实物救助为主，现金救助为辅；若市场已接近完全竞争状态，则应该采取现金救助为主，实物救助为辅。[①]

二、灾害救助中的瞄准机制分析

在灾害救助中，建立有效的瞄准机制，对于准确识别最需要救助的人群是十分重要的。自然灾害发生以后，不同的人群受到的影响是不同的，其面临的主要困难也不同，这也要求灾后的救助工作具有一定的针对性，要帮助那些脆弱性人群。要实现这样的目标，就要对脆弱性人群进行快速而有效的识别，确定救助的对象，拟定物资发放方案，提高救灾效率。

（一）脆弱性人群的识别指标

脆弱性人群的识别可以从个人、家庭和社区三个层面进行识别。影响个人脆

---

① 孙婧：《灾害救助方式的经济效果和政府甄选决策分析》，载《科学决策》2006 年第 9 期。

弱性的因素包括年龄、性别、健康状况、文化程度、职业种类、收入水平等。对于儿童或老人来说，他们很容易遭受到外界的影响，脆弱性比较高；反之，对于年轻力壮、文化程度较高、收入较高，或者收入来源比较多的人来说，他们的脆弱性较低，受自然灾害等带来的损失可能会小一些。脆弱人群主要包括老年人、小孩、孕妇、病患者、伤残者等弱势人员。家庭脆弱性方面，其影响因素有很多，如家庭成员的年龄、性别、教育程度、土地资源、交通条件、住房位置，甚至在农村社区中的邻里关系等。社区发展脆弱性主要指对社区人口、社会经济、发展潜力以及发展过程中的稳定性进行综合评判。影响社区脆弱性的因素比较复杂，如社区的自然环境、人员组成、产业结构、收入结构，社区居民的团结程度、精神面貌以及与外界的交流联系等，都会影响到社区的脆弱程度。社区居民的经济来源，一般包括种植、养殖、畜牧、临时务工、外出打工、经营小商店等。一般情况，收入来源结构单一的家庭抗拒各种灾害的能力比较弱，脆弱性就大。例如，某户收入来源主要依靠种植水稻，如果遭遇气候干旱水稻减产，由于缺乏其他经济来源，年底的生活将极为困难，同时也会影响来年的生产。

在具体实践中，可以根据脆弱性人群的主要识别指标确定救助对象。救灾物资的发放可以以村为单位，在村内组织小规模的讨论，由村民代表和相关领域的专家参与，迅速确定需要救助的人数及分布地区，根据确定的名单进行救灾物资的发放。此外，救灾物资也可以由专门的非营利组织负责发放，提升救灾效率。

1. 年龄

老人：老人虽然有应对突来灾难的经验，但是由于年老行动不便，当灾难来临时，他们很有可能来不及避难；即便幸存下来，由于自身能力有限，灾后获取食物、维持日常生活也是困难重重。

儿童：没有应对灾难的经验，抵抗能力相对较差，容易受到自然灾害的影响。

2. 性别

自然灾害具有非常明显的性别影响，女性遭受的灾害打击要远远高于男性。从社会性别的角度来看，生活用品的需求在两性之间也是不同的。女人更多的是从家庭生活的角度来考虑，而男人可能更多的是从家庭生产的角度来考虑。因此，对所供给的救灾物资能否按照性别需求进行分配很重要。具体内容包括以下几个方面：

（1）救灾物资的分配对象。救灾物资或是以家庭为单元进行分配的，或是以个人为单元进行分配的。如果是以家庭为单位，极容易忽视在物质需求方面的性别差异。如果是以个人为单位的配发，则能够保证妇女的救灾物资得到满足。

（2）救灾物资的分配数量。这些救灾物资分配数量会直接影响在性别之间的分配。对于男性而言，可能更多地考虑个人需求；对于女性而言，则考虑家庭成员的需求要多。因此，如果救灾物资分配数量不足，则可能在家庭内部的性别分配中妇女需求得不到满足，而男性的需求会优先得到解决。

3. 残疾状况

残疾人是典型的脆弱性人群，是自然灾害救助中重要的救助对象。

4. 收入和物质资源

农户收入是农户在其特定的资产结构和禀赋基础上所采取的各种生计策略的结果。在乡村社会，农户的生计系统具有高度脆弱性，极容易受灾外来风险的冲击，尤其是自然灾害。地震发生后，农村地区由于赖以生存的农业生产系统最容易遭到破坏，基础设施由于各方面因素的限制最容易出现瘫痪，缺乏完善的信息传递机制和灾害预警机制，社会支持系统相对薄弱，以及农村家庭生计的高度脆弱性等多方面的综合原因而极易出现贫困问题的产生和发展，从而形成新的贫困人口或者是加深贫困程度。

5. 家庭结构和社会网络

家庭结构和社会网络是决定灾民在灾后能否及时获取救助的重要因素。家庭结构单一、社会网络较弱的家庭遭受的相对损失较大，其抵御风险的能力较差，得到家庭和社会网络的支持有限，是灾后需要救助的脆弱性人群。

（二）脆弱性人群的识别方法

脆弱性人群的识别可以借助各种分析方法来进行，常见的有分组讨论、排序分析、调查问卷、脆弱季节分析等。[1]

1. 分组讨论

在进行脆弱性分析时，如果社区人数比较多，可以采用分组讨论分析法。分组时，应适当照顾老人、妇女和儿童等分析对象，并考虑到一些比较贫困的家户。分析讨论时，应努力营造亲切友好的氛围，让他们没有顾虑地把心里话说出来。分组讨论是一个非常简单而又重要的技巧，但常常被人忽略，合理有效运用分组讨论，不仅可以加快分析进度，也能加深与分析的交流深度。

2. 排序分析

排序分析法比较简单，可用于很多场合。如对某个家庭的经济收入进行排序分析，可分析出哪类经济来源的影响大。排序分析还可以用于综合多人的意见，最后达成一个统一意见。

例如，假设某个社区需要修建公共水井，也需要修建社区的公共道路，还需

---

① 黄承伟等：《震后贫困村重建过程中环境风险规避指南》，联合国发展规划署 2010 年版。

要建立一个公共的避难场所，但是资金有限，不可能同时将三件事都完成。不同的村民有不同的需求重点，产生不同意见，如何决策就非常重要了。在这种情形下，首先依次列出三件事的优点，让大家充分讨论；其次，让大家进行投票，决定三件事情的顺序；在此基础上，汇总三件事的优先级别，排列出三件事的先后顺序。同时，随时间改变，村民的需求也可能发生改变，排序的结果应该是动态变化的，而不是一成不变的。

3. 问卷调查

调查问卷是一种直接快速有效地获取信息的方式。调查问卷的实施大致可以分为4个环节：确定调查目的，进行适当的背景资料查阅；设计调查问卷的问题与结构；发放调查问卷，如果有必要进行访谈协助填写问卷，并回收问卷；统计问卷并进行规律分析。

4. 脆弱季节分析

同一地区，由于气候等自然环境条件的差异，在不同的季节可能受到不同类别灾难的危害。这是由于不同季节的温度、降水量、湿度等自然环境条件不同和季节变化导致的。在开展社区脆弱季节分析时，应仔细查阅当地灾害历史记录，与村干部、灾害信息员及村民进行访谈，共同分析本地区在各个季节都有哪些不利的现象发生。图24－5所示的灾害时间轴，可用于标注社区灾害发生的季节，以供脆弱季节分析。

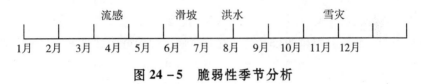

图24－5　脆弱性季节分析

第四节　非营利组织与灾害应急救助

一、非营利组织产生的原因

（一）非营利组织的界定

非营利组织及其特征

非营利组织，也可称为"非政府组织"，是指特定法律系统下，不被视为政府部门的协会、社团、基金会、慈善信托、非营利公司或其他法人，不以剩余价

471

值最大化为目的的组织。非营利组织有别于营利性组织和政府组织，主要由民间自发组建而成。非营利组织的根本特征，在于不可分配约束。非营利性组织的盈利，表现为盈余，对应于营利性组织中的利润；非营利性组织的不可分配约束，指的就是盈余不可分配。美国约翰－霍普金斯大学萨拉蒙（Lester M. Salamon）教授将非政府组织的基本特点概括为：一是非政府性，又称民间性；二是非营利性，不以盈利为目的，不进行利润分配；三是独立性，具有正式、合法的组织机构，有成文的规章制度，有固定的组织形式和人员等；四是志愿性，指成员的参加和资源的集中不是强制性的，而是自愿和志愿性的；五是非宗教性，指不是宗教组织，不开展传教、礼拜等活动。在我国非政府组织主要有社会团体、基金会和民办非企业单位等类别。[①]

（二）非政府组织产生的原因

非政府组织存在和发展的原因主要有：一是政府和市场都有失灵的一面，需要有能够弥补各自缺陷的中介组织来沟通这两方面的联系。尤其在风险社会条件下，要求社会治理主体多元化即建立复合治理结构。二是社会公众参与社会管理和服务的意识日益提高。[②] 非营利组织的出现，可以有效地解决政府失灵和市场失灵。关于非营利组织产生的原因，主要有两种流行的理论解释。

第一种观点认为，非营利组织的产生是满足未被满足的公共品需求。这种观点认为，市场机制是有利益取向的，这种利益驱动使它天然不会提供具有外部性的公共产品，而政府提供的公共品往往是中间选民偏好的数量来提供的，难以满足所有民众对公共产品的需求。魏斯布罗德（Burton Weisbrod，1975）提出非营利组织的出现旨在满足未被满足的公共物品的需求者。[③] 正是由于自发的市场活动不能有效提供足够的有外部正效应的商品或服务，而政府提供的这类公共物品在相当数量的少数投票人看来是不足的。那些最热衷于公共物品给社区带来外部收益的人，就成为非营利机构的创建者。

第二种观点认为，非营利组织产生是对契约失灵的反应。契约失灵是指：由于厂商和服务的购买者之间存在明显的信息不对称，在这种情况下，生产者完全有能力通过提供劣质商品来获得额外收益，结果消费者福利蒙受了损失，从而出

---

① 约翰－霍普金斯大学的 Lester M. Salamon 教授被认为是国际上研究非政府组织问题的权威。他从1990 年作为研究负责人开始主持一个有关非政府组织的全球性国际比较研究项目。

② 孙绍聘：《中国救灾制度研究》，商务印书馆 2004 年版。

③ Weisbrod，Burton A. 1975. Toward a Theory of of the Voluntary Non-Profit Sector in a Three-Sector Economy. In *Altruism*，*Morality*，*and Economic Theory*，Edmund S. Phelps（ed.）. New York：Russell Sage Foundation.

现契约失灵现象。这类商品或者服务由非营利组织来提供，生产者的欺诈行为就会少得多，原因在于非盈利组织受到了非分配约束。因为他们所获得的利益不参与分配，这在很大程度上抑制了生产者实施机会主义行为的动机，从而维护了消费者的利益。在自然灾害救灾过程中，有大量的捐赠救灾物资运往灾区，若选择一家营利性厂商来负责该物资的运送，营利性组织为了追求利润最大化，会通过各种办法来减少成本，甚至克扣救灾物资、产生欺诈行为。其原因在于，关于救灾物资运送的详细规定很难形成完全合同，同时要证实该厂商是否把所有物资运到了指定人手中的甄别成本极高。如果在这种情况下选择非营利性机构，则能更好地服务于捐赠者的利益，提高捐赠物资的使用效率。可以看出，非政府组织成了市场失灵时提供私人产品的主体。

二、 非营利组织参与灾害救助的现状及问题

（一） 非营利组织参与灾害救助的现状

国内参与自然灾害救助的非营利组织大致可以分为两类：官方色彩的非营利组织以及民间的非营利组织。官方色彩的非营利组织主要以中国红十字会和中华慈善总会为代表，当然还有其他的民间组织，如中国扶贫基金会、中国少年儿童基金会、中国青少年发展基金会，这类组织由政府发起成立，隶属政府管理。民间的非营利组织是指一种自下而上的民间组织，没有正式的参与渠道，但同时受到政府的严格管理和监督。

官方的非营利组织由于有政府的庇荫，有正式化的参与渠道，各方面实力远远强于草根的非营利组织。大量草根非营利组织组织一个项目结束之时即是关门之日。这和它们的组织松散、提供服务能力有限、合法性不高等因素相互作用，形成恶性循环，也对它们实现社会责任构成严峻挑战。在救灾过程中，如何有效地发挥草根非营利组织的作用，是一个值得深入探讨的问题。

（二） 非营利组织在灾害救助中的优势

1. 快速、有效地把救灾物资送达灾民手中

汶川地震中政府的反应迅速，非营利组织的行动之迅速也是出乎人们意料的。这主要表现在：

首先，响应速度非常快。在地震刚发生时，非营利组织几乎与军队同时到达。据北师大对 60 家非营利组织的调查，14% 的组织立即采取了行动，73.2% 的组织在地震后 24 小时采取了行动，很多当地的民间组织的行动要远远快于政

府的反应。其中一个重要的原因是民众对非营利组织知晓率很高。

其次，非营利组织能够灵活地对社会需求变化作出快速反应。友成基金的志愿者们 15 日到达绵竹的遵道镇，17 日就发现救灾物资中急缺奶粉及女性用品等，他们立即将需求情况反馈给了友成基金会。19 日，7 大卡车物资很快运到了遵道镇，奶粉、卫生巾等物资迅速分发到了特定灾民的手中。

再其次，即便一些常规的工作，非营利组织也常常走在了政府的前面。例如，第一批板房学校不是政府盖的，而是中国青少年基金会盖的。

2. 针对不同群体发放不同的物资，效率高

和政府的行动相比，非营利组织最大的特色就是它能提供各种各样个性化、专业化的服务。特别是在国家整个救灾体系尚不健全的情况下，非营利组织的这一特点尤其明显。在发放救灾物资的过程中，政府只能按照统一的标准工作，而非营利组织可以照顾到一些特殊需求。

3. 高效，能提高物资的使用效率

非营利组织的资源利用效率是很高的。这不仅表现在他们能以更经济的方式，以更少的钱办更多的事情，更表现在他们能以有限的资源成倍撬动社会资源，最大限度地发挥资金的公益效益和社会效益。例如，扶贫基金会在江油建的板房，造价是每平方米 470 元。但后来政府对口援建的板房，价格差别就很大，从每平方米 800 元到 1 800 元不等。为什么会出现这种情况呢？因为非营利组织做事是要考虑成本的，它要清清楚楚地告诉捐赠人，他捐的每一分钱都用到哪里去了。政府尽管从理论上讲也要对纳税人负责，但纳税人要对政府进行有效的监督是很困难的。因此，政府官员会更多地考虑政绩，而不是成本。这就导致很多地方在对口援建时不计成本，用飞机空运原材料到四川，最终导致成本较高。

（三）非营利组织参与救灾面临的问题

1. 民间的非营利组织缺乏制度化的参与渠道

1949 年，我国的救灾工作方针是"节约防灾、生产自救、群众互助、以工代赈"。在以后的 60 多年里，虽然救灾工作方针发生了多次变化，但是依靠群众，生产自救的方针基本没有大的变化。我国的救灾法如《中华人民共和国突发事件应对法》、《国家自然灾害救助应急预案》、《国家突发公共事件总体应急预案》，都明确了公民参与的原则。但在现实中，民间组织参与救灾还存在很多制约，尤其是草根的民间组织。红十字会系统是国家减灾委 34 个成员单位中唯一的民间组织代表，也是所有民间组织中唯一具有制度化的、畅通的参与渠道的组织。红十字会在救灾过程中，能够参与政府的各种救灾会议，及时了解救灾信息。由于民政部是减灾委的组成成员之一，而慈善会与民政部是一班人马，因此

慈善会可以依赖民政部参与救灾。而其他的民间组织则没有这一渠道和资格，往往游离于现行的救灾制度之外。

在这种情况下，非营利组织在救灾中大多采取三种方式：

第一，走联合的道路。其中最简单、最容易的方式就是发表联合声明。包括草根民间组织联合发表声明，也包括响应一些大的、有影响力的官方民间组织的号召，共同发表声明。

第二，通过红十字会。例如，由民间发起成立的四川圣爱基金会，自身没有参与救灾的渠道，但它是四川省红十字会的团体会员。因此，四川省圣爱基金会以四川红十字会的名义，通过省红十字会的渠道参与抗震救灾。

第三，独立行动。在救灾中，也有个别草根非营利组织自发前往灾区开展救援工作。这些草根非营利组织虽然没有正式参与渠道，也没有多少可以利用的政府关系资源，但由于有一定的专业技能和资源，能够满足灾区一定的紧急需求。

总的来说，政府的救灾和民间组织的救灾（红十字会、慈善会除外）实际上是两套互不相干的救灾系统，各自为政。第一，这种救灾系统导致民间组织虽然有参与的热情，但却没有正式的参与渠道。第二，导致民间组织得不到确切的受灾情况，到了一线之后不知道该去哪里，没有建立一个统一而强大的信息共享平台，前方也没有一个组织机构，有能力统一指挥大量来自民间的人力、物资。

2. 民间非营利组织的资源不足

汶川地震中，所有救灾物资和资金绝大部分由政府或者具有官方背景的民间组织掌控，其他民间组织所能运用的救灾资源屈指可数。截至 2009 年 5 月 12 日，社会各界捐款总额达到前所未有的 760 亿元人民币，其中大部分的款物都流向政府或者红十字会或者慈善会，其他民间组织，特别是草根民间组织拥有的资源很少，以至于很多草根民间组织的救灾工作时断时续，举步维艰。

3. 官方非营利组织的公信力危机

汶川地震使官方的非营利组织面临严重的公信力危机，而这种公信力危机充分暴露了红十字会现行捐赠机制的弊端。

第一，社会捐赠资金的使用问题。国务院办公厅下发的《关于加强汶川地震、抗震救灾捐赠款物管理使用的通知》规定，红十字会、慈善会等公募基金可以根据捐赠人意愿使用定向捐赠资金；对于非定向捐赠资金，可根据抗震救灾需要和灾后恢复重建规划，自行安排使用并报民政部门备案，只是不得用于增加本机构的原始基金。然而，在执行过程中，只有中国红十字会、中华慈善总会和全国性公募基金会能够自行安排社会捐赠资金的使用，而大多数地方慈善会、红十字会和地方公募基金会的社会捐赠资金都被地方政府强制性转移到政府财政专户了，甚至有些省份所接受的定向捐赠资金都被转移到财政专户了。也就是说，汶川地震中，不仅政府接受的社会捐赠资金归政府使用，而且很多民间组织接受的捐赠也归政府统一支配使用。清华大学公共管理学院针对这些善款的流向，做了长达一年的调研，发现80%的善款流向了政府，仅20%流到了民间组织，而流到民间组织的这些资金大部分也是由中国红十字会、慈善总会这类官办的民间组织委托地方政府来执行具体的项目。这造成的结果是，一方面，民间组织无法对捐赠人交代，民间组织的社会公信力受到很大影响；另一方面，民间组织在灾后重建过程中严重短缺，他们的优势无法发挥，使他们在救灾中出现捉襟见肘，心有余而力不足。

第二，民间组织募捐的管理费问题。其实这是非政府组织一直面临的问题，只是这次汶川地震引发了人们的再次争论。通常民间组织的费用包括三个方面：行政管理费用、筹款费用、业务活动费用。行政管理费用和筹款费用均是民间组织的成本，而业务活动费用又包括两个部分：一部分是项目管理的直接成本，例如，救灾物资的运输费用和项目的监督与评估费用；另一部分是直接用于灾民的项目费用，如盖民宅和学校的费用等。也就是说，募捐机构的成本实际包括三大块：筹款成本、项目管理和运作成本、行政管理成本。正是因为有各类成本支出，民间组织需要从社会捐赠中提取管理费，这也是国际通行的惯例。当然，不同民间组织由于历史背景不同、组织规模不同、运作模式不同和组织效率不同，其管理成本占整个社会捐赠资金的比例也存在很大的差异。慈善会和红十字会往往有政府的财政拨款，因此其行政管理费用提取的比例应该更低，而一些没有财政拨款的公募基金会，则需要提取更高比例的行政管理费用。另外，在救灾时，政府往往在各大媒体免费为慈善会、红十字会做募捐宣传，公布其接受捐赠的账号，因此慈善会、红十字会的募捐成本更低，而完全靠自己营销的公募基金会，其募捐的成本更高。募捐规模越大，成本越低，而募捐规模越小，成本越高。总的来说，民间组织的管理费用问题很复杂，不同类型的民间组织合理的管理费用比例其实并不相同。所以问题的关键是民间组织要做到公开透明，要让公众了解各类成本的实际支出及其原因。在这次汶川地震中，由于民间组织自身公开透明度不高，再加上民众对对民间组织的资金来源和成本结构缺乏了解，公众对募捐机构提取管理费用也存在一些认识上的误区。结果，一些民间组织在政府和公众的压力下，承诺不提取管理费用。但是，这些管理费用又是确确实实存在的。于是，民间组织只好采取不同的手法来处理。有的干脆不接受物资捐赠，以降低管理成本；有的请企业专门捐赠一笔管理费用，作为回报，需要为这些企业做"公益广告"；有的找政府部门买单；有的甚至减少项目的监督和评估等管理环节，以节约成本。

公益机构的成本是实实在在要发生的，如果不允许从捐款中提取筹款费用，公益机构无法开展筹款活动，也就难以筹集到更多的善款；不允许从捐款中提取项目运作成本，公益机构无法进行监测与评估，项目管理的漏洞百出，项目质量无法保证；不允许提取行政管理费用，公益机构无法吸引和留住一大批一流的管理人才，没有人才，中国的公益慈善事业将难以发展壮大。

第三，捐赠信息的披露问题。根据国务院颁布的《关于加强汶川地震抗震救灾捐赠物款管理使用的通知》，民政部需要汇总并定期公布全国救灾捐赠款物的接受和分配使用，地方各有关部门以及红十字会、慈善会等公募基金会要定期向社会公布捐赠物款的接受和分配使用详细情况。然而，从政府和受赠机构披露的捐赠信息来看，情况不容乐观。首先，民政部门公布捐赠物款接受和分配使用情况的频率并不高，信息也比较笼统，甚至有些信息存在错误。不同时期公布的数据存在很大的差异。其次，从慈善会、红十字会、公募基金会和各省民政部门公布的捐赠信息看，一个普遍存在的问题是，接受捐赠的信息披露相对更及时、信息也更全面，而分配使用信息披露既不及时，也不全面，资金使用效果的评估信息更是几乎没有，远远达不到国务院办公厅的要求。更糟糕的是，有些机构在募集了社会捐赠资金后，在组织的网站上从来没有公布接受捐赠的详细信息，也没有公布分配使用的相关情况。对于这些情况，政府部门也没有采取任何相关的强制性措施。在捐赠信息披露的方面，存在严重的政策和执行背离的现象。

三、完善非营利组织参与救灾的建议

（一）完善非营利组织管理的相关制度

我国缺乏志愿工作的全国性法律。灾害救助活动中政府、非政府组织关系不明确，非政府组织在灾害救助活动中的法律身份不清晰，具体的参与机制也不完善。虽然部分省市制定了相关的地方性法规，但这些内容规定各异，有的甚至自相矛盾，而且受限于管辖范围其作用相当有限。为了更好地发挥非政府组织在灾害救助中的作用，首先政府要转变观念，正确认识非政府组织参与灾害救助的必要性，为非政府组织开展救灾活动提供支持和便利。其次要确立非政府组织在灾害救助中的地位和角色，创造其参与灾害救助的法律依据，并依法加强对非政府组织的管理。

（二）构建"政府—非营利组织—企业"的模式

"政府牵头—非营利组织协作—企业参与"，这是一个崭新的志愿者服务模式。政府要转变观念，对非营利组织不能强加管理，只能引导、鼓励、支持，为

477

其开展活动提供服务，非营利组织和政府之间应该是伙伴关系，而不是管理与被管理的关系。企业把社会公益项目交给非营利组织，一方面为不少非营利组织提供了生存空间，非营利组织可以借此获得生存的资金；另一方面，企业对于社会责任项目的执行和监督捉襟见肘，交给专业非营利组织打理可以更放心。政府、非营利组织、企业都应明确自己的范围，更好地发挥自身优势，相互协作。

（三）从政府集中使用模式走向多元分散的委托外包模式

在这次汶川地震中，不仅社会捐赠基金主要流向了政府，民间组织募集的大部分资金也被地方政府统筹。虽然这里面存在很多客观原因，如地方民间组织没有能力到异地灾区开展项目、地方民间组织的公信力不高等，但这不是慈善事业发展的方向。并且这会挫伤民间组织救灾的积极性，违背捐赠人的意愿或者捐赠合同，影响民间组织的公信力。

从实践来看，政府集中使用社会捐赠基金有很大的弊端。第一，政府将民间组织的基金转入财政专户时，也将善款善用的责任转移到了政府身上。那么政府不仅要交代资金的流向，还要交代基金的使用效果。也就是说，政府要承担更大的舆论压力和使用资金的风险。第二，政府在灾后重建过程中，往往重硬件、轻软件，重基础设施、轻公共服务，而民间组织恰好可以弥补政府的不足，在公共服务、软件设施方面发挥优势。社会捐赠资金由政府统一使用，民间组织的补充作用就难以发挥。第三，民间组织使用资金的多元模式，有助于竞争和提高使用效率。而政府集中使用，有时不计成本，不讲效率。

从西方国家的经验看，民间组织募集的资金都是民间组织自行安排使用，从而发挥民间组织使用社会捐赠的优势，更快更好地开展救灾工作。在美国，政府还为参与救灾的民间组织设立补偿基金，对体制内参与救灾的民间组织给予资金上的补偿。

可见，在原则上民间组织募集的社会捐赠资金应该完全由民间组织自行安排使用，更好地发挥民间组织的作用，弥补政府救灾的不足。同样，政府部门接受的社会捐赠资金也可以考虑设立基金会，通过委托外包等手段由民间组织运作，从而提高社会捐赠资金使用的可问责性、公开透明性和使用的效果。

第二十五章

农村自然灾害的重建机制

19 世纪著名的经济学家和哲学家约翰·斯图亚特·穆勒（John Stuart Mill）在《政治经济学原理》一书中曾经说过："各国从破坏之中恢复的快速程度令人惊叹。在很短的时间之内，地震、洪水、飓风或战争带来的不幸，很快就会消失。"灾后的快速恢复离不开良好的灾后重建机制。《联合国国际减灾战略减轻灾害风险术语》中对灾后恢复重建进行了界定，认为灾后恢复重建应尽可能地改进受灾害影响社区的设施、生计和生存条件，包括努力减少与灾害风险有关的因素。与应急救助不同，灾后重建的重点是恢复灾民的生计资本，提升灾区的恢复力。因此，灾后重建应更多地关注灾区的可持续发展，应把灾后重建和扶贫开发相结合，以降低灾区的脆弱性，增加抵御灾害的能力。本章将从灾民的生计资本重建、灾民的心理重建和灾区的公共服务设施重建三个角度来对灾后重建机制进行分析。

第一节　灾民的生计资本重建机制

一、灾后农民的生计需求状况

识别受灾农民的生计需求是灾后重建的前提和基础。根据我国农村自然灾害的现状及其后果，可将灾后群众的生计需求归纳为以下几个方面：

479

（一）基本生活需求

自然灾害往往导致灾区农民失去基本的生活条件和生活资源。因此，基本生活条件需求成为受灾群众的第一位需求。数据显示，汶川地震后，失去土地资源和林业资源的农民达到115万。灾害除了影响受灾群众的基本生存条件外，还对家庭生存条件带来巨大的冲击，最主要的表现是毁坏家庭住房。例如，1976年唐山地震对家庭住宅的破坏率高达97%，是所有建筑物中破坏最严重的部分。汶川大地震造成城乡居民住房大量损毁，农村居民的住房有2亿平方米严重受损、倒塌，城镇居民住房近0.8亿平方米严重破坏、倒塌或损毁。由于房屋损失较大，其价值占受灾群众财产的绝大部分，且直接关系到以后的安居乐业问题。因此，房屋等基本生活需求成为受灾群众的主要需求。

（二）就业需求

就业是民生之本，是一个人的最基本收入产生途径，也是受灾群众重建家园的重要经济来源。就业对于灾民的生计重建具有十分重要的意义。

自然灾害过后，灾民的就业问题会变得更加突出。汶川特大地震在四川共造成152.4万人失业，其中37.2万城镇人员失去工作岗位，115.2万农业劳动者失去收入来源。王德平等人（2008）结合成都市的情况，发现汶川地震后，当地的就业问题十分突出：首先是受灾人口多，就业压力大。全市累计受灾人口290.4万人，其中适龄劳动力203.3万人，729户工矿企业因基础设施和生产场所遭到破坏而停工歇业或关闭破产，旅游、房地产及其相关配套产业几乎全部处于停产状态，仅直接从事旅游行业的人员就有6万多人完全失业。[①] 其次，就业结构性矛盾突出。由于灾民在受灾前主要集中在农业、旅游业及其配套的服务业，技能相对单一，导致灾后灾民很难胜任灾后重建的工作岗位。

（三）生计重建资金需求

李小云等人的调查显示，农户灾后重建和恢复面临的最主要困难是资金短缺。灾后50%的农户拥有借贷款，并且各种农户类型的灾后借贷款金额均有所上升，由平均15 356元上升为16 249元。[②] 随着受灾地区居民住房恢复重建工作接近尾声，灾民安居条件确实得到了很大改善，但是这种改善是建立在家庭储

---

① 赵昌文：《应急管理与灾后重建：5·12汶川特大地震若干问题研究》，科学出版社2011年版。
② 李小云：《地震灾害对农村贫困的影响——基于生计资产体系的评价》，载《贵州社会科学》2011年第3期。

蓄减少、负债迅速增长基础之上的。据调研发现，在一些村庄，有些家庭为重建住房，在动用已有储蓄基础上，还普遍负债数万元到十几万元。家庭净资产下降，流动资金短缺，将会直接影响灾民生计资本的恢复。

二、灾后农民生计资本的重建机制

（一）因地制宜、科学规划，恢复灾民的物质资本

灾区农村往往处于生态脆弱性地区，大多自然条件较差，农户生计系统抵御自然灾害风险的能力较差。在灾后重建中，应"以人为本、科学重建"。因地制宜，科学规划，发挥灾区的比较优势，提升灾民生计资本的抵抗力。对于一些不适宜重建房屋的地区，应要求灾民进行异地搬迁。政府可以通过有限补贴、奖励等手段激励灾民将房屋重建在灾害发生较少的安全地区。其次，通过环境保护、农田治理、土壤改造、兴修水利、多样化种植等具体措施，探索出既能符合地方特色，又能充分发挥地方优势的农户可持续生计模式。这需要地方政府、村（社区）和农户充分利用本土资源，瞄准市场需求，调整传统的种植业结构，通过开发特色农业、发展农家乐等项目来增加农户收入。例如，四川省安县在震后重建时，结合自身特点，发展生态农业，生产具有竞争力的绿色有机产品。明月村基于果园面积大的特点，在保留原有果树继续发展的前提下，发展林下养鸡，形成有机环保的"生态循环农业"，极大提升了灾后农民的收入水平。

在物质资本方面，应在了解农户实际需求的基础上，重点重建农户的物质资本，以发挥农户物质资本对生计资本恢复的促进作用。灾后应重点恢复那些能降低农户生计系统脆弱性方面的资本，包括基本的农业生产资料（如农机具、种子和化肥等）、农村基础设施。政府可设立农户生计项目的专项资金，通过农机具补贴、化肥补贴和种子补贴等措施，促进农户的生计恢复。此外，灾害也为灾区基础设施的重建提供了难得的机遇。应科学规划，重建农村道路、供水、供电、能源、环境等基础设施，为农户生计模式创新创造必要的发展条件和发展空间。

（二）实施技术指导、就业培训等项目，提升灾民的人力资本

农业技术、就业能力等是农民最重要的人力资本，是灾后农户实现收入增长和生计模式转型的重要来源。要提升灾区农户的人力资本，可以通过农业技术指导、就业培训等途径，提高农户家庭的风险处理能力和抵御能力。例如，聘请外部专家、技术人员进行农业技术指导，解决农民在农业生产中面临的实际问题。

同时，应提供关于生计资本投资方面的信息，使农户主动获取新的致富技能和发展机会引导农户自主创业，最终全面提升个体、家庭的可持续发展能力和市场竞争力。此外，要合理引导灾区剩余劳动力的转移流动，政府通过提供就业机会、就业信息和就业培训来引导劳动力的合理流动，提高灾区农户人力资本的生计效能。

（三）实施金融项目，多渠道为农民生计发展提供资金支持

灾后农户生计资本最短缺的是金融资本。因此，在灾后重建过程中，实施金融项目，多渠道为农民生计发展提供资金支持尤为重要。金融项目包括给农户的补贴、低息、贴息和小额担保贷款等。渠道来源包括政府设立专项资金、金融机构的贷款和民间的小额贷款项目。政府设立的专项资金应重点加大对灾区的农机具、种子和化肥的补贴力度，提升灾区农业的发展水平；金融机构的贷款应重点用于农民的创业项目，为农户发展生产提供资金支持和金融服务。此外，要逐步推广互助资金在灾区的试点，通过资金互助在一定程度上解决生产资金不足的问题，还可以通过互助合作加强农户的组织化程度。而非正规小额信贷，也已被证明是灾民生计资本重建的一个重要手段。

此外，灾后重建中也可以借助其他创新手段来缓解资金短缺的状况。在汶川地震后的重建进程中，较为著名的是成都灾后重建中的"联建"模式，即：农户在保障自住的前提下，将空闲的宅基地退回集体，经集体经济组织代表大会讨论并经 2/3 以上的多数通过后，由农户、集体和投资人签订三方协议，以集体建设用地流转的方式转让其使用权。通过区分农民自用的宅基地与剩余的集体建设用地，顺利实现了"有保障的转让"。在灾区，如果农户选择不流转宅基地，也可通过抵押获得融资。具体做法是，由农户与村组集体和银行签署三方协议，先将宅基地向银行抵押获得贷款，待新房建好并获产权颁证后，再将新的房产权证一并抵押给银行。这种模式，有效地缓解了灾后重建过程中资金短缺的状况。

（四）鼓励民众参与，发展灾区社会资本

鼓励民众参与，发展灾区社会资本对于保证灾后重建的合理性、科学性，加快重建进程具有重要的意义。茜李－赖特和斯托尔（Chamlee-Wright and Storr, 2009）分析了美国卡特利娜飓风后，越南裔社区比其他社区恢复重建进程更快的原因。[1] 他们认为，主要原因在于越南裔社区的凝聚力高于其他社区。越南裔

---

[1] Chamlee-Wright, E., and V. H. Storr. 2009. *Filling the Civil-Society Vacuum：Post-Disaster Policy and Community Response.* Policy Comment 22, George Mason University, Mercatus Center, Arlington, VA.

社区主要在新奥尔良东部地区内，遭受的灾害最严重，但是与其他更贫困或更富裕的地区相比，恢复得较快。他们在灾后几周内就开始重建，在 2007 年夏天，玛丽女皇越南人天主教堂周围 1 里内 4 000 位居民中，有 70% 的人口重新回到社区内。75 家越南人开办的企业有 70 家恢复营业。相比之下，只有 10% 的富裕社区的居民在灾后 16 个月内才返回。同样，2008 年，只有 28% 的中等收入和低收入的不同种族居民返回。赵延东（2007）的研究表明①，社会资本可以帮助受灾者获取有关灾害的信息，得到救援、物质支持和精神鼓励等实质性资源；同时，公众自愿组织的公民组织、人际信任以及合作与利他的社会规范的社会资本则可以促使受灾社区及居民的团结合作，更积极地参与到灾后重建工作中来。

可以看出，社会资本可以增强农户生计资本的投资效益，提高农户抗风险能力，降低生计脆弱性。从社会资本角度实现生计重建，关键是优化社会治理结构，政府应引导农户建立和加入农村合作组织，以弥补灾区农户金融资本和社会资本的不足，使农户能够借助"社会组织网络"破解生计资本投资的各种壁垒，降低交易成本，实现投融资的社会化、组织化，扩展生计资本的社会来源②。同时，政府也可以牵头成立各种合作组织，将农户的关系网络拓展至村落之外，通过外部社会网络来扩展灾民的社会资本，从而促使农户社会资本的增量及其效用的发挥。

从国际经验来看，神户地震后，日本政府帮助灾区创建社会资本，有力推动了灾后的重建进程。在被规划为土地重新整理和重新发展的区域，政府牵头成立了"再造社区"的城镇发展组织，由当地居民、企业和其他当地利益相关者组成。绝大多数组织都是在原有的邻里协会等社区基础上自发形成，并强调组织的合法性。其功能主要有二：其一，给社区成员提供讨论未来发展计划的"机会"；其二，成为社会成员同政府官员、重建计划顾问等互动的平台。

第二节　灾民的心理重建机制

重大自然灾害总是与灾民的心理问题相联系的。自然灾害带来的破坏还表现在对灾民的心理产生的重大影响。例如，汶川地震后，灾民的心理问题严重，灾区的自杀率较高。因此，灾民的心理重建也应是灾害重建的重要部分。物质重建

---

① 赵延东：《社会资本与灾后恢复——一项自然灾害的社会学研究》，载《社会学研究》2007 年第 5 期。

② 黄承伟、陆汉文：《汶川地震灾后贫困村重建进程与挑战》，社会科学文献出版社 2011 年版。

和精神重建是互为补充的两个方面，缺一不可。

一、灾后心理重建的相关研究

对国内关于灾后心理重建的文献回顾发现，大部分作者是从"心理援助"、"心理干预"等角度来研究灾后灾民的心理重建。主要集中在以下方面：

（一）自然灾害对灾区群众心理产生的影响

周宁、刘将（2008）指出，在自然灾害面前，个体有可能做出的反应主要有三种形式。[①] 第一种形式：当事人能够自己有效地应付危机，从中获得经验，危机过后产生积极的变化，使自己变得更为坚强。这是最理想的状态。第二种形式：当事人虽然能够渡过危机，但是只是将不良的后果排除在自己的认知范围之外，因为没有解决真正的问题，在以后的生活中危机的不良后果还会不时地表现出来。第三种形式：当事人在危机开始时就心理崩溃了，如果不提供及时的、强有力的帮助，就不可能恢复。

第一种形式是心理援助的直接目标，第二种和第三种形式就有可能产生心理危机，需要心理干预。这也就是说，由于突然遭受严重灾难、重大生活事件或精神压力，出现了用现有的生活条件和经验难以克服的困难，致使当事人陷入痛苦、不安的状态，并且常伴有绝望、麻木不仁、焦虑以及植物神经症状和行为障碍等，这意味着当事人可能产生了心理危机。[②] 当然，心理危机是否产生，以及产生的严重程度是因人而异，随时间变化的。

重大自然灾害会对群众的心理产生短期影响，这一点是很容易理解的。但是实际上，更需要关注的是自然灾害对人们心理产生的长期影响。

在由 WHO 与北京大学精神卫生所联合召开的研讨会上，唐山开滦精神卫生中心的代表报告，1996 年在唐山地震 20 周年时，对 1 813 人进行的调查中有 402 人患有延迟性应激障碍，占 22.1%。他们常控制不住回想受打击的经历，情绪易紧张、焦虑甚至失眠等。对 57 名孤儿与 47 名非孤儿远期身心健康状况比较表明，孤儿组焦虑、敌对、抑郁、愤怒等因子均高于对照组。65 例丧偶再婚者与家庭完好组对比，丧偶再婚者的身心健康差、情绪不稳定。对 1 807 人调查表明，远期精神症患者 114 名，其中焦虑症 48 人，强迫症 14 人，神经衰弱症 18

---

① 周宁、刘将：《震灾后心理健康的重建与维护》，载《中共长春市委党校学报》2008 年第 5 期。
② 秦赟、贺泽海：《死亡教育与灾后儿童心理重建的实施途径和启示》，载《社会心理科学》2010 年第 8 期。

人，恐惧症 5 人。①

　　唐山大地震时，几乎没有对灾民心理进行关注，即使过去了几十年，灾民的心理仍然留下了阴影。虽然在四川地震中，社会各界给予灾民心理广泛的关注，但是心理援助、心理干预的实际效果从如下的实证结果中可见一斑。在四川灾后 9 个月（2009 年 2 月）和 18 个月（2009 年 11 月），有学者针对四川理县和汶川县重建期居民心理状况和心理援助进行实地调查，实证结果显示：在重建期震区农民的创伤后应激障碍和自评症状量表的检出率都较高。其中在 2009 年 2 月和 11 月创伤后应激障碍的中度异常者分别占被调查者的 35.6% 和 32.1%，在 2009 年 2 月和 11 月自评症状量表的阳性率分别达到被调查者的 50.9% 和 66.7%。②

（二）自然灾害后灾民的心理重建机制

　　关于灾民的心理如何重建这个问题，受到很多学者的关注。学者们集中研究的问题为：灾区心理重建的措施、途径、方法等。概括来讲，学者们主要从以下几个角度来探讨灾后心理重建问题：

　　第一，不同领域的研究人员及工作者从其所从事的领域出发，提出灾后心理重建的微观做法。实际上，这些作者们多是从心理援助和心理干预的角度来阐述的：心理学专家及学者主要是从心理学疗法的角度来探讨创伤后应激障碍的疗法。例如，美术疗法、体育疗法、阅读疗法、音乐疗法、团体辅导等。而医学工作者们则从医学的角度（主要利用抗抑郁药等药物治疗）来缓解创伤后应激障碍症状。也有其他领域的研究人员基于自己擅长的领域，给出灾后心理重建的方法。如有从事建筑设计的研究者从社区环境设计的角度来探讨社区环境如何设计有利于灾后心理重建。

　　第二，更为有意义的是宏观层面的灾后心理如何重建方面的研究。这些研究将每个受灾个体放在灾区这个特殊社会背景中，来综合考虑其心理的重建如何进行。例如，有学者就心理干预介入的合适时机进行探讨，降低因介入时机不当而产生的负面作用。有学者研究灾后心理干预机制的构建，以期促进我国心理救援体系的完善。也有学者针对特殊人群，提出有针对性的心理重建措施，如针对青少年群体、孕妇、羌族群体、大学生群体、学校师生群体等。

　　还有学者研究的更为具体，如研究自然灾害过后心理重建的危险因素。在 1999 年台湾"9·21"大地震发生两年后，台湾的研究者召集了在灾难中房屋被

---

　　① 《WHO 与中国精神卫生专家呼吁——开展灾害社会心理干预》：http://www.fx120. netxlzsxlhb-szbx/200503071055331212. htm.

　　② 乔东平、陈丽：《重建期震区居民心理状况与心理援助——基于四川理县和汶川县的实地调查》，载《华中师范大学学报》2010 年第 1 期。

毁坏的 6 412 名幸存者跟踪调查。研究者的研究结果表明，创伤后应激障碍的发病率为 20.9%，其危险因素主要有：性别为女性、在作者调查时仍住在活动房、受教育水平低以及房屋完全毁坏的经历。其中，精神病的发病率为 39.8%。幸存者中出现精神病的主要为女性、年长者、受教育水平低者以及那些在作者调查时仍住在活动房者。[①]

虽然在灾后心理如何重建这个问题上，宏观和微观这两个层面均受到研究者们的关注，但是总体来看，可以发现宏观方面研究者多是泛泛而谈，点到即止，鲜有给出具有实际意义的、可操作性强的做法。

（三）中国当前灾后心理重建的实践

关于心理重建方面的文献多是因 2008 年发生的"5·12"汶川大地震而出现的，所以研究者们关于中国灾后心理重建实践方面的研究大多基于汶川大地震。研究者通常更为关注的是在汶川大地震后灾区心理重建过程中存在的问题，以及针对这些问题的解决措施。遗憾的是，虽然已有很多研究者来探讨灾后心理重建过程中存在的各种各样的问题，应该注意的各种各样的细节，但是鲜有研究者提出明确可行的具体解决措施。例如，心理援助的短期与长期的问题；心理干预的时机选择；心理重建的具体制度的建设；心理援助对象的甄别机制；等等。因此，有必要针对中国重大自然灾害之后的心理重建实践中遇到的问题，以及在以后的心理重建工作中需要关注的问题，提出尽可能具体可行的解决途径。

二、灾后心理援助对象的识别

前面已经分析重大自然灾害对灾民心理产生的影响，尤其是长期影响。一方面，重大自然灾害带来的毁灭性后果给人们心理带来的折磨和压力容易使人们产生焦虑、抑郁、绝望的情绪；另一方面，如果这种心理危机长期得不到缓解，在灾后可能导致继发性的损失。更有甚者，如果没有得到及时的干预，可能会危害社会的稳定。由此可见，消除或缓解这些心理危机（即心理重建）有利于灾后的恢复与重建。

心理重建的第一步是准确认识和判断灾区人们的心理状况，并且在此基础上，甄别出亟须对其实施心理干预的脆弱人群，确定灾后心理援助的对象及其援助的层次和范围。通过评估，找出因自然灾害所造成的存在不同程度心理危机的

---

① Chin-Hung Chen, Happy Kuy-Lok Tan. 2007. The long term psychological outcome of 1999 Taiwan earthquake survivals. *Comprehensive Psychiatry*, 48（3）：269 – 275.

群体的特征。根据这些特征，来甄别亟须对其实施不同程度和范围的心理干预的群体，这样才能把有限的资源提供给最需要帮助的人群。

（一）甄别内容

第一个模块内容：主要用于收集个体在遭受自然灾害前的生活状况。包括受灾个体的人口统计学特征、其所在家庭的经济状况、收入来源等基本状况。

第二个模块内容：主要用于收集个体在自然灾害中的受灾情况。包括受灾个体的有形灾害和无形灾害。有形灾害，也就是有形损失，主要是指房屋损失情况、财产损失情况、亲人或朋友遇难或者受伤情况等。无形灾害主要指创伤暴露程度，即是否受伤或者目睹他人伤亡、受伤或遇难亲友与个体关系的亲疏远近、距离震中的距离、地震级别等。

第三个模块内容：主要用于收集个体在自然灾害后的心理状况。包括各种自评心理状况指标，基本上划分为五部分（见表 25 - 1）。[①]

表 25 - 1   **心理创伤后应激障碍自评量表**

五个部分	二十四项指标
对创伤事件的主观评价	1. 灾害对精神的打击 2. 想起灾害恐惧害怕
反复重现体验	3. 脑子里无法摆脱灾害发生时的情景 4. 反复考虑与灾害有关的事情 5. 做噩梦，梦见有关灾害的事情
回避症状	6. 灾害后兴趣减少了 7. 看到或听到与灾害有关的事情担心灾害再度发生
警觉性增高	8. 变得与亲人感情疏远 9. 努力控制与灾害有关的想法 10. 对同事（学）、朋友变得冷淡 11. 紧张过敏或易受惊吓
社会功能受损	12. 睡眠障碍 13. 内疚或有负罪感 14. 学习或工作受影响

[①] 乔东平、陈丽：《重建期震区居民心理状况与心理援助——基于四川理县和汶川县的实地调查》，载《华中师范大学学报》2011 年第 1 期。

五个部分	二十四项指标
社会功能受损	15. 注意力不集中
	16. 回避灾难发生时的情景或活动
	17. 烦躁不安
	18. 出现虚幻感觉，似灾害再度发生
	19. 心悸、出汗、胸闷等不适
	20. 无原因的攻击或冲动行为
	21. 悲观失望
	22. 遗忘某些情节
	23. 易激怒、好发脾气
	24. 记忆力下降

资料来源：刘贤臣等：《心理创伤后应激障碍自评量表的编制和信度效度研究》，载《中国行为医学科》1998 年第 2 期。

（二）甄别机制

首先，利用第三模块的自评心理状况指标估计单个个体心理危机的严重程度，区分为十分严重、严重、一般、正常四个等级；然后，利用第一模块的灾前生活状况和第二模块的灾中受损情况，估计出心理危机不同等级的群体的直观甄别指标。这样，利用这些有效的直观的指标，就能快速甄别出需要进行心理干预的群体，以及需要干预的等级和范围。

在甄别中，应注意以下方面：幸存者灾后的心理状况会随时间有起伏变化，不是稳定不变的，所以前面的甄别应该分别从短期和长期两个角度来考量，这样才能将可能出现心理危机的群体尽可能完全地甄别出来。因为在地震刚发生时，生存是第一要务，灾区群众更多的注意力放在自救和救人上，还没有闲暇来仔细思索在灾害中遭受的损失，也没有时间来担忧将来的生活，心理问题并不明显。但是随着紧急救援的结束，灾区群众紧绷着的弦松弛下来，很快会注意到满目的废墟、亲朋好友的伤残或遇难、被摧毁的家园。这一切都在影响着灾区群众心理的变化。因此，我们建议研究者从短期和长期两个角度来综合估计心理脆弱人群的基本特征，这有利于全面甄别心理脆弱人群，便于进行有效的心理干预。

三、完善心理重建机制的政策建议

（一）培训专业化、本土化的心理干预人员队伍

研究发现：心理援助大多集中在地震发生后的前三个月。汶川县居民接受的心理援助中，志愿者中社工所占比例最大（30.44%），其他依次为：心理专家20.65%、医生18.48%、朋友和邻居13.04%、政府工作人员9.78%、社区工作人员4.35%，以及民间组织人员3.26%。[①] 可见，灾后心理援助人员大多并非专业人员。汶川大地震的惨痛经历昭示我们，中国应着眼于将来，建立专业化的心理救助队伍，更好地应对各种自然灾害带给人们的心理冲击。

亟待解决的问题就是实现心理干预人员的专业化。专业人员所占的比例越大，给予灾区群众的专业化心理援助比例就越大，就越能达到事半功倍的效果。相反，在汶川地震的心理援助中，由于心理援助人员的水平参差不齐，很多援助者生活阅历和心理干预经验欠缺，无法获得灾区群众的信任，无法有效地沟通，最终难以达到缓解灾区群众心理危机的效果。更有甚者，由于缺乏专业知识，安慰不当会引发灾区群众更大的心理危机。也有些非专业心理援助人员，面对重大自然灾害，无法调节自身心理，产生心理危机，反而需要进行心理干预，这无疑加大了灾区心理援助的工作量。WHO《机构间常设委员会关于紧急情况中精神卫生和心理社会支持的准则》强调利用教师、卫生工作者、治疗师和妇女团体等当地资源促进心理社会健康的重要性。[②] 虽然实现心理干预人员完全专业化并不现实，但是中国可以在一定程度上借鉴WHO鼓励的做法：中国的学校教师、基层卫生工作者、心理专家等，这些都可以作为优质的心理干预人力资源加以利用。

同时需要关注的是心理干预人员的本土化。中国地大物博，各地方言差异很大。本土化有利于心理干预人员得到灾区群众之间的信任，提高沟通质量，取得良好的干预效果。"本土化"最大的优势是有利于心理干预人员及时、长期地跟踪灾区群众的心理状况变化，随时为需要援助的灾区群众提供心理援助。一般来说，灾后心理危机的表现会在两三天内出现，但也有人情况比较特殊，潜伏的心理危机会在半年，甚至一年后才爆发出来。对这种心理危机持续时间长的患者，

---

① 乔东平、陈丽：《重建期震区居民心理状况与心理援助——基于四川理县和汶川县的实地调查》，载《华中师范大学学报》2011年第1期。

② 《改进紧急情况中心理和社会援助的新准则》：http://www.who.int/mediacentre/news/releases/2007/pr46/zh/index.html.

应该加强跟踪。但由于地域上的阻碍,专家在外地,灾区在四川,专家鞭长莫及,难以随时根据灾区群众心理状况的变化,采取相应的干预措施。因此,长期性的干预更多的要依靠当地的心理干预人员。[①]

(二) 建立专业化心理干预机构

建议依托于中国的基层卫生组织来建立心理干预组织机构,将心理干预纳入卫生系统。

心理健康作为健康的有机组成部分,被纳入卫生系统是顺理成章的。在国外,通常的做法就是将精神卫生服务纳入初级卫生保健结构中,包括紧急精神卫生救援。[②] 这样做有一个好处:减弱空降的临时性心理干预对当地固化的心理干预的挤出效应。

每场灾难过后都会有这样的现象:在灾害发生后,各路心理援助队伍奔赴灾区进行心理援助,为灾区做出巨大贡献。但是,这些心理援助会随着灾难的逐渐过去而减少。这些心理援助通常是短期的。那么,试问:当空降的心理援助队伍撤退之后,谁来做灾区群众的心理援助工作?因此,无论中国将来面临什么危机和灾难,解决问题的根本之道就是由现有的卫生系统提供常规心理援助,以及应急心理援助服务。这样,当空降的心理援助离开之后,灾区的心理援助工作还能够正常运转,还可以有序的进行心理干预。

将心理干预纳入中国的基层卫生组织的另一个好处是,有益于开展常规性心理知识普及宣传工作,使普通民众更好地了解心理干预。灾前做好心理预防的成本收益大大优于灾后的补救。常规性的心理知识、自我减压方法等能够减弱民众的心理脆弱性,增加民众的抗压能力和自我调节能力。同时,也有利于民众熟悉心理援助,增加民众对心理援助的信任感。

(三) 制定关于心理重建方面的法律、法规

中国是世界上为数不多的没有《精神卫生法》的国家之一。从 1985 年以来中国的《精神卫生法》数易其稿,经过长达 20 年才刚刚形成征求意见稿。学者们一致认为中国应该完善中国的精神卫生立法。尤其是汶川大地震后,很多专家呼吁加快精神卫生立法。

2008 年 6 月 8 日,中华人民共和国国务院发布第 526 号令《汶川地震灾后恢复重建条例》,这是中国首次在灾后恢复重建中将“心理援助”提升到法制化

[①] 《灾后,心理不能成为废墟》:http://www.infzm.com/content/12362.
[②] 《危机后的精神卫生》:http://www.who.int/bulletin/volumes/89/5/11-040511/zh/.

层面，其中明确规定：地震灾区的各级人民政府，应当组织受灾群众和企业开展生产自救，积极恢复生产，并做好受灾群众的心理援助工作。到 2008 年 9 月 19 日，在国务院发布的《汶川地震灾后恢复重建总体规划》中，将"精神家园"的恢复重建作为汶川震灾后恢复重建的模块之一，赋予精神重建与基础设施、公共服务、产业重建、生态环境等生活重建同等重要的地位。尽管如此，中国亟须规范的制度规定来规范化中国的灾后心理重建过程。

第三节　公共服务设施的重建机制

自然灾害往往会导致大量的公共服务及基础设施严重损毁，相当数量的交通通讯、供水、供电、学校、医疗卫生机构等设施遭到破坏，直接影响到灾后的经济发展和民众的正常生活。公共服务设施重建对于恢复灾民的基本生活具有十分重要的作用，是灾后重建的重要组成部分。

一、公共服务设施重建的基本内容

灾后基本公共服务设施的具体内容应包括学校、供（排）水设施、道路、垃圾处理、厕所和基层医疗机构等。

根据美国学者萨缪尔森（P. A. Samuelson）在 1954 年提出的概念，公共物品是指每个人的消费都不会减少其他人对该物品的消费。公共物品具有两个特征：非竞争性和非排他性。非竞争性是指某个人对公共物品的消费并不会影响别人同时消费该产品及其从中获得的效用，亦即在给定的生产水平下，为另一个消费者提供这一物品所带来的边际成本为零。非排他性是指某人在消费一种公共物品时，不能排除其他人消费这一物品（不论他们是否付费），或者排除的成本很高。

同时具有非竞争性和非排他性两个特征的是（纯）公共物品。由于公共物品的非排他性，不可避免"搭便车"，造成个人成本与社会成本相背离，这样私人就没有投资的欲望。投资不足，带来供应不足。因此，必须由政府以强制收费的方式购买、生产、管理并按照组织的行政性方式配置使用。[①] 非排他性是应由

①　袁冬梅：《公共物品的私有产权基础》，载《山东行政学院山东省经济管理干部学院院报》2004年第 4 期。

政府提供公共物品的依据。公共物品由政府供给的模式已经基本上得到广泛的认同。全国性的公共物品应该由中央政府来提供，地区性公共物品应该由地方政府来提供。

不过，由于政府垄断供给公共物品存在各种弊端，如效率低下、腐败严重和质量低等，有些学者提出可以通过私人或市场化机制来提供公共物品。市场机制的介入，使公共物品的提供存在选择。选择权的存在，形成竞争；竞争压力的存在在提高公共物品质量的同时，降低生产成本。

在现实中，纯粹意义上的公共物品并不多见。常见的是具有不完全的非竞争性和非排他性的公共物品，被称为准公共物品。准公共物品通常被分为两类：第一类是具有非排他性和竞争性的准公共物品，如图书馆，在人多时要排队使用。第二类是具有排他性和非竞争性的准公共物品，如教育、基本医疗服务，只有在支付相应的价格后才有权使用。本节分析的公共服务设施属于准公共物品的范畴。

二、灾后公共服务设施的主要重建模式

从理论上来看，虽然大多数学者主张由政府来直接生产并提供公共服务设施。但从实践经验来看，政府直接生产公共服务设施的效果并不好，通过市场机制来进行公共服务设施的重建可以取得不错的效果。根据我国灾后恢复重建的做法，灾后公共服务设施的重建模式可以归结为以下几类：

（一）政府直接提供模式

政府直接提供模式是指灾区公共设施的重建完全由政府负责和直接生产。在我国现行的体制下，中央政府集权，地方政府分权。地方政府分权有利于地方政府根据本行政区域的实际情况，发挥主观能动性，自主建设和发展。在灾后重建中，政府直接提供的模式需要明确各级政府之间责任和权力。政府直接提供模式要求各级政府间的责任和权力是清晰的，即各级政府拥有什么样的责任和权力就要完成什么样的任务。法律上和政策上的明确界定，使各级政府各司其职，各尽其责，以保证灾后重建工作的有序、高效、高质量地完成。

属于中央政府、省级政府的责任和权力，就不能分解或者摊派给市级政府、县级政府以及乡级政府。明确各级政府具有或者不具有哪些责任和权力，哪些责任和权力是不能无限制下放到下层政府，这对于保证灾后重建的顺利进行至关重要。

以学校教育重建为例：中央政府负责教育事业的监管；省级政府具体负责提

供学校的教育经费；省级政府、市级政府、乡级政府共同承担建立、发展、维护学校教育的任务。在明确分权的基础上，省政府就不能把教育经费的投放压力完全转移给市级政府、县级政府或者乡级政府。

中国农村学校建设的筹资模式主要是学校采取分级办学、分级管理。农村小学的筹资主要来源于国家辅助、乡级教育经费、村民自筹经费。在汶川地震中很多学校垮塌成为社会关注的焦点。首先，国家过去虽然有大笔的教育经费投入，但是这笔经费在城市和农村之间分配时向城市倾斜，分配到农村的资金有限；而农村的学龄儿童基数大，小学数量庞大，相对分散，使本来就很有限的教育经费平均到每所小学就更少。其次，乡级教育经费成为农村小学筹建的主要来源，但是乡级政府能力毕竟有限，平均到每所小学的经费也很少。最后，村民自筹经费在农村的实践中是特别的。在很多贫困农村、贫困山区，由于村民生活贫困，往往出不起集资费，村民通常用出工、出劳力、出土地等形式来代替直接出资，这就更加剧了资金的不足。总之，农村小学建设经费在国家、乡级、村民这三个层面上都得不到有效保障。由于经费短缺，农村小学在建设过程中，就不得不降低质量以降低成本。例如，虽然国家明确要求必须使用钢筋混凝土，但是实际中往往达不到这个要求，质量自然难以保证。汶川地震中，学校校舍大量震垮清楚地反映了这一现实。

总之，在政府直接提供模式下，要清楚界定各级政府的职责。属于哪一级政府职责范围内应该提供的公共服务设施，资金支持就应该由哪一级政府负责。属于各级政府应该共同提供的公共服务设施，就应该共同承担经费投入。明确各级政府的权利和责任是把握农村灾后恢复重建中公共服务设施供给的重要保证。

（二）"一省帮一重灾县"模式

对口支援是指经济发达或者实力较强一方对经济欠发达或实力较弱一方实施援助的一种政策行为。在中国，对口支援基本上是由中央政府主导，以地方政府为主体的模式。由于中国是一个集权程度较高的国家，政府调用各种资源的能力很强。在灾后恢复重建过程中，中央政府可以利用其与地方政府之间的强势谈判的优势，来实现地方政府之间的横向支援公共服务设施的新机制，为灾后恢复重建提供稳定的财力保障。[①]

在《汶川地震灾后恢复重建对口支援方案》中，中央统筹协调，组织东部、中部地区的省市对口支援地震受灾地区。中央政府在匹配支援方经济实力与受援

---

① 刘源：《西方学界关于公共品供给问题研究的文献评述：简论汶川地震救助中的公共品供给模式》，载《地方财政研究》2008 年第 9 期。

方灾情程度的前提条件下，按照"一省帮一重灾县"的原则，兼顾在安置受灾群众阶段已经形成的对口支援格局，来安排对口支援情况。

在中央政府给出明确的"一省帮一重灾县"的结对子支援安排后，承担对口支援任务的有关省市积极为灾区提供人力、物力、财力、智力等各种形式的支援。学校、医院，以及供（排）水、垃圾处理等基础设施的恢复重建，都包括在对口支援的范围之内。中央政府还明确规定：各支援省市每年对口支援实物工作量按不低于本省市上年地方财政收入的1%考虑。其中未纳入对口支援的受灾县（市、区）由其所在省人民政府组织本省范围内的对口支援。社会各界及境外提出对口支援的，由受灾省人民政府统筹安排。

这是一种极具中国特色的公共服务设施重建模式。资料显示，截至2010年4月30日，5·12汶川特大地震灾后恢复重建项目已完工2.3万多个，占计划项目的78.2%，完成投资6 787.5亿元，占总投资的72.3%，有望于2010年9月顺利实现"三年重建任务两年基本完成"的目标。[①] 在2010年9月，汶川地震的三年重建任务两年已经基本完成。截至2011年9月，汶川地震的三年援助任务全面完成。[②] 这样迅速恢复重建损失惨重的汶川，只有在中国这样的社会主义制度下才能成为可能。

灾后恢复重建是一项花费巨大的工程。中国政府有集全国之力来重建灾区的决心和力量，并且在灾后三年也全面完成了灾区恢复重建。但是，中国是一个地域广泛、自然灾害多样并且频发的国家。如果每次遇到重大自然灾害，中国政府都依靠强制性的对口支援来对灾区进行恢复重建，那么长此以往，对口支援极可能成为东部经济发达地区省份的负担。当对口支援成为其负担的时候，如何期望受援方能够获得及时、高效、高质量的支援呢？可见，对口支援并不是灾后恢复重建的最佳途径和长效机制，充分发挥非营利组织和市场机制在重建中的作用才是重建进程的可持续模式。

（三）非营利组织援助模式

非营利组织在灾后公共服务设施重建中有很大的发挥空间。农村的公共服务设施一直是农村建设中的薄弱环节。其中，农村的厕所是农村公共卫生的顽疾。有学者认为，不安全的排泄物收集和储存方法会导致传染病爆发，带来严重的公共卫生问题。全球每年约有150万儿童死于腹泻病，其中大部分死亡可通过适当

---

① 《湖北援建工作走在全国前列》：http://www.cnhubei.comxwzt2010zt/hbyjhy/hbyjhymtjj/201006/t1235989.shtml.

② 《汶川大地震三周年特别报道》：http://www.sc.gov.cn/10462/10778/50000309/index.shtml.

的卫生设施、安全的饮用水和更高的卫生水平进行预防。这里主要针对农村厕所改造问题来深入探讨在灾后农村恢复与重建过程中的非营利组织援助模式。

前不久，一篇题为《比尔及梅林达·盖茨基金会欲掀"马桶革命"》的报道引起我们的关注。[①] 该基金会全球发展计划主席西尔维亚·马修斯·伯韦尔（Sylvia Mathews Burwell）表示：在过去 200 年里，马桶发明所引起的卫生设施革命为挽救生命和改善健康做出了最多的贡献。但是，全球只有 1/3 的地区用上了马桶。发展中国家的绝大多数人都无法使用抽水马桶，数十亿人缺乏安全、可靠的马桶或公厕。超过 10 亿人在户外方便。该基金会还宣布新增 4 200 万美元的卫生设施资助，旨在促进排泄物收集和储存方面的创新，并将其转化成可再生能源、肥料和清水。此次实践提供资金支持的是非营利组织，并且在非洲的实践中取得非常好的效果。

在我国目前的制度框架下，非营利组织参与灾后重建还存在一些制约因素，主要是非营利组织的建设需经过政府部门的严格审核，资金必须由政府管理、严格审核等，这导致非营利组织参与灾后重建的积极性不高。但可以通过以下途径加以完善：

第一，非营利组织提供的资金不经过当地政府部门，由非营利组织直接投资到农户。当地政府相关部门的任务主要是筛选出需要援助的对象，并将受援对象信息及时准确地提供给支援方非营利组织。一方面，当地政府更加了解当地村民的情况，既减弱非营利组织和受援方之间的信息不对称，也降低非营利组织获取信息的额外成本。另一方面，当地政府能够做好非营利组织和受援方的沟通和协调工作。非营利组织主要通过派遣专门的会计来负责专项资金的流动。

第二，非营利组织直接派遣技术人员常驻援助地。项目建成之后，并不是援建的结束，还有后续的技术指导、设备维护、安全检查等工作要开展。后续工作到位能够大大提高服务质量和延长设备的使用寿命，提高非营利组织重建项目的使用效率。

灾后重建过程中，需要大笔资金，仅仅依靠政府是行不通的。引入非营利组织参与灾后重建可以有效缓解政府资金不足的状况。

（四）市场化模式

1. 建设—经营—转让模式

准公共物品的私有化模式，也就是通常见到的建设—经营—转让模式。该模

---

① 《盖茨基金会欲掀"马桶革命"》：http://www.ebiotrade.com/newsf/2011-7/2011720175912775.htm.

式是投资者通过和政府有关部门签署特许经营权协议，从而享有准公共物品项目的建设、经营以及维护的权利和义务。同时，在约定的期限内，对运营准公共物品项目所得的收益拥有所有权。当协议约定的期限届满时，政府有权力无条件收回该准公共物品项目。政府在这个过程中的角色定位于监督者，主要负责随时监测签约项目的建设进度，控制建设的质量，以确保签约项目能够保质保量的顺利进行。

这种模式在中国的实践中还是比较常见的。农村灾区的恢复重建过程也可以引入这种筹资模式。在这种筹资模式下，政府部门不承担已签约的准公共服务设施项目的连带责任，如保险、担保等，从而减轻了政府的财政负担。个人、私人企业或者机构对项目的建设成本、运行成本的要求很低，项目建设的速度也较快，效率较高。同时，这还可以缓解建设过程中出现的资金短缺问题，也可以避免政府大包大揽基础设施建设之后的管理、保养与维护的缺位。从而确保灾后恢复重建的顺利进行，也确保了后续的管理、保养与维护的有序开展。

例如，在灾后重建中，生活用水提供、污水处理、垃圾处理就可以采取这种模式。这些项目的建设资金数额较大，成本回收的期限长。但是一旦建成就会带来相当稳定的经济收益和巨大的社会效益。政府部门除了做好供水、排水、污水处理、垃圾处理工程的进度监测和质量控制外，还需关注以下问题：第一，要将预防的理念也融入灾后重建中，确保重建区的供水、排水、垃圾处理系统在以后的自然灾害中的抵抗力能有大幅度提升；第二，私有化牵涉到所有权的暂时变更，这种模式在操作过程中经历的中间环节和程序繁多，涉及经济、政治、法律等多方面问题，政府一定要确保这种模式运作过程的规范性；第三，这些项目都与灾区人民的生活息息相关，尤其是生活用水关系到了民生。政府需要对公共服务进行定价，以确保价格在一个合理的范围内。

生活用水的提供和垃圾处理可以依据完全成本来收取费用。尤其是生活用水，按完全成本收取费用有助于减少水资源的浪费，并提高水资源的使用效率。为了减低收取费用对重建区贫困家庭和弱势家庭的影响，私人部门可以引入分步定价法，把一定限量下用水量的价格定得较低（国际标准一般是每人每天消耗20升安全水），超出限量之外的额外用水，应将价格设定在回收完全成本的水平或者更高的水平。垃圾处理中的收费问题，与用水价格问题的解决方法相同。既可确保每户灾民都加入垃圾集中处理的行列，又可确保投资者的合理收益，还可以使灾民尽可能产生较少的垃圾。

2. 移交—经营—移交模式

灾区的基层医疗机构的建设和基本医疗服务的提供是灾区公共服务设施重建

的一部分重要内容。保证灾区人民人人享有基本医疗服务至关重要，这对灾区社会和经济的长期发展有着深远的影响。

中国农村的基层医疗服务机构建设、基础医疗服务提供的现状、存在的问题与中国农村的基础教育类似。基层医疗服务机构的管理采取属地管理。在过去，国家虽然有大笔的医疗经费投入，但是这笔经费在城市和农村之间分配时向城市严重倾斜，分配到农村的资金有限；即使分配到了农村，医疗经费又更多地投入到三级医疗机构中。层层分配下来，到农村基层医疗服务机构（乡卫生院）时，基本上所剩无几。而属地管理的基层医疗服务机构，所属的乡、镇投入有限。因此农村相当多的乡卫生院都难以运转。而农村基层医疗机构承担着非常重要的任务。如农村居民的防疫、农村居民的基本医疗服务。由于乡卫生院难以生存，医生留不住，村民只得去更高级别的医院就医，增加了农民的负担，也浪费了医疗资源，降低了服务效率。恶性循环，原本成本收益率很高的基层医疗服务难以为继。在灾区重建基层医疗机构是扭转这种不经济态势的绝佳契机。应该将重心放在基层医疗机构的恢复与重建，这是因为，基层医疗机构的基础薄弱，受灾严重，其重建的成本—收益率更高。

如何重建灾区的基层医疗机构？建议引入"移交—经营—移交模式"。[①]其主要内容是，政府有关部门将已经完成的准公共物品性质的基础设施建设项目以一定期限所有权以及经营权向投资者进行有偿的转让，投资者在这一期限内通过对项目的经营和运作回收资金，并获得收益，在期限届满之后，项目所有权以及经营收益权仍然属于政府部门。此模式与前面提到的准公共物品的暂时私有化筹资模式的明显区别是：移交—经营—移交模式模式只涉及经营权的转让，不会威胁国家的财产安全；而准公共物品的暂时私有化筹资模式除此之外还涉及所有权的转让，较为复杂。

在移交—经营—移交模式中，政府的责任是把项目建设好，建成之后投资者有偿购买，这样就能解决项目建设的资金问题。同时，此模式使投资者避免在项目开发和建设中种类繁多的审批手续。并且由于是投资者自行运营，还可以提高效率。

在基层医疗机构的重建过程中，可以参考这种筹资模式。政府主要负责基层医疗机构的建设。建成之后，由投资者购买，然后投资者自行运营。但是，由于其业务是提供基本医疗服务，政府应做好监督和引导。基于灾区农民的特殊状况，除了基本医疗服务要与新型农村合作医疗做好接轨外，政府还要采取其他措施来减轻灾民的压力。主要采取的方式是补贴需方，即政府直接补贴灾民。通过

---

① 汪耿：《准公共物品融资模式探讨》，载《商业经济》2011 年第 4 期。

灾民的自由选择形成的竞争压力让基层医疗机构为灾民提供及时、高质量、低价格的基本医疗服务。

三、灾后公共服务设施重建中的腐败问题

在公共设施的建设过程中，腐败是非常常见的现象。全球腐败报告指出，建筑领域的腐败问题比其他领域的问题更为严重。而在公共服务设施领域，腐败问题尤其严重。汶川大地震中，大量的学校、医院倒塌，清楚地说明了这一点。

由于建筑涉及的程度非常高，每一步都需要建立在前一步的基础上。除非特别敏锐的监管者时刻都在现场，否则由腐败带来的次优结果出现的可能性就会很大。在许多情况下，即使出现腐败，如果建筑没有经受大的自然灾害，也不会带来严重的损害。但是，当发生严重的自然灾害时，结果可能是灾难性的。这里，我们提出一个简单的理论模型，把公共部门的腐败问题和建筑过程放在一起进行考虑。为了简化分析，我们集中在新的建筑工程上。

考虑一个完全竞争的建筑市场，假定所有开发商有同样的技术。在这一共同技术下，假定每个开发商都会建筑一个正常的房屋，这一房屋符合现有的建筑标准。家庭对建筑的需求 $D(p)$ 是向下倾斜的，p 是价格。完全竞争导致 $p = 1$，以及开发商的零利润。假定 $n > 0$，表示每年建筑新房屋的均衡数量。每个开发商建筑一个单位的公共项目，市场中有 n 家开发商。为了简化分析，我们假定房屋所有者建筑的成本非常高。通过假定房屋可能持续 k 年，在某一时间点上，房屋的总数量为 kn，这里 $k > 0$。最后，我们假定购买者在没有发生地震的情况下，不知道建设的工程项目是否能有效地抵御自然灾害。

假定总共有 $m > 0$ 监管者在建筑中的每个阶段强制实施建筑标准，他们被随机分配给建筑商。如果监管者不腐败，他会拒绝开发商的任何贿赂，并会严格监督项目。结果是，建筑项目可以抵御自然灾害袭击。如果监督者是腐败的，他会接受开发商的贿赂，两方会就剩余进行讨价还价，其结果取决于纳什讨价还价解。一旦接受贿赂，监管者将不会严格监督工程，从而使开发商能以较低的比例成本 $\gamma < 1$ 来建设项目。纳什讨价还价解结果是每一方得到剩余 $(1 - \lambda)/2$；监督方得到贿赂，开发商得到租金。

在没有干预措施的情况下，贿赂对开发商和监督者都是个占优策略。具有良好制度的社会可以通过有效的法律实施来避免腐败。假定建立和维护良好制度的成本为 $c > 0$；这一成本包括给监督者的工资成本 $(s > 0)$。而对腐败双方的惩罚主要是坐牢，假定成本为 $j > 0$。此外，犯罪的一方还要接受罚款，被要求向社会支付损失，假定罚款 $r > 0$。在良好的制度下，不存在贿赂的激励。我们假定在

这样一个社会里，一旦发现有罪，向社会支付的罚款大于贿赂的金额。而对于那些不承担维护良好制度的责任政府而言，将会受到腐败和自然灾害带来后果的双重影响。更进一步，如果容忍腐败，政府应该支付给公务员以较低的工资，这里我们假定为 0。

这样，政府和监督者的标准博弈形式如表 25 − 2 所示。

表 25 − 2　　　　　　　　　　**政府和监管者的博弈**

		政　　府	
		拥有良好的制度	没有良好的制度
监管者	拒绝贿赂	$s, -c$	$0, 0$
	接受贿赂	$s + (\gamma - 1)/2 - j - r, r - c$	$(\gamma - 1)/2, 0$

在上述博弈中，如果监管者支付的罚款小于维护良好制度的成本，即 $r - c < 0$，上述博弈唯一的纳什均衡为（政府没有良好的制度，接受贿赂）。如果监管者支付的罚款大于维护良好制度的成本，则不存在纯策略纳什均衡，但存在混合策略纳什均衡。我们假定政府维护良好制度的概率为 p，不维护良好制度的概率为 $1 - p$。在这种情况下，监督者拒绝贿赂的概率为 q，接受贿赂的概率为 $1 - q$。因此，p 为制度质量的测量指标，$1 - q$ 为腐败严重性的测量指标。

同样，我们也可以考虑政府和一个开发商之间的博弈，如表 25 − 3 所示。

表 25 − 3　　　　　　　　　　**政府和开发商的博弈**

		政　　府	
		拥有良好的制度	没有良好的制度
开发商	不行贿	$0, -c$	$0, 0$
	行贿	$(\gamma - 1)/2 - j - r, r - c$	$(\gamma - 1)/2, 0$

根据以上博弈，我们可以有如下推理：

推理 1：在上述博弈中，混合策略均衡为，当罚款支付 r 大于 c 时，开发商行贿和监管者接受行贿的概率为 c/r。

推理 2：灾害的死亡人数随着质次房屋的数量增加而增加，与缺乏良好的制度安排有关，它将随着灾害发生次数的增加而增加。

可以看出，加大对受贿者的处罚力度和建立良好的制度安排是预防公共设施腐败的较好办法。

四、进一步的政策建议

（一）灾后重建应纳入灾害预防

重建过程中纳入预防是符合成本—收益原则的。世界银行在 2010 年报告中特别指出：灾害预防是可行并符合成本—收益原则的。因此，在农村基本公共服务设施灾后恢复与重建过程中，政府必须确保新建的基础设施不会产生新的风险。方式之一是将基础设施建在不易受灾的地区，这是一种有效的预防措施。其次，基础设施建设设计为多种用途。例如，吉隆坡的暴雨管理和公路隧道（SMART）项目可以有效地预防自然灾害的侵袭。该项目设计的隧道有三层，最底层用于排水，上面两层用于公路交通。这样，就将排水系统和公路结合起来的做法突出出来：第一，确保排水系统的良好维护。这是因为如果没有公路，排水系统只有在遇到洪水的时候才会有效的维护。第二，这种设计方案的成本会大大低于分别建造的成本。

（二）建立良好的社会治理结构

灾后基本公共服务设施重建是一个系统工程，要求各个政府部门以及私人部门、第三部门的密切合作。如果没有合理的治理结构和制度，那么再好的灾后基本公共服务设施恢复重建蓝图也会失败。建立合理的治理结构和制度，以帮助那些最需要帮助的灾民获得高质量、及时的公共服务设施。

建立良好的社会治理结构是保证公共服务设施重建质量的重要保证。透明国际 2002 年公布的清廉指数表明，建筑行业是最易发生腐败的行业。据报道，在一地震多发的欧洲国家里，5 500 所学校不符合建筑规程，超过一半的建筑没有"安全证书"，原因就是建筑部门腐败。建筑行业的腐败表明仅仅依靠立法还不能避免地震中楼房大量倒塌的问题。如混凝土中水泥不足、钢筋不足、总体施工质量差、工程进度受贿赂影响。只有当建筑在地震中倒塌，这些缺点才得以暴露。

腐败发生率与社会治理结构密切相关。如果一个国家有良好的治理结构，则可以有效地减少或消除腐败现象。媒体或独立媒体可以帮助公众提高他们对住宅建筑的了解。例如，告知民众造成住宅建筑脆弱性的潜在因素、降低灾害风险的基本要求。如果媒体所有者允许或其他当局没有阻止的话，还可以通过曝光腐败官员的事例提高公众对住宅建筑质量的了解。同时，地方治理的透明化也是减少腐败发生率的重要手段。缺乏透明度则使公众无法意识到政策会对他们造成的影响。

　　合理的治理结构和机制能够使灾后基本公共服务设施重建有序进行并取得良好的效果，确保灾民能够平等、公平地获得高质量的基本公共服务设施。社会治理结构的优化可以通过如下方法来进行：第一，政府做好监督和协调工作。有效的协调可使跨部门的灾后公共服务设施建设顺利进行，防止沟通不畅带来的低效率、低质量。有效的监督能够随时监控灾后基本公共服务的质量、速度和效率。其次，建立明确的问责机制。灾后重建中要落实责任主体，确保各个项目都可以追踪到责任主体。实行负责制有利于保证灾后重建的质量和数量。最后，灾区基本公共服务设施重建过程要纳入成本效益评估。对于那些不符合成本—效益原则的公共服务设施项目要坚决杜绝，不能重建。

（三）鼓励灾区群众广泛参与重建决策

　　重建目标的设定、重建计划的实施和制定，这些都需要和当地的群众进行及时、有效的沟通，以便达成一致。灾区群众的理解和支持是灾区重建工作不可或缺的保障。成功的重建过程离不开灾区群众的广泛参与。[①] 第一，广泛参与有利于灾区群众获得更多的信息。灾区群众对灾后重建项目安排、进度安排的了解，有利于灾民保持情绪稳定，有利于恢复灾民的信心。第二，广泛参与有利于获得更多关于灾民的信息。如可以广征民意，使民众好的想法被采纳；可以了解灾民之所需，确保大手笔重建工作能够满足灾民的迫切需求，避免建设劳民伤财的工程。第三，广泛参与有利于灾民监督灾后重建工作，保证重建项目的质量。

---

　　① 胡以志：《灾后重建规划理论与实践：以新奥尔良重建为例，兼论对汶川地震灾后重建的借鉴》，载《国际城市规划》2008 年第 4 期。

参考文献

［1］D.盖尔·约翰逊：《经济发展中的农业农村农民问题》，林毅夫，赵耀辉译，商务印书馆2006年版。

［2］［英］贝弗里奇：《社会保障和相关服务》，中国劳动社会保障出版社2004年版。

［3］巴泽尔著，费方域、段毅才译：《产权的经济分析》，上海人民出版社1999年版。

［4］鲍海君、吴次芳：《论失地农民社会保障体系建设》，载《管理世界》2002年第10期。

［5］北京大学中国经济研究中心医疗卫生改革课题组：《江苏省宿迁地区医改调研报告》，载《中国青年报》2006年6月23日。

［6］边恕、孙雅娜、穆怀中：《养老保险缴费水平与财政负担能力——以辽宁养老保险改革试点为例》，载《市场与人口分析》2005年第3期。

［7］蔡继明：《对农地制度改革方案的比较分析》，载《社会科学研究》2005年第4期。

［8］邓大才：《家庭承包土地的功能、矛盾与协调》，载《山东大学学报》2000年第6期。

［9］蔡江南、胡苏云等：《社会市场合作模式：中国医疗卫生体制改革的新思路》，载《世界经济文汇》2007年第1期。

［10］蔡永飞：《能否把土地承包经营权变为养老金卡》，载《调研世界》2002年第4期。

［11］陈会扬；《政府责任要到位》，载《健康报》2005年9月19日。

［12］陈信勇、蓝邓骏：《失地农民社会保障的制度建构》，载《中国软科学》2004年第3期。

［13］陈颐：《解决农民工养老保险问题的原则和思路》，载《学海》2006年第5期。

［14］陈颐：《论以土地换保障》，载《学海》2000年第3期。

[15] 成思危：《中国社会保障体系的改革与完善》，民主与建设出版社 2000 年版。

[16] 春一：《急于将城乡医保合并未必对农民有利》，广东新型农村合作医疗网，2008 年 3 月 11 日。

[17] 邓大松、孟颖颖：《论中国特色社会主义社会建设中的"民生"问题——兼论改革发展成果全民共享的"五有"新目标》，载《西北大学学报（哲学社会科学版）》2008 年第 6 期。

[18] 邓大松、孟颖颖：《建立农民工社会保障制度的新思路》，载《经济纵横》2008 年第 7 期。

[19] 邓大松：《美国社会保障制度研究》，武汉大学出版社 1999 年版。

[20] 邓大松等：《政府与农村合作医疗制度》，载《中国行政管理》2006 年第 2 期。

[21] 董延芳、刘传江：《农民工社保需求影响因素的实证研究》，载《农业技术经济》2008 年第 1 期。

[22] 凡亚军：《进城务工农民社会养老保险参与意愿及影响因素分析——基于南京市进城务工农民的调查》，载《商情（科学教育家）》2008 年第 5 期。

[23] 樊桦：《土地医疗保障功能及其对农户参加合作医疗意愿的影响》，载《中国人口科学》2000 年第 1 期。

[24] 樊小刚：《论城市农民工社会保障问题》，载《农业经济问题》2003 年第 11 期。

[25] 樊小刚：《土地的保障功能与农村社会保障制度创新》，载《财经论坛》2003 年第 4 期。

[26] 封进、余央央：《医疗卫生体制改革：市场化、激励机制与政府的作用》，载《世界经济文汇》2008 年第 1 期。

[27] 封进、李珍珍：《中国农村医疗保障制度的补偿模式研究》，载《经济研究》2009 年第 4 期。

[28] 封进：《中国养老保险体系改革的福利经济学分析》，载《经济研究》2004 年第 2 期。

[29] 冯昌中：《我国征地制度变迁》，载《中国土地》2001 年第 9 期。

[30] 付华英：《我国农民工现象的制度分析》，载《中国改革》2004 年第 2 期。

[31] 高利平：《农村人口医疗保障实证分析——以山东省为例》，载《人口研究》2006 年第 5 期。

[32] 高梦滔、姚洋：《健康风险冲击对农户收入的影响》，载《经济研究》

2005 年第 12 期。

［33］高珊、徐元朋：《江苏省失地农民权益保障研究》，载《南京财经大学学报》2005 年第 3 期。

［34］高勇：《城市化进程中失地农民问题探讨》，载《经济学家》2004 年第 1 期。

［35］葛延风：《对整体推进医疗卫生体制改革的一个框架性建议》，载《当代医学》2005 年第 7 期。

［36］葛永明：《在农村工业化、城市化进程中必须高度重视和关心"失土农民"》，载《调研世界》2002 年第 3 期。

［37］龚向光：《农村疾病预防控制体系的重建》，载《中国初级卫生保健》2003 年第 12 期。

［38］龚秀全、韩宇翔、宋莉君等：《上海市外来从业人员参加综合保险意愿调查》，载《人口与经济》2004 年第 4 期。

［39］贡森：《中国卫生资源供求状况及发展改革思路》，载《江苏社会科学》2006 年第 5 期。

［40］顾海、唐艳：《强制性制度变迁与农户理性不及的反应》，载《农业经济问题》2006 年第 11 期。

［41］顾文静：《社会保险制度供给与私营企业诉求的差异分析》，载《人口与经济》2006 年第 6 期。

［42］顾昕、方黎明：《自愿性和强制性之间：中国农村合作医疗的制度嵌入性和可持续性发展分析》，载《社会学研究》2004 年第 5 期。

［43］顾昕：《医疗卫生资源的合理配置：矫正政府与市场双失灵》，载《国家行政学院学报》2006 年第 3 期。

［44］顾昕：《全球性公立医院的法人治理模式变革——探寻国家监管与市场效率之间的平衡》，载《经济社会体制比较》2006 年第 1 期。

［45］顾昕：《走向有管理的市场化：中国医疗体制改革的战略性选择》，载《经济社会体制比较》2005 年第 6 期。

［46］顾昕：《诊断与处方：直面中国医疗体制改革》，社会科学文献出版社 2006 年版。

［47］桂世勋：《尽快解决城乡养老保险的衔接问题》，载《人口研究》1994 年第 2 期。

［48］郭立芳、陈利根：《构建社会保障型的征地安置机制》，载《中外房地产导报》2003 年第 18 期。

［49］郭士征：《社会保障研究》，上海财经大学出版社 2005 年版。

[50] 郭伟、黎玉柱、罗云：《我国企业社会保险缴费负担的承受能力探讨》，载《当代财经》2008 年第 1 期。

[51] 郭席四、杜潇：《不同地区农民工养老保险政策的比较评析》，载《现代经济探讨》2005 年第 10 期。

[52] 何平、华迎放等：《非正规就业群体社会保障问题研究》，中国劳动社会保障出版社 2008 年版。

[53] 贺菊煌：《个人生命分为三期的世代交叠模型》，载《数量经济技术经济研究》2002 年第 4 期。

[54] 胡琳琳、胡鞍钢：《从不公平到更加公平的卫生发展：中国城乡疾病模式差距分析与建议》，载《管理世界》2003 年第 1 期。

[55] 胡务：《上海与成都综合社会保险比较》，载《经济管理》2005 年第 3 期。

[56] 华迎放：《农民工社会保障模式选择》，载《中国劳动》2003 年第 5 期。

[57] 贾丽萍：《构建农民工社会保障体系不能忽视该群体的复杂性》，载《调研世界》2006 年第 4 期。

[58] 简新华、张建伟：《构建农民工的社会保障体系》，载《中国人口·资源与环境》2003 年第 1 期。

[59] 姜长云：《农村土地与农民的社会保障》，载《经济社会体制比较》2002 年第 1 期。

[60] 蒋远胜、Joachim von Braun：《中国西部农户的疾病成本及其应对策略分析》，载《中国农村经济》2005 年第 11 期。

[61] 景天魁：《社会保障：公平社会的基础》，载《中国社会科学院研究生学院学报》2006 年第 6 期。

[62] 康松、刘和平：《城市化过程中失地农民权益损失及其保障对象》，载《农村经济》2005 年第 8 期。

[63] 柯惠新、沈浩：《调查研究中的统计分析法（第二版）》，中国传媒大学出版社 2005 年版。

[64] 赖德胜：《劳动力市场的制度性分割》，载《经济科学》1996 年第 6 期。

[65] 乐章：《现行制度安排下农民的社会养老保险参与意向》，载《中国人口科学》2004 年第 5 期。

[66] 黎明、顾昕：《突破自愿性的困局：新型农村合作医疗中参合的激励机制与可持续性发展》，载《中国农村观察》2006 年第 4 期。

［67］李春根、徐光春：《论我国农民工退保的制度缺失与再造》，载《当代财经》2006 年第 8 期。

［68］李存艳等：《昆山市流动人口医疗保险现状及其参保意愿分析》，载《中国全科医学》2008 年第 5 期。

［69］李国等：《为啥八成农民工不愿入社保》，载《工人日报》2005 年 6 月 6 日。

［70］李炯、邓源惠：《征地"农转非"人员安置问题探析》，载《中国农村经济》2002 年第 10 期。

［71］李俊锋：《征地补偿安置制度透视》，载《社会科学辑刊》2005 年第 4 期。

［72］李玲：《我国应实施健康强国战略》，载《中国卫生经济》2006 年第 4 期。

［73］李玲：《新医改突显政府主导作用》，载《中共中央党校学报》2008 年第 6 期。

［74］李玲：《中国应采用政府主导型的医疗体制》，载《中国与世界观察》2005 年第 1 期。

［75］李培林：《流动民工的社会网络和社会地位》，载《社会学研究》1996 年第 4 期。

［76］李群、吴晓欢、米红：《中国沿海地区农民工社会保险的实证研究》，载《中国农村经济》2005 年第 3 期。

［77］李卫平、朱佩慧：《发展农村医疗保障制度的社会制约因素分析》，载《中国卫生经济》2002 年第 2 期。

［78］李晓峰、王晓方、高旺盛：《基于 ELES 模型的北京市农民工消费结构实证研究》，载《农业经济问题（月刊）》2006 年第 4 期。

［79］李迎生：《论我国农民养老保障制度改革的基本目标与现阶段的政策选择》，载《社会学研究》2001 年第 5 期。

［80］李迎生：《从分化到整合：二元社会保障体系的起源、改革与前瞻》，载《教学与研究》2002 年第 8 期。

［81］李珍、王向红：《减轻企业社会保险负担与提高企业竞争力》，载《经济评论》2001 年第 5 期。

［82］李珍：《社会保障制度与经济发展》，武汉大学出版社 1998 年版。

［83］梁鸿：《苏南农村家庭土地保障作用研究》，载《中国人口科学》2000 年第 5 期。

［84］梁鸿等：《农村社区保障目标优选的研究：苏南实例》，载《市场与人

口分析》2002 年第 6 期。。

[85] 梁万年：《全科医生的素质和任务及其在社区卫生服务中的作用》，载《中国全科医学》2007 年第 3 期。

[86] 廖小军：《中国失地农民研究》，社会科学文献出版社 2005 年版。

[87] 林毅夫：《充分信息与国有企业改革》，上海三联书店、上海人民出版社 1997 年版。

[88] 刘畅：《社会保险费水平的效率研究——基于天津市的实证分析》，载《江西财经大学学报》2007 年第 1 期。

[89] 刘冬姣：《对我国农民工保障问题的再认识》，载《江汉论坛》2004 年第 12 期。

[90] 刘福垣：《社会保障度决定社会和谐度／和谐社会与社会保障：首届中国社会保障论坛文集》，中国劳动社会保障出版社 2006 年版。

[91] 刘国恩：《解读新医改：全民医保是解决看病难看病贵问题的根本途径》，载《理论导报》2009 年第 5 期。

[92] 刘国恩：《我国医改成功的关键：破除垄断，加强竞争，促进供给》，载《中国药物经济学》2007 年第 5 期。

[93] 刘国恩：《我国医药产业人才供需状况分析》，载《中国医药技术经济与管理》2009 年第 1 期。

[94] 刘辉、周慧文：《我国农民工工伤风险与对策》，载《经济管理》2006 年第 1 期。

[95] 刘钧：《社会保险缴费水平的确定：理论与实证分析》，载《财经研究》2004 年第 2 期。

[96] 刘远凤、张德明：《农民工社会保障立法困境探析》，载《调研世界》2006 年第 1 期。

[97] 楼喻刚、吴婕：《土地征用补偿中应包含养老保障因素》，载《人口与经济》2002 年第 2 期。

[98] 卢海元：《走进城市：农民工的社会保障》，经济管理出版社 2004 年版。

[99] 卢海元：《适合农民工特点：建立弹性养老保险制度》，载《中国劳动》2005 年第 5 期。

[100] 陆学艺：《当代中国社会流动》，社会科学文献出版社 2004 年版。

[101] 吕学静等：《中国农民工社会保障理论与实证研究》，中国劳动社会保障出版社 2008 年版。

[102] 罗力、郝模等：《就医经济风险比较指标的探索》，载《中国初级卫

生保健》2000 年第 2 期。

[103] 穆怀中：《社会保障国际比较》，中国劳动社会保障出版社 2002年版。

[104] 农业部农业经济研究中心课题组：《新型农村合作医疗和特困人口医疗救助相结合的制度建设》，载《中国人口科学》2007 年第 2 期。

[105] 潘科、朱玉碧：《现有失地农民安置方式的比较》，载《西南农业大学学报（社会科学版）》2005 年第 2 期。

[106] 庞皓：《计量经济学》，科学出版社 2007 年版。

[107] 钱文艳：《建国后土地与农民社会保障问题的历史演变》，载《安徽史学》2002 年第 3 期。

[108] 钱忠好、曲福田：《中国土地征用制度：反思与改革》，载《中国土地科学》2004 年第 18 期。

[109] 乔明睿：《失地农民不同群体养老保障问题探析及政策建议——以淄博市为例》，载《人口与经济》2005 年第 5 期。

[110] 秦晖：《中国农村土地制度与农民权利保障》，载《探索与争鸣》2002 年第 7 期。

[111] 秦士由：《商业保险参与建立失地农民保障机制调查分析》，载《保险研究》2005 年第 9 期。

[112] 邱鸿钟、袁杰：《现代卫生经济学》，科学出版社 2005 年版。

[113] 任建萍、徐玮：《城市农民工参加医疗保险及筹资意愿调查研究》，载《中国卫生经济》2006 年第 8 期。

[114] 任若恩、蒋云赟、徐楠楠等：《中国代际核算体系的建立和对养老保险制度改革的研究》，载《经济研究》2004 年第 9 期。

[115] 舍曼·富兰德、艾伦·C·古德曼、迈伦·斯坦诺著，王建、孟庆跃译：《卫生经济学（第三版）》，中国人民大学出版社 2004 年版。

[116] 申曙光：《我国农村居民医疗需求影响因素研究》，载《农业技术经济》2009 年第 3 期。

[117] 石宏伟、张仁传：《城市农民工社会保障的实践与思考——以上海和广东模式为例》，载《理论探讨》2007 年第 1 期。

[118] 宋晓梧：《引进市场机制调整医疗资源》，载《医药产业资讯》2006 年第 5 期。

[119] 孙光德、董克用：《社会保障概论》（修订版），中国人民大学出版社 2000 年版。

[120] 孙晓筠，Adrian Sleihg、Gordon Carmichasel 等：《新型农村合作医疗

保护农民免于疾病经济风险评价方法》，载《中国卫生经济》2007 年第 1 期。

[121] 唐代盛、秦犁：《保姆群体性特征与社会保障制度的匹配性》，载《改革》2006 年第 2 期。

[122] 唐新民：《城市农民工社会保障制度过渡性方案的路径选择》，载《思想战线》2005 年第 6 期。

[123] 陶志勇：《农民工社会保障问题忧思与求解》，载《社会保障制度（人大复印资料）》2005 年第 4 期。

[124] 田家刚、王向：《失地农民的社会保障问题》，载《经济工作导刊》2003 年第 24 期。

[125] 田晓雯、费伟：《农民工社会保障政策评析》，载《中国社会保障》2006 年 4 期。

[126] 涂文明：《城市化进程中失地农民社会保障模式的选择和构建》，载《理论导刊》2004 年第 12 期。

[127] 万能：《农地征用制度分析及改革思路》，载《开发研究》2005 年第 5 期。

[128] 汪德华、白重恩：《政府为什么干预医疗部门?》，载《比较》2008 年第 36 期。

[129] 汪志洪、游钧、张丽宾、陈兰：《农民工概念和定义的理论分析——中国农民工问题前瞻性研究》，中国劳动社会保障出版社 2009 年版。

[130] 王保真、王斌：《关于建立农民工社会保障制度的探讨》，载《中国卫生经济》2004 年第 8 期。

[131] 王家宝、韩琳：《进城农民工过渡性社会保障制度的构建》，载《人口学刊》2007 年第 1 期。

[132] 王兰芳等：《新型农村合作医疗对农民影响的实证分析》，载《农业经济问题（月刊）》2007 年第 7 期。

[133] 王陇德：《从医患关系看医疗服务改革》，载《求是》2007 年第 5 期。

[134] 王曼：《北京市农民工消费与储蓄选择——基于实证基础上的理论研究》，载《北京工商大学学报（社会科学版）》2005 年第 11 期。

[135] 王美涵、董文松：《失地农民的社会保障问题研究——龙港的社会保障为例》，载《财经论丛》2004 年第 5 期。

[136] 王谦：《医疗卫生资源配置的经济学分析》，载《经济体制改革》2006 年第 2 期。

[137] 王艳：《论医疗给付结构对农民参与合作医疗意愿的影响》，载《中

国农村观察》2005年第5期。

[138] 王义才：《家庭养老、土地保障与社会保险相结合是解决农村养老的必然选择》，载《人口研究》2000年第6期。

[139] 王玉玫：《建立健全城镇农民工社会保障制度的构想》，载《中央财经大学学报》2003年第13期。

[140] 维克多·福克斯著，罗汉、焦艳、朱雪琴译：《谁将生存？健康、经济学和社会选择》，上海人民出版社2000年版。

[141] 温铁军：《形成稳固的受惠群体》，载《中国土地》2001年第7期。

[142] 吴雪明、周建明：《中国转型期的社会风险分布与抗风险机制》，载《上海行政学院学报》2006年第3期。

[143] 肖诗顺：《贫困地区新型农村合作医疗保险需求与制度创新研究——以贵州省为例》，西南大学硕士论文，2006年4月。

[144] 肖云、石玉珍：《青壮年农民工养老保险参与倾向微观影响因素分析——对重庆市954名青壮年农民工的调查与分析》，载《中国农村经济》2005年第4期。

[145] 谢小蓉；《广州市番禺区新型农村合作医疗的实践探讨》，载《农业经济问题（月刊）》2007年第2期。

[146] 新型农村合作医疗试点工作评估组：《发展中的中国新型农村合作医疗——新型农村合作医疗试点工作评估报告》，人民卫生出版社2006年版。

[147] 徐德稳：《农民工工伤状况及其参保意愿调查》，载《中国人口科学》2009年第1期。

[148] 徐汉明：《中国农民土地持有产权制度研究》，群言出版社2000年版。

[149] 许梦博等：《新型农村合作医疗制度资金筹集模式研究》，载《当代经济研究》2007年第10期。

[150] 薛新东、潘常刚：《医疗资源整合的路径选择》，载《湖北社会科学》2009年第7期。

[151] 杨翠迎、黄祖辉：《失地农民基本生活保障制度建设的实践与思考》，载《农业经济问题（月刊）》2004年第6期。

[152] 杨海文等：《农村新型合作医疗保险制度中筹资机制研究》，载《中南财经政法大学学报》2005年第1期。

[153] 杨辉：《论农民工的社会保障问题》，载《天府新论》2003年第2期。

[154] 杨立雄：《建立农民工社会保障制度的可行性研究》，载《社会》

2003 年第 9 期。

[155] 杨立雄：《"进城"，还是"回乡"？——农民工社会保障政策的路径选择》，载《社会保障制度（人大复印资料）》2004 年第 6 期。

[156] 杨雪冬等：《风险社会与秩序重建》，社会科学文献出版社 2004 年版。

[157] 杨宜勇、辛小柏、谭永生、邢伟：《全国统一社会保险关系转续办法研究》，载《中国劳动》2009 年第 1 期。

[158] 杨正喜、成景丽：《农民工养老保险地方立法及实践反思》，载《桂海论丛》2008 年第 4 期。

[159] 姚洋：《中国农地制度：一个分析框架》，载《中国社会科学》2000 年第 2 期。

[160] 余晓敏：《中国居民高储蓄成因浅析》，武汉大学硕士学位论文，2004 年 5 月。

[161] 余宇新、杨大楷：《我国医疗资源配置公平性的理论与实证研究》，载《经济体制改革》2008 年第 6 期。

[162] 余宇新、杨大楷：《我国医疗资源配置公平性的理论与实证研究》，载《经济体制改革》2008 年第 6 期。

[163] 袁志刚、宋铮：《人口年龄结构、养老保险制度与最优储蓄率》，载《经济研究》2000 年第 11 期。

[164] 张晨寒：《农民工社会保障制度的模式选择》，载《中国人力资源开发》2006 年第 5 期。

[165] 张靖、张凤荣：《失地农民社会保障体系初探》，载《中国土地》2005 年第 2 期。

[166] 张维迎：《博弈论与信息经济学》，上海人民出版社 2002 年版。

[167] 张文彤：《SPSS11 统计分析教程》，北京希望电子出版社 2002 年版。

[168] 赵殿国：《探索适合美国特点的社会保险制度——中国农民工问题与社会保护研讨会会议论文集（下）》，中国人民大学出版社 2006 年版。

[169] 赵立航：《社会和谐与农民工社会保障问题》，载《人口与经济》2006 年第 1 期。

[170] 赵曼、刘鑫宏、顾永红：《农民工返乡创业：发展规律、制约瓶颈与对策思考》，载《湖北经济学院学报》2008 年第 3 期。

[171] 赵曼、刘鑫宏：《中国农民工养老保险转移的制度安排》，载《经济管理》2009 年第 8 期。

[172] 赵曼、吕国营：《社会医疗保险中的道德风险》，中国劳动社会保障

出版社 2007 年。

[173] 赵曼、吕国营：《关于中国医疗保障制度改革的基本建议》，载《中国行政管理》2007 年第 8 期。

[174] 赵曼、潘常刚：《医疗保障制度改革 30 年的评估与展望》，载《财政研究》2009 年第 2 期。

[175] 赵曼：《农民工就业与社会保障研究》，中国劳动社会保障出版社 2010 年版。

[176] 赵曼：《管办分离是医药业"三改联动"的必由之路》，载《经济管理》2008 年第 15 期。

[177] 赵曼：《社会医疗费用约束机制与道德风险规避》，载《财贸经济》2003 年第 2 期。

[178] 赵曼：《社会保障理论探析与制度改革》，中国财政经济出版社 1999 年版。

[179] 浙江省人民政府研究室课题组：《城市化进程中失地农民市民化的调查与思考》，载《浙江社会科学》2003 年第 7 期。

[180] 郑功成、黄黎若莲：《重视农民工与农民工问题是国家重大使命》，载《工人日报》2006 年 11 月 27 日。

[181] 郑功成：《农民工的权益与社会保障》，载《中国党政干部论坛》2002 年第 8 期。

[182] 中国人民大学课题组：《论能力密集型合作医疗制度的自动运行机制》，载《管理世界》2005 年。

[183] 周其仁：《管办合一是症结所在》，载《经济观察报》2007 年 8 月 20 日。

[184] 周小川：《社会保障与企业盈利能力》，载《经济社会体制比较》2000 年第 6 期。

[185] 朱玲：《政府与农村基本医疗保健保障制度选择》，载《中国社会科学》2000 年第 4 期。

[186] 朱明芬、李一平：《失地农民利益保障问题已经到了非解决不可的地步》，载《调研世界》2002 年第 12 期。

[187] 祝建华：《可及与可得：我国城市居民最低生活保障制度的目标定位》，载《社会保障制度》2008 年第 8 期。

[188] 宗成峰：《城市农民工社会保障问题的实证分析》，载《城市问题》2008 年第 3 期。

[189] Ahmad Ehtisham: social security in Development Countries, Claredon

Press, 1991.

[190] Dorfman, Mark and Yvonne Sin, China: Social Security Reform-Technical Analysis of Strategic Options. Washington DC: World Bank Discussion Paper, 2000.

[191] George E. Rejda, Social Insurance & Economic Security, Fourth Edition, Prentice Hall, 1992.

[192] Harry Calvert, social security law, Oxford University Press, 3th, 1998.

[193] Robert M. Ball, Social Security: Today & Tomorrow, New York, Columbia University Press, 1978.

[194] Shirk, Susan L, The Political Logic of Economic Reform in China. Berkeley, California University Press, 1993.

[195] World Bank, 2004: World Development Report 2004.

[196] Jutting J (2003), Do Community-Based Health Insurance Schemes Improve Poor Peoples Access to Health Care? *World Development*. Vol. 32 (2).

[197] Mao Zhengzhong (2005), Pilot Program of NCMS in China: System Design and Progress; Final Draft, Octo-ber, *China Rural Health Study*. Worldbank.

[198] Pradhan, M., and N. Prescott. 2002, Social Risk Management Options for Medical Care in Indonesia, *Health Economics* 11: 431 – 446.

[199] Mwabu. G. M, Ainsworth, and A. Nyamete, 1993, Quality of Medical Care and Choice of Medical Treatment in Kenya, *Journal of Human Resource* 28 (4): 838 – 862.

[200] OECD. 2004, The OECD Health Project: Towards High Performing Health Systems, Paris: OECD.

[201] Steven Jonas. An Introduction to the U. S. Health Care System. 5th edition. New York: Springer Publishing, 2003.

[202] Anerbacb, Alan J., Laurence J. Kotlikoff. Dynamic Fiscal Policy. MA: Cambridge University Press, 1987.

[203] Aschauer · D. Is Government Spending Productive. Journal of Monetary Economics, 1989, (23): 177 – 200.

[204] Aucrbach, Alan J, Laurence J. Kotlikoff. An Examination of Empirical Tests of Social Savings. in E. Helpman, A. Razin, and E. Sadka, cds., Social Policy Evaluation: An Economic Perspective, 1983: 161 – 179.

[205] Ballard, Fullerton, Shoves et al., A General Equilibrium Model for Tams Policy Evaluation. Chicago: University of Chicago Press, 1985.

［206］Diamond, Peter. National Debt in a Neoclassical Growth Model. American Economic Review, 1965 Vol. 55: 1126 - 1150.

［207］Ferris, Michael C. , Todd. S. Munson. Complementarity's Problems in GAMS and the PATH Solver. Journal of Economic Dynamics and Control, 2000, Vol. 24, No. 2: 165 - 188.

［208］Friedman, Milton. "A Theory of the Consumption Function. Princeton", N J. : Princeton Univ. Press, 1957.

［209］Hansen, L. P. , and K. Singleton, Generalized Instrumental Variables Estimation of Nonlinear Rational Expectation Models, Econometrica, 1982 (50): 1269 - 1286.

［210］Kehoe, Timothy J. , David K. Levine. Comparative Static and Perfect Foresight in Infinite Horizon Economies. Econometrical. 1985. Vol. 53, No. 2: 433 - 453.

［211］Kotlikoff, Laurence J. , Lawrence H. Summers. The Role of Intergenerational Transfers in Aggregate Capital Accumulation. Journal of Political Economy, 1981, Vol. 89, No. 4: 706 - 732.

［212］Lerner, AP. The Burden of the National Debt. In Income, Employment, and Public, Essays in Honor of Alvin Hansen. ed. LA Metzler et al. New York: WW Norton, 1948

［213］Maddala, G. S. , (1983), Limited-Dependent and Qualitative Variables in Econometrics, Cambridge University Press.

［214］Mankiw, N. G. Comment In Wise, David A. ed. Studies in the Economics of Aging. The University of Chicago press, 1994.

［215］Mariacristina De Nardi. Wealth Inequality and Intergenerational Links. Review of Economic Studies, 2004, Vol. 71: 743 - 768.

［216］Mehra, R. , and E. Prescott, The Equity Premium: A Puzzle, Journal of Monetary Economics, 1985 (15): 145 - 161.

［217］Modigliani, F. & Ando A. : The life cycle hypothesis of saving: Aggregated implications and tests. American Economic Review, 1963, 53, 55 - 84.

［218］Rasmussen, Tobias N. , Rutherford, Thomas F. Model Overlapping Generations in a Complementarily Format, University of Colorado at Boulder, working paper, 2001.

［219］Rutherford, Thomas F. Applied General Equilibrium Modeling with MPSGE as a GAMS Subsystem: An Overview of the Modeling Framework and Syntax.

Computational Economics, 1999, Vol. 14: 1 - 46.

[220] Samuelson, Paul. An Exact Consumption-Loan Model of Interest with or Without the Social Contrivance of Money. Journal of Political Economy. 1958, Vol. 66: 467 - 482.

[221] Seidman, Lawrence S. A Phase-Down of Social Security: The Transition in a Life Cycle Growth Model. National Tax Journal, 1986, Vol. 39: 97 - 107.

[222] Stiglitz, J. E. (1977), "Monopoly, non-linear pricing and imperfect information: the insurance market", Review of Economic Studies, Vol. 44: 407 - 430.

教育部哲学社會科學研究重大課題攻閱項目
成果出版列表

书 名	首席专家
《马克思主义基础理论若干重大问题研究》	陈先达
《马克思主义理论学科体系建构与建设研究》	张雷声
《马克思主义整体性研究》	逄锦聚
《当代中国人精神生活研究》	童世骏
《弘扬与培育民族精神研究》	杨叔子
《当代科学哲学的发展趋势》	郭贵春
《面向知识表示与推理的自然语言逻辑》	鞠实儿
《当代宗教冲突与对话研究》	张志刚
《马克思主义文艺理论中国化研究》	朱立元
《历史题材创新和改编中的重大问题研究》	童庆炳
《现代中西高校公共艺术教育比较研究》	曾繁仁
《楚地出土戰國簡册〔十四種〕》	陈 偉
《中国市场经济发展研究》	刘 伟
《全球经济调整中的中国经济增长与宏观调控体系研究》	黄 达
《中国特大都市圈与世界制造业中心研究》	李廉水
《中国产业竞争力研究》	赵彦云
《东北老工业基地资源型城市发展接续产业问题研究》	宋冬林
《中国加入区域经济一体化研究》	黄卫平
《金融体制改革和货币问题研究》	王广谦
《人民币均衡汇率问题研究》	姜波克
《我国土地制度与社会经济协调发展研究》	黄祖辉
《南水北调工程与中部地区经济社会可持续发展研究》	杨云彦
《产业集聚与区域经济协调发展研究》	王 珺
《京津冀都市圈的崛起与中国经济发展》	周立群
《金融市场全球化下的中国监管体系》	曹凤岐
《中国民营经济制度创新与发展》	李维安
《中国现代服务经济理论与发展战略研究》	陈 宪
《中国转型期的社会风险及公共危机管理研究》	丁烈云
《面向公共服务的电子政务管理体系研究》	孙宝文
《人文社会科学研究成果评价体系研究》	刘大椿

书　名	首席专家
《中国工业化、城镇化进程中的农村土地问题研究》	曲福田
《东北老工业基地改造与振兴研究》	程　伟
《中部崛起过程中的新型工业化研究》	陈晓红
《全面建设小康社会进程中的我国就业发展战略研究》	曾湘泉
《自主创新战略与国际竞争力研究》	吴贵生
《转轨经济中的反行政性垄断与促进竞争政策研究》	于良春
《农村社会保障制度研究》	赵　曼
《我国民法典体系问题研究》	王利明
《中国司法制度的基础理论问题研究》	陈光中
《多元化纠纷解决机制与和谐社会的构建》	范　愉
《中国和平发展的重大国际法律问题研究》	曾令良
《中国法制现代化的理论与实践》	徐显明
《生活质量的指标构建与现状评价》	周长城
《中国公民人文素质研究》	石亚军
《城市化进程中的重大社会问题及其对策研究》	李　强
《中国农村与农民问题前沿研究》	徐　勇
《中国边疆治理研究》	周　平
《中国大众媒介的传播效果与公信力研究》	喻国明
《媒介素养：理念、认知、参与》	陆　晔
《创新型国家的知识信息服务体系研究》	胡昌平
《数字信息资源规划、管理与利用研究》	马费成
《新闻传媒发展与建构和谐社会关系研究》	罗以澄
《数字传播技术与媒体产业发展研究》	黄升民
《教育投入、资源配置与人力资本收益》	闵维方
《创新人才与教育创新研究》	林崇德
《中国农村教育发展指标体系研究》	袁桂林
《高校思想政治理论课程建设研究》	顾海良
《网络思想政治教育研究》	张再兴
《高校招生考试制度改革研究》	刘海峰
《基础教育改革与中国教育学理论重建研究》	叶　澜
《公共财政框架下公共教育财政制度研究》	王善迈
《中国青少年心理健康素质调查研究》	沈德立

书　名	首席专家
《处境不利儿童的心理发展现状与教育对策研究》	申继亮
《WTO 主要成员贸易政策体系与对策研究》	张汉林
《中国和平发展的国际环境分析》	叶自成
＊《改革开放以来马克思主义在中国的发展》	顾钰民
＊《西方文论中国化与中国文论建设》	王一川
＊《中国抗战在世界反法西斯战争中的历史地位》	胡德坤
＊《近代中国的知识与制度转型》	桑　兵
＊《中国水资源的经济学思考》	伍新林
＊《转型时期消费需求升级与产业发展研究》	臧旭恒
＊《中国金融国际化中的风险防范与金融安全研究》	刘锡良
＊《金融市场全球化下的中国监管体系研究》	曹凤岐
＊《中国政治文明与宪法建设》	谢庆奎
＊《地方政府改革与深化行政管理体制改革研究》	沈荣华
＊《知识产权制度的变革与发展研究》	吴汉东
＊《中国能源安全若干法律与政府问题研究》	黄　进
＊《农村土地问题立法研究》	陈小君
＊《我国地方法制建设理论与实践研究》	葛洪义
＊《我国资源、环境、人口与经济承载能力研究》	邱　东
＊《产权理论比较与中国产权制度变革》	黄少安
＊《西部开发中的人口流动与族际交往研究》	马　戎
＊《中国独生子女问题研究》	风笑天
＊《当代大学生诚信制度建设及加加强大学生思想政治工作研究》	黄蓉生
＊《农民工子女问题研究》	袁振国
＊《中国艺术学科体系建设研究》	黄会林
＊《边疆多民族地区构建社会主义和谐社会研究》	张先亮
＊《非传统安全合作与中俄关系》	冯绍雷
＊《中国的中亚区域经济与能源合作战略研究》	安尼瓦尔·阿木提
＊《冷战时期美国重大外交政策研究》	沈志华

……

＊为即将出版图书